아동 · 청소년 외상 치료의 새로운 전략 원서 2판

애착, 자기조절, 유능감을 통한 적응유연성 기르기

Margaret E. Blaustein · Kristine M. Kinniburgh 공저
김도연 · 김인주 공역

TREATING TRAUMATIC STRESS IN CHILDREN AND ADOLESCENTS, SECOND EDITION:

HOW TO FOSTER RESILIENCE THROUGH ATTACHMENT, SELF-REGULATION, AND COMPETENCY

학지사

Treating Traumatic Stress in Children and Adolescents, Second Edition:
How to Foster Resilience through Attachment, Self-Regulation, and Competency
by Margaret E. Blaustein and Kristine M. Kinniburgh

역자 서문

외상으로 어려움을 겪고 있는 아동 · 청소년들을 임상 현장에서 만나면서 적절한 예방과 개입 방법에 대한 고심이 깊어가던 시기에 역자는 이 책의 초판을 만나게 되었습니다. 이후 책의 일부 내용을 외상 내담자들을 위한 치료적 개입 방법으로 활용하고 수업 시간에 교재로 사용하다가 2019년 번역을 통해 "아동 · 청소년 외상 치료의 새로운 전략"이라는 제목으로 초판을 소개하였습니다. 그 후 임상 현장에서 유용하게 활용할 수 있었다는 긍정적인 피드백을 많이 접하며 이 책의 소개에 대한 큰 보람을 느꼈습니다. 2판이 출간된 후에는 2판의 변화된 작업 내용과 임상적 유용성에 통감하며 2판의 번역과 출판을 서두르게 되었지만 방대한 내용에 많은 시간이 지체되었습니다.

초판이었던 2010년도 판에서는 애착, 조절, 유능감이라는 핵심 요소 중심의 중재 모델과 10개의 주요 치료 목표 및 실행에 대해 다루고 있었지만, 2판에서는 참여, 교육, 일과와 리듬을 기본 전략으로 전제하며 양육자의 감정관리, 조율과 효과적인 반응(애착), 인식하기와 조정(조절), 실행 기능, 자기발달과 정체성 그리고 관계적 연계(유능감)가 핵심 치료 목표로 변경되었으며, 복합 외상과 관련하여 외상 경험 통합에 대한 이해가 확장되어 소개되고 있습니다.

특히 풍부한 사례와 실제적인 적용 방법을 제시하고 있어 외상 심리치료의 깊이 있는 이해를 돕는 교재이면서 임상 및 상담가들, 교육자들, 아동보호 및 양육 시설의 서비스 제공 인력들뿐만 아니라 부모, 가족들이 직접 활용할 수 있는 좋은 지침서가 될 것으로 기대합니다.

역자는 저자들이 강조하듯 발달 외상 아동이나 청소년들이 보여 주는 "증상"은 그들이 세상에 적응하려는 시도이며, 복합 외상을 경험한 아동 · 청소년들에게 외상 경험의 통합은 치료 과정에서 동시적이고 순차적인 과정을 통해 지속적으로 일어난다고 믿습니다. 이 책을 통해 외상을 경험한 아동과 청소년들이 적응유연성을 회복하는 과정을 함께하고 도와주는 데 힘을 보태게 되길 기대해 봅니다.

끝으로 이 책이 나오기까지 서로를 지지하면서 많은 힘을 주었던 김인주 선생님과 번역 수정 작업을 도와준 정찬미 선생님께 고마운 마음을 전합니다. 또한 이 책을 출판할 수 있도록 도움을 주신 학지사의 김진환 대표님과 부족한 역서의 세심한 편집과 교정을 맡아 주신 백소현 선생님께도 감사를 드립니다.

2025년 10월 가을날 연구실에서

서울상담심리대학원대학교 김도연

저자 서문

이 책을 왜 개정했는가?

2004년 이후 애착, 조절, 유능감(Attachment, Regulation, and Competency: ARC) 중재 접근법의 개발, 실행, 개정은 우리의 핵심적인 작업이 되어 왔다. 처음부터 우리는 ARC를 경험적 지식의 확장과 실제 임상 현장에서의 교훈을 바탕으로 구축되는 지속적인 진화 작업이라고 보았다. 내담자가 성장함에 따라, 임상가이자 교육자, 자문가, 개발자인 우리 역시 성장하고 배우는 과정을 겪어 왔다. 이 개정판에서는 이러한 성장과 배움을 우리 접근법에 통합시켰다.

초판이 완성된 이후 거의 10년에 걸쳐 우리는 수백 개의 시스템들과 협업하고, 다양한 치료 제공자들과 교류하며, 그들이 돌보는 수많은 아동과 가족들의 성장 과정에서 많은 것을 학습하는 값진 경험을 해왔다. 이러한 작업을 통해, 복합적이고 만성적인 트라우마를 경험한 아동과 가족들, 그리고 그들과 협력하는 시스템을 어떻게 효과적으로 지원할 수 있는지에 대한 우리의 이해 수준을 심화시켜 왔다.

임상 현장뿐 아니라 우리 개인의 삶 속에서도, 우리는 위기를 통해 학습하고 성장하며, 피할 수 없는 도전을 대비하기 위한 자원을 개발할 수 있다고 굳게 믿는다. 우리는 내담자 그리고 동료들과 함께 수많은 도전적인 순간들을 마주해 왔고, 그 모든 순간마다 호기심, 개방성, 창의성을 가지고 희망과 변화를 향한 길을 찾아 나가고자 노력했다. 우리가 함께하는 이 복잡한 작업, 그리고 우리가 마주하는 인구 집단의 특성상, 우리는 항상 열린 자세로 학습하고 스스로 변화해 나가야 한다는 점을 인식하고 있다. 이번 2판을 통해, 우리가 새롭게 배운 교훈들을 독자 여러분과 나누고자 한다.

그렇다면 무엇이 달라졌는가?

초판이었던 2010년 판에서는 ARC를 세 가지 핵심 영역—애착, 조절, 유능감—으로 구성된 핵심 요소 중심의 중재 모델로 제시하며, 10개의 주요 중재 목표를 다루었다. 우리는 외상 경험 통합을 이 프레임워크의 최종 목표로 설명했고, 이는 앞서 다룬 주요 목표들의 작업 위에 구축되는 것으로 보았다.

이 핵심 구조는 시간이 지나도 일관되게 유지되었지만, 외상을 경험한 사람들을 위한 효과적인 실천방안에 대한 우리의 이해가 진전됨에 따라, 우리는 다음과 같은 여러 방식으로 ARC 프레임워크의 세부사항을 개정하였다.

- **기본 전략**: 모든 중재 요소에 적용 가능한 세 가지 기본 전략을 확인하였다: 참여(engagement), 교육(education), 일과와 리듬(routines and rhythms). 이 전략들은 책 앞부분의 각각의 장을 통해서 설명되고 있으며, 이후 각 중재를 다루고 있는 장에서도 통합적으로 다루고 있다.
- **ARC 핵심 목표 개정**: 기존의 10개 목표 대신, 8개의 ARC 핵심 목표로 초점을 다시 맞추고 있다. 이는 애착 영역의 3개, 조절의 2개, 유능감의 3개로 구성되어 있다. 각 목표에 대한 이해도 역시 다시 검토했다. 그중 2개의 목표는 명칭이 변경되었다(예: 감정 표현 → 관계적 연계 / 일관된 반응 → 효과적인 반응). 일부 목표는 개념적으로도 크게 변화하였으며(특히 명칭이 변경된 두 항목), 전체적으로 확장 및 개정되었다.
- **외상 경험 통합**: 복합 외상과 관련하여 외상 경험 통합에 대한 우리의 이해를 확장하였다. 우리는 외상 경험 통합을 아동과 양육 시스템 모두에서 초점을 맞춘 민감한 임상 실천을 통해 이루어지는 유동적인 과정이라고 보고 있다. 우리는 이러한 과정을 치료 전반에 걸쳐 여덟 가지 핵심 치료 목표에 주의를 기울임으로써 다루어지는 것으로 개념화하며, 분리된 별도의 과정으로 보지 않는다. 이러한 개념을 책 초반에서 소개하고 있으며, 각 치료를 다루는 장 안에서 설명하였고, 마지막 장에서는 임상 사례를 통해 하나의 유동적인 치료 과정의 예로 다시 다루었다.
- **양육자 기술 향상**: 우리는 아동 중심의 핵심 중재 목표에서, 주 양육자이든 돌봄 체계 내의 양육자이든 시스템 차원의 양육자이든 상관없이 양육자의 역할을 보다 명확하게 다루고 있다.
- **시스템 적용 확대**: 이 활동지가 전통적인 임상 환경 이외의 시스템과, 다양한 제공자들에게 활용되는 경우가 증가함에 따라, 우리는 이 책의 적용 범위를 확대하여 여러 다양한 시스템과 제공자들이 청소년과 가족을 지원하는 데 적용할 수 있도록 하였다.

지난 15년 동안 이 작업에 몰두해 오며, 우리는 학습이 끊임없이 이어지는 과정임을 명확히 인식하게 되었다. ARC를 초창기부터 알고 있는 독자들이라면, 이번 개정판에서 초판의 활동지를 알아볼 수 있을 것이다. 하지만 우리는 새로운 개념화를 통해 어떻게 실천방안을 향상시켰는지 독자들이 함께 인식하게 되기를 바란다. 아마도 또 다른 개정판이 10년 후쯤 필요해질지도 모르겠다. 그때까지 우리는 지속적으로 호기심을 유지하기 위해 노력할 것이다.

차례

※ 이 책의 구매자는 부록 A~E에 수록된 유인물과 활동지를 학지사 홈페이지(www.hakjisa.co.kr)에서 내려받아 사용할 수 있습니다(학지사 홈페이지 → 아동 · 청소년 외상 치료의 새로운 전략→PPT/도서자료).

서론

열 살의 라이언(Ryan)은 대체로 호감 가는 아이이다. 때로는 매력적이고 재미있기까지 하다. 대부분의 경우, 라이언은 어른들과—특히 일대일 대화에서는—잘 지내며, 또래 친구들에게는 "학급 광대"로 통한다. 이런 매력적인 특성에도 불구하고, 라이언은 진정한 친구가 없다. 방과 후에는 자취를 감추고, 주말에도 다른 학생들과 어울리지 않는다. 그는 5학년이고, 약간의 학교 지원을 받긴 하지만 대부분의 시간을 일반 교실에서 보낸다. 라이언은 학교에서 별로 잘하지 못하고 있다. 흥미가 있을 때는 수업에 참여하지만, 확신이 없을 때는 쉽게 좌절한다. 그는 숙제를 한 번도 제출한 적이 없다. 권위에 반발하고 대립 상황에 취약하며, 교사가 강하게 압박할 경우에는 완전히 마음을 닫아버리거나 폭발해 버린다. 라이언은 잦은 방과후 남기 처벌로 인해 상담 교사와 친분이 생겼는데, 문제 행동에도 불구하고 그녀는 라이언을 사랑스럽고 진지한 아이라고 여긴다. 그녀는 라이언이 항상 주위를 경계하는 아이임을 눈치챘다. 매력과 웃음이 오가는 순간들 사이에서 라이언은 전반적으로 말이 없고, 주변에서 벌어지는 일들을 관찰한다. 라이언은 자주 깜짝 놀라고 집중하는 데 어려움을 겪는다. 그래서 여섯 살 때 소아과 의사로부터 주의력결핍과잉행동장애(ADHD) 진단을 받았다. 현재 처방약을 복용 중임에도 불구하고, 라이언은 여전히 수업 시간에 집중하는 데 어려움을 겪고 있다.

라이언은 방과 후 할머니, 할아버지 댁에 가는 것을 좋아한다. 조부모는 다양한 건강 문제를 겪고 있으며 인지적인 한계도 있지만, 손자에게 안정적인 사랑과 애정을 준다. 조부모 댁에 갈 수 없는 날에는 집으로 돌아가 자기 방에서 대부분의 시간을 보낸다. 라이언은 비디오 게임의 세계에 빠져 있는 것을 좋아한다. 밤에는 이층 침대 위칸으로 올라가 자신을 봉제인형들로 둘러싼다. 그 인형들은 라이언에게 안전함을 느끼게 해 준다. 그것이 유치하다는 걸 알면서도, 다른 한편으로는 침대 속 인형들이 위험한 것들로부터 자신을 보호해 줄 것이라고 믿

※ 이 책의 모든 임상 사례는 복합적인 사례이거나 개인의 이야기를 식별할 수 없도록 여러 방식으로 변형되었으며, 등장인물의 이름은 모두 허구이다.

> 는다. 추가적인 안전을 위해, 라이언은 플라스틱 와플볼 방망이를 이불 속에 숨겨둔다. 실제로 그것을 사용할 일은 없겠지만, 그 방망이는 라이언을 조금 더 안전하게 느끼게 해 준다. 잠드는 데 오래 걸려서, 라이언은 때때로 몇 시간 동안 어둠 속에 누워 있다가 겨우 잠에 빠져들곤 한다.

모든 아이는 여러 겹의 가능성을 가지고 있다. 발달적 경로들이 그 안에서 펼쳐질 준비를 하고 있다. 아이가 발달 과정에서 선택하는 각 경로는 새로운 길과 새로운 가능성들로 이어진다. 이 경로들이 무한한 것은 아니지만, 출생 당시 한 아이의 삶이 어느 방향으로 흘러갈지 예측하는 것은 거의 불가능하다. 우리 삶은 다양한 요인들이 맞물리고 교차하는 과정에서 영향을 받는다. 생물학, 기질, 경험, 관계, 우리가 세상에 태어날 때부터 가진 자원과 우리를 둘러싼 자원, 우리가 직면하는 도전의 층위들과 이를 보호하거나 보호하지 못하는 완충 장치들이다.

우리 모두는 자신의 세계에 적응하는 법을 배운다. 그것은 자연의 경이로운 능력 중 하나다. 우리는 살아남기 위해 우리를 둘러싼 환경에 반응하는 법을 배운다. 많은 사람들에게 삶은 강점과 도전, 자원과 스트레스 간의 "충분히 괜찮은" 균형을 제공했다. 어린 시절 우리를 둘러싼 체계는 "충분히 안전한" 것이었고, 우리는 관계를 형성할 수 있는 기초를 마련했으며, 부모, 교사, 또래, 더 큰 세상 속에서 이러한 관계들을 성장시켜 나갔다. 우리는 자신의 강점과 한계를 인식하는 법을 배웠다. 스트레스를 경험하고, 그로부터 배우고(혹은 배우지 못하고), 계속해서 성장하며 새로운 기술을 익히고, 새로운 요구를 맞이하기 위해 적응을 진화시켜 왔다.

우리는 우리를 둘러싼 맥락에서—그것이 존재하든 부재하든—자신, 타인, 세상에 대한 정보와 생각을 흡수해 왔다. 사랑과 활기로 가득 찬 시끄러운 집에서는, 침묵을 소중히 여기되 혼돈을 견디는 법을 배웠을지도 모른다. 조용하고 구조화된 부모 아래서 자란 우리는, 조직적인 틀에 의존하되 또래와의 자발적인 세계를 즐기는 법을 배웠을 수도 있다. 근면한 싱글맘의 장남으로 자란 우리는 책임감과 근면함을 배웠고, 한편으로는 순수한 즐거움과 도피의 순간들을 내심 소중히 여겼을 수도 있다.

우리 삶 중 이상적인 시기는 거의 없다. 이 세상에서 스트레스나 도전을 전혀 겪지 않고 사는 일은 드물다. 때로는 압도적인 스트레스마저도 겪는다. 연구에 따르면, 4명 중 1명은 어린 시절에 상당한 역경을 겪는다. 이는 우리가 가진 자원을 모두 소진시킬 만큼의 스트레스다(Centers for Disease Control and Prevention [CDC], 2005). 그럼에도 불구하고, 인간의 회복 탄력성은 놀라울 정도다. 우리는 매일 이를 목격한다. 개인, 가족, 공동체, 심지어 사회 전체가 가장 압도적인 경험조차도 견디고, 소화하고, 극복하거나 변화시키는 능력을 가지고 있다.

하지만 "충분히 괜찮지 못한" 환경에서 자란 아이들—한두 가지가 아니라 세 가지, 네 가지,

일곱 가지 층위의 ... 직면한 아이들—에게는 어떤 일이 일어날까? 완충 장치보다 도전이 더 많은 이 아이... 같은 어떤 영향을 받을까?

... 열세 살이 되었다. 그는 학교에서 점점 더 큰 어려움을 겪고 있다. 가까스로 ...라고, 7학년 초반부터는 교사들로부터 "문제 학생"으로 낙인찍혔다. 중학교의 ...에 적응하지 못했고, 수차례의 분노 폭발과 공격적인 행동으로 인해 몇몇 교사 ...시 교실로 들어오는 것을 거부했다. 교감선생님에게 행동에 대해 지적받을 때면, ...표정은 무표정하고 몸은 굳었다. 몇몇 교사에게는 날카롭게 반응하지만, 더 큰 권위 ... 위축되어 얼어붙은 듯한 모습을 보인다. 교실에서 점점 더 문제가 많아지면서, 라이 ...금 대부분의 시간을 지원교실에서 보내고 있다. 그는 일대일 상황에서 더 잘 기능하 ...특수교육 교사와 있을 때는 예전보다 행동이 나아졌지만, 여전히 지루해하며 안절부절 ...다. 검사 결과, 라이언은 평균보다 높은 지능을 가졌으며, 집중력 문제 외에 명확한 학습 ...장애는 없었다. 지원교사는 라이언이 점점 창백해지고 눈 밑에 다크서클이 짙어지며, 점점 더 깜짝 놀라는 반응을 자주 보이고, 수업 교체 시간의 소음을 매우 싫어해 이어폰을 껴도 되는지를 자주 묻는다는 것을 알아차렸다.

세상에는 "라이언" 같은 아이들이 많다. 학교에서 "문제아"로 낙인찍히는 아이들이 있는가 하면, 자주 아프다며 병원 진료실에 나타나는 아이들, 반항 행동, 주의력 문제, 기분 장애 치료를 위해 정신건강센터에 의뢰되는 아이들도 있다. 가장 자주 의뢰되는 아이들은 다른 사람에게 문제를 일으키는 아이들이다. 즉, 우리가 "행동 문제"를 가진 것으로 인식하는 아이들이다. 그러나 조용하고 주시하며 어른들의 눈치를 보고 거기에 맞춰 행동을 조절하는 아이들은 오히려 체계 안에서 한참 뒤늦게 발견되며, 이들은 종종 우울증, 섭식장애, 약물 남용, 자해와 같은 모습으로 나타난다. 라이언처럼 두 양상을 모두 보이는 아이들도 많다. 스스로를 통제하려 하다가도 폭발하며, 균형을 유지하려 애쓰는 모습을 보인다.

우리 모두 그렇듯, 라이언도 자신의 환경에 적응하는 법을 배워 왔다. 우리가 병리로 규정하는 것은, 라이언의 뇌가 생존 전략으로 학습한 것이다. 우리가 관찰하는 것은 겉으로 드러나는 행동일 뿐이다: 분노, 학업 문제, 집중 곤란, 경직된 통제. 그러나 그 밑에는 경이로운 것이 작동하고 있다. 뇌는 생존을 위해 어떤 작업들은 포기하면서 다른 작업들을 수행하는 데 최선을 다하고 있는 것이다.

발달 외상이란 무엇인가?

라이언은 정신건강 및 아동복지 체계에서 상당한 시간을 보낸 부모 밑에서 아버지는 기분 변화와 행동 문제로 인해 열 살 무렵부터 생활시설에 입소하게 되 성 장애라는 진단은 한참 뒤에야 내려졌다. 그의 어머니는 부모에게 버림받아 위탁 룹홈, 생활시설에서 성장했다. 라이언의 부모는 청소년 시기에 만나 10대 후반에 결 라이언은 그들의 첫째 아이로, 어머니가 21세일 때 태어났다. 그 뒤로 세 명의 형제가 더 났다. 라이언의 부모는 혼란스러운 삶을 살고 있다. 아버지는 일하는 것보다 실직 상태일 가 더 많으며, 정비공으로 일할 때도 직장에서 화를 내 해고당하는 일이 잦았다. 어머니는 웨이트리스로 시간제 근무를 하고 있다. 부모 모두 정기적으로 술을 마시고 마리화나를 피우며, 아버지는 때때로 코카인을 사용한다. 라이언은 자신이 "실수로 태어난 아이", 즉 계획되지 않은 출산이었다는 사실을 알고 있다. 어머니는 어린 여동생들에게 애정을 보이며, 아버지는 가끔 막내 남동생과 놀아주기도 하지만, 라이언에게 보이는 그들의 태도는 대체로 예측할 수 없다. 간헐적으로 교감이 있는 순간도 있으나, 대부분의 경우 라이언은 무시당하거나 비난받는다.

라이언의 아버지는 성질이 급하다. 어머니가 자주 소리를 지르며 맞대응하기도 하지만, 라이언은 어머니가 아버지를 두려워한다는 것을 알고 있다. 라이언은 아버지가 어머니를 여러 차례 때리고 주먹질하는 것을 보아 왔다. 최악의 사건은 라이언이 여덟 살 때 발생했다. 그때 라이언은 싸움을 말리려 중간에 끼어들어 야구방망이를 들고 아버지를 위협했다. 그 사건 때는 이웃의 신고로 경찰이 출동했고, 라이언과 어머니, 형제들은 4개월간 가정폭력 보호소에서 지냈다가 부모가 재결합하면서 다시 집으로 돌아왔다. 아버지는 아이들에게도 화를 분출했고, 라이언은 아버지를 두려워하면서도 상황이 악화될 조짐을 느끼면 동생들을 위층으로 보내고 자기가 대신 화풀이 대상이 되곤 했다. 그러나 가능한 한 눈에 띄지 않으려 애썼고, 최근에는 막내 남동생에게도 아빠의 눈치를 보고 피하는 법을 가르치기 시작했다.

드물게, 아버지는 라이언에게 관심을 보이기도 한다. 라이언은 항상 복잡한 감정을 느끼지만, 그 순간들을 은밀히 소중히 여기며 더 자주 있었으면 하고 바란다. 아버지가 마음만 먹으면 매력적이고 재미있는 사람일 수 있다. 그는 상황을 흥미진진하게 만드는 법을 알고 있고, 아버지가 라이언을 낚시나 그가 일하던 정비소에 데려갈 때면 라이언은 그런 시간을 매우 좋아한다. 하지만 이런 일은 드물고, 라이언은 아버지를 "좋은" 부모와 "나쁜" 부모, 두 가지 모습으로 보는 법을 익혔다. 라이언은 자신이 감정을 너무 많이 느끼지 않도록 하며, 종종 자신의 삶을 멀리서 지켜보는 듯한 느낌을 받는다.

불행하게도, 아이들이 겪을 수 있는 압도적인 경험들은 다양하다. 『정신질환 진단 및 통계 편람 제5판(DSM-5)』은 외상후 스트레스장애(PTSD)를 정의하면서, 실제 또는 위협적인 죽음, 심각한 부상 혹은 성폭력을 직접 경험하거나 목격한 사건을 외상 경험으로 분류했다(American Psychiatric Association, 2013). 그러나 이 정의는 제한적이며, 발달 트라우마 장애라는 새로운 진단의 필요성을 검토한 여러 전문가들은 이 정의를 확장하여 방임, 심리적 학대, 애착의 단절, 그리고 손상된 양육 체계와 같이 애착관계 내에서 발생하는 어린 시절의 다른 압도적인 경험들까지 포함시켰다(van der Kolk, 2005; van der Kolk & d'Andrea, 2010). 특히 차량 사고나 자연재해처럼 급성적이고 비대인적 외상을 경험한 아동들과, 만성적이고 대인적인 스트레스를 경험한 아동들 사이에는 결과적으로 질적인 차이가 존재한다는 것이 전문가들 사이에서 광범위한 합의로 이루어져 있다(Cook et al., 2005).

외상이 개인의 삶에 중대한 영향을 미칠 수 있다는 것은 분명하다. 약 1만 7천 명의 성인을 대상으로 한 전국 역학조사에서, CDC는 어린 시절에 역경에 노출되면 성인기에 우울증, 약물사용, 흡연, 비만과 같은 건강 문제와 10대 임신 및 출산, 성인기 가정폭력 가해 및 피해 경험과 같은 사회적 위험이 증가한다는 사실을 명확히 밝혔다(Anda et al., 1999, 2006; Felitti et al., 1998). 외상 사건을 경험한 사람 중 PTSD를 진단받는 비율은 5~13%에 불과하지만(Breslau, 2001), 이 진단을 받은 이들 중 최대 80%는 공존 질환을 가지고 있다(Solomon & Davidson, 1997). 전문가들이 PTSD를 진단받은 성인과 더 복잡한 적응 문제—감정 조절의 어려움, 대인관계 손상, 자아와 타인에 대한 의미 체계의 손상, 건강 문제 및 신체 증상, 기억과 의식의 단절—를 보이는 성인 간의 차이를 분석했을 때, 그 차이를 명확히 설명하는 요인은 바로 아동기 시작의 만성적인 스트레스 경험이었다(van der Kolk, Roth, Pelcovitz, & Mandel, 1994).

라이언과 같은 아이들은 겉으로 드러나는 것뿐 아니라 미묘하고 은밀한 여러 층위의 스트레스를 경험한다. 그의 이야기 속에서 DSM-5의 기준에 해당하는 외상은 신체적 학대와 가정폭력이지만, 이는 라이언이 매일 겪는 경험의 일부에 불과하다. 라이언의 삶은 혼란과 예측 불가능성으로 점철되어 있다. 조부모 외에는 그의 경험을 반영하거나 정당화해 주는 이가 거의 없다. 그의 행동은 무시되거나, 폄하되거나, 비난받는다. 무서운 일이 일어날 때 그것은 대부분 보호자에 의해 발생하며, 이를 중재해 줄 완충 장치도 없다. 라이언의 삶은 태어날 때부터 이랬다. 이러한 경험들의 축적된 영향은 단 하나 혹은 복수의 사건으로 설명될 수 없다. 라이언의 삶의 경험은 우리 모두가 그렇듯, 자신과 타인 그리고 세상에 대한 이해뿐 아니라 자신의 내적 경험과 신체, 감정, 행동을 조절하는 능력, 그리고 생존을 넘어서 발달 과제를 완수하는 능력까지 형성해 왔다.

외상의 경험은 복잡하다. 외상은 유형, 원인, 만성성, 영향에 따라 다르며, 다양한 발달 단계, 맥락(가족, 공동체, 문화), 내부 및 외부 자원과 도전의 존재 유무 속에서 경험된다. 따라서 외상의 표현 방식과 적절한 치료에 대한 이해에 차이가 있는 것은 놀라운 일이 아니다.

이 책은 라이언과 같은 아이들, 즉 스트레스를 받고 있는 양육 체계 속에서 만성적이고 종종 중복되는 스트레스 요인을 경험한 아동들을 다룬다. 우리는 이들을 '복합 발달 외상'을 경험한 아이들로 분류한다. 모든 아동, 모든 체계에 동일한 치료 방식이나 초점이 효과적일 수 없다는 것이 우리의 믿음이다. 아이들은 모두 다르고, 가족과 체계도 모두 다르며, 제공자 또한 각기 다르다. 하지만 외상의 핵심 영향에 대한 연구와 전문가 합의는 존재하며(Cook et al., 2005; Briere & Scott, 2015), 회복탄력성과 발달 유능감을 증진시키는 요소들에 대한 풍부한 자료도 존재한다(Cicchetti & Curtis, 2007; Cicchetti & Toth, 2015; Masten, 2001; Masten & Labella, 2016). 이 책의 틀은 바로 이러한 개념들—만성적이고 복합적인 외상 경험에 의해 영향을 받는 핵심 문제들과 발달적 회복 탄력성과 관련된 요소들—을 중심으로 구성되어 있다.

이 책은 복합 발달 외상을 경험한 아동과 함께 일하는 다양한 제공자들을 위해 쓰여졌다. 여기에는 개인 임상가뿐 아니라 생활시설, 학교, 보호소 제공자, 위탁 부모, 주 양육자 등도 포함된다. 우리는 아동과 가족이 돌봄을 받는 다양한 체계에서 통용될 수 있는 핵심 중재 목표들을 제시하고자 했다. 이 틀의 기원과 적용 방식에 대한 보다 상세한 설명은 3장에서 다룬다.

1부

개관

1장

외상이 발달에 미치는 영향

사랑하는 부모와 편안한 집에서 생활하는 12세 소녀를 떠올려보자. 안전한 동네에 거주하며 좋은 학교에 다니고 있다. 그녀의 또래집단은 긍정적이며 유용한 자원이 많다. 그녀의 이웃은 대개 백인이며 같은 언어를 사용한다. 모든 아이처럼 그녀는 강점과 약점을 가지고 있다. 이 소녀는 외향적이고 매력적이었지만 학습장애를 가지고 있다. 그녀의 부모는 강력한 지지자로 학교와 함께 소녀의 욕구들을 충족시킬 수 있는 교육 계획을 세울 수 있도록 노력했다. 소녀는 교실내 활동이나 학업 수행에서 좌절하기도 했으나 학습장애가 확인된 후부터 많은 지지와 격려를 받았다.

한 가지 큰 차이가 있는 소녀를 생각해 보자. 이 소녀는 도시 외곽의 안전하지 않은 곳에 살고 있으며 가족은 빈곤하다. 아버지는 최근 직장을 잃었고, 어머니는 두 곳의 직장에서 일하고 있으며 가족은 그날 벌어 그날 먹고사는 형편이다. 이러한 환경적 차이는 그녀의 발달을 어떻게 변화시키게 될까? 우리는 강점과 함께 어려움을 생각해 볼 수 있다. 그녀의 학교는 재원이 부족하다. 소녀는 부모가 일하는 동안 어린 동생을 돌보아야 해서 학교 숙제를 하거나 놀 수 있는 시간이 적을 것이다. 소녀의 자율성은 발달될 수 있지만 학교 장면에서의 능률은 감소하고 고위험 또래집단에 노출될 가능성이 높다. 소녀를 사랑하는 부모는 스트레스 경험에 대한 완충제와 용기(containers)로써 중요한 역할을 하겠지만 그들은 시간 여유가 없고 스트레스가 크다. 이처럼 강력하지만 단일한 위험 요인을 통해 야기된 모든 어려움에도 불구하고, 소녀는 안전애착 체계의 맥락 속에서 발달 과업을 수행하고 있다.

자, 이제 더 많은 변화를 떠올려보자. 이 소녀가 소수 인종에 속한다고 가정해 보자. 이로 인해 그녀가 자원에 접근하는 것, 자아개념 그리고 그녀의 성취에 대한 관점, 다른 사람들로 인한 취약성에는 어떤 영향을 받게 될까?

같은 특성을 가지고 있지만 한 가지 요인이 다른 아이를 상상해 보자. 부모 중 한 명이 아프거나 부재하며 이웃과 지역사회는 안전하지 않다. 양육자의 신체 폭력이 더해지고 시설과 양육자 사이를 오가며 거주하고 있다고 가정해 보자. 이러한 요인들은 이 소녀의 발달에 어떠한 영향을 미칠 것인가?

발달은 역동적이다. 발달 과업은 현재 단계에서의 성공과 숙달(mastery)을 바탕으로 다음 단계 성공과 효율성이 가능해진다. 예를 들어, 초기 아동기에 양육자와의 관계에서 성공적으로 협상해 왔던 아동은 후기 아동기에 또래들과의 관계에서도 성공적으로 협상하는 중요한 기술을 학습하게 된다. 이 아동은 언어적, 비언어적 단서를 읽고, 효과적으로 의사소통하며, 순서를 협의하고, 만족을 지연하고, 인내하고 갈등을 협상하는 방법을 배우게 된다. 비록 이러한 기술들이 새로운 관계에서 성공을 보장하지는 않으나 더욱 새로운 발달과 복잡한 기술의 기초가 된다.

모든 발달적 기술들은 우리의 초기 관계성과 환경맥락 안에서 성장한다. 우리가 발달하는 방법은 목적지향적이다. 우리의 기술은 환경이 우리에게 부여한 것들에 반응하며 성장하면서 환경과 성공적으로 협상하게 된다. 이런 의미에서 모든 발달은 적응적이라고 볼 수 있다.

사용의존적 발달

우리가 특정 기술을 발달시키는 범위는 특정 기술에 대한 우리의 욕구, 우리의 가용한 자원 그리고 환경으로부터의 입력(input)과 피드백 등 다양한 요인에 따라 광범위하다. 예를 들면, 듣지 못하는 감각장애를 가진 아이는 시각적 주의력과 같은 다른 감각 영역의 발달이 앞서기도 한다. 이중언어 가정의 아이는 제2언어를 배우는 것이 힘들지만 후에 학교에서 제2언어를 배우지 않는다 하더라도 두가지 언어를 쉽게 발달시킨다. 다정한 부모의 보살핌을 받은 어린 아동들은 내적인 조절(regulation) 능력보다 외부를 통한 진정이 우선시하지만, 감정적으로 소원한 부모의 맏아이는 자신의 정서적 경험을 최소화하는 것을 배우게 될 수 있다.

인간 발달을 이해하는 핵심적 개념은 신경 가소성(neural plasticity)이다. 즉, 경험에 대한 반응 속에서 적응하고 변화하는 두뇌의 능력이다. 우리는 완전히 발달된 뇌 구조(structure)와 연결망을 가지고 태어나지 않는다. 우리의 두뇌는 경험과 성숙에 따른 반응 속에서 발달하고 변화한다. 두뇌발달은 사용–의존적(use-dependent)이다. 반복된 입력 또는 패턴에 대한 반응으로 두뇌에서 구체적인 변화가 일어난다. 우리는 태어날 때 두뇌 안에 내재된 수백만 가지의 유용한 시냅스 연결 가능성을 가지고 태어난다. 사용된 시냅스 연결은 강화되고 점차 효율적이 되어 간다. 반면 입력이 이루어지지 못한 시냅스 연결은 제거된다(Abitz et al., 2007).

예를 들어, 외국어 학습에 대한 도전을 생각해 보자. 우리는 대개 청소년기나 성인기에 외국어를 배우려고 한다. 우리가 새로운 언어로 단어를 소리 내어 발음할 때 원어민이 우리의 발음을 수정해 준다. "라 실라예요. 라 시야가 아니에요." 당신이 "그렇게 말했는데요."라고 대답하면 원어민은 머리를 흔들며 미소짓는다. "아니, 틀렸어요." 인간이 말하는 언어는 문화에 따라 수천 개의 단음(speech sound)을 가지고 있다. 태어날 때, 아이들은 인간의 발화 속의 모든 소리를 구별하는 능력을 가지고 태어난다. 생후 10개월에서 12개월 정도가 되면 이 능력은 사라진다. 그리고 말로 들었던 소리나 우리 주변의 언어 속에서 들렸던 소리들만 구별할 수 있게 된다(Werker & Tees, 1984). 우리의 두뇌는 청각적 입력을 통해 몇 가지 연결(모국어에 포함된 것들)을 향상시키지만 사용되지 않은 청각적 경로는 제거한다. 이런 식으로 발달은 목적 지향적이고 구체적이다.

모든 다른 변인들과 같이 외상과 역경(adversity)도 발달을 조형(shape)한다(Cicchetti & Toth, 1995, 2005; Pynoos, Steinberg, & Wraith, 1995; Streeck-Fischer & van der Kolk, 2000). 아동기의 복합외상 경험은 부정적인 결과 및 위험과 연결된다. 아동기 복합외상 경험 결과의 많은 부분이 "병리"와 연결되기보다는 개인 내적 역량(예: 자기감과 자기발달), 대인관계 역량(예: 다른 사람과의 관계를 맺고 유지하는 능력), 조절 역량(예: 정서적 그리고 생리학적 경험을 인식하고 조절하는 능력) 그리고 신경인지 역량(예: 세상에서 의미 있게 행동하기 위해 실행 기능과 다른 인지적 능력을 활용할 수 있는 능력)의 주요한 발달적 결함으로 이해될 수 있다. 복합 발달적 외상은 두가지 주요 기제를 통해서 영향을 미친다.

1. 특정 발달과업과 기술의 우선순위 부여: 특징적으로 이러한 기술들은 아동의 생존과 관련되어 있다.
2. 다른 발달과업을 방해함: 발달과업 대부분은 안전 애착 체계와 맥락의 가용성에 따라 좌우된다.

애착(Attachment), 조절(Regulation), 유능감(Competency)(ARC) 치료 프레임워크는 아동들이 위험 신호를 인식하고, 현재와 과거의 위험을 구별하며, 반응을 관리하는 기술을 기르고, 전 영역에서의 유능감 발달의 기초를 확립하며, 아이들에게 안전한 맥락을 제공할 수 있도록 양육자들을 지지해 주는 기제에 초점을 맞추고 있다.

ARC 개입 목표의 기본이 되는 외상이 발달에 미치는 영향에 관한 이해는 1장과 2장에서 논의할 것이다. 첫째, 정상 발달 과업은 무엇이며, 발달적 외상이 어떠한 방식으로 발달 과업의 수행을 저해하는지 살펴볼 것이다. 둘째, 현재의 행동과 반응을 아이들이 생존하기 위해 발달시킨 적응적 기술과 반응으로 바라볼 수 있도록 하는 3요인 모델(three-part model)을 제시할 것이다.

아동기 과업과 발달적 외상의 영향

초기 아동기(영아기부터 학령기 이전)-정상 발달

아동의 첫 일 년은 다른 시기보다 훨씬 분주하다. 어린아이들은 발달을 위해 핵심적인 구성 블록을 학습한다. 아동들은 자신이 주변 사람들과 분리된 독립체로서 존재하는 것을 학습한다. 그들은 양자 혹은 가족체계 안에서 가장 초기 관계를 형성하면서 관계 연결의 기본을 학습한다. 그들은 양육자가 제공한 공동조절을 통해 정서적 감내력과 조절전략을 형성한다. 아동들은 자신의 세계를 탐색하고 사물과 공간에 대한 인식 그리고 문제 해결의 토대가 되는 기본적인 이해를 확립하며, 기본적인 행위감 또는 자신이 세상에 영향을 미치는 힘을 가지고 있다는 인식을 발달시킨다.

자기, 타인, 그리고 타인과의 관계 속에서의 자기에 대한 초기 이해는 애착관계의 맥락 안에서 발달한다. 출생 시 아이는 분리된 자기에 대한 자각이 거의 없고 내적욕구와 상태를 식별할 능력도 없다. 양육자가 유아의 단서와 욕구에 대해 민감하고 변별화된 반응을 나타냄으로 유아는 점차 자아감을 발달시키고 신체단서를 자각하게된다. 유아와 어린 아동들은 애착 체계라는 맥락 속에서 다른 사람의 표현을 해석하고 효과적으로 욕구를 의사소통하는 방법 등 대인관계의 기초를 학습한다(Kelly, Morisset, Barnard, Hammond, & Booth, 1996). 효과적인 의사소통 노력은 아동의 욕구가 주목받게 되면 강화되고, 아동들은 점차 의사소통 기술을 발달시키게 된다. 유사하게, 아동이 양육자의 얼굴표현, 발성, 행동, 그 밖의 단서들을 해석하는 법을 배움에 따라 타인과의 의사소통에 대한 이해도 성장한다. 이러한 것들이 예상한 바와 일치할 때, 아동은 양육자와의 의사소통을 이해하기 위한 프레임을 발달시킨다. 아동의 상호작용 범위가 점차 넓어지게 되면서 의사소통을 이해하는 레퍼토리가 성장한다. 동시에 비언어적이고 정서에 기반한 방식으로 자기, 타인, 세계에 대한 의미체계가 성장한다. 양육자로부터 일관되고 민감한 반응을 받아온 아이는 세상에 대한 기본적인 안전감을 발달시키며, 다른 사람들을 반응적이며 신뢰할 수 있으며, 자신은 보살핌을 받을 가치가 있다고 이해하게 된다. 초기 조절은 공동 조절의 맥락 안에서 가능해진다—유아는 진정, 편안함, 자극을 제공해 주는 양육자에게 의존한다(Schore, 2001b). 욕구가 즉각 충족되지 않을 때 각성은 빠르게 상승하며, 정서경험은 분열된다—유아들은 차분하거나 흥분하기도 하지만 대개는 차분함과 흥분 그 사이 어딘가에 있지는 않다. 시간이 경과하면서 유아와 걸음마기 아동들은 지속적인 진정을 통해 어떻게 정서가 흘러가는지를 배우고 기본적인 자기 진정 방법을 발달시키다. 중요한 것은 이러한 과정을 통해서 유아들은 정서상태를 감내하는 것을 배운다. 각성이 증가하면, 유아들은 이것이 영원히 지속되지 않으리라는 것을 떠올리며 이러한 각성상태를 가라앉히거나 사라지도록 하는 전략이 있다는 것을 이해하기 시작한다.

충분히 안전한 체계(safe-enough system)를 통해, 어린 아동들은 자신의 세상을 탐색하기 시작할 것이다. 아이들은 보고, 만지고, 맛보고, 냄새 맡고 그리고 주변을 둘러싼 환경 속에서 행동하게 되면서 탐색은 감각적인 것에서 신체적인 것으로 변화한다. 이러한 탐색을 통해 아동들은 행위감 또는 자신이 세상에 영향을 미치는 능력을 가지고 있다는 신념을 발달시키기 시작한다. 걸음마기 아동들이 블록으로 탑을 쌓았다가 밀면—이것은 무너지고—자신의 행동이 세상에 대한 반응을 이끌어 낸다는 것을 학습한다. 아동들은 이러한 행동을 반복하면서 자신의 힘은 지속적이며 외부 반응에는 일관성과 예측성이 있다는 것을 배우게 된다.

행동과 반응의 연결을 통해서, 유아들과 걸음마기 아동들은 감각 자극과 그 의미를 연결하게 된다. 어머니의 체취는 편안함과 연결되고, 아버지의 음성은 놀이 시간과 연결되며, 강아지의 짖는 소리는 공포와 연관된다. 이러한 초기 연결은 언어습득에 앞서 이루어지며 비언어적 수준에서 공고화되며 내적으로 유지된다. 그리고 이러한 초기 연결은 나이가 든 후에도 기억과 반응을 이끌어 낸다. 우리들 중 많은 사람들이 길을 걷다가 어떤 냄새를 맡고는 냄새와 결합된 특정 기억을 확인하지는 못하지만 밀려드는 정서에 놀랐던 경험이 있을 것이다. 감각과 연결되는 것은 인생 초기에 형성된 것이라 하더라도 강력하고 오래 지속된다.

어린 아동들은 학령전기에 이르게 되면 행위감과 독립에 초점을 맞추게 되며 자신들을 둘러싸고 있는 경계의 한계와 그들이 무엇을 할 수 있는가에 대한 한계를 탐색한다. 학령전기 아동들은 특히 구조, 반복, 그리고 안전을 알게 된다. 이 시기 아동들은 같은 영화를 반복해서 보고, 매일 밤 똑같은 잠자리 이야기를 좋아하고, 규칙을 침범할 수 없는 것으로 여기고 주의를 기울인다. 반복은 아동들에게 진정을 제공하며 세상이 작동하는 방식이 무엇인지를 아동이 이해하는 데 중요한 정보를 제공한다.

학령전기 아동들은 시간과 공간 지각이 매우 부족하고 세상에 대한 그들의 이해는 매우 구체적이며 즉시적이다. 만약 무언가 잘못되었다면, 당신이나 내가 무엇인가를 했기 때문이며, 추상적 사고가 개입되지 않는다. 선명한 과거 경험은 마치 어제 일어난 것처럼 설명되고, 어제 일어났던 일이라도 선명하지 않는 경험들은 어린 아동들의 의식에서 사라진다. 구체적인 용어로 설명되지 않는다면 내일, 1주일 혹은 1년 후는 학령전기 아동들에게는 똑같은 의미이다.

초기 아동기-외상의 영향

Bruce Perry(학대와 방치가 매우 어린 아동들에게 미치는 영향을 분석해 온 연구자)는 "인간이 외상으로 인해 가장 상처받기 쉬운 시기가 유아기에서 아동기인데, 성인들이 이 시기를 가장 적응유연적(resilience)이라고 추정하는 것은 대단히 아이러니하다."(Perry, Pollard, Blakley, Baker, & Vigilante, 1995, p. 272)라고 설명한다.

발달 과업과 관련된 일례를 들어 보자. 혼란스러운 가정에서 아이는 부적절하고 예측 불가능한 보살핌을 받는다. 욕구에 대한 반응은 드물게 나타나고 아이들의 의사소통 노력은 비효과적이다. 양육자의 반응은 예측 불가능하고, 얼굴표정, 언어적 신호, 그리고 행동은 일관성이 없다. 그때 아이는 의사소통의 경험을 해석할 만한 아무런 프레임이 없다. 아동은 이에 적응하여 더욱 강하게 의사소통하게 된다(예: 빈번한 안달복달, 관심을 끌기 위한 지속적인 노력). 만약 이러한 노력이 반응을 이끌어 내지 못하거나 처벌을 야기한다면 아동은 의사소통하려는 노력을 최소화하게 된다. 이러한 대인관계 의사소통의 결함은 걸음마기와 학령전기 내내 진행된다(Coster, Gersten, Beeghly, & Cicchetti, 1989). 아이는 또래나 교사의 위협신호나 화에 대해 극도로 경계하고 단서를 잘못 해석하며 대인관계에서의 초기 협상에 어려움을 가지게 된다. 학령전기 아이들은 정서 경험이나 다른 사람과의 관계에 방어적이며 자신의 욕구를 충족시키기 위해 주위 사람들에게 지나치게 매달리거나 요구적이 된다(Egeland, Sroufe, & Erickson, 1983; McElwain Cox, Burchinal, & Macfie, 2003; Vondre, Barnett, & Cicchetti, 1990).

이러한 스트레스 환경에 처한 아이들이 정서적 그리고 생리적 각성을 경험할 때, 진정과 조절은 비일관적으로 일어나거나 또는 전혀 제공되지 않을 수 있다. 아이의 정서 상태는 분노나 위협과 맞닥뜨리고, 적절한 자기진정 전략의 부재와 가용한 외부 조절이 없다면, 아이는 압도적인 각성 상태에 처하게 된다(Schore, 2014; Schore, 2001a). 아동이 경험에 대한 접촉과 이해가 없다면, 부적절한 진정을 통해 정서는 그들에게 무서운 것이고 신체에서 일어나는 각성은 잠재적인 위험이 된다는 것을 배우게 된다. 어린 아동들은 신체 경험과 연결되지 못하고, 경계하며, 각성과 감정을 행동과 움직임으로 나타내게 된다(Erickson, Sroufe, & Egeland, 1985). 아이가 학령전기를 지난다 해도 자기 진정 전략은 여전히 원초적이며 전략수립이 정교해지는 정상발달은 일어나지 못한다. 도전적인 각성수준이 지속된다면, 아이들은 발달 초기의 기술에 의존하게 된다.

안전한 시스템이 없다면 어린 아동들의 탐색은 영향을 받는다. 예측할 수 없게 반응하는 양육자를 가진 아이들은 양육자와 가까이 있기 위해 탐색을 포기한다. 반면, 일관되게 거부적인 양육자의 아이는 위험을 나타내는 환경 신호가 주어져도 탐색을 계속한다. 탐색이 영향받는 것처럼 행위 역시 영향받는다. 스트레스가 높은 환경의 아동은 세상에 대해 덜 통제적이고, 영향도 덜 받으며, 세상에 대한 예측 가능한 이해가 부족하며, 종종 무력감을 내면화한다(Crittenden & Dilalla, 1988). 이러한 패턴이 학령전기에도 지속되면, 아동들은 탐색하지 않거나 연령에 맞지 않는 독립심을 발달시키기 시작한다. 발달단계의 기본적인 요소인 구조와 안전의 상실로 어린 아이들은 경직된 불안 통제 전략을 발달시키게 된다(Main & Cassidy, 1988). 행동적으로 이러한 전략들은 우두머리처럼 행동하거나 거짓말, "조작하기" 등으로 나타난다.

혼란, 폭력, 방임에 노출된 유아와 초기 아동들에게 감각자극은 위험한 것으로 해석된다. 이 단계에서는 비언어적 처리과정을 통해 잠재적 위험에 대한 단서는 언어 표현 없이 일반화되고 고착된다. 이 같은 단서들은 후에 그 근원을 인식하거나 이해하지 못한 아동에게 위험 반응을 촉발시킨다.

초등학교/중기 아동기-정상 발달

초등학교 시기의 아동들은 가까운 가족들을 넘어서 자신들의 세계를 확장시킨다. 학교, 지역사회, 또래 집단과 밀착되고 많은 시간을 보내게 된다. 비록 양육자가 애착의 주요 대상이지만, 또래의 중요성이 점차 증가한다.

이 시기의 아동들은 학업이나 개인적 성취에 몰두하면서 독립적 기능과 개인적 성취가 증가한다. 아동들이 가족을 넘어선 세계에 노출되면서 내적 자산을 사용해서 결과를 산출하고, 창조하고, 성취한다는 것을 발견한다. 그리고 성취에 대한 자부심의 발달은 지속적인 정체성 발달에 중요한 역할을 한다. 개인의 특성에 대한 이해는 구체적이고 절대적인 것(예: "나는 여자야." "나는 똑똑해.")에서 점진적으로 추상적이고 미묘한 것(예: "나는 수학을 아주 잘해. 그러나 나는 읽기는 힘들어." "사람들은 나를 재미있다고 생각해.")으로 성장한다. 이 시기의 아동들은 나중에 그들이 경험을 해석할 필터를 만든다. 일반적으로 학교에서 긍정적인 성취를 하는 아이는 자신이 학문적으로 유능하다는 신념을 형성한다. 또래 관계가 좋은 아이는 자신이 대인 관계에서 유능하다는 신념을 형성한다. 지속되는 경험들이 동화(accommodation)와 조절(assimilation)의 과정을 통해 필터로 통합되거나 배제된다(Piaget, 1952).

인지기술의 발달은 지속된다. 그러나 초등학교 시기 내내 아동들은 구체적인 정보에 의지하여 의미를 형성한다. 추상적 사고는 초등학교 고학년이 되어도 완전하지 않다. 따라서 세상에 대한 해석은 즉각적으로 사용 가능한 요인들에 초점을 두게 된다. 이와 유사하게 시간과 공간에 대한 초기 이해가 나타나지만, 아동들은 주로 현재 경험에 집중한다.

초등학교/중기 아동기-외상의 영향

발달을 통해 기능의 영역이 확장되면서, 외상의 영향도 확대되며 아동들은 전 영역에서의 발달에 손상을 나타낸다. 이 단계에서 두드러지는 것은 또래와 학교 기능에서의 손상인데, 두 가지 모두 이 단계 유능감에서 주요한 영역이다. 초기 양육자에게 성공적으로 상호작용하는 방법을 배우지 못한 아동들은 또래집단이나 교사와 같은 다른 성인들과 실용적이고 적절한 상호작용을 발달시키기가 더욱 어렵다(Anthonysamy & Zimmer-Gembeck, 2007; Kim & Cicchetti, 2010; Shields, Ryan, & Cicchetti, 2001). 초기 탐색이 상실되고 행위감을 발달시키지 못하면 학교 장면에서 수행을 완수하고 지속하는 아동의 능력이 영향받을 수 있다(Carrion & Wong, 2012; Shonk & Cicchetti, 2001).

중기 아동기의 유능한 수행은 일련의 기술에 의존한다. 예를 들어, 긍정적인 학교성취는 인지능력을 요구하지만, 주의집중 능력, 각성수준을 조정하는 능력, 행동을 조율하고 충동을 통제하는 능력, 좌절 감내력, 그리고 대인관계 능력의 영향을 받는다. 외상 경험 아동들은 이러한 영역 가운데 한두 가지 혹은 모든 영역에 손상을 입게 된다. 이러한 영역에 대한 도전은 실패 경험을 야기한다. 자신의 능력이 부족하다고 과소평가하는 아이들에게 이러한 경험은 다른 영역으로 일반화된다(Vondra, Barnett, & Cicchetti, 1989; Dvir, Ford, Hill, & Frazier, 2014).

발달의 계속된 실패로 아동의 자기감 상실은 증가한다. 부정적 자기개념과 자기 비난이 내재화된다. 스트레스 환경에 있는 아동들은 적극적으로 자기, 타인, 세계에 대한 필터를 구성해 간다. 대인관계, 학업 성취 그리고 다른 발달 영역에서의 반복되는 실패경험이나 유능감 결핍은, 자신이 부적절하며 숙련되지 못하다고 믿는 자기신념을 증가시킨다(Runyon & Kenny, 2002; Toth & Cicchetti, 1996). 안정 애착아동과 달리 스트레스 환경에 놓인 아동들의 신념 체계—삶에서 빈번히 그리고 분명하게 안전과 위험을 판별할 때 요구되는 적응 능력—는 경직되며 신념체계 내에서 동화와 조절이 적게 일어난다. 부정적인 자기감과 갈등을 빚는 경험들은 통합되기보다는 일탈적 행동이나 이례적인 것으로 거부된다. 중기 아동기 중반 이후가 되면, 무력감과 무망감의 초기 신호가 나타날 수 있다(Kim & Ciechetti, 2006).

타인과의 관계 역시 경직된다. 안정애착 아동들은 각기 다른 관계에서 각기 다른 방식으로 접근하는 등 관계에 유연하게 접근하는 반면, 스트레스 애착 체계의 아동들은 새로운 관계에 대해서 불신감을 가지고 다른 사람과 관계를 맺는 등 그들의 초기 애착유형을 반복하기도 한다(Lynch & Cicchetti, 1991). 이러한 접근은 적응적이다. 만약 한 아동이 관계 속에서 많은 위험 경험들을 통해 다른 사람들은 위험하다는 신념을 발달시켜 왔다면, 달리 입증되지 않는 한 그 아동은 모든 사람은 위험하다고 믿게 된다. 그 결과 아동에게 또래나, 교사, 그리고 다른 어른들을 포함해서 잠재적으로 안전한 타인들과 관계를 맺는 것은 도전이 될 수 있다. 아동의 자기 보호적인 신호와 마주치면 다른 사람들도 똑같이 반응할 수 있다. 예를 들어 행동, 언어, 표정을 통해 "물러서!"라고 의사소통하는 아동에게 가까이 다가가고 싶은 사람은 거의 없다. 순환이 연속된다. 그들이 아동은 관계에 흥미가 없다는 신념을 발달시키는 동안, 그 아동은 다른 사람들이 거부적이라는 신념을 공고화한다.

성장하는 아동들의 기술은 한정적이고, 제한적인 기능의 순환으로 인해 이 시기에는 정서적 그리고 생리적인 경험에 대한 대처와 표현이 행동과 상호작용을 통해 나타난다. 행동표현의 범위는 광범위하다. 아동들은 행동화하고, 공격하며, 다른 사람들을 따돌릴 수도 있다. 과잉행동 또는 우스꽝스러운 행동을 하거나, 행동적 각성을 조절하는 것이 어려울 수도 있으며, 철수되고, 위축되며, 감정을 차단할 수도 있다(Alink, Cicchetti, Kim, & Rogosch, 2009; Ford et al., 1999; Hebert, Parent, Daignault, & Tourigny, 2006; Yoon et al., 2016).

청소년기-정상 발달

청소년기는 급격한 변화가 두드러지는 시기이다: 인지능력이 발달하고, 사회적 기술과 조망 능력은 성숙해지고, 생리적 발달이 빠르게 변화한다. 청소년들은 이러한 변화들과 타협하고 의미 있게 통합시켜야 한다. 많은 과업들 가운데 청소년은 일관된 정체감, 자기에 대한 복합적인 이해를 적극적으로 형성해야 한다.

정체성 형성은 비교와 대조를 통해 이루어진다. "나는 또래들과 이런 점이 똑같아." "나는 이런 점이 부모님과 달라." 청소년은 자기 반영과 평가에 몰두하며, 다른 사람들은 10대들이 매우 어린 아이들처럼 자기 몰입한다고 여기게 된다. 그러나 청소년기는 유아와 초기 아동기처럼 외부 세상에 대한 인식이 부족하지 않으며, 오히려 외부세계가 자신을 어떻게 보고 평가하는지와 관련된 인식으로 괴로워한다.

자기감의 증가와 더불어 초기 양육 체계로부터의 건강한 분리와 개별화가 나타난다. 이를 완성시키는 방법으로 또래 집단은 청소년들에게 참조, 정보, 지지 자원이 된다. 또래 집단의 중요성은 증가하지만, 건강한 양육 체계 내의 부모와 주 양육자는 불확실과 고통의 시기에서 청소년들의 '안전망'으로 남아 있다.

청소년은 자기를 정의하려는 갈망으로 인해 때때로 극단적인 시간을 갖기도 한다. 청소년은 정체성을 찾는 동안 다른 역할을 실험하고, 시도하며, 포기한다. 그들은 신체 이미지, 성적 이미지, 자기-개념을 다룬다. 분명한 관점과 판단이 발달하고 그들은 성인기로 접어들며 점차 자신을 절제하기 시작한다.

청소년기는 미래가 실제적이고 의미 있게 다가오는 첫 번째 발달단계이다. 어린 아동들과 달리 청소년은 과거, 현재, 미래의 관계를 연결시키고, 미래의 관점에서 자신을 조망할 수 있다. 그러나 청소년은 현재 행동을 결과와 연결하거나 목표 달성에서 이러한 행동들이 어떠한 역할을 하는지에 대해서는 효율적이지 않다. 이것은 인지구조가 성숙해지면서, 시간과 함께 발달하게 되는 기술이다.

청소년기-외상의 영향

청소년기는 외상에 노출되었던 청소년들에게 특히 고위험 시기이다(Appleyard, Egeland, van Dulmen, & Sroufe, 2005; Layne et al., 2014). 청소년기는 빠른 변화, 자기 평가, 자기 비난, 극단적인 경험의 시기로, 그들 자신의 경험과 상호작용을 조절하는 기술을 발달시키지 못한 청소년은 점차 연결되지 못하거나, 권리를 박탈당하게 된다. 초기경험의 결과로 자신은 다르다고 느끼면서—그리고 빈번한 상처를 경험한—청소년들은 그들이 그들 스스로를 관찰하는 것처럼 다른 사람들도 자신을 주의 깊게 관찰하고 있다는 신념으로 인해 고통스러운 자의식(self-consciousness)과 부정적인 자기 정체감으로 이어진다.

청소년기의 강한 정서는 외상 청년들을 위험에 빠뜨린다. 정교한 전략이 정상적으로 발달되지 않은 채 외상을 경험한 청소년들은 초기 대처 전략에 계속해서 의존한다. 어떤 청소년들은 과잉통제나 완벽주의에 의존하고, 정서 경험이나 다른 사람들과의 상호작용을 제한하게 된다. 일부 청소년들은 약물남용, 자해, 자극추구 행동과 성적 상호작용 등과 같은 외부 조정 수단에 의존한다(Kilpatrick et al., 2003; Lansford, Dodge, Pettit, Crozier, & Kaplow, 2002; Layne et al., 2014; Noll, Shenk, Barnes, & Haralson, 2013). 청소년들의 독립성 증가는 사용 가능한 대처 전략의 성격이 더 큰 위험을 수반하게 된다는 것을 의미한다. 5세 아동의 심각한 조절곤란은 성질부리기로 나타나지만, 17세 청소년은 과도한 음주로 인한 운전 문제가 발생할 수 있다.

개별화(Individuation)와 분리는 내적 자기감이 파편화된 청소년들에게 도전이 된다. 외상이 만성적이거나 삶의 초기에 시작된 청소년들은 해리성 대처에 계속해서 의존하고, 이인증(depersonalization)과 비현실감(derealization)이 두드러진다(Haugaard, 2004; Putnam, 1997; Schimmenti & Caretti, 2016). 경험적 측면에서의 접촉 단절—그리고 자기와 세계로부터의 분리감—은 청소년들이 그들 자신의 목표, 의견, 가치를 다른 방향으로 표출하도록 하기도 한다. 청소년들은 부정적인 또래영향과 승인 때문에 위험에 처하기도 하고, 또래와의 상호작용에서 스스로를 고립시키거나 위축될 수 있다. 극단적으로는 또래나 어른들에 의해 청소년들이 재희생화될 위험에 처하게 되기도 한다(Auslander, Tlapek, Threlfall, Edmond, & Dunn, 2015; Barnes,

Noll, Putnam, & Trickett, 2009). 결국, 청소년들의 정체성은 일관성 있는 전체로 통합되지 못하고 자기측면들이 분열된다.

초기 성인기-정상 발달

이 책은 청소년에게 초점을 맞추고 있지만, 오늘의 아동은 내일의 성인이 된다. 따라서 많은 임상가와 시스템들은 초기 성인기에 해당하는 청년들과 작업하게 된다. 따라서 성인으로 가는 초기 과도기에 대해 간략하게 살펴보고자 한다.

성인기로 가는 과도기에서 정상 발달은 정체감의 공고화 증가가 뚜렷하다: 20~30세에 이르기까지 성인은 자의식이 증가하고, 자기의 일부 측면을 편안하게 받아들인다. 종종 자기감은 딸, 아들, 배우자, 부모, 직업인, 친구 등 다양한 역할에서의 자기와 맥락에 따른 자기 인식으로 발전한다. 비록 성인들은 다른 환경이나 다른 역할에서의 각기 다른 자기의 모습을 의식할 수는 있지만, 자기 이해와 정체성에 일반적인 일관성이 있다.

초기 성인기에는 의미 있는 직업이나 숙련된 생산성이 강조되며, 시간이 지나면서 인생 선택에 대한 평가와 재평가가 이루어진다. 유망한 직업에의 종사, 대인관계 선택, 그리고 다른 삶을 결정하기 위해 시간의 프레임이 변화되기는 하지만, 20대 후반에서 30대 초반이 되면 많은 성인들은 중요한 삶의 선택을 가시화하거나 정의 내린다.

초기 성인기 동안 건강한 성인은 독립적으로 기능하고, 다른 사람을 도구적, 정서적 지원의 자원으로 활용한다. 애착 대상은 배우자 또는 자녀가 되며(Dinero, Conger, Shaver, Widaman, & Larsen-Rife, 2008; Simpson, Collins, Tran, & Haydon, 2007) 건강한 애착이 다음 세대로 반복된다(Benoit & Parker, 1994; van IJzendoorn, 1995). 인지능력과 대인관계 능력이 복잡하게 증가하고, 건강한 성인은 균형감을 가지고, 추상적 사고를 사용하며, 과거, 현재, 미래의 행동과 경험을 연결한다. 완전한 발달과 노화과정이 시작되기에 앞서, 실행 기능과 다른 인지능력들은 20대 후반에 최고에 이른다(Ostby et al., 2009; Tamnes et al., 2009). 결과적으로, 성인은 "자신의 입장에서 생각하고", 문제를 해결하고, 다중 과업을 수행하고, 참여하며 주의를 집중한다.

초기 성인기-외상의 영향

아동기 발달 과업들은 성인기의 복잡한 기능과 연합된다. 만성적인 초기 외상을 경험한 성인들은 영역별로 심각한 기능 손상을 나타낸다. 자기감과 정체성은 시간과 경험, 맥락에 따른 통합 부족으로 분열된다(Ogawa, Sroufe, Weinfield, Carlson, & Egeland, 1997; Reviere & Bakeman,

2001; Schimmenti & Caretti, 2016; Wolff & Ratner, 1999). 자기개념은 초기 아동기부터 발달된 자기비난, 죄책감, 부끄러움, 손상 그리고 무력감이 포함된 부정적인 프레임을 가지게 된다(Brock, Pearlman, & Varra, 2006; Liem & Boudewyn, 1999).

대인관계 능력은 성인기에도 영향을 받는다. 안정애착이 세대를 통해 반복되는 것처럼 불안애착도 세대를 통해 반복된다(Lyons-Ruth, Yellin, Melnick, & Atwood, 2005; Main & Goldwyn, 1984; van IJxendoorn, 1995; Verhage et al., 2016). 초기에 대인관계 문제를 경험한 성인은 건강하고 성숙한 관계를 형성하기가 어렵다. 관계에는 과도한 의존과 강렬한 욕구가 드러난다. 반대로 스스로를 고립시키거나, 피상적이거나, 위축되는 식의 '서먹한' 대인관계를 유지하기도 한다.

정서적 그리고 생리적 조절의 어려움은 초기 성인기에도 지속되어 더욱 심해지거나 견고해진다. 압도적인 정서와 각성에 대한 노출이 지속되면, 초기 성인은 경직된 초기 대처전략에 의존한다(Choi, Choi, Gim, Park, & Park, 2014; Fortier et al., 2009; Lyons-Ruth, Dutra, Schuder, & Bianchi, 2006; Min, Frkas, Minnes. & Singer, 2007). 환경에 대한 경계와 과도한 각성 반응은 멍해지거나, 철수가 뒤따르면서 성인들은 과도한 과각성 또는 낮은 각성 상태에 놓이거나, 두 가지가 바뀌는 심한 기분 변화의 상태로 지내게 된다(Dvir et al., 2014; Ford, 2005; Ford, Stockton, Kaltman, & Green, 2006; Lanius et al., 2010). 비록 초기 성인기에는 인지능력이 일반적으로 복잡하고 미묘해지지만, 외상을 경험한 초기 성인은 실행 기능이나 기억과 같은 주요 능력에서 심각한 결핍을 지속적으로 나타낸다(Bremner, 1999; Bremner et al; Navalta, Polcari, Webster, Boghossian, & Teicher, 2006; Nikulina & Widom, 2013; Philip et al., 2016). 더 나아가, 생존반응이 다른 능력보다 우선하게 된다면, 위험이나 압도적인 스트레스에 직면 시, 이러한 인지과정들은 실패하게 된다. 결과적으로, 성취와 긍정적인 기능을 할 수 있는 역량은 그 성인의 내적 조율 수준에 좌우되면서 각 영역의 기능들은 상태 의존적이 된다. 역설적이지만 성인기의 높은 인지능력은 한 가지 이상의 맥락에서는 분명하게 일관된 방식으로 기능하고 유능하게 하지만, 내면적으로 혹은 다른 맥락에서는 심각한 조절곤란이나 붕괴를 경험하게 한다.

발달적 적응유연성

인간이 가지는 적응유연성의 놀라운 특성을 밝히지 않고는 외상경험이 아동 발달에서 미치는 영향력을 논할 수 없다. 스트레스와 적응유연성의 개념은 혼재되어 있다. 적응유연성은 스트레스 없이 존재하지 않는다. 적응유연성에 관한 연구는 위험 연구에서 도출되었다. 압도적인 경험이 미치는 충격을 이해하려는 시도에서 스트레스가 높은 사람들을 연구하게 되었다. 그리고 긍정적인 결과를 예측하는 요소가 무엇인지 이해하기 위한 시도를 통해 적응유연성 연구가 성장하였다.

적응유연성에 대한 정의는 많지만, 저자들이 말하려는 것 중의 하나는 "도전적이거나 위협적인 환경에도 불구하고 성공적인 적응의 과정, 능력, 그리고 결과"에 관한 것이다(Masten, Best, & Garmezy, 1990, p.426). 이러한 정의에 따르면 저자들이 만난 모든 아동은 어떤 방식이나 어떤 수준에서는 적응유연적이다. 어떤 한 아이가 사무실에 앉아 있다. 그때 그 아이는 그의 세계에서—적어도 그 환경에서 신체적으로 생존하기에 충분히 오랫동안—성공적으로 적응한 아이이다. 성공적인 적응은 다양한 방식으로 나타나며 때로는 반직관적이기도 하다. 예를 들어, 속임수를 쓰거나 거짓말한다는 꼬리표가 붙은 아이는 자신의 욕구에 맞는 방법을 찾음으로써 욕구가 충족되지 못하는 세상에 성공적으로 적응한 것일 수도 있다. 정서적으로 차단된 것처럼 보이는 아이는 정서적 경험에 접하는 것을 최소화함으로써, 실패한 양육에 성공적으로 적응한 것일 수도 있다. 다음 장에서 저자들은 발달 맥락 안에서 아동들의 행동이 이해되는 이유를 논의할 것이다.

궁극적으로 우리의 목표는 아동들이 신체적인 생존 이상으로, 위험과 박탈이라는 맥락을 넘어서서 성공적으로 세상에 적응하기를 기대한다. 적응유연성을 촉진하는 요인들을 이해함으로써, 우리는 이러한 요인들을 목표로 지지해 줄 수 있다. 우리 신념의 핵심—외상이 건강한 발달을 방해한다는 것을 이해하고 외상 스트레스에 노출된 아동들과 작업하는 개인으로서—은 유능하고 건강한 발달을 이끌어 내는 요인들을 구축하는 것이 최우선적인 치료 목표라는 것이다.

적응유연성 블록 구축하기

심각한 스트레스에 노출된 아동들의 건강한 발달을 이끄는 요인들은 다음 두 가지 범주에 해당한다. 첫째, 아동 내적인 것(예: 기질, 특징적인 발달 기술들)과 둘째, 가족적, 환경적/체계적 영향이 포함된 아동의 외부적, 맥락적인 것들이다(Masten & Coatsworth, 1998). 실제 저자들의 작업에서는 이 두 가지 수준을 목표로 한다. 요인들 간의 상대적인 중요성은 발달과정에 따라 변화한다. 유아에게 중요한 것이 청소년에게 중요한 것과는 다르다. 많은 연구자들이 고위험 집단을 대상으로 하는 다양한 연구를 통해 위험과 적응유연성 이해에 중요한 기여를 해 왔다(Cicchetti, & Crutis, 2007; Cicchetti & Rogosch, 2009; Cicchetti, Rogosch, & Toth, 2006; Haggerty, Sherred, Garmezy, & Rutter, 1996; Masten et al., 1990; Masten & Coatsworth, 1998; Urban, Carlson, Egeland, & Sroufe, 1991; Werner & Smith, 1980, 2001; Wyman et al., 1999). 우리는 적응유연성이라는 블록 구축을 강조하기 위해 몇 가지 자료들을 살펴볼 것이다.

개인/아동 요인

아동기의 발달적 강점을 다룰 때, 개인 내적인 요인들일지라도 안전한 양육 체계의 바탕 위에서 살펴보아야 한다. 각 발달 단계에서 자기에 대한 모델(예: 자기효능감과 독립심), 그리고 타인에 대한 모델(예: 사회적 지향과 긍정적 관계형성 능력)과 관련된 요인들을 강조하였고, 우리는 발달 단계 전반에 미친 내적 작동모델(Internal working model)의 결정적 영향을 살펴보았다(Bowlby, 1958). 또한 발달 단계 전반에서 강조된 것은 경험(예: 좌절 감내, 인지적 조절, 행동적 통제)을 조절할 수 있는 아동의 능력으로, 이는 외부 지원을 통해 정상 발달에서 성장할 수 있는 일련의 기술들이다.

유아기

유아기의 강력한 예측요인은 긍정적인 기질(예: 애정적인, 좋은 성격의, 일과적인 잠자기/먹기 습관)(Smith & Prior, 1995; Wyman et al., 1999)과 안정애착 유형으로 이는 나중에 적응유연성의 예측요인과 결과에서 살펴보게 될 것이다(Cicchetti et al., 2006; Kim & Cicchetti, 2004; Rothbart, ahadi & Evans, 2000). 이 시기에는 양육 체계가 우리의 주요한 개입 목표이다(Lieverman & van Horn, 2008; Scheeringa & Zeanah, 2001).

학령전기

적응유연적인 학령전기 아동들에게 발견되는 주요한 두 가지 요인은 증대된 자율감과 사회적 지향(social orientation) 능력이다. 적응유연적인 학령전기 아동들은 연령에 적합한 자기감과 능력을 가지고 스스로에게 구조를 제공한다(Mendez, Fantuzzo, & Cicchetti, 2002). 정서관리 능력이 중요하며 특히 좌절에 대한 인내력이 중요하다(Mischel, Shoda, & Rodriguez, 1989; Shoda, Miscel, & Peake, 1990). 적응유연적인 학령전기 아동들은 다른 사람들과의 관계에서 지지를 구하거나 이끌어 낼 수 있다.

중기 아동기

스스로 인식하는 효능감과 개인적 유능감이 이 단계의 결과를 가장 잘 예측하게 해 준다. 연구에서 긍정적인 성과를 나타낸 초등학교 연령의 아동들은 존중감과 효능감이 발달되어 있었다(Bodger, Patterson, & Kupersmidt, 1998; Kim & Cicchetti, 2003). 적응유연적인 아동들은 충동적으로 반응하기보다는 인지적으로 숙고하는 유형으로서 생각하는 시간을 갖는다(Cicchetti, Rogosch, Lynch, & Holt, 1993; Shoda et al., 1990; Zelazo, 2001). 그들은 어느 정도는 내적 통제 소재를 가지고 있으며, 그들의 세계에 영향을 미치는 자신의 능력을 믿는다(Wyman, Cowen,

Work, & Parker, 1991). 적응유연적인 아동들은 도전에 직면 시 대처 전략의 사용이 유연하며, 유머 사용과 같은 기술을 가지고 있다. 이러한 아동들은 적응유연적이지 못한 아동들에 비해 사회지향적이며 또래 및 성인들과 더욱 긍정적인 관계를 갖는다.

청소년기

청소년기의 적응유연적인 결과를 예측하는 주요 요인은 개인적 책임감과 사회적 성숙이다. 건강하게 지내는 청소년들은 자신의 운명을 어느 정도 통제할 수 있다는 능력에 대한 믿음을 가지고 있으며, 그렇게 하고자 하는 갈망이 있다(Campbell-Sills, Cohan, & Stein, 2006). 그들은 어느 정도 성취 지향적이며, 독립적으로 기능할 수 있다. 그들은 일련의 가치를 내재화하고, 의사결정 시 이를 이끌어 낸다. 그들은 다른 사람들과 상호작용할 수 있으며 사회적으로 감각이 뛰어나며, 관계를 구축한다(Resnick et al.,1997).

체계적/맥락적 요인

외부 요인에는 가족 맥락 또는 관계성, 또래 그룹, 학교 요인들 그리고 지역사회 지지와 자원들이 포함되며 관계의 역할은 매우 중요하다(Werner & Smith, 2001; Wyman et al., 1999). 연구들에서 고위험 아동군에서 가장 일관된 적응유연성 예측 요인은 한 사람(예: 조부모, 교사, 형제)과의 안전하고 애정적인 양육적 유대였다(Chandy, Blum, & Resnick, 1996; Dexheimer Pharris, Resnick, & Blum, 1997; Flores, Cicchetti, & Rogosch, 2005; Wyman et al., 1991). 또래관계 역시 중요한데, 적어도 한 명의 가까운 친구가 있거나, 오랫동안 친구관계를 유지하는 아동들이 적응유연적인 것으로 나타났다.

가족의 가치와 사회화 경험은 보호적이다. 연구들은 연령에 적합한 책임 있는 역할에 대한 가족들의 기대를 포함해서 청소년에게 긍정적 기대를 가지는 것이 중요하다고 강조하는데 이러한 경험으로 아동들은 효능감을 키울 수 있다(Lipscitz-Elhawi & Itzhaky, 2005). 이 외에도 보호적인 가족 요인에는 신념 또는 종교적인 경험, 양육자의 신뢰로운 정서적 지지 그리고 정서표현에 대한 격려 등이 포함된다(Werner & Smith, 2001).

많은 연구에서 아동의 학교 경험이 적응유연성 형성에 중요한 기여를 하고 있음이 드러났다. 학업성취가 유능감의 기준처럼 보이나, 적응유연성에 대한 연구에서는 학교장면에서의 아동 참여와 관계도 중요한 것으로 나타났다(Resnick et al., 1997). 학교에 대해 긍정적으로 느끼고, 관계를 잘 맺고 있는 아동들은 그렇지 않은 아동들보다 더욱 잘 지낸다. 이러한 연결을 증대시킬 수 있는 학교요인에는 아동의 강점에 대한 강조, 피드백과 칭찬이 가지는 중요성에 대한 인식, 신뢰와 책임감을 촉진하는 역할과 과업의 가용성, 학업과 행동에 대한 기준과 기대 그리고 긍정적인 아동–교사 관계 등이 포함된다.

가정과 학교를 넘어서, 아동들과 가족들은 지지받고 더 큰 지역사회와 연결될 때 더욱 잘 기능한다. 친척들의 지지와 이웃자원의 가용성이 스트레스를 경험하고 있는 아동과 가족에게는 완충제가 될 수 있다(Jaffee, Caspi, Moffitt, Polo-Tomas, & Taylor, 2007). 청년 기대가 중요한 이유는 다음과 같다. 그들의 세상에 기여할 수 있다고 느끼는 청년들은 적응유연성을 지니고, 보다 넓은 세계로 자신의 역할을 확대하기 때문이다.

2장

아동 발달, 인간의 위험 반응, 그리고 적응: 아동 행동을 이해하기 위한 3요인 모델

1장에서 우리는 만성적 스트레스가 있는 초기 환경이 정상적인 발달 과업을 방해하는 방식에 대해 살펴보았다. 아동 발달이 환경과 맥락에 반응적이라는 점과 동시에 어떤 과업과 기술은 중요치 않게 되지만, 다른 과업과 기술들은 점점 효율적이 되어 간다는 점을 기억해 두는 것이 중요하다. 이 장에서, 우리는 위험직면 시 아동이 보이는 신속한 이동과 안전을 향한 내재적 추동이 발달적 도전과 상호작용하면서 행동, 적응, 그리고 우리가 보통 복합외상반응으로 분류하는 "증상"을 일으키는 방식을 이해하기 위해, 3요인 모델(three-part model)을 논의하고자 한다. 이 모델은 [그림 2.1]에 요약되어 있다.

1단계: 의미 체계-위험에 대한 가정

모든 인간은 의미 체계를 가지고 있는데, 그것은 우리를 둘러싼 세계와 자신의 행동, 다른 사람들의 행동, 그리고 감각을 통해 인식하게된 정보를 해석하고 이해하는 법을 안내하는 참조틀이다. 우리는 아동기에 이러한 참조틀을 발달시키는데, 처음에는 애착 체계의 맥락 안에서, 이후에는 세상과 상호작용 또는 행동했던 경험을 통해 발달시킨다. 우리는 성장하면서 미묘함과 복잡성이라는 층을 추가한다. 우리의 참조틀은 동시에 작용하지만, 우리들 가운데 그 누구도 세상을 볼 때 같은 것을 보지 않는다. 우리는 유기체의 모든 측면을 사용해서 다양한 수준의 정보를 처리하고, 의미를 부여하고(Tronick, 2007), 인지, 감각 정보, 생리적 반응과 정서적 이해를 통해 우리의 세계를 해석하고 이해한다.

우리가 발달함에 따라 세상에 대한 이해도 성장하고 변화한다. 우리의 이해는 경험을 통해 많은 영향을 받는다. 인지 스키마(schema)의 변화, 혹은 우리가 개념을 정리하고 이해하는 방법을 생각해 보자. 스키마는 발달의 영향을 받고(예: 어린 아이는 4개의 다리가 있는 생물을 모두 강

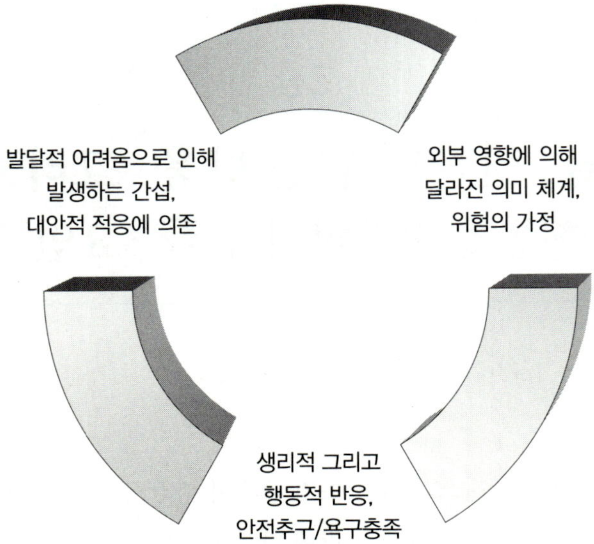

[그림 2.1] 아동 행동을 이해하기 위한 3요인 모델

아지라고 보지만 성인은 개 vs. 고양이 vs. 소라고 본다), 전문지식의 영향을 받을 수 있으며(예: 웨일스 스프링어 스패니얼 vs. 개), 맥락에 의해서도(예: 반려견 vs. 일하는 동물) 그리고 개인적인 경험에 의해서도 영향을 받는다(예: 무서운 동물 vs. 사랑하는 애완동물). Piaget의 저서에서 처음 제시되었던 것처럼, 발달 과정에서 의미체계는 동화(새로운 정보를 기존의 정신 구조를 통해 해석함)와 조절(새로운 정보를 통합하기 위해 정신 구조를 변화하고 움직임) 과정을 통해 성장하고 변화한다. 이러한 정신적 변화는 우연히 일어나지 않는다. 우리는 물리적, 사회적 세계의 정보를 통해 받아들인 것에 대해 반응하여 이러한 스키마를 적응적 과정으로 만들었고, 스키마는 인지적 평형(cognitive equilibrium)을 유지하려는 목적으로 작동한다. 이러한 방식으로 모든 아동은 적극적으로 세계에 대한 이해를 형성한다(Piaget, 2003, 2008; Piaget, Garcia, Davidson, & Easley, 1991; Piaget & Inhelder, 1991).

우리가 의미를 만드는 방식은 경험에 대한 우리의 신념을 바탕으로 하며 이는 강력한 영향을 미친다. 이 견해는 인지치료모델의 핵심으로 인지치료모델은 다양한 정신장애(예: 우울)가 왜곡되었거나 부적응적인 인지와 가정(예: 침소봉대하는 경향–"이것은 끔찍해.")과 관련된다는 가정하에 내담자와 함께 인지와 가정에 도전하기 위해 적극적으로 작업한다. 또한 자신과 타인에 대한 내담자의 작동모델을 변화시키는 데 관계의 역할이 중요하다는 점을 강조하는 관계적 내담자 중심 모델(relational and client centered model)을 기반으로 한다. 우리의 신념—의식적이건 의식적이지 않건 간에—이 우리의 해석, 정서적 반응, 행위에 영향을 미친다는 것은 광범위하게 수용되고 있다. 다음의 상황을 고려해 보자.

지미는 11세이며 6학년이다. 미리 고지되지 않았던 소방 훈련이 실시되었고 선생님은 수업을 멈추고 학생들에게 빨리 줄을 서라고 말한다. 학생들은 문으로 달려가고 지미도 줄을 섰다. 이때 지미는 누군가와 세게 부딪히면서 앞으로 넘어질 뻔했다고 느낀다.

자, 이 상황은 정확히 어떠한 것인가? 두 가지 가능한 시나리오를 고려해 보자.

시나리오 A: 지미는 문을 붙잡았고 간신히 앞에 서 있는 학생과 부딪치는 것을 피한다. 그는 뒤를 돌아보며 한 번도 이야기를 나눠보지 않았던 마이크라는 학생에게 말한다. "이것 봐, 조심하라구. 불이 어디서 난 거야?" 두 학생은 웃으면서 다시 줄을 선다.

시나리오 B: 지미는 문을 붙잡았고 간신히 앞에 서 있는 학생과 부딪치는 것을 피한 후 화가 치밀어 오르는 걸 느낀다. 그는 누군가가 고의로 그를 밀쳤다고 생각한다—다른 학생들은 항상 무슨 짓을 하기 때문이다. 그는 뒤를 돌아보며 낯선 학생인 마이크를 쳐다보면서 세게 밀치며 말한다. "이봐, 너 조심하는 게 좋을 거야!"

두 가지 시나리오 모두 얻을 수 있는 정보는 같다: 한 학생이 뒤에서 떠밀려졌다. 상황은 모호하다. 그 행동은 우연일 수도 의도적인 것일 수도 있다. 첫 번째 시나리오에서 그 학생은 온화하거나 중립적인 의도를 가정한다. 두 번째 시나리오에서 학생은 악의적인 의도라고 가정한다. 분명 이러한 가정은 완전히 다른 정서적 반응과 행동적 반응을 야기한다.

우리 모두는 세상에 대한 우리 경험이 축적된 공유 자원(collective pool)에 의해 형성된 가정을 가지고 있는데, 이것은 우리가 초기의 애착관계 내에서 발달시킨 자신과 타인에 대한 작동 모델에서 시작된 것들이다(Bowlby, 1958). 앞에서 제시한 시나리오에서처럼, 이러한 가정들은 사건에 대한 우리의 해석을 이끄는데 특히 사건이 모호하거나 불확실할 때 그러하다: 의심스러운 상황일 때 우리가 이전에 발달시켰던 의미 체계가 우리를 인도한다.

위험에 근거해서 만들어진 신념은 특히 강력하다. 만약, 특정한 음식을 먹은 후 식중독에 걸린 적이 있다면, 그 음식을 이전과 똑같이 볼 수 없게 된다: 논리적으로 모든 조개가 나쁘지 않다는 것을 안다 하더라도, 단 한 번의 나쁜 경험으로 인해 유발된 고통, 불편, 공포를 떨치기는 어렵다. 이와 마찬가지로, 운전자나 승객으로서 자동차가 안전하다는 경험을 수백 번 했던 사람이라도 단 한 번의 심각한 사고는 자동차는 위험하다는 신념을 형성한다. 인지적으로 우리의 신념이 논리적이지 않다는 것을 인식할 때조차도, 우리의 몸은 계속 반응한다. 즉, 생리적 수준에서 위험에 대한 신념이 계속 유지되는 것이다. 진화를 통해 우리의 뇌는 생존을 위해 삶의 경험을 사용하는 대단한 능력을 가지게 되었다. 대인관계와 환경 내에서 반복적인 스트레스, 혼란, 위험과 위해를 경험했던 아동들의 가정은 경직되고 일반화되어 있다. 한 사람이 위험한 것이 아니다. 모든 사람들은 잠재적으로 위험하다. 이러한 일반화된 위험감지는 특히 가족과 지역사회에서 체계적인 불의와 인종차별을 경험했거나 낙인찍힌 사회 집단의 일원인 아동에게 두드러진다: 이러한 아동들의 경우, 외상과 스트레스에 대한 노출이 지속적이며, 불의의 경험이 세대를 거쳐 지속되고, 세상에 대한 취약성과 위험에 대한 체화된 인식이 뿌리 박혀 있고, 악화될 수 있다.

외상을 경험했던 아동들의 신념 체계에는 다음과 같은 것들이 포함될 수 있다.

- "나는 안전하지 않아."
- "사람들은 나를 해치려 해."
- "사람들은 믿을 수 없어."
- "세상은 위험해."
- "내가 위험에 처해도 아무도 도와주지 않을 거야."
- "사람들이 나를 보살피기에 충분히 좋거나/똑똑하거나/괜찮지 않아."
- "나는 힘이 없어."
- "절대로 더 좋아지지는 않을 거야."

세상이 위험하다는 단순하고 지속적인 신념을 가진 아동이 위험 단서에 끊임없이 주의를 기울이는 방어적인 태도를 유지하는 것은 적응적이고 보호적이다. 식중독의 경우처럼 분명하고 구체적인 어떤 음식이 단서가 되고, 자동차 사고에서 뒤를 따르던 자동차가 단서가 되는 것과는 달리, 복합적이고 만성적인 스트레스 유발요인을 경험했던 아동들에게 위험의 단서는 널리 퍼져 있고, 명백할 수도, 미묘할 수도 있다. 삶의 초기에 외상을 경험한 경우에 특히 더 그러한데, 왜냐하면 의미의 핵심체계—그리고 위험과 연관된 단서—는 언어보다는 감각적, 정서적, 본능적 경험을 바탕으로 하기 때문이다. 예를 들어, 부적절하게 양육된 아동에게 위험의 단서는 만족의 지연, 박탈감 또는 결핍감, 생리적 각성의 증가, 거부감 또는 유기에 대한 지각 등이 있다. 언어적 학대를 경험했던 아동에게 분노의 조짐, 다른 사람의 통제, 시끄러움, 혹은 목소리가 커지는 것 등이 단서가 된다. 이러한 단서들을 촉발요인이라고 한다: 위험의 표지가 되는 이러한 신호는 개인사의 외상 경험을 바탕으로 하며, 생존과 안전을 위해 일련의 정서적, 생리적, 행동적 반응을 야기한다. 발달적 외상을 경험했던 아동들에게 공통적인 촉발요인에는 다음과 같은 것들이 포함된다.

- 힘이나 통제력 결여에 대한 인식
- 예상치 못했던 변화
- 전환의 순간
- 위협감, 공격받는 느낌
- 취약하다고 느끼는 감정 또는 두려운 느낌
- 수치스러움
- 박탈감 또는 결핍감
- 친밀하고 긍정적인 관심

이러한 촉발요인 중 많은 것이 주관적이라는 특성을 기억해 두는 것이 중요하다: 위험의 단서는 절대적이지 않은 경우가 많다. 줄에 서 있었던 지미의 경우를 기억해 보자: 그는 우연히 떠밀렸는가 아니면 고의였는가? 그의 해석이나 반응이 보여 주는 것은 상황의 "실제"가 아니라 그의 신념이 이끈 가정이다. 이러한 가정이 위험을 예견할 때 안전하다고 예견하는 실수를 저지르는 사람은 거의 없을 것이다. 다시 말하면 안전하다고 증명될 때까지 위험을 가정한다.

신념과 이러한 단서와 관련된 연합이 의식적이거나 언어적 수준에서 형성된 경우는 많지 않다는 점에 주의해야 한다. 앞에서 논의했던 것처럼, 우리의 뇌는 자주 하는 과업에 대해 점점 더 효율적이 된다. 잦은 빈도로 스트레스와 폭력에 노출되었던 아동들에게 이러한 과업에는 위험에 대한 평가와 명명이 포함된다. 이러한 연합들 가운데 상당수는 언어가 형성되기 이전에 그리고 본능적, 생리적 수준에서 결정된다. 외상과 관련된 가정과 연합이 그토록 견고하고, 자동적으로 일어나는 경우가 많은 것은 무의식적이고 비언어적이기 때문이다.

아동들의 촉발요인과 위험에 대한 반응을 이해하고 작업하는 것은 8장(양육자-아동 조율)과 10, 11장(확인과 조정)에서 심도 있게 다룰 것이다.

2단계: 생리적 그리고 행동적 반응-안전추구행동과 욕구충족전략

인간의 행동은 임의적이지 않다는 것이 이 체계의 중심 견해이다: 우리의 행동과 행위는 대부분 기능적이며, 어떠한 기능을 제공하기 위해 발생하고 유지되는데, 이는 그 행동과 행위 이상의 효과적이고 정교한 적응이 아직 존재하지 않기 때문이다. 겉보기에 가장 "병리적인" 것처럼 보이는 아동의 행동조차도 아동에게 제공하는 목적을 살펴보면 의미가 있다.

만성적인 초기 외상을 경험했던 아동들에게 그들의 행동적 반응을 조형하도록 도움을 주는 두 가지 중요한 요인들이 있다: (1) 종종 현재 진행 중인 위험의 존재나 위협 그리고/혹은 (2) 신체적, 정서적, 관계적, 그리고 환경적 욕구의 충분한 충족 부재. 이에 따라 결과적으로 단순하게 표현하자면, 잠재적인 위험 단서 직면 시 아동들이 나타내는 행동 대부분을 (1) 안전추구 혹은 위험회피 행동 그리고/혹은 (2) 욕구충족전략 가운데 한가지로 생각해 볼 수 있다.

안전추구행동

> 아동에게 심한 고통과 스트레스를 불러일으키는 수많은 스트레스 유발요인이 존재하는 반면, 뇌와 신체가 … 그러한 스트레스 유발요인에 반응할 수 있는 방법은 한정되어 있다.
>
> \- Michael de Bellis (2001, p.540)

수백만 년의 진화 과정을 통해, 인간 두뇌의 고등 대뇌피질 구조는 발달하고, 진보하고, 끊임없이 정교해져 왔다. 우리는 계획을 세우고, 반응을 지연하고, 주의를 집중하고, 다양한 감각을 통해 유입된 정보들을 통합하고, 문제를 해결하고, 기발한 해결책을 만들어 내고, 오랜 기간 동안 복잡한 기억을 형성하고 유지할 수 있으며, 시간과 공간을 넘어 경험을 통합할 수 있다. 그러나 두뇌의 하위 대뇌피질 구조는 좀 더 원시적이다. 하위 대뇌피질구조는 우리의 생존과 관련된다. 우리의 하위 대뇌피질 구조는 다른 포유류의 구조와 유사하며 하부 구조의 활성화는 내재된 일련의 반응을 일으킨다.

우리의 행동과 행위 대부분은 고등한 대뇌피질 구조의 통제를 받는다. 우리는 환경에 따라 행동하며, 삶에 의도를 가지고 참여한다. 우리가 그렇게 할 때, 뇌는 우리를 둘러싼 세상으로부터 받은 입력과 정보를 흡수하고, 거르며, 해석하고, 정보에 따라 행동하거나 폐기하는 끊임없는 과정을 지속한다. 관련되지 않는 정보는 폐기된다. 우리의 과업과 관련된 정보들은 작용하거나 "보관된다."

정보가 "위험한" 것으로 명명되면, 신체에서는 신속한 이동이 발생한다. 뇌는 신경전달물질을 빠르고 점점 더 많이 분비하도록 신호를 보낸다. 이것이 우리 몸 전체에 전달되면 우리의 심장 박동이 증가하고, 감각기관은 위험 단서에 민감해지며, 모든 중요하지 않은 과업들—당장의 생존과 관련이 없는 것—은 포기된다. 위험을 목전에 두고 있을 때 중요하지 않은 과업은 복잡한 사고이다. 왜 그럴까? 다음의 예를 살펴보자:

> 늦은 저녁이다. 당신은 주차된 자동차를 향해서 구부러진 길을 걷고 있다. 바쁜 하루로 피곤한 당신은 주변에 주의를 기울이지 않고 있다. 인도는 눈이 덮혀 있지만 도로는 깨끗했기

때문에 당신은 도로 중앙을 걸어가면서 거리가 고요하다고 생각한다. 이때, 갑자기 자동차 바퀴가 긁히는 소리가 들리고 뒤를 돌아보자 당신 쪽으로 쏜살같이 질주하는 자동차 한 대를 보았다.

이 순간, 당신 뇌의 어떤 부분이 담당하기를 바라는가? 당신은 사고할 수도 있고 혹은 도로에서 뛰쳐나올 수도 있다. 우리 대부분은 당연히 먼저 뛰고 나중에 생각할 것이다.

위험에 직면하면 대뇌 변연계—각성과 정서 담당 부위—는 활성화되는 영역이 증가하지만 고등한 대뇌 피질 구조, 특히 실행 기능에 관여하는 전두엽에서 활성화되는 영역은 감소한다. 1초도 안 되는 시간에 우리의 신체는 행동하도록 움직인다.

하지만 그 위험이 실제하는 것이 아니라면? 사례에서 제시했던 자동차가 당신을 향해 내려오는 것이 아니라, 도로 중간까지 속도를 높이다가 갑자기 우측으로 꺾어 옆길로 갔다고 가정해 보자. 객관적으로 당신은 위험에 처해 있지 않았다. 운전자는 길 아래로 계속 내려올 의도가 없었다. (그렇다고) 당신의 심장이 조금이라도 덜 뛰는가?

인간의 위험 반응이 활성화하는 데 실제적이고 물리적인 위험을 필요로 하지 않는다. 단지 위험하다는 인식만이 필요할 뿐이다. 당신의 두뇌가 어떤 것을 위험하다고 명명하면, "객관적인 실재"와는 무관하게 몸은 반응할 것이다. 이전 내용에서 우리는 쉽게 변하지 않으며 일반화되는 아동의 "위험 체계(danger system)" 특성을 논의한 바 있다. 지속적인 혼란, 폭력, 스트레스를 경험했던 아동들에게 잠재적으로 위험하다고 명명될 수 있는 일련의 신호들은 광범위하다. 결과적으로 위험 반응은 빈번하게 그리고 무차별적으로 활성화되어, 아동들은 빈번히 각성이 급상승하고, 생리기능은 급격하게 변화하며, 고등 인지구조에 접근하지 못하는 상태가 되어버린다. 이러한 변화는 자동차가 당신을 향해 달려드는 길 한가운데에서라면 적응적이며 생명을 구할 수도 있지만, 수학수업 중이거나 또래들과 상호작용하고 있는 도중이라면 유용하지 못하다.

행동적으로 위험 반응은 어떠한 것들이 있을까? 사람들의 위험 반응으로 분류되는 세 가지 주요 범주가 있다. 우리는 투쟁(fight)할 수 있고, 도주(flee)하거나, 동결(freeze)할 수 있고 그리고 혹은 복종(submit)할 수 있다. 우리가 나타내는 반응은 위협의 종류에 따라 다르다. 우리는 도주하거나 탈출을 통해 생존 기회를 제공받기도 한다. (자동차처럼) 크고 물리칠 수 없는 위협 앞에서는 가능한 도주하려 한다. 도주하는 것이 불가능하다면 싸울 수도 있다. 예를 들어, 폭행당한 성인은 위협으로부터 도망치기도 하지만 상대를 억제시키기 위해 가해자를 물리치려고 할 수 있다. 위험반응 중 나머지 두 반응은 동결과 복종으로, 덜 논의되어 왔으나 위험한 순간에 아동들이 가장 많이 사용하는 반응이다. 동결반응은 투쟁하거나 도주하는 것이 불가능할 때 사용되는 방어이다. 이는 정글에서 공격으로부터 회피하기 위해 작은 동물들이나 훨씬 더 큰 양육자로부터의 공격을 피하기 위해 어린 아동들이 가장 많이 사용하는 위험반응이다. 동결반응은 신체적으로 정지되고 관찰되는 물리적 움직임은 없지만, 극도의 경계와 각성상태를 나타내며, 준비된 위험으로부터 눈에 띄지 않고, 주목받지 않으며, 표적이 되지 않는 상태로 있으려는 시도이다. 복종 또는 순응은 개인이 심한 공격을 받고 있지만 도피가 불가능하고 눈에 띄지 않는 것을 선택할 수 없을 때, 생존을 유지하기 위해 사용되는 전략이다. 사람들은 복종 행위를 무기력한 행위로 인식하며 결과적으로 수치심이 남지만, 공격자를 달래고 수용하려는 강력한 전략이며 위험 경험 속에서 생존할 수 있도록 해 준다.

우리는 투쟁, 도주, 동결 그리고 복종이라는 용어를 사용하고 있지만, 위협감을 인식하거나 각성이 고조된 아동들은 다음과 같이 다양한 행동을 나타낸다.

투쟁: 외부로 향한 생리적 각성

- 공격
- 좌불안석/분노
- 집중하기 어려움
- 과잉행동 혹은 "바보짓"

도주: 철수와 도피

- 사회적 고립
- 다른 사람들을 회피, 수업이나 쉬는 시간에 혼자 앉아 있음
- 달아나 버림

동결: 정지와 과도한 경계상태

- 위축된 정서 표현
- 행동 정지
- 주변 환경을 향한 눈에 띄는 경계적 태도

복종: 다른 사람을 달래고 배려하는 것

- 과도한 순응과 자신의 욕구 부인
- 행동과 관계 전략의 변화
- "기분 좋게 하는" 행동("너 너무 예쁘다." "넌 최고야.")
- 정서 또는 반응 부인

욕구충족전략

즉각적인 신체적 위험이 우리와 작업하는 아동들의 행동을 조형하는 유일한 스트레스 유발요인은 아니다. 인간욕구—신체적, 정서적, 관계적, 환경적—의 충족 결핍은 다른 스트레스 유발요인을 가중시키거나, 스트레스 유발요인을 형성한다. 많은 요인들이 양육자가 자녀들에게 제공할 수 있는 능력을 손상시키는데, 예를 들면, 빈곤과 노숙 같은 환경 스트레스 유발요인, 가정과 지역사회 폭력과 같은 사회적 스트레스 유발요인, 약물사용과 정신건강문제 같은 개인적 요인 등이 이에 해당된다. 이와 더불어 많은 아동이 애착 상실과 거주지 변화와 붕괴 등의 영향을 받고 있다.

1장의 아동기 과업에서 양육자의 민감하고 일관된 반응에 의존하여, 아동들의 유능감 발달이 이루어지는 방식을 살펴보았다. 양육자의 반응이 가용하지 않거나, 일관적이지 않다면 어린 아동들은 반응을 극대화하거나 다른 방법을 통해 욕구를 충족시키기 위해 자신만의 전략을 발달시킨다.

다음의 사례를 보자.

> 4세인 수잔은 심각한 우울을 경험하고 있는 젊은 한부모인 어머니와 함께 살고 있다. 수잔의 어머니는 대부분의 시간을 소파에서 몸을 웅크리고 텔레비전을 보거나 잠을 잔다. 수잔이 어머니의 주의를 끌려고 노력하면 어머니는 대개 그녀를 무시하거나 묵살한다. 수잔이 어머니에게 기어 올라가면 때때로 수잔을 안아주기도 하지만, 대부분의 경우 수잔을 밀쳐내면서 가서 놀라고 말한다. 그러나 수잔은 어머니와 너무 멀리 떨어지는 것을 좋아하지 않는다. 왜냐하면 뭔가 나쁜 일이 벌어질 것을 걱정하기 때문이다. 수잔이 두려워하거나 기분이 상해도 어머니는 알아차리지 못하는 경우가 많다. 그러나 수잔이 크게 울면서 성질을 부리면 일어나서 수잔을 달래주려고 한다.

수잔에게 우울한 어머니의 관심과 보살핌 부족은 위험하고 심각한 스트레스 유발요인이다: 네 살짜리 아이는 외부에서 작용하는 진정, 편안함과 보살핌을 필요로 하며 수잔은 인지적으로 그것을 인식할 나이이다. 수잔이 정서적 욕구를 충족시키는 유일한 방법은 자신의 애착 대상과 가능한 근접하여 애착 대상과의 연결을 극대화하고, 짜증을 통해 자신의 욕구를 소란스럽게 전달하는 것이다.

2년 후의 수잔을 상상해 보자. 그녀는 유치원에 있는 많은 아동과 교사 한 명의 주의를 끌기 위해 경쟁한다. 슬픔을 느낀 어느 날, 수잔이 교사의 무릎에 앉으려고 애를 쓴다. 교사는 수잔을 짧게 안아주고, 자리로 돌아가라고 말한다. 수잔에게 이러한 방식으로 거절을 지각하는 것은 촉발요인으로 작용하며 지각된 위험—즉 관심의 부족—에 대해 학습했던 방식으로, 예를 들면, 자리로 돌아가기를 거부하고 흥분하고 짜증을 내는 식으로 대처한다: 선생님은 수잔에게서 멀어짐으로써 상황을 가라앉히려 노력하지만, 수잔은 위험에 대한 인식이 증가하고, 점점 더 정서조절의 어려움이 증가한다.

이 분야에서 일하는 임상가들은 고통스러운 애착의 과거력을 가진 "조종적이고" "애정에 굶주리고" 혹은 "요구적인" 특징을 보이는 아동들과 빈번히 만나게 된다. 이러한 행동들이 겉으로 보기에 호소력이 없지만 그들에게는 대안적 체계인 것이다. "조종하는" 아동은 상황, 환경, 다른 사람을 통제하려고 애쓰는 것이며 자신의 욕구를 충족하기 위해 노력하는 것이다. 그리고 이 아동은 어른들에게 의지해서는 자신의 요구를 충족시킬 수는 없다는 것을 배운 것이다.

초기환경에서 고통받았던 아동은 욕구충족을 위한 행동을 나타내곤 한다. 욕구는 다른 것으로 대체될 수 있다. 예를 들어, 관심과 보살핌을 받고 싶어하는 아동은 물리적 대상이나 감각을 추구할 수 있으며, 신체적 박탈경험의 아동은 정서적 접촉을 통해 욕구를 충족하려고 노력한다. 다음은 초기의 양육 경험이 부적절하거나 일관되지 않은 아동들 사이에서 흔히 나타나는 욕구충족 행동의 예들이다.

정서적/관계적 욕구

- 정서적으로 요구적인 행동(불평하는, 방해하는, 극적인)
- 부정적인 관심 추구하기(성질부리기)
- 빈약한 대인 경계(예: 너무 많이 공유하려 하는)
- 환경을 통제하려는 시도, '거짓말' 또는 '교묘하게 조종적인'

신체적 욕구

- 신체적 양육 추구 행동(예: 너무 많은 신체 접촉, 빈곤한 신체적 경계, 성적인 행동들)
- 음식이나 의류, 물건들을 훔치거나 저장

3단계: 양육의 초기공백에서 기인한 발달적 결핍으로 인한 간섭과 대안적 적응에의 의존

앞에서 3요인 모델은 만연한 위험을 가정하고 경계하는 의미 체계의 역할과 이러한 단서 직면 시 나타나는 적응적인 생리적 행동적 반응을 설명하였다. 세 번째 단계는, 고통스럽거나 부적절한 초기 양육 체계로 인해 발생한 발달적 결핍의 역할을 강조한다.

앞서 자세히 설명했던 것처럼, 발달적 외상을 경험했던 아동들은 유능감을 발달시키기 위해 에너지를 사용하기보다는 생존을 위해 에너지를 기울인다. 그 결과, 그들은 발달 전반에 걸쳐 영향을 받는다.

조절과 정서 발달

만성적 외상을 경험했던 아동들은 생리적 정서적 경험을 조절하는 능력의 중요한 결함을 드러낸다. 그들은 그들의 느끼는 것이 무엇인지, 어디서 기인된 것인지, 어떻게 대처해야 하는지, 그리고/혹은 그것을 어떻게 표현하는지 이해하는 데 어려움을 가질 수 있다. 편안한 각성 상태를 유지하는 능력이 영향을 받게 되어, 아동들은 낮은 각성상태에서 과각성으로 변하거나, 급격히 상승 또는 위축되고, 정서와 경험에서 단절될 수도 있다. 어떠한 경우이든, 분열된 상태는 전환되고 정서상태 전반에서 일관성과 연결 부족이 나타난다.

개인내적(자기) 발달

자기에 대한 아동의 이해와 인식은 매우 큰 영향을 받는다. 아동들은 어린 시절부터 부정적인 자기 개념과 유능감 감소를 발달시켰을 수 있다. 주체성이 영향을 받는다. 아동은 그들의 삶과 행동에 대한 힘과 통제가 부족하다고 느끼고, 행동을 "실패"로 인식하는 경향이 있으며, 실패에 대해서 외부적 요인이 아니라 자신을 비난하는 경향이 있다. 시간이 지남에 따라 아동들은 일관성 있는 정체성과 자기감을 형성하는 데 더 큰 어려움을 겪게 된다. 왜냐하면, 경험 전반에 걸친 통합의 결핍, 자기와 정체성에 대한 표현과 이해가 분열되며 미래 지향성이 감소하거나 부재하기 때문이다.

대인관계(사회적) 발달

초기 연결에서의 문제로 인해, 아동들은 대인관계에서 빈번하게 어려움을 겪는다. 관계를 형성하는 것이나 관계를 유지하는 것 모두 도전이 된다. 아동은 (1) 사회적 단서를 읽는 데 어려움이 있고 (2) 신체적이고 정서적인 경계가 지나치게 경직되어 있거나 확산적이며 (3) 기본적인 신뢰가 부족하거나, 다른 이들을 지나치게 의존한다. 관계에 대한 건강한 모델의 부재로 인해,

아동들은 희생자가 되기 쉬우며, 연결과 애착 추구에 부정적인 영향을 받게 된다.

인지 발달

외상은 뇌에 치명적이며 만성적 외상을 경험했던 아동의 신경인지 발달은 구조적, 생물학적, 기능적 수준에서 영향을 받게 된다. 언어를 수용하고 표현하는 것뿐만 아니라 지속적인 주의와 주의집중에 어려움을 가지게 될 수 있다. 시간이 지남에 따라 아동은 계획 수립, 문제 해결, 조직화, 반응지연하기 등과 같은 실행 기능에 지연과 장애를 드러낸다. 의식의 변경된 상태와 구조적 영향은 아동의 기억에도 영향을 미쳐 경험의 공고화(consolidation: 단기 기억에서 장기 기억으로의 전달)에 손상을 일으키고, 당면한 문제 해결에 적합한 정보 인출에 어려움을 야기한다. 행동적 측면에서, 아동은 도전적인 과업 수행 시 좌절이 증가하고, 지시에 대한 불복종, 부정적인 정서적 반응 등이 증가한다. 시간이 지남에 따라 외상경험 아동은 학교에서의 규율 문제와 유급, 중퇴 위험이 유의미하게 증가한다.

이러한 영역에서의 유능감 변화는 위험 신호에 직면했을 때, 아동의 행동 및 정서와 상호작용한다. 아동은 촉발요인에 의해 야기된 강렬한 각성과 정서조절의 어려움에 직면하게 되고, 발달적으로 적절한 기술이나 외부적 지원이 없는 상태에서 대안적인 적응—혹은 내적 그리고 외적 경험에 대처하기 위해 설계된 일련의 행동과 전략—에 의지하는 것 외에 다른 방법이 없다. 흔히 나타나는 대안적인 적응에는 다음과 같은 것들이 포함된다.

- 정서적 둔마/위축
- 철수/타인 회피
- 무분별한 애착
- 환경에 대한 과도한 통제/경직성
- 약물 사용/남용
- 섭식 패턴의 변화
- 위축된 혹은 과도한 성적 행동
- 자해
- 자극 추구 행동
- 공격적 또는 다른 외현화 행동들

역설적으로, 이러한 대안적 적응으로 인하여 아동들은 치료에 의뢰되며 대안적 적응이 치료 목표가 된다. 따라서 임상가들은 발달적 유능감, 의미체계, 그리고 주변 맥락에 대한 안전성 부족이라는 핵심 영역보다 아동의 대처 기술을 다루는 데 노력을 기울이게 된다.

모델 통합하기

제나의 사례를 보면서, 이 모델의 다양한 요인들을 취합해 보자.

> 제나의 어머니는 헤로인 중독자로 예측 불가능하고 종종 위협적이다. 그녀의 행동은 급변한다: 어떤 때에 거의 반응이 없다가 다른 때에는 침해적이며 감정적이다. 그리고 어떤 때에는 갑작스럽게 폭발 직전의 격노에 휩싸인다. 제나는 항상 조심하고 신중해야 한다는 것을 배웠다. 어린 아이일 때, 제나는 "눈에 띄이지 않는 것"이 최선의 생존 전략임을 배웠다. 특히 어머니가 분노에 차 있을 때는 말이다. 그녀는 얼어붙은 채 움직이지 않으면, 어머니 분노의 대상이 되지 않을 수도 있다는 것을 배웠다.
>
> 제나가 8세가 되었을 때 그녀는 어머니의 집에서 분리되어 수양부모에게 보내어졌다. 그녀의 수양부모는 그녀를 "차갑고" 자신들과 관계맺는 것에 흥미가 없다고 설명한다. 그 집에는 5명의 아이가 있어 다소 혼란스러웠는데, 제나는 민감하고, 화를 잘 내며, 종종 자신의 방으로 도망쳤다. 그녀는 자신의 소유물에 대해 방어적이었는데, 어느 날 수양 자매 중 한 명이 그녀의 옷장을 열어보고 있는 것을 발견하자 격노했다. 이에 수양어머니가 나무라자 제나는 얼어붙었고, 이후 그 집에서 도망치려 시도했다.

제나는 발달 초기에 혼란과 부적절한 보살핌, 갑작스러운 폭력을 경험했던 아동이다. 어머니의 예측 불가능한 행동 특성으로 인해 그녀는 항상 위험을 나타내는 단서를 경계하도록 익혔고, 자신의 감정과 행동에 대한 어머니의 반응은 제나의 표현과 행동을 위축시키고 억제하도록 이끌었다. 이같이 뚜렷한 위축에도 불구하고, 제나의 신체는 높은 각성 수준을 유지하였다. 왜냐하면, 위험에 대한 반응이 빈번하게 활성화되었고, 그로 인해 만성적인 생리적 조절장애가 생겼기 때문이다.

제나에게 위험과 연관되는 일련의 단서들이 있었지만, 특히 중요한 것은 여성의 예측 불가능성과 분노였다. 제나는 자신의 공간과 소유물에 대해 매우 방어적이었는데, 심각한 신체적 정서적인 박탈에 노출되어 왔기 때문이다. 이러한 촉발요인과 직면 시, 제나의 각성은 급격히 상승하고 위험 반응의 세가지 요소, 즉 분노하거나, 도망치거나, 얼어붙는 것 사이에서 요동치게 된다. 과도한 각성에 대처하는 그녀의 능력은 제한적이다. 초기 애착 체계의 실패는 그녀의 생리적 정서적 경험을 조절하는 능력에 영향을 미쳤고, 급작스러운 각성의 고조는 그녀를 압도하였다. 그녀는 확실한 대처 기술이 없으며 잠재적인 자원이 빈약하다. 그녀의 경험은 다른 사람은 신뢰할 수 없으며 잠재적으로 위험하다는 것을 가르쳤고, 그녀는 자신의 감정을 표현하거나 도움을 청해 본 경험이 거의 없다. 다른 신뢰할 만한 내적 전략이나 외부 지지가 부재한 가운데 그녀는 번번히 충동적인 행동으로 고통스러운 감정을 드러내곤 하였다.

제나의 이야기를 통해, 우리는 예측 불가능하며 위험한 애착 체계가 포함된 중요 스트레스 유발요인에 노출되는 것이 미치는 영향이 무엇인지 볼 수 있다. 제나의 의미체계에는 위험과 혼돈이 내포되어있다. 그녀에게 힘과 통제는 거의 남아 있지 않다. 생리적 정서적 경험들은 다양한 측면에서 외부 사건만큼이나 위험한데, 왜냐하면 그녀에게 적절한 대처 전략이 없기 때문에 내적 경험에 속수무책이 되기 때문이다. 최근 겉보기에 안전한 새로운 양육 체계에서, 그녀의 행동과 행위는 오해석되고, 양육자와의 잘못된 조율은 그녀로 하여금 자신과 타인에 대한 자신의 신념을 더욱 공고히 하였고 이전에 발달시켰던 안전전략에 지속적으로 의존하게 만들었다.

발달은 고정되었는가?

만성적인 초기 외상에의 노출이 심각하게 아동의 발달 경로를 벗어나게 하고 변형시킬 수 있다는 점은 분명하다. 그로 인한 해로운 영향은 아동의 삶에만 지속되는 것이 아니라 다음 세대까지 영향을 미칠 수 있다. 왜냐하면 스트레스, 혼란, 불행은 부모로부터 아동에게 전달되기 때문이다(Noll, Trickett, Harris, & Putnam, 2009). 이러한 노출의 유해한 특성을 제시하는 풍부한 증거들을 고려한다면, 발달 경로가 변할 수 있는지에 대한 의문이 생긴다. 위험과 생존이 삶 전반에 깊이 스며들어 있으며, 태어나기 전부터 혼란과 역경, 무효화 그리고/혹은 무관심을 겪고 있는 아동이 평화와 건강과 기쁨을 찾을 수 있을까?

우리를 비롯해서 이 분야에서 일하는 많은 다른 이들 모두 아동들이 그렇게 될 수 있다고 믿는다. 현장에서 만났던 많은 아동과 성인의 삶 그리고 적응유연성에 관한 문헌들이 그 증거이다. 적응유연성과 관련된 잠재력은 놀랍다. 개인사와 경험만 보면, 지속되는 절망과 어려움을 예견케 하는 사람들이 어떤 요인이나 요인들—내적인 자질, 외적인 자원, 강점과 능력—을 활용하여 성장과 건강으로 전환된 사례들을 보게 된다.

복합 외상이 미치는 영향이 무엇인지를 이해할수록, 그 결과를 변화시킬 수 있는 우리의 능력 또한 증가할 것이다. 아동의 뇌가 가지고 있는 가소성과 적응가능성이라는 요인은 외상의 독성에 기여하지만, 이는 긍정적인 변화를 가능하게 하는 요인이기도 하다. 우리는 모든 아동이 즐겁고 건강하게 살 수 있는 능력—그리고 그렇게 이끌어가는 권리—을 가지고 있음을 강력하게 믿는다. 그리고 아동 임상가의 궁극적인 목적은 병리의 감소가 아니라, 핵심적인 발달적 유능감, 의미체계, 그리고 아동이 긍정적인 미래를 건설할 수 있도록 해 주는 안전한 양육 체계를 구축하는 것임을 믿는다.

3장

애착, 조절 및 유능감 치료 프레임워크

다션은 10세이다. 주의집중 곤란과 빈약한 학업 성취로 특수학급에 배정되었다. 4학년 정규 학급에는 25명의 학생이 있으며, 그는 가정에서 학대나 폭력을 경험했던 6명의 학생들 중 한 명이다. 특수학급에는 10명이 있으며 그는 어린 시절부터 폭력, 방임, 또는 가난과 같은 주요 스트레스 요인들에 노출되어 온 9명 가운데 한 명이다. 담임선생님은 학생들의 세부적인 발달력을 알지 못한다. 그녀는 선한 의도를 가지고 힘든 아동들에게 성공적인 학습 환경을 만들기 위해 분투하고 있다.

린제이는 6세이고 엄마와 두 살 된 남동생과 같이 쉼터에 살고 있다. 그들은 넉 달 전 엄마를 구타하는 폭력적인 계부를 피해 쉼터로 오게 되었다. 그곳에는 9가족 21명 아동들이 있다. 린제이의 어머니는 항상 아이들과 같이 있어야 하며, 그렇지 않을 경우 이곳에서 살 수 없다. 그녀는 하루가 끝나갈 때면 압도되고 지쳐있으나 도와달라고 부탁하는 것이 자신을 약하게 보일까 봐 두려워한다. 그곳 스태프들 가운데 의사는 없다.

제이미는 14세로 지역건강센터에서 치료가 시작되었다. 그녀는 학교에서 우울증 증후를 보였고, 기분이 좋지 않을 때마다 자해를 해서 학교 상담사를 만나게 되었고, 학교는 어머니에게 제이미의 치료를 종용하고 있다. 초기 회기에서 치료자는 제이미의 어머니가 알콜남용으로 분투하고 있으며, 제이미는 삼촌으로부터 성 학대외상을 경험한 과거력이 있음을 알게 되었다. 제이미 가족은 적절한 지지원을 가지고 있지 않다.

프랭키는 주립청소년 법정에 회부된 청소년들을 위한 거주시설 프로그램에 있는 16세 남자 청소년이다. 그 프로그램에 속해 있는 14명 소년들처럼 그 역시 어린시절부터 혼란과 폭력을 경험하였다. 그가 기억하지도 못하는 어린 나이에 아버지는 집을 나갔고 어머니는 폭력적

> 인 남자 4명과 연속적으로 관계를 가졌다. 프랭키는 그들 중 2명에게 신체적 학대를 당했고, 12세가 되었을 때 갱조직에 들어갔고, 14세에 법정에 회부되었다. 15세에 지금의 프로그램에 참여하게 되었는데 이곳에 온 지 두 달 사이에 갑작스러운 공격적 행동으로 6번이나 감금되었다.

스트레스와 외상을 경험한 아동과 가족은 정신건강과 사회적 서비스 전달체계 어느 곳에서 만날 수 있다. 그들은 병원이나 1차 진료의사, 가정폭력과 노숙인 쉼터. 지역사회 정신건강센터, 특수학급 배치 등의 서비스를 받는다. 공립학교, 방과후 프로그램, 지역사회센터에는 특정 지원을 받지 못하는 아동들과 가족들이 상당히 많이 있다. 그러나 전문적인 외상집중치료센터로 가게 되는 경우는 극히 소수에 불과하다.

실제로 아동과 가족을 위한 서비스 프로그램은 복합 외상에 노출되어 온 아동과 가족을 위한 프로그램이라고 할 수 있다. 외상에 대한 노출은 널리 확산되어 있으며, 아동과 그들의 양육 체계에 위험이 되고 있지만, 많은 서비스 체계들은 외상에 민감한 설비, 외상에 기반한 지원을 제공하기에는 경험과 훈련이 제한적이다. 또한 다양한 유형의 장면에서 종사하는 임상가들이 이러한 아동이나 가족들과 작업하고 있으나, 초기 외상에의 노출이 내담자의 기능에 미치는 역할에 대해 접근하는 것을 주저한다. 이러한 한계에도 불구하고, 저자들의 경험에 비추어볼 때, 서비스 장면에는 풍부한 정보와 전문지식을 가지고 내담자를 지원하며 선한 일을 하고자 하는 서비스 제공자들이 존재한다.

애착, 조절, 유능감(ARC) 프레임워크(Blaustein & Kinniburgh, 2007; Kinniburgh & Blaustein, 2005; Kinniburgh, Blaustein, Spinazzola, & van der Kolk, 2005)는 전술된 요인들의 인식을 통해 성장하였다. 저자들은 정규 학급과 특수학급, 병원, 시설 프로그램, 쉼터 그리고 외상클리닉에서 일하는 임상가들이다. ARC 프레임워크는 우리의 작업을 담아내고 정리해서 아동과 가족들에게 서비스를 제공하는 많은 시스템에 도움이 되고자 하는 시도를 통해 탄생하였다.

주요한 세 가지 요인이 ARC에 대한 개념화와 구성에 영향을 미쳤는데, 임상 실제의 현실을 설명하면서 동시에 과학적 문헌과 증거를 기반으로 구축하려는 열망, 서비스 체계에 따라 변형될 수 있는 개입원리 인식의 중요성 그리고 유연하게 사용될 수 있는 큰 구조를 확인하면서도 임상 작업에서 내재된 기술과 창의성에 충실하고자 하는 소망 등이다.

ARC는 무엇이 다른가?: 유연한 프레임워크의 역할

증거-기반 실제(또는, 실제 아이들을 과학상자 안에 어떻게 맞출 것인가)

매뉴얼로 작성된 프로토콜들은 임상적 개입을 위한 중요한 준거를 제공해 준다. 통제된 장면에서 구조화된 프로토콜을 주의 깊게 검토하는 것은 임상-연구가로 하여금 특정 임상증상이나 집단치료 개입의 역할을 연구하도록 해 준다. 하지만 이러한 프로토콜들을 "실제" 임상 장면에 적용하는 데에는 어려움이 존재한다. 복합 증상을 가지고 있는 내담자들을 기존의 프로토콜로 적절히 담아내기 쉽지 않으며, 연구가 이루어진 수많은 처치들을 임상 집단에 일반화하는 것도 논의되어야 할 문제이다(Spinazzola, Blaustein, & van der Kolk, 2005). 임상가들은 과도하게 구조화된 개입 형식에 대해 저항적이거나 고심하게 된다. 게다가, 복합 외상을 경험한 청소년들 상당수가 일대일의 치료가 포함되어 있는 "고전적인" 외래 장면에서 치료받지 못하며 오히려 이러한 청소년들과 가족은 학교, 시설 프로그램, 쉼터, 1차 양육서비스와 같은 다양한 장면에서 만날 수 있다.

단순히 연속적인 실시 요인과 구조를 엄격하고 경직되게 준수해야 하는 개입 치료모델을 강조하기보다는 치료의 핵심 요인을 파악하는 것이 중요하다는 인식이 증가하고 있다. 기존의 많은 접근 방식들은 개입 양식에 유연성을 통합해 왔다(Strand. Hansen, & Courtney, 2013). ARC 프레임워크는 핵심요인 모델로 통합되도록 고안되었다. ARC는 외상에 노출된 청소년들과 그들의 양육 체계 개입에서 주요한 목표들이 무엇인지 보여 주고 있다. 이러한 목표는 외상에 노출된 청소년들을 대상으로 적응유연적인 결과로 이끄는 요인들 그리고 복합 외상과 애착 스트레스가 발달경로에 미치는 영향을 다루는 문헌들을 광범위하게 검토하여 도출되었다. 우리들은 다양한 장면에서 외상에 노출된 집단에 관한 임상 경험을 가지고 있으며, 현장의 다른 임상가들과 전문가들로부터 정보를 제공받아 선정된 원리들을 검토하고 변경해 왔다. 이러한 원리들은 다양한 아동과 가족들을 대상으로 한 광범위한 서비스 장면에서 십여 년에 걸친 적용과 평가를 통해 개선되고 조정되었다.

장면에 따른 임상원리의 변형(혹은, 산을 마호메트로 옮기기)

다양한 장면에서 서비스를 받고 있는 청소년들에게는 "전체 시스템" 개입이 중요하므로 우리는 서비스 장면에 따라 변형될 수 있는 원리들을 선택하였다. 예를 들어, 외래 장면에서 적용

시, ARC 원리들은 개별 아동치료, 양육자-아동 양자치료, 양육자 그리고/혹은 아동과 양육자 집단을 대상으로 하는 심리교육 및 개별치료의 기술구축 개입에 통합될 수 있다. 각 치료장면에서는 전체 시스템 개입과 통합하여 애착 원리를 스태프 훈련과 치료 장면 구조에 적용할 수 있다. 개입 목표가 치료 집단에서 구축되며 "유기적인" 방식으로 적용된다(예: 자기조절 도구들을 교실 장면에 포함시키기). ARC 원리는 지역사회와 개별 장면에서 일하는 다양한 임상가들뿐 아니라 외래 치료 장면, 거주시설 학교, 폐쇄적인 청소년 법무보호시설, 치료적 가족위탁보호, 청소년 방문센터, 노숙자 쉼터 등 다양한 유형의 프로그램에 성공적으로 통합되었다. ARC 원리는 외상 기반 실천을 지원하기 위해 전통적으로 '임상'으로 간주되지 않았던 환경(예: 학교, 탁아소, 1차 진료 개입)에 더 많이 통합되고 있다.

내면의 임상가에게 충실하라(치료 속에 예술을 담아두기)

모든 전문가는 각기 다르고, 내담자들도 그러하다. 훌륭한 치료는 예술과 과학의 조합이다. 유연성과 "재빨리 대응하기" 역량의 중요성을 인식하지 못하는 치료자는 없다. 좋은 치료 작업에서는 내담자의 욕구와 강점을 세심하게 평가하고, 핵심 치료 목적을 인식하며, 목적을 위해 특정 발달 시기의 내담자에게 최적으로 작용하도록 접근하는 유연성을 가지고 있다.

ARC 구조는 임상적 지혜를 한 사이즈로 모든 것에 적용하는 단일한 접근의 기법을 대신하려는 것이 아니다. 그보다, ARC는 동일한 목적지로 성공적으로 이끄는 많은 길이 있음을 인식하고, 이러한 목표에 이를 수 있는 다양한 방법과 기술, 핵심 개입 목표들을 확인하는 것이다. 저자들이 받은 피드백 가운데 가장 좋았던 점은 이 구조가 현재의 임상적 실제를 대치하기보다 지지하고 조직화해 준다는 것이었다.

무엇이 ARC인가?

ARC 프레임워크는 외상을 경험한 아동과 청소년, 그들의 양육 체계 개입에서 주요한 세 가지 핵심 영역(애착, 조절, 유능감)을 확인하는 요인-기반 모델이다. 이 세 가지 영역 내에서 여덟 가지 '구성 블록' 또는 핵심적인 개입 목표가 존재한다. 이러한 개입 목표는 외상경험 통합이라는 최종 목표를 가지고 있다. 핵심 목표는 참여, 일과, 교육이라는 세 가지 기본 전략을 통해 지원받고 있다. [그림 3.1]은 ARC 모델을 시각화했으며, 53-54페이지의 표에서도 확인할 수 있다.

종합하면, ARC는 4단계 프레임워크라고 할 수 있는데, 가장 중요한 목표(예: 양육 체계 강화)

는 특정한 치료 목표(예: 부모-자녀 조율 지원)를 통해서 지원되며, 이는 특정 기술(예: 아동의 행동에 대해 어머니의 호기심 증가시키기)을 다루고 구축함으로써 지원되고, 개입 기술의 적용(예: 부모가 자녀에 대해 구조화된 일상 탐정 활동에 참여하기)을 통해서 이루어진다.

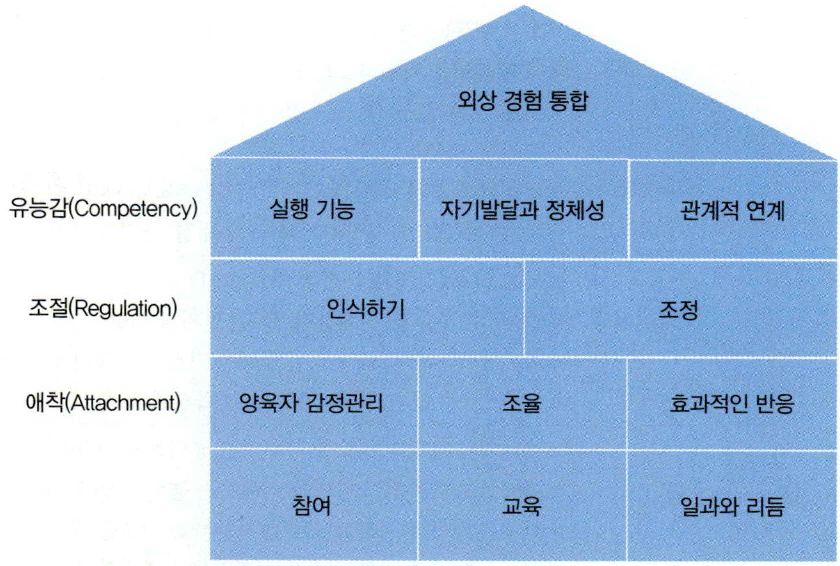

그림 3.1 The Attachment, Self-Regulation, and Competency (ARC) framework. Graphic by Jeremy Karpen

애착, 조절 그리고 유능감 프레임워크 개요

포괄적 영역	핵심 목표	중요 하위 기술
기본 전략	참여	■치료목표 전반에서 내담자의 이해관계를 파악하고 개입 실천과 연결 짓는다.
	교육	■치료목표 전반에 걸쳐 양육자와 청소년들이 개인적 이해관계를 파악하고 참여를 증진시킬 수 있도록 원리와 목표에 대한 교육을 제공한다.
	일과와 리듬	■일과와 구조를 통해 핵심 목표를 지원하며 도전적인 시기를 목표로 한다. ■일과를 치료 과정에 포함시킨다(예: 회기구조). ■가정과 체계적 환경에서 일과를 지원함으로써 일상적 리듬을 구축하게 한다. ■아동, 가정, 체계에서 의례를 구축/탐색/지원한다.
애착	양육자 감정 관리	■외상, 정상화, 타당화 관련 심리교육을 제공한다. ■도전적인 상황을 확인한다. ■자기 모니터링 기술을 구축한다. ■자기 돌봄 증진 및 자원을 지원한다.

	조율	■ 양육자에게 병행 조율을 제공한다. ■ 양육자가 적극적으로 호기심을 가지도록 지원한다. ■ 미러링을 사용하여 아동의 경험을 반영한다. ■ 조율 기술을 청소년 자기조절 지원과 통합한다. ■ 양자 참여에서 유동성/즐거움을 지원한다.
	효과적인 반응	■ 목표 행동(증진/감소)을 선제적으로 확인한다. ■ 행동 패턴을 확인하도록 조율 기술을 사용한다. ■ 주요 전략(욕구 충족, 조절 지원)을 사용하여 확인된 행동을 감소시키고, 해결한다. ■ 청소년과 환경적 안전을 증진시키는 다른 행동반응 전략들을 확인하고, 실험하며, 향상시킨다(문제 해결, 긍정적 강화, 제한 설정).
조절	인식하기	■ 자기 인식: 감정과 각성에 대한 언어 ■ 자기 인식: 감정, 신체감각, 행동, 인지의 연결 ■ 자기 인식: 내적, 외적 경험에 대한 각성과 감정의 맥락화 ■ 타인 인식 : 타인의 감정 표현을 정확하게 읽기
	조정	■ 에너지와 감정의 정도를 이해하는 능력을 구축한다. ■ 편안하고 효과적인 상태를 이해하는 능력을 구축한다. ■ 각성 상태를 탐색하고 도구를 사용하는 기능을 개발한다. ■ 성공적인 상태 변화로 이끄는 전략들을 지원하고 촉진한다.
유능감	관계적 연계	■ 연결 목표를 탐색하고, 관계에서의 편안함과 안전을 구축한다. ■ 안전 연결의 자원들을 확인/확립한다. ■ 자원들을 효과적으로 사용하도록 지원하는 기술들을 구축한다.
	실행 기능	■ 선택 능력을 적극적으로 인식하도록 지원한다. ■ 상황에 대한 연령에 적합한 적극적인 평가 능력을 구축한다. ■ 반응을 억제하는 아동의 능력을 구축한다. ■ 잠정적 해결을 산출하고 평가하는 능력을 구축/지원한다.
	자기와 정체성	■ 아동이 자신의 개인적 특성을 확인하도록 돕는다(독특한 자기). ■ 내적 자원과 자기의 긍정적 측면을 확인하는 능력을 구축한다(긍정적 자기). ■ 과거와 현재의 경험을 통합하고, 자기의 다양한 측면을 통합하는 자기감을 구축한다(일관된 자기). ■ 미래의 목표/결과들을 향하여 상상하고 작업하는 능력을 지원한다(미래의 자기).
외상 경험 통합	아동과 함께 그들의 개인적 경험을 적극적으로 탐색, 처리하고, 통합함으로써 자기에 대한 일관되고 포괄적인 이해로 나아가게 하며 현재의 삶에 효과적으로 참여하는 아동의 역량을 고취하도록 한다.	

ARC 기본 전략

모든 영역과 개입 목표 그리고 치료의 모든 요소에 통합되는 세 가지 핵심 전략에 주의를 기울인다: (1) 모든 목표에 대한 아동, 양육자, 기관의 이해관계를 탐색하고 파악하여 **참여**에 관한 적극적인 관심을 유지하기, (2) 시스템의 모든 단계에서 유능감 강화, 이해, 내담자/시스템의 이해관계를 구축할 수 있도록 **교육** 제공하기, (3) **일과**와 **리듬**을 사용하여 숙달감과 안전 구축하기. 기본 전략은 5장과 6장에 자세히 설명되어 있다.

애착

어떤 문화에서건 양육 체계는 건강한 발달을 이루는 기본 맥락이다. 안전하고 건강한 애착 체계는 고도의 외상 스트레스 유발요인의 영향을 완충하지만(참조: Cohen & Mannarino, 2000), 역으로 스트레스가 되는 애착 체계는 그 자체가 위험 요인이 될 수 있다(참조: Crittenden, 1995; Wakschlag & Hans, 1999).

아동 발달에서 애착의 역할을 고려해 본다면, 외상을 경험한 아동 및 가족들과의 작업에서는 양육 체계를 목표로 하는 것이 가장 중요하다. 우리는 양육 체계를 광범위하게 정의한다. 복합 외상을 경험한 많은 청소년은 다양한 양육 체계에 노출되는데, 거기에는 생물학적인 부모, 친척, 입양 혹은 양부모, 학교 체계, 시설 프로그램, 사례 관리자들, 이들과 상호작용하는 수많은 전문가들이 있다. 전술된 바와 같이 우리는 전체-시스템 접근을 격려하는데, 청소년은 오직 그들의 주변 체계에서만 안전할 수 있다는 것과 청소년이 안전할 때까지 발달의 다른 측면들은 지속적으로 희생될 것이라고 가정하기 때문이다.

애착 구성 블록에서는 두 개의 주요 요인들을 목표로 한다: (1) 아동이 양육 체계와 "충분히 안전하고, 충분히 건강한" 관계를 구축하여 체계 내에서 안전감을 느끼도록 하는 것, (2) 아동의 건강한 발달을 지원하기 위해 양육 체계가 사용할 기술과 맥락 구축 등이다.

애착 구성 블록

양육자 감정 관리

ARC 구조에서 강조한 바와 같이 양육자들은 아동 발달에서 결정적인 역할을 한다. 이와 더불어, 스트레스 유발요인과 직면 시 아동을 지지하는 양육자의 능력은 아동이 나타내게 될 결과를 예측하는 핵심 요인이다. 이 단원은 아동이 보여 주는 결과에 영향을 미치는 양육자의 감정 관리역할, 정서 경험을 조정하는 양육자 능력에 영향을 미치는 요인, 양육자 지지가 가지는 결정적인 역할 등 양육 체계에서 목표로 하는 주요 기술을 보여 준다.

이 개입목표에 포함된 주요 기술과 핵심 영역은 (1) 외상의 본질과 양육자 반응의 정상화에 대한 심리교육, (2) 양육자의 자기-점검 기술, (3) 양육자의 생리적, 정서적 경험을 다루는 양육자의 자원 구축, (4) 양육자 지원 증진 등이다. 임상가 자신에 대한 적용을 포함하여 가족 체계, 치료 장면, 다른 돌봄 체계에서의 적용 등이 논의될 것이다.

조율

조율이란 아동의 단서를 정확하게 읽고 적절하게 반응하는 보호자 능력이다. 성인들이 아동의 단서를 읽는 데 있어서 두 가지 주요한 실수를 한다. 즉, 단서를 놓치거나, 행동 기저에 있는 정서적 메시지를 "읽기"보다는 외현적 행동에 반응한다. 초기 외상을 경험한 아동들은 감정이나 소원, 욕구들을 효과적으로 소통하는 것이 매우 힘든 시간을 보내게 된다. 두 번째 개입 목표에서는 복합 외상 아동들의 양육 체계에서의 정확한 조율이 매우 중요하다는 점을 강조한다.

이 개입 목표에 포함된 주요 기술과 핵심 영역에는 (1) 양육 체계에 대한 병행된 조율을 통해, 양육자가 존중받고 이해받는다고 느끼도록 지원하기, (2) 아동의 의사소통 전략에 대해 양육자가 호기심을 가지고 참여하기, (3) 양육자가 아동의 의사소통을 반영하고, 미러링하며 효과적으로 반응할 수 있는 역량 구축하기, (4) 청소년 조절을 지원하기 위한 목적으로 조율 전략 사용하기, (5) 양육자-아동 상호작용에서 유연성과 즐거움 구축하기 등이 있다.

효과적인 반응

부모 양육과 관련된 연구에 따르면, 아동을 양육하는 단 하나의 '올바른 길'은 없지만, 자녀의 행동에 대해 일관되고 안전한 반응이 중요하다고 강조한다. 규칙에 대한 명확한 이해가 있고, 어른과 환경의 반응을 어느 정도 예측할 수 있을 때 아이들은 더 잘 수행한다. 그러나 심각한 외상을 경험한 아동을 성공적으로 양육하는 데에는 많은 어려움이 따른다. 상당한 혼란을 경험한 아동은 안전감을 얻기 위해 엄격한 통제를 나타낼 수 있으며, 부과된 규칙에 저항하거나 원망하기도 한다. 반항적이거나 도전적으로 보이는 행동은 오히려 불안, 취약성 또는 압도감을 나타내는 것일 수 있다. 일반적인 양육 방식은 감정 조절의 어려움이 있는 아동에게 강한 반응을 유발할 수 있다. 양육자는 심하게 상처받은 아동에게는 행동에 따른 결과 부여를 꺼리거나, 자녀의 안전을 위해 지나치게 제한할 수 있다. 많은 양육자 스스로가 자신의 가정에서 심각한 외상을 경험한 적이 있으며, 가용할 만한 안전한 양육 모델이 없을 수도 있다.

이 섹션에서는 효과적인 양육자 반응을 구축하기 위한 핵심 개입 목표를 강조한다. 여기서 우리는 욕구 충족과 조절이라는 맥락에서 아동 행동의 기능과 패턴을 이해하고, 도전적인 청소년 행동에 직면할 때 성인 감정을 이해하도록 관리하며 행동에 대해 반응적이기보다는 선제적 대응의 중요성을 강조한다. 행동 기법(예: 제한 설정, 긍정적 강화 및 칭찬 사용)은 행동의 "무엇"뿐만 아니라 "왜"에 대한 이해와 함께 신중하게 적용해야 하는 실험으로 구성된다. 양육자가 이러한 기법들을 성공적으로 적용했다고 느끼는 것이 매우 중요하며 양육자의 숙달감을 증진시키기 위한 전략들을 제공한다.

조절

서론에서 발달적 외상이 아동의 생리적, 정서적, 행동적, 인지적 경험을 조절하는 데 중요한 영향을 미치고 있음을 살펴보았다. 애착 체계(자기조절을 학습할 수 있는 초기 맥락)의 실패, 그리고 주요 스트레스가 조절 체계에 미치는 영향이라는 두 가지 요인의 결합은 아동에게 영향을 미친다. 그 결과, 우리는 내적인 경험을 조절하지 못하고, 그러한 경험을 이해하고, 확인하며, 표현하는 능력이 제한된 아동들과 작업하게 된다.

조절 구성 블록에서는 아동의 내적 경험 인식 및 이해, 효과적으로 경험을 조정하고 변화시키는 능력 등을 목표로 한다.

조절 구성 블록

인식하기

초기 외상을 경험한 아동들은 종종 그들의 정서적, 신체적 경험이 분리되는 것을 학습한다. 정서적 상태에 대하여 적절한 반영과 언어를 제공받지 못한 양육 체계 맥락에서, 압도적인 각성과 감정을 경험하면서 많은 아동은 정서를 구별하기("난 그냥 기분이 나빠요."), 신체적, 정서적 상태에 대한 인식결핍("난 내가 왜 이렇게 느끼는지 그 이유를 모르겠어요."), 감정과 이를 유발한 경험의 연결에 대한 이해 부족 등의 어려움을 가지고 있다. 건강한 방식으로 정서적, 신체적 경험을 조절하기 위해 아동들은 우선, 내적 상태에 대한 인식과 이해가 어느 정도 가능해야 한다.

개입 목표에서는 수많은 개입 기술과 개입의 요점들을 강조하고 있다. 치료 목적은 감정과 신체 상태에 대한 어휘 단어 구축, 사람들의 놀람 반응과 외상 촉발물에 대한 심리교육 제공, 복합감정 경험을 정상화하는 것 등이 포함된다. 아동들에게 "감정 탐정"이 되는 것을 가르친다. 제공된 연습과 정보들은 아동이 자신과 다른 사람의 정서를 인식하는 능력, 신체 감각이나 생각, 행동을 정서와 연결하는 것, 감정과 내적 외적 요인들 간의 연결을 이해하기 위한 기술 구축을 강조한다.

조정

복합 외상은 신체적, 정서적 경험을 효과적으로 조정하는 아동의 능력을 파괴한다. 압도적이고 만성적인 스트레스는 아동을 만성적으로 높고 조절되지 못한 각성 수준에 노출시킨다. 정상적으로는 완충 역할과 외부 조절자 역할을 하는 양육 체계가 손상되면 어린 아동은 혼자서 극심한 정서적, 생리적 경험들과 분투하게 된다. 대부분의 아동들은 자신의 경험을 관리하여 적응하지만, 이러한 적응 조건에서는 지속적인 도전에 취약하게 된다. 개입 목표는 아동이 적절한 각성 수준을 유지하고 다양한 정서적 경험을 감내할 수 있도록 "안전 지대(comfort zone)"의 확장을 돕는 다양한 기술을 강조하고 있다. 목표 기술은 (1) 감정 정도에 대한 이해 구축, (2) 각성상태를 편안하고, 효과적으로 올리거나 낮추는 전략을 사용함으로 각성 상태를 견뎌내고 변화되도록 하는 유연함을 구축하는 것이다. 임상가들은 청소년들에게 적용할 수 있는 정서 에너지를 겨냥하는 기술과 전략이 포함된 "감정도구상자"를 개발하고, 지원과 자원을 통해 청소년들이 이러한 도구들을 사용하는 데 참여하고 활용하도록 격려한다.

유능감

아동과 가족을 위한 우리의 목표는 궁극적으로 내적, 외적 자원을 구축하여, 유능감의 긍정적인 기능과 건강한 발달을 이루도록 하는 것으로 여기에는 사회적 관계, 지역사회 관여, 학업 등이 포함된다. 개입 목표에서는 아동들이 숙달감과 성공을 느끼도록 하는 것, 자신의 삶의 적극적인 구성자로서 기능을 유지하게 하는 도구들을 받아들이는 것, 그리고 긍정적이고 일관된 자기감을 개발하고, 공고화하는 것 등의 중요성을 강조하고 있다. 비록 발달적 유능감 구축이 외상-중심 치료에서는 "지지적 치료" 혹은 보조 치료로 분류되지만, 우리는 초기 발달적 외상에 노출된 아동 치료에서 유능감 구축을 핵심 요인으로 간주한다.

유능감 구성 블록

관계적 연계

다른 사람과의 관계를 견디고, 구축하고, 유지하는 능력은 시간이 지나면서 적응유연성을 예측하는 핵심 요소가 된다. 자기의 한 측면을 공유하는 데 편안함을 느끼지 못하면 친밀한 인간

관계를 형성하지 못하거나 기본적인 욕구를 충족시키지 못하는 경우가 많다. 외상을 경험한 많은 아동은 내면의 경험을 안전하고 효과적으로 전달하거나, 연결을 구축하고, 관계를 감내하는 능력에 어려움을 겪는다. 초기의 연결 시도는 분노, 거부 또는 무관심에 부딪칠 수 있다. 아이들은 연결이 자신을 취약하게 만들 수 있다는 것을 재빨리 배우고, 안전감을 높이기 위해 관계를 피하거나 단절하는 방법을 배우게 된다. 또 다른 아이들은 욕구를 충족하기 위해 필사적으로 관계를 맺으려 하면서 거절이나 착취의 경험에 취약해질 수 있다. 시간이 지남에 따라 효과적인 관계 형성에 대한 효과적인 모델링과 경험이 없으면, 외상에 노출된 청소년은 안전한 관계를 맺고 유지하는 방법에 대한 이해가 점점 더 손상된다.

이 개입 목표의 주요 목적은 아동이 정서적 또는 실제적 욕구를 충족하기 위해 타인과 효과적이고 안전하게 연결을 구축하는 데 도움이 되는 기술을 제공하는 것이다. 구체적인 목표 기술에는 (1) 연결의 목적과 과거 관계 경험 탐색, (2) 안전한 연결 자원 확인, (3) 연결 및 의사소통을 위한 기회 창출, (4) 기술 구축을 통한 의사소통 지원 등이 포함된다.

실행 기능

어린 아동에게 가장 중요한 과제들 중 하나는 행위감의 발달이다. 즉, 자신이 세상에 영향을 미치는 능력을 가지고 있다는 지식이다. 우리가 시도하고, 행동하고, 선택하면서 행위감은 발달한다. 행위감은 어느 정도 적절하게 실행 기능 기술을 사용하는 것에 달려 있다. 이는 반응을 지연하고, 결과를 예상하고, 결과를 평가하고, 적극적으로 결정하는 등 우리의 행동을 통제하는 전전두엽 피질이 보유하고 있는 인지적 기술들이다. 만성적 외상에 노출된 아동들의 뇌는 "경보 모드"의 지속적 작동으로 부적절하게 전전두엽 발달이 이루어진다. 동일한 연령의 또래들과 비교한 연구는 외상 집단의 실행 기능 손상을 밝혀냈다(Beers & De Bellis, 2002; Mezzacappa, Kindlon, & Earls, 2001). 적응유연적인 청소년 관련 연구는 긍정적 결과를 산출하는 문제 해결기술의 역할을 강조한다. 효과적인 선택을 하고 자신의 삶에서 적극적인 역할을 하는 청소년들이 그렇지 않은 청소년들보다 훨씬 우수한 수행을 보이는 것은 당연하다(Cicchetti et al., 1993; Werner & Smith, 2001).

개입 목표에서는 적극적인 상황 평가 능력, 반응 억제, 사려 깊은 결정하기 등이 포함된 실행 기능 기술의 발달을 강조한다. 행동(acting)과 반응하기(reacting)를 대조해 보고, 이 섹션의 기술에서는 청소년들이 선택에 대한 인식을 구축하도록 하는 것을 강조한다. 이 장에서는 인식(내적 경험에 대한 인식) 및 조정(각성 관리), 타이밍의 핵심 역할 등 이전에 다룬 기술들의 통합이 중요하다는 것을 강조한다. 이 섹션에는 이러한 기술이 발달 전반에 걸쳐 중요한 토대가 되므로, 양육자가 자녀의 실행 기능을 지원할 수 있도록 통합하는 방법에 대한 정보도 포함하고 있다.

자기발달과 정체성

일관되고 긍정적인 자기감의 발달은 대개 발달 과정에서 나타난다. 어린 아동들은 점차적으로 다른 사람들과 환경의 반응을 내면화하며, 잠복기 아동은 다양한 영역에서의 경험을 통해 가치, 견해, 특성들을 통합하기 시작한다. 청소년들은 적극적으로 자기를 탐색하고, 구성하면서 미래가능성에 대한 인식이 포함된 복잡하고 미묘한 정체감을 발달시킨다. 만성적 외상에 노출되었던 어린 아동들은 종종 부정적인 경험과 부정적인 자기가치를 내면화한다. 경험은 단편적이고 상황-의존적이 된다. 외상경험 아동에게 미래감이라는 것은 없으며 단지 연결되지 않은 수많은 "현재"가 있을 뿐이다.

이 단락에서 개입은 자기와 정체성의 네 가지 측면을 목표로 한다: (1) 독특한 자기(unique self)에는 좋아하고 좋아하지 않는 것, 가치, 의견, 가족 기준, 문화 등 개인적 특성의 탐색과 존중이 포함된다. (2) 긍정적 자기(positive self)에는 내적 자원의 구축과 강점 및 성공의 확인이 포함된다. (3) 일관적 자기(coherent self)에는 외상 전과 후의 자기, 생물학적 부모 대 양부모들과 있을 때의 자기, 보여지는 자기 대 내면적 자기 등 경험의 다양한 측면을 통한 자기에 대한 검토를 강조한다. (4) 미래의 자기(future self)에는 미래의 자기를 상상하고 가능성을 탐색하는 아동의 능력 구축이 포함된다.

외상 경험 통합

ARC에서 개념화한 바와 같이, 복합 외상을 경험한 청소년에게 외상 경험 통합은 치료 과정에서 동시적이고 순차적인 과정을 통해 지속적으로 일어난다. 외상의 영향을 받은 청소년(및 양육자)은 정서와 생리적 상태에 따라 급격한 변화를 나타내는데, 때로는 각성 상태에 압도되고, 때로는 잠시 멈추어 자신의 경험을 성찰할 수 있으며, 때로는 목적적으로 행동에 참여할 수 있다. 이러한 상태는 개인의 위험 경험(실제 및 지각된 경험 모두)에 의해 큰 영향을 받으며, 치료는 개인의 욕구와 발현 양상에 따라 적응하고 변화해야 한다. 이처럼 변화하는 상태 때문에, 치료자의 조율(즉, 아동 또는 양육자의 요구를 정확하게 읽고 이에 대응하는 능력)은 치료의 필수 요소이다.

ARC에서는 '외상 경험 통합'을 실제하는 위험 경험과 지각된 위험 경험으로 인한 압도되는 고통과 각성의 순간을 처음에는 생존하고 감내하고, 호기심을 갖고 그러한 상태에 대해 성찰하고, 궁극적으로 현재 순간에 목적적으로 행동할 수 있는 발달 역량을 순차적으로 개발하는 것으로 정의한다. 이러한 목표는 치료를 통해 점진적으로 정서를 감내하고, 아동과 양육자의 호기심을 지원하면서 치료에서 순차적으로 다루어진다. 또한 아동과 성인이 여러 상태를 오가는 동안에도(예: 압도에서 호기심으로, 그리고 다시 돌아가는) 동시에 다루어진다.

우리는 개입 선택을 이끄는 세 가지의 주요한 아동 및/또는 양육자 상태와 그에 해당하는 세 가지 중요한 목표를 확인하였다. 모든 ARC 목표는 모든 상태 및 목적과 연관되어 있다. 파악된 유동적인 상태와 목표는 다음과 같다.

1. **고통 감내와 조절:** 청소년 및/또는 양육자가 압도적인 정서와 생리적 상태를 나타낼 때 현재 순간의 고통 감내에 중점을 둔 개입을 한다. 아동 또는 양육자가 현재 경험에 대처할 수 있는 능력을 강화할 수 있는 도구와 자원을 구축하는 데 중점을 둔다.
2. **호기심과 반영:** 양육자 및/또는 아동이 매우 침착하고 자원을 활용할 수 있을 때, 개입은 중요한 반영(reflective) 능력을 다룰 수 있다. 이 상태에서 개입은 청소년과 가족이 내부/외부 맥락과 관련된 유발요인, 행동 반응 및 패턴을 인식하고 이해하는 능력을 지원하는 데 초점을 맞춘다.
3. **목적적인 행동에 참여하기:** 아동 및/또는 양육자가 자신의 경험을 이해하고 언어로 표현하고, 과거와 현재, 미래를 연결하는 내러티브를 개발하고, 고통의 순간에 내부 및 외부 자원을 활용할 수 있게 되면서 개입은 현재 순간에 발달 자원의 목적적인 참여를 강조한다.

이러한 상태와 관련 치료 과정은 4장에서 더 자세히 다룰 것이다. 이 책 전체에서 외상 경험의 통합을 지원하기 위해 내담자 상태에 적용할 수 있는 여덟 가지 핵심 ARC 목표 각각에 대한 개입 시 고려사항을 다루고 있다. 15장에서는 외상 경험 통합으로 돌아가, 모든 단계의 치료가 통합 과정에서 어떻게 작용하는지를 강조하고 있다.

ARC 개입 섹션 가이드

ARC 프레임워크를 개발하면서, 우리와 작업했던 임상가와 전문가들의 피드백을 수용해서 사용자들이 편리하게 사용할 수 있는 ARC 개입 섹션을 고안하였다. 각 "블록 구성"의 장은 다음의 섹션으로 조직되어 있다.

주요 아이디어와 핵심 하위 기술

각 장의 시작 부분에는 중요한 목표에 대한 간단한 설명과 해당 목표를 향해 나아가기 위해 설명된 하위 기술을 기술하였다.

★ 핵심 개념

이것은 "why" 섹션이다. 주요 개념들은 양육자 교육에서 중요한 강의 주제이며, 개입원리에 대한 근거를 제공한다.

치료자 도구상자

이것은 "to-do" 섹션이며 세 가지 요인들로 구성되어 있다.

무엇이 중요한가?

이 섹션에서는 각각의 주요 목표를 달성하기 위해서, 치료자가 참여와 관련된 문제(아동, 양육자, 시스템)를 고려할 것을 권장한다. 참여와 관련된 잠재적 장벽에 대한 정보와 양육자 및 아동과 함께 특정 치료 목표와 관련된 작업을 치료 과정에 통합하기 위한 원리를 탐색하는 전략을 제공한다. 가장 중요한 목표는 아동/청소년 및 양육자와 적극적으로 팀을 이루어 목표를 확인하고 작업 전반에 걸쳐 연결, 통제, 협업, 선택, 목소리를 지원하는 전략을 활용하는 것이다.

함의

이 섹션에서는 치료 회기 및/또는 치료 장면에서의 상호작용 원칙을 통합하는 방법, 기억해야 할 중요한 사항 및 중요한 원칙에 대해 설명한다.

양육자 교육하기

양육자 교육의 중요 사항과 개입 원리를 구축하기 위한 구체적인 전략에 대해 설명한다. 애착 영역의 경우 이 섹션은 양육 환경에서 안전을 구축하기 위한 기술에 중점을 둔다. 조절 및 유능감 영역의 경우, 양육자가 아이들의 기술 습득을 지원할 수 있는 방법에 대해 설명한다. 또한 이 섹션에서는 양육자의 개인 및 집단 개입과 더불어 기관 내 스태프 훈련에 대한 지침을 제공한다.

도구

메뉴 양식으로 제시되는데 이러한 도구들은 개인 및 집단 치료자들이 그들의 회기에서 통합할 수 있는 특정 활동들이다. 각 활동이 예시로 제시되어 있지만, 임상가들은 치료 과정에서 창의성이 필요하다는 것을 염두에 두어야 한다. 치료자들이 이러한 일례들을 각각의 내담자에게 적합하도록 확장하고, 개별화하도록 격려한다.

발달적 고려사항들

이 섹션에서는 발달의 3단계(초기 아동기, 아동 중기, 청소년기)에서의 적용과 고려할 점들이 논의되고 있다. 예를 들어, 독자들은 초기 아동기에 적용되었던 애착원리와는 다르지만 후기 청소년기에도 애착원리가 관련되어 있는지를 고려해야 한다. 개입전략을 세울 때, 발달에 미치는 외상의 영향을 고려할 경우 생활연령보다는 발달 단계를 고려한다.

적용

ARC는 개입 장면에 따라 변형될 수 있는 원리들을 토대로 하는 유연한 구조이다. 이 섹션은 양자, 집단, 치료 장면–시스템 개입 내에서 각 원리를 적용하는 예들을 제공한다.

외상 경험 통합: 상태 기반 기술 적용하기

이 섹션에서는 내담자 상태에 따라 핵심 목표를 다루는 다양한 방법을 설명하며 외상 경험 통합의 유연한 단계 모델을 따르고 있다.

실생활 치료

치료는 "실제 세계(Real-World Therapy)"에서 일어난다. 이 섹션에서는 아동, 가족들과 이 원리에 따라 작업할 때 나타날 수 있는 실제적인 어려움과 고려할 사항 등을 논의한다.

일과와 리듬

본문 전체에서 목표를 달성하기 위한 활동을 구성하거나 일과를 사용하는 방법의 예들을 이러한 아이콘으로 표시한다.

문화적 고려사항

이 책의 초판에서 우리는 문화적 고려사항과 관련된 내용들을 기술하였다. 이는 아동의 삶에 미치는 여러 가지 중첩된 영향의 맥락에서 치료자가 아동, 가족, 시스템을 이해하는 것이 중요하다는 점을 강조하기 위한 것이다. 치료자의 조율과 개념화라는 필수 요소를 강조하는 치료 구조로서, 우리의 입장은 모든 치료자와 우리가 협력하는 모든 시스템에서 작업하는 내담자뿐만 아니라 자신들의 다차원적 문화적 영향을 반영하고, 내담자의 표현과 욕구, 치료자 및 시스템의 개입 방식 등에서 문화적 영향의 역할을 고려하도록 격려하는 것이다.

우리가 정의하는 문화에는 인종, 민족, 언어, 출신 국가 또는 문화, 성별 또는 젠더 정체성, 성 정체성 및 성적 지향성, 지역사회 소속 또는 종교 등 자기 스스로 또는 사회적으로 정의된 범주가 포함되어 있다. 또한 문화에는 내담자가 성장한 지역, 원가족의 특정 전통, 내담자의 세대나 현재 사회의 특성과 같은 미묘한 내용들도 포함될 수 있다. 이미 기술한 바와 같이, 모든 사람들은 동시적으로 여러 문화에서 살고 있다(B. Stubblefield-Tave, personal communication, May, 18, 2006).

이번 개정판에서는, 문화적 고려 아이콘을 삭제하기로 결정하였다. 풍성하고 다양한 시스템 및 개인과의 협업 과정을 통해, 우리는 우리의 프레임워크 내에서 문화의 미묘한 차이를 다루는 방식과 우리에게 성장이 필요한 여러 방식에 대한 도전을 경험했다. 우리는 다양한 맥락들―각 내담자, 치료자, 모든 시스템―의 복잡성과 상호교차하는 영향력이 그 작업에서 밀접하게 얽힌 구성요소여야 한다는 점을 고려하였고, 바로 이러한 이유로 인해 이 책 전반에 걸쳐 문화적 고려사항들의 통합을 선택했다.

ARC 자원

이 책의 뒷부분에는 교육 유인물, 임상 활동지, 개인 및 집단활동 등 다양한 자원들을 소개하고 있다. 이러한 자원들은 유형과 목표 영역에 따라 분류되어 있으며 특정 개입 섹션에서 활용되고 있다. 우리는 이러한 자원들을 특정 영역 목표의 예시들로 제공하지만, 이 교재를 읽는 독자들은 이러한 자원들을 창의적으로 활용할 수 있다. 가장 좋은 개입은 작업하고 있는 특정 아동, 집단, 가족을 목표로 할 때, 그 순간이나 상황 속에서 우리가 떠올리는 것이다.

ARC 프레임워크 사용: 잠정적 수행 전략

구조적인 프로토콜이기보다는 유연한 구조이므로 임상가들은 어디에서 시작해야 하는지 질문할 수 있다(복잡한 아동, 가족과 작업할 때 우리가 그러듯이). "나는 구조를 좋아해요." "하지만 어떻게 ARC를 해야 하지요?" 등과 같은 질문에 대한 대응으로, 개입 섹션에는 개인치료, 집단, 그리고 치료 장면-시스템에서 원리를 실행하기 위한 고려사항을 기술한 "적용" 하위 섹션이 있다.

이 섹션에는 예를 들어, 부모나 기관의 스태프들과 작업할 경우 "양육자 정서관리" 원리들을 적용하는 방법들이 강조되었다. 이러한 자원을 활용하려는 다양한 임상가들을 위해 우리는 구조원리, 기술, 핵심개념을 적용하는 다양한 방법들을 고려해 볼 것을 권유한다.

외래 치료로의 통합

ARC 원리와 구성 블록들은 많은 외래 임상가에게 개별 치료 목표와 계획을 수립하는 지침이 되어 왔다. 여덟 가지 구성 블록들 맥락 내 내담자와 가족/시스템의 자료들을 검토함으로써, 각 영역 내에서 구체적인 치료 목표를 개발할 수 있었다.

예를 들어, 갑작스러운 분노 폭발을 보이는 아동과 이러한 상황에 직면하여 압도된 양육자가 있는 경우, 치료 목표는 (1) 양육자의 대처 기술 및 지원 개발을 통해 아동의 정서에 대한 양육자의 감내력 구축(양육자 정서 관리), (2) 외상과 감정의 발달적 표현에 대한 심리교육을 통해 아동의 분노 폭발 이유에 대한 양육자의 이해 구축(조율), (3) 아동이 자신의 신체에서 고통의 신호를 '읽고' 그 신호가 어디에서 오는지 이해하는 능력 구축(인식), (4) 고통 관리를 위한 아동의 대처 전략 구축(조율로 지원되는 조정), (5) 양육자 또는 다른 자원을 지지원으로 사용하는 아동의 능력 구축(관계적 연계, 이 또한 조율로 지원됨) 등이 될 수 있다.

다른 ARC 구성 블록은 상기 목표들과 서로 얽혀 있을 수 있다. 예를 들어, 잠재적 스트레스 상황에 대비하여 최선의 전략과 계획을 확인하는 것에는 문제 해결 능력(실행 기능)이 포함될 수 있고, 내적 및 행동적 경험을 관리하는 능력에서의 아동의 성취감을 목표로 삼는 것은 효능감을 구축할 수 있으며(자기와 정체성 발달), 확인된 "촉발 지점"을 사전에 예측함으로써 각성을 낮추고(조정을 위해 일과가 사용됨), 조절 대 제한 설정을 지원할 때 양육자가 "순간 포착" 방법을 배우도록 돕는 것은 양육 전략을 목표로 한다(효과적인 반응). 회기 충실도 체크리스트/추적 도구(부록 A)는 어떤 ARC 원리와 하위 기술이 주어진 회기에서 다루어졌는지 추적하는 데 유용하며, 임상가가 주요한 변화를 주기 전에 간단한 추적을 시작해 볼 것을 권장한다. 회기에서 "선택 지점"을 추적하는 것은 내담자와 우리가 무엇을 목표로 하고 있는지, 그리고 무엇을 놓치고 있는지 이해하고 정의내리는 데 도움이 된다.

개입 섹션에는 개별, 양자, 가족 치료 회기에서 원칙을 통합하는 방법에 대한 많은 예가 포함되어 있다. 우리는 임상가들에게 공식적인 연습뿐만 아니라 대화, 놀이, 상호작용을 통해 비공식적인 '집중하기' 연습을 권장한다. 또한 이러한 원칙들이 실제로 적용될 수 있는 회기를 구성하도록 권유한다. 예를 들어, 일관된 회기 일과를 구축하는 방법을 고려해 본다. 즉, 각 회기 시작과 종결 부분에 조정활동을 통합하거나, 정서 확인과 표현 기술을 구축하기 위해 회기 시작과 종결 부분에 정기적으로 "체크인" 하고, 유능감 구축 활동을 통합하는 것이다.

집단 치료

조절 및 유능감 섹션에 포함된 원칙들은 집단 활동에도 쉽게 적용할 수 있다. 개입 섹션 메뉴에서 예시로 제공된 많은 연습은 집단 형식으로 사용할 수 있으며, 부가적 활동은 부록 C에 설명되어 있다. 치료 집단에서 사용할 활동을 선택하고 개발할 때 발달 단계, 개입 장면, 문화적 맥락, 치료 초점, 집단 내에서의 안전 등과 함께 작업할 집단을 고려하도록 한다. 우리는 ARC 원칙을 사용하여 여러 집단 프로그램에서 작업해 왔는데, 이러한 프로그램들은 주요 ARC 원칙들을 통합하면서도 집단의 형태, 구조, 초점에서 다양한 변화를 보인 것이 인상적이었다. 치료 목표로서 특정 ARC 원칙을 고려하는 것과 함께 아동, 청소년, 양육자 집단을 구성할 때 일과와 리듬의 역할을 고려하도록 권장한다.

양육자 지원 및 교육

애착 원칙들은 특히 양육자 교육, 기술 구축 및 지원을 목표로 한다. 또한 모든 개입 섹션에는 주요 개념, 발달적 고려사항, '양육자 교육' 정보가 포함되어 있다. 이 자료는 양육자 교육 회기(일대일 또는 집단) 및 양육자 워크숍 개발을 위한 지침을 제공한다. 부록 B에는 많은 양육자 교육 유인물과 활동지가 포함되어 있으며, 일부는 양육자와 함께 작업할 때 유용하다. 이러한 자료는 참고 자료로만 활용한다. 경험상 서면 정보는 일부 양육자에게 도움이 되지만 모든 양육자에게 도움이 되는 것은 아니다. 동일한 원리에 대한 인식을 구축하기 위해 "교육 회의" 또는 아동 및 청소년과의 작업에서 그 순간의 적용 요소로 활용하는 것 등을 고려해 본다.

교육 외에도 지원과 유능감 경험에 대한 양육자의 욕구 등을 고려하여 애착 원리를 적용하는 방법에 주의를 기울이는 것이 중요하다. 개입 시스템 내부 또는 외부에서 양육자의 지지 자원을 늘리는 방법들을 고려해 본다. 여기에는 양육자의 기술 연습, 적용 및 성공과 도전을 지원하는 포럼을 비롯하여 양육자의 반응과 행동에 대한 치료자의 조율을 높이는 방법도 포함된다.

치료 장면 훈련, 자문 그리고 스태프 지원

치료 장면-시스템 스태프 훈련과 자문, 지원을 위해 ARC 원칙을 사용하는 전략 및 고려사항은 주 양육자에게 적용하는 것과 유사하다. 양육자에게 적용하는 원리를 확인하여 해당 시스템에서 적절한 단어로 대체한다(예: 교사, 상담 스태프). 이 프레임워크에서 교육 구성 요소는 스태프 훈련 개발에서도 지침을 제공한다. 우리의 경험상 공식적인 교육을 넘어서 학습이 실제로 이루어질 때 가장 큰 시스템적 변화가 일어난다. 예를 들어, 스태프에게 촉발요인에 대해 가르치기보다는 촉발 반응에 따른 논의를 특정 아동/청소년 행동에 대한 대화, 교육 계획 수립, 주간 스태프 회의로 통합하는 것이다.

주 양육자와 마찬가지로 교육뿐 아니라 스태프 지원과 안전을 구축하는 방법을 체계적으로 생각하는 것이 중요하다. 이 교재에서 반복되는 우리의 주장은 아동은 주변 시스템이 안전해야 안전할 수 있다는 것이다. 이는 항상 시스템적 안전 구축이 일차적인 목표라는 것이다. 시스템 내 모든 직급의 스태프들이 적절한 지원을 받고 있는지, 정서적 경험을 관리할 수 있는 유능감을 갖추고 있는지(개별적으로나 체계적으로), 사건을 논의하고 처리할 수 있는 포럼이 있는지, 일상적인 경험에서 어느 정도 일관성을 갖추고 있는지를 고려해야 하며 이는 결국 내담자에게 예측 가능성을 제공한다.

치료 장면-시스템 적용

ARC 원칙들은 개별치료를 넘어서는 체계적인 개입 지점을 가지고 있어 개별 치료가 포함되었거나 포함되지 않은 많은 장면에서 적용할 수 있다. 각 ARC 원칙들의 적용 섹션에는 치료 장면-시스템에 대한 고려사항이 포함되어 있다. 그러나 외상에 노출된 청소년과 가족이 서비스를 받는 장면의 다양성을 고려할 때, 이러한 원리를 적용하는 방법 모두를 반복적으로 다루는 것은 불가능할 것이다. 게다가 개입을 실행하는 모범 사례를 비롯하여 특정 시스템에 대한 전문 지식은 일반적으로 해당 시스템 내에 있다고 굳게 믿고 있다. 따라서 이 교재를 보고 시스템 수준에 따라 ARC 원칙의 실행을 고려한다면, 다음 두 가지 요소에 주의를 기울이기를 권장한다: (1) 원칙에서 다루는 핵심 개념과 (2) 여러분의 현장에서 이러한 영역이 나타나는 방식(예: 내담자가 드러내는 반응에서, 일상구조에서)이다. 이 두 가지 요소를 고려하여 원칙들을 체계적으로 적용할 수 있는 방법을 고려한다.

예를 들어, 조절 섹션의 두 번째 원리는 조정이다. 조정의 주요 목표는 아동이 생리적, 정서적, 행동적 경험을 조정할 수 있는 기술과 전략을 구축하도록 돕는 것이다. 비록 모든 시스템이 "치료"에서처럼 특정 아동에게 개별 기술 구축을 제공하지 않으나, 시스템에서 조정을 가르치고, 지원하고, 격려할 수 있는 방법이 있다. 예를 들어, 교실 장면에서 학생들의 생리적 조절을 돕기 위해 손으로 조작할 수 있는 도구들(예: 스트레스 공, 플레이도)이 담긴 바구니를 준비할 수 있다. 거주 프로그램에서는 기존의 "타임아웃" 방 대신 감각 조정 재료들(예: 무게가 있는 담요, 부드러운 베개)이 포함된 "감각 공간"을 만드는 것을 고려해 볼 수 있다. 가족 쉼터에서는 아동의 조정을 도와주도록 매일의 일과 요소(예: 저녁 이야기 시간, 부드러운 음악, 낮은 조명, 양자적 양육

격려하기)를 구축하는 것을 고려할 수 있다. 모든 전략이 모든 장면에 효과가 있거나 적합한 것은 아니다. 우리가 가지고 있는 가장 좋은 일례는 우리가 작업하는 각 프로그램과 조직 그리고 시스템의 요구에 맞춰 고안된 전략에서 나온다.

당신은 누구를 치료하고 있는가?: 개념화로 시작하는 것의 중요성

특정 내담자의 가족이나 시스템의 맥락 속에서 아동/청소년의 개별 욕구에 대한 유연한 반응에 초점을 두고 "내가 ARC를 어떻게 하지?"와 "내가 누구를 치료하고 있지?"가 포함된 질문을 하는 것이 중요하다. 즉, 내담자의 개별적인 욕구를 목표로 한다면, 내담자가 누구인지 이해해야 한다. 어떤 행동이나 증상에는 여러 가지 원인이 있을 수 있다. 행동을 확인하는 것은 종착점이 아닌 시작점이다. 개념화는 다양한 정보(예: 병력, 관찰, 임상적 표현, 행동, 관계 양식, 기능 영역 등)들이 내담자에 대한 일관된 이해로 통합되는 작업이다. 예를 들어, 개념화는 아동이 학교에서 어려움을 겪고 있다는 사실뿐 아니라 왜 아동이 학교에서 어려움을 겪고 있는지 이해하는 데 도움이 된다. 어떤 아이는 주의력이 부족해서 어려움을 겪을 수 있고, 어떤 아이는 각성을 조절하지 못해서 어려움을 겪을 수 있다. 세 번째는 학교 환경의 복잡한 관계를 헤쳐나가는 데 어려움을 겪는 것일 수 있고, 네 번째는 근본적인 학습 장애가 그 원인일 수 있다. 마지막 아동의 경우 위의 여러 요인이 복합적으로 작용할 수 있다. 근본 원인을 파악하지 않고 단순히 결과, 즉 학업성취 부진만을 목표로 삼는다면 개입은 실패할 가능성이 높다.

좋은 개념화는 본질적으로 사람들은 이해된다는 전제하에 만들어진다. 개인들이 각자의 방식대로 기능하는 데에는 이유가 있다. 이러한 이유들은 복잡하고 다면적이다. 그러므로 모든 개인을 부분 요소들의 합으로 분류한다고 가정하는 것은 주제넘은 생각일 수 있다. 하지만 개념화는 이러한 복잡성을 이해하도록 해 주며, 왜 아동이 반항적인지, 매달리는지, 왜 아동의 양육자가 전문가나 부모를 불신하는지, 왜 가족이 치료 참여를 힘겨워하는지에 대해서 공감적으로 이해할 수 있도록 돕는다.

개념화는 우리의 치료 역량을 향상시키며 "어떻게" 탐색할 것인지에 대한 유연한 역량과 더불어 "왜"에 대한 이해는 자연스럽게 "무엇"에 대한 인식으로 이끌어준다. 즉, 아이가 자주 분노 발작을 보이는 이유가 각성 조절의 어려움, 통제력 상실에 대한 강한 촉발 반응이며 양육자의 압도된 반응에 대한 지속적인 과민 반응 때문이라면 어떤 치료가 가능할 것인가? 목표에는 조정 전략(대처 기술)의 구축, 아동의 선택권을 높이기 위해 양육자와 협력하고, 양육자가 내부/외부 자원을 구축하고 자신의 정서적 경험을 관리하도록 지원하는 것이 포함된다. 우리가 어떻게 이러한 목표에 도달할 것인가는 더욱 도전적인 문제로 종종 실험이 필요할 수 있다. 우리들은 이러한 프레임워크가 이러한 단계의 치료자들을 지원하기 위한 여러 제안들을 제공하기를 희망한다.

우리는 일련의 연관 질문에 대한 답변을 통해 개념화에 접근하는 것이 유용하다는 것을 발견하였다. 평가(개념화와 마찬가지로)는 일회성이 아닌 지속적이고 역동적인 과정으로 간주해야 한다. 외상을 경험한 아동 및 가족과 함께 일할 때는 다음 질문을 고려하여 여러분의 개념화를 조직하도록 한다.

1. 이 아동/가족이 무엇을 경험하였나? 긍정적인 경험과 스트레스 경험 모두에 주의를 기울인다. 일반적으로 확인된 스트레스 유발요인(예: 신체적 학대 경험)과 종종 간과되는 스트레스 유발요인(예: 외상력, 사회적-범주 관련 편견 및 차별)이 아동과 가족 경험에 미치는 영향을 모두 고려한다.
2. 이 아동과 가족에게 영향을 미친 다른 요인들은 무엇인가? 다음을 고려한다.
   - 아동 및 가족 문화(다차원적)
   - 양육자 기능(현재 및 과거) 및 세대 간 영향
   - 기질을 포함한 생물학적/유기적 강점 및 취약성
   - 경제적 요인
   - 가족 내 아동의 역할
3. 이러한 경험과 맥락적 요인들이 이 아동과 가족에게 어떤 영향을 미쳤을지 생각해 본다.
   - 발달적 영향: 애착 유형, 자기조절 능력 및 조직화, 관계, 운동 기술
   - 자신, 타인, 세상에 대한 믿음
4. 우리가 관찰한 어떠한 패턴이 이러한 경험에 대한 아동(또는 가족)의 학습된 적응을 시사하는가? 과거의 경험을 고려할 때 현재의 행동은 어떤 방식으로 이해될 수 있는가? 표면적인 행동(예: 화를 내는 것)뿐만 아니라 핵심적인 추동 문제(예: 각성의 급상승)도 고려한다.
5. 현재 행동 패턴이 잠재적 위험의 주요 유발요인이나 단서에 대한 단서를 제공하는가? 그렇지 않다면 과거 경험을 바탕으로 이 아동의 위험 반응을 유발할 수 있는 요인은 무엇인가?
6. 촉발요인에 직면했을 때 아동은 어떤 행동을 하는가? 현재 아동의 어떤 행동에 가장 관심을 가져야 하는가? 이러한 행동이 과거 경험과 관련이 있는가? 그렇다면 어떤 방식인가?

7 현재 제시된 것에 영향을 미치는 다른 스트레스 유발요인은 무엇인가? 그것을 완충하는 데 도움이 되는 다른 자원은 무엇인가?

8. 아동이 가진 강점은 무엇인가? 아동이 이러한 강점을 활용하여 자신의 경험을 완충시킬 수 있는 방법이 있는가?

이러한 질문들에 대한 답변은 우리에게 아동과 가족에 대한 내러티브를 제공한다. 서론의 라이언과 2장의 제나 이야기를 이 질문들을 염두에 두고 다시 읽어 본다. 1장에서 기술한 발달 영역과 외상이 미치는 영향의 맥락 속에서, 그리고 2장에서 설명한 외상이 미치는 영향에 관한 3요인 모델의 맥락 속에서 아동의 기능을 고려해 본다. 전술된 질문들에 대한 답변과 아동과 가족에 대한 이해가, 중재에서 중점적으로 다룰 영역과 지지해야 할 강점 영역을 파악하는 데 어떻게 이어지는지를 주목한다.

결론

2장과 3장에서 ARC 프레임워크가 만들어진 배경, 맥락, 토대를 제공하였다. 3장에서는 ARC 프레임워크의 기본 전략, 세 가지 주요 영역, 여덟 가지 핵심 개입 목표에 대해 설명하며, 여러 맥락 적용 시 고려해야 할 사항을 포함하였다. 각 개입 목표에 대한 근거와 핵심 개념, 확인된 하위 기술, 개입의 제안, 양육자 교육의 구성 요소, 발달적 고려사항과 관련된 지침을 제공한다. 아동마다 독특한 특성, 노출 과거력, 맥락, 드러내는 양상 등이 다르기 때문에 치료는 내담자마다 다를 수밖에 없다. 이러한 다양성 때문에 지속적인 임상 평가는 모든 개입의 핵심 요소이다.

비록 일부 기술은 다른 기술이 전제되어야 하지만, 본 프레임워크는 단계별 처방이 아니라는 점을 명심한다. 좋은 치료는 종종 치유 과정의 여러 시점에서 주요 영역을 다시 다루어야 한다. 아동이 성장하거나 새로운 정신 발달 단계에 접어들거나 추가적인 스트레스 요인에 노출되면 이전에 학습한 기술을 검토한 후 새로운 기술을 구축해야 할 수 있다.

이 책에 포함된 많은 연습 과제는 임상에서 얻은 지혜에서 나온 것으로, 다른 치료 매뉴얼이나 고전적인 놀이치료 워크북 또는 강좌에서도 찾아볼 수 있다. 일부는 외상에 영향을 받은 아동의 욕구에 맞게 수정되었으며, 일부는 우리가 교육을 통해 학습한 내용 또는 임상 작업에서 사용되었던 것들이다. 이 매뉴얼에서는 연습 과제들이 제안들로 제공되었지만 치료자들은 창의력을 발휘하여 각 내담자의 욕구를 충족시킬 수 있도록 변경할 것을 권장한다.

언어사용에 대한 마지막 권고 사항: 단순성과 가독성을 위해 이 책에서는 특정 용어를 사용하고 있지만, 그러한 용어들이 모든 사람에게 적용할 수 있는 것은 아니다. 예를 들어, 성(gender)을 드러내기 위해 사용한 '그 또는 그녀'라는 용어는 이분법적인 성 대명사와 달리 자신을 명명하고 있는 많은 사람에게는 적용할 수 없다. 우리는 최선을 다했지만, 한계가 존재한다. 우리는 핵심 내용이 지속적으로 공감과 영향을 불러일으키기를 기대해 본다.

2부

외상 경험의 통합

4장

외상 경험 통합

외상 경험 통합은 무엇인가?

외상-중심 치료에 관한 사려 깊은 모델들은 "외상 처리(trauma processing)" 혹은 외상적 기억, 관련 정서, 인지, 감각적 경험, 행동적 반응들을 보다 큰 자신에 대한 서사 안에서 탐색하고 통합하는 것을 강조한다. 외상 처리는 단일 사건 혹은 명확히 규정된 사건을 경험한 아이들보다 수차례 장기적인 스트레스에 노출된 아이들에게 더욱 어려운 일이다. 예를 들면, 만성적인 초기 방임, 부모의 정신장애 혹은 약물 사용, 반복적인 폭력 행동, 생물학적 부모로부터의 분리, 수차례의 위탁 양육과 애착 붕괴, 그리고 관계를 다루는 것에 대한 어려움으로 인한 재피해(revictimization)를 경험한 아이들에게 외상 처리의 시작과 종결을 정의하는 것은 어려운 일이다. 많이 사용되는 용어인 "외상 경험의 통합"은 복합 외상을 경험한 아이들에게 한층 적합하다고 생각된다. 이 용어는 복합 외상에 노출된 아동들이 외상 경험을 처리하는 다양한 방식들을 포함하려는 의도로 고안되었다.

이 구조의 목적을 위해, 지속적인 외상 노출을 경험한 아동과 관련된 연결되어 있지만 구분되는 두 가지 외상 경험 통합의 유형을 정의하고 좀 더 자세히 탐색할 것이다. 이를 위해 다음 예들을 생각해 보자.

1. **파편화된(fragmented) 자기 상태와 관련된 초기 경험의 통합**: 현재 자기 기능의 파편화된 측면(감정, 행동 혹은 행동 불능, 대인관계 양식, 인지, 생리적 상태, 자신과 타인에 대한 내재화된 모델)을 확인하고 반영하기, 그리고 이것들을 초기 아동기의 반복적인 경험과 관련된 주관적인 주제(예: 수치, 무력감, 분노, 애착 상실, 취약성)와 연결짓기

엠마의 법적 보호자인 이모는 엠마를 학교에서 태워 약속장소에 데려다주고 있었다. 13세

> 의 엠마는, 이모에게 그날 학교에서 있었던 일을 이야기하기 시작했다. 이모는 길에 집중하고 있었고, 이야기하는 중간에 있었던 엠마의 질문에 대답하지 못했다. 엠마는 화를 내고, 소리를 지르며, 이모에게 욕설을 내뱉었다. 이모가 제한을 두려고 하자("진정해! 지금 운전 중이잖아") 엠마는 소리 질렀다. "나한테 소리 지르지 마세요." 그러고 나서 엠마는 차 문을 열려고 하면서 움직이는 차에서 뛰어내리겠다고 협박했다.

위의 예시에서 엠마의 행동은 분명 현재 순간 이상의 요인에서 비롯된 것이다. 그녀의 과거력을 설명하지 않더라도 우리는 지각된 거부, 연관된 수치심, 통제력 상실, 잠재적 위험이라는 주제가 미치는 영향을 생각해 볼 수 있다. 이러한 단서들에 직면하자 엠마의 자기 상태는 통제 가능하고, 긍정적인 경험의 공유로부터 분노와 각성 증가, 위험 회피, 선제적 거부의 상태로 변화되었다. 이러한 반응들은 현재 순간에 의해 야기되었으나, 그 원인은 과거에 있다.

2. **특정 사건의 처리**: 자기와 타인에 대한 내재된 모델과 더불어 특정 과거의 외상 기억 혹은 압도적인 스트레스에 의해 촉발된 정서, 행동 혹은 행동 불능, 대인관계 양식, 인지, 그리고 생리적 상태를 둘러싼 서사를 구성하고, 이러한 것들을 보다 일관되고, 현실적이며, 자신과 타인에 대한 보다 넓은 서사로 통합하거나 전환하기

> 친아버지에 대한 엠마의 기억은 선명하지 않다. 그녀가 어렸을 때, 그가 그녀를 성적으로 학대했다는 것은 알지만, 그녀의 명시적 기억은 "어렴풋하고" 뒤섞여 있다. 그녀는 한 가지 기억을 다음 기억과 구별하는 데 어려움이 있다. 하지만 그녀가 아버지에 대해 생각할 때면, 언제나 그의 가슴 오른쪽에 있는 문신을 떠올린다. 그리고 그녀의 배에 느껴지던 까칠한 수염을 기억한다. 그러면 공황상태에 빠지기 시작하고, 숨을 쉴 수 없게 된다. 그녀는 아버지에 대해 생각하지 않으려고 노력했지만, 최근 데이트에서 한 소년이 그녀에게 키스하려고 하자, 그녀는 갑자기 숨을 쉴 수 없는 것처럼 느끼며 몸이 얼어붙은 것처럼 차갑게 변했다. 그녀가 행동을 중단시키기 전에, 아버지의 문신을 보았고, 몸을 움직일 수 없었다.
>
> 어머니에 대한 엠마의 기억은 보다 뚜렷하지만, 그들의 관계를 생각하면 화가 나고 혼란스럽다. 그녀의 어머니는 예측할 수 없었다. 그녀는 대부분의 시간 그 자리에서 떠난 것처럼 느껴졌고 엠마에게 가용하지 않았다. 또한 그녀는 매우 감정적이었는데, 폭력적이고 분노에 차거나, 울며 드라마틱해졌고, 다정한 모습은 매우 드물었다. 엠마는 어머니를 부분적으로 기억했고, 어머니를 그리워하는 것보다는 화가 났던 것을 기억하는 것이 더 쉽다고 생각한다.

복합 외상에 대한 경험 처리는 종종 시간과 장소를 넘어선 일관된 자기 이야기의 발달이 포함되며, 이는 자기와 정체성 작업의 핵심 부분이다. 개별적인 외상 사건에 대한 이야기를 포함한 자기 내러티브의 개발은 14장에서 다루고 있다. 많은 치료 모델이 외상 내러티브를 개발하는 과정을 신중하게 다루고 있으므로 이 장에서는 주로 복합 발달 외상을 경험한 집단의 치료 과정에서 외상 경험 통합에 대한 광의의 목적, 목표 및 과정에 대한 이해에 초점을 맞추었다.

외상이 자기 상태(self-states)에 어떠한 영향을 미치는가

이전 장에서 설명한 것처럼 복합 발달 외상을 경험한 아동은 생존을 담당하는 뇌 부위가 활성화되는 반복적이고 만성적인 스트레스 요인에 노출되어 있다. 다른 반복적인 패턴과 마찬가지로, 아동들이 지속적으로 반복적이고 유사한 스트레스 요인에 노출되면, 뇌는 이러한 스트레스 요인에 대처하고 관리하는 데 도움이 되는 효율적인 반응 패턴을 개발한다. 이러한 반응 패턴은 행동적(예: 움직임 취하기 또는 정지), 정서적(예: 급격한 분노, 수치심, 공포의 증가), 인지적(예: 인지적인 집중의 변화, 단서나 경험에 대한 구체적인 의미 만들기), 생리적(예: 각성의 증가 또는 감소, 근육 긴장), 관계적(예: 접근 또는 회피 패턴의 변화) 반응이 될 수 있다. 이러한 패턴에는 자기와 타인, 그리고 자기와 타인의 관계에 대한 의미 체계, 자기와 관계성에 대한 애착 패턴과 의미 체계가 내재되어 있다. 여기에는 종종 안전, 신뢰, 수용과 같은 주제에 근거한 타인에 대한 이분법적 믿음(예: 안전함 대 안전하지 않음, 수용함 대 거부함, 신뢰할 수 있음 대 배신할 가능성이 있음)이 포함될 수 있다. 이러한 신념은 종종 자기에 대한 의미 부여와 관련이 있으며, 자기가치감 대 수치심과 손상되었다는 감정과 관련이 있다. 이러한 상태는 아동의 의식적 인식에서는 이전 경험과 단절되어 있지만, 이러한 상태는 경험을 통해 나타난다.

이러한 반응 패턴은 어떤 기능을 수행하도록 발달했으며—본질적으로 아동의 뇌에서 그 기능은 '생존'이다—빈번히 경직되어 있으며, 관련 단서에 의해 자동적으로 유발된다. 또한 이러한 패턴은 다른 자기 상태로부터 캡슐화되고, 파편화되거나, 분리되어, 과거 경험과 관련된 다양한 단서, 주제에 의해 다양한 기능적 패턴이 아동에게 유발된다. 이 책의 다른 섹션에서 '촉발 요인' 또는 잠재적 위험 단서라고 설명되고 있는 발달 외상과 관련된 대표적인 주제에는 수치심, 상실, 취약성, 박탈감, 무력감/통제력 상실, 고립, 불신/배신, 불공정, 애착 장애, 경계 침범(정서적, 관계적, 물리적) 등이 포함된다(이러한 것들로만 한정되지는 않는다). 2장에서 설명한 것처럼 이러한 주제를 감지하고 대응하는 데는 실제 존재가 필요하지 않으며, 단지 존재에 대한 지각만 있으면 된다. 즉, 아동의 뇌에서 거절이 존재한다고 판단하면, 거절이 객관적으로 존재하고 의도되었는지 여부에 관계없이 거절에 직면하여 자기 보호를 위해 발달한 자기의 패턴이 나타나게 된다.

목표: 외상 경험 통합

우리의 관점에서 볼 때, 만성적이고 복잡한 초기 외상 경험에 노출된 아동을 위한 치료의 궁극적인 목표는 아동 스스로 확인한 개인 목표를 정의하고 달성하기 위해 다양한 기능 영역에서 효과적이고 만족스러운 삶의 지표를 따라 내부 및 외부 자원을 활용할 수 있는 역량을 구축하는 것이다. 과거의 경험은 현재의 삶에 목적을 갖고 참여하는 아동의 역량을 방해하고 중단시킨다. 그들의 현재 반응은 주로 안전을 추구하려는 압도적인 생물학적 명령으로 움직이는데, 이는 아동이 가지는 위험과 욕구 충족의 결핍에 대한 지각으로 인해 나타난다.

엠마와 같은 많은 아이에게 과거의 경험은 현재의 반응에 영향을 미친다. 위험, 수치심, 분노, 무력감, 상실감에 대한 반응으로 파편화된 자기 상태가 야기되며 특정 기억과 관련된 강렬한 경험의 영향을 받는다. 이 아동들은 목적적이고, 목표 지향적이며, 성취감 있는 삶을 영위할 수 없게 된다.

4장과 이 책 전반에서 인용하고 있듯이, 우리들은 외상 경험 통합을 핵심 ARC 목표로 치료 전반에 걸쳐 반복적으로 다루고 있으며 이는 통합적인 목표이지만, 구체적인 접근 방식은 현재 내담자(아동 및/또는 양육자)의 상태에 따라 달라질 수 있다. 아동 또는 양육자는 생존과 고통에 대한 내성의 순간을 호기심과 성찰의 순간으로, 그리고 되풀이하면서 점점 더 내부 및/또는 외부 자원을 활용하는 기술과 역량을 얻게 되어 점차 자신과 타인에 대한 조율이 가능해지고 궁극적으로 참여적인 행동이 가능해진다.

애착의 역할

외상 경험의 통합을 위해서는 과거의 경험과 관련하여 현재에 나타나는 행동, 생각, 감정, 생리적 상태, 자기와 타인의 내재된 모델을 관찰하고 호기심을 가질 수 있는 역량이 필요하다. 반영과 조율(8장에서 자세히 설명)은 외상 경험 통합의 과정에서 핵심적인 역할을 한다. 많은 아동의 삶은 반영이 부족하거나, 편향되고 부정확한 반영이 포함되어 있다. 아이들은 종종 겉으로 보기에 모순되는 행동으로 고통을 행동으로 옮기기 때문에 내적, 외적 부조화가 계속되고 있다. 따라서 중요한 목표는 아이들의 경험을 보다 정확하고 공감적으로 반영하는 내적, 외적 거울을 형성하고 지지하는 것이다.

성찰적 지각을 담당하는 주체(예를 들면, 호기심 많은 관찰자)는 발달에 따라 변화할 가능성이 높다: 어린 아동과 초기 과정에 해당하는 내담자들에게 성찰적 지각을 담당하는 주체는 외부에 있기 쉬운데, 전문가든 일차적 양육자든 간에 양육자가 그 주체가 될 수 있다. 시간이 지나면서, 특히 나이든 아동과 청소년들의 목표는 자기-반영적 과정과 정확한 자기-조율의 능력을 증가시키는 것이다. 이처럼 우리는 외상 경험의 통합을 양육자/애착 체계의 내재된 과정으로 간주한다.

물론 문제는 아동의 호기심과 반영 능력은 대개 조절된 상태를 필요로 하며 양육자의 호기심 어린 관찰(즉, 조율)도 필요하다는 점이다(7장 양육자 감정 관리 참조). 양육자의 생존 상태(즉, 극심한 고통)는 아동의 행동, 욕구, 적응을 적절하게 읽는 능력을 방해할 수 있다. 결과적으로 양육자의 반응은 종종 의도치 않게 아동의 위험 감각을 증가시켜, 생존 행동에 참여하고자 하는 아동의 욕구를 증가시킬 수 있다. 따라서 치료 전반에 걸쳐, 외상을 경험한 청소년을 지원하는 과정에서 양육 체계(주 양육자, 자원, 치료 환경, 치료자 등)의 핵심 역할뿐만 아니라 개입 시 속도에 맞추어 양육자를 조율하고 지원하는 치료자 또는 가족 지원 체계가 함께 존재해야 한다는 점이 중요하다.

성인의 감정은 청소년 행동에 대한 양육자의 반응뿐만 아니라 양육자 자신의 역할에도 영향을 미친다. 외상 경험 통합은 우리와 작업하고, 우리가 보살펴야 하는 아동들과 그것을 지켜보아야 하는 양육자 모두에게 중요하다. 우리와 함께 작업하고, 우리가 관심갖는 아동들의 외상 경험 통합에는 양육자의 목도(目睹)가 필요하다. 우리가 사용하는 기법이 언어적이든 비언어적이든 서사, 표현적 전략, 움직임 혹은 놀이에 초점을 두든지, 우리가 치료자, 상담자, 사례 관리자 혹은 주 양육자의 역할을 하든 간에, 정확한 반영과 조율은 심각한 고통을 목도하며 인간은 끔찍한 일을 할 수 있다는 인식이 필연적으로 동반된다.

목도하는 것이 완전히 분리된 과정이 된다는 것은 불가능하다. 대부분의 전문가들은 이성적으로 편안한 객관성과 거리를 유지하는 기술을 배우지만, 감정이입적인 작업에는 내담자의 정서, 관계 역동, 사고, 의미 체계, 생리적 에너지에 반응하고, 공명하는 능력이 요구된다. 애착이 일방적이기보다 양자적(dyadic) 과정이듯, 치료적 작업은 관계적 맥락 안에서 발생하며, 이러한 관계적 연계는 아동 내담자와 전문가 모두에게 영향을 미친다.

임상가의 감정은 이러한 작업을 잘못 이끌 수 있다. 아동이 탐색해야 하는 주제 영역에 성급하게 접근하도록 하기도 하는데, 이는 주제에 관한 우리 자신의 불안 혹은 불편감 때문이다. 또한 우리 자신의 "알아야 할 필요성" 때문에 아동은 아직 준비되지 않은 주제를 개방하도록 할 수도 있다. 그리고 우리의 작업(그리고 관련된 결과들)은 치료실 밖에서도 이어진다. 이러한 가능성 때문에, 임상가는 자신의 정서적 반응을 모니터하고, 조정하고, 지지를 구하는 것이 매우 중요하다. 이러한 주제에 관한 많은 유용한 자료들이 있다(예: Pearlman & Saakbitne, 1995; Saakvitne, Gamble, Pearlman, & Lev, 2000).

기본: 아동과 양육자 패턴 이해하기

외상 경험의 통합을 위해서는 과거 경험의 영향을 받는 일상 생활에서 나타나는 행동 패턴, 자기 및 타인 지각, 생각, 감정, 생리적 상태를 호기심을 가지고 관찰해야 하는 반영 과정(아동, 양육자, 시스템)을 구축해야 한다. 앞서 언급한 바와 같이, 이러한 반영 과정은 아동과 양육자의 호기심과 자기 반영적 역량을 구축하는 것을 목표로, 발달적으로 외부를 향한 것으로 시작되는 경우가 많다. 치료자나 시스템이 아동 또는 가족의 반영을 성공적으로 지원하려면 먼저 아동과 가족 패턴을 정확하게 이해해야 한다.

3장에서 전술되었던 것처럼 임상적 접근의 시작은 사례 개념화 발달과 관련되며, 그들 삶의 맥락 속에서 아동(과/또는 양육자)를 이해하고, 반응을 통해 발달시켰던 적응을 이해하는 것 등이 포함된다. 이때 치료자는 목적에 따라 조율을 적용하여 광범위한 이해를 보여 준다. 우리의 초기 그리고 지속적인 평가는 아동, 양육자, 가족 체계에서의 자기 상태의 범위와 대처패턴을 파악하도록 한다. 진단을 넘어 행동과 반응에 대한 외상 중심의 개념화를 하도록 한다. 예를 들어, 여러분이 성인 남자 양육자에게 신체적 학대를 당한 과거력이 있는 청소년(남자)과 거주시설에서 프로그램을 한다고 가정해 보자. 우리는 신뢰, 존중, 통제 대 불신, 무례, 무력감, 취약성 등의 주제가 관련있을 것이라고 생각해 볼 수 있다. 이러한 주제를 염두에 두고, 치료 장면에서 그 십대를 관찰한다. 내담자의 과거력은 그가 특히 권위자, 남성에 의해 자주 촉발된다는 점을 시사한다. 그의 행동 그리고 성인 및 또래와의 상호작용을 통해 어떤 방식의 적응이 필요한지 시사하는가? 예를 들어, 그는 제한 설정에 민감하게 반응하는가? 권력 갈등에 관여하는가? 권위의 도전을 받으면 위축되는가? 진단 기술(예: 그 십대는 반항성 장애를 가지고 있다)에 집중하기보다는 기능적으로 연관된 자기 패턴에 따른 핵심 패턴과 주제를 확인한다면, 까다로운 행동에 대한 반응은 "그렇지. 이해가 되네."이다.

아동과 양육자의 상태에 대한 평가와 이해 그리고 치료에 연결하기: 역동적인 개입 과정

아동과 양육자에 대한 이해도가 높아지면서, 지속적으로 특정 패턴이 발생할 때 이를 관찰하고, 관찰된 패턴에 따라 아동과 양육자의 욕구와 적응에 대한 우리의 이해를 조정해 나간다. 이러한 패턴은 아동 및/또는 양육자의 상태에 따라 변화할 수 있다. 주요 촉발요인이 파편화된 자기 상태를 이끌어내면, 아동이나 양육자는 생존을 위해 평온하고 반영적이던 상태에서 압도되거나, 화를 내거나, 위축된 상태로 급격히 전환될 수 있다.

이 책의 각 치료 목표 섹션에 설명된 대로, 저자들은 아동, 청소년 및/또는 양육자의 상태에 따라 다양한 방식으로 핵심 목표에 접근한다. 예를 들어, 양육자 감정 관리를 위해 압도되고 심하게 불안한 상태(상태 1)의 부모에게는 외부 자원을 파악하고 양육자 경험을 확인하는 데 초점을 맞출 수 있고, 반영할 수 있는 상태(상태 2)의 부모에게는 개인적인 촉발요인을 이해하고 목표로 하는 내부 자원과 전략을 파악하는 데 초점을 맞출 수 있다. 이처럼 아동 또는 성인 내담자의 변화하는 상태와 역량에 맞춰 치료사가 치료 선택을 안내한다. 여기에서는 이러한 상태와 중요한 목표 및 고려 사항을 간략하게 설명하지만, 표현하는 방식과 역량은 내담자마다 크게 다를 수 있으므로 개인의 반응이 개입 시도에 대한 가장 강력한 지침이 될 수 있음을 염두에 두어야 한다.

상태 1: 괴롭고 압도된 상태

이러한 상태에서 치료가 시작되는 경우가 많은데, 내담자의 고통이 치료를 의뢰하게 되는 계기가 되는 경우가 많다. 많은 아동과 양육자의 경우, 특히 치료 환경에서는 이러한 상태가 치료 내내 특히 급성적인 치료 장면에서는 지속된다. 그러나 덜 급성적인 장면이나 정신건강 장면이 아닌 환경(예: 학교 또는 방과후 프로그램)에서도 파편화된 고통 상태는 종종 외상 관련 반응을 나타내는 가장 두드러진 지표이며, 성인 양육자들도 이러한 상태에서는 심한 어려움을 느끼게 된다. 만성 발달 외상은 일반적으로 오래 지속되고 다면적인 스트레스 유발요인과 관련되며, 생존 패턴과 위험 신호가 고정되어 있기 때문에 외상의 영향을 받은 청소년과 성인은 치료 과정 내내 이러한 압도되는 상태를 오가는 것이 일반적이다. 압도되는 상황에서 아동 및/또는 양육자의 각성 척도는 양극단에 해당할 수 있다. 즉, 위축되고 단절되거나, 과각성되고 반응적이다. 치료자 또는 양육자는 통제 불능 행동, 철수, 감정 결핍 또는 고조된 감정, 그리고 빠른 말이나 생리적 장애와 같은 각성 고조 징후(불안한 움직임, 발 두드리기, 손가락 움직이기)를 관찰할 수 있다.

아동과 양육자는 자해, 약물 사용 또는 원시적인 대근육운동 움직임(흔들기) 같은 자기조절 전략을 나타낼 수 있다. 관계적 패턴은 변화하는데, 예를 들어 심한 아동들은 단절되거나 또는 매달리는 행동을 나타내기도 한다. 이처럼 압도되어 파편화된 상태는 종종 기능의 변화로 나타날 수 있으며, 심각한 스트레스를 경험해왔고 내부 또는 외부 자원이 제한된 아동과 양육자는 상당기간 이러한 압도된 상태를 유지할 수 있다. 이러한 자기 보호 상태는 다른 사람들에게 반항, 조작, 거부 등으로 잘못 인식되는 경우가 많으며, 아동이나 양육자의 욕구를 충족시키지 못하는 행동들(예: 통제 또는 안전)에 대한 대응은 의도치 않게 상황을 악화시킬 수 있다. 아이와 양육자의 상태는 서로를 쉽게 악화시킬 수 있으며, 압도된 부모는 불안해하는 아이의 반응을 빠르게 고조시키고, 압도되고 괴로워하는 아이는 다시 양육자의 반응을 빠르게 고조시킬 수 있다.

> 차 안에서 일어난 사건 이후 엠마는 오후 내내 방에 틀어박혀 지냈다. 이모가 저녁이 다 되었다고 노크를 하자 엠마는 배고프지 않다고 중얼거렸다. 이모가 문을 열자 엠마가 침대에 웅크리고 앉아 인형을 껴안고 있는 모습이 보인다. 엠마는 눈을 마주치기를 거부하고 한 단어로 대답하며 이모의 대화 시도를 거부하였다. 이모는 엠마의 무례한 태도에 점점 더 화가 나더니 결국 소리를 지른다. "오늘 우리를 거의 죽을 뻔하게 만든 장본인이면서 이렇게 행동하다니 믿을 수가 없어! 아기처럼 행동하고 싶으면 좋아, 배고프지 않다면 이제 아무것도 먹지 말고 그냥 자러 가도 돼." 엠마는 갑자기 공황 상태에 빠져들며 침대에서 벌떡 일어나 문 앞에 서 있는 이모에게 달려가 "미워요!"라고 외치며 이모를 밀쳤다.

상태 1의 궁극적인 목표: 고통 감내와 조절

현재 압도된 상태에 있는 청소년 및 양육자와 함께 작업할 경우, 우리의 주요 목표는 그들이 고통을 견디고 가능한 한 효과적인 방법으로 현재 상황을 헤쳐나갈 수 있도록 지원하는 것이다. 일부 청소년이나 가족의 경우, 엠마의 경우처럼 현재 압도적인 상태는 파편화된 자기 상태와 지각된 위험에 의해 유발된 관련 행동 패턴을 나타낼 수 있지만, 대부분의 경우 아동이나 가족은 실제적이며 지속적인 스트레스와 역경 경험에 대응하고 있을 것이다. 이러한 순간에 치료자나 치료 시스템에서의 우리의 역할은 아동 또는 양육자의 경험을 관찰, 반영 및 타당화하고, 외부 조절 지원 또는 공동 조절을 위한 기회를 제공하며, 내부 역량을 구축하기 위해 노력하고, 가장 문제가 되는 행동과 연결 패턴을 안정화하도록 돕고, 강점을 활용하고 구축하는 것이다.

상태 2: 적절히 조절되고 성찰할 수 있는

압도되는 상태는 평온한 상태와 순환되는데, 일반적으로 스트레스가 심한 아동과 양육자도 그러하다. 평온한 상태에서 아동 및/또는 양육자는 일반적으로 자신의 경험에 대해 호기심을 가지고 성찰할 수 있는 역량을 가지고 있고, 양육자는 자신뿐만 아니라 아이에 대해 호기심을 가지고 성찰할 수 있는 역량이 있다. 호기심을 유지하는 능력은 내용(개인이 무엇을 생각하고 있는지), 고통에 대한 감내력(개인이 그 내용에 대한 반응을 얼마나 잘 관리할 수 있는지), 외부 자원 및 지원(현재 환경의 맥락에서 개인이 얼마나 안전하다고 느끼는지)에 따라 크게 달라진다. 예를 들어, 심한 스트레스를 경험해 온 청소년이라도, 현재 차분한 상태에서 새로운 치료자를 만나는 경우라면, 구체적인 행동이나 강점 영역에 대해 질문(예: "기분이 좋을 때 친구들과 가장 좋아하는 일이 무엇인가요?" 또는 "좌절감이 느껴지기 시작할 때 이를 알 수 있는 세 가지 방법이 있나요?")에는 호기심을 나타내지만 좀 더 고통스러운 내용(예: "여러 집을 옮겨 다니면서 새로운 사람을 만나는 것에 대해 어떻게 느끼는지 궁금해요?")에 대해 질문 받으면 금방 압도되어 입을 닫을 수도 있다.

내용, 내부 자원과, 외부 자원에 따라 성찰적 역량은 달라지기 때문에, 아동 및/또는 양육자의 참여 과정에서 안전에 대한 예측 가능성, 신뢰할 수 있는 대처 전략, 강력한 관계성을 가지게 되면 점차 호기심은 더욱 깊어진다. 아동 또는 양육자가 침착하고 반영적인 태도에서 압도되는 상태(위축 및/또는 과활동성)로 변화한다면 조절에 다시 초점을 맞춰야 한다는 중요한 단서가 된다. 예를 들어, 중재의 초점은 호기심과 조절 필요성에 대한 인식을 아우를 수 있다. "우리가 이야기하는 동안 당신의 행동이 갑자기 다시 커진 것 같네요. 잠시 휴식을 취하고 몸이 다시 편안해지도록 도와줄 수 있도록 해 볼까요? 뭐가 느껴지시나요?" 이러한 방식으로 다시 조절지원에 집중하더라도 반영적 호기심은 계속 자극할 수 있다.

상태 2의 궁극적인 목표: 호기심과 반영

현실감을 유지하고 현재에 충실하며 반영적 활동(언어적, 표현적, 상징적)에 참여할 수 있으며, 차단하거나 압도되지 않고 연결을 유지할 수 있는 아동과 양육자는 일반적으로 자신과 타인을 인식하고 호기심을 갖는 조율 작업을 수행할 수 있다. 이 기술의 역량은 아동이나 양육자가 충분한 내적 자원을 가지고 있거나, 어려움에 처했을 때 외부 조절자 역할을 할 수 있는 치료자 또는 양육 체계와 안전하게 연결되어 있다고 느낄 때 가장 강력해진다.

아동이 호기심과 반영에 참여하는 순간, 치료자 또는 치료 시스템은 아동이 자신의 행동 패턴, 유발요인, 욕구 및 행동 적응을 인식하고 이해하도록 지원할 수 있다. 이러한 작업에서는 아동이 순간의 내적 감각과 신체적, 정서적 욕구에 귀를 기울이고 이러한 인식의 성장을 자신의 세계를 탐색하는 방식과 연결할 수 있도록 지원한다. 호기심이 많고 조절할 줄 아는 아동은 점차 (도움을 받거나 고통스러운 순간이 아니라면) 실행 기술을 사용하여 선택을 이해하고, 가능성을 고려하고, 욕구를 파악하고, 예측할 수 있게 된다. 일반적으로 이러한 작업은 자기 및 정체성,

관계성, 더 큰 세상을 향하며 아동의 다양한 '렌즈'에 대한 반영과 호기심에 기반을 두고 있다.

양육자가 반영과 호기심을 발휘하는 순간, 그 작업은 감정 내인력(우리는 양육자가 도전적인 아동 행동을 버텨내고 극복할 수 있도록 어떻게 도울 수 있을까?)에서 호기심과 이해(이러한 행동이 발생한 이유, 양육자의 반응이 나타난 이유, 그리고 양육자가 이 두 가지에 대해 어떻게 설명하고 반응할 것인가를 이해할 수 있도록 우리는 어떻게 작업할 수 있는가?)로 변화될 수 있다.

상태 3: 반영적이고, 충분한 자원이 제공되며, 과거 현재 그리고 미래와 연결할 수 있는

아동 및/또는 양육자가 점점 더 신뢰할 수 있는 내부 및 외부 자원을 구축하고 자신의 관계적, 조절적, 정서적, 환경적 욕구와 시간경과에 따른 이러한 욕구들의 패턴을 인식하고 이해하게 되면, 일상적인 경험을 성공적으로 안내할 수 있는 순간적인 전략을 예측하며 실험하고 적용하여 역량이 확장된다. 이 작업에 참여할 수 있는 아동과 양육자는 일반적으로 극심한 고통이나 어려운 상황에서도 압도되지 않고 견뎌낼 수 있는 역량을 발휘할 수 있으며, 반대로 압도된 경우에도 이러한 상태를 인식하고 자원과 지원에 접근할 수 있다. 과거, 현재, 미래의 경험 사이의 연관성을 이해하고, 자신(또는 자녀)의 행동 패턴과 그 기원에 대해 어느 정도 공감할 수 있으며, 현재의 위험에 기반한 적응을 변화시키는 데 투자하거나 경험을 가질 수 있다.

반영과 자원에 대한 접촉을 유지하는 능력은 누적된 스트레스 그리고/또는 강렬한 스트레스 요인의 영향에 따라 가변적일 수 있다. 그러나 이 상태에 도달한 아동이나 양육자는 시간이 지남에 따라 성취감을 느끼고 지속적인 경험을 통해서 숙달감과 유능감을 통해 성장하며 발달 역량을 활용하고 적용하는 능력은 계속 숙달될 것이다.

상태 3의 궁극적인 목표: 목적적인 행위에 참여하기

이 상태에서 개입의 핵심 목표이자 외상 치료의 궁극적인 목표는 아동과 양육 체계가 스스로 정한 목표를 향해 그 순간에 목적적으로 행동할 수 있는 능력을 기를 수 있도록 지원하는 것이다. 즉, 우리의 목표는 아동, 청소년, 양육자가 생존을 넘어 역량강화와 기쁨의 토대 위에서 현재의 삶을 살아갈 수 있도록 하는 기술을 구축하는 것이다.

현재 행동은 많은 것을 의미한다. 청소년이 자신이 촉발되었다는 신호(각성의 증가, 철수 충동)를 인식하고, 각성을 진정시키고, 자원에 접근할 수 있게 되며 자신의 반응에 대한 원인을 재구성하고 조율할 시간과 공간을 자신에게 제공하는 전략에 참여하는 것을 의미한다. 도전적인 상황—교사와 힘든 대화를 나누거나, 형제가 방문하는—을 예견하고 그 상황 전, 도중, 후에 성공적인 연결이나 의사소통을 가능하게 하는 대처 전략을 사용하는 것을 의미할 수 있다. 자녀의 반항성은 불안의 신호로 인식되고, 화를 내기보다는 심호흡을 하고, 침착해지도록 지지적이 될 수 있으며, 연습을 통해 효과가 입증된 행동 대응 전략을 사용하는 것을 의미할 수 있다.

지속적인 방식으로 현재 행동에 참여하려면, 일반적으로 역량과 자원의 조합이 필요하다. 현재 행동에는 환경적 안전과 적절한 외부 지원의 가용성이 요구되며, 안전이 보장되지 않는다면 아동 및/또는 양육자는 생존을 위해 계속 대응해야 한다. 예를 들어, 감정을 인식하고, 타인과 소통하며, 지원을 받아들이는 능력과 같이 발달에 적합한 다양한 내부 역량이 필요하다. 이를 위해서는 행동과 감정을 이해하고, 해결하고, 변화시키는 것이 중요하다는 믿음과 이를 위한 투자가 필요하다. 이것은 지식과 자기연민이 요구된다. 자기와 타인에 대한 공감, 조율된 이해가 필요하며 또한 행동이 일어나는 이유가 있으며, 우리의 과거는 우리의 현재에 영향을 미치고 조형하는 많은 요인 중의 하나라는 점을 알아야 한다. 그리고 이것은 행위감(agency)을 요구한다. 즉, 우리는 우리 자신의 현재에서 움직이며, 우리의 미래를 조형하는 역량이 있다는 믿음이다.

이 책의 뒷부분에서, 우리는 (1) 이러한 작업에서 필수적이라고 보는 세 가지 기본 전략들, (2) 개입의 여덟 가지 핵심 목표 그리고 (3) 우리가 장면, 치료자 유형, 외상 경험 통합을 지원하는 맥락에 따라 이러한 개입 목표를 사용하는 방법들을 자세히 살펴보고자 한다. 각 장에서 우리는 아동과 양육자의 상태에 따라 이러한 개입 목표들을 역동적으로 다양한 방식에서 설명하고 있다. 15장에서 우리들은 외상 경험 통합의 주제로 돌아가서, 엠마의 사례를 다시 살펴볼 것이다.

3부

기본 전략 세우기

5장

기본 전략: 참여와 교육

외상 아동과 가족을 지원하는 다양한 치료자들과 함께 일하면서 가장 자주 듣는 어려움 중 하나는 참여(engagement)와 관련된 문제이다. "모든 것이 좋아 보여요." "하지만 차에서 내리지 않아서, 그 엄마를 만날 수 없었어요."라는 말을 듣는다. 멘토는 눈맞춤을 거부하는 청소년을, 임상가는 전화를 받지 않는 부모를, 시스템에서는 교육에 적극적으로 참여하지 않고, 외상 중심 치료를 진행하는 시스템의 노력에 회의적인 스태프들에 대해 이야기한다.

많은 전문가, 정부 기관 그리고 양육 체계에 대한 수많은 자문 임상 경험을 통해 우리는 외상에 초점을 맞춘 개입이 성공하려면 반드시 참여와 관련된 문제를 고려해야 한다는 점을 명확히 하게 되었다. 우리는 개입 목표가 무엇인지, 가장 검증된 치료 기법이 무엇인지뿐만 아니라 이 목표가 아동, 가족 또는 치료자/시스템에 중요한 이유 그리고 그 방법이 각 개인에게 타당한 것인지 고려해야 한다. 우리의 관점에서 볼 때, 참여에서 중요한 점은 개입 과정에 투명하고, 목적적이며, 루틴하게 교육과 정보를 통합하는 것이다. 이 장에서 우리는 이 두 가지 핵심 기본 전략을 결합하여 설명하고자 한다.

참여란 무엇인가?

참여는 단순하게 보면 참석하는 것이다. 만약 내담자가 치료를 받기 위해 방문했다면(또는 스태프들의 업무상 방문) "참여한 것"으로 간주된다. 하지만 참여는 단순한 참석 이상의 의미를 갖는다. 참여는 투입과 참여의 정도이며 아동, 양육자 또는 치료자가 참여하고 있는 과정에 대해 느끼는 주체적인 관심으로 정의된다. 참여는 적극적인 참석, 협력에 관한 것이며, 신념과 행위를 포함하는 것이다.

다음은 아동, 양육자 또는 치료자가 과정에 몰입하기 위해 요구되는 중요한 요소들이다.

- 그들은 개입 과정의 의도(즉, 목표)가 자신의 목표 및 가치와 관련되며 중요하다고 믿어야 한다.
- 그들은 개입 과정(즉, 치료 방법 또는 접근 방식)이 가치 있다고 느껴야 한다.
- 그들은 개입 과정이 자신의 선호도, 편안한 수준 및 자신의 역량에 적합해야 한다고 믿어야 한다.
- 개입이 이루어진다면, 그들은 치료자나 시스템 모두 동등하게 몰두하고 있다고 느껴야 한다.

이러한 요인들은 ARC를 프레임워크로 사용하는 서비스 제공에서 주요한 참여의 측면들을 다음과 같이 강조한다.

- 첫째, 이 체계를 사용하는 모든 치료자는 아동, 가족과 주변 시스템의 개별적 그리고 집단적 목표에 맞추어 조율해야 한다. 조율을 통해 치료자는 이러한 질문에 대한 답을 얻을 수 있다. 지금 각 참여자들이 원하는 것은 무엇인가? 앞으로 무엇을 기대하는가? 아동의 삶과 목표는 어떻게 연관되는가? 예를 들어, 아동의 목표와 양육자의 목표는 다를 수 있으며, 시설에서 양육을 담당하는 스태프의 가치와 철학이 상관이나 관리자의 가치와 다를 수 있다는 점을 염두에 두는 것이 중요하다. 이러한 목표는 시간이 지나면서 변화될 수 있으므로 조율은 역동적이어야 한다. 모든 수준의 치료 참여에는 과정에 대한 지속적인 이해가 요구된다.
- 둘째, 치료 또는 서비스 제공에 대한 접근 방식은 내담자의 욕구, 선호도 및 역량에 적합해야 한다. 언어에 어려움을 겪는 아동은 표현적 또는 감각 운동적 접근 방식에서 편안함을 느낄 수 있으며, 위축된 청소년이 거주 프로그램 활동 참여 시 명시적인 허가를 통해 그들의 속도에 맞추는 것이 필요하며, 양육자가 권위적이거나 비판적이라면 치료자는 다른 부모 파트너와 적극적으로 교류한다. 우리는 목표에 접근하고 결과를 달성하기 위한 각기 다른 가치와 의미를 지닌 다양한 방법 가운데에서 가장 성공적인 치료는 치료받는 사람이 선호하고, 그들의 욕구에 부합하는 것이라고 굳게 믿고 있다.
- 셋째, 개입, 접근 방식 또는 진행과정의 원리를 이해하는 것이 중요한 핵심이다. 아동, 가족 또는 치료자의 '동의'를 얻으려면 이러한 개입방법이 그들의 목표를 지원해 줄 수 있는 이유를 이해시켜야 한다. 예를 들어, 교사는 아동이 학교에서 문제 행동을 발생시키지 않기를 바란다. 부모는 학교에서 걸려오는 전화의 빈도가 줄어들기를 바란다. 아이는 다른

아이들이 자신을 괴롭히지 않기를 원한다. 이러한 모든 목표는 몇 가지 핵심적인 기본 전략에 전적으로 달려 있다. 예를 들어, 아동이 고통과 압도감을 관리하도록 돕고(조정), 아동의 행동문제에 대한 원인을 학교가 이해할 수 있도록 하고(조율), 학교가 조절 문제에 대응할 수 있는 지원 방법을 적극적으로 파악하도록 하고(효과적인 반응), 학교 내에서 아동이 이용할 수 있는 지원 자원을 구축하는 것(관계 연결) 등이 이에 해당한다. 이러한 목표는 학교에서 아동이 조절하지 못하고 압도되어 도움을 요청하거나, 연령에 적합한 대처 전략을 사용하는 데 따르는 어려움의 원인에 대한 이해를 바탕으로 한다. 따라서 교육은 참여의 중요한 토대이며, 모든 치료 목표의 기본 전략이라고 할 수 있다.

- 넷째, 관계에 주목하는 것은 성공적인 외상-중심 서비스 제공의 핵심이라고 할 수 있다. ARC 구조는 크건 작건 인간관계라는 맥락에서 역경, 스트레스와 폭력으로 인해 그들의 삶이 형성된 사람들을 위해 개발되었다. 우리가 함께 작업하는 아동과 성인들은 단순히 피해를 경험한 것이 아니라, 의도했건 그렇지 않았건 간에 빈번히 다른 사람들에 의해 피해를 당한 경험들이 있다. 따라서 관계의 실패가 (아동과 양육자의) 현재 적응을 형성하는 데 중요한 영향을 미쳤고, 관계에 참여하는 것이 성공적인 치료에 방해가 되는 경우가 많다. 개입 과정에 참가하고 협력하기 위해서, 개인은 그들과 협력하는 사람을 존중할 수 있으며, 안전하고, 지지적이며 같은 결과를 얻기 위해 노력하고 있다고 믿어야 한다.

우리는 누구에게 참여하고 있는가?

아동 및 가족과 함께 작업할 때, 가장 큰 도전 중 하나는 다양한 사람들, 그리고 다양한 시스템과 동시에 교류해야 한다는 점이다. 아동은 진공 상태로 존재하지 않기 때문에 우리의 목표는 대부분 아동 주변 세상을 직접 목표로 하며 아동을 치료하기 위해서 아동, 주 양육자 또는 다른 관련자(예: 멘토 또는 부모의 파트너), 다른 서비스 체계(예: 학교 또는 아동 복지기관)와 충분히 좋은 관계를 구축해야 하는 경우가 많다. 시간이 지나면서 아동이 위탁 가정에서 다른 위탁 가정으로 또는 집단 돌봄에서 주 양육자에게로 다시 돌아가는 등 입양 기관을 옮길 때마다 이러한 관계는 재구축되고 다시 형성되어야 하는 경우가 빈번하다.

우리에게는 어떤 의미인가?

참여는 단순히 상대방에게만 요구되는 것이 아니라 양방향이며, 치료자가 개인으로서 몰입감을 느끼는 것이 중요하다. 따라서 외상의 영향을 받은 아동 및 가족과 함께 작업하는 치료자들은 아동과 가족들에게 제기된 유사한 질문들을 고려해야 한다. 예를 들면 다음과 같다.

- "내가 다루고 있는 목표나 개입 대상을 중요하다고 느끼는가? 우리가 하는 일은 의미 있는 일인가?"
- "효과적이라고 생각하는 접근 방식을 사용하고 있는가? 내가 하고 있는 일을 믿고 있는가?"
- "나는 이 접근법을 사용하는 것이 편안한가? 이 상황에서, 이 아이/양육자에게 이러한 전략을 사용할 때 자신감과 유능감을 가지고 있는가?"
- "나는 이 사람에게 몰두하고 있다고 느끼는가? 그리고 이 사람이 나와 연결되어 있다고 느끼는가?"

아동 및 가족과 마찬가지로, 치료자의 지식, 선호도, 반영적 인식이 중요하다. 우리는 우리가 하고 있는 일이 가치 있다고 생각해야 하며, 자신의 전략과 접근 방식이 더 이상 효과적이지 않다면 의문을 제기하고 도전해야 한다. 그리고 가장 중요한 점은 우리와 함께 작업하는 아동이나 양육자를 신뢰하고, 우리의 가정, 편견 또는 불안을 모니터링하고 이해하려고 노력하며 기꺼이 다루어야 한다.

과정에서 참여에 영향을 미칠 수 있는 요인은 무엇인가?

참여는 종종 정적인 구조인 것처럼 기술되지만("이 사람은 참여적이다 / 참여적이지 않다."), 실제로는 역동적이고 현재진행형이다. 우리는 과정에 깊이 몰입할 때가 있고, 때로는 스트레스, 경쟁 관심사, 참여 장벽 등 어떤 요인이나 요인들의 조합으로 인해 우리의 역량이나 관심이 변하고 몰입이 약해질 때도 있다.

임상 현장에서, 오랫동안 '내담자의 참여'는 전적으로 내담자의 의무이며 '참여 실패'는 대부분 내담자 개인의 약점, 방어 또는 준비 부족 때문이라는 가정이 존재한다. 이러한 가정은 그 서비스가 모든 사람에게 동등하게 접근 가능하며, 환영받고, 환영하며, 실현 가능하다는 것을 전제로 한다. 그러나 사람들의 과정 참여 역량에는 수많은 고려 사항들이 영향을 미친다 (Ingoldsby, 2010).

특히 치료를 시작할 때, 여러 가지 요인들은 참여에 영향을 미칠 수 있으므로 이를 고려하고 적극적으로 해결해야 한다.

- **욕구에 대한 인식**: 아동, 양육자 또는 치료자가 개입 과정에 참여하려면 개입이 원하는 목표를 달성하는 데 도움이 된다는 믿음이 있어야 한다. 이러한 인식은 개인마다 다를 수 있다(예: 아동은 치료자를 만나고 싶어 하지만, 아버지는 치료자 방문에 따른 번거로움이 이점보다 크다고 생각하는 경우). 작업 초반에 치료자는 아동, 양육자 및/또는 치료 개입 시스템과 협력하여 과정에 참여하는 사람들에게 중요한 것이 무엇인지 파악하고, 개입 접근 방식이 그들의 목표를 지원할 수 있는 이유에 관한 교육을 제공하는 것이 중요하다.
- **"문제"라는 프레임**: 치료자와 내담자가 문제에 관한 유사한 프레임을 가지고 있을 때 참여가 극대화된다. 예를 들어, 자녀가 반항적이며 "더 잘 행동하고 경청하는 법을 배워야 한다."고 믿는 부모는 자녀의 행동에서 양육자의 역할을 강조하며, 현재 자신의 접근 방식과 철학이 다른 전략에 초점을 맞춘 치료에 참여하는 것을 내켜하지 않을 수 있다. 10대 청소년을 품행장애라고 생각하는 치료자는 아들의 분노는 삶의 경험에 대한 정당한 반응이라고 여기는 가족을 참여시키는 데 어려움을 겪을 수 있다. 지각과 프레임 간에 유사점과 차이점을 탐색하고 내담자의 지각과 신념 체계에 조율하는 것이 중요하다.
- **구체적 또는 실행적 장벽을 극복하기 위한 역량**: 치료에 참여하기 위해 개인 또는 가족들은 수많은 내재된 어려움을 조율해야 한다. 예를 들어, 7세 손자의 치료를 위해 할머니는 자신의 근무 일정을 조율하고, 막내 손자를 돌봐야 하며, 큰 손자의 방과 후 일정에 대한 대안책을 마련해야 하며, 매주 대중교통을 이용해야 하고, 이 모든 것을 지원하기 위한 재정을 마련해야 하기도 한다. 실제로 많은 가족에게 이러한 장벽은 과도하며 엄청난 부담일 수 있다. 개입 과정을 시작할 때 치료자는 이용 가능한 지원과 치료적 개입을 저해하는 실제 장벽을 탐색하고 파악하여 가족 문제를 해결하는 것이 중요하다.
- **심리적 자원**: 개입에 대한 구체적인 장벽이 의미 있는 것처럼 가족이 직면하는 심리적 장벽, 이는 아동, 가족 또는 주변 시스템이 스트레스와 고통으로 인해 영향을 받는 방식으로, 이것 또한 의미가 있다. 예를 들어, 극심한 우울증을 겪고 있는 부모는 집 밖으로 나가는 것에도 압도되어 사소한 장벽조차도 극복하기 위해서 훨씬 더 많은 에너지가 요구되기도 한다. 어느 시점에서든 심리적 자원의 정도는 서비스의 이용, 지속적인 출석, 의미 있는 방식으로 참여하는 능력에 영향을 미친다. 개인이나 시스템마다 효과적으로 참여하기 위해

요구되는 것은 차이가 있으며 이는 시간에 따라 달라질 수 있다는 점을 치료자는 이해하고 가족에게 필요한 개입과 지원의 범위에 주의를 기울여야 한다. 9장(효과적인 반응)에서 설명했듯이 아동의 행동을 다룰 때 중요한 출발점은 "이러한 행동의 원인을 어떻게 이해할 수 있을까?"라는 질문을 던지는 것이다. 또한 아동이나 양육자가 참여에 어려움을 겪고 있거나, 시간이 지남에 따라 동요된다면 그 이유를 이해하는 것이 중요하다.

- **치료자에 대한 연결감을 느낌:** 인간관계는 복잡하며, 안전한 관계의 발전에는 수많은 요인들이 영향을 미친다. 자신의 삶에서 긍정적인 관계를 떠올려 보라. 안전, 존중, 상호성, 믿음, 신뢰, 즐거움, 인정받고 이해받는 느낌, 편안하고, 자연스럽게 행동할 수 있다는 느낌 등이 떠오를 것이다. 이제 전문가로서 또는 양육자로서 우리와 관계를 맺는 사람들에게 명시적이든 암묵적이든, 우리가 어떤 요구를 하는지 생각해 보자. 우리는 내담자들에게 상호관계가 없는 상황에서 개인적인 경험을 공유할 것을, 우리의 제안에 따라 그들의 행동, 반응, 때로는 신념 체계를 변화시키는 것에 동의하고, "우리가 옳고 안전하며 신뢰할 수 있다는 증거"가 없는 상황에서도 우리를 믿고 신뢰해 줄 것을 요청한다. 이는 매우 강력한 요구로, 이것이 충족되지 못하면, 우리는 내담자를 밀어내고 비난하기 쉽다. 치료자는 관계의 공동 구성자로서 우리 자신의 역할을 명확히 인식하고, 비판과 피드백에 개방적이며, 유연한 접근 방식을 취하도록 노력해야 한다.

아동/청소년 그리고 양육 체계에서의 외상 경험은 아동/청소년들의 치료 참여와 치료진 또는 시스템과의 관계에서 더욱 큰 어려움을 야기한다.

- **관계적 자세:** 우리의 서비스 시스템에 참여하는 많은 아동과 가족은 관계에서 스트레스와 고통을 경험해 왔다. 그들은 치료자와의 관계에서 자기-보호적 태도를 취할 수 있는데, 이는 아동과 양육자들의 생존에 매우 중요했던 요소이다. 반대로, 그들은 자신을 도와줄 수 있고, 좀 더 편안하게 해 줄 수 있으며, 해답을 주고, 고통을 덜어줄 수 있는 사람을 필사적으로 찾으며, 경계에 어려움을 겪을 수도 있다. 완벽한 치료자가 존재하지 않는 경우(불가능한), 아이나 양육자는 배신감이나 실망감을 느낄 수 있다.
- **서비스 시스템에 대한 부정적인 경험:** 우리가 함께 작업하는 많은 가족들은 과거 서비스 시스템에 대해 긍정적인 경험을 한 경우도 있지만 그렇지 않은 경우도 많다. 가족들은 무례함, 비난 또는 오해 받았던 경험을 보고하기도 한다. 청소년 및/또는 그 가족은 법률적 규정에 따라 참여해야 하는 상황에 무력감과 분노를 느끼고, 서비스 치료자나 시스템을 적대적으로 여길 수 있다. 특히 인종, 민족, 종교, 사회적 정체성 또는 자기의 범주적 분류에 따

라 조직적인 불의를 경험했던 청소년이나 양육자의 경우 서비스 치료자와 관계 형성을 하는 것에 대해 극심한 취약감을 경험할 수 있다. 특히 치료자가 이러한 차원들의 일부 또는 모든 것이 자신과 다르다고 인식하는 경우 더욱 그러할 수 있다.

- **계속되는 역경 경험**: 우리가 함께 작업하는 많은 청소년과 가족에게 외상은 단순히 과거의 경험이 아니며, 가정, 지역사회, 더 큰 외부 세상에서 일어나는 일상의 지속적인 현실이다. 지원에 접근해서 지원 받을 수 있는 안전한 짧은 시기는 곧이어 취소되고 스트레스 시기가 뒤따를 수 있다. 반대로 위기상황에서 급증했던 서비스에 대한 요구는 그 사건이 끝난 이후에 사라질 수 있다. 아동 또는 가족의 생활 리듬을 파악하고, 스트레스가 심한 가족의 요구에 맞는 서비스 접근 방식을 설계하고, 이러한 상황에서 치료자에게 전달되는 메시지를 개인화하지 않고 개입의 변동성을 이해하는 것은 스트레스를 받는 청소년 및 그 가족과 성공적으로 동반자 관계를 맺기 위해 중요하다.

실제에서의 참여 다루기

참여 과정은 서비스 제공의 모든 단계와 모든 상호작용에서 지속적으로 주의를 기울여야 하는 것이다. 이 저서의 모든 치료 챕터에서 "무엇이 문제인가?"라는 섹션이 포함된 것도 바로 이러한 이유 때문이다. 이 섹션에서는 각각의 치료 목표를 가지고 아동 또는 양육자의 삶과 연관지을 수 있는 방법에 대해 호기심을 가지고 협력하며 치료 접근 방식을 조정하도록 권유하고 있다. 이 장에서는 관계를 시작하고, 시간이 경과함에 따라 참여를 증진시키기 위한 다양한 제안을 소개하고 있다.

준비단계: 초기 참여 전략

양육자 참여를 위한 기반 구축

우리와 작업하는 많은 양육자들은 복합 외상 아동을 돌보는 스트레스 외에도 자신의 과거 경험이나 다양한 생활 스트레스와 관련된 어려움을 겪고 있다. 이들은 다양한 치료자들, 기관, 치료 방식을 경험했거나, 자신의 아이가 여러 가지 약물을 복용해야 하는 복합 진단이 내려졌다는 말을 들었을 수도 있다. 마지막으로, 일부 양육자는 아동 보호 기관에서 치료를 받아야 하는 경우도 있다. 이 같은 이유들로 인해 양육자의 참여는 상당한 도전이 될 수 있다.

관계를 구축한다는 것은 한 개인과 처음 접촉하는 순간부터 시작되는 과정이다. 아동이나 가족이 시스템에 들어오게 되면 서류 작업, 동의서, 평가와 치료 계획 작성, 규칙과 요청사항 등 불가피한 요구사항에 얽매여 그 사람을 놓치기 쉽다. 첫인상은 중요하며, 치료자와 양육자 간에 상호 합의된 협력적 관계를 위한 발판을 마련하려는 것이 항상 우리의 계획이다. 이제 관계를 시작할 때 협업을 촉진하는 데 도움이 될 수 있는 단계를 간략하게 설명하고자 한다.

1. 프로그램(또는 개인)의 사명과 철학을 설명하고 내담자의 목표와 가치에 대해 질문한다. 프로그램 핵심 가치는 무엇인가? 그(치료적/보호적/교육적 등) 과정에 대한 치료자의 신념은 무엇인가? 치료자의 목표와 가치가 현재 가족의 목표, 가치 및 요구와 어떻게 일치하는가?

2. 치료자의 치료적 접근방식을 설명한다. 예를 들어, ARC를 다음과 같이 설명할 수 있다: "ARC는 아동 및 가족과 함께 작업하기 위한 프레임워크이며 역경 경험이 특정 기능에 미치는 영향을 인식하고, 이러한 영역을 해결하는 것이 아동과 가족의 치유를 도울 수 있다는 신념을 가지고 있습니다. 우리가 가장 주목하는 세 가지 요소는 관계를 지원하고, 감정과 행동을 다루고 이해하도록 도우며, 아동이 역량을 구축할 수 있도록 돕는 것입니다." 접근 방식을 설명하는 방법은 각 개인과 치료자의 욕구에 맞게 조정해야 한다. 양육자의 질문을 격려한다. 예를 들어, 치료자는 다음과 같이 말할 수 있다: "많은 부모님들은 아이의 감정을 어떻게 도와야 하는지, 그리고 그것이 아이의 행동을 개선하는 것과 어떤 관련이 있는지에 대해 물어봅니다. 저는 부모님께서 어떤 질문이 있으신지, 특히 우리의 공동 작업에서 일어나기 바라는 어떤 것이 있으신지 궁금합니다."라고 말할 수 있다.

3. 양육자의 참여에 대해 논의한다. ARC 접근 방식은 양육자의 참여가 성공적인 결과를 위해 필수적이라고 생각한다. 우리는 치료 접근 방식에서 팀으로 작업하며 양육자는 팀의 중요한 구성원이다. 양육자의 참여에 영향을 미치는 요소는 여러 가지가 있으며, 양육자를 위해 상황을 정상화할 수 있도록 발생할 수 있는 장애물을 예상하고 미리 파악하는 것이 도움이 될 수 있다. 치료를 시작할 때 양육자와 참여 '계약'을 맺을 것을 권장한다. 계약은 양육자와 해야 할 일의 계획을 확인하는 협업 과정이다. 예를 들면, 다음과 같다. 양육자와 개별적으로 약속을 잡을 것인가? 얼마나 자주 이루어지는가? 전화로 할 것인지 또는 직접 만날 것인지? 양육자를 아동의 회기에 포함시키는가? 회기의 어느 시점에 양육자가 참여하기를 원하는가? 양육자의 역할은 무엇인가? 이러한 질문 중 일부는 답변에 시간이 걸리고 새로운 질문이 추가될 수도 있지만, 처음에는 질문들에 대한 예시를 제시하고 치료자와 가족은 필요하다면 계속 계획을 수정할 것임을 명확히 한다.

4. 투명성, 교육, 협력의 프레임을 확립한다. 교육은 외상-기반 치료의 기본 구성 요소 중 하나이며, 치료 과정에서 교육의 역할은 초반부터 강조되어야 한다. 외상, 극심한 스트레스, 양육 전반에 대한 성인과 아동의 반응을 정상화하는 것이 추후 교육의 기초가 될 것이다. 교육은 양방향적이라는 점을 명심한다. 아동과 가족들에게 주 양육자의 전문가로서의 역할을 강조한다. 확인된 "문제"는 치료자가 "해결"해야 할 문제가 아니라 협력이 필요한 대상 또는 목표로 간주해야 한다. 이러한 모든 요소를 통합하는 상호작용은 다음과 같이 진행할 수 있다.

어머니: 정말 힘들었어요. 항상 기복이 심해서 예측할 수가 없었어요. 뭘 할지, 어떻게 반응할지 알 수 없죠. 아까 말씀드린 것처럼 그 아이가 제게 소리를 지르며 문 밖으로 도망쳤을 때처럼요. 차에 치여 죽는 줄 알고 쫓아가다 심장마비가 올 뻔했어요.

치료자: 스트레스가 크셨겠네요. 얼마나 놀라셨을지 알 것 같아요. 엄마로서 아무리 많은 것을 알고 있어도 아이의 행동과 감정이 너무 격해지는 순간에는 어떻게 해야 할지 정말 어렵습니다.

어머니: 더 이상 내가 뭘 해야 할지 모르겠어요.

어머니: 가끔 그렇게 느껴질 때도 있겠지만, 실제로 따님을 잘 알고 계신 것 같습니다. 힘들었던 일들이 많았지만, 지금 말씀해 주신 내용 중 많은 부분이 이해가 되네요. 작년에 아버님이 체포된 이후로 어머님과 아이 모두 힘든 시기를 겪었고, 이런 상황에서라면 대부분의 아이들과 어른들 모두 같은 어려움을 겪을 것입니다. 우리는 작업해 나가면서 격한 감정을 유발하는 요인과 아이에게 필요한 것이 무엇인지 알아낼 것입니다. 우리는 그것에 대해 더 많이 이야기를 나눌 것이고 어머님이 어떻게 되기를 희망하는지 그리고 우리 모두 그때까지 어머님이 버틸 수 있도록 어떻게 도울 것인지 이야기를 나눌 것입니다.

5. 양육자의 요구와 필요에 맞게 조율한다. 초기 관계 구축의 핵심은 양육자의 요구를 반영하는 것이다. 양육자가 서비스를 찾는 이유(해당되는 경우)와 구체적인 목표("상황이 좋아진다는 것은 어떤 것인가?")를 이해하도록 노력한다. 예컨대, 양육자에게 충분히 좋은 치료/교육/치료자에 대한 인식, 서비스 과정에 대한 그들의 이해, 가족의 치료나 치료자에 대한 과거 경험 등을 이해하기 위해 노력한다.

6. 양육자 및/또는 가족의 강점을 파악하는 데 참여를 유도한다. 가족과의 관계 초기에는 "문제"에 초점을 맞추는 것이 일반적이며, 특히 (1) 이러한 문제가 가족으로 하여금 서비스에 참여하게 하거나 의뢰하도록 했으며, (2) 가족을 불안정하게 하거나 우려하게 하는 요인

이 되는 경우가 많기 때문이다. 그러나 "문제"에만 초점을 맞추면 아동, 양육자 또는 가족 자체가 "문제가 있거나 나쁘다."는 메시지로 단순화되는데, 이는 함께 작업하게 될 많은 가족들이 여러 시스템에서 반복적으로 들어온 메시지이다. 치료자가 가족의 강점을 파악하는 데 참여자를 참여시키는 것은 매우 중요하다. 이 가족에게 무엇이 효과적인가? 잘 진행되고 있는 것은 무엇인가? 가족 구성원이 자랑스러워하는 것은 무엇인가? 무엇이 가족에게 힘을 주는가? 어떤 상황에서 자신감과 능력을 느끼는가? 어떤 방식으로 재미를 느끼는가? 우리 자신과 가족 구성원과의 관계를 위해서도, 가족 구성원이 우리와 교감을 느끼기 위해서도 가족을 단순한 문제 이상의 존재로 바라보며, 가족 구성원도 이것을 인식하는 것이 중요하다.

청소년 참여를 위한 기반 구축

아동 및 청소년과 함께 일할 때 가장 먼저 해야 할 일은 관계를 형성하는 것이다. 양육자와 마찬가지로 충분히 좋은 관계성이 부재했다면 우리의 개입 접근 방식은 제한적인 영향을 미친다. 다음은 아동과 청소년을 치료 과정에 참여시키기 위한 기본 전략을 소개하고 있다. 이러한 전략은 성인에게 권장하는 전략과 매우 유사하다.

1. 서비스 과정을 설명한다. 특히 외상을 경험한 아동에게 새로운 과정은 불안을 유발할 수 있다. 무엇을 기대해야 하는지 아는 것은 청소년들에게 초기 안정감을 제공하는 데 중요한 부분이다. 개입 과정을 시작할 때 아동에게 개입 과정에 수반되는 사항에 대해 연령에 맞는 정보를 제공하고 아동의 질문에 답하는 것이 중요하다. 예를 들어, 얼마나 자주 만나게 되는가? 얼마나 오래 만나게 되는가? 일일 또는 주간 프로그램의 일정은 어떻게 되는가? 아이들이 기대하는 것은 무엇인가? 치료자는 아이들이 하길 원하지만 아이들은 원하지 않는 것은 무엇인가? 기본 정보를 제공하고, 우려되는 부분을 예상하며, 아이들은 언제든지 질문할 수 있도록 명시적으로 허용하고 격려한다.

2. 아동의 목표를 중심으로 아동의 참여를 유도한다. 아동이 의뢰되었을 때 양육자, 아동복지 상담사, 교사의 목표가 있고, 치료자에게도 다양한 치료 목표가 있기 때문에 아동의 목표가 무엇인지를 놓치는 경우가 많다. 개입을 시작할 때 아동에게 치료 의뢰 사유나 법적으로 의뢰된 이유를 명확히 설명하되, 아동이 원하는 것이 무엇인지도 질문한다. 예를 들어, "보호관찰관이 네가 보호관찰에서 벗어나는 조건 중 하나가 매주 치료를 받으러 오는 것이라고 말하면서 '분노 문제'를 해결하길 요청했다고 들었어. 네가 정말 원하는 것이 있

는지, 여기 오는 것에 대해 어떻게 생각하는지 궁금하네." 우리는 작업하는 내내 아이의 이해관계에 주의를 기울이고 아이가 우리에 대해 반응하고 느끼는 다양한 방식을 개인적으로 받아들이지 않고 수용하는 것이 중요하다.

3. 아동 자체에 대한 관심을 갖는다. 우리가 함께 작업하는 많은 아이들은 문제가 있다는 메시지를 받아 왔다. "나는 분노조절장애가 있어요." "내가 엄마를 너무 힘들게 한다고 해요."라는 말을 들었다. "나는 멍청해요." "나는 나쁜 짓만 해요." 사실 치료자, 교육자, 양육자, 멘토 모두 문제와 작업하지 않는다. 우리가 함께 작업하는 대상은 아동이며, 참여를 위해 초반에 중요한 점은 우리의 역할이 더 힘든 삶의 문제 영역에 집중해야 하는 것이어도 아동 그 자체에 관심이 있다는 것을 분명히 한다.

4. 아동의 성공 역량에 대한 믿음을 의사소통한다. 외상의 영향을 받은 사람들과 함께 작업하는 사람들에게 가장 중요한 두 가지 자질은 모든 사람에게 잠재력이 있다는 믿음과 함께 작업하는 사람들의 잠재력을 볼 수 있는 역량이다. 그렇다고 해서 비현실적으로 작업에 임하라는 뜻은 아니다. 우리가 함께 일해 온 많은 치료자들은 (아동 자신의 행동이나 필요에 따라, 또는 주 양육자의 필요에 따라) 현재 처한 위험한 현실을 인정하지만 '성공'에 대한 소망과 아동의 안전이나 건강을 위해 결정을 내려야 하는 어려운 입장에 처해 있는 경우가 많다. 하지만 그 시작점은 성장, 건강, 기쁨이 가능하다는 것을 믿고 소통하는 것이어야 한다. 아이가 "포기해요, 난 절대 못 할 거야!"라고 말할 때 우리는 그 아이가 말하는 것을 보고 들어야 하지만 동시에 가능성을 가지고 있어야 한다. "불가능하다고 느껴지는 일을 계속하는 것이 너무 힘들다는 것을 알고 있고, 네가 정말 좌절하고 있다는 것을 알 수 있어. 하지만 선생님은 많은 아이들을 알아왔고 너에 대해서도 알아가겠지. 그리고 꼭 말하고 싶은 점은 우리는 네가 이것을 해낼 수 있다는 것을 알게 될 날이 올 것이라고 믿는다는 거야."

5. 구조와 일과를 함께 만들기 위한 토대를 마련한다. 다음 장에서는 세 번째 기본 전략인 일과와 구조의 활용에 대해 자세히 설명하고 있다. 일과와 구조는 리드미컬하고 예측 가능한 방식으로, 과정 참여를 촉진하고, 안전감을 조성하며, 시간이 지남에 따라 유능감을 갖도록 하는 데 도움이 된다. 이러한 성취는 치료 과정에서 특히 중요하며, 이러한 구조와 일과에 대해 적극적으로 이야기하고 청소년과 협력하여 우리와 함께 수용 가능한 일과를 구축하는 것은 초기에 매우 중요하다.

6. 투명하고 협력적인 개입을 위한 토대를 구축한다. 특히 청소년의 경우, 다양한 환경 속 분명한 위계 내에서 치료 제공이 이루어지는 경우가 많다. 즉, 치료자는 성인이고, 청소년은 따라야 하는 식이다. 이러한 접근 방식은 의도치는 않았으나 권한 박탈, 선택권 상실 등 외상 자체의 여러 특성을 드러내는 경우도 많다. 외상-기반 서비스 제공을 위해서는 투명하고, 협력적이어야 하며, 청소년들이 목소리를 내고 선택할 수 있는 기회를 제공해야 한다. 예를 들어, 다음과 같은 변화를 고려해 보자.

치료자: 엄마가 네가 반응적이며 너를 신뢰하지 않는다고 말한 것에 대해 생각해 봤어. 그것 때문에 집에서 좀 더 힘들어졌고 집에서 벗어나려고 하는 것 같아. 그러니?

십 대: 네, 거의 그렇죠.

치료자: 달라졌으면 하는 점이 있니?

십 대: 네, 하지만 솔직히 변할 것 같지는 않아요. 엄마는 지금의 모습 그대로예요.

치료자: 네 말이 맞을지도 몰라. 하지만 시도해 보기 전까지는 알 수 없는 것 같아. 몇 가지 아이디어가 있는데, 너와 네 엄마가 서로를 좀 더 잘 알 수 있도록 도와줄 수 있는 방법에 대해 먼저 너와 이야기하고 싶구나. 솔직히 어떤 것이 너에게 가장 편할지 모르지만, 어떤 것이 너에게 도움이 될지, 어떤 것이 너무 과하다고 느껴질지 잘 생각해 보렴, 알았지?

이 상호작용에서 치료자는 아동의 인정하는 목표를 강조하고, 그 목표를 잠재적 전략과 연결하고, 아동이 선호하는 것에 대해 교감하며, 아동이 의견을 내도록 적극적으로 격려한다. 이러한 접근 방식은 13장에서 다루게 될 실행 기능을 바탕으로 하는 중요한 방법이라는 점에 유의한다.

7. 외상과 목표 기술을 연계하여 교육에 통합한다. 외상에 초점을 맞춘 개입에서 과거와 현재의 외상 경험과 아동의 적응 및 행동 사이의 연관성을 이해하는 것은 개입 시 효과적으로 접근하기 위한 핵심 기반이다. 우리가 하는 모든 일에는 행동이 나타내는 의미에 대한 이해가 내포되어 있다: 예를 들어, 아이가 학교생활에 적응하지 못하거나, 항상 화를 내거나, 부적절한 시간에 들뜨고 어리석은 모습을 보이거나, 고위험 행동을 하는 데에는 이유가 있다. 우리가 다루는 모든 치료 목표에 대한 참여의 핵심은 해당 목표가 (일반적으로) 외상을 경험한 아동 및 청소년에게 왜 관련이 있는지, 특히 이 아동과 어떤 관련이 있는지를 이해하는 것이다. 이 교재의 각 치료 챕터에서는 치료 목표에 대한 아동의 이해와 관심을 높이기 위해 교육을 통합시켰다.

시간 경과에 따른 참여: 지속적인 고려 사항들

참여 문제는 단순한 단계로 요약하기에는 너무 복잡하기 때문에 모든 챕터에서 이 문제를 다루고 있으며, 치료자가 모든 상호작용과 모든 과정에서 참여 문제를 고려할 것을 권장한다. 우리는 치료자나 기관에서 함께 작업하고 있는 가족들과 유대감을 형성하고 이해관계를 구축하는 데 다음과 같은 질문들이 도움이 될 것이라고 생각한다.

특히 치료자는 다음 사항을 고려하도록 권장한다.

1. 나의 애착 기술이 이러한 관계의 맥락에서 어떻게 적용되고 있으며, 기술 개발에 도움이 되고 있는가? 나는 자신의 감정을 다루고 있는가? 나는 이 아동/양육자/기관에 조율하기 위해 노력하고 있는가? 나의 접근 방식과 반응은 효과적인가?
2. 지금 시점의 개입과정에서 무엇이 중요한가? 이 개념/목표/치료 목표가 이 아동의 삶에서 중요한 이유는 무엇인가? 이 양육자의 삶에서 왜 이 목표가 중요한가?
3. 이 아동/가족/체계는 이러한 목표에 대해서/일반적으로 어떻게 성공을 정의할 것인가? 우리는 이미 발생한 성공을 인정하고 있는가? 우리가 목표로 하는 것이 현실적인가? 모든 참여자가 성공의 순간을 성취하고 느끼도록 지원하기 위해 현재/미래에 필요한 것은 무엇인가?
4. 현재 어떤 장애물들이 존재하는가? 우리가 하고 있는 일에 장애가 될 것으로 예상되는 것은 무엇인가? 아동/양육자/체계는 무엇이 장애 요인이 될 것으로 예상하는가? 이러한 장벽에 대응하기보다 어떻게 하면 그러한 것들을 극복할 수 있는가?

교육의 역할

앞 회기에서 교육의 중요성에 대해 반복해서 언급했다. 교육은 임상 실무에서 강력한 '현장의 수준'으로 간주된다. 어떤 일이 발생하는 이유를 이해하는 것이 문제 해결의 유일한 해결책은 아니지만, 그 과정에서 중요한 무엇이 우리 자신이나 타인에 대한 시각을 바꾸는 데 큰 도움이 될 수 있다.

흔한 초기 아동기의 시나리오를 생각해 보자. 어린 유아가 장난감을 바닥에서 끌어당기려고 하는데 장난감이 계속 넘어진다. 유아는 바닥에 주저앉아 울부짖으며 발을 위아래로 차기 시작한다. 대부분의 부모는 이러한 행동을 좌절에 대한 반응이자 표현으로 인식하며, 양육 방식에 따라 양육자의 반응은 다를 수 있지만 부모는 아이가 왜 이런 행동을 하는지에 대해 이해하는 경우가 많다.

하지만 이제 여러분은 이 아동이 무엇을 하고 있는지 전혀 모르는 사람이라고 상상해 보자. 여러분이 아동들은 성인과 질적으로 다르며, 유아가 좌절할 때 소리를 지르고 우는 이 행동이 의사소통 전략("속상해요!")이자 도움 요청("내 장난감 작동되게 해 주세요!" 또는 "기분이 좋아지게 도와주세요!")이라는 사실을 거의 알지 못한 채 이 지구에 떨어졌다고 상상해 보자. 이러한 정보나 이해가 없으면 겁을 먹거나, 화를 내거나, 압도되거나, 혐오감을 느낄 수 있으며, 여러분의 반응은 효과적이지 못할 수 있다.

이 예는 여러 면에서 단순하지만, 실제로 외상과 역경 경험으로 인해 삶이 형성된 사람의 행동, 경험, 심리적 상태 및 상호 작용은 매우 복잡하고 혼란스럽고 압도적으로 느껴질 수 있다. 사람들은 자신의 경험을 이해하기 위해, 세상에 대한 우리 자신의 이해에 따라 이름 붙이고, 정의내리고 설명하려고 노력한다. 외상의 영향을 받은 청소년과 가족에게 이러한 설명은 자기 자신("나는 뭔가 잘못됐어."), 타인("우리 아이는 내면에 문제가 있어."), 관계("우리 엄마는 나를 싫어해.")의 결핍에 초점을 맞춘다. 외상, 정상 발달, 애착, 관계, 적응유연성 등 다양한 관련 주제에 대한 정보를 통합하는 것은 치료자로서의 우리 자신의 관점을 형성하는 데 중요하지만, 우리와 함께 작업하는 아동 및 가족 구성원의 역량 강화 관점에서도 매우 중요하다. 이러한 이유로 각 치료 챕터에는 '핵심 개념' 섹션과 별도로 '양육자 교육' 및 '아동 교육' 섹션에 교육 내용이 포함되어 있다.

작업하는 과정에서, 우리는 치료자가 호기심을 가지는 태도를 내면화하고 그런 분위기를 조성하도록 권장한다. 단순히 무엇이 아닌, 원인과 이해가 가능한 이유에 초점을 맞추는 것이다. 아동, 양육자, 치료자 팀에 대해 호기심을 가지고 호기심을 나누도록 한다.

6장

기본 전략: 일과와 리듬

외상 치료에서 일과와 리듬의 중요성

ARC 프레임워크는 리듬의 생성을 외상 치료의 기초적이고 교차적인 전략으로 간주한다. 리듬은 다양한 방식으로, 예를 들면 치료와 일상 생활 속에서 예측 가능한 구조 사용을 통해, 아동, 가족 그리고 시스템의 일상 속 일과들의 통합을 통해, 그리고 공동체에 대한 교감이 이루어지도록 의례(ritual)에 호기심을 가지고 주목하면서 형성되고 존재하게 된다. 이러한 규칙적인 과정들은 다음의 두 가지 주요 목표를 위해 사용하게 된다.

1. 예측 가능성의 확립을 통해 안전감과 조정을 지원한다.
2. 촉진 구조 사용을 통해 기술 습득을 지원하고, 핵심목표를 강화한다.

규범적 발달에서 일과와 리듬의 역할

규범적 발달에서 일과는 애착 체계에 의해 형성되고 조직화된다. 양육자는 수유, 상호작용, 수면 스케줄을 통해 리듬과 예측 가능성을 구축하면서 어린 자녀의 삶을 구조화한다. 유아기부터 아이들은 구조와 예측 가능성에 대한 의존을 내면화하기 시작한다. 같은 영화를 반복해서 보고 싶어 하는 네 살짜리 아이나 "엄마가 했던 방식이 아니예요."라며 여러분의 행동을 바로잡는 여섯 살짜리 아이를 본 적이 있을 것이다. 이러한 예측 가능성은 어린아이들이 자신의 세계를 배우고 정리하는 데 도움이 된다.

발달이 진행됨에 따라 어린 아이의 구조 중심의 의존은 이완되어 일상 생활에서 리듬에 대한 보다 미묘한 의존으로 이어진다. 대부분의 사람들의 삶은 일관된 경험에 따르고 있다. 우리는 특정 시간에 일어나고, 특정 시간에 잠들며, 눈에 띄지 않지만 일상에 익숙한 일과를 가지고 있다.

예를 들어, 일상적인 아침 스케줄이 예상치 못한 요구로 인해 중단되어 일과가 사라지게 되었을 때야 우리의 일상을 알아차리게 된다. 대부분의 사람들은 일상적인 일과가 사라지면 불안정감을 가진다. 우리 대부분은 분 단위로 구조화되고 계획된 하루를 보내지는 않지만, 우리는 눈에 띄지 않는 일과를 따르고 있다.

외상에서 어떤 일이 발생하는가?

우리가 함께 작업하는 아동들에게 이러한 '불안정성'은 종종 일상적인 경험의 한 부분이자 일부였으며, 예측 불가능성은 예외적인 것이 아니라 규칙이었다. 많은 외상 경험은 내적 및/또는 외적 혼란과 통제력 상실이라는 맥락에서 발생한다. 외상으로 인한 예측할 수 없는 순간은 잠재적 위험의 강력한 촉발요인 또는 단서가 될 수 있다.

외상을 경험한 아동의 부모, 임상가, 교육자와 아동의 삶에 관여하는 사람들은 종종 아동이 보여 주는 변화에 대한 강렬한 반응, 전환에 대한 어려움, 자신과 타인, 주변 세계를 통제하려는 경직된 시도에 대해 이야기한다. 이러한 통제하려는 노력은 예측할 수 없는 상황에 대한 불안을 관리하려는 전략으로 볼 수 있다. 다음에 어떤 일이 일어날지 모른다면, 그리고 항상 위험이 만연한 세상이라면 아이는 경계를 늦추지 않고 경직된 태도를 유지해야만 한다.

치료에서 리듬이 가지는 기본 역할

혼란을 경험한 과거력이 있는 아동의 삶에 리듬을 구축하려면, 눈에 보이지 않지만 예측 가능한 일과를 증가시킬 수 있도록 의도적으로 초점을 전환해야 한다. 일과와 리듬은 관계, 치료 과정, 가정 그리고 치료 장면의 특정한 치료 목표와 구조 맥락 속에서 동반될 수 있다.

일과와 리듬을 구축하는 작업에서 다음과 같은 목표를 고려하는 것이 중요하다. 일과를 확립하는 것은 구조를 위한 구조가 아니라, 아동, 가족, 시스템이 조정과 안정감을 통해 예측 가능성을 확보하도록 지원하는 것이다. 이러한 목표를 고려할 때 구조와 유연함 사이에서 균형을 맞추는 것이 중요하다. 이 프레임워크 내의 모든 목표 및 기술과 마찬가지로, 양육자와 치료자는 다음과 같은 질문을 고려해야 한다. "아이가 무엇을 성취하도록 돕고자 하는가?" 일과를 강요할 때, 고통과 각성이 줄어들기는커녕 지속적으로 증가한다면 일과를 변경하는 것을 고려한다. 마찬가지로, 양육자의 유연성이 증가하면 아이의 통제전략이 더 강해지는 것처럼 보인다면 구조를 바꾸는 것도 고려할 수 있다. 조율기술을 사용하여 시간 경과에 따른 일과, 구조, 그리고 아동의 기능 간의 접점을 관찰하도록 한다.

기술 획득을 지원하기 위해 구조 사용하기

이 책의 나머지 부분에서 여덟 가지 핵심 개입 목표와 더불어 다양한 장면과 사람들에게 이러한 목표들을 해결하기 위한 방법들의 예와 주요 하위 기술을 설명하고 있다. 이러한 예시들 상당수는 일과와 구조를 통합하여, 아동과 양육자들이 새로운 기술에 참여하도록 리드믹하고 예측 가능한 방식을 지원하는 것들이다. 이러한 예시들을 기술하는 데에는 목적이 있다. 비록 우리는 개입 목표에 접근하기 위한 다양한 방법들이 있다는 것을 믿고 있지만, 과정에 리듬과 구조를 통합하는 것은 편안함, 안전감, 유능감을 느끼도록 지원한다.

반복은 학습과 두뇌 발달에 중요한 역할을 한다. 규범적 발달에서 학습의 반복은 아동의 삶에서 빈번히 관찰된다. 예를 들어, 매우 어린 아동들은 종종 놀이를 통해 소근육 및 대근육 운동 기술과 문제 해결에 대한 유능감을 발달시킨다(예: 블록을 사용하여 탑 쌓기, 퍼즐 완성하기, 좋아하는 책의 페이지 넘기기, 물건 분류하기). 선호하는 놀이감들도 숙달될 때까지 반복해서 사용하는 경우가 많다. 아동은 성장함에 따라 환상이나 "학교 놀이"와 같은 실제 상황과 관련된 상상 놀이에 참여한다. 이때 새로운 도전 과제가 등장할 때까지 그들은 같은 주제를 반복하는 경우가 많다.

마찬가지로, 리듬과 구조는 기본적인 리듬적 구문(i가 e보다 먼저 온다. 단 c 뒤에는 e가 먼저 온다: 영어 철자 규칙)부터 어린 아이들이 알파벳과 숫자를 배우는 데 도움이 되는 노래 사용하기, 고등학교와 대학교에서 배우는 훨씬 더 복잡한 숫자, 언어, 개념의 패턴("$a^2 + b^2 = c^2$" "종, 속, 과, 목, 강, 문, 계")까지 학교 장면에서 학습의 기본 요소로 활용되는 경우가 많으며 우리는 종종 반복적 암기(리드믹한) 형태로 가장 잘 기억하는 패턴을 가지고 있다. 이러한 규칙들은 복잡한 정보를 정리하는 데 도움이 되며, 기본적인 정보 숙달에 이어 도전적인 아이디어에 참여할 수 있는 토대를 제공한다.

여러 장면에서 일과는 아이들에게 발달 기술을 연습할 수 있는 기회를 제공한다. 매일 밤 아이에게 같은 이야기를 읽어주는 엄마를 생각해 보자. 이 간단한 수면 일과는 연결과 전환을 지원할 뿐만 아니라 말과 언어, 기대, 문제 해결, 사회적 상호 작용과 같은 다양한 기술을 기르도록 해 준다. 어머니는 이야기를 읽어주느라 피곤할 수 있지만, 아이는 새로운 기술을 익히고 내면의 유능감을 경험하기 때문에 결코 지치지 않는다.

이 책 전반에 걸쳐 우리는 독자들이 확인된 핵심 목표를 수행하는 데 구조와 예측 가능성을 통합하도록 권장한다. 예를 들어, 조율의 핵심 요소인 반영과 미러링을 양육자가 체계적으로 배우고 연습할 수 있는 방법은 무엇인가? 아동의 매일 일과에 어떻게 확인 기술을 구축할 수 있는가? 실행 기능을 일상 사건을 처리하는 치료 장면 훈련에 어떤 방식으로 통합할 수 있는가? 이 책에서 예로 제시된 많은 일과와 구조는 학습, 숙달 및 지각된 유능감을 촉진하고, 시간이 지남에 따라 수치감과 취약성을 줄이는 데 도움이 될 수 있다.

핵심 목표를 수행하는 데 리듬을 구축하는 것과 더불어, 일과와 리듬은 그 자체로 일상 경험들에 대한 안전감, 조정 및 예측 가능성을 증진하는 중요한 방법이다. 이 장의 나머지 부분에서 다양한 리듬을 임상 작업, 가정 및 치료 장면의 일상 일과와 통합하는 목표와 방법, 그리고 조정을 지원하는 일과의 특정한 역할에 대해 설명하고 있다.

치료, 가정과 치료장면으로 일과를 통합하기

치료 일과

개인 치료 일과

외상을 경험했던 아동과 작업할 때 최우선 목표는 경험을 조절하도록 지원하는 것이다. 일과는 예측 가능성을 높이는 한편, 아동-특정적인 일과들은 리듬과 조절을 자연적으로 지원하므로 조정적(아동이 편안한 각성 수준으로 돌아가게 함)이다. 학교 장면에서 특히 매우 어린 아동들에게 조절을 적극적으로 지원하는 많은 일과들을 볼 수 있다. 예를 들어, 많은 유치원에서는 서클 타임(circle time)으로 하루를 시작한다. 서클 타임에는 책을 읽고, 노래를 부르고, 하루 일정을 살펴보는 경우가 많다. 서클 타임의 목표는 전환(transition)과 자유 놀이를 통해 생성된 에너지를 조정하여 고차원적인 학습을 준비하는 것이다. 고학년의 경우 음악, 체육, 미술과 같은 "특별 활동"이 하루 일과에 포함되는 경우가 많다. 이러한 활동들은 조절 잠재력을 증진시킬 수 있다. 이러한 전략들을 치료 상황에서 어떻게 적용할 수 있을지 생각해 보는 것은 도움이 된다. 다음 예를 생각해 보자.

> 타냐는 수년간 방임과 부모의 약물 남용에 노출된 후, 외할머니와 함께 살고 있는 7세 소녀이다. 새로운 치료 환경으로 전환되었을 때, 그녀는 참여에 어려움을 겪었으며 한 활동에서 다른 활동으로 이동할 때 각성수준이 높아졌으며 자신을 참여시키려는 치료자를 무시하였다. 치료자는 유치원 환경에서 서클 타임에 부르는 노래와 유사한 인사 노래를 부르는 '시작 일과'를 치료에서 제안했다. 타냐는 치료자가 회기가 시작될 때 노래를 부르자 호기심 어린 반응을 보였고, 착석한 채 집중해서 노래를 들었다. 그녀는 치료자에게 집중했고 노래가 끝나

기 전에 함께 참여할 수 있었다.

이 사례에서 노래는 각성의 조정을 지원하여 이 회기 이전에는 할 수 없었던 방식으로 타냐가 안정을 취하고 참여할 수 있게 해 준 것으로 보인다. 또한 대인 관계에서의 참여와 공동주의(shared attention)의 토대를 제공했다.

치료 일과는 치료 작업에서 구조와 맥락을 제공한다. 다른 임상가들과 일과에 대해 논의할 때, 임상 작업에 '경직성'을 도입하는 것으로 인식될 수 있다는 점 때문에 주저하거나 우려하는 이야기를 종종 듣곤 하였다. 다양한 이론과 훈련 배경을 가진 많은 임상가들은 아동 내담자의 리드를 따르는 것을 강조하는 아동 중심적 방법(놀이, 대화, 모래놀이 등)을 많이 활용해 왔다. 임상가들은 일과를 통합하면, 내담자의 자발적인 참여에서 발견되는 풍부한 창의적인 작업이 감소될 것에 대한 의문을 제기하였다. 우리의 관점은 이 두 가지가 상호 배타적인 것이 아니라는 점이며, 실제로 대부분의 임상가들은 어느 정도는 보이지 않는 일과와 의례에 따라 그들의 작업이 진행된다는 것을 발견하게 된다. 실제로 일과는 종종 회기에서 미묘한 '구조'를 제공하지만, 다양한 치료유형을 고려하여 유연하게 결정할 수 있다. 특히 관계에서 안전에 어려움을 겪는 아동의 경우, 임상가는 자신의 치료 과정을 규정하는 미묘한 패턴을 관찰하고, 앞서 언급했듯이 치료 일과에 간단한 추가 사항을 '시도'해 볼 것을 권장한다. 마지막으로, 이러한 미묘한 패턴과 보이지 않는 일과가 내담자들의 주의를 환기시켜, 내담자 자신이 선호하는 리듬을 결정하는 과정에 적극적으로 참여할 수 있게된다.

치료 관계의 맥락에서 여러분들이 설정하거나 재설정할 때 고려해야 할 요소는 여러 가지가 있다. 다음 내용들을 고려해 보도록 한다.

치료 구조 및 가치관

- **타이밍과 치료 공간.** 늦게 시작하거나 늦게 끝내지 않도록 시간에 유의한다. 시간 엄수는 치료 회기에 대한 경계와 예측 가능성을 구축한다. 일관성 있는 치료실 사용은 중요하며 "보이지 않는" 요소가 될 수 있으므로 가능하면 같은 장소를 사용한다. 이것이 불가능하다면 일관되게 휴대용 자료(예: 아동의 치료 폴더, 장난감 가방)들을 준비하는 것이 도움이 된다.
  - **전환(transition).** 우리는 외상을 경험한 어린이에게 전환이 외상을 유발할 수 있다는 점을 알고 있다. 전환이 예측 가능할수록 아이들은 더 안전하다고 느낄 것이다. 다음과 같은 내용들을 고려해 보도록 한다.
    - 장소: 이것은 치료실로의 전환에 대한 구체적인 측면이다(예: 항상 미술 테이블에서 시작하고 싶어하는 아이).

- 시간 단서: 필요한 경우, 시간 단서를 사용한다. 다음은 회기 내 스케줄에 포함된 단서들의 예이다. 규칙, 회기 활동을 구체적으로 나누기 위한 타이머, 회기 내 시간이 얼마나 남았는지 알려주는 단서 등.
- 조절 지원: 회기 시작과 종료 시 조정 활동을 고려한다. 이때 급작스럽게 높아진 각성을 다루려는 것이다.
- 전이 대상(transitional object): 외상이 있는 아동과 청소년들은 양육자와의 분리 또는 단절에 민감하다. 전이 대상을 사용(집에서 회기에 가져오거나 회기에서 집으로 가져가기)하거나, 회기 시작과 종결 시 상호작용 시간을 가지거나 조정 등과 같은 활동을 하도록 한다.

■ 가치관/규칙. 몇 가지 기본적인 치료 규칙이나 가치관을 정립하는 것은 안전감을 확립하는 데 중요한 부분일 수 있다. 우리는 다음과 같은 규칙들을 제안한다.

◆ 기본적인 안전. 예를 들어, "감정이 상할 때는 손이나 발이 아닌 말을 사용하여 서로에게 알려주자."라고 말한다. 또는 나이가 많은 청소년의 경우 "네가 감정이 격해지면 선생님이 듣고 이해할 수 있는 어조와 단어로 직접 알려주면 좋겠어."라고 말할 수 있다.

◆ 통제. 예를 들어, "선생님이 꺼낸 주제에 대해 이야기하고 싶지 않다고 말해도 괜찮아."와 같이 아이들이 치료 주제와 개인적인 경계를 통제할 수 있다는 것을 이해하도록 돕는다.

◆ 관계적 안전과 경계. 불편함을 느끼는 경우 치료자에게 피드백해 줄 수 있음을 이야기한다. "내가 마음에 들지 않는 말을 하면, 불편하다고 선생님한테 말해도 괜찮아."

◆ 신체적 경계. 특히 신체적 경계가 침해된 경험이 있는 아동의 경우 신체적 공간과 접촉에 대한 규칙을 명확히 하는 것이 중요하다. 이러한 내용은 각각의 장면과 치료자 및 내담자의 선호에 따라 달라질 수 있지만, 공개적으로 논의하는 것이 중요하다. 예를 들어, 치료자가 다음과 같이 말할 수 있다. "우리에게는 다음과 같은 규칙이 있어. 포옹은 엄마나 할머니처럼 특별한 사람하고만 할 수 있는 것이기 때문에, 어른들은 아이들에게 포옹을 해서는 안 된다고 생각해. 하지만 우리가 하이파이브는 해도 되지. 하이파이브를 하고 싶을 때는 언제든지 말해 줘!" 아동은 자신이 편안한 방식으로 스스로 위치(공간, 치료자와의 관계에서)를 정하고 그 자리에 있을 수 있음을 알려준다.

◆ 고통 또는 일시 중지 필요성에 대한 의사소통. 아동과 양육자는 고통스러운 내용을 다루는 것에 대해서 참여할 것인지 참여하지 않을 것인지 결정할 수 있도록 해야 한다. 이 치료 구조에서 흔히 사용되는 전략은 "일시 정지 신호"을 만드는 것이다. 일시 정지 신호는 정지 표지판의 시각적 이미지, 텔레비전 리모컨의 일시 정지 버튼 또는 아동과 양육자가 일시 정지를 나타내는 것으로 결정한 이미지 등이 될 수 있다. 제스처나 언어적 신호를 통해 일시 중지해야 한다는 신호를 보낼 수도 있다. 아동과 양육자는 각자의 일시 정지 신

호를 가질 수 있다. 치료자는 치료 초기에 중지 신호를 설명하고 그 실행에 대해 논의한다. 치료자뿐만 아니라 아동과 양육자도 일시 중지를 활성화할 수 있다. 일반적으로 일시 정지 후에는 내적 편안함을 높일 수 있도록 지원해 주는 조정 활동이 이어진다.

집단 치료 일과

개인 치료와 마찬가지로 집단 과정에서도 회기 구조에 일과와 예측 가능한 요소를 통합시킬 때 가장 성공적이다. 많은 집단은 집단 주제와 관련하여 시간이 경과해도 유기적인 일관성을 통해 예측 가능성을 제공한다. 내용을 통해 제공하는 일관성 외에도 집단 리더와 커리큘럼 개발자는 집단 회기를 구성할 때 일과의 중요성을 고려하도록 권장된다. 개인 회기와 마찬가지로 회기를 구성할 때, 오프닝 체크인(그룹 활동을 시작할 때 참자가들이 자신의 감정, 현재, 상태, 마음에 있는 것을 짧게 나누는 시간: check-in) 또는 아이스 브레이커(낯설거나 어색할 때, 분위기를 부드럽게 만들고 자연스럽게 대화를 시작할 수 있도록 돕는 간단한 활동이나 질문: icebreaker), 조정 활동 및 내부 구조의 역할에 대해 고려한다. 일과를 만들 때는 집단의 핵심주제를 고려한다. 예를 들어, 대처 기술에 초점을 맞춘 집단에서는 시작 연습에 조정 활동이나 정서 확인 체크인을 포함하고, 정체성에 초점을 맞춘 집단에서는 시작 활동에 자기와 관련된 아이스 브레이커 질문을 포함할 수 있으며, 대인관계에 초점을 맞춘 집단에서는 상호작용을 시작할 때 양자적 또는 집단 협동 활동으로 시작할 수 있다.

집단은 그 성격(구조화, 핵심주제, 과정 중심, 심리교육 등)에 따라 매우 다양하다. 하지만 모든 집단은 시작, 중간, 끝이 있다는 공통된 요소를 가지고 있다. 집단 리더는 아동(또는 양육자)이 집단에 성공적으로 들어오고 나갈 수 있도록 돕기 위해 전환을 표시하는 미묘한 또는 명백한 전략을 고려할 것을 권장한다. 또한 능동적 참여와 수동적 참여, 에너지가 높은 활동과 낮은 활동, 독립적 참여와 협력적 참여 사이의 균형을 고려해 본다. 집단 구성원들이 가장 성공적으로 활동할 수 있는 일과(조정, 참여, 안전 구축 등에서)를 만들고 통합하는 방법에 대해 전략을 세운다. 예를 들어, 집단이 진행되는 동안 아이들은 낮은 에너지에서 높은 에너지로, 그리고 낮은 에너지로 자연스럽게 "종 곡선"을 그리며 진행하다가, 빠르게 낮은 상태에서 높은 상태로, 그리고 다시 낮은 상태에서 높은 에너지 상태로 움직이는 활동을 하는 것이 쉬울 수 있다. 집단 초기에는 유연성을 발휘하여 특정 집단의 욕구에 집중하는 것이 중요하다. 예를 들어, 한 집단에서 잘 작동했던 구조가 다른 집단에서는 어려울 수 있다. 필요에 따라 구조를 조정하거나 개선하여 각 집단 구성원의 특정 요구 사항이나 집단의 역동 관계에 대응한다.

추가적인 고려 사항: 치료에서의 일과

- 발달 단계와 개인의 욕구를 고려한다. 어린 아이들은 종종 더 큰 구조(그리고 이 구조에서의 명시적인 명명)를 선호하는 반면, 나이가 많은 아동과 청소년은 더 미묘하거나 "보이지 않는" 일과를 선호한다는 사실을 발견했다. 하지만 모든 아동들은 저마다 다르다. 아이들이 치료 일과를 만드는 데 참여하도록 한다.
- 치료 일과는 대기실에서 치료실로 이동하는 동안 일어나는 일들을 규칙적으로 만들기, 매 회기 시작 시 연령에 적합한 체크인 사용하기, 회기가 끝난다는 걸 예측할 수 있는 전환 만들기 등 간단할 수 있다. "개인치료 일과 예시" 표를 참조한다. 어떤 아동에게는 전체 회기를 구조해야 할 필요가 있으나, 다른 아동에게는 보다 많은 유연함이 요구될 수 있다.
- 통제의 욕구가 높은 어린 아동의 경우, 처음에는 치료 일과에 저항적일 수 있다. 그러나 우리의 경험상, 일과들은 궁극적으로 안도감을 준다. 치료 장면에 예측 가능성을 더함으로써, 아동들은 어떻게 될지 아는 데서 오는 안전감과 통제감을 느낄 수 있다. 아이가 일과에 대해 불평한다고 해서 진짜 그것을 싫어한다고 생각하지 않는다. 다음 예시를 살펴보자.

> 5세 타미카는 매주 개인 치료 회기를 시작하는 활동인 "감정 점검"에 대해 자주 불평한다. 매번 치료를 받으러 도착해서는 치료실 작은 테이블에 앉아 이렇게 묻는다. "오늘도 그 멍청한 얼굴들 활동을 해야 하나요?" 임상가가 "그렇다"고 하면, 타미카는 그날의 느낌과 경험 확인하기 활동을 마치고, 자신이 좋아하는 상징놀이나 다른 활동으로 옮겨갔다.
>
> 어느 날, 임상가는 타미카와 치료실에 들어서자마자 그녀의 어머니가 전화로 알려준 문제에 대한 이야기를 먼저 시작했다. 약 1분 후, 임상가는 타미카가 의자에서 몸을 이리저리 움직이며 울먹이고 있는 걸 알아차렸다. 임상가가 뭐가 잘못됐는지 묻자, 타미카는 버럭 소리를 질렀다. "그 멍청한 얼굴 하는 걸 안 했잖아요!"

이 예에서 임상가는 우리가 일과를 포함시키는 이유에 대해 다시 한번 떠올릴 수 있었다. 표면적으로 아이들이 "싫어하는" 활동들조차도 예측 가능성은 도움이 된다. 일과가 바뀌거나 방해받는 일은 언제나 생길 수 있지만, 그때 이런 변화에 대해 명백하게 설명하는 것은, 그것이 사전이든(예: "다음 주에 우리는 조금 다른 걸 할 거야.") 그 상황에서든(예: "지금은 원래 자유 놀이를 하는 시간이 맞는데, 할 얘기가 있어서 이야기 먼저 하고 난 후 바로 자유 놀이를 하자. 알았지?") 괴로움을 감소시키는 중요한 과정이다.

다음 표는 치료 회기를 구조화하는 방식의 몇 가지 예를 보여 준다. 일과는 명시적일 수도 미묘할 수도 있음을 기억한다(예: 회기를 시작하는 과정을 아주 구체적으로 구조화할 수도, "지난 한 주는 어땠니?"처럼 간단하게 진행할 수도 있다).

각 치료 회기 일과의 균형을 유지하기와 순서는 아동마다 다르다. 어떤 아동은 회기 대부분 시간에 구조화된 활동에 참여하는 반면, 다른 아동은 구조화된 활동에 대한 인내심이 적어(혹은 덜 필요하여) 보다 "자유로운" 시간이 필요할 수 있다. 유연하게 적용한다. 모든 일과는 각 아이에게 맞도록 적용한다.

일과를 만들 때, 아동의 통제 욕구에 주의를 기울인다. 예를 들면, 각 회기에 "치료자 선택"과 "아동 선택" 시간이 있다면, 임상가는 어느 것을 먼저 할지 아동이 선택하게 할 수 있다. 힘겨루기를 최소화하기 위해서는 각각을 얼마나 오래 지속할지 정하고, 전환하기 전에 단서를 제공한다.

양육자를 치료 일과에 포함하는 방법을 고려해 본다. 예를 들어, 양자적 체크인에 양육자를 관여시키거나, 또는 종결 "치료 정리"에 양육자를 초대할 수 있다.

개인 치료 일과의 예

오프닝 체크인	감정 얼굴 ☺ 😐 ☹	현재 감정에 가장 가까운 표정(들)을 포스터나 활동지에서 고른다.
	공 던지기	서로 공을 던지거나 굴리면서, 지난 회기 후 있었던 새로운 일을 돌아가며 말한다.
	오늘의 뉴스	아동이 오늘 일어난 좋은 일과 좋지 않은 일을 이야기한다; 그림을 그리거나 말로 표현한다.
	엄지 척/옆으로/아래로	지난주에 있었던 일을 하나 정해 본다: 그것은 엄지 척(긍정적)인가, 아니면 엄지 옆으로(중립적)인가, 혹은 엄지 아래로(부정적)인가? 왜 그러한가?
	에너지 확인	온도계, 숫자, 혹은 다른 척도를 사용하여 에너지가 어떤지를 확인해 본다. 아동의 에너지는 지금 어떠한가?
조정 활동	각 회기 초반과 후반부에 연령에 알맞은 조정 활동을 사용한다. 이때 아동의 욕구를 고려한다. 예를 들어, 에너지가 높은 아동은 에너지 발산 후 집중할 수 있는 활동(예: 공작 깃털 균형잡기, 높은 에너지 수준으로 위아래로 뛰고 난 후 낮은 에너지 수준으로 위아래로 뛰기 등)이 필요할 수 있고; 에너지가 낮거나 위축된 아동은 공을 주고받는 것처럼 상호 참여적인 활동이 필요할 수 있다. 대부분의 아동들은 선택지가 있는 것을 좋아한다-아동이 두세 개 활동 중에서 선택하게 한다. 조정 활동 전후 에너지 수준을 확인한다. 에너지가 높아졌는가, 낮아졌는가? 아동은 그것을 어떻게 알아차리는가?(이 개념에 대한 자세한 논의는 '조정'에 대한 영역을 참고한다.)	
구조화된 활동 ("치료자 선택")	각 회기에 구조화된, 혹은 중심 과제들을 포함한다. 애착, 조절, 유능감 영역의 과제들을 아동의 욕구와 목표를 고려해서 진행한다. 활동들은 간단하거나, 포괄적일 수도 있고, 때로는 여러 회기에 걸쳐 진행할 수도 있다.	

자유시간 (“아동의 선택”)	“아동의 선택” 혹은 자유시간은 치료 회기의 중요한 부분이다. 개방적이고 구조화되지 않은 시간에 대개의 청소년들은 대화에 참여하고, 어린 아동들은 상징놀이를 하는데, 모든 연령의 아이들이 이 활동을 통해 자연스러운 조정과 균형을 회복하여 치료에서 도전적인 작업들을 더 잘 해낼 수 있게 된다(남은 “치료 작업”에 아이가 잘 참여할 수 있게 해 주는 보드 게임의 중요성을 무시하지 않는다.)	
회기를 정리하는 체크아웃 (마무리 활동은 시작활동과 유사하다는 점에 주목한다.)	감정 얼굴들	(포스터나 활동지에서) 어떤 얼굴이 지금 아동의 감정에 가장 가까운가? 무엇이 변했는가?
	공 던지기	공을 던지거나 굴린다. 이때 아이와 치료자가 각각 오늘 치료에서 좋았던 점 혹은 안 좋았던 점을 하나씩 골라본다.
	마무리 뉴스	오늘 실행했던 목록들을 적어본다. 아동이 오늘 치료에서 자랑스러움을 느꼈던 부분은 무엇인가?
	엄지 척/ 아래로	오늘 회기에서 아동이 가장 좋아했던 혹은 가장 덜 좋아했던 것은 무엇인가?
	에너지 확인	지금 아동의 에너지는 어디에 있나? 회기 시작할 때와 같은가, 다른가?
조정 활동	현재 아동의 에너지를 토대로 마무리 조정 활동을 회기 내에 도입한다. 적절하다면, 양육자와 함께 마무리 일과로 만든다.	
정리하기	담아주기	정리는 담아주기를 위한 마감 의례일 뿐만 아니라 회기의 중요한 부분이다. 치료에서 사용한 자료 정리에 아동을 항상 적극적으로 참여시킨다.

가정과 치료 장면 일과

일상 생활의 규칙들은 이 책에서 설명하는 많은 핵심 목표를 지원하는 경우가 많다. 예를 들어, 아침 및 취침 일과는 양육자–자녀의 조율과 관계적 연계를 지원하며, 아이가 수면으로의 이행을 조정하고 관리하도록 돕는다. 예측 가능한 매일의 일과는 기대감과 지연된 만족감, 실행 기능의 중요한 기초가 되며 예측 가능한 가족의례는 아동의 자기감 및 정체성을 형성하는 데 도움이 될 수 있다.

가정과 치료 장면의 일과를 조정할 때, 우리는 일과가 이러한 주요 목표를 지원할 수 있는 방법들을 고려한다.

언제 어디서: 일과를 구축할 수 있는 기회

일상 생활의 리듬과 예측 가능성을 점진적으로 높일 수 있도록 양육자와 작업한다. 양육자 그리고 아동들과 문제가 되는 지점을 확인하여 작업한다. 이때 좋은 질문은 "하루 중 언제가 가장 조절이 안 되거나 혼란스럽다고 느껴지고, 언제 조절이 잘되는 것처럼 느껴지는가?"이다. 다음 표는 일반적인 일과 목표의 예들이다.

아침시간	아침을 맞는 것은 누구에게나 힘들지만, 스트레스와 혼돈이 많은 가정이나 바쁜 시스템에서는 더욱 힘들다. 일관되고 현실적인 아침 시간 일과를 만들 수 있도록 양육 시스템을 지원한다.
식사시간	식사는 대개 의사소통을 위한 장이며 가족이 "함께하는" 장이다. 시스템에서 식사시간은 또래와 상호작용하고 대화할 수 있는, 덜 구조화된 기회이다. 따라서 이 시간을 통해 사회적 기술, 양보하기, 예절, 타인의 활동에 관심갖기 등을 발달시킬 수 있다. 가능하다면 가족 혹은 시스템이 함께 모여 식사하는 것을 일과의 한 부분으로 만든다. ■ 음식 선택은 아동이 영향력을 행사하고 싶어하는 일반적인 영역이다. 양육자가 힘겨루기를 하지 않도록 노력한다. 지나친 융통성과 지나친 통제 사이에서 절충안을 찾도록 한다. 예를 들면, 예측 가능한 대안(예: 아이에게 가족의 음식을 먹거나, 피넛 버터와 젤리 샌드위치를 먹을 수 있음)을 제시하는 것이다.
놀이	놀이는 아동의 자연스러운 표현 수단이다. 양육자가 아동과 함께 놀 수 있게 격려하며, 혼자 또는 또래와 노는 시간뿐만 아니라 "가족 놀이"를 위한 시간도 주중에 할당한다. 흔히 놀이를 집안일, 숙제, 혹은 다른 과제 지향적 경험 요소들보다 덜 중요하게 취급하는 우를 범하지만, 놀이는 건강한 발달의 필수적인 부분이다. 또한 사회화와 기술 습득을 위한 장으로도 기능한다. ■ "함께 하는 시간"이 보상이나 결과에 매여서는 안 된다(예: "방을 치우지 않으면 넌 엄마랑 시간을 보낼 수 없어."). 방임과 유기의 과거력이 있는 아동에게는 특히 이런 말이 촉발요인이 된다. ■ 가족이 전부 함께하는 시간뿐만 아니라 양육자가 각 아이들과 1대1로 보내는 시간을 갖도록 작업한다.
집안일	집안일을 하는 것은 책임감과 자기효능감을 증진시키는 데 도움이 된다. 물론, 이때 집안일은 연령에 적합해야 하나, 아주 어린 아이라도 자기 몫의 책임감을 갖는 것이 좋다. 이런 식의 접근은, 시스템이 잘 기능하기 위해서 모든 가족 구성원 혹은 공동체의 구성원이 필요하며, 아이도 중요한 기여를 할 수 있다는 생각을 전달한다. 양육자가 아이에게 적합하고 현실적인 일상을 기대하도록 작업한다.
숙제	학업 성취/성공은 아동의 유능감에 중요한 영역이다. 양육자는 숙제의 중요성을 강조하고, 숙제를 끝마치는 데 도움이 되는 적절한 환경을 제공하며, 언제든 도움과 격려를 요청할 수 있도록 하며, 성공보다 노력을 강조함으로써 기여할 수 있다. 양육자가 아동과 함께 아동과 가족의 욕구를 확인하도록 작업한다.

가족 또는 공동체가 함께하는 시간	양육자와 아동(또는 시설, 공동체 구성원)이 함께 공식적 혹은 비공식적으로 경험을 나누는 시간을 가족의 일과로 만드는 것이 중요하다. 예를 들면, 어떤 가족은 특별한 사건을 나누기 위해 매주 "가족회의"를 가질 수 있고, 식사시간, 취침시간 등도 이에 해당될 수 있다. 그 장이 무엇이든, 가족 구성원 또는 공동체 구성원들이 일과적으로 그들의 경험을 나눌 수 있는 기회를 마련하는 것이 중요하다.
안전 수칙	어린 아동들에게 안전 수칙 또는 긴급 대응에 대한 정보를 제공한다. 가정에서 안전과 관련된 계획을 세우도록 돕는다. 계획에는 폭력의 가해자, 예상하지 못했던 사건(예: 화재) 또는 위험 행동에 접촉했을 때 가족의 반응을 포함한다.

일과를 만들고 다룰 때 가장 중요한 목표는 조정을 지원하고 안전감을 느끼도록 하는 것이다. 일과 자체가 당연히 조정적일 수 있지만, 매일의 리듬에 초점을 맞추고, 매일 일정에 조정 전략을 명시적으로 포함시킴으로써, 조정을 직접적으로 다루는 방법들이 있다.

- **일상적인 리듬.** 많은 아동이 하루 동안 각성을 효과적으로 다루는 데 어려움을 겪는다. 매일의 스케줄을 구조화할 때, 아동의 "에너지 욕구"를 고려한다. 예를 들면, 취침 시간이 가까워지면 각성이 높아지는 활동을 제한한다. 학교 시작하기 전이나 다른 구조화된 시간이 시작되기 전에는 집중하는 활동들(예: 그 날의 일정 시연이나 논의, 마음챙김 연습)을 부가하며 이러한 시간들이 전환되는 때에는 아동의 에너지를 쓰는 활동들을 배치한다.
- **조정 전략의 명시적 포함.** 다음 표는 조정 지원을 위한 활동들이다. 11장(조정)에서 각 활동 내용이 다시 논의된다.

하루의 리듬과 조정을 지원하는 일과

전략	활동의 예
연계를 위한 기회/애착 지원 기회	■일상적인 시간(식사 시간, 영화의 밤, 놀이 시간, 숙제 도와주기 등)을 함께 정하기 ■함께 요리하기 ■함께 프로젝트를 진행하기 ■자녀가 집안일을 할 수 있도록 돕기 ■새로운 기술을 가르치기(또는 아이가 여러분에게 가르쳐 주도록 하기)
감각전략	■소리: 음악 듣기, 헤드폰이나 소음 기기를 사용하여 소음 제거하기 ■터치: 안아주기, 무게감 있는 담요, 부드러운 베개, 인형, 차가운 돌들, 만지작거릴 수 있는 물건, 감각 조절을 위한 씹는 액세서리(chewable jewelry) 등 ■냄새: 로션, 음식 요리 냄새, 방향제 ■맛: 좋아하는 음식 공유 ■보기: 안전한 사람이나 좋아하는 장소의 사진, 시각적 자극을 최소화하기

대운동 활동	■ 소형 트램펄린 ■ 달리기/점프/놀기 ■ 운동볼, 요가볼 ■ 평균대 ■ 방과 후 댄스 파티
조정적 성격을 가진 활동	■ 놀이(혼자, 공통) ■ 스포츠 ■ 표현 예술, 무용, 연극 ■ 요가 ■ 독서 ■ 음악 감상 ■ 수공예

- **촉발요인 또는 "도전 지점"을 목표로 하는 조정 일과.** 우리는 많은 가족들이 매일의 일과에서 중요한 순간(예: 전환시간, 식사시간, 취침시간)에 특정 조정 전략(예: 이완 또는 요가 그룹, 심호흡, 팔벌려 뛰기)을 구축하여 긍정적인 결과를 경험하는 것을 목표로 한다. 조절 곤란에 대응하는 전략이 아니라 예방차원에서 아동의 각성 수준을 목표로 하는 전략을 통해 아동은 각성 수준을 점차 효과적으로 유지할 수 있게 된다. 자동적으로 이를 유지하는 것이 중요한데, 조절 문제가 나타나는 순간에 새로운 기술을 배우고 사용하는 것은 매우 어렵기 때문이다. 아동과 양육자가 전략을 연습할 기회를 많이 가진다면, 전략을 내면화하여 필요한 순간에 사용할 가능성이 높아진다. 다음 예를 살펴보자.

루마니아의 한 고아원에서 3세에 입양된 9세 소녀 엘레나는 높은 각성 수준을 보인다. 부모는 그녀가 "끊임없이 움직이고", 일상적인 경험에도 흥분하고, 쉽게 힘들어한다고 이야기한다. 그녀는 특히 수업시간이나 숙제할 때처럼 집중해야 하는 활동에서 진정하는 것을 어려워했다. 부모는 엘레나가 흥분했을 때 담요로 몸을 감싸거나 부드러운 음악을 듣는 등 몇 가지 전략이 도움이 된다고 한다. 또한 "빠르게 춤추기"(엘레나가 즐기는 활동으로, 아무것도 없는 방에서 빠른 음악에 맞춰 춤추는 것)는 그녀가 과도하게 흥분해서 통제가 안 되기 시작할 때 에너지를 방출하는 데 도움이 되는 것 같다고 보고했다. 그래서 부모는 엘레나가 흥분을 조절할 수 있도록 돕기 위해 이러한 활동들을 매일의 일과에 포함시켰다. 아침에 학교 가기 전에는 부드러운 음악을 들으며 담요와 "껴안기 시간"을 가지며, 학교에서도 한낮이나 흥분해서 "필요한 경우"에는 보건실에서 비슷한 전략을 구사하였다. 또한 방과 후 일정에 빠르게 춤추기 시간(speed dance)을 추가하였다. 한 달 후, 이러한 전략은 엘레나가 일상을 조정하는 데 도움이 되었다는 보고를 받았는데, 특히 그녀는 학교에서 사소한 자극에 덜 흥분하게 되고 오후에 집으로의 전환을 잘할 수 있게 되었다고 한다.

이 예와 같이, 개발된 일과는 아동에 따라 다를 것이다. 그러나 많은 일과가 필요에 의해 가족, 기관 등에서도 시행된다. 이러한 광범위한 적용은 조정을 지원할 수 있지만, 외상을 경험한 아동에게 어려움을 줄 수도 있다. 일과는 많은 사람들에게 기능하는(예: 치료 장면 시스템 또는 가족) 우산이 될 수 있지만, 가능하다면 각 개인의 욕구를 고려하는 것이 중요하다. 예를 들어, 치료 장면 내 거주자들이 방과후 지역사회 활동으로 전환할 때, 특정 거주자는 자극이 되는 수업이 끝난 후 집단 활동에 성공적으로 참여하기 전에 20분의 '휴식 시간'이 필요할 수 있다. 마찬가지로, 나이가 든 아동은 방과 후 바로 숙제를 마쳐야 하지만, 각성과 주의집중의 어려움을 겪는 아동은 에너지가 높은 활동에 적극적으로 참여해야 숙제에 집중할 수 있다. 아동들이 반복적으로 성공을 경험하도록 돕기 위해 일과와 예외 사항을 고려한다.

목표로 하는 일과를 개발할 때, 취침 시간이나 식사 시간과 같이 취약하거나 어려움이 야기되는 영역에 주의를 기울이는 것이 중요하다. 외상 경험 아동들은 기본적인 생리적 조절(예: 한 가지 활동에서 다른 활동으로 전환하는 시간)에 어려움을 겪을 수 있으며, 위험, 두려움, 박탈 등의 과거 경험과 관련된 시간에 어려움을 겪을 수 있다. 이러한 순간에 예측 가능성을 구축하도록 주목하는 것이 중요하지만, 아동들은 처음에는 이러한 것들이 자신의 통제감에 도전이 되기 때문에 적극적으로 저항할 수 있다.

엘레나가 그랬던 것처럼, 외상의 영향을 받은 많은 아동이 공통적으로 어려움을 겪는 영역은 취침 시간이다. 예를 들어, 엘레나는 잠자리에 드는 데 어려움을 겪었고, 잠자리에 들 때 추가적인 교감과 지원을 자주 찾았다. 다른 아이들은 전환 그 자체에 대한 불안감이 증가하고 퇴행 욕구 등을 드러내며 어려움을 겪기도 한다. 이 시간은 외상을 경험한 아동에게 지원이 필요한 경우가 많으므로, 다음 표를 통해 도전이 되는 시간에 조정과 안전을 위해서 어떻게 일과를 사용할 것인지 생각해 볼 수 있는 예들을 살펴볼 것이다.

취침시간의 일과

교육 내용	취침시간은 일반적으로 외상을 경험한 아동과 청소년들에게 힘든 시간인데, 특히 유사한 시간대나 잠들려는 장소에서 학대가 일어난 경우, 더욱 그러하다. 낮에 각성이 높았던 아동들은 취침 준비를 하며 신체를 진정시키기 어려워할 수 있다. 취침시간 일과는 아동이 각성을 낮추고 수면으로 전환하는 법을 배우도록 한다.

<table>
<tr><td>양육자 조력 내용</td><td colspan="2">일관된 취침시간 일과를 만들도록 한다. 아동이 잠옷을 입고, 양치질을 하고, 조용한 시간을 가지는 것 등이 포함된다.

가능한 한 취침시간과 일과를 규칙적으로 유지할 수 있도록 문제들을 해결한다. 아동이 잠드는 자리에 주의를 기울인다. 양육자는 매일 같은 자리에서 아동을 재우도록 한다. 가족 내, 혹은 개개인이 지닌 어려움이 있는지 살펴본다.

밤시간의 경계를 확인하고, 밤시간의 공포를 다룬다. 예를 들어, 아동이 밤에 깨어나면 양육자는 어떻게 할 것인가? 양육자의 대처가 일관될 수 있도록 작업한다.

취침시간이 다가오면 아동의 자극적인 활동 참여를 최소화하도록 한다. 비디오 게임, 아주 자극적인 텔레비전 쇼, 큰 소리의 음악, 활동적인 놀이에 아동 참여를 줄이도록 한다.</td></tr>
<tr><td rowspan="5">일반적인 활동들</td><td>보살피기</td><td>책을 읽어주고, 안아주거나, 부드러운 음악 듣기</td></tr>
<tr><td>목욕하기</td><td>잠자리에 들기 한 시간 전에 아동이 목욕이나 샤워를 할 수 있도록 한다. 이는 각성을 감소시키는 데 도움이 된다. 사생활과 경계 문제, 그리고 이러한 것들이 촉발요인이 될 가능성에 대해 주의한다.</td></tr>
<tr><td>안전감 점검</td><td>아동이 안전하게 느낄 수 있도록 한다. 수면등, 드림캐쳐(갖고 있으면 좋은 꿈을 꾸게 한다고 여겨지는, 아메리칸 원주민들이 만든 그물, 깃털, 구슬로 만든 고리들: 역주)를 놓아두거나 침대 아래와 옷장 안을 확인해 보거나 "괴물을 물리치는" 로션을 바르는 것 등을 활용해 볼 수 있다.</td></tr>
<tr><td>이완/조용한 시간</td><td>책을 읽고, 조용한 음악을 듣게 하는 것 등이 포함된다.</td></tr>
<tr><td>움직임 활동</td><td>반직관적으로 보일 수 있지만, 높은 수준의 각성을 경험하는 아이는 각성을 낮추기 위해 더 많은 지원이 필요하다. 아동들은 양육자들이 그들의 에너지를 반영하고 맞춰준 후에, 공동조절을 통해 서서히 낮춰주는 것이 필요하다. 예를 들어, 앞뒤로 흔들리는 동작(또는 흔들의자)을 빠르게 그리고 느리게 하거나, 작은 아이를 무릎에 앉혀 놓고 점차 빠른 속도에서 느린 속도로 바꾸면서 흔들어 주는 것 등이 있다. 이 내용은 11장에서 더욱 자세히 살펴볼 것이다.</td></tr>
<tr><td>취침시간 일과: 발달적 고려사항들</td><td>초기 아동기</td><td>이 연령의 일과에는 양육자가 반드시 포함된다. 보살피는 활동들(예: 잠자리에서 책 읽어주기)은 조율을 형성하고, 아동을 이완시키는 좋은 방법이다.
밤 시간은 일반화된 공포가 자주 등장하는 시간이다. 예측 가능한 취침시간 일과는 초기 아동기 발달 단계에서 특히 중요하다.</td></tr>
</table>

	중기 아동기	이 연령의 아동들은 독립을 원하나, 잠자리는 보살핌이 필요한 자연스러운 장소이며, 외상 경험 아동들은 취침시간 즈음에 발달적 퇴행을 보일 수 있다. 발달적 변화에 따라 취침시간의 방법들을 바꾸기도 한다. 예를 들면, 양육자가 이야기를 읽어주다가 같이 읽는 것으로 바뀐다거나, 함께하는 시간(예: 양육자가 방에 들어와 "잘자"라고 이야기하는 것)과 혼자 하는 활동(예: 아동이 혼자 이를 닦고 샤워하고 잠옷을 입는 것)을 포함시킨다.
	청소년기	균형은 이 발달 단계에서 매우 중요하다. 균형이 필요한 주요 영역은 다음과 같다. ■ 독립 대 보살핌: 청소년은 사생활이 필요하다. 그러나 어린 아동들처럼 이들도 취침시간에는 발달적인 퇴행을 경험할 수 있다. 자기 전에 십대인 자녀가 어떠한지 살펴본다-예를 들면, 아동이 자기 전에 포옹을 원하는가? 청소년들에게 통제를 허용하지만, 청소년들에게 더 이상 보살핌이 필요하지 않다고 가정해서는 안 된다. ■ 유연함 대 제한 설정: 청소년들이 독립적이더라도 제한이 필요하다는 사실을 잊지 않는다. 취침시간에 대한 기대는 유지하되(예: 오후 10시까지는 방에 들어온다), 융통성을 갖는다(예: 조용한-책을 읽고 음악을 듣는-시간을 가진 후 준비가 되면 불을 끈다).

추가적 고려 사항

가정에서의 일과

가족들과 함께 작업할 때, 개인차와 "편안한 혼돈"의 역할에 대해 인지할 필요가 있다. 우리 대부분은 어느 정도 혼돈이 있는 환경에서 살아왔고(또 살아가고 있고), 어느 정도 혼돈과 즉흥성은 일상 경험에 풍요로움을 더해 준다. 우리의 목표는 이 즉흥성을 엄격한 구조로 대체하는 것이 아니라, 연속성의 맥락으로 경험을 완화하고 에워싸는 것이다. 어린 시절 위험을 겪은 내담자에게는 아동의 삶에서 규칙적인 활동이 갖는 특별한 역할, 예측 가능성에 대한 발달적인 욕구, 시간이 지남에 따라 예측 가능성이 안도감과 유연성을 조성하는 방식에 대한 심리교육을 제공하는 것이 필요하다.

실제 활동을 통해 일과의 중요성을 양육자에게 교육하는 것이 매우 유용하다. 예를 들어, 우리는 회기 내 일과가 아동뿐만 아니라 양육자와 작업할 때 중요하다는 점을 발견하였다. 양육자들은 일과가 안전감을 제공할 때, 일과가 가치있다는 것을 배우게 된다. 양육자들이 치료자와의 작업 맥락에서 유능감을 가지게 되면, 자신들의 자기보호적 반응("무엇을 해도 소용없을 거야.")에서 벗어날 수 있다.

가능한 한, 일과 구성 시 아동의 발달에 적합해야 한다. 아동의 특정 욕구, 원하는 것, 의견, 선호하는 것뿐만 아니라 가정이나 시스템에서 현실을 고려한다. 예를 들어, 취침 시 일과에 포함시켜야 하는 가장 중요한 요소는 무엇일까? 스케줄로 잡혀진 활동들을 시행하는데 아동들이 원하거나 요구하는 독립이나 지원은 어떤 수준인가? 양육자에게 특정 일과는 어떻게 중요한가? 아동과 다른 가족 성원들이 현실적이며 도움이 되는 매일/매주의 일과를 구성하는 데 참여하도록 한다.

치료장면에서의 일과

가정에서와 마찬가지로, 치료 장면 시설 역시 예측 가능성을 제공하는 경험을 풍부하게 제공해 주는 환경이다. 여러 프로그램이 일상 경험을 조직하는 리듬, 일과, 구조를 가지고 있으며, 이러한 구조는 대개 느슨하거나 구조화되지 않은 장면에서 불안정을 경험했던 아동들이 성취와 유능감을 쌓을 수 있도록 한다. 한 예로, 집에서는 극단적인 행동을 보이던 아이가 구조화된 학교 환경에서는 잘 해냈다는 이야기가 그리 드물지 않다. 가정에서 일과를 만드는 것에 대해 논의했던 것들 중 다수가 시설 프로그램에도 유사하게 적용될 수 있다. 여기에는 특정하게 집중할 목표를 확인하는 것(예: 취침 시간, 전환), 일상의 리듬과 특정 활동 모두에서 조정의 역할 그리고 일과와 예측 가능성을 일상 경험의 핵심 측면으로 통합하는 것 등이 포함된다.

구조 구축과 관련하여, 치료장면 시스템에서는 두 가지 취약점이 있다는 것을 발견했다: (1) 각 아동의 욕구에 대한 이해없이 구조와 규칙을 지나치게 강조하는 것, (2) 일상에서의 혼란이 아동의 기능에 미치는 영향을 충분히 이해하지 못하는 것. 두 가지 모두 쉽지 않은 부분이다. 큰 시스템 내에서 혼란의 순간이 발생하는 건 필연적이며, 한 번에 많은 아동의 욕구와 안전을 다뤄야 할 때 개별 아동의 욕구에 대한 유연성을 발휘하는 게 어려울 수 있다. 그러나 이러한 도전에도 불구하고(깊은 공감과 함께), 우리는 시스템 내의 사람들이 두 영역 모두에 관심을 가져 주길 바란다.

전자와 관련해서는, 시스템의 일과가 일상 경험에 연속성을 주기 때문에 중요하다. 대부분의 아동들은 시스템에서 요구하는 것에 대해 어느 수준까지 적응하고 맞출 수 있다. 그러나 어떤 아동들은 매일의 일과 중 어떤 측면에 대해서는 크든 작든 어려움을 겪을 수 있다. 아동이 지속적으로 어려워하는 경우(예: 전환이나 계획된 일정의 어떤 요소에 대해서), 궁극적인 목표는 아동의 성공을 돕는 데 있다는 사실을 명심하며, 가능한 수준에서 일과를 아이의 개별적인 욕구에 맞출 수 있는 방법에 대해 고민하길 바란다.

후자와 관련해서, 많은 프로그램이 구조화될수록, 많은 요인이 매일의 일과에 혼란(그리고 때로는 혼돈)을 불러일으킬 것이다. 이 모든 혼란들을 설명한다는 건 불가능하지만, 변화가 어떤 반응과 어려움을 불러일으킬 것이라고 예상하는 건 가능하다. 계획된 변화가 발생하는 경우, 아동들의 가능한 반응들에 대하여 사전에 공지하고 예상되는 결과에 대한 해결 방안을 제공하며 작업한다. 예상하지 않은 변화가 일어날 경우 혼돈에 민감한 아동의 반응이 증가할 것이라는 점을 스태프들이 예상할 수 있도록 훈련시킨다. 이러한 아동의 반응에 대한 스태프들의 반응을 관리하도록 '양육자 감정관리 기술'을 사용하며, 아동들이 평정을 다시 찾을 수 있도록 조율 기술을 사용한다.

치료 장면에서 거주하는 아동들은 주 양육자와의 분리에 따른 거절감, 버려짐, 상실감과 같은 공통적인 촉발요인에 특히 취약하다. 이에 해당되는 아동의 경우 각성을 조절할 수 있도록 전화, 방문, 가족 작업과 관련한 일과를 만드는 것이 필요하다. 함께 할 양육자가 없는 아동이 다른 주거자들의 가족과 기념 행사를 하게 된다면 개별적인 의례를 만들어주는 것이 필요하다. 예를 들면, 특정 스태프를 그 아동에게 할당하거나 집단 축하 행사에 참여하는 다른 대안을 아동이 제안하게 할 수 있다.

자기조절 기술을 가르치는 데 집중하는 치료 장면 시스템에서는, 조정을 돕는 방향으로 일과를 만드는 것이 중요하다. 우리가 함께 작업하는 프로그램에서는 이러한 개념을 통합시키기 위해 기존 행동관리 구조를 변형하였다. 예를 들면, 아동이 진정하지 못할 때 아동 스스로 혹은 스태프의 안내로 휴식시간을 갖는 휴식 시스템(타임아웃과 구분되는)을 고민해 볼 수 있다. 휴식 과정에 맞춘 구조를 구성하는 것이 도움이 된다. 이를테면, 이 휴식에는 초기 상태 확인, 조정전략(들)의 시행, 종료 시 상태 확인 등으로 구성할 수 있으며, 초기 상태 확인과 종료 상태 확인의 내용은 각 프로그램의 필요에 따라 다양하게 만들 수 있다. 조정 전략에는 스태프와 이야기하기, 감각 도구 사용하기, 또는 산책하기(가능하다면) 등이 포함된다. 더 많은 예시는 11장 '조정' 섹션을 참조한다.

기념, 전통 및 의례

매일의 일과는 시간이 지남에 따라 예측 가능성과 일관성을 제공한다. 일관성의 또 다른 중요한 원천은 전통, 기념, 행동경험 패턴의 반복적인 실천인 의례이다. 의례는 종종 가족, 문화 또는 커뮤니티의 구성원 간에 전승되며 여러 세대에 걸쳐 반복된다.

의례는 시간이 지남에 따라 개인과 개인뿐만 아니라 같은 의례를 공유하는 가족, 커뮤니티 또는 문화의 다른 구성원들을 연결하는 연결고리를 제공한다. 의례는 가족(예: 특별한 날에 특별한 노래 부르기 또는 특정 음식 먹기)이나 큰 공동체(예: 크리스마스 자정 미사 참석)에만 국한될 수 있다. 의례를 공유함으로써 더 큰 전체의 일부라는 소속감을 느낄 수 있다. 학교, 봉사 단체, 클럽, 종교/영성 센터 등 많은 단체와 조직은 노래와 성가에서 악수까지 전통 축하 행사 및 활동에 이르는 다양한 의례와 전통을 발전시켜 왔다.

아동과 가족, 그리고 아동이 속해 있는 더 큰 지역사회와 함께 의례를 찾아보고, 축하하고, 만드는 것은 아동과 주변 시스템 구성원 간의 연결의 끈을 기념하는 방법을 제공할 수 있다. 이 섹션의 대부분은 큰 의례, 전통, 축하 행사보다는 일상에 초점을 맞추고 있지만, 치료자가 가족적, 문화적 시스템이 가지는 전통을 확인하고 축하하는 데 있어 가족과 시스템을 지원할 것을 권장한다. 이 작업은 종종 맥락과 연결에 따라 달라질 수 있다.

생물학적/친가족과 작업하는 경우, 가족은 현재(혹은 과거에) 참여하는 다양한 전통, 규범, 기념 행사에 대해 관심을 가지고 탐색하기로 시작한다. 기념행사가 별로 없거나 긍정적인 경험보다는 부정적 경험이 결합되어 있는 가족에게는 치료자가 가족 구성원과 함께 새로운 전통과 기념 행사들을 만들어 본다.

위탁 혹은 입양으로 맺어진 가족에서 아동들과 양육자는 때로는 이질적인 전통과 기념행사들을 가질 수 있다. 어린 아동들은 이전의 전통을 지속할 능력이 없을 수 있고, 좀 큰 아동들은 새로운 가족에 완전히 포함되고 싶은데 방해가 될까 두려워서, 혹은 양육자의 반응을 염려하여 꺼릴 수도 있다. 다음 사례를 살펴본다.

> 14세의 아프리카계 미국인 레온은 12세에 유대인 커플에게 왔고 13세에 입양되었다. 치료 초기 겨울 휴가가 가까워졌을 무렵, 새로운 임상가가 크리스마스 휴가에 무엇을 하고 싶은지 묻자, 레온은 어렸을 때 하던 기념행사에 대해 이야기했다. 그러나 곧바로, 레온은 재빨리 고개를 저으며 말했다. "지금은 그런 걸 하나도 하고 싶지 않아요. 우리 가족은 '하누카(유대인 명절)'를 지내니까요." 이를 좀 더 탐색하자, 레온은 지금 가족에게 오게 됐을 때, "가족의 일부"가 되고 싶어서 "과거의 모든 걸 포기하기"로 결심했다고 말했다.

이 사례는 강점과 도전 내용들을 모두 보여 준다. 가족에 포함되고 싶다는 소망과 의지는 관계를 형성하고자 하는 그의 열망과 능력을 말해 준다. 그러나 다른 우려는 레온이 그렇기 위해서 자기에게 중요할 수도(혹은 그렇지 않을 수도) 있는 자신의 어떤 측면을 포기해야 한다고 느낀다는 사실이다.

이런 경우 가족 구성원들끼리 각자의 전통에 대해 나누고 서로 배울 수 있도록 작업한다. 어린 아동을 입양한 부모는 개인적으로 아이의 문화와 전통에 대해 알아보고, 이를 포함시키며, 좀 더 나이가 든 아동의 부모는 아이와 함께 공통적이거나 각기 다른 경험들을 나누고 이해하는 작업을 한다. 또한 가족들은 새로운 가족 체계에 적합하도록 각 가족 구성원의 가장 중요한 전통을 포함시키고 모든 구성원의 경험을 결합한 새로운 "혼합"을 만들 수도 있다.

치료 장면 시스템(예: 학교, 거주 시설 프로그램)은 대개 고유의 문화와 전통을 가지고 있다. 이를 분명히 하는 것이 공동체에 참여하고 소속감을 높히는 데 기여한다. 예를 들면, 매달 하는 바비큐 파티, 교가, 매주 프로그램의 가치를 가장 잘 실천한 거주자 선발, 핼러윈 행사 등은 모두 아동과 스태프 간의 관계와 연속성을 조성할 수 있는 방법들이다. 가족의 경우와 마찬가지로, 치료장면 체계는 언어, 음식, 종교, 인종, 성별 등 다양한 문화적 경험을 지닌 사람들로 구성된다. 따라서 이러한 치료장면 시스템들은 독특한 치료장면 문화를 형성하는 것에 덧붙여서 다양한 문화를 기념할 기회들을 통합하는 것이 중요하다.

의례와 관련한 주의사항: 외상 경험 아동과 가족의 경우 어떤 의례와 전통은 부정적인 경험과 결합되어 있다. 예를 들면, 아버지가 술에 취해 폭력적으로 변한 크리스마스, 어머니가 오기로 했지만 나타나지 않았던 생일처럼 말이다. 비주류 문화에 속한 아이들에게 지배적인 문화의 의례는 차이와 상실감을 고조시킬 수 있다. 현재 갈등을 겪고 있는 사람들에게도 기념 행사의 시간은 힘들게 다가온다. 특별한 기념일과 기타 큰 행사들이 각 개인과 가족에게 주는 의미를 이해하는 것이 중요하다.

발달적 고려사항들

자녀의 발달 단계에 따라 환경의 안전감이 커지거나 줄어들고, 자연적인 변화가 일상 경험에 영향을 미치기 때문에 일과는 시간이 지남에 따라 필연적으로 변화하게 된다. 예를 들어, 어린 자녀는 취침 시간에 양육자의 달래기에 의존하지만, 나이가 많은 아동이나 청소년은 내적인 자기 진정 전략을 더 많이 사용할 수 있는 역량을 가지거나 선호도가 달라질 수 있다. 이러한 변화는 자연스러운 경우가 많지만, 일과의 변화 및/또는 욕구에 따라 조율할 필요가 있다.

다음 표에서 우리는 일과와 리듬, 지원의 역할을 생각할 때, 요구되는 발달적 고려사항을 제시하고 있다.

발달 단계	일과와 리듬에서의 고려사항
초기 아동기	이 시기는 의례와 일과를 만들어 가는 데 가장 결정적인 단계일 수 있다. 1. 어린 아동들은 구조에 대해 양육자에게 거의 전적으로 의지한다. 2. 구조는 초기 아동기 발달 단계에 특히 중요하다. 어린 아동들은 예측 가능성을 아주 좋아한다. 이 시기에 아동은 영상물을 망가질 때까지 계속 시청하고, 글을 모르는데도 좋아하는 책에서 양육자가 빠뜨린 페이지나 단어를 알아차리며 같은 이야기를 반복해서 들려달라고 한다. 대부분의 의례와 일과는 양육자에게 달려 있으며, 아동이 개인적인/스스로 만든 구조는 매우 적을 것이다. 목표는 시기상조나 연령에 맞지 않는 독립심을 조성하는 것이 아니라, 양육자가 제공하는 안전한 구조 내에서 행위감을 발달시키고 탐색하는 것이다. 연령에 맞는 독립적인 특정 일과가 있다. 예를 들면, 아주 어린 아동이더라도 부모의 지침에 따라 이를 닦거나 손을 씻는 등 자기를 돌보는 일과를 만들 수 있다. 연령에 적합한 집안일에는 인형 정리나 빨래통에 빨래 넣기 등이 있다. 이러한 일과들은 시간이 지남에 따라 행위감을 발달시키는 데 핵심이 되는 독립심과 근면성을 길러준다. 그러나 아이의 성취를 위해서는 가족의 도움이 필요하며, 대부분의 일과는 부모의 참여와 관찰이 동반될 때 잘 성취될 수 있다는 것이 핵심이다. 대부분의 어린 아동들은 주의지속 시간이 길지 않다. 일과를 만들 때, 이를 유념한다. 예를 들면, 가정 내 활동은 아주 매력적인 것이 아니라면, 아동의 관심과 집중을 유지하기 위해서 자주 변화를 주고, 긴 시간 혼자서 놀 거라는 기대를 최소화한다. 치료 회기는 5분 단위로(20분 단위가 아니라) 나눠볼 수 있다.
중기 아동기	아이가 점점 커가면서, 자기 시간에 대한 요구가 늘어난다. 학교에 가고, 방과 후 활동에 참여하며 친구와 시간을 보내는 일 등. 매일 해야 하는 일정이 늘어나면서 가족은 함께 하기 위한 시간을 만들기 위해 더 많은 노력을 기울인다. 좀 더 큰 아동들은 개인적, 혹은 가족의 일과와 의례를 만드는 데 적극적인 역할을 맡기 시작한다. 큰 아동들은 매일의 일과를 수행하는 데 보다 자율적이 된다. 그러나 양육자는 일과를 만들어 낼 뿐 아니라 일과를 잘 마칠 수 있도록 지지적이어야 한다.
청소년기	청소년에게 가족의 일과는 점점 도전이 된다. 십대들은 유연하고 보다 독립적인 집 밖에서의 시간을 원한다. 이들은 집 밖 환경에서 자율적인 일과를 만드는 데 더 많은 시간을 보낸다. 청소년들과 그들의 양육자는 각자 자기의 바쁜 생활을 영위하며 "가까운 궤도"를 도는 경향이 있다. 그러나 이 궤도들이 때때로, 그리고 일상적으로, 예상되는 방식으로 겹쳐지는 것이 계속 중요하다. 청소년기에 정기적인 의사소통은 중요하면서도 도전적이다. 청소년들에게는 이야기하고 싶은 것과 이야기하고 싶지 않은 것들이 있다는 사실을 양육자에게 가르친다. 가족 구성원들이 서로 만날 수 없을 때에도 의사소통할 수 있는 방법들이 있다(예: 쪽지 남기기). 양육자가 청소년의 활동을 적절히 관찰할 수 있도록 작업한다.

실생활 치료

- **무리하지 않는다.** 우리의 목표는 아동의 하루 매 순간 엄격한 구조를 부여하는 것이 아니라, 예측 가능성이라는 미묘한 감을 만드는 것이다. 사실, 외상 경험 아동들이 상호작용할 때 보이는 경직성을 고려해 보면, 유연성 있는 편안함이 중요한 목표이다. 의례와 일과는 그 중간에서 매일의 삶을 담아내는 "북엔드(책이 쓰러지지 않게 양쪽에서 받쳐주는 것: 역주)"라고 생각할 수 있다.
- **현실적인 기대를 가진다.** 가족이나 시스템이 현재 "어느 지점"에 있는지를 인식한다. 지나치게 확장적이거나 유연성이 없는 일과를 만드는 것은 아동에게나 양육자에게 실패에 대한 준비나 다름없다. 천천히 아동과 양육자의 의견을 반영하여 만들도록 한다. 다른 모든 치료에서와 마찬가지로, 초기에 성공하는 것이 아주 중요하다.
- **낙담하지 않는다.** 일과의 가장 공통적인 목표는 아동이 가장 특이해 보이는 행동—주로 불안을 다루기 위해서—을 빈번하게 나타내는 영역이란 점을 잊지 않는다. 하룻밤 사이에 예측 가능성이 생기길 기대하지 않는다. 긴 시간 "버텨낸" 후에야 아동이 일과를 내면화한다.
- **버티어 낸다.** 예측 가능성이 항상 일과나 의례에서만 나타나는 것이 아니다. 예측 가능성을 정의하는 일관성이라는 것은 곁에 있어주고, 말에 진심을 담고, 진심을 솔직하게 전달하는 것처럼 단순하지만—복잡한—것이다. 함께 작업했던 상당수의 아동에게서 보았듯, 애착의 혼란은 아동이 여기서 저기로, 또는 다른 곳으로 이동할 때 주기적으로 발생한다. 이런 이유로, 다른 사람을 거절함으로써 추후의 상실감으로부터 자기를 보호하려고 하는 것이 이들에게는 매우 적응적이다. 애착 작업에서 해야 할 한 가지는 거절당하지 않으려고 저항적이고, 비호감을 나타내며, 일관적이지 않은 아동들 곁에 계속 머물러주는 것이다. 여러분이 다시 올 거라고 말하고, 실제 다시 오는 것은 아주 강력한 효과를 보인다. 상실을 반복해서 겪은 아동들과 작업하고 함께 지내는 여정을 끝까지 지속하기 위해서는 많은 시간과 노력이 소요된다. 여러분이 그저 버티고 있는 것이 갖는 영향력을 과소평가하지 않는다.

4부

애착

7장 양육자의 감정 관리

8장 조율

9장 효과적인 반응

애착이란 무엇인가?

■ 인간의 가장 기본적인 욕구 가운데 하나는 다른 사람들과의 연결이다. 우리는 태어나면서부터 연결이 시작되어 살아가는 동안 줄곧 계속하여 관계에 의존한다.

◆ 가장 초기의 관계는 아이와 그 아이를 돌보는 사람 사이에 구축되며, 이를 **애착 체계**라 부른다. 이 체계가 왜 그렇게 중요한가? 애착 체계는 **다른 모든 관계에 대한 모델을 제공한**다. 이러한 초기의 연결로부터 아이들은 자신과 다른 사람들에 대한 이해를 형성한다. 예를 들면 다음과 같다.

- 사랑과 보살핌을 받으며 자기의 말을 상대방이 들어주는 아이는 자신이 사랑스럽고 가치가 있다고 생각할 수 있으며, 대체로 다른 사람들은 믿을 수 있고 필요할 때 가까이 있을 것이라고 생각한다.
- 지속적으로 거부되고 무시되는 아이는 자신이 중요하지 않고 사랑스럽지 않다고 생각할 수 있으며, 다른 사람들은 무관심하고 가까이 있지 않으며 도움을 받으려고 해도 거절당할 것으로 생각한다.
- 자주 상처 받고 지나치게 벌을 받는 아이는 자신이 나쁘다고 생각할 수 있으며, 다른 사람들은 안전하지 않고 위험하다고 생각한다.
- 부모가 (예를 들어, 약물 사용이나 정신건강 문제로 인하여) 일관되게 가용하지 않다면 아이는 어른들이 일을 처리할 수 없고, 그들의 반응이 예측 불가능하다고 생각할 수 있다. 이런 아이들은 종종 다른 사람들의 행복에 지나친 책임감을 느끼고, 상호관계에서 지배하려고 하거나 집착할 수 있다.

◆ 애착 체계는 **정서에 대처하고 표현하는** 가장 초기 훈련의 장을 제공한다.

- 아이들은 스스로 정서를 다루는 기술을 가지고 태어나는 것이 아니다. 아이들은 부모에게 의존하여 자신을 위로하고 괴로움을 다스리는 도움을 받는다. 아이들이 부모로부터 지속적인 돌봄을 받는다면, 느낌은 영원한 것이 아니며, 괴로움은 견딜 수 있고 결국 사라진다는 것을 배운다. 지원이 처음에 외부로부터 제공될 때, 시간이 지남에 따라 아동들은 동일한 대처 기술을 내면화할 것이다. 결국, 아이들은 정서 경험을 독립적으로 다스릴 수 있게 된다.
- 비일관되고, 방치되거나, 거부적인 양육을 받는 아동들은 초기 아동기의 도전적인 경험들을 다루는 데 도움을 받지 못한다. 괴로움을 느낄 때, 아이들은 원초적이고 종종 비효과적이거나 불충분한 대처 기술에 의존해야만 한다. 그로 인하여, 두 가지 주요 결과

가 나타난다.

- ○ 첫째, 아동은 더 발달된 대처 기술을 개발할 수 없다. 다른 아이들이 시간이 지남에 따라 점점 더 감정에 잘 대처하지만, 이러한 아동들은 괴로움에 직면할 때 훨씬 더 어린 아이처럼 행동하고 또 어린아이처럼 보인다.
- ○ 둘째, 아동들은 모든 느낌들은 잠재적으로 위협적이거나 압도적이라고 지각하게 되면서, 일반적인 정서적 경험을 두려워하거나 경계심을 가지게 된다.

◆ 애착 체계는 건강한 발달을 위한 안전한 환경을 제공한다.

- 모든 발달 단계에는 아이들이 성취해야 하는 핵심 과업이 있다. 애착 체계는 안전을 제공함으로써 아이들이 이러한 과업에 접근하는 데 자신감을 갖게 한다. 관계에서의 성공, 학교, 정체성, 그리고 궁극적으로 독립적인 기능 등은 모두가 부분적으로는 애착 체계가 최초에 제공했던 지지에서 유래한다.
- 아이들이 안전 애착 체계라는 안전망을 가지지 못하면, 다른 아이들이 성취에 쏟아부을 수 있는 에너지를 자기 보호와 생존에 대신 쏟아부어야 한다.

양육 체계란 무엇인가?

- ■ 만성적/복합적인 외상을 경험한 많은 아동들은 대안적 보호시설(예: 주거치료센터, 대체 수용시설, 위탁가정, 특수학교)에서 상당한 시간을 보낸다. 이들은 일관된 주 양육자가 가까이 있을 수도 있고 그렇지 않을 수도 있다.
- ■ 주 양육자가 있는 경우(예: 친부모, 양부모, 위탁부모), 치료는 아동의 치유 과정을 조성하는 안전한 환경을 제공하도록 부모들을 지원하는 것에 초점을 맞출 수 있다.
- ■ 대리 보호를 받는 아동들의 경우, 전문 스태프가 대리 양육 체계의 역할을 맡는다. 이러한 양육 체계는 아동의 회복에 매우 중요하기 때문에, 아동들과 스태프 모두에게 안전한 체계를 개발하는 것이 중요하다. 따라서 개입은 불가피하게 스태프 수준에서의 이해, 행동 및 지원에 대해 초점을 맞추게 된다.
- ■ 아동들이 상호작용하고, 아동을 둘러싼 체계에서 역할을 담당하는 다양한 성인들을 고려하는 것은 모든 아동들에게 중요하다. 예를 들어, 여기에는 의사, 아이의 선생님, 방과후 돌보미, 탁아소 스태프 등이 포함된다. 이상적인 것은 개입이 여러 수준의 양육 체계를 대상으로 이루어지는 것이다.

안전을 구축하는 것이 왜 (아이와 양육자 모두에게) 중요한가?

- 외상을 경험한 아이들은 기본적으로 세상과 다른 사람들은 위험하다고 생각한다. 이 아이들은 만성적으로 자기방어 모드에 있다. 위험을 예상하고, 위험이 있다고 생각하면 신속하게 반응한다. 이들의 삶에서 이러한 반응 모드는 생존에 도움이 되었으나, 이러한 자기 보호 자세는 지속적인 건강한 발달을 방해한다.
- 아이들이 자기방어 모드에서 벗어나려면, 어느 정도 안전감이 제공되는 환경에 있어야 한다. 종종 이러한 아이들은 관계적 위험을 경험했기 때문에, 아동들은 자신들이 소통하는 사람들이 보이는 위험의 징후에 매우 민감하다. 그러므로 모든 양육자들이 아이들의 이러한 생각에 대처하는 기술을 개발하는 것이 특히 중요하다.
- 지속적으로 위험을 예상하는 아이들과 안전을 유지하는 것은 상당한 과제이며, 부모, 스태프, 선생님, 의사, 동료 및 아이들과 소통하는 다른 사람들에게 매우 힘들 수 있다. 그러므로 아이의 안전뿐만 아니라 어른들의 안전에도 주의를 기울이는 것이 중요하고, 궁극적으로 이 둘은 서로 함께 가는 것이다.

7장

양육자의 감정 관리

주요 아이디어와 핵심 하위 기술

아동을 돌보는 성인(부모 또는 전문가)이 자신의 정서적 반응을 이해하고 관리하며 대처할 수 있도록 지원하여 돌봄 대상 아동을 더 잘 지원할 수 있도록 한다.

★ 외상과 적응 유연성에 대한 심리교육
★ 양육자 경험의 정상화 및 타당화
★ 청소년과의 도전적이고 긍정적인 상호작용과 경험 인식
★ 자기모니터링 기술 구축
★ 자기관리 및 지원 자원 강화

★ 핵심 개념

★ 왜 양육자는 감정 관리 기술을 구축해야 하는가?

- 애착 체계에 있어서 양육자의 중요한 역할은 아이들이 자기통제 기술을 배우는 데 도움을 주는 것이다.
- 그러나 양육자는 아이가 감정을 견디며 조절하도록 돕기 전에, 양육자 자신의 정서반응을 견디고, 조정하며, 대처할 수 있어야만 한다.
- 아이의 정서 환경에 있어서 가장 두드러지는 요소 가운데 하나는 그 아이를 돌보는 양육자의 정서이다. 모든 아이는 양육자의 표현을 통해 단서를 얻고, 부분적으로 이러한 정서 반응을 통해 세상을 해석하는 방법을 배운다.

★ 양육자의 조정에 어려움을 야기하는 외상 행동들

- 외상과 애착 붕괴를 경험한 아이들은 종종 강렬한 정서, 관계의 어려움, 강한 충격을 받은 의미 체계, 행동 조절의 어려움으로 분투한다. 때때로 이러한 아이들의 절실한 욕구는 양육자를 지치게 한다. 다음은 양육자의 조정에 도전이 되는 아동 행동과 상호작용의 방식들이다.
  - 양육자를 향한 촉발된 반응
  - 분노/반항
  - 관심의 요구
  - 접근 그리고 거절 패턴
  - 스트레스 유발요인에 대한 극도의 정서적 반응
- 양육자에게 미치는 정서적 영향은 관계 재연의 역할과 아동의 경계심으로 인해 복잡해진다. 대인관계 외상을 경험한 아동은 다양한 방식으로 안전을 추구한다. 그들의 주요 안전 욕구 중 하나는 관계성에서의 통제 욕구이다. 아이들은 종종 양육자의 격렬한 반응을 유발하는 행동(예: 위에 나열된 행동)을 한다. 이러한 반응은 종종 처벌, 수치심, 거부 및/또는 유기 등 아동이 과거에 경험한 주제와 일치하는 경우가 많다. 예를 들어, 아동은 양육자로부터 처벌이나 부정적인 반응을 이끌어 내는 방식으로 행동할 수 있는데, 이는 아동에게 익숙하며 아동이 기대하는 상호작용 유형이기 때문이다. 외상을 경험한 아동은 다른 사람의 표현에 특히 경계심이 많고 안전 대 위험, 승인 대 불승인, 수용 대 거부라는 극명한 이분법에 비추어 양육자의 감정을 해석할 수 있기 때문에 이러한 패턴은 더욱 복잡해진다. 이러한 경계심 때문에 양육자는 자신의 감정을 모니터링하고 조정하는 것이 특히 중요하다. 그러나 양육자에게는 이러한 지속적인 조정과 모니터링이 어려울 수 있다.
- 많은 양육자는 돌보는 아동의 확인된 외상 경험과 반응뿐만 아니라 자신의 외상 스트레스 경험을 인식해야 하는데, 그중 일부는 현재 진행 중일 수 있다. 이러한 여러 층의 감정들(개인으로서, 양육자–부모/치료자로서)은 특히 과거 외상의 유산, 체계적이고 구조적인 불의, 지속적인 인종 차별 또는 차별을 경험한 가족이나 개인 양육자의 경우 더 복잡하다. 양육자의 정서적 경험을 지원하는 모든 작업은 그들 삶에서 자기 보호, 정당한 분노, 두려움 등 필연적인 역할에 대한 이해를 통합해야 한다.
- 또한 양육자와 가족은 아동의 외상 경험 이외에도 정서적 경험에 영향을 미치는 진행 중인 스트레스 유발요인에 직면하는 경우가 많다. 이는 아동 또는 양육자가 "외상적"이라고 확인했거나 확인하지 못한 것일 수 있다. 예를 들어, 차별, 경제적 어려움, 가족의 정신건강

문제, 주거 불안정, 의무적 서비스 시스템 참여와 같은 경험이 양육자와 가족에게 미치는 영향을 고려한다.

★ 공통적인 양육자 반응

양육자의 모든 반응을 파악하는 것은 불가능하지만 다음과 같은 내용들을 고려한다.

- 양육 과정에서 발생하는 어려움은 다음과 같은 정서적, 그리고 인지적 반응을 야기할 수 있다.
  - 양육 역할에 관한 **효능감 감소**
    - 부모: "왜 내 아이가 나를 거부할까?"
    - 선생님: "왜 나는 이 아이가 귀 기울이도록 만들지 못할까?"
    - 치료 제공자: "왜 나는 아이가 진정하도록 도와주지 못할까?"
  - 아이의 경험에 대한 **죄책감과 수치심**: "어떻게 이런 일들이 내 아이에게 일어날 수 있는가?"
  - **아이에 대한 분노와 비난**: "이 아이는 일부러 그러는 거야! 나를 조종하려 들어."
  - **치료 체계에 대한 분노와 비난**: "왜 사람들은 더 많은 것을 하지 않는가? 왜 아무도 우리(나)를 돕지 않는가?"
- 이와 같은 격한 감정에 직면했을 때, 아이와 마찬가지로 양육자도 대처 서비스에 방어적이 된다. 흔한 행동적, 심리적 반응들은 다음과 같다.
  - **정서에 대한 방어로 차단 또는 위축**: 이러한 반응은 아동이나 아동의 욕구를 무시하거나 최소화하게 한다.
  - **까다로운 아동의 행동에 직면했을 때, 매우 빠르게 격렬한 생리적, 정서적 반응을 수반하는 각성 증가가 나타난다.**
  - **과잉반응**: 과도하게 처벌적이거나, 위압적으로 반응하여, 아이를 통제하거나 보호하려고 한다. 이러한 반응은 아이의 표현을 억누르고, 촉발 반응을 증가시킬 수 있다.
  - **지나치게 허용적임**: 아이의 감정 격화를 방지하기 위한 것이지만, 이러한 반응은 아이의 감정에 굴복하도록 한다.

치료자 도구상자

무엇이 중요한가?

- 우리가 함께 작업하는 대부분의 가족이나 시스템에서는 주변 사람들에게 문제를 일으키는 행동을 하는 아동에 중점을 둔다. 양육자가 아동 중심 치료자에게 의뢰하고, 학교는 아동 중심 자문을 요청하며, 치료 장면 시스템은 아동 중심 행동 계획을 중심으로 전략을 세우는데, 이 모든 것이 힘든 아동 행동을 감소시키거나 완화하는 것을 최종 목표로 한다. 그 결과, 치료자는 양육자의 정서적 경험을 강조하거나 다루는 것을 불안해할 수 있다.
- 특히 정신건강에 중점을 두지 않는 시스템(예: 학교, 청소년 사법 센터)에서는 꺼려 하는 경향이 두드러질 수 있다.
- 임상 현장에서, 그리고 수백 개의 다양한 아동 지원 시스템에 대한 자문을 통해 직접 경험한 바에 따르면, 이러한 거부감에도 불구하고 상담 시간의 상당 부분이 아동 내담자보다는 아동 주변에서 양육하는 어른들의 감정, 반응, 행동에 대해 논의하면서 많은 자문 시간이 할애된다. 이는 성인의 정서적 경험을 지원하는 것이 우리에게 얼마나 중요한지를 강조한다.
- 양육자의 정서경험을 인정하는 것은 부담이기보다는 안도감을 주는데, 그 인정은 존중, 정상화(비판이 아닌) 그리고 지지적인 것이어야 한다.
- 다음과 같은 내용들을 고려해 본다.
  - 성인의 정서경험을 정상화한다. 이 주제는 이 장 후반 "도구"의 목표 1에서 자세히 다룰 것이다.
  - 성인 경험이 중요한 이유에 대해 토론하고, 탐구하며, 심리교육을 제공한다.
    - 성인도 중요하다. 시스템 또는 의뢰의 대상이 청소년이더라도 성인의 경험이 중요하다. 부모, 교사, 치료 장면의 스태프, 임상가 모두 중요하다. 시스템의 모든 구성원들은 지원받아야 한다.
    - 양육자가 조절될 때 한층 효과적이 될 수 있다. 성인 양육자들은 자신의 도구상자에 수백 가지의 도구가 있을 수 있지만, 모든 도구는 그 도구를 사용하는 사람이 효과적으로 사용해야 효과가 있다. 소란을 피우고 소리를 지르는 부모는 침착하게 행동하는 부모보다 유능하지 못하며, 지원받지 못한 스태프는 지지적인 팀과 함께 하는 스태프보다 통제 불능의 청소년을 진정시키는 것이 더 어려울 수 있다.
    - 청소년은 주변 어른들의 감정적 경험에 반응하기 때문에 성인 양육자가 모든 감정을

"없애려고" 노력하는 것은 현실적이지 않고 바람직하지도 않다. 청소년에게 전달할 가장 중요한 메시지는 누구나 감정이 있고 감정은 중요하다는 것이다. 격렬한 감정이라도 성공적으로 다루고 관리하면, 외상의 영향을 받은 아이들에게 감정은 괜찮다는 강력한 메시지를 전달할 수 있다. 그러나 어른이 지속적으로 스트레스, 괴로움, 분노, 압도, 우울, 두려움을 느끼면 주변 청소년의 감정과 행동에 영향을 미칠 가능성이 높다. 양육 체계에 조절의 어려움이 생기면 아이에게도 조절 문제가 생길 가능성이 높아진다.

함의

기반 구축

- 양육자에게 본질적으로 취약한 상황은 그들 자신의 정서가 표현될 때이다. 양육자들은 종종 초점이 양육 시스템이 아니라 아이라고 생각하면서 치료에 임한다.
- 치료자들은 자신의 정서 경험, 청소년과 가족에 대한 반응, 스트레스 경험, 대리 외상 그리고 소진이 불편하고 익숙하지 않다. 그러나 내적 경험을 인식하고 해결하는 것은 모든 양육 시스템 그리고 치료자에게 중요하다.
- 양육자 정서관리에 초점을 맞추려면 이러한 목표가 왜 중요한지에 대한 공통된 주의 깊은 이해가 중요하다. 치료자는 위의 요점("무엇이 중요한가?")을 탐구하고 해결하면서 양육자를 과정에 참여시킨다.
- 치료자들이 비판단적인 입장을 유지하는 것이 중요하다. 양육자와 아동이 한 팀을 이루는 것처럼 치료자도 양육자(또는 양육 체계)와 함께 팀을 이루어야 한다. 이러기 위해서는, 양육자의 생각과 감정, 아이디어, 경험에 대해 개방적이고, 수용적이며, 관용적이어야 한다. 예를 들어, 양육자가 "나는 가끔 내 아이가 싫어요."라고 말한다면, 치료자는 이러한 경험이 정상적이라는 점을 알려 주고, 지속적으로 논의할 수 있도록 촉진하는 방식으로 반응하는 것이 중요하다.
- 본질적으로, 목표는 양육자의 경험을 정상화하고, 양육 체계를 지원하여 그 양육 체계가 아이를 지원할 수 있도록 하는 것이다.
- 특히 이러한 정서를 필요하고 중요한 것으로 인식하도록 타당화하는 것이 중요하다(아동의 안전, 양육자의 안전을 위해, 기타 이유로). 예를 들어, 한 아프리카계 미국인 어머니가 8세 아들의 학교에서의 행동에 대해 이야기하면서 임상가에게 극심한 두려움과 고통을 표현했다. 그녀는 아들이 체포되거나 살해당할까 봐 두려워하고 있다고 설명한다. "지금은 여덟 살인데 사람들이 벌써부터 훈련 중인 범죄자처럼 쳐다보는데, 더 크면 어떻게 될까요?"

비현실적인 말로(예: "괜찮아요, 착한 아이예요, 아무도 범죄자처럼 쳐다보지 않아요.") 양육자의 감정을 변화시키려고 하는 것은 부적절한 대응이며, 고통의 강도를 높이고, 치료 과정에서 양육자의 안전감을 깨뜨리는 결과를 초래할 수 있다. 대신, 치료자는 많은 강렬한 감정이 양육자와 아이에게 제공하는 보호적 가치를 이해하고, 인정하고, 타당화하는 것이 중요하며, 가능하다면 양육자가 강렬한 정서 경험과 관련된 고통을 다루도록 지원하는 것이 중요하다.

- 이러한 치료구조에서, 양육자 감정 관리는 다른 모든 기술의 토대가 되는 기술이다. 예를 들면, 조정되었을 때, 양육자는 보다 효과적으로 그들의 아이와 조율하고, 일관되게 반응하며, 조절 기술을 지지하고, 유능감을 증진할 수 있다.

평가 내용

- 주 양육자/부모용:
  - 양육자 지원과 자원들. 양육자가 정서적 또는 물질적 지원을 받기 위해 의지하는 사람, 커뮤니티 자원 및 시스템은 누구인가? 양육자가 자신의 인생에서 애착 자원을 가지고 있는가? 양육자는 언제, 어떻게 이러한 자원에 접근하며 장애물은 무엇인가?
  - 양육자의 스트레스 관리 전략. 양육자는 현재 어떤 방식으로 대처하고 있는가? 양육자가 일상생활의 스트레스를 관리하기 위해 무엇을 하는가? 많은 양육자가 스트레스 관리 전략을 찾는 데 어려움을 겪을 수 있다. "나를 위한 시간이 없다." "남편과 외출한 지 몇 년이 지났다." 등의 말을 흔히 들을 수 있다. 양육자에게도 사용 중인 전략이 명확하지 않을 수 있다는 점을 염두에 두도록 한다. 많은 탐색 끝에 한 양육자는 "퇴근 후 집에 돌아오면 2분 동안 혼자 차에 앉아 휴대폰으로 게임을 합니다."라고 말하였다. 양육자는 특히 치료자와의 관계가 위계적이라고 인식하는 경우, 건강하지 않거나 바람직하지 않은 전략들을 기꺼이 확인하려 하지 않는다. 예를 들어, 한 양육자는 "밤에 긴장을 풀기 위해 맥주를 마신다."고 쉽게 말하기도 하지만, 다른 양육자는 "술을 마신 적이 없다."고 부인할 수 있다. 건강하지 않은 전략도 타당화한다(예: "많은 부모들이 말하기 싫은 힘든 시간들 때문에 술을 마시고, 소리를 지르거나, 집 밖으로 탈출할 방법 찾기도 합니다. 사람들은 이런 얘기를 하고 싶어하지 않지만, 이 모든 것들이 이해됩니다.").
- 치료 제공자 또는 양육 체계를 위해:
  - 스태프/치료 제공자 지원을 위한 포럼에는 어떤 것이 있는가? 거주 프로그램, 학교, 정신건강센터 또는 기타 아동 지원 시스템에서 청소년과 직접 상호작용하는 치료자는 힘든 감정을 경험하고 이에 반응하는 것이 취약하다. 모든 치료자 시스템에 업무 외적으로 스

태프 지원과 경험을 처리하기 위한 기회가 있는지 평가해야 한다.

- ◆ 스태프들은 한 팀인가? 도전적인 청소년들과 함께 작업하는 것은 고립감을 느끼게 하거나 압도한다. 치료자 시스템은 스태프들이 "태그 팀(한 팀을 이루는 두 사람)"을 구성하고, 협업하며, 혼자 책임지는 것이 아니라 공동의 노력에 기여하는 구성원이라고 느낄 수 있는 기회를 제공해야한다.

- ■ 모두를 위해:
  - ◆ 양육자에게 긍정적인 상황은 무엇인가? 양육자와 협력하여 양육자에게 긍정적인 영향과 즐거움을 주는 아동·청소년 행동, 상호작용, 또 다른 상호작용 경험들을 확인한다. 양육자가 자신의 역할에 대해 만족감을 갖는 순간은 언제인가?
  - ◆ 양육자는 자신의 반응을 얼마나 잘 알고 있는가? 양육자가 좌절감, 슬픔, 무력감 또는 기타 어려운 감정의 "단서"를 쉽게 인식할 수 있는가? 아니면 이러한 유형의 반응을 유지하거나 인정하는 데 어려움을 겪고 있는가? 양육자가 자신의 힘든 반응을 인정하는 데 어려움을 겪을수록, 치료자 병행 조율은 더 중요해진다(8장 참조).
  - ◆ 양육자는 자신의 반응이 가지는 역할에 대해 얼마나 많은 통찰을 가지고 있는가? 양육자들이 알지 못한 것에 대한 심리교육을 실시한다
- ■ 양육자나 가족의 문화가 양육자의 감정 표현에 어떤 영향을 미치는가? 가족 내에서 무엇이 규범적인 것으로 간주되는지 이해하는 것이 중요하다. 예를 들어, 어떤 가족에서는 격한 말투와 언성이 높아지는 것이 조절되지 못한 정서를 나타내지만, 다른 가족에서는 이러한 모습이 규범적인 상호작용의 일부일 수 있다.

양육자들에게 특히 힘든 것이 무엇인지 확인하도록 돕기

- ■ 가족이나 시스템이 어려움을 겪을 때, 힘든 순간뿐 아니라 모든 순간이 힘들게 느껴진다는 일반화된 인식이 생기기 쉽다. 하지만 대부분의 양육자들이 고군분투하는 것은 일관되게 지속되는 조절 곤란이나 고통 때문이 아니라 도전이 되는 특정한 상황 때문이다.
- ■ 양육자의 문제점 탐색 시 고려사항:
  - ◆ 육아나 다른 역할 수행과 관련해서 양육자에게 확신이 없는 영역
  - ◆ 과거의 위기나 중요한 사건(예: 입원, 공격, 자해)과 관련된 아동의 행동
  - ◆ 사회적 낙인이나 해석으로 인하여 아동/가족에게 잠정적으로 위험하게 지각되는 아동 행동이나 경험
  - ◆ 양육자의 외상 과거력과 촉발요인
  - ◆ 아동과 양육자 간의 불일치 영역(예: 문화, 세대, 가치)

- ◆ 외부적 스트레스 유발요인의 역할(예: 경제적 문제, 직업 스트레스)
- "전형적인" 반응은 스트레스 유발요인에 따라 광범위하다는 사실을 명심하면서, 이러한 상황 각각에 대한 양육자의 반응을 모니터링하며 작업한다.
- 확인된 도전 상황에 대한 구체적인 대처 전략을 확인하는 계획을 수립한다.
- 이러한 요점을 설명해 주는 다음의 예시를 고려한다.

두 아들을 입양한 엄마는 이완되어 있으며, 적절히 대처하고, 아동들의 욕구에 지지적이다. 아이가 뭔가에 대해 슬퍼하거나 걱정을 하면, 그녀는 침착함을 유지하며 편안함을 제공해 주었다. 그러나 아들들의 행동이 활동적이 되면, 그녀는 매우 불안해한다. 과거에 크게 흥분한 아이들이 성적이며 공격적인 행동을 하였고, 그녀는 이러한 행동에 대처하는 것이 어려웠는데, 이는 무력감과 자기비난을 초래하였다. 그녀는 과도한 흥분 반응을 야기하는 활동적인 행동에 대해 걱정한다. 결과적으로, 아들들이 활동적이 되려고 할 때마다—심지어 6세, 8세 아이들에게는 정상적인 수준일 때에도—아이들에게 개입해서 분리시킨다.

이 예에서 어머니의 염려는 타당하고 현실적이나, 그녀의 행동은 활동적인 놀이가—어린 아동의 건강한 발달에서 중요한 요소인—안전하지 않으며 수용될 수 없다는 것을 아들에게 전달하는 것이다. 이러한 부모와 작업을 할 때에는 (1) 그녀의 정서 반응과 그로 인한 행동을 타당화하고 이해하도록 도와주며, (2) 아이들에게 정상적이고 건강한 수준의 각성과 활동에 대해 그녀가 용인할 수 있도록 하며, (3) 아이들이 안전하게 놀 수 있도록 그녀가 지원하도록 돕는 도구를 구성하고, (4) 에너지가 넘쳐 조절이 되지 않은 행동으로 이어지는 경우에 대한 대처 전략 레퍼토리를 만들어야 한다.

치료자는 어떠한가?: 치료자의 정서 관리

- 이 섹션의 많은 부분이 양육자의 정서 관리이므로, 부모에게 초점을 맞추는 편이 수월하다. 그러나 치료자를 비롯하여 다른 도움을 제공하는 전문가들 또한 자신의 정서 반응에 주의를 기울이고 모니터링하고 관리하는 기술들을 구축하는 것이 중요하다.
- 다음의 병렬 과정(parallel process)을 고려해 보자. 자신에게 결함이 있고 사랑스럽지 않다고 생각하는 한 소녀는 어느 누구도 신뢰할 수 없다고 믿는다. 새로운 가정에 배치되었지만, 그녀는 두려움과 불안을 느낀다. 새로운 양육자가 자신을 거절할 것이라 확신하고, 양육자와 거리를 유지하면서 자신을 보호한다. 이제 양육자는 자신이 부모로서 유능하지 않으며 아이에게 거절당했다고 느낀다. 좌절감과 무력함을 느낀 양육자는 멀어지게 된다. 이

제 이 가족과 작업하고 있는 전문가들은 어떨까? 이처럼 스트레스가 높은 시스템의 요구 증가에 직면한 전문가들 역시 좌절감과 무력함을 느끼기 시작하고 그들이 효율적이지 못하며 무능하다고 생각한다. 시간이 지나면서 전문가들도 멀어지고 싶다는 마음이 들면서 결국 치료를 종결한다. 이를 통해, 거부에 대한 아동의 초기 예견은 현실화되었다!

- 이 섹션을 통해 양육자들이 그들의 경험을 관찰하는 방법, 자신의 취약점과 전형적인 대처 패턴을 인식하는 방법, 그리고 자기돌봄과 다른 대처기술 방법을 양육자들에게 가르치기 위한 기법들이 소개된다.

세 가지(혹은 그 이상의) 병렬 과정

	아동	양육자	전문가
인지	"난 나쁘고, 사랑받을 수 없고, 상처받았어." "난 누구도 신뢰할 수 없어."	"난 무능한 부모야." "내 아이가 날 거부해."	"난 무능한 치료사야." "이 가족은 더 노력할 필요가 있어."
정서	수치심, 분노, 공포, 무망감	좌절감, 슬픔, 무력감, 걱정	좌절감, 무력감, 무관심
행동(대처전략)	회피, 공격, 선제 거부	과잉반응, 통제, 단절, 지나친 관대함	단절, 묵살, 무시, 치료 종결
사이클	"그녀는 어떤 식으로든 나를 거부할 거야. 그냥 관계 맺지 않는 편이 나아."	"그는 나랑 관계 맺는 것에 관심없어."	"이 가족에 변화를 줄 수 있는 사람은 아무도 없다고 생각해."

유의사항

- 많은 양육자들—부모나 치료자도 마찬가지로—이 심리적 외상의 과거력을 가지고 있다. 아이들의 외상 경험과 그로 인한 반응은 양육자 자신의 외상 경험을 촉발시키거나 상기시킬 수 있다는 점에 유념한다.
- 기본적인 안전에 주의를 기울이기: 양육자들이 그들 자신과 아이들을 안전하게 할 수 있는가? 어떠한 위험신호가 있는가? (예: 주 양육자의 우울, 약물 사용, 폭발적인 또는 지나치게 처벌적인 반응)
- 위험신호나 다른 우려스러운 점이 있다면, 양육자에 대한 추가적인 지원(예: 양육자 개인치료, 슈퍼비전)이 필요한지 고려한다.

대리 외상 이해하기

- 외상을 경험한 누군가를 보살피는 모든 사람들에게는—주 양육자와 전문가들—대리 외상

(vicarious trauma)이나 설령 드러나지 않았더라도 소진(burnout)의 위험이 있다.

- 대리 외상이나 이차적인 외상은 아동(또는 내담자)의 외상 소재에 관여하게 됨으로써, 양육하는 개인의 내적 경험이 변형되는 과정이다(McCann& Pearlman, 1990).
- 대리 외상 반응은 개인마다 다르지만 대리 외상화는 직접적인 외상 노출에 의한 충격의 경우와 마찬가지로 동일한 핵심적 주제의 붕괴를 초래하는데, 여기에는 안전감 붕괴, 신뢰의 어려움, 자기존중감과 자기효능감의 손상, 친밀감에 대한 어려움 그리고 통제 상실감이나 무력감 등이 포함된다(Pearl-man & Saakvitne, 1995).
- 치료자들이 대리 외상의 신호들을 이해하고, 인식하고, 예방하고, 다루는 것은 우리 자신의 정서 관리를 목표로 하는 주요한 체계 수준의 개입에 해당된다. 치료자 자신의 반응을 논의하고 다루기 위해 우수한 자원들을 이용할 수 있다(Pearlman & Saakvitne, 1995; Saakvitne, Gamble, Pearlman, & Lev, 2000; Stamm, 1999).

주 양육자와 작업 시 고려사항

- 양육자 감정 조정은 초기에 평가되어야 하고 일대일 혹은 양육집단에서 교육해야 한다.
- 기본 기술이 숙련된 이후 이러한 기술들을 훈련하고 코칭하기 위해 양자치료나 가족치료가 유용하다.

치료 장면에서 작업 시 고려사항

- 어떤 유형의 치료 장면 시스템일지라도 개인 슈퍼비전과 그룹/팀 수준의 지원을 고려한다.
- 스태프의 정서 관리를 목표로 하는 개입은 잘못하면 처벌적이라고 느끼게 하기 쉽다(예: "당신은 그런 식으로 느껴서는 안 됩니다."). 주 양육자와의 작업과 마찬가지로, 이러한 과정들은 감정의 정상화, 스태프 지원, 그리고 특정 대처전략에 관한 기술구축 등을 포함하는 것이 중요하다.

구성 요인의 주요 요소들

이 구성 요인에서 주요 요소들은 다음과 같다.

- 심리교육
  - 아동 행동의 비인격화
  - 외상 반응 교육

- ◆ 양육자 경험의 타당화
- ■ 자기모니터링 기술
- ■ 감정 관리 기술
- ■ 지원과 자원 구축

양육자 교육하기

- ■ 상기할 것: 양육자들에게 주요 개념 교육
- ■ 상기할 것: 양육자들에게 관련된 발달적 고려사항 교육
- ■ 양육자들을 위한 감정 조정의 목표는 자신의 정서를 거짓으로 꾸미거나, 어떠한 정서적인 반응도 없는 것처럼 가장하거나, 내적 경험을 부인하는 것이 아니라 오히려 정서를 모니터링하고, 적절한 경계를 유지하며, 파괴적이기보다는 건설적인 방식으로 반응하고, 아동 주위의 성인들이 안전하고 침착하게 어려운 경험들을 다룰 수 있음을 아동들에게 전달하는 것이다.

교육 요점: 양육자의 감정 반응 정상화

목표	핵심
객관화하기: 외상이 미치는 영향에 대한 교육 제공	양육자에게 아이들의 외상 반응과 그것이 가족에게 미치는 영향에 대한 기본 정보교육. 양육자를 위한 인쇄물 "소개: 아동과 외상" (부록 B) 참조 양육자가 아동들의 반응이 정상적이고 적응적임을 이해하도록 돕기 양육자가 아이들의 촉발된 반응과 반항, 거부 등을 구별하도록 돕기 인식하기: 아이의 행동의 기능은 무엇인가? 고려하기: 정서적, 신체적 욕구 충족 혹은 지각된 위험에 대처하기. 촉발요인에 대한 교육을 함께 진행한다(2장 참조). 적절하다면, 양육자들에게 병렬 과정과 그것이 나타나는 방식에 대하여 가르친다.
정상 발달 과정에 대한 심리교육 통합하기	외상 관련 반응들과 복합적으로 연결되는 것은 아동기 정상 발달에서의 도전이다. 아동의 특정한 기질, 발달 단계와 욕구, 그리고 이러한 것들의 행동적·관계적 표현은 모두 도전이며, 압도되는 감정을 가지게 하며, 때로는 높은 스트레스를 경험하고 있는 양육자의 오해석을 이끌기도 한다. 기본적인 심리교육과 정상화 과정에 기본적인 아동 발달에 관한 정보를 포함시킨다.
양육자의 반응 타당화하기	양육자의 정서적 반응 타당화–아동들에서처럼, 모든 감정은 괜찮다. 감정 관리의 목표는 감정 경험을 인식하고, 효과적으로 대처하는 것이다.

도구: 양육자 감정 관리 교육하기

- 목표 #1: 힘든 순간 확인하기. 양육자가 성인의 과잉 반응, 감정 또는 고통을 유발하는 요인을 확인할 수 있도록 지원한다.

힘든 순간 확인하기

목표	핵심
기본: 힘든 경험을 정상화하기	힘든 경험을 효과적으로 평가하기 위해서, 누구나 힘든 순간, 힘든 날, 다른 사람보다 더 힘든 상호작용이나 경험이 있다는 점을 기본으로 하는 것은 중요한 출발점이 된다. 양육자의 궁극적인 목표는 아동의 힘든 행동을 해결하는 것이지만, 양육자가 아동의 행동을 다룰 수 있는지 여부는 그들 자신의 내적 상태에 따라 달라질 수 있다. 즉, 어른과 아이 모두 자신의 감정을 잘 통제하고, 몸이 편안하며, 내부 또는 외부 지원을 적절히 이용할 수 있을 때 가장 효과적이다. 모든 성인들은 "무엇이 힘든 하루를 만드는지"를 인식하는 것이 매우 중요하다.
어려운 상황들 또는 "푸쉬버튼" 확인하기	양육자들이 도전적인 상황을 확인하도록 작업한다. 다음 질문들을 참조하며, 양육자 스스로도 자신에게 이러한 질문을 해야 한다. **아동과 관련된 요인** ■ 아이의 행동 가운데 당신이 특별히 다루기 어렵거나, 당신의 버튼을 누르는 것이 있는가? ■ 아이의 감정 중에 당신이 특별히 대처하거나 반응하기 힘든 것 또는 당신 내부에 강한 정서 반응을 일으키는 것들이 있는가? ■ 과거에 가장 힘들었거나 위험했던 느낌이나 행동 유형은 무엇인가? (예: 가족 위기, 자신이나 타인에게 위험을 야기했던 것 혹은 집중 치료가 요구되었던 것 등) 이러한 감정이나 행동이 여전히 발생하는가? 그것들은 어떤 것들인가? ■ 아이의 감정, 행동 또는 경험 중 당신이 특별히 이해하기 힘든 것이 있는가? **당신의 세상에 영향을 미치는 요인** ■ 지금 당신의 삶에 스트레스가 되는 다른 일은 무엇인가? ■ 돈, 가사, 가족을 돌보는 것과 같은 일들 중에서 가장 걱정되는 일이 있는가? ■ 얼마나 빈번하게 "일거리를 집으로 가져왔다."고 느끼는가? ■ 피곤할 때와 충분히 휴식했을 때 육아/양육에서 차이점은 무엇인가? ■ 당신이 중심을 잡는 데 어떤 요인들(예: 일 문제, 대인관계의 어려움, 외부 압력)이 영향을 미치는가?

	당신 자신의 경험에서 발생한 요인 ■ 자신의 삶에서 어려웠던 상황을 상기시키기 때문에 특히 힘들다고 생각하는 상황이 있는가? ■ 당신은 어떠한 상황에서 가장 효과적이거나 효과적이지 않다고 느끼는가? ■ 인생의 다양한 경험을 떠올리면서, 자신감을 느낄 때와 불안감을 느낄 때 자신의 행동이나 반응에 대해 알게 된 점은 무엇인가? 자신감이 낮아질 때가 자주 있는 상황이 있는가? 언제가 그런 상황인가? ■ 사람들이 어떻게 행동해야 하는지에 관한 중요한 가치관이나 신념은 무엇이라고 생각하는가? 자녀의 행동이나 말 중에 이러한 가치나 신념에 도전하는 것이 있는가? ■ 일상적으로 충분한 수면, 충분한 휴식, 한가한 시간이 있다고 느끼는가? 이를 방해하는 요인은 무엇인가?

■ **목표 #2: 양육자가 지원 체계를 구축하도록 작업하기.** 주 양육자와 전문가 모두에게 지원자원은 중요하다. 자원의 범위를 적극적으로 확인하도록 작업한다.

양육자 지원 체계 구축하기

목표	핵심
자원 확인하기	**주 양육자:** 부모와 함께 그들의 지원 체계를 확인하도록 작업한다. 잠재적인 자원의 범위 고려하기(예: 의미 있는 타인, 친구, 친척, 성직자, 지역사회 지원, 전문적인 자원). 부모가 특정한 지원을 활용할 수 있는 특정 상황을 확인하도록 돕기(예: 걱정될 때, 확신이나 안정, 정보가 필요할 때, 누구를 찾아가야 하는지). 양육자들이 확인한 문제 영역에 각별한 주의를 기울인다. **치료자:** 치료자들이 전문적이고 개인적인 지원 자원에 주의를 기울이는 것이 중요하다. 시스템 내에 슈퍼비전, 동료지지 집단, 그리고 훈련 등과 같은 전문적인 지원의 존재 유무를 검토한다. 주 양육자처럼, 치료자들 역시 특정 상황에 도움이 되는 자원(전문적이거나 개인적인)이 무엇인지 확인할 수 있어야 한다. **시스템:** 치료체계 관리자의 주요 목표는 스태프를 지원할 수 있는 자원을 파악하고 개발하는 것이다. 이러한 자원들은 위기 지원뿐만 아니라 일상적인 지원(예: 슈퍼비전, 제공자 팀 회의)에 초점을 맞춰야 한다. 시스템의 모든 스태프에게 "개인적으로 어떤 포럼에서 일상 훈련에 대한 지원을 일과적으로 받고 있는가?"라고 질문한다.
양육자 대 양육자 지원의 역할 고려하기	양육자 간의 지지가 특히 유용하다. 심리적 외상은 아이들뿐만 아니라 양육자들을 고립시킬 수 있다. 양육자들이 심리적 외상을 겪은 아이 양육이라는 도전적 상황에서 외롭고 압도된 것 같은 느낌을 갖는 것은 드문 일이 아니다. "그 경험을 했거나" 또는 여전히 경험하고 있는 다른 양육자들로부터의 지원은 치료에 덧붙여야 할 가치가 있다.

좋은 경계에 관해 교육하기	지원 체계가 부적절할 때, 양육자가 아이들의 지원 체계 역할을 하는 것이 더욱 취약해진다. 양육자의 모든 감정을 아동과 공유하는 것은 적절하지 않다. 양육자들로 하여금 적절한 대안적 자원을 비롯하여 발달적, 상황적으로 아동들과 공유하기에 부적절한 경험이 있는지 확인하도록 돕는다.

- **목표 #3: 자기모니터링 기술 구축.** 양육자가 도전이 되는 상황과 그에 대한 자신의 전형적인 반응을 확인할 수 있도록 돕기. 유인물 **"자신에게 집중하기"** 참조(부록 B)

자기모니터링 기술 구축

목표	핵심
기초: 자기 인식 구축 원리	힘든 순간을 잘 인식하여 그 순간을 극복하는 것이 중요한 목표이지만, 현실적으로 우리에게 상황이 힘들다는 첫 번째 "단서"는 그 순간에 우리가 반응하는 방식일 수 있다. 이러한 반응을 파악하고 인식하기 위해 노력함으로써 이를 관리하기 위한 전략을 활용할 수 있다. 최종 목표: 청소년의 행동과 경험을 더 잘 관리하고 지원할 수 있도록 성인의 감정적 경험을 지원하는 것이다.
자기모니터링 기술 구축: 양육자들에게 영역별로 그들 자신의 반응을 알아차리도록 교육	생리적: 양육자들이 신체에서 무엇을 경험하는가? 양육자들에게 자신의 심장박동, 호흡, 근육 긴장, 마비 등에 주의를 기울이도록 교육. 양육자의 몸이 "통제 상실"이나 위험 지점에 도달했다는 경고 신호는 어떻게 나타나는가? 인지적: 양육자가 어려운 상황에 처했을 때 무슨 생각을 하는가? 자신에 대한 자동적 사고뿐만 아니라(예: "나는 아무것도 도움이 안 돼."), 아이에 대한 자동적 사고도 고려한다(예: "그 아이는 일부러 그러는 거야."). 감정적: 양육자가 확인된 어려운 상황에 대한 반응에서 무엇을 느끼는가? 앞서 전술된 양육자 공통 반응을 점검하도록 한다. 행동적: 양육자는 강한 정서에 직면하였을 때 무엇을 하는가? 처벌적이 되는가? 위축되는가? 얼어붙는가? 양육자들이 자신의 행동 대처전략을 이해하도록 작업한다.

목표 #3 조언

누군가(아동/양육자)에게 새로운 기술을 가르치려고 할 때 그 기술에 대한 유능감과 숙달을 경험할 수 있도록 지원하는 것이 중요하다. 아동 및 청소년 내담자뿐 아니라 양육자들 역시 스트레스가 크지 않은 시간에 기술을 연습할 수 있는 기회가 필요하다.

예를 들어, 이 기술은 대치된/위협적이지 않은 상황/내용에서 연습할 수 있다. 양육 또는 다른 기술 구축 집단에서는 비디오 클립을 사용하여 양육자들이 작성된 표에 자신의 반응을 모니터링하도록 한다. 시간이 경과하면서 긍정적인 "버튼" 순간과 도전적인 "버튼" 순간을 포함하여 자녀들과의 양육 상황/관계 상황을 탐색할 수 있다.

이러한 기본적인 기술들은 양육자가 힘들어하는 상황을 이야기할 때 양육자가 자신의 반응에 호기심을 가지도록 적용해 본다. 예를 들어, 부모가 "그 아이는 구제불능이에요!"라고 말한다면 치료자는 "이런… 너무 힘드신가 봅니다. 부모님이 오늘 정말 스트레스를 많이 받은 것처럼 보입니다. 기분이 어떠세요?" 양육자가 자신의 반응을 인식했다면, 치료자는 아동의 행동에 대해서만 직접적으로 다루기보다는 양육자의 뉘앙스를 파악하는 데 시간을 할애한다.

마찬가지로, 슈퍼비전이나 기타 청소년에 대해 논의하는 포럼에서 아동·청소년 행동에 대한 대화를 나눌 때, 스태프의 반응에 대한 반영을 포함시킬 수 있다. 예를 들어, 팀장은 이렇게 질문할 수 있다. "여러분이 매튜에게 반응하는 방식에 대해서 어떤 점을 눈치채셨나요? 저는 매튜가 능숙하게 다른 사람들을 권력 투쟁에 참여시킨다는 것을 알았습니다. 매튜가 여러분에게 여러분답지 않은 감정이나 반응을 불러일으키는 것을 발견하신 분이 계신가요?"

시간이 지남에 따라 양육자에게 이 기술들을 직접 훈련할 수 있는 단서를 제공할 수 있다. 예를 들어, 한 양육자가 "아이가 소리를 지르기 시작하면 화장실에 가두고 싶어요."라고 말하면 임상가는 "이번 주에 그것을 추적해 볼 수 있을까요? 아이가 비명을 지르기 시작할 때 구체적으로 어떤 일이 일어나는지, 즉 당신의 몸에서 어떤 일이 일어나는지, 당신은 무슨 생각을 하는지, 결국 어떤 행동을 하게 되는지 파악해 봅시다. 이번 주에 그런 일이 발생한다면 어떤 일이 일어나는지 적어보실 수 있으세요?" 이러한 능동적인 숙제는 양육자가 비교적 절제되고 집중된 방식으로 이러한 기술에 참여하도록 해 준다.

- **목표 #4: 양육자 조정 지원하기.**
- 11장에서 아동을 위한 "감정 도구상자"를 소개하고 있다. 양육자 역시 편안하고 효과적인 각성 및 감정 상태를 유지하는 능력을 지원하기 위해 "도구상자"(예: 다양한 대처 전략 및 외부 자원)를 만드는 것이 도움이 된다. 많은 기술들은 11장에서 자세히 기술되어 있다. 또한 양육자 활동지 **"자기 돌보기"**(부록 B)를 참조할 수 있다.
- 양육자 대처 전략을 수립할 때 도구를 언제, 어떻게 사용할지 고려하는 것이 중요하며, 가장 효과적인 도구는 욕구에 적합한 도구이다. 양육자의 도구상자에 추가할 수 있는 다음 네 가지 범주의 전략을 고려한다.
  - 사전 준비 전략: 이러한 전략에는 예상되는 스트레스 상황에 유용한 도구를 포함한다. 이러한 전략들을 규칙적으로 실행하면 예상되는 불안을 감소시키고, 계획과 준비를 지원하며, 양육자 강점을 활용하고, 예견된 욕구를 선제적으로 해결하는 데 도움이 된다.
  - 즉시 사용 가능한 전략: 이러한 전략은 격렬한 각성, 감정 또는 예기치 않은 고통의 순간

을 관리하는 데 유용하다. 이러한 전략의 목표는 양육자가 어려운 순간에 압도되지 않고 극복할 수 있도록 돕는 것이다.

- 회복 전략: 이러한 전략은 어렵고 힘든 상황을 겪은 후, 스트레스/고통 완화에 의도적으로 주의를 기울이는 것을 포함한다. 회복 전략은 힘든 상황이 끝난 후에도 감정과 경험을 좌우하는 고통스러운 상황에서 벗어나는 것을 지원한다.
- 지속적인 자기 관리: 지속적인 자기 관리에 사용되는 전략은 안정된 각성 수준을 유지하고, 행복감을 증진시키며, 스트레스를 감소시켜, 성인 양육자가 어려운 상황이 발생했을 때 더 잘 관리할 수 있도록 고안되었다.

■ 이러한 전략의 예들은 다음과 같다.

양육자 조정 전략 예시

분류	가능한 전략들
사전 준비	■ 자기대화(Self-talk)(예: "나는 이 일을 처리할 수 있어.") 실시하기. ■ 계획세우기: 예상되는 상황의 각 단계별 문제 분석과 해결 ■ 정신적 시연: 각 단계를 시각화하고, 도전에 성공적으로 대응하는 방법을 심리적으로 연습하고, 성공적인 결과를 상상해 보기 ■ 중요성 기억하기: 이 어려운 상황에서 버티는 것이 가치 있는 이유, 즉 무엇을 달성하려고 하는가? ■ 지원 확인: 현재 누가 또는 무엇이 도움이 되는가? ■ 생리적으로 준비하기: 숙면을 취하고, 적절한 식사를 하며, 스트레스 수준을 관리하기 위한 실행계획을 세우기 ■ 사전적 이완전략: 예기치 않은 높은 각성을 회피하기 위해 자기 관리 전략을 목적적으로 사용하기
적용 가능한 실천 전략	■ 심호흡 ■ 근육 이완 전략 ■ 나만의 주문 외우기 또는 자기대화(예: "할 수 있다." "나는 강하다: 나는 할 수 있다."). ■ 10까지 세기. 20까지 세기 ■ 자리 벗어나기. 안전하다면, 스트레스가 높은 상황에서 잠시 벗어나 휴식을 취한 후 마음을 가다듬기 ■ 중요한 결정을 내리지 말고 그 순간을 견뎌내기
회복 전략	■ 친구에게 전화하기 ■ 차나 커피 만들기 ■ 5분 정도 자신을 위한 무언가를 하기 ■ 그날, 그 상황에서 자랑스러웠던 일 한 가지 떠올려 보기 ■ 운동, 요가, 산책, 음악 듣기, 춤추기 등 에너지를 발산하고, 신체와 연결된 활동적인 일을 하기

지속적인 자기 돌보기	▪ 수면, 식사, 휴식 시간 등 기본적인 일상생활에 주의 기울이기. 이러한 영역이 건강하지 않다면 일과를 변화시켜 지원 방법을 찾아보기 ▪ 매일 10분 이상 즐거운 활동을 할 수 있는 시간 확보하기 ▪ 가족과 친구들과 (다시) 연결하기. 지원 체계 유지에 주의 기울이기 ▪ 모임을 파악하고 참여하기. 자신에게 '적합한' 모임이 무엇인지 고려해 본다. 영적 공동체, 직장 공동체, 이웃 집단, 운동 집단, 취미, 성인 교육 강좌, 도서관 행사, 부모 집단, 가벼운 이웃 모임 등이 있을 수 있다(일주일에 5분? 하루에 한 시간?). 지원이 필요한 부분을 파악하고, 이를 위한 일과를 구축한다.
타임아웃	양육자가 강렬한 정서나 갈등 상황에서 감정 관리 기술에 접근하기 위해서 "휴식 취하기"가 필요할 수 있다. 양육자들이 안전한 상황과 안전하지 못한 상황, 그리고 이러한 상황에서 벗어날 수 있는 방법을 감별하도록 돕는다. 양육자들이 아이들에게 이런 욕구(예: "나는 화가 났고, 화를 가라앉히는 데 시간이 조금 필요해. 나는 내 방에 가서 나만의 공간을 좀 가질 거야, 내가 나왔을 때 이것에 대해 이야기하자.")를 소통하는 적절한 방법을 발달시키도록 돕는다.

목표 #4 조언

순간 개입 기법은 관계 재연을 예방하는 데 특히 중요하다. 양육자와 협력하여 특정 기술과 조절 문제를 나타내는 단서와 짝을 이루도록 한다. 예를 들어, 상호작용에서 화가 났을 때 목과 등에 쏘는 듯한 통증을 느낀다고 보고한 양육자는 근육이완 전략을 연습하도록 한다. 아들이 소리를 지를 때마다 "그 애가 미워!"라고 생각하는 양육자는 "지금은 힘든 순간이야."와 같은 자기진술을 사용하거나 긍정적인 기억을 시각화하며, 자신의 위협적인 행동이 단서가 된다면 타임아웃이나 심호흡을 연습한다.

가족 기반 치료 또는 부모 지원 작업에서 양육자 조정 훈련을 매 회기 포함시켜야 한다(이러한 훈련을 구성하는 방법은 5장을 참조한다). 이러한 조정 훈련을 함께하는 것은 양육자, 치료자, 아동에게 도움이 된다. 이러한 훈련은 양육자에게는 경험적 학습을, 아동에게는 모델링이 될 수 있으며, 외부 스트레스가 많은 순간에 조정 기술을 개발하도록 지원한다.

발달적 고려사항

<table>
<tr><th>발달 단계</th><th>양육자 감정 조정 관련 고려사항</th></tr>
<tr><td>초기 아동기</td><td>심리적 외상을 가진 어린아이들은 조절을 제공하는 성인에게 매우 의존적이다. 그러므로 양육자들이 자신의 정서를 모니터링하고, 조정하도록 지원하는 것이 중요하다. 지원체계를 구축할 때는, 어린 아동의 양육자에게 무엇이 현실적인가를 고려한다. 이 단계에서는 가정 내 지원, 부모 코치와 멘토, 부모-아동 집단 등이 외래 부모 지원보다 접근이 용이하다.

성인 양육자에게 스트레스 감내력을 발달시키는 것이 이 단계에서 매우 중요하다. 초기 아동기 조절 문제는 그 시기의 정상적인 문제이므로 아동의 감정이나 행동을 없애겠다는 목표는 비현실적이며, 오히려 이러한 것들을 견디고 관리해야 한다.

양육자는 이 단계에서 자기돌봄 전략을 개발해야 한다. 양육자의 자기돌봄을 지원하기 위해 양육자들에게 "5분 활동"을 인식할 수 있도록 지원한다.

긍정적인 양자 경험은—성공적인 공동 조절 순간, 감각 활동, 놀이, 리듬적 연결—보다 고통스러운 순간들을 다루도록 해 주는 중요한 지원이다.</td></tr>
<tr><td>중기 아동기</td><td>조절 기술의 모델링은, 아이가 다른 사람의 경험을 관찰할 수 있는 능력이 발전하면서 점점 중요해진다. 무엇을 느끼는지(그리고 어떻게 대처하는지) 명명하는 정서조절 기술을 보여 주도록 양육자와 작업한다. 예를 들어, "나는 약간 좌절감을 느껴, 그래서 심호흡을 할 거야." 혹은 "나는 네가 걱정돼." 등.

아동이 나이가 들수록, 양육자들은 아동의 행동과 활동을 다루기 전에, 자기조절을 할 수 있는 시간을 가지기가 쉬워진다. 양육자들이 반응을 지연할 수 있는 안전한 방법을 찾도록 작업한다.</td></tr>
<tr><td>청소년기</td><td>청소년 자녀가 독립을 향해 나갈수록, 양육자에게 청소년기는 매우 어려운 시간이 된다. 청소년들의 독립을 추구하는 레퍼토리가 양육자에 대한 반항으로 나타나면, 양육자의 불안, 좌절감, 다른 강렬한 정서들이 야기된다.

양육자가 다음과 같은 내용을 이해하도록 돕기:
청소년들은 자신의 행동이 다른 사람에게 미치는 영향을 점차 이해하게 된다. 따라서 양육자들이 청소년들의 행동이나 활동 경험에 선별적으로 솔직한 것이 적절할 뿐만 아니라 중요하다.

수치심은 심리적 외상을 입은 10대들에게 큰 이슈이다. 따라서 언어표현이 중요하다. 솔직함과 공감 사이에서 균형을 유지하도록 양육자를 돕는다.</td></tr>
</table>

적용

개인치료/양자관계

아동 그리고 가족들과 작업할 때 양육자의 감정적 경험을 정상화하고, 지지하며, 다뤄주는 것은 가장 우선적이고 핵심적인 출발점이다. 우리는 첫 만남부터 양육자에게 (1) 외상과 외상 반응에 대한 이해, (2) 아동과 가족이 지지받을 수 있다는 믿음, (3) 이 과정에서 양육자와 기꺼이 팀을 이루겠다는 의지 등을 소통하면서 감정 관리에 대해 설명한다. 양육자 감정 관리가 목표라면 양육자와 단독으로 만나는 것이 중요하다. 그래야 양육자가 자신의 경험을 탐색하고 말로 표현하기에 충분한 안전감이 생긴다. 그러나 임상가가 양자적 또는 가족 상황에서의 관찰을 통합할 수 있다(예: "우리가 함께 만났을 때, 제니가 사무실에서 굉장히 시끄럽게 하자 당신이 화를 내는 것을 봤어요, 그런 일이 다른 곳에서도 일어나나요? 이런 상황이 당신을 힘들게 하곤 합니까?").

감정 관리 기술을 구축하는 것은 적극적인 과정이다. 일차적인 목적은 양육자가 자신의 호기심을 키우고 적극적인 평가 기술을 갖도록 돕는 것이다. 어려운 상황에서 한 발 벗어남으로써 양육자들은 그 순간에 압도당하기보다는 그 순간을 관찰할 수 있게 된다. 어려운 상황들, 양육자들의 반응 유형, 대처전략의 사용(또는 대처전략 부족)에 대해 양육자가 관찰할 수 있도록 한다. 임상가가 성공의 순간을, (그리고 특히) 상대적인 성공을 알아차리고, 명명하고, 축하하는 것이 중요하다. 후자를 예로 들면, 자신이 평정심을 잃었다고 괴로워하는 양육자를 생각해 보자. 이 양육자는 취약한 부분을 인식하고 도움을 청함으로써 성공을 경험하였다. 양육자가 특별한 어려움을 겪을 때 이를 탐색한다. 대처전략을 이용하거나 중심을 잡는 데 방해하는 것은 무엇인가? 훗날 이러한 상황에 대처하는 방법을 분석한다.

만약 주 양육자가 한 명 이상이라면, 각기 다른 반응에 주의를 기울이고 이러한 반응들을 정상화하는 것이 중요하다: 두 명의 양육자가 같은 강점과/또는 취약성을 가지는 일은 매우 드물다. 양육자 각자의 반응이 다른 사람을 지지할 수 있는 방법과 이러한 반응이 다른 사람에게 상처를 주는 방법에 주의를 기울인다. 팀을 구성한다. 예를 들어, 만약 한 양육자가 특별한 "누르기 버튼"이 있다면, 다른 양육자를 지지자로 활용한다. 이처럼 만약 한 양육자가 특별한 강점이 있다면, 이를 양육 전략 구축에 이용한다.

집단

양육자에게 적절하다면, 지지 집단과 교육 워크숍은 양육자 반응의 정상화를 위한 장점을 제공한다. 우리의 작업에서 이루어졌던 예시는 다음과 같다.

> 3요인 모델 체계를 발달시키고 있던 초반에, 입양부모들의 집단 훈련 워크숍에서 커리큘럼을 적용한 서비스를 진행하고 있었다. "휴일에 살아남기"(늦은 11월에 훈련이 진행되었다)에 주안점을 두면서 기쁨과 흥분, 분노, 좌절, 그리고 무력감에 이르는 광범위한 양육자 반응을 정상화하는 데 시간을 들이고 있었다. 양육자들에게 그들의 경험을 공유하자고 하였지만, 치료실에는 견딜 수 없는 침묵이 흘렀고 마침내 한 양육자가 손을 들었다. 그녀는 "제 이름은 ________입니다. 나는 4명의 아이를 입양하였습니다. 나는 내 아이들을 사랑합니다. 그러나 가끔씩 내가 그들을 그렇게 좋아하지 않는다는 것을 인정해야 했습니다."라고 이야기했고, 그 후 방에는 생기가 살아났다. 계속해서 부모들이 손을 들고 양육에서 취약해지는 순간과 공유를 꺼려 하는 정서 경험에 대해 이야기하였다. 어려운 감정과 반응에 대한 우리의 정상화 과정은 유효했던 것 같다. 그러나 동의하기에는 충분하지 않았다. 동의는 다른 부모가 이러한 감정들을 인식한 후에 나머지 부모들이 이야기를 나눌 만큼 충분히 안전하다고 느낀 후였다.

양육자 지지 집단은 외상의 가장 흔한 충격(고립감, 다른 사람들과의 단절, 비밀과 수치심) 일부를 경감시킬 수 있다. 이 섹션에서 제공된 기술은 다른 두 가지 애착 구성 요인(조율, 효과적인 반응)과 더불어 집단 토론과 집단 활동을 구축하는 원형이 될 수 있다. 부록 B에 제공된 유인물들이 유용할 것이다.

치료 장면

치료 장면에서 감정 관리 구축 작업은 시스템이나 치료자 수준에서 적용된다. 외상 경험 아동과 가족을 돌보는 시스템 속의 치료자들은 그들의 조절 역량에 도전이 되는 많은 스트레스 유발요인들과 마주친다. 스트레스 유발요인에는 특히 (1) 각기 다른 설명, 요구들, 도전을 가진 많은 다양한 내담자들에게 노출되면서 이러한 모든 것들에 대한 내적 반응을 관리하고 적절하게 반응하는 것, (2) 위기에 처한 청소년과 작업 시 찾아오는 잦은 비예측성, 그리고 (3) 치료자들이 통제할 수 없는 시스템과 작업 시 다가오는 무력감을 포함한다. 거주프로그램이나 병원과 같이 고위험 내담자들을 담당하는 시스템에서, 치료자들과 다른 내담자들의 안전을 위협하는 실제적 위험이 존재한다면 감정 관리는 특히 힘든 어려움을 야기한다. 이러한 어려움 속에서, 치료자들—주 양육자들과 마찬가지로—은 다양한 정서적 반응을 경험하고 반응해야 하는 순간을 만나게 된다.

치료 장면이나 시스템 수준에서의 개입이 처벌적이기보다는 지지적으로 느껴지는 것이 중요하다(예: 목표는 스태프에게 "당신이 지금 느끼는 기분을 느껴서는 안 됩니다."라는 메시지를 보내는 것이 아니다). 치료자들—내담자들처럼—이 내재된 인간 감정과 위험–반응 체계를 가지고 있는 사람들이라는 점을 수용하는 프로그램 문화를 구축하도록 작업한다. 스태프 지지를 위한 적절한 경계의 장을 구축하는 것은 내담자와의 작업에서 감정이나 반응이 일어날 가능성을 감소시킨다. 슈퍼비전과 임상회의 또는 직원회의, 훈련과 같은 전문적인 지원을 고려해 본다. 과업 지향적인 토론뿐만 아니라 과정 지향적인 토론에도 주목한다. 이것은 신체적 제지(restraint)나 스태프 또는 내담자 공격과 같이 때로 어렵고 잠재적인 외상화를 야기하는 상황에서 특히 중요하다. 스태프들이 긍정적이든 부정적이든 자신의 반응과 행동을 탐색할 수 있는 안전한 장을 만드는 것이 미래의 성공 구축에 매우 중요하다.

팀을 구축하는 것이 전문적 포럼 이상으로 중요하다. 외상 현장에서 혼자 작업하는 것은 너무나 큰 도전이며 시스템 구성원들이 동료들을 지지하고, 지지받는 것은 중요하다. 이러한 노력의 일환으로, 공동의 목표 이해와 이러한 목표를 향한 스태프 구성원들의 역할을 탐색하고 구축하는 방법을 찾아본다. 모든 직급에서 팀원을 지지할 수 있는 사람을 검토해 본다. "즐거운" 활동(예: 스태프 휴가, 기념행사들)을 만들고 지지하며, 스태프들의 노고를 인식하고, 강화하며, 자기돌봄의 중요성을 정상화하고 격려한다.

외상 경험 통합: 상태 기반 기술 적용

고통 감내와 조절

개입의 초기 단계와 괴로워하는 상태에서라면, 양육자 감정 관리의 주된 초점은 양육자 자신의 고통에 대한 감내와 '생존 역량'을 지원하는 것이다. 이 단계에서는 양육자가 힘든 순간을 이겨낼 수 있도록 긍정적인 경험에 대한 참여와 지원, 내부 및 외부 자원 개발에 중점을 둔다. 양육자가 힘든 상황과 조절되지 못하는 것과 관련된 단서를 파악할 수 있도록 지원하는 것이 핵심 전략이라고 할 수 있다.

이러한 단서들이 확인되면 양육자는 자원을 활용하고, 압도적인 상황에 처했을 때 고통을 견디기 위한 사전 계획을 수립할 수 있도록 지원받을 수 있다. 양육자는 평온한 상태에서 조절 전략을 연습하고, 가능한 지속적인 자기 관리뿐만 아니라 순간 전략의 실천을 일상에서 구축하는 것이 바람직하다. 이 단계에서는 양육자가 자녀의 경험에 대한 반응을 이해하고 관리하는 것보다 자신의 경험에 더 집중하는 방식으로 자신의 에너지, 감정 및 단서에 대한 기본적인 자기모니터링에 참여하도록 하는 것이 도움이 될 수 있다.

호기심과 반영

치료 관계에서 스트레스를 받는 순간을 벗어나 어느 정도 안정감을 얻었거나 자신의 경험을 되돌아볼 수 있을 만큼 평온한 상태에 있는 양육자라면 자신이 조절되거나 조절되지 못하는 양상을 이해하는 작업에 참여할 수 있다. 자기모니터링 작업은 힘든 상황 파악하기 또는 "버튼 누르기" 순간 인식하기 등 다양한 양육자 경험으로 전환될 수 있다. 양육자 도구상자의 다양한 기술을 활용하고 연습하는 것 외에도 임상 작업에서 조절되지 못하는 순간은 과거 또는 지속되고 있는 위험 경험과 연결될 수 있다는 인식의 증가를 통합하고, 특히 안전을 지원하는 외부 자원과 전략을 파악할 수 있도록 양육자를 지원한다.

목표지향적인 행동에 참여하기

양육자가 감정 관리와 관련하여 도전이 되는 힘든 상황과 자원에 대한 인식을 구축하고, 필요한 경우 도구들을 사용할 수 있는 역량을 가지고 있다면 유능감을 인식하고 강점에 기반한 적응적인 자기 관점을 가질 수 있다. 양육자가 괴로운 순간에 조정되는 경험이 증가할수록, 괴로운 순간에 자신이 조정될 수 있다고 믿게 된다. 따라서 자신과 아이들을 위해서 보다 목적적으로 그들의 도구를 사용하게 된다. 이 단계에 도달하면 작업의 목표는 양육자가 자신의 도구(외상에 대한 이해, 촉발요인 또는 누르기 버튼 인식, 관찰/모니터링 기술, 조절전략)를 적용하는 것을 지원하는 것이다. 반영적 인식이 구축되면서, 양육자의 작업은 점차 자기인식을 증가시키고 아동의 행동에 대해 압도되거나 촉발된 반응을 전환시켜 도전이 되는 순간들이 감소하게 된다. 결과적으로 이러한 기술들은 양육자들이 그들의 아이들에게 조율하는 능력을 촉진한다. 다음 장에서 이러한 주제를 살펴볼 것이다.

실생활 치료

- **현실적인 기대감을 가져라.** 감정 관리가 어렵다는 점을 명심한다. 양육자들, 특히 치료받지 못한 외상 과거력이 있는 양육자들은 그들의 아이들과 유사한 위치에서 출발할 것이다.
- **성공을 구축한다.** 성공은 상대적이다. 현실적인 목표를 정하고 그것에 도달하는 작은 단계를 나눈다. 그 방법에 따라 칭찬을 해 준다. 양육자들도 아이들이 필요로 하는 만큼 칭찬과 격려가 필요하다는 것을 잊지 않는다.
- **공감으로 다가간다.** 양육자의 반응에 좌절감을 느낄 때 당신도 내담자와 하루 24시간 일주일을 집에서 같이 산다고 상상해 본다. 대부분의 양육자들은 선의를 가지고 자신이 가진 기술로 최선을 다하는 중이다.
- **양육자에 대한 치료자의 반응을 인식한다.** 특히 행동이 느린 양육자들에게 아동을 옹호하고 양육자를 교육하는 이중 역할은 부모의 좌절과 비난을 야기한다. 언제 추가적으로 필요한 임상가들을 팀에 합류시키는 것이 유용한지뿐만 아니라 당신의 반응에 주의를 기울인다.
- **문화적 차이에 주의를 기울인다.** 문화적 차이는 양육자에 대한 기대, 그들의 행동에 대한 당신의 반응, 당신에 대한 그들의 반응, 그리고 작업 수행 중 그들이 느끼는 취약성에 영향을 줄 수 있다. 공통점과 차이점을 탐색하고 알아가는 데 있어 열린 마음을 가진다.

8장

조율

주요 아이디어와 핵심 하위 기술

아동의 양육 체계(부모 또는 전문가)가 아동의 행동, 의사소통, 욕구, 감정을 정확하고 공감적으로 이해하고 반응하는 방법을 배우도록 지원한다.

★ 병행 조율: 양육 체계에 공감적으로 반응하기
★ 호기심을 함양하고 양육자가 청소년의 행동과 의사소통을 이해하도록 돕기
★ 청소년의 경험을 관찰하고, 타당화하며, 언어화하기; 아동 · 청소년의 의사소통을 미러링하기 위해 반영 사용하기
★ 청소년의 조절을 지원하기 위해 목적적으로 조율 기술을 활용하기
★ 양자 상호작용에서 유연성과 즐거움을 구축하는 기회를 찾아보기

★ 핵심 개념

★ 조율이란 무엇인가?

- 조율이란 양육자와 아동이 서로의 단서를 정확하게 읽고, 리듬을 유지하고, 공동 조절된 상태를 지원하며, 욕구를 충족하는 방식으로 반응하는 능력으로 정의할 수 있다.
- 관계에서의 리듬은 언어, 감정, 행동, 생리 등 자기(self)의 많은 부분과 다양한 수준에서 동시적으로 구축된다. 우리가 의사소통하는 방식은 종종 비언어적이며, 아이나 양육자들의 욕구는 말이 아닌 행동, 접근과 회피의 패턴, 말의 뉘앙스, 갑작스러운 감정 변화로 표현될 수 있다. 조율된 관계에서 상대는 언어를 넘어서, 이러한 여러 층의 의사소통을 읽고 반응

하는 방법을 배운다. 조율은 관계의 중요한 토대이며, 양육 시스템에서 아동 및 청소년의 역량과 유능함을 촉진하는 역할을 한다. 정확한 조율은 양육자로 하여금 아동의 눈에 띄거나 고통스러워하는 증상이 아니라 아동 행동의 기저에 있는 감정과 욕구에 반응할 수 있게 해 준다.

- 조율은 다른 사람에 대해 배우는 역동적이고 지속적인 과정이다. 욕구가 변화하고, 행동표현이 변화하고, 상황이 변화하는 것에 따라 효과적인 반응은 달라진다. 관계적 파트너는 시간이 지나면서도 관계 안에서 리듬을 유지하거나 회복하려면 서로 유연하게 조율하고 변화에 적응해 나가는 태도가 필요하다.

★ 조율을 어렵게 만드는 외상 행동들

- 외상에 영향을 받은 아동들뿐만 아니라 모든 아동들은 말보다는 행동을 통해 감정과 내적 경험을 소통한다. 조율 작업에서 핵심 도전 중 하나는 양육자들—임상가, 부모, 스태프—이 행동 이면의 기능을 어떻게 해석할지 배우는 것이다.
- 외상을 경험한 아동은 내적·외적 경험에 대하여 보다 혼란스럽고, 강렬하며 갑작스러운 감정과 반응들을 보일 수 있다. 특히 압도되었을 때, 욕구를 말로 표현하거나 힘든 감정을 확인하고 대처하는 능력이 부족하다. 결과적으로 이러한 감정, 욕구, 생리적(신체) 변화는 문제 행동으로 표현된다.
- 양육자들을 가장 괴롭게 만드는 행동은 특히 외상과 관련하여 조절되지 못한 정서나 충족되지 못한 욕구들의 "겉모습"일 뿐이다.
- **촉발요인** 또는 과거 외상 경험을 상기시키는 것들은 격렬한 감정이나 무감각한 반응을 야기한다. 촉발요인이 명백하지 않을 수 있으므로, 양육자에게 아동의 촉발 사건과 전형적인 반응들을 확인하는 방법을 가르치는 것이 매우 중요하다(더 자세한 내용은 다음의 "양육자 교육" 참고).

치료자 도구상자

무엇이 중요한가?

- 다른 사람의 감정, 욕구, 생각, 관점에 주의를 기울이는 역량은 호기심을 가질 수 있는 능력

에 달려 있다. 조율 작업을 하면서, 우리는 부모나 다른 양육자들에게 그들이 돌보는 청소년들에 대한 반응을 멈추고, 뒤로 물러나서 이러한 행동이 왜 일어났는지 호기심을 가져보라고 요청한다. 가족 또는 시스템에 큰 고통이 있을 때 이것은 큰 "요청"이다. 양육자는 그 행동이 중단되기를 원하며, 시간을 기울여 호기심을 가지는 것은 부차적이며 중요하지 않다고 느낄 수 있다.

- 호기심을 기르는 것은 크게는 양육자가 가족에 대해 호기심을 가지고, 주의를 기울이는 능력에 달려 있으며, 상당히 조절된 상태가 요구된다. 다음의 두 가지 예를 살펴보자.

한 어머니가 자신의 어린 아들의 치료자에게 아동의 심해지는 행동에 대한 좌절을 드러낸다. 그녀는 분노한 상태로 자신은 할 수 있는 모든 것을 했고, 그를 아버지에게 보내는 것을 고려하고 있다고 하였다. 치료자는 자신이 대기실에서 어머니를 만났을 때, 어머니가 큰 소리로 아들에게 이야기하고, 고함치고, "안녕"이라고 말하지 않은 채 가버렸다는 점을 떠올렸다. 치료자는 다음과 같이 이야기하였다. "그는 어머님의 정서에 반응하고 있는 것처럼 보여요. 아이가 나중에 우울해했다고 이야기했는데, 아이는 단지 어머니의 주의를 끌기 위해서 그런 것일 수 있어요." 어머니는 치료자의 말을 다음과 같이 거부한다. "그는 충분한 관심을 받고 있어요. 그 아이는 단지 버릇없는 애처럼 행동하지요. 선생님께서 더 잘할 수 있다고 생각한다면 해 보세요." 그리고 방을 나가버렸다.

- 치료자는 좌절되고 무시되었다고 느끼며, 그 어머니는 자신의 아이에게 조율할 수 없다고 결론짓는다. 치료자가 그 상황에 접근할 수 있는 다른 방법을 고려해 보자.

어머니가 자신의 고통을 표현하자 치료자는 차분하게 "집에서 그렇게 힘들었다는 말을 들으니 너무 안타깝네요. 대기실에서 어머니께서 얼마나 좌절감을 느꼈는지 알 수 있었어요. 두 사람에게 힘든 아침이었나요?" 어머니는 그날 아침 아들이 여러 번 성질을 부리고 어머니의 작은 조각상 장식 하나를 던져 깨뜨렸다고 말한다." "정말 힘든 하루를 보내셨네요. 기운이 빠진 것도 당연하죠. 평소에는 꽤 차분하게 아이를 대할 수 있는 분이신데 오늘은 정말 모든 버튼을 다 누른 것 같네요. 누구라도 그런 아침을 보내고 나면 정신이 없을 것 같아요."라고 치료자는 공감한다. 어머니는 눈에 띄게 긴장을 풀고 "그래요, 어떤 날은 감당이 안 되지요."라고 말한다. 치료자는 동의하지만, "그치만 항상 그렇게 감당이 안 되는 건 아니지요, 그렇죠? 아이가 저렇게 감정이 격해지는 데에는 무슨 이유가 있었을까요?"

- 첫 번째 예에서 부모는 자신이 무시되고 있다고 느끼기 때문에 아이에 대한 궁금증을 가질 수 없다. 두 번째 사례의 경우, 양육자가 이해받고, 미러링되며, 타당화되고 지원받을 때, 그녀는 자기조절(또는 치료자의 도움으로 공동조절)을 할 수 있게 되고 아이에 대해 호기심을 가질 수 있게 된다.
- 모든 수준의 양육 시스템에서 타인에 대한 조율을 위해서는 조절된 상태가 필요하다. 치료자로서 우리는 함께 일하는 청소년 및 가족에게 조율하기 위해 우리의 내적 상태를 조절하고 인식해야 한다. 주 양육자에게도 같은 것이 요구된다. 우리의 조율 역량은 정서 및 생리적 상태에 따라 상승, 하락한다. 우리가 이러한 목표를 지원하기 위해 우리의 감정 관리 기술을 더 많이 통합할수록 우리 자신뿐 아니라 우리와 작업하는 양육자들의 참여가 더욱 가능해질 것이다.

함의

우리는 조율에 대한 귀중한 교훈을 가르쳐 준 많은 양육자들과 함께 일할 수 있었다. 이전 장에서 설명했듯이 외상은 양육자에게 다양한 어려움을 야기하며 외상 경험이 자녀에게 미치는 영향을 조율하는 데 어려움을 보이는 양육자들이 많다. 이는 치료자들을 좌절시키지만, 우리는 임상가가 양육자의 행동 뒤에 숨은(또는 그 밑에 숨은) 메시지를 읽어내도록 요청한다.

평가 요인들: 양육자

- 아동에 대한 양육자의 반응은 얼마나 일관적인가? 예를 들어, 양육자는 아동의 신호를 파악하는 것을 일상적으로 어려워하는가? 아니면 문제가 되는 특정 상황에서만 그러한가? 개입은 아동과 양육자 간 관계의 필요에 초점을 맞추어야 한다.
- 양육자는 문제 상황뿐만 아니라 긍정적인 정서의 단서를 파악할 수 있는가?
- 양육자의 경계에 주의를 기울인다. 어떤 사람들은 아동에게 지나치게 개입하는 반면, 어떤 이들은 무시하거나 철수한다. 양육자들이 발달적으로 적절한 개입을 할 수 있도록 노력한다.
- 양육자는 아동의 증상을 어떻게 이해하는가? 다음 예를 살펴보자.

13명을 입양한 어머니가 9세 아들의 평가자를 만났다. 아이에게 주의집중이나 충동성 문제가 있느냐는 질문에 그녀는 "아니다"라고 대답했다. 평가자가 아이의 일상을 구체적으로 질문하자, 어머니는 "끊임없이 돌아다니는" 아이라고 표현했다. 한 예로, 가족이 모여 저녁 식사를 하는 동안 아이는 20번 넘게 식탁에서 앉았다 일어섰다를 반복한다는 것이다. 앞서 대답한 내용과 괴리가 있다고 지적하자, 엄마는 놀라며 아들의 행동을 문제로 여긴 적이 없다고 대답하였다.

예시에서 이 가족은 아동의 행동을 평범하다고 간주하여 치료 대상으로 여기지 않았다. 그러나 다른 맥락에서는 같은 행동이 심각한 문제를 야기할 수 있고, 이는 치료를 의뢰하는 주요 사유가 된다. 예시에서의 아동은 주의 지속 문제가 계속되면서 현재 학년에서 낙제하였다. 이 사례는 치료에서의 균형적 행동을 강조한다. 아동의 행동과 전형적인 반응을 수용해 줄 수 있는 양육자의 능력을 강화하는 동시에, 이 행동이 다른 맥락에서 아동의 기능에 미치는 영향에 대해서 양육자가 조율을 구축하도록 한다.

- 양육자는 아동이 보이는 문제 행동의 원인을 파악하는 통찰력이 어느 정도 있는가? 외상의 영향에 대해 이해하고 있는가? 양육자가 아이의 증상에서 외상의 역할을 인식하는 데 어려움을 겪는 것에는 여러 가지 이유가 있을 수 있다. 예를 들어, 우리는 자녀의 외상 경험에 직간접적인 역할을 한 많은 양육자들과 함께 일해 왔다. 이러한 작업은 압도적이고 때로는 견딜 수 없는 수치심과 죄책감을 양육자에게 불러일으키며, 이를 인정하는 것은 고통스러우므로 종종 양육자의 회피적인 대처로 이어진다. 양육자가 경험하는 다양한 감정에 대한 인정과 지원은 심리교육과 함께 매우 중요하다.
- 인종, 문화, 세대 간 경험은 양육자가 아동의 외상 경험의 의미와 영향을 이해하는 데 어떤 역할을 하는가? 예를 들어, 일부 문화권에서는 성적 학대를 당한 아동은 영구적 손상을 입은 것으로 간주하여 지역사회 구성원으로부터 배척당할 수 있다. 다른 어떤 가족에게는, 아이가 겪는 트라우마의 경험이 부모의 경험만이 아니라, 그 가족이 속한 더 큰 공동체가 겪어온 개인적 혹은 역사적인 트라우마의 영향을 반영하고 있을 수 있다. 아동 그리고 양육 시스템과 협력하여 행동과 경험의 특별한 의미와 해석을 이해하는 것이 중요하다.

평가 요인들: 아동

- 조율 작업의 우선적인 목적은 양육자가 아동의 신호를 정확히 파악하도록 돕는 것이지만, 이차적 목표는 아동이 양육자의 반응을 제대로 이해할 수 있게 돕는 것이다.
- 외상 경험 아동들은 주변 어른들을 돌보는 것에 대해 나이에 맞지 않는 책임감을 느끼고 과도하게 맞추려고 애쓴다. 이는 실제하지 않는 분노, 거절 혹은 유기의 신호를 읽고 잘못 조율한 것이거나 생존 기술로서 상호작용으로부터 철수하는 법(즉, 조율하지 않는 법)을 익힌 것일 수도 있다.
- 아동이 감정을 정확하게 파악하는 능력에 대해 "자기조절" 섹션에서 자세히 다루겠지만,

양육자와 함께 아동의 조율 방식을 알아보는 것은 양육자가 아동에게 반응을 맞출 수 있도록 돕기 위한 중요한 작업이다.

가족의 규준

- "조율된" 행동은 가족에 따라 다르게 드러나고, 조율의 수준은 표면적인 행동으로 항상 파악할 수 있는 것이 아니다. 다음 두 예시를 살펴보자.

  사례 1: 10세 아들을 혼자 키우는 어떤 아버지는 아이의 감정에 제한적으로 반응하거나 거의 반응하지 않았다. 관찰과 보고에서 그는 아들을 정서적으로 거의 돌보지 않는다고 했다. 대신 그는 아들에게 낚시, 농작물 키우기와 같은 생활의 기술을 가르치는 데 많은 시간을 쏟았다. 시간이 지나면서 임상가는 아버지의 초기 양육 환경도 따뜻함과 보살핌이 부족했다는 것을 알게 됐다. 아버지는 자신의 아이의 욕구를 충족시켜 주겠다고 결심했고 아들과 많은 시간을 보냈다. 아들은 아버지가 반응적이며 잘 보살펴 준다고 이야기했고, 며칠 전에는 아버지가 엔진을 분해하는 방법을 알려줬다고 덧붙였다.

  사례 2: 5세 딸을 키우는 한 어머니는 아이의 욕구에 아주 잘 반응하는 것처럼 보였다. 그녀는 수시로 아이 상태를 확인하고, 아이가 표현하기 전에 먼저 감정을 읽어주었다. 시간이 지나면서 임상가는 아동이 어머니의 말에 거의 반응하지 않고 어머니가 관심을 보이면 철수한다는 것을 알아차렸다.

  두 사례 모두 표면적인 행동은 조율의 실제 수준과 현저히 달랐다. 첫 번째 사례에서 겉으로 단절되어 보이는 아버지는 아들의 욕구를 잘 알아차리고 있었고 둘이 함께하는 활동—자신과 아들 모두 편안하게 느끼는 장면—을 통해 애정을 쏟고 있었다. 두 번째 사례인 겉보기에 반응적인 어머니는 자주 아이의 감정을 잘못 읽고 거리를 두고 싶다는 단서를 놓쳐 지나치게 침해적이었다. 조율의 핵심은 양육자가 아동의 욕구를 정확히 알아차리고 그 욕구를 적절하게 충족시키는 방식으로 반응할 수 있는가이다.
- 문화적 배경은 모든 차원에서 양육자-아동 상호 작용에 대한 가족 규준에 영향을 미치는 요소 중 하나이다. 양육자가 원가족의 애정, 존중, 신체적 접촉, 놀이 등에 대한 신념 등과 연결되는 방식이 미치는 영향에 대해 고려해 본다. 치료자는 부적절하게 추정하기보다는 내담자의 문화적 관습에 대한 정보를 충분히 수집하는 것이 중요하다.

치료자 조율

- 양육자에 대해: 양육자의 참여는 치료 과정에서 가장 중요한 단계 중 하나이다. 양육자는 치료자와 연계를 형성하고, 아이가 좋은 곳에 맡겨져 있다는 믿음을 가져야 한다. 이러한 조율의 구축은 다양한 치료자, 시스템 개입과 아동 행동으로 장기간 어려움을 겪은 가족과의 작업에서는 매우 복잡할 수 있다. 또한 외부에서 비추어지는 치료자 삶의 경험이 아동 및 가족 체계의 삶의 경험과 명백하게 불일치하거나 불일치하는 것으로 인식되는 상황에서는 특히 더 복잡해진다. 이전 장에서 양육자의 감정을 정상화하기 위한 여러 가지 전략에 대해 설명했다. 여기서는 치료자가 치료 과정 전반에 걸쳐 나타나는 양육자 감정에 조율하도록 격려한다.
- 아동과 함께 일할 때 어려운 점은 치료자가 함께 작업하는 시스템의 구성원이 다수인 경우가 많다는 점이다. 아동 옹호자의 역할을 맡게 되면 양육자를 악마화하는 함정에 빠질 수 있다. 양육자에 대한 조율은 아이들에 대한 조율만큼이나 중요하다. 우리는 어려운 상황에서 최선을 다하는 부모나 다른 양육자들과 작업하는 경우가 빈번하다. 아동들과 마찬가지로, 양육자가 치료에 참여하지 않으려 하거나, 새로운 기술을 배우거나 연습할 수 없거나 원하지 않을 때, 또는 자녀에게 적절하게 대응할 수 없을 때, 치료자는 조율 기술을 사용하여 양육자의 경험과 관점을 이해하려고 노력해야 한다.
- 양육자는 말과 행동을 통해 치료자에게 메시지를 전달하는 것이 일반적이다. 예를 들어, 양육자가 "이건 안 될 거야." "이미 시도해 봤는데." "도대체 무슨 소용이 있는지 모르겠어." 등의 말을 하면, 치료자는 양육자와 함께 작업하는 데 어려움을 느낀다. 이러한 말은 치료자를 자극하지만, 한 걸음 물러서서 양육자의 경험 이면을 생각해 보면, 어려운 상황에 직면했을 때 느끼는 절망감이나 무력감과 관련된 주제를 알 수 있다. 치료자는 양육자의 근본적인 감정을 확인하고 타당화하는 방법을 배우는 것이 중요하다. 이는 양육자의 참여에 도움이 된다.
- 치료자의 아동에게 조율하기: 양육자가 아동에게 조율하도록 돕는 것과 더불어, 치료자 자신도 동일한 기술을 직접 실천해야 한다. 외상 경험 아동과 그 가족들은 다양한 문제 행동들을 보일 수 있다. 치료는 기저의 감정보다 드러나는 행동을 겨냥하여 반응하기 쉽다. 그러나 아동은 치료자와의 관계에서 핵심적인 관계 역동을 재현할 것이고, 행동으로 고통을 드러내며, 양육자에게 했던 것처럼 치료자를 시험할 수 있다. 다음 예를 살펴보자.

사례 1: 한 임상가가 복합 외상 과거력을 가진 5세 남자 아이와 치료 회기를 가졌다. 치료실에 들어와 시간이 지나자, 아이는 장난감 트럭들을 벽에 쾅 부딪치며 점점 더 조절이 안 되기 시작했다. 소음과 안전을 걱정한 치료자는 아이에게 트럭 충돌하기를 멈추라고 이야기했다. 그 반응으로 아이는 더 세게 트럭을 충돌시켰고, 치료자는 멈추지 않으면 회기를 끝내겠다고 경고했다.

이 사례에서 치료자는 아동의 안전에 대해 적절한 걱정을 하였으나, 행동에 기저한 "난 고통스러워요."라는 메시지에 반응하기보다 제한 설정과 힘겨루기를 하는 함정에 빠졌다. 안전은 분명 우선적인 고려사항이나, 아동의 행동에 대한 임상가의 불안으로 인해 그 행동을 야기하고 있는 조절되지 못한 정서를 정확하게 조율하지 못했다.

사례 2: 거주 치료 시설의 15세 여자 청소년이 방에서 엄마와 통화를 막 마친 후였다. 지나가던 한 스태프는 아이가 침대에 앉아 옷장을 발로 차며 욕설을 내뱉고 있는 것을 발견했다. 스태프는 그 행동을 멈추지 않으면 제재를 받게 될 것이라고 경고했다. 1분 후 스태프들은 와장창 부숴지는 큰 소리를 듣고 방으로 달려갔고, 옷장 위에 달려 있던 램프가 떨어질 만큼 아이가 세차게 발길질을 하고 있는 모습을 보았다; 아이는 스태프들에게 욕을 퍼부으며 방에서 나가라고 소리쳤다. 상황은 더 악화되어 결국 아이에게 신체적 제지를 실시하는 지경에 이르렀다.

이 예시에서 아이를 발견한 첫 번째 스태프는 한계를 설정함으로써 시설의 구조와 안전을 유지하고자 적절하게 노력했다. 그러나 그 스태프는 아이의 행동이 촉발요인에 대한 반응이며 조절되지 않은 감정을 드러낸 방식이라는 점을 간과했다. 아이의 감정과 에너지를 관찰하고, 경험을 타당화하며, 지지하고, 조정 기술의 단서를 제공했다면 상황이 악화되는 것을 막을 수 있었을 것이다.

- 양육자와 마찬가지로, 감정 관리는 전문가들이 자신의 조율 기술을 구축하는 주요한 첫 단계이다. 자기모니터링을 포함하여 이전에 소개한 기술들을 명심한다. 적절하게 반응하는 능력을 방해하는 자신의 "버튼 누르기"가 무엇인지 알아둔다. 자기돌봄 전략과 상용할 수 있는 대처 기술들에 대해서도 잘 알아둔다. 치료자가 스스로를 조절하여 반응할 수 있을 때 양육자에게 조율의 중요한 역할 모델이 될 수 있다.
- 이 장에서 강조되는 기술에는 "감정 탐정" 기술과 반영적 경청 기술이 포함된다. 이 기술들은 양육자-자녀 양자 관계뿐만 아니라 치료적 관계에도 적용될 수 있다. 아래에 열거한 예시들을 비롯하여 비언어적 조율 연습은 임상가-아동 간 조율을 돕고 상호 조율을 위한 기반이 될 것이다.

- 조절 장애 아동과의 치료는 종종 춤을 추는 것과 같다. 이러한 아동은 관계, 참여, 놀이 또는 토론을 견딜 수 있는 능력의 정도가 다양하다. 괴로워하거나 흥분하거나 슬프거나 화가 났다는 아동의 행동 및 신체적 단서에 주의를 기울이고 그에 따라 회기를 수정한다. 많은 내담자와의 의사소통은 비언어적이다. 분명한 고통이나 기쁨의 순간뿐만 아니라 시간에 따라 드러나는 모든 수준의 의사소통과 이러한 의사소통이 어떻게 전환되고 변화하는지 적극적으로 관찰하는 것이 중요하다. "메시지를 듣고" 그에 따라 대응하는 것은 우리를 어렵게 만드는 요인들 가운데 하나이다. 다음 예를 생각해 보자.

예시: 오랜 대인관계 외상 병력이 있는 17세 소녀가 치료자와의 상담을 위해 상담실에 내원했다. 이 소녀는 외상 촉발요인에 반응하여 외상-기반 대처 행동(성행위, 약물 사용)이 증가하는 것을 경험하고 있다. 치료사는 회기를 진행하다가 내담자가 대기실에서 인사하면서 손을 뻗어 치료사의 어깨를 접촉하면서 비언어적 메시지를 보냈다는 사실을 깨달았다. 이 내담자는 양육자와의 접촉을 거의 시도하지 않았는데, 왜냐하면 접촉이 외상의 촉발요인이었기 때문이다. 그녀는 치료사와도 먼저 접촉을 시도한 적이 없었다. 치료사는 관찰한 내용을 내담자와 공유하고 그 이면에 있는 욕구에 대해 질문했다. 내담자는 자신에게 위로가 필요하다는 것을 인정할 수 있었다. 치료자는 위로를 제공한 후, 내담자의 어머니를 데려와 이 가족들 사이에서 거의 표현되지 않았던 신체적 위로를 딸에게 하도록 하였다.

이 예에서 내담자는 위로에 대한 욕구를 말로 표현할 수 없었다. 그녀는 이러한 욕구를 완전히 인식하지 못했을 수도 있지만, 작지만 강력한 비언어적 제스처를 통해 이를 전달하였다.

- 조율은 종종 감정 이상의 것이다. 내담자에 대한 민감성에는 다양성을 수용하고 주의를 기울이는 분위기를 만들며 인식하는 것이 포함된다. 외상 경험 아동과 가족들은 종종 남들과 "다르다"고 느낀다. 매번 내담자에 맞게 치료실을 바꾸는 건 불가능하더라도, 임상가들은 내담자가 탐색하고, 창조하고, 기여하는 분위기와 아동과 가족의 경험을 반영하는 환경을 만들려고 시도할 수 있다. 다양한 문화권의 인형들, 남성과 여성 마리오네트들(줄이 달린 인형:역주), 인형들의 나무 오두막, 전통적이지 않은 가족에 대한 이야기 책 등을 갖춰놓는다.

양육자 교육

- 상기할 것: 양육자에게 주요 개념을 가르친다.

- 상기할 것: 양육자에게 적절한 발달적 고려사항에 대해 알려준다.
- 명심하기: 조율은 지속적으로 이루어진다. 이는 강렬한 경험을 관찰하고 반응하는 것뿐만 아니라, 매일의 상호작용에서도 이루어져야 한다. 양육자에게 모든 상황에서—놀이든 대화든 그 외 일반적 상호작용에서든—아동의 신호에 반응하도록 가르친다.

메시지 읽기-외상 행동의 기능 이해하기

- 이 책의 전반부에서 아동 행동을 이해하기 위해 3요인으로 구성된 모델을 인용했다. 이 모델은 우리가 마주치는 많은 행동의 원인을 양육자에게 가르치는 데 유용한 치료구조이다. 이 모델은 (1) 위험에 대한 아동의 경계, (2) 안전을 추구하고, 그 욕구를 충족하기 위해 고안된 지각된 위험에 대한 아동의 행동적 반응, (3) 위험 반응에서 회복하는 데 아동이 갖는 어려움이다. 이러한 3단계를 통해 아동 및 청소년의 조절장애 행동을 이해할 수 있다고 가정한다.

1부: 위험에 대한 가정

아동의 경계심과 조율

- 조율을 구축하기 위한 기본 토대는 양육자가 아동의 위험 반응을 이해하고 지각하는 방법을 배우도록 돕는 것이다. 촉발된 반응에 의해 유발된 조절 곤란은 양육자가 겪는 고통의 주요 원인이다.
- 외상을 경험한 아이들은 종종 과잉 경계한다. 그들은 관계 그리고 세상에서 나쁜 일이 일어날 것이라고 기대한다. 양육자의 표현에 대한 아동의 경계심 때문에 아동과 양육자는 잘못된 조율의 순간으로 이어질 수 있다. 아동 경계심이 가지는 역할에 대한 인식은 양육자가 이러한 순간을 인식하고 대응하는 데 도움이 될 수 있다.
- 자세한 정보와 교육 요점은 부록 B에 나오는 양육자 교육 유인물 "촉발요인 이해하기"와 양육자 활동지 "아이의 촉발요인 인식하기" 및 "당신의 아이는 촉발되면 어떤 모습을 보이는가?"를 참조한다.

아동의 경계심과 조율

양육자의 표현에 대한 아동의 경계는 다음과 같은 결과를 야기한다.
- 양육자의 단서를 오해석(예: 화를 낸다고 과잉해석함)
- 양육자의 욕구를 우선시하며 자신의 욕구는 최소화하거나 부인(예: 부모를 돌보려 함)
- 양육자의 정서 신호에 압도되거나 두려워함

양육자가 이렇게 반응할 수 있도록 돕는다.
- **아동의 관점을 이해할 수 있는 시간을 갖는다.** 만약 아동이 사소한 한마디에도 강하게 반응한다면, 무엇이 그런 과잉 반응을 초래했는지 이해하려고 노력한다. 아동은 당신의 느낌이 무엇이라고 생각하는가? 당신의 말에 대해서는 어떻게 생각하는가? 당신이 관찰한 것을 반영하면서 아동의 생각이나 감정을 유도하도록 한다(예: "내가 그 말을 하자 굉장히 걱정하는 것처럼 보이는데 왜 그런지 좀 더 설명해 주겠니?").
- **아동이 느끼는 바를 존중한다.** 아동이 잘못한 것이라고 설득하지 않는다. 아동은 그저 그렇게 느낀 것뿐이다(예: "내가 화났다고 생각했다면 네가 그렇게 걱정하는 게 이해가 되는구나.").
- **잘못된 지각을 바로 잡아준다.** 양육자가 아동의 반응을 이해했다면 잘못 지각된 부분을 정정해 준다(예: "내가 화났다고 생각한다니 유감이구나. 내가 말하고 싶었던 것은 …하면 무슨 일이 일어날까 걱정된다는 것이었단다.") .

촉발요인 이해하기

촉발요인 이해하기

촉발요인이란 무엇인가?	촉발요인이란, 외상적 스트레스 분야의 공통적인 설명에 따르면, 과거의 압도적인 경험을 상기시키고 원래는 그 경험에 대처하려는 시도로 발달되었던 일련의 행동과 감정들을 야기하는 모든 자극들이다. 촉발요인은 외재적-과거 학대자를 떠올리게 하는 얼굴 표정, 상실한 부모를 떠올리게 하는 냄새 등, 내재적-배고픈 느낌, 두려움, 높은 각성 상태 등. 혹은 이 두 가지의 결합-아동이 취약감을 느끼는 상호작용 등일 수 있다.
외상 경험 아동들의 공통적인 촉발요인	예측 불가능 혹은 갑작스러운 변화 이행기(Transition) 통제 상실 취약하다는 느낌 거절감 직면 외로움 감각의 과부하(주변에 자극이 너무 많음) 친밀감(안전감, 사랑, 안도감, 가족) 평화/고요/조용함

애착과 촉발요인 간의 접점: 양육자가 알아야 하는 것	강렬한 감정에 맞닥뜨릴 때, 과거에 위험, 거절, 방임을 겪은 적이 있는 아동들은: ■ 양육자를 피하거나 거리를 둔다. ■ 과도하게 매달리고 지지를 받아들이지 못하는 듯 보인다. ■ 얼어붙는다. ■ 양육자를 "조종"하거나 통제하려는 것처럼 보인다. ■ 접근과 회피의 상반되는 행동을 보인다. 스트레스 상황(예: 촉발된 이후) 하에서 인간의 생물학적 본능 중 하나는 주 애착 대상(예: 양육자)으로부터 안전감을 찾으려 하는 것이다. 그러나 앞서 설명한 것처럼, 외상을 입은 아동이 발달시킨 대안적 전략은 적극적으로 지지를 구하고 받아들이는 것을 방해한다. 따라서 양육자가 압도되거나 고통스러워하는 아동의 신호에 조율하는 것은 매우 중요하다.

2부. 행동은 욕구를 충족시키려는 것이다

행동은 욕구를 충족시키려는 것이다

외상관련 행동의 주요 기능은 무엇인가?	**위험 회피**: 잠재적 위험의 신호(촉발요인)에 직면하면, 우리의 뇌는 생존을 돕기 위해 일련의 생물학적, 생리적, 행동적 변화를 빠르게 시작한다. 이러한 변화가 시작되기 위해서는 실제 위험일 필요가 없으며, 위험에 대한 인식이나 해석만으로도 동일한 반응이 나타날 수 있다. 발달 초기에 위험을 빈번하거나 심하게 경험한 청소년의 경우, 위험 가능성에 대한 경계심이 높아지고, 위험을 알리는 신호로 인식되는 다양한 단서와 결합하면 빈번한 자기보호 반응을 초래할 수 있다. **욕구 충족**: 우리가 함께 일하는 많은 청소년들은 반복적으로 신체적, 정서적, 관계적 욕구가 충족되지 않았던 경험이 있다. 거절, 유기, 박탈, 상실, 배고픔, 거부감 등의 단서 직면 시 아동과 청소년은 욕구 충족을 위해 고안된 행동을 할 수 있다.
주요 위험 회피 전략은 무엇인가?	**투쟁**: 과각성 반응은 공격성(사람이나 대상에 대한 언어적, 신체적)처럼 보일 수도, 과도하고, 우스꽝스럽고, 무질서한 행동처럼 보일 수 있다. **도피**: 통제 불능의 공포스러운 상황에서 벗어나고자 하는 충동. 도피는 방에서 뛰쳐나가거나 다른 장소로 철수하는 것과 같이 물리적일 수도 있고, 친구 관계를 끊는 것과 같이 관계적일 수도 있다. **동결**: 과각성을 동반하는 정지 반응. 위험에 맞서 싸울 수도 없고 도망칠 수도 없다고 인식되면 동결 반응이 나타나고, 위험의 원인을 향해 과잉 각성 상태가 될 수 있다. 동결 반응은 고도의 경계 태세를 갖춘 상태이다.

	복종 또는 순응: 피할 수 없다고 인식되는 위험에 직면했을 때 복종하고 순응하는 것은 생존 전략이다. 아이들은 자신의 욕구를 부정하거나, 관계를 위해 다른 사람에게 양보하거나, 자신의 모습과 다른 거짓 쾌활함("다 괜찮아" "난 행복해")을 보이거나, 단절되거나 어리숙해 보일 수 있다.
주요 욕구 충족 행동은 무엇인가?	욕구는 크게 생리적 욕구와 정서적 및 관계적 욕구라는 두 가지 범주로 분류할 수 있다. 관련된 행동의 예가 제시되어 있다. 그러나 욕구는 종종 서로 대체될 수 있다는 점에 유의하는 것이 중요하다. 예를 들어, 아이는 관계적 욕구를 무언가로 충족시키려 하거나 생리적 욕구를 관계를 통해 충족시키려고 시도할 수 있다. **생리적 욕구:** 음식이나 다른 물건을 쌓아두기, 훔치기, 특정 물건에 대한 강한 애착 등 욕구를 충족하기 위해 구체적인 사물을 사용하는 전략이 포함되어 있다. **정서적 및 관계적 요구:** 관계성과 내적 경험을 다루는 데 사용되는 전략이다. 예를 들어 징징거림, 관심을 끌기 위한 부정적인 행동, 완벽해지려는 시도, 거짓말, 성적인 행동 등이 이 범주의 일반적인 행동의 일례들이다. 이 범주에 속하는 욕구 충족 전략을 자주 사용하는 아이들은 종종 다른 사람들로부터 "애정에 굶주린" 또는 "조정적인" 아이로 묘사된다.

3부. 평상시 상태로 돌아가기 어려움

평상시 상태로 돌아가기 어려움

행동과 감정이 왜 그렇게 격렬해지고 오래 지속되는가?	격렬한 감정이나 생리적 반응을 경험할 때, 그 반응에서 회복하는 능력은 개인의 내적 그리고 외부 자원의 영향을 받는다. 자원이 많을수록 더 쉽게 회복할 수 있고, 자원이 적을수록 편안한 상태로 돌아가기가 더 어려워진다. 만성적인 발달적 외상을 경험한 아동과 청소년은 회복을 어렵게 만드는 여러 손상된 능력의 영향을 받을 수 있다.
외상 생존자가 겪는 압도적인 반응을 관리하기 위한 중요한 자원에는 어떤 것이 있는가?	■ 좌절 감내력 ■ 사회적 지원의 가용성 ■ 신뢰 ■ 문제 해결 능력 ■ 충동 조절 능력 ■ 자기 진정 능력 ■ 인지 구조화
외상 생존자가 사용할 수 있는 대안적 전략에는 어떤 것이 있는가?	압도적인 감정과 생리적 고통에 직면 시, 적절한 자원이 없는 경우 아동·청소년 그리고 성인들은 자신의 경험을 관리하기 위해 대안적 방법으로 전환할 수 있다. 이러한 대처전략은 '문제 행동'으로 나타날 수 있다. 예를 들어 보면 다음과 같다.

	■약물 사용 ■자해 ■고위험 행동 ■무질서한 식사(과식/절제 부족) ■초기 발달 수준의 자기 자극/자기 진정 행동(흔들기, 머리돌리기, 깨물기) ■성적인 행동
발달 상태 이해하기	아동이 외상을 경험했을 때, 기능하는 발달연령은 생활연령과 다르다. 발달 영역 전반에 걸쳐 차이가 있을 수 있고, 특히 아동이 고통스러운 상태일 때 더욱 현저하다. 예를 들어, 심한 수치심, 거절감의 지각, 슬픈 감정과 압도감을 경험하는 15세 청소년은 갑작스럽게 퇴행행동과 결핍감을 나타내는 7세 아동처럼 보이기도 한다. 중요한 교훈과 양육자와 탐색해야 할 점은 "연령이 아닌 단계" 개념이며, 양육자에게 아동이 주어진 순간에 주어진 상태에서 어떤 발달 단계에 있는지 호기심을 가지도록 하며, 아동의 처한 상황에 맞춰 작업한다.

치료자 도구상자

기술 #1: 아이들의 의사소통을 이해하기 위한 레퍼토리 구축하기: 관찰자가 되다

- 조율은 부모와 양육자에게 "감정 탐정"의 기술을 요구한다. 모든 양육자가 호기심을 가지고 행동과 상호작용에 접근하는 것이 일차적인 목표이다. 즉, 행동에 어떻게 대응할지 고민할 때 "왜 그런 행동이 일어나는지 궁금하네."와 같은 질문에서 시작한다.
- 양육자가 아이의 단서와 패턴을 "읽는" 방법을 배우면 행동 자체보다는 행동의 기저에 있는 감정에 더 잘 대응할 수 있다. 그런 다음 양육자는 **반영적 경청 기술**(다음의 "미러링을 위한 언어적 기술" 참조)을 사용하여 아동에게 연령에 적합한 방식으로 자신이 보고 있는 것을 미러링할 수 있다.
- 양육자는 아이를 관찰하는 것부터 시작한다. 간혹 아무것도 할 필요가 없는 경우도 있다. 이 기술을 소개할 때는 관찰 측면에 초점을 맞추고, 양육자에게 급박한 위험이나 안전상의 문제가 없는 한, 보이는 것에 대해 반응하지 않아도 된다는 점을 명확히 하는 것이 유용하다.
- 양육자는 아동의 개인적인 소통 전략을 익혀야 한다. 아동은 화가 났을 때 어떤 모습인가? 슬플 때는? 흥분했을 때는? 걱정하고 있을 때는? 무엇이 아동의 단서인가? 각각의 감정에 대해 양육자가 다음 내용을 갖고 추적할 수 있도록 해 본다(부록 B의 양육자 교육자료인 "아이의 언어 익히기"와 활동지 "아이의 감정 언어 익히기" 참조)

아동은 어떻게 의사소통하는가

얼굴 표정	강렬한 표현과 부족한 표현 모두 포함함
목소리 톤	고조됨, 시끄러움, 차분함
말의 양	아주 장황하거나 몹시 조용함, 말의 속도
말의 특성	조리가 있는지, 성숙도(예: 퇴행)
자세/근육 표현	아동의 신체는 어떤 모습인가? 몸을 웅크리고 있는지, 주먹을 꽉 쥐었는지, 근육이 긴장되거나 이완되어 있는지, 개방적 혹은 폐쇄적 자세를 보이는지?
접근 vs 회피	아동은 거리를 두는가? 지나치게 매달리는가? 아님 둘 다인가?
감정 조절 능력	아동은 진정되거나 혹은 스스로 진정하는 것이 어려운가? 아동은 누군가가 위안을 주길 원하는가? 진정시켜 주는 것을 얼마나 잘 수용하는가-스트레스 상황에서 변화가 있는가?
기분	아동의 기분 변화가 과도한가? 예를 들면, 아동이 평상시에는 차분하다가 강한 감정에 맞닥뜨렸을 때 불안정해지는가? 만약 그렇다면, 이 불안정성은 양육자에게 경고 신호로 사용될 수 있다.
행동/대처전략	아동들은 어떻게 자신의 기분이나 감정을 다루려고 하는가? 손가락을 빠는가? 침실로 철수하는가? 양육자의 관심/연결을 원하는가? 형제들과 싸우는가?

호기심을 함양하는 방법

주 양육자(부모, 조부모), 양육 체계(교사, 치료 장면 스태프) 또는 기타 치료자 중 누구라도 시간이 흐름에 따라 아이에 대한 호기심을 갖는 법을 배우게 된다. 어떤 양육자는 다른 양육자보다 그 순간 반응하는 대신 호기심을 갖는 것이 더 어려움을 야기할 수 있으므로 작업 속도에 주의를 기울이는 것이 중요하다.

양육자가 아이에 대한 호기심을 가질 것을 요청할 때, 새로운 기술을 배우는 데 가장 힘든 맥락은 괴로운 상황과 관련될 때라는 점을 염두에 두도록 한다. 따라서 양육자에게 먼저 긍정적인 영향에 초점을 맞추도록 요청하는 것이 도움이 된다(예: "힘들 때가 많다는 것을 알지만 딸과 정말 연결되어 있다고 느끼는 순간은 언제인가요? 이번 주에 있었던 그런 순간에 집중해 보세요."). 그 후 점차 스트레스를 야기하는 행동으로 이동한다. 강한 정서는 호기심을 떨어뜨리기 때문에 이 작업에는 양육자의 감정 관리 기술이 통합되어야 한다. 행동 관리 방법을 배우는 첫 번째 단계는 (급박한 위험이 없는 한) 그 행동을 관찰하는 것임을 양육자에게 강조하는 것이 중요하다.

호기심을 갖는 기술은 직접적으로뿐만 아니라 전치(displacement, 즉 가상의 인물/캐릭터를 가지고 해당 기술을 제시하는 것)를 통해서도 키워나갈 수 있다.

- **우회적으로 호기심을 유발한다.** 양육자가 아닌 다른 사람과 관련지어 기술을 가르치는 것이 도움이 된다. 예를 들어, 치료자를 단서(얼굴 표정, 움직임, 에너지 변화, 신체 자세) 모델로 삼고 양육자에게 치료자에 대한 "탐정" 활동지를 작성하도록 요청한다. 양육자에게 동영상을 보여 주고, 특정 캐릭터에 대해 활동지를 작성하거나 제스처 게임 활동에 참여하도록 요청한다.
- **확인된 감정이나 행동에 대해 직접적으로 호기심을 유발한다.** 이는 치료 체계에서 대화뿐만 아니라 서면 활동지 작성을 통해서 적극적으로 이루어질 수 있다. 어려운 상호작용이나 상황에 대해 논의하는 순간에도 가능하다. 양육자와 협력하여 다음과 같은 단서를 파악한다.
  - 순간 단서: 그 아이는 …했을 때 어떤 모습이었나?
  - 도입 단서: 바로 직전에 무슨 일이 있었나?
  - 촉발요인: 행동/반응을 유발하는 것으로 보이는 요인에는 어떤 것이 있는가?
  - 욕구: 아이는 자신의 행동으로 무엇을 성취하려고 하는 것 같은가?
  - 효과적인 반응: 무엇이 도움이 되거나 상황을 악화시키는가?
  - 성인 반응: 그 순간 성인 양육자의 대응/반응은 어떤가?

기술 #2: 아동 경험을 미러링하는 기술

- 미러링의 중요성에 대한 인식은 양육자가 아이의 이야기를 적극적으로 듣고, 타당화하고, 아이에 대한 지지를 의사소통하는 데 도움이 된다. 다른 사람의 경험을 미러링하는 것은 반영적 경청처럼 말로 할 수도 있고, 아이의 에너지나 자세에 대한 비언어적인 것일 수도 있다. 반영적 경청 기술은 Rogers의 내담자 중심 치료(예: Rogers, 1951)에 뿌리를 두고 있으며, 아이의 의사소통(언어적 또는 비언어적)에 적극적이고 공감적으로 반응할 수 있는 양육자의 역량을 키우는 데 사용할 수 있다.
- 양육자에게 다양한 미러링 기술을 가르치기: 양육자가 치료자 및/또는 아동과 함께 회기 내에서 연습하도록 한다. 또한 치료자는 아동 및 양육자와 함께 작업 시 이러한 기술을 적극적으로 사용하도록 한다.

기초 세우기: 적극적인 경청자와 관찰자가 되는 방법

단계	설명
1. 아동의 감정 전체를 수용하고 존중한다.	아동의 감정을 "변화"시키려는 숨은 의도가 절대 있어서는 안 된다(예: "너는 화를 내서는 안 돼.")

2. 아이에게 여러분이 듣고 관찰하고 있다는 것을 보여 준다.	아동과 함께 하도록 작업한다. 관계나 상호작용에 적극적으로 참여한다. 적극적 경청 기술을 적용한다. 눈을 맞추고 고개를 끄덕이며, 언어적으로 대답해 준다.
3. 너무 서두르라고 밀어붙이지 않는다. 아동 자신이 어떻게 느끼는지를 표현하도록 도운 후에 충고/제안/확신/대안적 지각 등을 제공한다.	.우리가 "문제"라고 생각한다면, "고치고 싶다"는 급한 충동이 생긴다. 행동을 밀어붙이기 전에 경험을 미러링해 주고 귀 기울이는 것이 중요하다(적극적 관찰). 아이가 말하는 것을 시간을 들여 들어주고, 아이가 행동과 움직임으로 여러분에게 보여 주는 것을 보고 있다는 것을 나타낼 때까지 문제 해결에 뛰어들지 않는다.

언어적 미러링 기술

기술	설명
반영하기	정의: 다른 사람의 경험을 공감적으로 관찰하거나 목격하는 것 방법: 반영은 보이는 것을 관찰하고 이름을 붙임으로써 다른 사람의 경험에 언어를 부여하는 것이다. 관찰은 표면적인 수준("네가 몸을 꼬고 있네?")일 수도 있지만, 행동을 유발하는 원인(" 지금 정말 화가 나 있는 것 같구나.")을 드러낼 수 있다. 예시: ■ "지금 에너지가 엄청 높아진 것 같아." ■ "지금 얼굴이 너무 슬퍼 보여." ■ "이봐, 우리 상호작용이 뭔가 잘못됐구나. 너는 지금 내가 한 일에 정말 좌절한 것처럼 보이는구나." 주의: 반영적 관찰은 오류가 있을 수 있다. 관찰은 사실이 아니라 해석이며, 아동들은 항상 우리의 의견을 거부할 수 있어야 한다. 관찰은 공감적이거나 사실적으로 이루어져야 하며, 판단이 들어간다면 아이에게 공감하는 거울이 없는 것이다.
타당화	정의: 개인의 "진실" 또는 현실을 인정하는 것 방법: 타당화한다는 것은 상대방의 반응이 중요하며 그 사람의 인식에 근거하여 이해가 된다는 것을 전달하는 것이다. 타당화는 지각에 동의하거나 결과적인 행동을 승인하는 것과는 다르다. 우리는 아동의 감정이나 반응과 맥락 그 사이를 이해할 수 있는 연결 고리를 명명/관찰함으로써 타당화한다. 예시: ■ "지금 너의 에너지가 엄청 높다는 게 이해가 된다. 방금 엄마를 만나러 왔는데 네가 엄마를 만난 게 오랜만이구나." ■ "선생님이 네게 말씀하시는 방식에 정말 화가 났고, 그래서 선생님께 소리를 질렀을 거라고 생각해." ■ "네가 엄마의 꽃병을 깨뜨렸을 때처럼 사람들은 정말 화가 나면 평소에는 하지 않는 행동을 하기도 한단다."

<table>
<tr><td></td><td>주의: 아동의 행동과 그 원인 사이의 연결은 아동이 아닌 성인의 관찰에, 근거하기 때문에 아동은 이를 거부할 수 있다("그래서 화난 게 아니에요!"). 타당화는 부정적인 행동이나 반응을 허용하는 것처럼 느껴질 수 있으므로 성인 양육자가 개발하기 어려운 기술이다.</td></tr>
<tr><td>정상화</td><td>정의: 아동이 한 행동이나 표현을 정상화할 때, 우리는 아동만이 특정한 반응, 감정 또는 행동을 하는 것이 아니라는 점을 확인한다. 우리는 공동체의 다른 사람들처럼, 아동과 청소년도 때때로 화를 내고, 겁을 먹고, 압도당하고, 모든 사람을 미워하고, 친구를 사귀는 방법을 모른다고 받아들인다.

방법: 아이의 행동이나 감정을 다른 사람의 행동이나 감정과 연결시켜 설명하는 방식이 정상화이다. 이는 직접적인 연결("가끔 친구를 사귀는 것이 정말 힘들다는 것을 알아, 선생님도 새로운 곳에 가는 것을 걱정한단다.") 또는 간접적이고 광범위한 연결("많은 아이들이 새로운 곳에 가는 것을 걱정하지.")이 될 수 있다.

예시:
■ "나는 그것 때문에 누구라도 좌절감을 느낀다고 생각해."
■ "법정에 가야 할 때 불안해하는 아이들을 많이 봐왔어."
■ "많은 학생들이 프로그램을 시작할 때 규칙 때문에 혼란스러워한단다."

주의: 정상화 진술의 의도는 아동이 외로움을 덜 느끼도록 돕는 것이지만, 아동은 이 진술이 자신의 고유한 반응, 감정, 경험을 "강탈당하는" 것처럼 느낄 수 있다. 예를 들어, 아동이 "내가 어떤 기분인지 아무도 몰라요."라고 응답하는 것은 흔하다. 이런 종류의 대답을 허용하는 것이 중요하다. "네 말이 맞아, 아무도 네가 어떤 기분인지 알지 못해, 나도 힘든 감정을 느낀 아이들을 많이 만났지만 모두 각자의 방식이 달랐단다."</td></tr>
</table>

호기심을 키우는 것과 마찬가지로 이 기술은 시간이 지남에 따라 발달하며, 이를 가르치는 방식은 우회적인 접근 방식에서 직접적인 접근 방식으로 바뀔 수 있다.

기술 #3: 조율 기술을 사용하여 아동 경험을 공동 조절하기

경험의 미러링은 언어를 넘어 다양한 수준에서 이루어진다. 우리는 우리 자신 전체로 주변 사람들을 미러링한다. 여기에는 에너지, 말의 속도, 어조 또는 움직임과 자세가 포함될 수 있다. 만약 아동이 양육자에게 학교에서 있었던 일을 흥분해서 이야기하는데 양육자가 조용하게 천천히 열정적으로 반응하지 않는다면 아이는 양육자의 조율을 경험하지 못할 것이다. 또한 양육자는 아동의 각성을 높이거나 낮추는 방법을 배워 조율해야 하며, 다음 장에서 강조하는 많은 조절 기술들을 지원해야 한다. 아동의 경험에 적극적으로 영향을 미치기 위해 양육자가 조정된 반응을 나타낼 때, 이것을 공동조절(coregulation)이라고 할 수 있다. 예를 들어, 양육자는 아동의 경험을 직접 미러링한 후 자신의 각성을 의도적으로 변화시킬 수 있다(예: 양육자가 아이의 흥분에 양육자도 같이 흥분해 준 후에, 말의 속도와 리듬을 천천히 줄여 아이의 흥분을 가라앉힐 수 있다).

치료자가 아동의 경험을 미러링하고 공동 조절하고 양육자에게도 같은 방법을 가르칠 수 있어야 하면 이때 게임과 공유/협동 활동을 통해 이 과정에 적극적으로 참여하는 것이 도움이 된다. 양자 간 조율 연습의 예는 다음과 같다.

양자 간 조율 연습

다음 연습은 양자 간 혹은 개별 치료 모두에서 사용될 수 있다. 양자 치료 시 양육자와 아동은 함께 연습하고, 임상가는 관찰자/촉진자가 된다.

- 이러한 활동을 이전에 다룬 기술들과 마찬가지로 "양육자 교육"의 자료에 포함시키는 것이 매우 중요하다.

양자 조율 연습의 예

활동	변형	설명
감정 알아맞히기	기본	양육자(혹은 임상가)는 감정 상태를 연기하고 아동이 감정 상태를 알아맞히도록 한다. 순서를 바꿔 아동이 감정을 연기하고 양육자가 알아맞히도록 한다.
	역할바꾸기	양육자가 특정 감정 상태의 아동 모습을 연기하고, 아동이 알아맞히게 한다. 그 후 역할을 바꾸어 아동이 양육자의 모습을 연기한다.
	촉발 상황 (변형 1)	양육자와 아동이 감정을 고른다. 양육자 혹은 아동은 고른 감정을 유발하는 상황을 연기하고, 상대는 그 상황을 알아맞힌다.
	촉발 상황 (변형 2)	양육자가 힘든 상황을 연기한다. 아동은 상황에 맞는 정서적 반응을 알아맞힌다. 그런 다음 역할을 바꾼다.
	누구인지 알아맞히기	양육자와 아동이 감정을 함께 고른다. 연기하는 사람은 둘 다 아는 어떤 사람(예: 가족 중 한 명)이 그 감정 상태인 경우를 연기한다. 상대가 누구인지 알아맞힌다.
	이 게임의 변형은 수없이 많다. 가족의 욕구에 맞게 게임을 변경한다.	
날-따라해봐 게임	음악	드럼이나 다른 악기를 사용하여 한 명이 리듬을 만들고, 다른 한 명은 따라하거나 기존 리듬에 새로운 리듬을 덧붙인다.
	춤/동작	한 명이 신체 동작을 만들고, 다른 한 명은 동작을 따라하거나 새로운 동작을 덧붙인다.
	미러링	두 명이 서로를 마주 본다. 한 명이 천천히 움직이면 다른 한 명이 따라한다. 목표는 관찰자가 누가 누구를 따라하는 것인지 구분하지 못하게 만드는 것이다.

	따라하기	어린 아동들은 재미있는 동작을 고른다(예: 오리처럼 방안을 걷기), 방 안의 모든 사람이 똑같이 동작을 따라한다.
	고전적인 "따라하기" 게임들	조율을 연습하기 위해 사이먼 가라사대, 빨간불/녹색불 게임 등을 활용한다.
나의 책	양육자와 아동이 함께 "우리에 관한 모든 것"이라는 책을 만들어 본다. 책에는 양육자와 아동이 동시에 등장해야 한다. 예를 들어, 지난주 일어난 사건 하나를 골라 각자 그때 느낀 감정, 좋았던 부분, 가장 좋지 않았던 부분 등을 기술한다.	
놀이	양육자가 자녀와 함께 놀아주는 작업이다. 모든 종류의 놀이가 가능하다: 보드게임, 상상놀이, 표현예술 등. 양육자는 아동의 지도를 따르며 지시하거나 가르치지 않도록 교육한다. 양육자가 반영적 경청 기술을 사용하도록 가르친다.	
편안함	양육자가 편안함의 기회를 나눌 수 있는 기회를 만들 수 있도록 작업한다. 이러한 작업에서는 아동이 양육자의 무릎에 앉아 있거나, 소파에 함께 앉아 있거나, 함께 책을 읽는 것처럼 간단한 것도 가능하다.	

기술 #4: 함께하기: 아동이 촉발되었을 때 무엇을 해야 하는가

- 이 치료구조 내에 있는 모든 양육자 기술은 5부(자기조절)와 6부(유능감)에서 논의되었던 아동과 청소년 기술의 토대와 지원을 제공한다.
- 민감한 양육자의 조율 능력은 아동의 자기조절 능력을 돕기 위한 주요 수단으로, 특히 아동이 촉발되었을 때 더욱 그러하다.
- 아동과 자기조절 기술에 대해 작업할 때, 양육자에게 아동의 조정을 돕기 위한 일련의 순서를 가르친다. 그 단계들이 아동의 감정 확인, 조정, 표현 작업에 어떻게 상응하는지 주목한다.

아동의 조정을 돕기 위한 단계

단계	설명
1. 조율하기: 감정 탐정이 되기	아동의 감정 변화를 알아차린다. 만약 아동의 감정을 잘 모르겠다면 그 에너지를 느끼도록 한다. 에너지가 높은가, 낮은가? 철회되어 있나, 활발한가? "감정 탐정" 작업 시(기술 #1) 확인되었던 단서들, 특히 아이가 촉발되었음을 나타내는 단서들을 찾아본다. 시간이 지남에 따라 목표는 격한 반응이 나타나기 시작할 때, 이를 예상하고 인식하여 대처하는 것이다.
2. 지속적으로 마음 중심 잡기	자신의 상태에 대해 점검한다. 자신의 감정 관리 기술을 사용한다. 설령 제대로 통제되는 게 없다고 느껴지더라도 계속해서 자신의 감정과 행동 통제가 유지되도록 노력한다.

3. 당신이 보고 있는 것을 간단하게 반영하기	보이는 것을 간단하게 이야기한다. 아동 뇌의 어떤 부분이 작동하고 있는지 유념한다. 아동이 조절을 힘들어할 때 반영의 목적은 아동에게 조정 기술을 사용하도록 신호를 주는 것이다(예: "내가 보기에 지금 네 에너지가 정말 높은 것 같아. 우리 조금 차분해진 후에 이야기를 나눠보자.").
4. 아동이 기술을 사용할 수 있도록 단서를 제공하기	아동이 치료에서 익힌 일련의 조정 기술의 범위들을 생각해 본다. 같이 또는 혼자서 사용할 수 있는 간단한 도구를 제안한다(예: 호흡하기, 가만히 앉아 있기, 진정하는 자리로 이동, 스트레스 볼). 치료 초기에 양육자와 아동 모두 이러한 기술들로 조절 전략을 연습하며 양육자가 아동에게 효과적으로 모델링해 준다. 아동이 통제할 수 있는 기회를 제공하기 위해 주의를 기울인다; 예를 들어 아동이 느끼는 위험을 감소시키는 방법으로 아동이 대안들(한 가지 도구 또는 다른 도구, 혼자서 또는 지원과 더불어) 중에서 적극적으로 결정할 수 있도록 한다.
5. 아동이 기술 사용에 참여하도록 지지하기	여기서 주된 목적은 아동이 자신의 생리적 경험을 알아차리도록 돕는 것이다. 아동이 이러한 기술들을 획득하도록 돕기 위해 아래 문장을 예시로 고려해 본다. "자 지금, 너는 큰 감정을 가지고 있지. 모든 것들이 힘들게 느껴지지. 좀 더 기분이 좋아지도록 우리가 함께 할 수 있는 것이 있는지 궁금하구나. 호흡에 주목해서 너의 호흡이 느려지고, 느려지고, 느려지는 것을 알아차릴 수 있도록 해 보자."
6. 조정 기술 사용을 강화하기	아동이 조정하려는 시도에 주의를 기울인다(예: "네가 에너지를 진정시키려는 게 정말 자랑스럽구나.") 성공은 상대적이라는 사실을 기억한다. 어떤 아이에게는 감정이 조절되지 않고 있다는 것을 알아차리는 것만으로도 성공일 수 있다.
7. 표현하도록 요청하기	일단 아동이 침착해지면, 표현/소통하도록 요청한다. 다른 반영적 경청 기술을 사용한다.

발달적 고려사항

발달 단계	조율 고려사항
일반적인 고려사항	양육자에게 해당 연령에서 어떤 것이 규범적이고 이례적인지에 대해 알려준다. 예를 들면, 2세 아이가 "싫다"며 독립을 주장하는 것이 규범적이다. 이는 적절하고 건강한 발달적인 부분이며, "저항하는" 것이라고 볼 수 없다. 양육자가 정상적인 행동을 이해하기 어려운 이유는 특정 연령의 아동이 경험하는 것이 문화의 변화에 따라 지속적으로 영향을 받는다는 사실이다. 2010년의 15세는 1975년의 15세와 아주 다른 경험을 한다. 이런 차이를 인지하고 대화를 하도록 한다. 양육자와 아동이 서로의 삶에 대해 가르쳐줄 수 있도록 한다.

	연령에 관계없이, 외상 경험 아이는 언어화하는 데 어려움을 가지고 있다. 안전하게 표현해 본 경험이 적고 좌절에 대한 인내력이 낮아, 이러한 아동들은 행동을 통해 욕구를 드러내는 것 외에 다른 선택지가 없을 때가 많다. 위탁 보호 체계 내의 아동들은 양육자와 문화적 배경이 다를 수 있다. 문화가 사회적 상호작용, 감정 표현에 미치는 영향을 고려해 볼 때, 조율은 특히 더 어렵다(양육자와 아동 모두). 차이를 인식하고 대화하도록 한다.
초기 아동기	어린 아동들은 점차 언어를 사용해서 의사소통하게 된다. 그러나 욕구와 필요를 언어로 유능하게 전달하게 되더라도(예: "사과주스를 마시고 싶어요." "장난감이 갖고 싶어요."), 감정을 표현할 때는 여전히 행동과 신체 상태가 우선적으로 동원된다(예: 좌절했다는 신호로써 떼쓰기, 불안과 걱정의 신호인 위경련, 위안이 필요하다는 신호인 단절/철수하기). 아동들의 언어 사용이 보다 정교해지면서 어른들은 아동의 추론 능력과 내적 상태를 언어로 전달하는 능력을 과대평가하게 된다. 따라서 양육자는 아동이 "지금" 발달상 어디에 있는지를 이해하고 행동적 신호를 해석할 줄 아는 것이 매우 중요하다. 어린 아동들을 위한 조율에는 감정 알아차리기, 표현하기, 조절 기술을 쌓기 위한 토대를 제공하는 것이다. 양육자는 아동의 상태를 언어로 표현하여, 아동이 감정 지식을 쌓아갈 재료를 공급해 준다. 아동의 감정에 조율하고 이들이 다른 사람의 경험에 조율하도록 돕는 것은 공감과 대인관계 기술을 습득하기 위한 토대이다.
중기 아동기	중기 아동기의 아동들은 점점 더 양육자의 표현과 감정 상태에 주의를 기울일 수 있다. 이는 공감 능력과 조망 수용의 발달에는 긍정적일 수 있지만, 지나치게 과각성적인 외상 경험 아동들에게는 다양한 어려움으로 작용한다. 초등학교 시기는 아동의 신체적 증상 표현이 최고조에 달한다(두통, 복통 등). 양육자들은 아동의 신체 표현이 감정을 담거나 전달하려는 신호인지 잘 살펴보아야 한다.
청소년기	청소년기 조율의 핵심은 연결과 독립, 프라이버시와 경계 등 사이에서의 균형이다: 양육자들은 고위험 시기 아이에 대해 더 알고 싶어하지만, 청소년들은 잘 이야기하려 하지 않는 게 정상이다. 이 시점에 등장할 수 있는 몇몇 부정적인 행동, 감정, 상호작용은 사실 독립과 분리를 위한 10대의 분투일 수 있다. 청소년들은 흔히 보살핌을 받고 싶어하는 마음과 독립하고자 하는 열망 사이에서 양가감정을 갖는다. 이러한 양가감정 때문에, 양육자는 친밀함과 거리감 사이에서 타협하려는 청소년을 존중하며 언제든 연결될 기회를 주는 것이 중요하다. 이 연령에서 조율의 중요한 부분은 사생활을 존중하는 것이다. 사생활 영역에 대한 협상: 즉, 청소년은 어디까지 사생활을 유지할 수 있고, 양육자는 "꼭 알아야 하는" 정보에 관해 어디서 선을 그을 것인지에 대해 타협이 필요하다.

적용

개인치료/양자관계

양육자와는 직접, 혹은 필요할 경우 전화로 개별적인 교육 회기를 갖는다. 적합하다면, ARC 양육자용 활동지와 자료(부록 B)의 사용도 고려한다. 이 회기에서는 심리교육뿐만 아니라 탐색, 연습, 과제 등을 포함한다. 예를 들면, 양육자에게 단순히 아동의 의사소통 방식에 대해 알려주기보다는 한 주간 아동이 화나거나 힘들어하는 신호를 포착한 게 있는지 물어보거나, 상세한 "탐정" 활동지에 자기 아동의 특정 감정과 경험, 그리고 이것이 드러나는 방식에 대해 작성해 보도록 한다. 양육자에게 촉발요인을 교육시키고 아동이 촉발 반응을 보이는 방식을 탐색하도록 하는 것은 이 개입의 핵심적인 목표이다.

양육자가 개념에 대해 기본적으로 이해를 하고 나면, 이 기술을 "바로 그 순간" 적용하는 것이 필요하다. 다음 예를 살펴보자. 한 어머니가 청소년 딸에 대해 이렇게 말한다. "오늘 아침 아이가 저를 미치게 만들었어요. 흥분해서 정신없이 날뛰었어요. 무슨 말을 하건 전혀 듣지 않길래 방에 올려 보내려고 하자 고함을 지르며 달려들었어요." 이때 치료자는 어머니와 함께, 아이의 행동에 초점을 맞추는 대신 그런 행동을 야기시킨 감정, 촉발요인, 현재 행동의 기능이 무엇인지 작업한다. 이런 작업에서는, 행동에 대한 양육자의 좌절감을 타당화하고 양육자 스스로 감정 조절 기술을 사용하도록 하는 것이 중요하다.

양육자가 자기관찰과 자기조절을 경험적으로 실습하는 것이 유용한 도구가 될 수 있다. 대개 양육자들은 우리가 이전 섹션에서 논의하였던 자기돌봄 전략에 대해 잘 알지 모른다. 다양한 기술을 사용하는 데 편안함을 느낄 수 있도록 양자 간 조율 활동과 조정 지원 단계들을 회기의 일과로 고려해 본다.

집단

양육자 집단은 이전에 "비슷한 경험"을 한 다른 사람들로부터 지지 받고, 필요한 기술과 정보를 배울 수 있는 귀중한 시간이다. 커리큘럼의 내용을 구성할 때 "양육자 교육내용" 자료를 가이드로 활용한다. 이때는 소극적인 것보다 적극적인 교육이 필요하다. 양육자들이 각자의 아동은 어떤 식으로 소통하는지, 촉발 반응이라고 생각하는 근거는 어떤 것이 있는지 등에 대해 이야기를 나누도록 자리를 마련한다. 다른 양육자의 이야기는 자기 아동에 대해 관찰 내용을 정상화하는 데 도움이 되며 자녀의 받아들이기 힘든 행동들을 이해하고 수용하게끔 도와준다. 양육자 개별 회기 교육할 때와 마찬가지로, 적용과 실습은 중요하다.

치료 장면

치료 장면 체계에서는 모든 스태프들, 특히 직접적으로 돌보는 스태프가 양육자 대리인 역할을 맡게 된다. 그러므로 모든 스태프들에게 외상 반응과 촉발요인을 교육하고 훈련시키는 것이 아주 중요하다. 이때 훈련은 "실전"처럼 할 필요가 있다. 개념에 대해 관념적으로 설명하기보다 그 체계에서 돌보고 있는 시설 거주자/학생/내담자들에게 그 개념들을 적용해 본다. 예를 들면, 한 아동을 정해서 스태프가 (1) 그 아동이 투쟁, 도피, 동결 반응을 보이는 방식, (2) 아동이 촉발되는 상황에 대한 관찰, (3) 도움이 되는 전략(즉, 아동에게 안전감을 향상시키는 전략들) 대 상황을 악화시키는 전략(일반적으로 무력감과 위험 지각을 더 높이는 전략들)에 대해 생각해 보게 한다. 또한 이 내용들을 다른 아동의 내용들과 비교해 본다. 행동을 외현화하는 A가 촉발 반응을 보이는 방식은 어떠하며, 조용하고 위축된 B와는 어떻게 다른가?

아동들이 자기 감정을 표현하는 다양한 방식을 스태프들이 이해할 수 있도록 한다. 이 개념들을 정기적인 임상 회의, 스태프 회의, 혹은 그 외 아동들의 행동과 기능에 대해 논의하는 포럼 등에 포함시킨다. 궁극적으로는 스태프가 모든 거주자/내담자들의 "소통 전략"을 이해하기 위한 목록을 만들어내고, 행동에 즉각 반응하지 않고 장기적인 목표에 도움이 되는 방식으로 이 메시지들을 읽고 반응하는 법을 익히는 것이 목표이다. 상담자와 내담자 모두 이를 잘 사용할 수 있도록, 시설 내에서 조정을 도울 수 있는 체계적인 수단을 구축한다. 예를 들어, 가능하다면 조정 전략을 사용하는 안전한 장소를 마련한다. 스태프와 내담자들이 쉽게 활용할 수 있는 조정 관련 활동들도 마련한다. 여기에 포함될 수 있는 활동의 예는 **'조정'** 섹션에 자세히 소개되어 있다.

잘못된 조율과 실수가 가지는 가치

양육자의 감정 관리 기술은 모든 수준의 개입에서 조율 구축과 함께 다루도록 하며 "잘못된 조율"이 빈번한 것은 당연하다는 것을 반드시 알려 준다. 양육자가 항상 조율된 상태로 있는다는 것은 불가능하며, 사실 실수를 잘 다룬다면 애착적 유대관계는 더욱 강화될 수 있다. 양육자가 그 순간을 다시 떠올려서 어려웠던 상호작용을 재검토하고, 대안 반응을 생각해 낼 수 있도록 도와준다. 이 작업은 거주 시설 감독자가 치료 장면 스태프와 함께 하든, 임상가가 수퍼바이

저로 지도하든 각 부모와 시행하든 안전감에 주의를 기울이는 게 아주 중요하다. 양육자가 자신이 "망쳐버린 것"과 놓친 순간에 대해 인식할 수 있을 정도로 충분히 안전하다고 느낄 수 있어야 한다. 건설적으로 사용한다. 모든 것이 배우는 과정의 일부이다. 필요하다면 양육자가 단계적으로 상황을 바로잡거나 또는 해결할 수 있도록 돕는다. 이런 순간들은 조율된 순간만큼 중요하다. 아동들은 어른이 그 상황이나 상호작용을 처리했던 방식에 대해 후회하는 것을 보는 일이 흔하지 않으며, 이 같은 경험은 양육자와 아동 모두 현실 세계에서 관계를 쌓아가는 데 상당히 가치 있는 일이 될 수 있다.

외상 경험 통합: 상태 기반 기술 적용

고통 감내와 조절

치료 초기 단계나 양육자가 더 심한 스트레스를 경험할 때 조율 작업은 양육자에게 아이에 대한 조율을 강조하기보다는 양육자의 경험에 대한 조율에 초점을 맞출 수밖에 없다. 따라서 병행 조율은 이 단계의 중요한 하위기술인데, 시간이 지남에 따라 양육자가 아이에게 조율할 수 있도록 기초적인 지원을 제공하기 때문이다. 과도하게 압도된 상태의 양육자는 아동의 행동이 의사소통("그것은 …를 나타냅니다.")이라는 기본적인 이해를 습득하도록 지원받을 수 있으며, 외상, 애착 및 아동 발달에 대한 지속적인 교육은 아동과 가족의 경험을 정상화시키는 데 도움이 될 수 있다.

호기심과 반영

양육자가 호기심 어린 관찰과 "감정 탐정" 작업에 참여하는 그 순간에, 조율 작업은 아동의 촉발요인 파악("내가 목소리를 높이면, 에단은 흥분하고 내가 요구하는 것을 더 잘 듣지 못하는 것을 알 수 있어요.")을 포함하여 보다 광범위한 목표에 집중할 수 있다. 패턴 인식("매일 아침 양치질을 마친 후, 에단은 방으로 들어가 5분 정도 매우 조용해져요. 왜 그런지는 모르겠지만 매일 그런 것 같아요."), 행동의 기능에 대한 인식 구축("나는 에단이 그렇게 흥분하는 이유가, 혹시 예전에 우리가 같이 살 때 아이 아빠가 나한테 소리를 지르면 에단이 자기 방으로 달려가 인형들이랑 레슬링하는 척하곤 했던 것 때문이 아닐까 생각돼요.").

목표지향적인 행동에 참여하기

양육자가 시간이 지나서 조율 기술을 숙달하면, 이러한 기술을 적용해 아동의 경험을 미러링하고 적극적인 조율 기술을 사용함으로써, 아동이 욕구를 충족하고, 조절 곤란의 순간에공동 조절하며, 아동과 가족의 전반적인 안전감을 향상시킬 수 있다. 예를 들어, 양육자가 다양한 경험과 정서 상태에 걸친 외상 관련 행동, 촉발요인 및 패턴이 가지는 기능에 대한 이해를 공유하기 위해 자녀를 적극적이고 협력적으로 참여시킬 수 있다. 이러한 새로운 이해는 아동 인식 기술(10장에서 다룸)을 지원한다. 또한 아동이 조절 곤란를 겪는 순간에 양육자의 조율이 증가하여 아동의 조절 전략을 지원한다. 조절 지원의 일관성이 증가하면, 아동의 조정 도구상자도 증가한다(11장 참조).

양육자가 아동 조절을 지원하는 것 외에도 미러링 기술을 사용하여 긍정적이고 고유한 아동의 정체성을 반영하고, 아동의 정체감 확장이 이루어지면서, 아동들은 외상 경험을 포함한 삶의 내러티브를 구축하기 시작할 수 있다. 궁극적으로 외상 과정은 조정된 시스템에 의해 지지받을 수 있다.

실생활 치료

- **작업은 양육자에게 맞추도록 한다.** "애착" 섹션에서의 다른 원칙들과 마찬가지로, 양육자가 해결되지 않은 외상 경험이 있다면 조율 작업이 더 어려울 수 있음을 유념한다. 특히 이러한 양육자들은 자신의 자녀들처럼 다른 사람들의 표현을 과각성되어 지켜보거나 아이의 감정에 대해 수치심, 죄책감 등을 느낄 수 있다. 따라서 조율 작업은 양육자의 정서 감내력 정도에 맞추는 것이 중요하다.
- **현실적인 기대를 가진다.** 양자 관계가 어디에서 시작되었는지에 따라 성공을 평가하며 단계적으로 성공을 쌓아가도록 한다.
- **대리 외상에 주의한다.** 강렬한 감정에 귀 기울이는 것은 임상가와 양육자 모두에게 힘든 정서를 불러일으킬 수 있다. 스스로 자기돌봄이 필요한 때인지 주의를 기울이도록 한다.

9장

효과적인 반응

주요 아이디어와 핵심 하위 기술

양육 체계(익숙하거나 형식적인지에 상관없이)가 아동의 행동에 대해 예측 가능하고 적절한 반응을 구축하도록 지원하며, 이러한 반응은 과거의 경험이 현재 행동에 미치는 영향을 인식하고 이에 민감하게 반응하는 방식이어야 한다.

- ★ 목표 행동을 선제적으로 인식하기
- ★ 조율 기술을 사용하여 아동의 행동 패턴을 파악하고 이해하기
- ★ 인식된 행동을 감소시키고 해결하기 위한 "대응" 전략(욕구 충족, 조절 지원) 실행
- ★ 다른 행동 반응 전략(문제 해결, 정적 강화, 제한 설정)을 인식하고, 실험하며, 강화하여 청소년과 환경의 안전을 증진하기

★ 핵심 개념

★ 우리가 행동에 대한 반응에서 외상을 고려해야 하는 이유는 무엇인가?

- 안전한 환경을 구축하기 위해 중요한 점은 아동 및 청소년의 행동에 대한 안전하고 효과적인 양육자 반응을 구축하는 것이다.
- 주 양육자에 의해 외상을 경험한 아동의 경우 제한은 과거력과 연관된 무력감과 극심한 취약성과 연관된다. 과거 양육자는 통제 불가능하고, 처벌적이며, 무서운 사람으로 지각되어 왔을 수 있다.
- 주 양육자에게 상처를 입지 않은 아동의 경우에도 외상을 환경이 가한 예측 불가능한 처벌

로 지각할 수 있다.

- 외상 노출 이후 아동의 행동은 종종 조절곤란과 충동성을 나타내며, 정신건강이나 기타 서비스를 의뢰하는 원인이 된다. 아동의 행동은 반항적, 조작적, 충동적, 압도적, 통제하기 어려운 것으로 간주되며, 그 결과 양육자는 아동 행동을 감소시키기보다는 오히려 행동이 확장되도록 하는 반응적이고 종종 비효과적인 반응 사이클에 진입하게 된다.
- 아동의 행동에 대해 안전하고 예측 가능한 반응을 제공하는 양육 환경은 긍정적 그리고 부정적인 행동에 대한 의미 있는 규칙과 결과가 있고, 적절한 행동을 정의하는 한계와 경계가 있으며, 안전하게 아동을 지켜주는 양육자가 있고, 아동이 이러한 기대에 순응할 수 있다고 믿는 기대를 제공한다. 이와 같은 예측 가능한 반응이 지속되면, 아동은 경계심을 누그러뜨리고, 통제하게 되고, 규범적 발달과업에 자신의 에너지를 투여하게 된다.

★ 효과적인 양육자 반응을 방해하는 아동과 청소년 요인

- 모든 규칙(가족, 시스템)들은 어떤 수준에서든 세상에 대한 공유된 신념을 전제로 한다. 예를 들어, "도둑질하지 마라."와 같은 규칙은 다른 사람의 욕구를 친사회적인 방식으로 충족시킬 수 있다고 가정하며, "싸우지 마라."와 같은 규칙은 자신을 안전하게 지키는 더 나은 방법이 있다고 가정한다. 불공정하고 안전하지 않은 환경에서 자란 청소년의 경우, 그들의 행동을 이끄는 사회 정의는 매우 다른 경우가 많다.
- 아동과 청소년이 차분한 상태에서는 규칙과 행동 지침에 동의하더라도, 과도한 각성 상태(즉, 위협 반응이 작동할 때)에서는 어른의 단서와 제한에 반응하는 데 더 큰 어려움을 겪게 된다. 항상 생존 욕구는 아이의 협력 능력보다 우선한다는 점을 명심한다.
- 외상과 관련된 예측 불가능성과 혼돈에 직면 시 아동의 적응 행동 중 하나는 자신의 환경과 주변의 다른 사람들을 통제하려고 하는 것이다. 이러한 통제 행동은 예측 불가능하며 위험한 세상에서 안전을 얻으려는 아동이 나타내는 최선의 노력이다.
- 명확하고 일관된 제한과 경계는 아동이 안전감을 느끼는데 도움이 되며, 건강한 발달에 중요하지만 외상 경험 아동은 제한 설정과 칭찬 모두에 대해 대응적(reactive)이며, 이로 인해 촉발될 수 있는데, 이러한 반응들이 처음에는 그들 자신의 통제력에 대한 위협으로 인식되기 때문이다.

치료자 도구상자

무엇이 중요한가?

- 행동 문제는 의뢰의 주요 원인인 경우가 많으므로, 모든 개입의 초점이 청소년들의 행동이 되어야 한다는 점에 대해서 일반적으로 양육자나 양육제공자들의 동의를 구하는 것은 어렵지 않다. 그러나 양육자들에게 어려운 점은 아동의 행동 문제를 보다 효과적으로 관리하기 위해 양육자 자신의 반응이나 행동을 바꿔야 한다는 생각이다.
- 문제 행동은 종종 (가족이나 양육 체계에서) 고통을 야기하므로 문제 행동과 어른의 반응 패턴에 대해 이야기하는 것은 자연스러운 시작점이다. 하지만 우리가 성인으로서 했던 선택—양육에서 또는 아동 행동의 전문가로서 반응했었던—을 다루는 것은 개인적인 것으로 부담스럽게 느껴지는 경우가 많다. 대부분의 성인들은 아동이 해야 할 일과 하지 말아야 할 일 그리고 그 행동을 다룰 때의 최선의 방법과 성장기에 아이들이 배워야 할 가치와 그러한 행동에 대한 어른들의 행동이 아이들에게 보내는 메시지에 대해 확고한 신념을 가지고 있다. 이러한 신념은 어른들이 성장과정에서, 개인적 가치 체계에서, 문화적 배경과 영향을 통해, 가족, 커뮤니티와 주변 환경의 다른 사람들과의 의사소통에서 비롯된다. 어른들의 반응에 대해 언급하는 것은 비판처럼 느껴지기 쉬운데, 부모나 양육자에 대한 것이 아니라 그들의 신념, 배경, 문화에 대한 판단이다.
- 특히 주 양육자의 경우, 자녀의 행동보다 부모 자신의 능력에 대한 개인적인 반영을 중요하게 느끼지 않으며, 아이들의 행동을 관리하려고 시도(특히 아이들이 도전적인 경우에)하며 쉽게 격렬해지고, 반응적이 되며, 경직될 수 있다. 이로 인해 양육자의 경험이나 목표에 대한 정확한 이해가 없는 상태에서 부모/양육자가 하고 있는 일/하지 않고 있는 일/해야 하는 일에 초점을 맞춘 행동 관리 전략은 실패할 가능성이 높다.
- 효과적인 행동 반응 전략 수립을 위한 작업에는 핵심적인 몇 가지 진입점이 존재한다.

1. **양육자가 자신의 가치관이나 신념에 대해 이야기하도록 참여시킨다.** 이 사람은 어떤 사람이 되고 싶은가(부모로서, 아이의 양육 제공자로서, 청소년 종사자로서 등)? 양육자는 자신의 역할을 어떻게 생각하는가? 양육자는 아동과의 관계에 어떤 가치를 부여하고 싶으며, 아동이 어떤 가치를 내면화하기를 바라는가? 아동의 현재 행동은 이러한 가치에 어떤 방식으로 부합하지 않는가?
2. **양육자의 양육 과거력을 살펴본다.** 대부분의 양육자는 그들이 부모가 되는 것과 자신의 행

동을 관리하는 방법을 배울 때 자신만의 경험을 가지고 온다. "우리 엄마도 그렇게 했는데 나한테는 효과가 있었어요!" 또는 "나도 같은 환경이었지만 통제하는 법을 배웠어요."와 같은 말을 듣는 것은 드문 일이 아니다. 자신의 삶이 성공적이었다고 생각하는 사람의 전략에 도전하는 것은 그 개인(또는 그 개인의 삶에 영향을 미치는 다른 사람)에 대한 직접적인 비판처럼 느껴질 수 있다. 그 사람의 전략이 어디에서 비롯되었는지, 그 전략의 어떤 측면이 효과가 있었는지(예: 때린 것이 효과가 있었는지, 행동에는 결과가 뒤따른다는 점을 알고 있는지), 그 사람이 그러한 경험을 통해 어떤 가치와 신념을 갖게 되었는지 파악해야 한다.

3. **아이의 행동이 아이, 양육자 또는 가족의 경험에 어떤 영향을 미칠 수 있는지 호기심을 가지고 있어야 한다.** 많은 부모가 아이의 행동을 멈추게 하려는 주된 이유 중 하나는 아이의 행동이 아이의 안전이나 가족의 안전에 미칠 영향에 대한 두려움이나 걱정 때문이다. 부모는 자녀가 학교, 지역사회 구성원, 법 집행 기관 또는 다른 친척들로부터 받게 될 처우에 대해 현실적으로 두려워하며 부모는 자녀의 행동 자체보다 예상되는 결과에 대해 긴박감을 느낀다. 이러한 두려움을 이해하는 것은 아동의 행동에 대해 양육자가 효과적인 반응을 실험하고 구축하는 데 매우 중요하다.
4. **양육자의 정서에 주목한다.** 행동 반응 전략을 시도할 때, 그 전략에 참여하는 성인의 경험을 무시하는 것은 실패로 이어질 수 있다. 어떤 반응 전략을 효과적으로 사용하려면, 성인이 자신의 내적 상태를 어느 정도 인식하고 이를 관리할 수 있는 능력이 있어야 한다. 양육자가 이러한 능력을 습득할 수 있도록 돕는 출발점은 다음과 같다. 아이들의 행동에 직면 시 그들의 감정을 인정하고, 탐색하고, 지지하는 것이다. 사실 외상의 영향을 받은 아동과 청소년들의 많은 행동에는 개입이 필요하며 이는 그들을 돌보는 성인들에게도 고통스럽고 압도적인 일이다. 따라서 양육자들이 아이들의 행동을 관리하기 위해 때때로 극단적인 조치를 취하게 되는 것도 이해될 수 있다. 어른들의 경험을 목격하고, 공감하고, 이해하고, 인정하는 것이 이러한 기술 구축에서는 중요하다.
5. **차이점을 파악한다.** 치료자로서 우리는 함께 일하는 가족, 동료 또는 시스템과 여러 가지가 다를 수 있다. 우리는 자녀가 있을 수도 없을 수도 있으며, 양육 배경과 문화적 또는 종교적 배경이 다를 수도 있다. 사회는 부정적인 행동을 대할 때, 어떤 청소년들에게는 다른 청소년들과 다른 렌즈를 통해서 보는데, 유색인종 청소년, 빈곤층 청소년, 성 규범에 맞지 않는 행동을 하는 청소년들에게 극단적이고 편견에 찬 반응을 보일 수 있다. 이러한 현실적인 결과는 양육자가 자 더 극단적이고, 더 감정적이고, 더 두려움에 기반한 반응을 나타내도록 만든다. 양육자와 함께 일하면서, 우리는 서로 다른 경험을 인정하고, 성인과 아동의 세계에 대해 열린 마음으로 배우고 이해하며, 모든 수준에서 협력하여 궁극적으로 아

동의 안전을 지원하는 양육 선택을 하는 것이 중요하다는 사실을 알게 되었다.

함의

- 양육자들이 외상 기반 행동 반응을 구축하도록 하는 것의 목적은 다음과 같다. (1) 아동 행동에 미치는 외상의 역할에 대한 양육 체계의 이해와 아동 행동에 대한 양육자의 반응 결합하기(즉, 조율 기술을 아동관리 전략에 결합), (2) 아동의 반응에 영향을 주는 외상에 대해 일관되고, 적합하며, 민감한 방식으로 반응하는 능력 구축하기.
- 가정 환경에서의 행동적 반응에 대해 설명할 때, 개입의 목표는 주 양육자이며, 이와 더불어 이차 또는 대체양육시스템(예: 학교 환경, 위탁가정)과 아동의 협조가 동반된다면 가장 이상적이다. 기관의 목표는 모든 스태프들이 하나의 전체로서의 반응하는 것이다.
- "적합한" 양육에 관한 규범은 문화마다 다르다. 어떤 맥락에서 학대로 간주되는 행동이 또 다른 맥락에서는 용인되고 책임 있는 양육으로 간주된다. 연구에 따르면 효과적인 양육 전략은 문화와 상황에 따라 다르다. 치료 목표를 결정하기 전에 맥락 변수뿐 아니라 내담자의 신념체계를 이해하는 것이 중요하다. 다음 예를 살펴보자.

케온은 도심 지역에서 편부가 키우는 12세의 아프리카계 미국인이다. 하루는 케온이 회기에서 그 전날 아버지가 화를 내며 세게 때렸다고 이야기했다. 임상가가 아버지와 이야기를 나누었을 때, 그의 아버지는 아들이 1주일간 방과후 남아야 하는 벌을 학교에서 받게 되었다는 부정적인 내용의 보고서 때문에 벨트로 아들을 훈육했다고 털어놓았다.

이 예에서, 임상가는 딜레마에 빠졌다. 벨트로 아동을 때리는 것은 상부에 보고해야 하는 사건이지만, 케온의 가족 문화에서는 아버지의 아들에 대한 훈육은 적절하며 책임감 있는 양육 행동으로 간주된다. 대화에서, 아버지는 어렸을 때 자신이 받은 훈육, 10대 시절 자신의 실수 그리고 아들은 성공할 것이라고 확신에 차서 이야기하였다. 이 상황에서 임상가는 양육자의 가치, 신념체계를 파악하고, 사회 법률과 지배적 문화에 맞도록 문화적 규범의 균형을 유지해야 하는 어려움에 직면하였다.

- 양육에 대한 자신의 경험(아동으로서 그리고 양육자로서)은 "좋은 양육"이란 무엇인가에 관한 믿음에 영향을 줄 수 있다. 자신의 편견에 유의한다.
- 양육 행동을 평가할 때, 행위뿐 아니라 행동 이면의 의도를 이해하는 것이 중요하다. 다음 예시를 자세히 살펴보자.

심각한 건강 문제가 있는 조부가 최근 쿠바에서 이민 온 어린 2명의 손자를 돌보고 있다. 이들의 부모는 쿠바에 남아 있다. 가족은 위험한 지역의 임대주택에 살고 있으며, 조부는 주거 지역에서 마약과 폭력 관련 사건이 빈번하다고 이야기한다. 평가 중, 아이들은 할아버지가 무릎 위에 벨트를 올린 채 아파트 문 앞에 앉아서 자신들이 집을 나가려 하면 벨트로 때린다고 보고하였다. 조부는 손자들의 안전에 상당한 두려움을 느끼며, 자신은 신체장애 때문에 손자들이 허락 없이 집 밖으로 나가도 뒤쫓아갈 수 없다고 걱정하였다.

이 예시에서, 조부의 의도는 주변 폭력 상황으로부터 손자들의 안전을 지키려는 것이다. 그러나 그의 행위는 치료자와 아동복지 관점에서는 상당한 우려를 불러일으킨다. 이 가족과의 작업에서 행위의 의도를 이해하고 타당화하는 것은 매우 중요하였다.

세대 간 차이

- 복잡하고 만성적인 외상 경험 아동의 부모나 주 양육자들은 가족 내에서 스트레스를 겪었고, 적절한 양육 경험이 부족했던 사람들이다.
- 적절하고 조율된 양육 모델이 부재한 상황에서, 스트레스를 받은 양육자와 양육 체계는 그들이 할 수 있는 효과적인 방식으로 아동을 보살피고 행동을 관리하려고 할 것이다.
- 대부분의 부모들은 가용한 자원, 지원 그리고 자신의 경험에 따라 할 수 있는 최선을 다하고 있다는 것이 우리의 경험이다. 이에 따르면, 개입자는 양육자에 대한 공감적 조율을 발전시키도록 작업하는 것이 매우 중요하다. 전문가로서, 우리는 보호 의무와 지원 간의 균형을 맞추어야 하지만, 본 장에 기술된 연구의 결정적 토대는 양육자와의 조율과 아동에 대한 양육자의 행동이 타당하다고 이해하는 것이다. 우리가 양육자의 입장이 되어 보는 것은 양육자와의 작업에서 가장 효과적이다.
- 조율과 함께 양육자가 새로운 기술을 배우고 실천하면서 성공을 경험하는 것이 중요하다. 행동관리 전략은 어려운 작업이고 처음 시도할 때는 더욱 그러하다. 천천히 그리고 관리 가능한 단계로 기술을 구축해 나간다.
- 양육자가 일관되게 행동 관리 전략을 실행하는 데 어려움을 겪는다면, 이는 아동의 행동에 대한 강한 감정적 반응의 결과일 수 있다. 양육자의 감정이 행동 반응에 영향을 미칠 때 양육자가 충동적으로 비효율적인 전략을 선택하는 것이 일반적이다. 이러한 비효율적인 접근 방식의 예로는 "그냥 중단해" 접근 방식, "얼굴이 파래질 때까지 이야기하기" 접근 방식, "너는 –해야 해" 접근 방식, "잊어버려, 난 끝났어!" 접근 방식 등이 있다. 이러한 전략은 종

종 행동을 해결하기 위한 사전예방적 시도라기보다는 반응이며, 장기적인 효과가 없고 오히려 아동의 자극적인 행동을 줄이기는커녕 증가시킬 수 있다.

- 치료 관계와 치료 공간의 안전성과 예측 가능성을 구축하기 위해 동일한 기술을 사용하는 것이 중요하다. 제한과 규칙이 가족 환경에서의 제한과 규칙과는 다르지만 치료 공간에서 명확한 예측과 경계는 매우 중요하다.
- 양육자가 점점 더 효과적인 행동 반응을 구축하도록 지원하기 위해 여러 가지 전략을 사용할 수 있다. 이 기술을 지원하기 위한 다음과 같은 광범위한 접근 방식을 고려한다. 구체적인 단계와 기법은 다음 섹션에 나와 있다.

조율과 호기심을 동시에	양육자에 대한 궁금증을 가져본다. 양육자는 행동에 대한 반응을 어떻게 배웠는가? 양육자가 자신의 반응에서 무엇을 하려고 시도하는가? 아동을 양육할 때 양육자의 가치와 목표에 대해서 배울 수 있는 시간을 가진다. 양육자의 고유한 경험을 이해하려고 노력한다. 행동 양식을 살펴볼 때, 양육자의 경험은 아동의 경험만큼이나 중요하다.
심리교육	외상 경험 아동들은 생존을 기반으로 하는 행동이 견고하기 때문에 행동변화가 어렵다는 점을 설명한다. 일관된 제한 설정을 방해하는 흔한 양육자 반응과 정서를 논의한다. 단일 전략에 똑같이 반응하는 아이들은 없으며, 어떠한 단일 전략도 모든 행동에 효과적이지 않다는 점을 설명한다.
행동기술훈련	칭찬과 강화, 적절한 제한 설정, 효과적인 문제 해결을 포함해서 행동 전략을 적합하게 사용할 수 있도록 가르친다(다음 섹션에서 자세히 살펴볼 것이다).
연습	양육자가 교육시간에 역할놀이 기술을 실행하도록 돕는다. 잠재적 문제 장면뿐 아니라 전형적인 일상적 시나리오 모두를 목표로 한다.
양육자 코칭	양육자가 이러한 기술을 적용하도록 지원하기 위해 아동과 함께하는 양자 회기 진행이 유용할 수 있다.
모델링	적용이 어려운 양육자의 경우, 임상가는 양자 회기에서 이러한 기술들을 모델링 하도록 돕는다.
숙제	기술에 대해서만 얘기하지 않는다. 양육자는 매주 최소 한 가지 기술(미리 명시된)을 적극적으로 실천하고 숙달하도록 한다.

- 다음은 치료의 성공 가능성을 높이는 데 유용한 고려사항이다.

목표 선택에 협조한다.	양육자는 목표 선택에 관여할 필요가 있다. 행동기술훈련이 성공하는 데 협력이 필수적이다. 양육자들의 경우 그들을 가장 힘들게 하는 견고하게 자리 잡은 행동을 처음 목표로 삼길 원할 것이다. 하지만 그것은 실망을 야기하고, 사기를 저하시킨다. 어려운 과제를 작은 단계로 나누도록 양육자와 작업한다. 양육자가 시급하게 "원하는 것"을 확인하는 것과 가족의 욕구에 대한 치료자 자신의 평가 사이에서 균형을 유지하도록 한다.
작게 시작하여 구축한다.	양육자가 성공하기 위해서는 목표로 하는 기술이 현실적이어야 한다. 동시에 한 개나 두 가지 행동 이상을 목표로 잡지 않는다. 제한 설정보다는 강화 교육으로 시작한다. 아동이 어느 정도 시행하고 있는 행동을 목표로 한다. 제한 설정 시 가장 문제가 되는 행동으로 시작하지 않는다.
연속적 접근을 사용한다.	어려운 행동을 목표로 할 때, 연속적 접근의 규칙을 따른다. 성공은 큰 도약이 아니라 작은 단계로 구축된다. 예시: 한 아동이 화가 나면 자신의 형제를 지속적으로 때렸다. 이 경우 목표는 위험한 방식으로 분노를 표출하는 것을 감소시키며, 조정 도구를 사용하고 보다 건강한 표출을 포함하는 건강한 대처를 구축하는 것이다. 1단계: 자신과 다른 사람에게 신체적으로 위해를 가하지 않는 분노표현을 강화한다(예: 베개를 치거나 문을 쾅 닫는 것은 첫 단계에서 성공으로 간주된다). 2단계: 자기조절 작업에서 구축한 조정 기술 사용을 강화한다(예: 아동의 "감정 도구상자"). 3단계: 자신이 화가 났다는 것을 전달하기 위해 언어적으로 표현하거나 다른 사람과 안전하게 의사소통할 수 있는 아동의 능력을 강화한다. 이것이 가장 어려운 단계라는 것을 명심한다.
어려움을 예측한다.	문제 지점을 예측하기 위해 양육자와 협력한다. 잠재적 위험 지점은 다음의 결과일 수도 있다. ■ 아동의 촉발요인(예: 이동, 기념일, 장소) ■ 양육자의 "푸쉬 버튼"(예: 투덜대기, 잔소리하기, 거짓말하기) 시스템에서라면 시스템적으로 취약한 영역뿐 아니라 개인적인 푸쉬 버튼을 고려한다. ■ 이례적인 일과(예: 휴가일) ■ 다수의 양육자가 존재하는 것 ■ 긍정적이지만 부가적으로 스트레스를 유발할 수 있는 요인의 존재(예: 생일파티, 놀기로 한 날)

실험	양육자로 하여금 새로운 기법을 시도하도록 권장한다. 때로 성공적이지 않을 수 있다는 점을 미리 예측한다(하지만 현실 속에서 새로운 시도를 지속해서 적용하지 않는다면 어떤 것도 성공하지 않을 것이라는 점을 명심한다).
과제 할당	새로운 기술을 배우기 위해서 연습을 해야 한다는 점을 양육자에게 상기시킨다. 구체적인 목표를 선택하고 양육자가 매일 새로운 기술을 연습하며 숙달하도록 한다. 매주 기술의 적용, 성공 그리고 문제점에 대해 점검한다. 가능하다면 새로운 기술을 처음 적용할 때 양육자가 "즉각적으로" 전화상담을 할 수 있게 하는 것이 도움이 된다.
강화 제공	아동에게 언어적이고, 구체적인 강화물들을 확인하고 일관된 방식으로 사용하도록 양육자와 작업한다. 아동의 성공뿐 아니라 노력 또한 칭찬한다.
변화를 추적한다.	문제 행동에 대해서 임상가가 매주 변화를 추적하는 것이 도움이 된다(예: 차트나 표를 사용). 시간의 흐름에 따른 작은 변화도 구체적인 지표를 통해 확인하는 것이 효과적이다.

양육자 교육

- 상기시키기: 양육자에게 핵심 개념 교육하기
- 상기시키기: 양육자에게 관련된 발달적 고려사항 교육하기

기술 #1: 선제적으로 대비한다

행동 반응 전략은 종종 대응적이다. 아이가 도전적인 행동을 나타내면 양육자는 이를 해결하기 위해 반응한다. 양육자의 반응이 비효율적이거나 과하다면, 시간이 지남에 따라 양육자의 반응과 청소년의 행동이 모두 확장되어 양쪽 모두 매우 흥분하고 좌절하며 압도되게 된다. 양육자에게 다음 사항을 교육한다.

- 아동이나 청소년의 행동에 좌절감을 느끼면, 그 행동이 발생할 때마다 더 큰 처벌(또는 단절 증가)로 반응할 수 있다. 이러한 반응은 실제로 문제 행동을 더욱 심화시키고 우리에게 좌절감과 무기력감을 느끼게 한다.
- 효과적인 행동 계획의 첫 번째 단계는 해결하고자 하는 행동을 구체적으로 파악하는 것이다. 시간을 들여 행동을 확인하고 정의함으로써, 우리는 그 행동에 대처하기 시작할 수 있다.
- 해결해야 할 행동의 수를 제한하는 것부터 시작한다(한 번에 두세 개 이하). 해결할 행동을 구체적으로 정의하고 설명한다. 우려되는 구체적인 행동은 무엇이며, 그대신 어떤 일이 일어나기를 바라는가?

- 증가시키고 싶은 행동과 감소시키고 싶은 행동을 확인한다.

기술 #2: 모든 행동에는 기능이 있다: 아이의 행동을 유발하는 요인은 무엇인가?

- 2장에서 외상 기반의 행동 발달을 이해하기 위한 3요인 모델을 제시했으며, 8장에서 이 모델을 검토했다. 청소년의 문제 행동을 해결하기 위해 노력할 때 가장 중요한 첫 번째 단계는 패턴을 파악하고 해당 행동이 발생하는 이유를 이해하는 것이다. 이를 위한 기초는 외상에 기반한 행동이 매우 특정적인 이유로 발생한다는 점을 이해하는 것이다. 여기서 모든 교육 요점을 심도 깊게 검토하지는 않더라도 다음과 같은 핵심 사항을 이해하는 것이 중요하다.

외상에 기반한 행동은 어디에서 비롯되었는가?

세상을 바라보는 아이의 시각을 기억한다.	외상을 경험한 청소년은 나쁜 일이 일어날 것이라고 예상하고 세상에 접근한다. 경계심과 각성 수준이 높으며, 지각된 위험에 대한 행동 반응이 종종 대응적이고 강렬하다. 아이를 자극하는 촉발요인은 누군가가 자신을 바라보는 방식이라든가, 거부감 또는 박탈감을 느끼는 것과 같이 미묘하다는 점을 명심한다.
행동에는 항상 어떤 목적이 있다. (외상 관련된) 행동에는 두 가지 주요 기능이 있다. (이러한 행동은 8장에서 자세히 설명하였다.)	기능 1: 안전을 추구하거나 위험을 회피함(투쟁, 도피, 동결, 복종 또는 순응). 특징적으로 과각성 행동 반응은 아이들이 자신을 보호하도록 돕는다. 기능 2: 욕구(관계성에 대한 욕구, 생리적 욕구) 충족. 행동은 지각된 내적 욕구 상태를 해결한다.
생존을 위한 행동보다 바꾸기 어려운 것은 없다.	생존을 돕기 위해 발달한 행동(신체적으로 안전하다고 느끼도록 돕거나, 욕구를 충족시킴으로써)은 종종 경직되어 있고 변화시키기 매우 어렵다. 그 행동이 지금 아이에게 실제로 도움이 되든 안 되든, 그 행동은 압도적인 내적 각성을 관리하려는 시도이기 때문이다.
아동이 가지고 있거나 부족한 내적, 외적 자원의 정도는 행동에 영향을 미친다.	아이가 내부 자원(강점)과 외부 자원(양육자 지원)에 더 많이 접근할수록 문제 행동은 더 쉽게 해결될 수 있다. 이러한 자원이 없는 경우, 그 행동은 계속해서 경험을 관리하기 위한 주요 대처 전략으로 작용할 것이다. 이러한 이유 때문에 우리는 행동뿐만 아니라, 궁극적으로 그 행동이 덜 필요해질 수 있도록 아동 내부 및 주변의 자원을 목표로 한다.

기술 #3: 행동 패턴 인식하기

외상 기반 행동이 왜 발생했는지 이해하는 것은 행동 계획의 중요한 토대가 된다. 이번 단계에서는, 현재 이러한 행동이 발생한 이유를 가능한 많이 이해하는 것이 중요하다. 양육자에게 구체적으로 다음 내용들을 파악할 수 있도록 가르치고 작업한다.

지금 행동이 발생한 이유는 무엇인가?

촉발요인	행동의 원인은 무엇인가? 그 행동이 언제 발생할 가능성이 가장 높은가? 문제 행동이 발생하기 전의 상황(정서적, 관계적, 환경적)에 대해 구체적으로 정의한다.
기능	아이가 무엇을 하려고 하는 것처럼 보이는가(예: 주목받기, 통제력 드러내기, 각성 관리, 좌절감 전달)? 그 행동에 동의하기보다는, 한 발짝 물러서서 그 행동이 아이에게 어떤 목적을 가지고 있는지 생각해 본다.
양육자의 특징적 반응	자녀가 이러한 행동을 할 때 양육자는 특징적으로 어떻게 반응하는가? 이러한 반응은 양육자에 따라 일관되는가 일관되지 않는가? 특히 양육자의 정서 반응 또는 각성 반응은 무엇이며 양육자의 행동 반응은 무엇인가?
관계에서의 상호작용	양육자에 따라 아이의 반응이 어떻게 다른가? 이를 통해 관계적 욕구 또는 효과적이고 비효과적인 반응에 대한 정보를 제공한다.
효과적인 반응	양육자가 발견한 그 행동을 해결하는 데 효과적인 것은 무엇인가? 특정 반응(예: 특정 전략 사용) 또는 특정 상태(예: 차분한 목소리로 말하는 것과 고함 지르는 것) 중 무엇이 상황을 악화시키는가?

기술 #4: 익숙한 방법 활용하기

"최선의" 또는 가장 효과적인 행동 반응 전략은 아이마다, 상황마다 다르지만, 행동 전반에 적용되는 두 가지 핵심 전략이 있다.

1. **욕구 충족.** 부정적인 행동을 해결하기 위한 가장 유용한 전략은 행동을 유발하는 욕구를 파악하고 이를 충족하기 위해 노력하는 것이다. 다음 예를 생각해 본다.

> 11세 소녀의 양어머니가 아동 치료사에게 딸이 "너무 요구적이예요."라고 말한다. 그게 무슨 뜻인지 설명해 달라는 질문에 어머니는 "딸은 항상 관심을 끌기 위해 행동하고, 너무 큰 소리로 말하고, 제게 매달리려고 하고, 제 무릎 위에 올라가려고 해요."라고 말한다. 치료자가 어머니의 반응을 묻자 어머니는 "그런 행동을 부추기고 싶지 않아서 방으로 들여보냅니다."라고 답했다. 추가 탐색을 통해 어머니의 일반적인 반응 유형은 딸의 요구가 너무 압도적으로 느껴질 때 단절하는 것임을 확인했다. 어머니는 이러한 행동이 시간이 지남에 따라 점점 더 심해지고 있음을 인정했다.

이 예에서 어머니는 실제로 아이의 욕구, 즉 관심을 받고자 하는 욕구를 정확하게 파악했다. 어머니의 반응, 즉 욕구를 무시(주의를 기울이지 않음)하는 것은 보상을 주지 않음으로써 그 행동을 관리하려는 것이었다. 그러나 아동의 방임 과거력 때문에 이 아동에게 주의를 기울이지 않는 것은 명백한 위험 신호로 작용하여 아이의 각성과 관심을 끌려는 행동을 증가시켰다. 그 결과 어머니는 좌절하고, 괴로워하고, 압도되며 부정적인 행동(및 관계) 패턴이 계속 되었다. 치료자는 어머니와 다음과 같이 작업하였다: (1) 적극적으로 관심을 기울이는 기회를 갖는다(예: 매일 저녁 일대일 시간). 그리고 이 시간을 예측할 수 있도록 한다. (2) 욕구 충족 행동을 명명하며 대안을 제시하여 반응한다. "너는 지금 관심이 필요한 것 같아. 엄마 무릎에 앉으면 엄마가 불편하니까 여기 소파에 같이 앉자."와 같은 대안을 제시하고, (3) 요구적인 행동의 원인이 무엇인지(예: 아이가 학교에서 힘든 하루를 보낸 날에는 이러한 행동이 심해진다) 이해하고 그 행동 자체가 의사소통이라는 것을 이해하기 위해 노력한다.

다음 표는 외상 행동을 유발할 수 있는 주요 욕구의 예와 이러한 욕구를 충족하기 위한 전략을 제안한다. 외상에 기반한 욕구는 자신, 타인, 세상과의 관계에서 어느 정도는 전반적인 안전감(또는 안전감의 결여)에 기반한다는 점을 강조해야 한다.

충족하고자 하는 주요 욕구와 전략

욕구	전략
연계감: 나를 바라봐주고, 내 말을 들어주며, 나를 지지해 주는 것을 느끼고자 하는 욕구	일반적인 목표에는 예측 가능한 접촉 기회 구축, 단절 예측 및/또는 재접촉을 위한 전략 개발이 포함된다. 일부 전략에는 다음이 포함된다. ▪**참여하기.** 8장에서 설명한 것처럼, 참여는 종종 관계를 돈독히 하는 토대가 될 수 있다. 대화, 놀이 등에 참여한다. ▪**계획된 체크인.** 하루 중 긍정적이거나 긍정적이지 않은 경험, 감정 등에 대해 소통할 수 있는 특정 시간을 정한다. ▪**감독 또는 동석하기.** 양육자가 자녀와 직접 접촉하지 않더라도, 적절한 감독을 제공하고 자녀를 위해 "함께" 있다는 확신을 줄 수 있다. ▪**의사소통 일과.** 앞서 설명한 것처럼 의사소통을 일과에 포함시키는 것은 자녀에게 소속감과 유대감을 주고 가족 내에서 자신의 가치에 대한 이해를 높일 수 있다.
통제: 내부 및/또는 외부 세계에 대한 통제감을 느끼고자 하는 욕구	외상의 영향을 받은 아동은 자신의 내적 상태와 외부 경험에 대한 전반적인 통제감을 얻고 유지하는 데 어려움을 겪을 수 있다. 이러한 아동의 행위감을 키우려면 다음과 같은 전략을 고려한다. ▪**선택지 제공.** 여기에는 바람직한 선택과 바람직하지 않은 선택 또는 행동과 행동하지 않는 것 사이에서의 선택이 포함될 수 있다. ▪**힘겨루기를 피한다.** 통제에 대한 욕구가 아동의 행동을 주도하는 경우, 통제 기반 전략(예: 제한 설정)으로 아동의 행동이 변화될 가능성은 거의 없다. 가능하면 권위적이거나 강압적인 훈육 방식 및 힘겨루기를 피하여 아동의 통제감을 촉진한다. ▪**조절 지원하기.** 조절을 지원하고 내부 경험에 대한 아동의 통제력을 강화하기 위한 구체적인 전략은 두 번째 요점(189페이지)을 참조한다.

억제하기(containment): 내적으로 그리고 외적으로 기본적인 안전감을 느낄 수 있어야 한다.	억제는 종종 아이가 경험하는 자극의 수준을 줄이는 것이다. 자극은 많은 내부 및 외부 요인과 관련이 있을 수 있다. 예를 들어, 경계가 명확하지 않은 시끄러운 환경, 큰 집단 속에서 압도된 아동을 고려했을 때, 그의 억제 욕구를 해결하기 위한 전략에는 다음과 같은 것들이 있다. ■ 자극에 대한 노출을 감소시킨다(빛, 소음, 교통량 등). ■ 다른 사람들 주변 공간이나 고립된 공간에 조용하고 편안한 공간을 마련한다. ■ 명확하며 일관된 일과를 개발하고 준수한다. ■ 명확한 경계와 행동 전략("도구: 행동 대응" 섹션의 구체적인 예를 참조)을 개발하고 따른다.

2. **조절을 지원하기.** 행동이 통제 불능 상태일 때는 다른 어떤 일이 발생하기 전에 각성 조절/완화를 지원하고, 위기를 관리하기 위한 안전하고 효과적인 전략을 적용해야 한다. 아동·청소년의 정서적 반응뿐만 아니라 여러분의 정서적 반응을 관리하기 위한 전략에 주의를 기울인다.
   - **성인 조절 도구상자를 사용한다.** 행동 계획과 7장("양육자의 감정 관리")에 나와 있는 고통 감내 전략과 연결한다. 행동 문제를 해결하기 위해 노력할 때, 양육자는 그들 자신의 반응을 어떻게 다루어야 할지 알고 있어야 한다.
   - **안전하지 않은 아동 행동을 억제하고 해결한다.** 안전은 모든 행동 계획에서 최우선 목표이며, 아동의 조절문제가 심하거나 통제 불능 상태인 경우, 행동 계획은 조절 전략과 제한 전략을 구분하는 것이 중요하다. 다음 예를 살펴보자.

한 그룹홈에 쉽게 공격적으로 변해 침을 뱉고, 직원을 발로 차고, 주먹을 휘두르는 한 남자아이(7세)가 입소했다. 평온할 때와 화가 났을 때의 행동이 너무 달랐기 때문에 스태프들은 좌절감을 느꼈고, 스태프들은 "다른 사람을 조종하려는" 돌발 행동이라고 생각한 아이의 행동에 강하게 반응했다. 그 결과, 소년의 행동은 장시간의 신체적 억류로 이어졌고 모든 특권이 박탈되었다.

외상 팀 회의에서 내담자를 검토한 후 다른 계획을 세웠다. 스태프들은 소년의 행동에 대한 유발요인을 파악하기 위해 노력했고, 아이가 예상치 못한 변화와 통제력에 대한 위협을 인지하면 강한 반응을 일으킨다는 사실을 파악할 수 있었다. 이러한 유발요인들과 여러 차례의 입소, 상실, 버림받은 과거력을 연결하면서 스태프들은 좌절감을 덜 느끼게 되었다. 그 소년이 안전하지 않다고 느끼기 시작하면, 스태프들은 그를 작은 감각실로 안내하여 진정할 수 있는 공간을 제공하는 것으로 방향을 전환했다. 스태프는 방 안이나 방 밖에 항상 대기하면서 소년에게 수차례 강한 감정은 가져도 괜찮으며, 준비가 되다면 누군가에게 이야기할 수 있다는 사실을 상기시켜 주었다. 한 스태프는 "예전에는 아이가 저를 정말 화나게 했지만, 지금은 제가 제 자신에서 아이는 겁이 났다는 점을 계속 상기시키면서, 이것이 아이가 두려움을 표현할 수 있는 유일한 방법이라고 되뇌입니다. 아이가 침착할 때는 정말 좋은 아이라는 것을 기억하려고 노력하고, 말을 하기 전에 숨을 고르고 후회할 말을 하지 않으려고 노력합니다."라고 말했다.

기술 #5: 행동 대응 도구를 목적적으로 그리고 계획적으로 활용하기

다음 도구 섹션에서는 몇 가지 행동 반응 전략에 대해 설명하고 있다. 실제로 모든 행동 계획에서 각 도구를 언제, 어떻게 사용할지 신중하게 고려한다. 도구가 반응적이고 무차별적으로 사용되는 경우가 많이 있다("아이가 소리를 질러서 타임아웃을 시켰는데 계속 소리를 질러서 아이가 좋아하는 장난감을 빼앗았어요."). 하나의 행동을 해결하기 위해 여러 가지 전략을 사용할 수 있으며, 같은 행동을 해결할 때에도 한 자녀 또는 가족에게 가장 적합한 전략이 다른 가족에게 적합한 전략과 다를 수 있다는 점을 명심한다.

도구: 행동 대응

이 섹션에서 우리는 주요한 행동 대응 세 가지를 다루고 있다: (1) 칭찬과 강화, (2) 제한 설정 및 무시와 같은 행동 관리 전략, (3) 문제 해결. 각각의 전략과 사용 방법, 그리고 문제점과 외상을 함께 고려한다.

도구 #1: 칭찬과 강화

칭찬과 강화 사용에 대한 지침

교육 지침	외상은 개인과 양육 체계에 영향을 미치고 심각한 고통을 야기한다. 시간이 경과하여, 부정적인 패턴이 구축되면 구성원은 어려움, 스트레스 유발요인 그리고 증상에만 집중한다. 스트레스에 압도되면, 긍정적인 것들에 대한 인식이 상실된다. 아동(그리고 이들의 양육자)들은 우선 "나쁜 것"과 동일시하기 시작한다. "나는 나쁜 아이야." "나는 나쁜 부모이다." 스태프들도 스트레스와 병리에 집중하게 되면 동일한 역동이 치료 장면 현장에서 나타난다. 이러한 패턴은 무력함이나 절망으로 이어질 수 있다. "이것은 결코 변하지 않을 거야!"

<table>
<tr><td></td><td colspan="2">칭찬과 긍정적 강화를 사용하게 되면, 다음과 같은 결과를 가져온다.
■ 긍정적인 양육자-아동 상호작용 증가
■ 바람직한 행동 증가
■ 조율 증가
■ 안전감 증가
■ 아동과 양육자의 자존감과 자기효능감 구축
■ 아동과 양육자의 숙달감 증가

칭찬과 강화는 의식적인 선택이어야 한다. 놀랍게도 좋은 점은 힘든 점보다 알아차리기 어렵다! 긍정적인 점을 파악하기 위해서 집중하여 목표 행동을 선택하는 것이 필요하다.</td></tr>
<tr><td rowspan="5">목표 선택</td><td>모든 것을 칭찬하지 않는다.</td><td>양육자가 선택하도록 작업한다. 보이는 모든 것을 칭찬한다면, 양육자는 거짓이라고 느끼게 되며 아이에게 거짓말하는 것이 된다. 분명히 실재하는 중요한 목표를 선택하고 이에 초점을 기울인다.</td></tr>
<tr><td>작은 것에서 시작한다.</td><td>주목할 하나의 행동을 고를 수 있도록 양육자를 돕는다. 양육자는 의식적으로 선택한 행동에 주의를 기울여야 하며, 그 행동이 나타날 때마다 칭찬한다. 양육자들에게 자신의 칭찬 사용을 추적하게 한다.</td></tr>
<tr><td>핵심적이며 바람직한 행동을 선택한다.</td><td>당신이 구축하려고 하는 행동들에 기반하여 목표를 선택한다. 예를 들어, 짜증을 부리지 않고 욕구불만을 참는 것이 중요한 목표라면, 이러한 행동을 나타내는 아동의 어떠한 신호도 감지하고 강화한다. 칭찬이 행동이나 노력과 분명히 연결되도록 양육자와 함께 작업한다(예: "잘했어."가 아니라, "와, 네가 아주 자랑스럽구나. 네가 나가기 전에 몇 분 동안 기다려야 한다고 방금 말했고, 너는 '알았어요' 하고 대답했지. 이렇게 하는 것이 힘들다는 것을 알고 있는데 네가 이렇게 했다는 것이 정말 자랑스럽구나.").

목표를 현명하게 선택하도록 양육자를 돕는다. 아동이 한 번도 하지 않는 행동을 첫 목표로 정한다면, 부모와 아동 모두 성공을 경험하지 못할 것이다.</td></tr>
<tr><td>"성공"을 재정의한다.</td><td>양육자가 한 번의 성공보다는 점진적 조형(shaping)을 생각할 수 있도록 도와준다. 예를 들어, 아동이 화를 낼 때 벽을 치지 않도록 하는 것이 궁극적인 목표라면, 처음에는 아동이 벽을 치지 않고 고함을 지르는 것을 강화한다.</td></tr>
<tr><td>"착한 것"을 넘어서</td><td>칭찬이 항상 행동과 연결되지 않을 수 있다. 칭찬은 단순히 행동을 조형하는 것이 아니라 긍정적인 자기감을 구축하도록 한다. 아동의 자질과 노력을 강화하도록 양육자와 작업한다.</td></tr>
<tr><td>칭찬 표현의 예시</td><td>행동과 연관짓기</td><td>"네가 숙제를 다 한 건 정말 잘한 거야."
"여동생과 이렇게 나누어 가지니 좋구나."
"네가 느낀 것을 안전한 방식으로 전달해 주니 너무 자랑스럽다."</td></tr>
</table>

	노력과 연관짓기	"네가 얼마나 열심히 하는지 알 수 있어." "어렵지만 타협하려고 노력하니 고맙구나." "네가 얼마나 좌절했는지 내가 아는데, 네가 고함을 지르지 않으니 정말 자랑스럽구나."
	아동의 자질	"네가 정말 친절해서 자랑스럽구나." "모험심이 아주 많구나– 나는 그 점이 대단하다고 생각한단다!" "대단한 유머감각을 가지고 있구나."
	열린 형태로 (open-ended)	"너는 아주 대단한 아이야, 너와 함께해서 아주 즐겁구나." "우리가 같이 게임할 때 아주 좋았어." "어제 네가 미소짓는 것을 보게 되어 나는 아주 행복하단다."
강화물	교육 요점	긍정적 행동을 증가시키는 한 방법은 구체적인 강화물을 사용하는 것이다.
	어른의 관심은 강력하다.	어른의 관심이 가장 강력한 강화물 중 하나라는 것을 양육자에게 교육한다. 구체적인 강화체계를 구축하는 데 있어서 칭찬의 힘을 잊지 않는다.
	보상 차트	구체적인 강화체계를 구축하도록 양육자와 작업한다. 칭찬을 위해, 처음에 초점을 맞출 하나 혹은 두 개의 행동을 선택한다. 별/스티커 차트, 점수 보상 체계, '잘했어요' 상자 등을 활용한다. 발달상 적절한 방법을 선택하기 위해 양육자와 작업한다(발달적 고려사항, 207–208페이지 참조). 어린 아이들은 별이나 스티커 같은 단순한 보상에도 동기부여를 받을 수 있지만, 나이가 많은 아이들은 아래에 나열된 구체적인 보상 예시처럼, 좀 더 명확하고 구체적인 목표가 있어야 참여할 것이다. 아이들은 목표를 정의하고 달성하는 과정에 직접 참여할수록, 더 적극적으로 몰입하는 경향이 있다. "주되 빼앗지는 않는다." 보상 차트나 강화 시스템을 사용할 때, 아이들이 긍정적인 행동을 통해 보상을 얻어야 하지만, 부정적인 행동을 했다고 해서 이미 얻은 것을 잃지 않도록 해야 한다. 즉, 스티커를 못 받을 수는 있지만, 이미 받은 스티커를 잃지 않도록 한다. 이는 아동들이 보여 주었던 긍정적인 행동이 여전히 유효하다는 메시지를 아이들에게 전달하는 것이다.
	구체적인 강화물의 예시	양육자와의 특별한 시간 추가 혜택(예: 컴퓨터 시간, 텔레비전 시간, 늦은 취침시간)

		리더가 되도록 하기(예: 가족영화 선택하기, 저녁으로 좋아하는 음식 선택하기) 구체적인 보상(예: 장난감, 게임, 책)

칭찬과 외상 반응

- 외상을 경험한 일부 아동의 경우 보상과 긍정적인 관심이 부정적인 반응을 촉발할 수 있다. 이러한 반응에는 몇 가지 이유가 있다.
  - 칭찬은 "자아 이질적"일 수도 있다. 자신에게 뭔가 잘못된 점이 있다는 생각이 강한 아동들의 경우, 칭찬은 이들의 자기지각과 일치하지 않으며 거짓 칭찬과 속임수같이 두려움을 야기할 수 있다.
  - 긍정적인 표현은 애착공포를 끌어낼 수 있다. 외상의 영향을 경험한 아동들은 대개 자신의 삶에서 양육자, 장소 그리고 다른 중요한 인물의 상실과 같은 다양한 상실을 경험했다. 어른과의 긍정적 관계는 동일한 일이 일어날 수 있다는 공포를 야기할 수 있다. 아이의 마음속 공포는 "누군가 내일 다시 떠나갈 수 있는데 왜 애착되어야 하지?"이다.
  - 가해자로부터 칭찬을 받은 아동이나 학대 행위 후 보상을 받은 아동에게 칭찬은 과거 학대를 직접적으로 유발하거나 상기시키는 계기가 될 수 있다. 우리와 함께 일했던 몇몇 청소년들은 학대를 당한 후 아이스크림을 사 먹거나, 옷이나 장난감을 사거나, 영화를 보러 간 것에 대한 이야기를 보고한 바 있다.
  - 마지막으로, 그룹 보호 아동에게 성공이라는 것은 시설을 벗어나는 것으로 보상된다. 즉, 성공이란 살고 있던 가정, 자신을 돌봐주던 사람들, 그리고 예측 가능한 일상 생활을 잃는다는 것을 의미한다.
  - 외상 병력이 있는 양육자에게 칭찬을 제공하는 것도 촉발요인이 될 수 있다는 점을 유의한다. 예를 들어, 자신의 어린 시절에 긍정적인 관심과 유대감이 부족했던 양육자의 경우, 자녀에게 칭찬을 제공하는 것이 불편하거나 불안하게 느껴질 수 있으며, 자신은 한 번도 받지 못한 것에 대한 슬픔을 불러일으킬 수도 있다. 여기서는 아동의 외상 반응이 칭찬 경험에 영향을 미칠 수 있는 방식에 초점을 맞추었지만, 성인 양육자가 이 문제로 어려움을 겪을 수 있는 여러 가지 이유를 인식하고 인정하는 것도 마찬가지로 중요하다.

아동이 칭찬에 의해 촉발될 때 대응하기

개인적으로 생각하지 않는다.	칭찬이 촉발물이 될 수도 있다는 것을 양육자가 인식하도록 돕는다. 아동이 칭찬받을 때 부정적으로 반응한다면, 양육자가 애착공포와 관계 거절을 분리하도록 돕는다.
굴하지 않는다.	많은 아동의 경우 외상에 관한 의미부여에는 부분적으로 자기비난이 포함된다. 칭찬과 강화가 즉각적인 변화로 이어지지 않을 것이다. 아동의 부정적 자기 표현을 목도했을 때 일어나는 감정(예: 부끄러움, 죄책감, 좌절)을 감내하도록 양육자를 돕는다.
논쟁하지 않는다.	논쟁하지 말고 칭찬을 지속하도록 양육자를 돕는다. 반응은 단순하게 하도록 교육한다. 예를 들어, 양육자가 아동에게 자랑스럽다고 말했는데 아동이 이를 거부한다면, 양육자는 다음과 같이 반응한다. "글쎄, 나는 네가 자랑스럽지만, 네가 어떤 감정을 느끼든 괜찮아."
아동의 감정에 주의를 기울인다.	아동이 흥분하기 시작하면, 양육자가 조율 기술을 사용하여 기저의 감정에 이름을 붙이고 반응하도록 돕는다. 예를 들어, "나는 네가 무엇을 듣고 겁을 내는지 알 수 있어. 기분이 나아질 수 있도록 안아줄까?"

도구 #2: 행동 관리 전략

행동 관리를 위한 일반 지침

지침	모든 행동 전략은 앞서 설명한 대로 해당 행동이 발생한 이유를 고려한 조율된 반응의 맥락에서 이루어지는 것이 중요하다. 행동을 유발하는 감정을 인정하고 행동을 유발하는 패턴을 다루도록 작업함으로써 궁극적으로 제한의 필요성을 줄일 수 있다. 행동 관리 계획을 수립하고 적절한 제한을 파악하기 위해서, 양육자와 함께 "양육자 교육" 섹션(기술 #1-5)에서 설명하고 있는 전체 단계를 따르도록 하며, 특히 "익숙한(go-to)" 전략(욕구를 인식하고 아동과 성인의 조절을 지원하는)들을 포함시킨다. 외상의 영향을 받은 많은 아동에게 과거에 있었던 제한(limit)들은 지나치게 징벌적이거나 비일관되거나 아예 실재하지 않는 것들이었다. 아동들은 안전하다고 느끼기 위해 엄격한 통제 전략을 사용할 수 있으며, 처음에는 제한에 저항할 수 있다. 그러나 시간이 지남에 따라 일관된 제한 설정을 통해 환경의 안전감을 높이며, 궁극적으로 그들의 엄격한 통제에서 벗어나도록 할 수 있다. 양육자는 외상 경험 아동에게 제한을 설정하는 것을 주저할 수 있다. 그러나 제한을 설정하지 않으면 다음과 같은 여러 가지 부정적인 메시지를 보낼 수 있다. ■ 아이들은 자신의 행동을 스스로 통제할 수 없다. ■ 아이는 너무 손상되어서 행동할 수 없다. ■ 아동은 양육자의 관심을 받을 자격이 없다. ■ 양육자가 아동의 행동을 처리할 수 없다.

	이러한 모든 메시지는 아이의 무력감을 증가시켜 부정적인 행동을 증가시킬 수 있다는 점에 유의한다. 반대로 일관된 기대치와 제한을 설정하면, 다음과 같은 메시지를 전달할 수 있다. ■ 아이들은 행동 조절을 배울 수 있다. ■ 아이들은 상황에 맞는 방식으로 행동을 변경할 수 있는 능력이 있다. ■ 그들은 양육자의 관심을 끌 만한 가치가 있다. ■ 그들의 양육자는 그들을 안전하게 보호할 것이다.
행동 관리 전략	무시하기 행동에 대한 결과 적용하기 타임아웃 적용하기

전략 #1: 무시하기 사용

정의	"무시하기"는 즉각적으로 위험하지 않으나 바람직하지 않은 행동에 관심을 주지 않는 것이다. 적극적인 무시하기의 목표는 관심이 가지는 강화의 가치를 제거하여 이러한 행동의 발생을 줄이는 것이다.
적절한 목표	무시하기의 적절한 목표 예시는 다음과 같다. ■ 징징거리기 ■ 짜증내기(아동 또는 다른 사람에게 위험한 표현이 포함되지 않은 경우) ■ 삐죽거리기/ 뽀로통하기 아동이 위에 나열된 그런 행동을 나타낼 때, 양육자는 ■ 감정을 인정한다. ■ 부정적 행동을 명명한다. ■ 더 적절한 대체 행동을 말해 준다. ■ 일단 부정적인 행동이 중단되면 아동과 기꺼이 함께 할 것이라고 보여 준다.
무시하기 실행 방법	양육자가 첫 단계를 시작한다. 다음과 같이 시행한다. ■ 아동에게 관심을 주지 않는다. 경고하거나, 행동에 이름을 붙이거나, 아동에게 관심 주는 것을 중단한다. ■ 아동이 나타내는 긍정적인 대체 행동은 즉시 강화한다(예: 아동이 칭얼댄다면, 칭얼거림을 멈출 때 아동을 즉시 칭찬한다). ■ 행동이 악화되고 아동이 자신이나 다른 사람에게 위험하게 할 때에만 제한을 설정한다. 행동이 몇 분 이상으로 지속된다면, 양육자는 부가적으로 다음과 같이 이야기한다("일단 진정된 목소리로 말할 준비가 되면 너와 얘기하고 싶구나."). ■ 행동이 격화되기 시작한다면, 아동이 촉발되었거나, 조절을 위한 지원이 요구되는 상태임을 나타낸다.

예시 1	10세 소년에게 양육자가 저녁을 먹기 전에 과자를 먹을 수 없다고 이야기하였다. 소년은 고함을 지르며 과자를 달라고 하기 시작한다. 양육자: 네가 과자를 먹을 수 없어서 화가 난 건(부정적 행동을 정확히 말한다) 알겠어(감정을 인정한다). 그러나 고함친다고 내 결정이 바뀌지는 않아. 네가 얼마나 화가 났는지 이야기할 수도 있고, 아니면 화가 덜 나도록 도움이 되는 놓구도 할 수 있지만, 고함치는 동안에는 너와 얘기할 수 없어.(더 적절한 행동을 정확히 말한다.) 고함치지 않고 나와 얘기할 준비가 된다면, 나는 부엌에 있을 거야(부정적 행동이 멈출 때 아동과 기꺼이 어울릴 것이라고 보여 준다). 바비: (몇 분 더 고함치고, 양육자는 이를 무시한다. 그리고 나서 누그러진다.) 양육자: 좋은 선택이야, 내 말을 듣고 고함치는 것을 멈춰서 자랑스럽구나. 얘기하고 싶다면, 와서 이야기할래?
예시 2	어머니가 9세 아이에게 자기 전에 양치질하라고 세 번이나 말했지만, 아이는 반응이 없다. 어머니는 딸이 응답하지 않은 것을 알아차리고 이번에는 보다 단호한 어조로 한 번 더 이야기한다. 딸: (엄마에게 소리를 지르기 시작하며) 엄마가 제일 짜증나! 엄마 싫어! 어머니: (딸의 행동을 무시하며 심호흡을 한다.) 지금 화난 것 알겠어. 네가 혼자 있을 수 있도록 엄마는 다른 방에 가 있을게. 대신 기억해. 엄마는 타이머로 10분을 맞출 것이고, 그 정도면 네가 양치질 하기에 충분한 시간이 될 거야. 네가 필요한 게 있다면 알려주렴.

참고: 이 예에서 어머니는 딸의 무례한 어투에 쉽게 끌려갈 수 있었다. 만약 그 행동이 지속되었다면, 행동에 따른 결과가 필요할 수도 있었지만 이 어머니는 그 행동을 무시하고 공간이나 거리두기의 필요성을 강조하는 방법을 선택했다.

전략 #2: 행동에 대한 결과

정의	이 전략은 바람직하지 않은 행동에 이름을 붙이고 그에 따른 결과를 시행하는 것이다. 그 결과에는 권리박탈, 자연스러운 결과 또는 논리적 결과 또는 연령에 적합한 타임아웃(하단의 표에서 설명) 등이 포함된다.
적합한 목표	제한이 따라야 하는 행동들은 가족 또는 시스템의 규준에 따라 다양하지만, 일반적으로 안전하지 않고, 공격적이며, 가족/시스템의 규칙을 위반하는 것 등이 있다. 예를 들어, 형제를 때리거나, 장난감을 던지거나, 경고를 받은 후에도 소리를 지르거나, 이름을 부르거나, 지시를 따르지 않는 등의 행동은 제한 설정 대상이 될 수 있다.

어떻게 제한/결과를 설정하는가?	처음에 양육자와 함께 제한을 설정할 때 양육자가 실제로 수행할 수 있는 목표와 결과를 선택하도록 도와준다. 양육자가 특정 행동에 대한 구체적인 제한/결과를 미리 파악할 수 있도록 도와준다. 양육자가 부정적인 행동을 예상하고, 이를 이해하기 위해 노력하고, 이를 해결하기 위한 예방적 계획을 수립할수록 제한/결과는 적절해진다. 행동이 발생하면 양육자에게 다음과 같은 단계를 가르친다. ■ 행동 이면의 감정 파악 ■ 허용되지 않는 행동을 명명하기 ■ 제한 또는 결과의 이름을 명명하기 ■ 현재 또는 미래를 위한 대체 행동을 제안하기 이러한 절차는 아이와 양육자 모두 침착하고 안정된 상태에서 진행해야 한다.
제한들	제한은 다음과 같을 때 가장 효과적이다. ■ **연관성 있는:** 제한과 결과 사이의 연관성을 이해한다면, 제한이 행동을 뒤따를 때 이를 잘 이해할 수 있다(예: 안 된다는 말을 듣고도 집에서 공을 가지고 놀면, 일정 기간 동안 공을 사용할 수 없게 된다). ■ **연령에 적합한:** 제한은 자녀의 발달 단계에 맞게 적절하게 설정해야 한다(207–208페이지의 발달적 고려사항 참조) 가능한 한 행동의 심각도에 따라 제한의 강도를 정한다. 경미한 행동에 대해 과도한 벌을 주어서는 안 된다. ■ **차분함:** 차분한 목소리 톤으로 제한 사항을 전달해야 한다. 아이를 겁주는 것은 효과가 적다. 필요하다면, 양육자는 제한을 전달할 때 진정할 수 있는 시간을 갖는다. ■ **시기적절함:** 특히 어린 자녀의 경우 부정적인 행동이 발생한 후 합리적인 시간 내에 제한을 적용해야 한다. 참고: 제한을 적용할 때 다음 사항을 고려하는 것이 중요하다. "익숙한 방법"을 적용하고, 조절을 지원하는 것을 잊지 않는다.
이미 발생한 행동(예: 안전하지 않은 행위)에 대한 적용 순서의 제안	이미 발생한 행동을 다루기 위해 다음 순서를 양육자들에게 교육한다: 1. "네가 ________하게 느낀다는 것을 알고 있지만, ________는 좋지 않아."(예: 나는 네가 화가 나 있는 것을 알 수 있지만, 동생을 때리는 것을 좋지 않아.") 2. 예시 선택: ■ "네가 지금 안전할 수 없다는 걸 내게 보여 주고 있어, 너는 ________("네 방으로 가라" "계단에 앉아 있어라" 등) ________(예: "5분 동안" "내가 너에게 올 때까지" 등) ■ "만약 네가 ________한다면 ________하게 될 것이라고 이미 이야기했지." (예: "네가 동생을 때리면, 밤에는 플레이스테이션을 잃게 될 거라고 말했어. 너는 동생을 때리기로 선택했으니, 내일까지 플레이스테이션 사용이 허락되지 않을 거야.") 3. "다음 번에 네가 ________라고 느낄 때, 네가 ________를 선택하기를 바란다." (예: "다음 번에 네가 화가 날 때, 동생을 때리는 대신에 나에게 와서 말하는 것을 선택하기 바란다.")

아직 발생하지 않은 행동을 이끌어내기 위한 언어 표현 순서의 제안	바람직한 행동을 이끌어내기 위해 양육자에게 다음의 3단계 순서를 교육한다: 1. "________해 주겠니?"(예: "장난감을 치워주겠니?") 2. "너는 ________할 필요가 있어."(예: "너는 내가 부탁한 것을 할 필요가 있으며 지금 장난감을 주워라.") 3. "네가 ________하지 않으면, 그럼 ________것이다."(예: "내가 방에 돌아올 때까지 장난감을 치우지 않는다면, 저녁을 먹고 난 후 밖에서 놀 수 없을 거야.") 4. [행동이 일어나지 않았다면], "너는 ________라는 말을 들었고, 너는 지금 그렇게 하지 않기로 선택했어. 그건 ________를 의미해."(예: "너는 장난감을 주우라는 말을 들었고 그렇게 하지 않기로 선택했다. 그건 오늘밤 네가 밖에서 놀 수 없을 거라는 의미야.")
근거	이 단계에서 다음의 내용을 다룬다. ■ 아동에게 바람직한 행동을 하지 않은 것에 대한 결과뿐 아니라 바람직한 행동에 대한 명확한 메시지를 제공한다. ■ 아동에게 행위와 결과를 연결하고, 행동을 선택하는 기회를 허용한다. ■ 궁극적으로 제한이 아동의 행동과 명확하게 연결됨으로써, 힘겨루기를 없애고 아동에게 책임을 부여한다.
고려사항	아이가 지시를 준수하는 데 방해가 될 수 있는 요소를 염두에 두는 것이 중요하다. 반항이라기보다는 아이가 압도되었거나, 위축되었거나, 혼란스러워 하는지 등을 고려한다. 제한 설정은 즉각적인 대응이 아니라 다른 방법을 모색한 후 마지막 단계로 고려해야 한다.

전략 #3: 타임아웃 사용하기

정의	"타임아웃"은 정해진 시간 동안 물리적(그리고 그 위치 내에서의 다른 사람들의 관심 포함)으로 혼자 시간을 보낼 수 있는 장소로 아동을 이동시키는 행위가 포함된 특정 유형의 제한 설정이다. 어린 아동의 경우 타임아웃은 보통 명시된 장소(예: 의자, 계단)에 앉아 있는 것이며, 나이가 있는 아동의 경우에도 유사한 원칙을 적용한다(예: 정해진 시간 동안 아동이 자신의 방에 있는 것).
적합한 목표	타임아웃은 용인되지 않은 행동, 특히 충동적이거나 안전하지 않은 행동을 즉시 멈추게 하는 데 유용하다. 외상 경험 아동의 경우 타임아웃은 괴로운 감정으로부터 스스로를 진정시킬 수 있는 "공간" 제공에 유용하다. 적합한 목표에는 앞에서 기술된 제한설정 리스트들을 포함시킨다.
방법	아동이 충동적이거나 안전하지 않은 행동을 나타낼 때, 양육자는 다음과 같이 하도록 한다. 1. 경고한다: "만약 네가 _______를 멈추지 않으면, _______해야 할 것이다."(예: "소리지르기를 멈추지 않으면, 너는 어딘가에 혼자 있어야 할 거야.")

	2. 경고 이후에도 행동이 멈추지 않는다면 부정적 행동을 다시 말해 주고 타임아웃 장소와 시간을 명확하게 말해 준다. 3. 필요하다면 아동을 타임아웃 장소에 데려간다. 4. 일단 아동이 타임아웃에 들어가면 정해진 시간이 지날 때까지 관심을 주지 않는다. 보통 아동은 연령당 1분이 사용된다; 양육자는 "네가 진정될 때까지"라고 명시할 수도 있지만, 양육자는 그것이 어떤 의미인지 명확하게 해 준다. 5. 대안: 안전한 공간에서 타임아웃을 유지하는 방법은 다음의 대체 설명을 참조한다(예: 타임인[time-in, 아이를 따로 떼어놓는 대신 보호자가 함께 머물면서 감정을 조절하고 지지하는 시간], 안전한 공간). 외상 과거력이 있는 아동은 이러한 대안이 기존의 타임아웃 단계보다 효과적일 수 있다. 만약 아이가 타임아웃을 거부하는 경우 양육자에게는 두 가지 옵션이 있다. 1. 거부를 무시하고, 그 결과를 반복해서 설명한다. 아동이 전반적으로 안전한 상황이지만 타임아웃 장소로 가기를 거부하는 경우, 양육자는 다음과 같이 말할 수 있다. "너는 ___분 동안 타임아웃을 해야 해. 네가 의자에 앉을 때(계단 등에 앉을 때)까지 시간을 재지 않을 거야. 내가 말한 타임아웃을 하지 않으면, 너는 우리와 함께 게임할 수 없어. 2. "만약 -그렇다면"이라는 문장을 사용해서 아이가 따르지 않을 경우의 결과를 설명한다. (예: "지금 너에게는 선택권이 있어. 내가 말한 대로 2분 동안 타임아웃을 하고 앉아 있어야 해. 협조하지 않으면 오늘 더 이상 밖에서 놀 수 없단다." 양육자가 일단 이렇게 말했다면 이러한 제한을 따르는 것이 매우 중요하다.) 일단 아동이 정해진 시간을 완료하면 양육자는 다음과 같이 한다. 1. 아동이 지시를 따르고 타임아웃을 유지한 것을 칭찬한다. 2. 타임아웃에 들어간 이유에 대해 아동의 이해를 이끌어낸다. 3. 행동 이면의 감정을 인정한다. 4. 용인될 수 없는 행동 대신 다음 번에 아동이 할 수 있는 대안을 제시한다(또는 아동이 대안을 생각하도록 돕는다).
예시	밖에 나가 놀 수 없다는 말을 들어서 화가 난 7세 소녀가 소리를 지르고 장난감을 던지기 시작한다. 양육자: (감정을 이름 붙이고 조절을 지원하려고 시도하면서) 제이미. 네가 화난 걸 알아. 하지만 장난감을 던지는 것은 안전하지 않아. 내가 도와줄게. 나랑 같이 앉을래?" 제이미: (양육자를 무시하면서 계속 장난감을 던진다) 양육자: (경고하면서) 네가 화가 나서 나도 속상하지만, 나는 너를 안전하지 않게 둘 수는 없단다. 유감이지만 네가 멈추지 않는다면 너는 조금 혼자 있는 시간을 갖게 될 거야.

<table>
<tr><td></td><td>제이미: 엄마 미워. (엄마를 향해 인형을 던진다)
양육자: (부정적인 행동을 다시 이야기한다) 나는 네가 안전하지 않게 행동하도록 놔둘 수는 없어. 인형을 던지는 것은 괜찮지 않아. 네가 고함치지 않고 내게 말할 준비가 될 때까지 계단에 앉아 있어야 해. (양육자는 제이미의 손을 잡고 그녀를 계단으로 데려간다. 제이미는 몇 분간 고함을 질렀지만 양육자는 무시한다. 제이미가 진정되자 양육자는 그녀에게 다가와 그녀가 지시를 따른 것에 대해 칭찬한다) 제이미, 아주 잘했어. 소리지르지 않고 계단에 앉아 있어서 네가 진정된 걸 알 수 있었어(아동의 이해를 끌어 낸다). 내가 너에게 계단에 앉으라고 한 이유를 아니?
제이미: 아니요!
양육자: 네가 물건을 던졌는데, 그건 위험하기 때문에 계단에 앉아 있으라고 말했어.
제이미: 하지만 나는 나가고 싶어요!!!
양육자: 네가 나가고 싶어하는 것을 알아(감정을 인정한다). 그리고 너는 그렇게 할 수 없어서 화가 났지. 하지만 장난감을 던지는 것은 나에게 안전하게 이야기하는 방법이 아니야. 하지만 지금은 네가 말로 잘 이야기해 주었구나. 네가 화가 나서 유감이지만, 지금은 밖에서 놀기에 너무 늦었단다(대안을 준다). 그 대신 엄마랑 그림을 그릴까?</td></tr>
<tr><td>타임아웃에 대한 대안</td><td>트라우마를 경험한 아동은 괴로울 때, 깊은 연결감, 참여, 지지에 대한 욕구가 높은 경우가 많다. 기존의 타임아웃 전략이 일부 아동에게는 효과적일 수 있지만, 또 다른 아동에게 양육자, 놀이 대상 등과의 접촉이 중단되면 조절 곤란은 더 심해질 수 있다. 다음과 같은 대안을 고려해 본다.

■ 타임인(time-in): 타임인은 부정적인 행동을 설명하고 중단시키려는 것이지만, 동시에 성인이 아동을 거부하는 것이 아니라, 그 행동을 제한하고 있다는 재확신을 제공하는 것이다. 다른 사람과 분리된 공간에 아이를 두는 대신 “타임인” 기법을 사용하면 양육자는 아동 옆에 앉아 있거나, 아동을 자신의 무릎에 앉게 하거나, 함께 방에 있으면서 아동을 돌볼 수 있다. 특히 방임 또는 유기의 과거력이 있는 아동들에게 타임인은 타임아웃보다 효과적이면서 촉발적이지 않다. 접촉 시간을 어느 정도 아동이 통제할 수 있는 시간으로 설정하는 것이 중요하며, 성인은 아동이 성인 근처에 머물도록 강요해서는 안 되며, 접근 정도에 대해 제안할 수 있다. 예를 들어, 6세 여아의 양어머니는 던지는 행동에 제한을 두고자 할 때, “모든 것이 너무 과열되면 누군가 다칠 수 있으니, 잠시 시간을 갖자. 소파에 가서 바로 옆에 있을까, 아니면 이쪽에 앉을까?”라고 말한다.
■ 안전 공간/안심 구역: 처벌이라는 틀보다는 “안전 공간”(또는 안락한 공간, 감각 공간, 진정 코너 등)이 가지는 명시적인 목표는 아동의 조절을 돕는 것이다. 이러한 공간 유형은 아동의 부정적인 행동이 어느 정도는 강한 감정이나 통제할 수 없는 신체 상태에 기인한다는 것을 이해한다는 분명한 메시지를 전달하는 것이다. 안전한 공간은 단순한 공간(베개, 인형, 담요가 있는 방의 한쪽 구석)일 수도 있고 좀 더 정교한</td></tr>
</table>

	공간(안전한 감각 물체로 채워진 환경 프로그램 내 감각실)일 수도 있다. 이러한 공간은 평온한 순간에 소개해야 하며 아동·청소년이 공간과 공간 내 재료들을 사용해 보는 기회를 가지는 것이 중요하다. 이 공간은 적어도 일부 시간 동안은 심한 조절 곤란이 있는 아동이 사용한다는 가정하에, 주변 환경의 물건들은 안전한 것들이어야 한다.

제한 설정과 외상 반응

- 보상과 칭찬처럼 제한 설정은 외상 아동에게 강력한 감정을 야기할 수 있다.
- 양육자는 제한 설정 시 다음을 고려하는 것이 중요하다.

제한 설정 시 외상 고려하기

제한을 설정해야 할 필요성 감소시키기	외상 경험 아동은 종종 통제 욕구를 느낀다. 아동에게 제한된 선택을 제공하면 힘겨루기를 피할 수 있다(예: "네 방이나 식탁에서 숙제를 할 수 있어. 어디에서 하고 싶니?"). 이 선택은 아동에게 통제한다고 착각하게 하고, 양육자는 행동에 대한 제한을 유지할 수 있게 된다. 양육자는 자신의 조율 기술을 사용하여 아동이 순응하지 않는 이유를 파악하도록 한다. 과제에 압도된 아동과 과제에 불복종하는 아동을 구별한다. 다음과 같이 시도해 본다. ■ 자신이 아동에게 느낀 감정이나 자신이 지켜본 것에 대해 이야기한다(예: "네 방을 청소해야 한다는 것 때문에 진짜 화가 난 것처럼 보인다. 무슨 일이 있니?"). ■ 큰 과제를 작은 과제로 나눈다. ■ 도움을 제공한다. 타협한다. 양육자가 어떤 규칙이 필수적인지 그리고 무엇에 대해 타협할 수 있는지 정하도록 돕는다.
행동의 우선순위 정하기	양육자가 제한 설정 시 행동 목표의 우선순위를 정할 수 있도록 도와준다. 양육자는 종종 제한 설정을 좋은 양육과 동일시한다. 이 장에서 설명한 다른 행동 증가/감소 전략에 대해 상기시키고 한두 가지 행동을 제한하도록 돕는다.
시기를 선택하기	외상 경험 아동의 각성 수준이 높다면, 이들은 논리, 문제 해결, 예측, 지연, 반응 등이 포함된 높은 인지 기능을 발휘할 수 없다. 양육자가 아동에게 "무엇이 문제야? 계속 왜 소리를 지르고 있니? 화가 났을 때 평상시 목소리로 말하는 것이 중요하다고 얘기하지 않았니?"라고 말하는 것은 양육자가 본질적으로 "작동하지 않은" 아동의 뇌 부위와 말하는 것이 된다. 아동이 매우 각성되어 있다면, 양육자는 다음과 같이 하도록 한다. ■ 안전하지 않은 행동에 이름을 붙인다.

	■ 필요하다면, 아동이 감정 조절 또는 담아두기(containment) 기술을 사용하도록 돕는다(양육자 지원 포함). ■ 아동이 진정된 이후에만 제한을 적용한다.
촉발요인을 인식하기	모든 종류의 제한 설정이 촉발요인이 될 수 있다. 타임아웃과 무시는 유기와 거부의 공포를 촉발시킬 수 있다. 제한 설정과 결과는 처벌, 권위 그리고 취약성에 대한 공포를 촉발시킬 수 있다. 그렇다고 해서 아동에 대한 제한사용을 피하지는 않아야 하지만 양육자가 사용 가능한 대응반응을 인식하고 있는 것이 중요하다. 다음과 같은 방식으로 그 영향을 최소화할 수 있다. ■ 항상 제한에 대한 근거를 명확히 말하고, 이를 행동과 연결한다(아동이 연결짓게 하기보다는). ■ 항상 제한에 대한 경계를 명확히 말한다(예: 타임아웃 시간, 특권이 사라지는 시간의 정도). ■ 다음으로 넘어가기. 양육자가 제한을 설정하고 이를 시행한 후에는 그 행동을 계속 야단치거나 들먹이며 과도한 감정을 드러내지 않는다. 양육자가 여전히 아동을 사랑한다는 것을 아동이 분명히 알도록 한다. ■ 특정 촉발요인에 대해서는 제한을 조정한다(예: 이전에는 작은 공간에 있도록 하였던 아동에게 다른 방이 아닌 근처의 의자에 앉아 타임아웃을 할 수도 있다).

도구 #3: 문제 해결 지원하기

정의	문제 해결은 주로 성인을 대상으로 하는 기술로, 아동과 청소년이 선택에 대한 인식을 키우고, 도전에 단순 반응하는 것이 아닌 대안을 고려하는 능력을 키울 수 있도록 지원하는 데 사용된다. 문제 해결 기술을 사용할 때는 해당 도전 과제를 해결할 수 있는 가능한 방법과 선택에 대한 잠정적 결과를 정의하도록 한다. 이 과정에서 지원받은 청소년은 자신의 삶을 어느 정도 통제할 수 있는 힘이 있다는 메시지를 전달받게 된다.
적합한 목표	문제 해결 전략은 아이와 양육자 모두 차분한 상태일 때 사용해야 한다. 또한 어려운 상황이 예상될 때, 계획을 지원할 때 또는 향후 유사한 상황에 대한 대안을 이해하기 위해서도 사용될 수 있다. 아이가 어른에게 행동관리에 관한 도움을 요청할 때마다 이러한 기술을 사용하는 것도 중요하다(예: "선생님이 소리를 지르면 어떻게 해야 할지 모르겠어요!"라고 아이가 말하는 경우, "그냥 진정하고 그것에 대해 걱정하지 마!"와 같은 대답을 하는 대신, 문제 해결 전략 기술을 사용하여 아이가 상황을 평가하고 스스로 해결책을 찾는 방법을 배울 수 있도록 돕는다).
방법	이러한 기술들은 13장 실행 기능에서 자세히 설명되어 있다. 문제 해결은 모든 행동 반응 기술 세트에 포함되어야 하는 중요한 도구이므로, 여기서는 간략하게 검토한다. 성인들은 다음과 같은 단계를 적용해 본다.

	아이를 기꺼이 지원하려는 의지와 해결책을 찾을 수 있다는 믿음을 전달한다("함께 해결해 보자."). 1. 아이가 문제가 무엇인지 파악하도록 돕는다(아이가 해결할 수 있도록 당신이 돕고자 하는 상황은 무엇인가?). 2. 목표 또는 결과를 명확히 한다: 아이가 원하는 것은 무엇인가?(어떤 일이 일어나기를 원하는가?) 3. 선택지를 파악한다: 양육자와 아이는 어떤 일을 할 수 있는가? 4. 가능한 선택지의 좋은 결과와 나쁜 결과를 명확히 설명한다: A 또는 B를 선택하면 어떤 일이 일어날 수 있는가? 5. 계획을 세우고 문제를 해결한다. 아이의 역할뿐만 아니라 요구되는 성인 지원(성인 자신의 감정 관리 포함)에도 주의를 기울인다.
예시	그룹 양육 환경에 있는 15세 소년 래리는 최근 교실에서의 반응에 어려움을 겪고 있는데, 선생님이 자신의 과제를 지적하면, 금방 화를 내고 좌절감을 느낀다. 선생님 그리고 치료자와 이야기를 나눈 후, 래리 사례 관리자(스태프 멤버)는 래리가 진정된 상태에서 오후 자유 시간에 그와 함께 앉았다. 스태프: 너와 이야기를 나누고 싶은게 있어. 선생님은 최근에 네가 학교에서 힘든 일이 있었다고 알고 있고, 나도 린든 선생님께 조금 말씀드렸어. 이 일에 대해서 지금 나와 이야기할 수 있을까?(선택권을 제시하고, 청소년이 조절되고 있는지 점검한다.) 래　리: 네, 저를 힘들게 하려고 오신 게 아니라면 좋아요. 스태프: 아니야. 힘들지 않을 거야. 그냥 얘기를 나누고 싶구나. 왜냐하면 네가 최근에 조금 좌절한 것처럼 보여. 네가 어떤 어려움에 처한 것처럼 보이는구나(문제 명명하기). 나는 네가 치료자 선생님께 무슨 일이 생겼는지 이야기했다고 들었어. 하지만 지금 우리가 그 일을 처리할 수 있는 방법을 생각할 수 있을 것 같아(해결책이 가능함을 가정한다). 래　리: 좋아요. 무슨 뜻이죠? 스태프: 예를 들어, 린든 선생님이 네 일을 도와주려고 하면 너는 쉽게 좌절하고, 열 받아서 학교를 나와버리고, 너는 오후 자유 시간도 잃게 되는 것 같아. (청소년이 처한 어려운 상황을 구체적인 용어로 표현하여 청소년에게 어떤 문제가 있는지 설명한다.) 래　리: 네, 린든 선생님이 항상 저를 그렇게 만드시는 것 같아요. 스태프: 문제는 그것이 린든 선생님께서 학교에서 해야 할 일이라는 거지. 그치만 선생님께서 네가 조금 더 기분이 나아지도록 이야기하실 다른 방법이 있을 수도 있고, 네가 할 수 있는 무언가가 있을 수도 있고, 아니면 네가 좌절되었을 때 우리가 너를 도와줄 수 있는 방법이 있을 수 있어. 우리 잠깐 브레인스토밍 해 볼까? (청소년이 다른 해결방법을 찾아보도록 참여시킨다.) 문제 해결을 위한 초기 단계에서는 (1) 교사가 피드백을 제공하는 방법, (2) 래리가 자신의 좌절감과 그에 따른 행동 반응/행동 확대 등을 관리하는 방법 등 확인된 문제를 해결할 수 있는 방법을 고려하는 것이 가장 이상적이다. 이 시나리오에서 교사(이 대화에 참석하지 않

	은 제3자)와 관련된 모든 해결책에는 반드시 교사와의 대화가 포함되어야 한다. 이것이 불가능하다면, 해결책은 상대방의 행동을 바꾸기보다는 상대방의 행동에 대한 청소년의 반응에 초점을 맞춰야 한다.
고려사항	이 과정에 참여하는 청소년의 능력은 다음과 같은 다양한 요인들에 따라 달라진다. ■ 상태: 아동의 뇌의 어느 부분이 활성화되어 있는가? ■ 단계 또는 발달 역량: 문제 해결 능력은 시간이 지남에 따라 증가하며, 일반적으로 어린 아이일수록 더 많은 지원이 필요하다. ■ 행위감: 선택하거나 성공할 수 있는 능력에 대한 아동 자신의 믿음; 이러한 신념의 강도는 상황에 따라 다를 수 있음을 명심한다. ■ 성인이 미치는 영향: 침착함을 유지하고 지속적인 지원을 제공할 수 있는 성인의 능력은 무엇인가?

종합하기: 올리비아 사례

올리비아는 혼혈인 7세 소녀이다. 그녀의 친부모는 헤로인, 마리화나, 알코올 등의 약물을 사용했고, 관계에서 잦은 폭력을 일으켰다. 올리비아가 2세가 되기 전에 가족은 네 번이나 이사를 했고, 한 번은 노숙을 했다. 올리비아의 어머니는 종종 올리비아를 친구나 다른 친척에게 잠시 맡기곤 했다. 올리비아와 어머니는 올리비아가 3세 때 쉼터로 들어갔지만, 어머니는 6개월 만에 올리비아의 아버지에게 돌아갔다. 두 달 후, 아버지는 가정 폭력 사건과 여러 건의 기소 혐의로 수감되었다. 그는 올리비아 앞에서 체포되었다. 올리비아 방임과 신체 학대 혐의로 4세 때 그녀의 어머니는 양육권을 박탈당했다.

지난 3년 동안 올리비아는 다섯 곳의 위탁 가정에서 지내왔고, 지난 5개월 동안은 현재 살고 있는 집에서 지내고 있다. 올리비아는 새 위탁 가정에서 사소한 것들을 훔치고 음식을 저장하는 행동을 계속하지만, 위탁 보호 기간 동안 상당한 진전을 보였다. 양부모에게 애정을 드러냈지만, 작은 일이라도 시키면 압도되어 매달리며 요구적이 되었다. 때때로 분노가 심해져 양어머니에게 물건을 던지기도 한다. 일상에 적응하는 것처럼 보이지만 취침 시간 시 분리에 어려움을 나타냈으며 짜증이 심해져 긴 시간 동안 울음을 터뜨렸다.

모든 행동에는 기능이 있다

올리비아의 문제 행동의 기저에 내재된 욕구들은 다음과 같다.

- **저장**: 먹을 것이 충분하지 못할 것에 대한 두려움, 관계적 욕구(관계)를 신체적 욕구(음식)로 대체 등이 해당한다.
- **수면 시간 분리**: 밤에 대한 두려움, 혼자 있는 것에 대한 두려움, 잠에서 깨어났을 때 양부모가 곁에 없을 것에 대한 두려움으로 인해 관계에서의 안심에 대한 욕구가 있다. 올리비아는 상태 전환에 어려움을 겪을 수도 있다.
- **물건 던지기**: 가능한 욕구로, 과각성 반응은 생존을 위한 행동이다. 올리비아는 조절하려는 것일까? 주의를 끌거나 연결되기 위해서일까? 과제 완수에 필요한 도움을 받기 위해서일까? 통제력을 얻기 위해서일까?

욕구를 충족하기 위한 익숙한 전략 사용하기

올리비아의 양부모는 청소를 할 때마다 올리비아의 서랍과 침대 뒤에서 오래된 먹지 않은 음식들을, 종종 썩은 음식을 발견했다. 결과 시행하기 전략은 효과적이지 않다. 올리비아의 치료자는 양부모와 함께 다음과 같이 작업했다.

- 부엌 서랍을 건강 간식으로 가득 채웠다. 이것은 올리비아의 서랍으로 만들어 그녀만이 음식을 꺼낼 수 있게 했으며, 정기적으로 서랍이 꽉 차 있는지 확인했다.
- 올리비아의 방에 식품 안전 쓰레기통을 설치하여 음식과 관련된 모든 제품을 버릴 수 있도록 한다.
- 이 문제에 대해 더 이상 이야기하지 않는다.

올리비아의 양부모가 겪은 가장 큰 힘겨루기는 올리비아가 간단한 집안일과 자기돌봄 전략을 완수해야 할 때 발생하였다. 올리비아가 물건을 집어 던질 정도로 행동이 심해지면 부모도 종종 행동이 확대되었다. 올리비아의 치료자는 물건을 던지는 행동이 실제로는 거리두기 전략이라기보다는 도움을 요청하는 것일 수 있다고 추측했다. 올리비아의 양어머니는 실험적으로 올리비아와 함께 간단한 집안일을 하기 시작했다. 예를 들어, "올리비아, 이 장난감들을 주우러 가자. 어떤 것을 먼저 집어들까?"라고 말하곤 하였다. 양어머니가 올리비아와 함께 참여하자 반항은 급격히 줄어들었고 올리비아는 적극적으로 참여하였다. 실제로 올리비아는 양어머니가 방에 함께 있을 때 더 많은 과제를 혼자서 해낼 수 있었다.

올리비아의 도전적인 대응에 대한 행동 대응의 예

- **행동**: 과제를 완수하는 것이 부담스러울 때 양어머니에게 물건을 던짐.
- **문제 해결**: 올리비아의 양어머니는 저녁 대화 시간에 올리비아가 차분해졌을 때 함께 앉았다. 그들은 집안의 모든 사람이 가족에게 중요하며 집안일이 원활하게 처리될 수 있도록 가족들이 기여하는 방안에 대해 이야기했다. 양어머니는 집안일이 힘들 수 있다는 것을 밝히면서, 올리비아에게 집안일을 하는 데 성취감을 갖도록 도울 방법이 있는지 물었다. 올리비아가 아이디어를 내는 데 어려움을 겪자 양어머니는 두 사람이 함께 집안일을 하는 연습을 해 보자고 제안했다. 그녀는 또한 올리비아가 압도감을 느끼면, 양어머니에게 어떻게 말할 것인지 그 방법에 대해서 이야기하였다.
- **칭찬과 강화**: 올리비아의 양부모는 올리비아가 집안일을 돕거나 자기돌봄에 참여할 때마다(장난감 정리하기, 세탁기 안에 빨랫감 넣기, 양치질하기와 같은 연령에 적합한 자조행동을 하면) 이에 대해 반드시 언급하였다. 또한 올리비아가 화가 났지만 공격적이지 않은 순간에 주목하고, 명명하며, 그녀가 조절 도구를 사용한 것에 대해 칭찬하기 시작했다.
- **제한 설정**: 올리비아가 던지거나 때리는 행동으로 확대되면, 어떤 성인이든 신속하게 행동을 중단하고 올리비아의 감정이나 에너지를 반영하여(예: "네가 화가 났구나." 또는 "네 에너지가 정말 커졌구나."라고 말하며) 올리비아에게 휴식을 취하도록 신호를 보냈다. 그래도 효과가 없으면 양부모는 올리비아를 조절 코너(담요, 베개, 안락한 물건이 놓인 특별한 코너)로 데려가 무릎에 앉히거나 담요로 감싸 안았다. 그들은 올리비아가 진정될 때까지 구석에 머물렀다. 올리비아가 진정되면 무슨 일이 있었는지 이야기하고, 화를 내도 괜찮지만 물건을 던져서는 안 된다는 것을 상기시키고, 던진 장난감에 대해 10분간 장난감 타임아웃을 실시하였다.
- **칭찬**: 신호를 주면 올리비아가 자신의 코너로 가거나, 대처 기술을 사용하거나, 집안일을 성공적으로 마칠 때마다 양부모는 하이파이브를 하거나 칭찬해 주었다.
- **문제 해결**: 정해진 저녁 대화 시간에 올리비아의 양부모는 올리비아의 행동과 감정을 관찰했던 모든 일들에 대해 이야기하고 다음 번에는 다른 방법을 어떻게 시행해 볼 것인지에 대해 논의했다. 시간이 지나면서 그들은 올리비아가 어려움을 겪고 있다는 조기 경고 단서를 파악하면 특별한 우스꽝스러운 코드 문구("보라색 점박이 공룡")를 사용하여 올리비아가 자신의 조절 코너를 사용하도록 신호를 보냈다. 또한 집안일 하는 시간을 예측할 수 있도록 만들었다.

올리비아의 사례는 양부모가 시도한 전략의 예를 보여 준다. 그러나 외상을 경험한 많은 아동과 청소년은 우리에게 도전적이며, 우리의 버튼을 누르고, 주어진 순간에 방향을 바꾸거나 전환하는 것을 매우 어려워한다는 사실을 인정하는 것이 중요하다. 특히 한 아동이나 청소년에게 효과가 있었던 것이 다른 아동이나 청소년에게는 효과가 없고 어제 효과가 있었던 것이 오늘 효과가 없으며 전략이 한계에 도달했다고 느끼게 되는 것이 일반적이다. 중요한 것은 전략을 계속 실험하고 행동이 나타나는 각각의 특정 상황에서 전략의 효과에 대한 지속적인 평가를 하는 것이다.

발달적 고려사항

발달 단계	일관적인 반응 고려사항
초기 아동기	어린 아동은 성공이나 실패에 대한 외부적 표지에 크게 의존한다. 이들의 내적 자기감이 아직 잘 발달되지 않았기 때문에, 자신들이 한 것이 "맞는지" 또는 "틀린지" 여부를 이해하는 데 다른 사람의 단서를 살핀다. 성인과 달리, 어린 아동은 경험을 해석하기 위한 "필터"가 거의 없으며 환경이 주는 피드백을 직접적으로 내면화한다. 피드백이 (실제로) 긍정적일수록 더 좋다. 미취학 아동은 매우 구체적이며(concrete) 오랜 시간 정보를 유지하는 능력이 제한적이다. 따라서 강화와 제한 설정이 즉각적일 필요가 있다(특정한 사건과 연관된다면). 특히 어린 아동의 경우 칭찬과 어른의 관심은 가장 강력한 강화물이다. 결과는 엄하지 않고 즉각적이어야 한다. 어린 아동은 행동과 결과 사이의 연관성에 대한 인식이 오래 가지 않는다. 긴 타임아웃이나 과도한 처벌은 오히려 아동이 그 근거에 대한 인식을 잊게 되어 역효과를 가져온다.
중기 아동기	근면함은 이 시기의 매우 중요한 발달 과업이므로, 아동의 주도성에 대한 성공 신호를 강화하는 것이 중요하다. 가정 밖에서의 노력에 주목한다. 양육자는 자신들이 본 것뿐 아니라 다른 사람에게서 들은 것 또한 강화한다. 양육자로 하여금 교사, 스카우트 리더, 방과 후에 만나는 사람들 등과 소통하도록 권장한다. 이 연령에서는 자기칭찬과 자기강화를 이끌어내기 시작하는 것이 중요하다. 아동이 좋다고 느끼는 것은 무엇인가? 아동이 무엇을 자랑스러워하는가? 아동의 긍정적인 자기감을 강화한다. 초등학교 고학년 아동들은 만족 지연 능력이 어느 정도 형성되므로, 점수-보상 시스템을 사용하기 좋은 연령이다.

	아동이 행동과 결과 사이의 연관성을 더 많이 인식하므로 결과와 제한 설정이 더욱 중요하다. 이 시기의 제한은 어린 아동에 비해 다소 더 길고 많을 수 있다. 예를 들어, 아동이 학교에서 일어난 일이나, 이전의 일로 인해 집에서 결과가 부여될 수 있다. 하지만 결과는 행동과 연령 적합성에 따라 균형을 유지해야 한다.
청소년기	제한 설정에서 균형 유지가 핵심이다. 양육자가 성공할 수 있도록 돕는다. 자연적인 결과가 점점 더 중요해진다—청소년이 적합한 선택을 하고, 선택의 결과를 책임지는 것을 배우게 하는 것이 목표이다. 따라서 결과는 언어적이든 자연스러운 흐름을 통해서든, 10대의 선택과 항상 연결짓는다. 청소년은 독립이나 정체성 발달, 또래 관계 그리고 성취/개인적 유능감을 향해 움직인다. 양육자는 이러한 분야에서 청소년의 노력을 강화하도록 돕는다. 청소년들을 위한 목표가 행동에 대한 독립적 통제를 증가시키는 것이므로 청소년들이 자신의 행동과 성과에 주의를 기울일 때, 그 순간을 강화하는 것이 특히 중요하다. 예를 들어, 한 십대가 자신이 성질을 부려 또래와 갈등이 있었다고 이야기할 때 행동(예: 성질 부리기)에 제한을 가하기보다는 자기인식을 강화한다.

적용

개인치료/양자관계

주 양육자(생물학적 부모, 위탁, 입양 또는 친척)와 작업할 때, 행동 관리 전략이 우선적으로 필요하다. "개념"은 충분하니, "무엇을 할지 말해 주세요!"라는 이야기를 일상적으로 듣는다. 양육자들의 바람은 괴로움을 야기하는 아동의 행동을 변화시키고, 가족의 생활을 편안하게 만들어 주는 일종의 공식—행동, 결과, 말—을 알고자 하는 것이다. 정확한 공식이 존재하지 않지만 입증할 수 있는 하나의 공식은 이것이다: **반복**. 행동 전략은 반응적이고 조율된 방식으로 반복해서 적용될 때 가장 효과적이다.

모든 가정에는 명확하고 분명한 규칙이 중요하다. 양육자와의 작업을 통해 연령에 적합한 용어로 아동에 대한 규칙을 논의하며 적합한 시점에 잘 보이는 곳에 "가족 규칙"을 붙여놓는다. 가족 규칙의 가시성은 위탁가정이나 입양가정의 아동을 비롯하여 상이한 환경에서 상이한 규칙과 결과를 경험하게 되는 아동들에게 특히 중요하다. 규칙과 결과에 대해 분명하게 이해하는 것은 새로운 환경에 들어서는 아동들의 주요 관심사 중 하나이다. 규칙은 간단하게 만든다. 대부분의 경우에 "때리지 않는다." "차지 않는다." "물건을 던지지 않는다." 등과 같은 10개의 규칙보다는 "안전하게 한다."와 같은 하나의 규칙을 유지하는 것이 더 바람직하다. 행동을 규칙과 연결하여 표현한다(예: "장난감을 던지는 것은 안전하지 않은 예가 되지."). (주의: 항상 예외가 있다; 일부 아동의 경우 분명하고 구체적인 규칙 지정이 중요하다. 양육자와 임상가들의 판단에 따른다.)

일관된 반응을 구축하도록 양육자와 작업하는 경우, 양육자들의 행동 관리 전략, 아동과 가족의 맥락, 양육자 자신의 양육 과거력과 신념, 그리고 아동의 행동과 양육자의 반응패턴에 대해 주목한다. 위에 언급된 "성공 구축" 전략에 주목한다. 작게 시작해서 구축해 나간다. 다른 것으로 이동하기 전에 하나의 도구를 사용하여 성공할 수 있도록 양육자와 작업한다. 회기에서 연습한다. 역할놀이를 통해 아동의 반응을 예측하고, 문제 해결책 찾기를 통해 문제를 예측한다. 적절할 때마다 이 작업에 아동을 포함시킨다. 예를 들어, 부모가 처음으로 타임아웃을 시도한다면 우선 아동의 연령에 적합한 표현으로 타임아웃이 무엇이며, 언제 어떻게 일어날 것인지 설명한다(즉, 처음 타임아웃이 적용되는 순간이 아니라). 이러한 순간에 적절하도록 코칭하여(즉, 양자 회기에서) 아동에 대한 양육자의 기술 적용을 돕는다. 또한 기술 사용을 시도하도록 양육자를 강화한다. 적극적인 과제 제공은 행동관리 전략의 성공에 필수적이다. 새로운 기술의 통합은 연습과 일관성에 달려 있으며 일관되지 않은 적용은 부정적인 행동을 증가시키게 된다.

아동의 행동에 반응하는 측면에서, 양육자가 아동 주변의 의미 있는 성인들과 협력하도록 한다. 양육자가 교사나 그 밖의 성인들에게 자신의 목표를 전달하여 교사와 다른 성인들 또한 주 양육자와 주요 문제에 대해 소통하도록 돕는다. 팀 미팅이 유용하다.

집단

양육자가 다른 양육자로부터 지원과 구체적인 의견을 구할 수 있으므로, 양육 집단은 행동관리 전략을 가르치는 데 효과적이다. 외상의 영향을 받고 있는 아동의 양육자는 양육 전략을 적용하는 데 창의적이어야 하며, "그런 경험이 있었던" 다른 양육자에게서 풍부한 지식이 나온다. 다음의 양육 전략 사례는 집단교육 장면에서 양육자들이 공유한 것이다.

> 심각한 방임 과거력을 가지고 있는 11세 소녀는 입양모가 타임아웃을 시행하려고 할 때마다 행동이 악화되었는데, 입양모는 "타임인" 기법을 사용한 것에 대해 다음과 같이 설명하였다: "아이가 너무 흥분해서 타임아웃하기 위해 스스로 앉을 수도 없을 때면, 나는 아이를 내가 있는 곳, 예를 들어 방을 청소할 때면 5분 동안 침대에 조용히 앉아야 하고, 내가 요리를 할 때면 식탁에 앉도록 합니다. 이것을 아이가 하고 싶어하지는 않으나 아이는 나를 볼 수 있고 내

가 거기 있다는 것을 알기 때문에, 아이가 다른 방에서 타임아웃을 했을 때처럼 나의 관심을 끌기 위해 소리를 지르지는 않습니다."

심각한 방임 과거력을 가진 6세 소년의 부모도 다음과 같이 유사한 전략을 설명하였다.

> "우리는 아이의 행동을 무시하려고 했지만, 그럴 때마다 아이는 점점 더 많이 화를 냈습니다. 무시당하고 타임아웃에 들어가는 것이 실제로 아이를 촉발시켰다고 생각하지만, 아이가 통제불능이 될 때 우리는 반응하지 않는 것을 원하지 않았어요. 우리가 마지막으로 시도한 것은 아이를 소파에 앉게 하고 우리 중 하나가 그 옆에 앉는 것이었습니다. 아이에게 어떤 관심도 주지 않지만 우리가 거기에 있다는 것을 알도록 한 손을 무릎이나 어깨에 올리고 아이와 앉아 있었고, 타임아웃 시간이 끝나서 아이가 다음 단계로 갈 수 있을 만큼 진정될 때까지 함께 앉아 있었습니다."

세 번째 사례는 심지어 반응에 따른 결과에 직면했을지라도 아이가 통제감을 느낄 수 있도록 한 예이다.

> "우리는 테이블 아래에 '열을 식히는' 공간을 만들었습니다. 이것은 다른 장난감은 두지 않고 담요 더미와 배게 그리고 아이의 물건 중 하나를 두었습니다. 아이는 이곳을 두 가지 방식으로 사용할 수 있는데, 만약 잠시 쉬고 싶다면, 아이가 필요할 때마다 들어갈 수 있는 공간이 생긴 겁니다. 다른 하나는 아이에게 문제가 생겨 우리가 제한을 설정해야 하지만 아이가 통제할 수 없다는 것을 알았을 때, 아이에게 선택권을 줍니다. 너는 5분 동안 타임아웃을 하거나 열을 식히는 공간에 갈 수 있어. 이것이 실제로 많은 싸움을 줄이고 있는데, 아이는 약간 통제를 받지만 이것이 자신을 진정시키는 데 도움이 된다는 것을 알기 때문입니다."

이러한 사례에서 공통적인 점은 아이의 행동에서 조절 곤란이 가지는 역할을 양육자가 이해하는 것이다. 각 사례마다 아이가 조정된 상태(modulated state)가 되도록 돕는 목표와 제한이 균형을 이루고 있다. 그뿐만 아니라 양육자는 조율 기술을 사용하여 아동의 고통스러운 감정을 증가시키기보다는 감소시키는 행동 관리 전략을 선택하였다.

치료 장면

거주 환경과 기타 치료 장면 프로그램들은 보통 포괄적이며 정교한 행동 관리 전략을 가지고 있다. 하지만 프로그램들은 이러한 시스템들이 외상에 민감하고, 외상을 인식하도록 고군분투하고 있다. 치료 장면에서는 많은 전략들이 고려된다. 과각성 또는 단절된 상태에 있는 아동에게 제한을 적용할 때 가장 중요한 고려사항은 "관찰, 조정, 실행"이라는 3단계 접근 방식이다. 이 순서에 따라 양육자는 가장 먼저 행동 패턴에 주의를 기울이고, 그 원인에 호기심을 갖고, 아동·청소년의 조절에 귀를 기울이고, 양육자 자신의 조절과 반응에 주의를 기울여 관찰하도록 한다. 관찰은 지속적인 훈련이 필요한 기술로, 순간적인 전략이기도 하다. 두 번째 단계인 조정하기에서는 행동에 나서기 전에 생리적, 정서적 경험을 관리하는 것이 중요하다는 점을 강조한다. 조정은 아동의 경험뿐만 아니라 성인 양육자의 경험에도 적용된다. 마지막 단계인 실행하기는 처리 및 문제 해결, 제한 설정과 같은 "행동" 단계가 이루어지는 단계이다. 이 모든 단계는 어느 정도 조절된 상태와 반영 및 자기 반영 능력이 요구되기 때문에, 성인 양육자든 아동이든 조절되지 않았다면 효과가 없을 가능성이 높다. 이 절차는 돌봄을 받는 청소년뿐만 아니라 스태프 구성원들에게도 쉽게 가르칠 수 있다. (우리가 함께 작업한 한 프로그램에서는 이 전략의 이름을 "호기심을 갖자. 침착하자. 부지런하자."로 바꾸었고, 다른 프로그램에서는 "자신을 망가뜨리기 전에 자기 스스로를 점검하자."라는 아이스 큐브 가사를 사용했다.)

프로그램에서 제한 적용 시 힘겨루기를 최소화하는 행동 전략을 위해서는 스태프들과의 작업이 중요하다. 예를 들어, 청소년의 행위감을 증가시키고, 무력감을 감소시키기 위해 제한된 선택(예: "지금 아니면 치료가 끝난 후에 네 점수표에 점수를 넣을 수 있어. 언제 하고 싶니?")을 사용하고 문제 해결 언어("여기 두 가지 선택권이 있어. 네 방에 남아 있을 수 있거나, 학교에 갈 수 있어. 방에 있기로 한다면, 수업시간에 해당하는 5점을 얻을 수 없을 거야. 어떤 선택을 하고 싶니?")를 사용하도록 스태프들을 교육한다. 소년의 행동을 조형하기 위해서는 제한보다는 긍정적 강화를 사용한다.

청소년의 행동을 제한하는 것이 목적이라면, 단기 성과에 주목하기보다 장기 목표에 주목하는 것이 중요하다. 다시 말해, 시스템이 가르치고자 하는 것이 무엇인가? 즉각적인 결과로 그 순간의 특정 행동을 감소시킬 수 있지만 보다 중요한 것은, 장기적으로 청소년이 바람직한 선택을 하도록 가르치고 지원하는 것이다. 심각한 악화로 진행되기 전에 악화나 어려움의 신호를 스태프가 조기에 발견하고, 아동과 청소년이 긍정적인 결과를 달성하는 데 도움이 되는 선택이 이루어지도록 스태프들과 작업한다. 이러한 기술을 청소년 조정 전략 및 실행 기능 기술과 짝짓도록 한다.

프로그램에서 행동 관리 전략을 적용할 때 중요한 점은 스태프들 간의 의사소통을 통해, 교대근무 후에도 일관된 반응을 나타내는 것이다. 다음 사례를 생각해 보자.

> 주거 프로그램에서 거주 중인 15세 소녀 제이미는 최근 몇 주간 점점 더 조절되지 못하고, 화가 나면 물건들을 부수고 자해 제스처를 취했다. 그녀의 임상가와 스태프 한 명은 그녀의 힘든 기분을 조율하고, 화가 났을 때 지원을 요청하도록 그녀와 작업하였다. 이와 함께 그들은 제이미가 화가 났을 때 자해하거나 물건을 부수는 대신 스태프에게 일대일 지원을 요청하도록 계획을 세웠다. 제이미는 낮 시간에 화가 나면 계획에 따라 가장 좋아하는 스태프인 트리시아와 성공적으로 시간을 보냈다. 그녀는 시간을 적절하게 사용하고, 전략을 잘 사용하여 자신의 일상으로 돌아올 수 있었다. 일주일간 계획을 시행한 후 임상가와 트리시아가 귀가한 늦은 밤 제이미는 화가 나게 되었다. 제이미는 도움을 요청했지만 이를 몰랐던 교대 스태프는 그녀에게 방 안에 머물게 했고 아침까지 기다리게 하였다. 제이미는 상태가 악화되었고, 스태프들이 중재하기 전 20분 동안 방 안에 있는 많은 물건을 부수었다. 물건을 부수었기 때문에, 제이미는 현재 특권 수준을 빼앗기는 결과를 받게 되었다.

이 사례는 행동 중재 계획에 관한 의사소통 부족이 제이미의 행동을 악화시키고 불필요하고 불행한 결과로 이어진 것을 보여 준다. 비록 대부분의 치료 프로그램에서 다수의 "이동 구성원" 때문에 의사소통이 어렵지만, 프로그램에서 모든 개별 행동 중재 계획의 핵심 측면에 대해서 실제적으로 소통할 수 있는 방법을 찾는 것은 중요하다.

행동을 변화시키는 데 사용되는 주요 도구가 칭찬인 경우, 이 장의 앞부분에서 설명한 대로 한두 가지 목표 행동에 우선순위를 두는 것이 중요하다. 우리는 치료 장면에서 "안전한 행동"에 다양한 강화와 인센티브를 주는 프로그램이 일반적이라는 사실을 발견했다(이러한 프로그램에서는 감소시키고자 하는 행동과 증가시키고자 하는 행동을 모두 포함할 수 있다). 목표 행동이 너무 일반적이고 인센티브가 너무 많으면 아이에게 혼란을 줄 수 있으며, 행동 변화에 효과가 없을 수 있다. 감소시키려는 행동보다는 증가시키려는 행동을 중심으로 "칭찬" 계획을 세우는 것이 좋다.

마지막으로, 칭찬은 강력한 동기가 될 수 있다는 점을 기억한다. 아동복지 프로그램과 아동복지시설은 종종 심각한 위험 행동(아동과 아동을 지원하는 스태프에게 위험할 수 있는 행동)을 하는 아동을 지원해야 하는 임무를 맡게 된다. 위험 행동의 긍정적인 행동 변화는 관련 스태프에게 안도감과 자부심을 제공하며, 이러한 안도감과 자부심은 때때로 칭찬과 강화 남용을 조장할 수 있다. 가장 위험에 처한 아동은 심각한 수치심과 취약성을 경험하는 아동이라는 점을 기억하는 것이 중요하다. 그 결과 칭찬 "버튼" 또는 촉발요인은 매우 예민하고 쉽게 활성화되어 행동 퇴행으로 이어질 수 있다. 이를 방지하려면 이러한 아동의 지속적인 발전을 강화하고 지원하기 위해 칭찬을 어떻게 사용할 것인지 세심하게 고려해야 한다.

외상 경험 통합: 상태 기반 기술 적용

고통 감내와 조절

우리가 만나는 많은 아동과 가족은 여러 기능에 영향을 미치며, 관리하기 매우 어려운 행동으로 이어지는 그들의 경험에 대해 복잡한 적응을 하고 있다. 치료자가 행동 변화를 언제, 어디서, 어떻게 다루기 시작할지 결정하는 것은 때때로 압도적일 수 있다. 하지만 많은 양육자들은 어디서부터 시작해야 할지 매우 명확하게 알고 있는 경우가 많다. 이 장의 앞부분에서 설명했듯이, 우리가 함께 일하는 많은 가족에게 도전적인 행동들은 종종 주요한 문제이다. 양육자는 자녀의 효과적인 행동 변화를 위한 지원을 원하며 빠른 결과를 기대하는 경우가 많다. 치료의 초기 단계 및/또는 더 고통스러운 상태에서는 아동의 행동에 대한 반응으로 양육자가 느낄 수 있는 극심한 스트레스를 인정하고 지원하는 것, 외상의 영향을 받은 아동을 양육하거나 돌보는 것이 얼마나 힘든 일인지 인정하는 것, 아동 행동을 해결하기 위한 토대로 기본적인 양육자 감정 관리 기술의 역할을 강조하는 것이 매우 중요하다. 양육자의 욕구에 대한 치료자의 조율과 양육자가 우선시하는 목표에 대한 지원은 매우 중요하다. 양육자의 가치관("부모/양육자로서 어떤 사람이 되고 싶습니까?")과 목표("당신에게 중요한 것은 무엇입니까? 이 아이가 어떤 행동을 하는 것을 보고 싶습니까?")를 탐색하는 것은 개입 우선순위를 파악하는 데 중요한 토대가 된다. 가능한 개입 전략에 대한 교육과 탐색은 이 과정에서 중요한 부분이다. 예를 들어, 공격성을 줄이기 위해 칭찬을 사용하는 것은 부적절하게 보일 수 있지만, 일부 아동들에게는 매우 효과적일 수 있고, 다른 아동들에게는 제한이 선택의 도구가 될 수 있다. 초기 단계에서의 효과적인 아동 반응 전략을 위해서 양육자의 조정과 조율 작업을 적극적으로 연계하는 것이 중요하다.

호기심과 반영

양육자가 호기심을 가지고 관찰하면서 앞서 설명한 "감정 탐정" 작업에 더 많이 참여할 수 있게 되면, 양육자는 주어진 상황에서 아동이 무엇을 필요로 하는지(예: 취침 시간에 떼쓰는 것은 연결과 돌봄을 위한 것으로 보이며, 숙제 시간에 떼쓰는 것은 수치심을 피하기 위한 전략으로 보인다)와 이러한 요구를 충족하기 위한 구체적 전략(예: 취침 시간 연결 의식(connection ritual), 숙제 성공을

"시도"로 재정의하고 강화하기) 및 추가적인 조절 지원(예: 잠들기 전 규칙적인 행동을 하는 도중에 아이의 등을 쓰다듬기, 숙제 시간에 아이가 좋아하는 음악을 듣도록 허용)을 구축하는 방법 등이 있다. 양육자는 시간이 지남에 따라 아동의 조절 및 행동 변화를 지원하는 기술 레퍼토리에 효과적인 반응과 전략을 통합하기 시작할 수 있다. 이러한 과정을 통해 아동은 양육자의 반응을 내면화하기 시작하고 더 높은 수준의 조절을 갖춘 독립성을 향해 나아갈 수 있다. 이와 동시에 양육자는 도전적인 행동에 대한 지식이 증가하고, 도전적인 행동을 변화시키는 기술이 증가하게되면서 보다 많이 조절되었다고 느끼게 된다.

목표지향적인 행동에 참여하기

시간이 지나면서 양육자가 조율 기술을 숙달하게 되면, 아이가 전달하는 욕구와 욕구들이 중요한 이유(예: "난 밤이 무서워서 밤에 엄마가 필요해."), 과거 경험과 어떻게 연결되어 있는지(예: "아빠는 아침에는 정말 재미있지만 밤에는 그렇지 않았어-밤에는 화를 내고 나에게 나쁜 말을 했어."), 그리고 어떻게 충족하는 것이 가장 좋은지(예: "아빠가 내 방에 와서 내가 잠들 때까지 앉아 있을 때 정말 좋아.") 등에 대해 아동과 협력하여 공유된 이해를 가지게 되기 시작한다. 이러한 협력은 관계적 연결을 바탕으로 아이와 직접 작업하는 치료자에 의해서도 지원된다. 양육자와 아동은 원하는 것과 욕구가 포함된 경험을 전달하기 위해 새롭고 직접적인 전략을 시도할 수 있다. 양육자의 정체성은 이러한 역할에 대해 더 큰 자신감 및 유능감을 가지게된다.

문제 해결, 칭찬, 한계 설정과 같은 도구는 양육자가 목적적으로 외상 렌즈를 전환하기 위해 적용될 수 있다. 예를 들어, 양육자와 자녀는 문제 해결 접근법을 개발하여 자녀와 양육자 사이의 부적응이나 단절의 순간 또는 욕구가 충족되지 않는 순간을 회복하거나 주변의 양육 시스템에 욕구와 전략을 전달하는 방법에 대해 전략을 세울 수 있다. 제한은 자녀에게 주변 세계와 관계에 안전하고 효과적으로 참여하는 데 필요한 관계 기술뿐만 아니라 경계를 수립하도록 사용할 수 있다. 목표가 분명한 칭찬은 다른 사람과 교류하고 자부심, 자기가치, 행위감을 경험하고 감내하는 아동의 능력을 지원함으로써 자기개념을 변화시킬 수 있다. 이 단계에서 양육자는 아동이 자신의 경험을 필터링하는 렌즈를 바꾸어 행동을 변화시키는 전략을 목적적으로 선택한다.

실생활 치료

- **현실적이 되기.** 행동 전략은 효과적이지만, 양육자의 지속적인 노력과 후속 조치를 필요로 한다. 많은 양육자의 경우 행동관리 전략을 바꾸는 것은 어려운 일이며, 비록 단일한 행동이나 기술을 목표로 하는 것조차도 낙타의 등에 브레이크를 거는 지푸라기처럼 느낄 수 있다. 양육자가 일반적으로 새로운 과제를 추가하기 위해서는 많은 지원, 격려 그리고 이해가 필요하다(구체적 지침과 더불어: 도표를 만들고 스티커 사용을 계속하도록 돕는다). 무시하기는 가장 어려운 기술이라는 것을 명심하고 양육자가 이를 첫 번째로 시도하는 전략이 되지 않도록 한다.
- **자신의 감정에 주의를 기울이고, 해결책에 초점 맞추기.** 모든 임상가들은 여러 방법들 가운데 "표준"이라고 믿고 있는 특정한 개입이 포함된 도구 가방을 가지고 있다. 아동관련 업무에서 양육자 행동기술 훈련은 그러한 표준이 될 수 있으며, 우리는 확인된 행동 문제를 변함없이 도울 수 있는 도구로서 이에 의존한다. 특히 어떤 가족이 상황을 변화시킬 수 있다고 믿지만, 그 가족이 이러한 기술을 사용할 수 없다면 임상가는 매우 좌절스러울 것이다. 양육자에게 화를 내거나 비난하게 되는 함정에 빠지기 쉽다. 가족의 관점을 받아들이는 것이 중요하다. 이러한 기술의 실패는 양육자가 기술을 거부하는 것이라기보다는 아동 행동의 강도와 변동성 또는 주변 환경의 복잡성에 의해 양육자가 압도된 것으로 보아야 한다. 기술 실행을 막는 장벽을 파악하는 작업을 하고, 문제 해결을 돕고, 그러한 기술을 적응할 수 있도록 (가족 구성원과) 작업한다.
- **문제를 예측한다.** 새로운 제한이나 규칙을 적용할 때 아동은 저항할 수 있다. 이들은 나아지기 전에 더 나빠질 수도 있다. 양육자에게 이러한 "가장 나쁜 경우"를 예측하고 그 행동과 양육자 자신의 반응을 처리하는 전략을 갖도록 돕는다. 치어리더처럼 양육자를 격려해 줄 필요가 있다.

5부

조절

"조절한다"는 무엇을 의미하는가?

- 자기조절은 다양한 수준(인지적, 정서적, 생리적, 행동적 수준)에서 자신의 경험을 효과적으로 다루는 능력을 의미한다.
- 성공적인 조절 경험에는 다음과 같은 것들이 포함된다:
  - 내적 상태(internal state)를 인식하는 정도
  - 각성과 정서의 범위를 감내하는 능력
  - 각성과 정서 상태를 조절하기 위해 행동이나 인지를 사용하는 능력
  - 다양한 내적 경험(예: 감각, 느낌, 사고, 행동) 간의 상호연결을 이해하는 것
  - 내적 경험에 영향을 미치는 요인들을 이해하는 것
  - 다른 사람들과 효과적으로 경험을 소통하는 능력

조절에서의 발달적 변화

- 가장 초기의 자기조절에는 수면 패턴, 주의를 환기시키는 상호작용, 식사 그리고 배변과 같은 기본적인 생리적 조직화가 포함된다. 조절은 양육자의 외부적 또는 동시적 조절을 통해 지원된다.
- 우리는 삶 속에서 중요한 타인들을 조절 자원으로서 계속 사용하고 있지만 시간이 지남에 따라 경험의 조절은 본질적으로 외부적인 구조화(예: 양육자의 달래주기)에서 내부 지향으로 이동한다.
- 조절에 포함된 모든 기술들은 매우 기본적인 수준에서 점차 정교한 수준으로 발달한다. 예를 들어, 어린 아동이 내적 상태를 인식하는 것은 "난 기분이 나빠"처럼 간단하다. 반면 나이 든 청소년은 자신의 미묘한 상태를 "실망스럽고 걱정스럽다"라고 인식한다.

양육 체계가 가지는 중요한 역할

- 양육 체계는 조절의 모든 측면이 성공적으로 발달하는 데 중요한 역할을 한다.
- 양육자들의 행동은 오랜 기간에 걸쳐 건강한 자기조절 발달에 기여하였다. 그중에는 다음과 같은 것들이 포함된다.
    - 반영: 언어적(예: "지금 너는 졸린 것처럼 보여.")이거나 행동적(예: 아동의 웃음에 미소로 반응하는 양육자)으로 아동의 경험을 반영한다. 양육자의 얼굴 표정이나 단어와 행동을 통해 아동의 경험을 미러링하는 것은 아동이 자신의 경험 해석을 배우는 가장 초기의 렌즈를 제공한다. 양육자의 적합한 정서 조절이 함께 이루어질 때, 조율된 반영은 아동들에게 그 자신의 정서가 받아들여지고 있다는 것과 함께 아이들이 받아들여진다는 점을 의사소통할 수 있다.
    - 모델링: 양육자 자신의 표현과 조절은 대처의 모델이 되며 정서를 이해하는 시각적 언어(visual language)를 제공한다. 아동은 얼굴 표정과 정서의 언어적 · 비언어적 단서들을 "읽고" 이해하는 것을 학습하는데, 이러한 연합적 경험과 더불어 양육자의 행동(예: 달래는 행동과 함께 나타나는 사랑스러운 표현)이나 경험(예: 뜨거운 팬을 만진 후의 고통에 대한 표현)과 짝을 이루는 양육자의 표현을 관찰한다. 고통스러운 순간에 양육자가 보이는 행동은 정서 감내와 조정 전략에 대한 시범이 된다(예: 좌절스러워 보이지만 심호흡한 후 미소 짓는 양육자). 모델링을 통해서, 아동들은 심지어 강렬한 감정도 정상적인 것이며, 이러한 감정을 다루고, 참아낼 수 있는 전략이 있고, 그 감정은 영원하지 않다는 점을 배우게 된다.
    - 자극(stimulation)과 진정(soothing): 조율된 방식으로 양육자는 자극과 진정을 번갈아 제공함으로써 아동이 최적의 각성 수준에 도달하도록 도울 수 있다. 에너지 수준이 압도적으로 높아지거나(예: 강렬한 고통) 낮아질 때(예: 졸림) 적절히 반응하는 양육자의 언어, 목소리 톤, 그리고 행동은 생리적 구조화의 자원이 된다. 점차 어린 아동은 이러한 기술을 내면화하고 편안한 각성 상태를 독립적으로 유지하는 것이 가능해진다.
- 양육자가 비반응적, 비일관적이거나 학대적일 경우, 영아와 어린 아동은 자신의 정서를 진정시키기 위해 초기 조정 기술(예: 몸 흔들기, 엄지손가락 빨기, 해리)에 의존해야 한다. 반영과 모델링이 결핍되었던 아동은 자신이나 타인의 경험을 해석할 때 필요한 어떠한 정서적 언어 표현도 가지고 있지 않게 된다. 신뢰할 수 있는 지원이 부재한 가운데 지속적인 스트레스와 고통을 경험하면 아동은 원시적인 대처에 지속적으로 의존하게 되어 보다 정교한 자기조절 기술을 발달시키지 못한다.

역사적 맥락에서 조절을 다루기

- 외상 경험에서 수치감, 고립, 비밀, 손상감은 종종 가장 핵심이 된다.
- 외상을 경험한 아동과 성인은 그들에게 뭔가 잘못된 점이 있다고 믿게 된다. 즉, 그들을 다른 사람들과 다르다고 믿는다. 그리고 강한 정서를 "미치는 것" "나빠지는 것" 또는 통제력 상실이라고 생각한다.
- 방 안의 코끼리(The elephant in the room)[1)]
  - 조직화된 틀이나 맥락이 부재하다면 "결핍" 또는 "병리"(예: 반항적 행동, 불안)와 같은 특정 영역이 치료 개입의 목표가 된다.
  - 아동 진술에서 외상의 역할을 인식한 임상가도 외상이라고 명명하는 것을 망설일 수 있다. 이러한 망설임은 아동의 개인력 경험에 접근하기 전에 아동이 충분히 "안전"해야 한다는 믿음에서 비롯된다.
  - 개인력에 대한 이해 없이 치료가 이루어질 경우, 과거와 현재 경험 사이의 연결이 다루어지지 않으며 수치심, 손상, 고립, 비밀에 대한 자기 지각이 증가할 수 있다.
- 코끼리 명명하기: 외상을 경험한 아동과 작업할 때, 다음과 같은 사항들을 고려한다.
  - **아동을 있는 모습 그대로 인식하기**: 과거 경험, 현실, 강점, 취약성, 가능성, 흥미 등 개입 초반에 전체로서의 아동에게 흥미가 있다는 것을 소통하는 것이 중요하다.
  - **(종종 고통스러운) 행동들이 가지는 적응적인 특성을 타당화하기**: 아동의 인생에서 이러한 행동들이 가지는 역할을 확인한다. 예를 들어, 또래에게 공격적인 행동을 하는 아동에게, "다른 친구들에게 네가 얼마나 강한지 보여 주는 것을 중요하게 생각하는 것 같구나"라고 말할 수 있다.
  - **아동에게 외상 반응, 촉발요인, 그리고 과거 경험과 현재 반응 간의 연결에 대해 가르치기**: 조절 곤란과 자기 보호 행동에서 인간의 위험 반응과 그것이 현재 드러나는 역할을 이해하는 것은 아동에게 일정 수준의 통제를 제공하며 낙인을 감소시키는 데 있어서 매우 중요하다. 특히 치료 초기에서 과거 경험을 연결하는 것은 간단하다(예: "너의 아버지와 있을 때 일어난 것과 같은 힘든 일이 아이들에게 일어났을 때…"). 10장("정체성")에서 심도 있게 논의한다.

---

1) 역주: 눈에 띄는 분명한 문제나 무시할 수 없는 사항, 모든 사람이 문제라는 것은 알고 있지만 쉽사리 꺼내지 못하는 이슈

◆ **과거와 현재를 구분하기:** 아동이 현재 감정과 행동을 이해하고 인식하며 다루도록 작업할 때, 과거에는 보호적이고 적응적인 행동이 현재에는 도움이 되지 않을 수 있다는 것을 설명하는 것이 중요하다. 아동과 가족이 함께 이러한 점들을 탐색하도록 한다. 예를 들어, 감정을 드러내지 않는 것이 폭력적인 양육자로부터 아동을 보호하는 데 도움이 될 수 있었지만, 현재에서는 아동의 욕구가 충족되지 않도록 계속 차단할 수 있다. 맥락의 역할을 검토한다. 여전히 아동이 자기 보호적 행동을 해야 하는 상황이 존재할 수 있다.

아동의 욕구를 목표로 하기: 조정 시도의 기능적 특성 이해하기

- 아동을 치료에 의뢰하게 하는 많은 고통스러운 행동과 증상들은 대처하려는 시도로 이해할 수 있다. 예를 들어, 반항적 행동은 예상되는 거절에 대한 선제 공격이 될 수 있다. 자해는 자기-위로의 시도일 수 있다. 성적 행동은 통제하거나 연결하려는 시도일 수 있다.
- 행동과 '증상'은 종종 아동의 정서와 각성 경험을 들여다볼 수 있는 창을 제공한다. 모든 증상의 원인은 다양하며, 성공적인 치료를 위해서는 아동 행동의 기저에 있는 기능을 이해하는 것이 중요하다. 아동의 정서와 생리 기능을 다루는 일반적인 접근 방식은 각성에 대한 감내력, 사용 가능한 대처 전략 레퍼토리, 아동이 압도당하지 않고 기능할 수 있는 "정서적 강도" 범위에 대한 중요한 정보를 제공한다. 11장("조정")에서는 편안한 영역(아동의 신체에서 편안함을 느끼는 각성 수준), 안전 영역(아동이 자신의 신체 내에서 안전감을 느끼는 데 요구되는 보다 고정된 각성 수준), 위험 영역(아동이 혼란되고, 압도되는 각성 수준)의 개념을 다룰 것이다. 이러한 패턴은 아동마다 크게 다르기 때문에 치료자가 아동의 욕구와 현재 전략을 이해하는 것부터 시작할 때 가장 성공적인 조절이 이루어질 수 있다.
- 모든 아동의 사례들을 나열하는 것은 불가능하지만, 세 가지 일반적인 사례를 여기에서 예시로 들고자 한다.

사례 #1: 과도하게 위축된 아동

설명	매우 위축된 아동은 대개 조용하며 일반적으로 대화, 활동이나 상호작용을 시작하는 데 어려움이 있다. 사실, 이들은 반항적이지 않고 매우 순응적이다. 이러한 아동들은 어떤 정서든 묘사하는 데 어려움을 보인다. "어떻게 지냈니?"에 대한 전형적인 반응은 "좋아요." 혹은 "잘 모르겠어요."이다(이런 아동들에게 있어서 이것은 현실적인 반응이다). 위축된 아동들은 일반적으로 정서적 경험에 대해 방어적인 것처럼 보이며 정서적으로 타인과 연결되는 방법에 대한 이해가 부족하다. 이러한 한계를 극복하는 일반적인 적응방법은 "다른 사람을 즐겁게 하는" 행동을 하는 것이다: 위축된 아동은 자신의 욕구, 의견 등을 다른 사람들보다 열등하다고 본다. 자기 표현에 어려움을 가진 어린 아동은 상상놀이를 하는 데 어려움을 보일 것이다. 이들은 그들의 강렬한 통제가 압도되거나 도전받게 됨에 따라, 때로 사소한 스트레스에 대한 반응으로 정서 폭발을 보이기도 한다. 하지만 이러한 강렬한 정서 이후에 재빨리 위축된 상태로 돌아오고 정서 경험을 인정하거나 처리하는 데 어려움을 보인다. 이러한 현상은 회피애착 아동들이 보이는 것과 일치하며 정서적 거부나 무시를 경험한 아동에게서 흔하다.
주요 기술 결함	■ 제한된 정서 어휘 ■ 제한된 내적 경험 인식 ■ 제한된 각성 감내력의 범위 ■ 긍정적 정서를 포함한 모든 정서적 경험에 대처하고 다루는 기술의 제한 ■ 특히 정서적 경험을 공유하거나 다룰 때 사회적 지지를 구하는 능력의 결함
안전과 위험 영역	위축된 아이는 종종 각성 척도의 하단 동결/무감각에 매우 협소한 안전 영역을 가지고 있다(0~10점 척도에서 이 아이는 0과 1사이에 해당한다).
이 적응이 가지는 기능	위축은 압도적인 정서에 대처하는 아동의 전략이다. 조절 기술이나 사회적 지지가 부재한 상황에서 아동은 정서적 경험을 부인하고 고립되는 것에 의존한다.
치료적 고려 사항	■ 초기 작업은 점진적으로 외적에서 내적인 것으로 이동하는 것으로 대체되어야 한다(예: 아동이 텔레비전 쇼나 책에서의 등장 인물들의 정서를 확인하도록 돕기). ■ 아동이 정서와 관련된 단서를 인식하도록 도와준다. 행동은 종종 좋은 시작점이고 감정보다 덜 위협적이다. 어떤 아동은 신체 상태나 생각을 인식하는 것에 반응할 수 있다. ■ 위축은 내부 경험과 외부 자극으로부터 단절하려는 시도이므로, 각성을 높이는 임상 전략에는 압도될 수 있다. 하향 조절 전략(즉, 각성을 진정시키는 학습)은 내적 경험을 다루는 데 아동의 행위감을 증가시키기 위해서 중요한 개입 목표가 될 수 있다.

사례 #2: 과각성된 아동

설명	과각성된 아동들은 자신의 취약성, 손상감, 깊은 수치감과 자기 비난을 다른 사람들(그리고, 종종, 그들 자신)이 눈치채지 못하도록 하는 것이 중요하다. 이러한 아동들은 일반적으로 "강력한" 정서—분노, 부당함, 비난—에는 접근하지만, 두려움이나 슬픔과 같은 취약한 정서 상태를 알아차리는 능력은 거의 없다. 이들은 다른 사람에게 화가 나는 것이나 그날 발생한 분노는 쉽게 알아차린다. 그러나 그 사건으로 마음이 상했다거나 걱정된다고 하는 것은 부인한다. 이러한 아동들은 자주 외현화한다. 대개 정서는 외부 사건과 연결되며 그러한 사건이 자신에게 미친 영향과는 연결되지 않는다. 이러한 아동들에게 부당함의 지각은 강력한 촉발요인이며 이들은 빈번히 부당함을 지각한다. 이들은 덜 위협적이거나 덜 요구적이라고 지각한 사람들과는 관계를 형성하지만, 권위적인 인물에 대해서는 반항적이거나 논쟁적이다. 이러한 아동들은 관계를 갈망하지만 비효과적인 방법으로 관계를 추구한다(예: 부정적인 행동을 통해 "학급의 어릿광대"되기). 이들은 관계에서의 불신이 심하며 다른 사람이 그들에게 관심을 보여도 믿지 못한다. 이러한 이유로, 이들은 다른 사람이 그들을 버리거나 해치는지 알기 위해 관계를 "시험"하기도 한다. 이러한 관계적 재연(relational reenactment)은 자신과 다른 사람에 대해 지각한 감각을 확인하고 예상되는 부정적인 상호작용을 통제하려는 시도이다. 이는 외적 손상을 경험한 아동들에게 흔히 나타난다(예: 신체적, 성적 혹은 심리적 학대).
주요 기술 결함	■취약한 정서를 인식하고 대처하는 것 ■부당함, 수치심 등과 같은 주요 촉발요인에 직면 시 강렬한 정서를 조정하는 것 ■사회적 갈등 상황에서 행동에 대한 책임감 수용 ■어려운 관계에서 공감과 조망수용
안전과 위험 영역	각성 수준이 높은 아이는 에너지 척도(0~10점 척도)에서 각성도가 높은 점수에 매우 협소한 안전지대가 있는 경우가 많다(8~10점 사이를 선호한다). 각성 수준이 낮으면 취약함이나 불안감이 증가할 수 있다. 이미 높은 수준의 각성 상태에 있기 때문에 사소한 스트레스 요인에도 고통과 혼란/충동성/과민 반응이 급증할 수 있다.
이 적응이 가지는 기능	정서와 책임감을 외현화하는 것은 매우 큰 수치나 손상을 경험한 아동들을 압도적인 감정으로부터 자신을 보호하도록 한다. 강렬한 정서를 다루는 제한된 기술로 인해 이러한 아동들은 취약한 자기감을 위협하는 어떠한 감정들도 감내할 수 없게 된다.
치료적 고려 사항	■아동들이 준비가 되기 전에 어려운 정서를 인식하도록 강요하는 것은 힘겨룸과 수치심을 증가시킨다. ■정서 부인에 대한 정상화 작업은 이러한 아동에게 중요한 개입이다. 종종, 이것은 다음과 같은 대체(displacement)를 통하여 행해진다(예: "그들에게 _____가 일어난다면 그들이 얼마나 불안할지 나는 이해할 수 있다") ■촉발요인과 외상 반응에 대한 심리교육을 제공하는 것은 분노 반응의 정상화에 매우 중요하며, 아동에게 위험을 지각하는 것과 "진짜 위험"을 구분하는 것을 학습하도록 돕는 토대가 된다. ■아동의 각성 수준에 따른 조정 전략(높은 에너지가 요구되는 대운동 활동)은 아동의 자연스러운 각성 상태에 반대되는 작업보다 더 쉽게 견딜 수 있다. 아이에게 통제력과 조직을 제공하는 고에너지 활동을 탐색하고 연습하는 것이 중요하다.

사례 #3: 불안정한 아동

설명	불안정한 아동의 사례는 가변적이다. 이러한 아동은 환경적 촉발요인, 타인의 정서와 내적 상태 등에 의해 큰 영향을 받는다. 임상적 평가는 복잡한데, 왜냐하면 이들의 사례는 매일 매시간 변할 수 있기 때문이다. 이들의 정서 반응은 예측 불가능하고 명백한 스트레스 유발요인에 대해서도 불균형적일 수 있다. 이들은 순간적으로 0에서 60까지 가거나, 빨리 완전히 멈춰버릴 수 있다. 그러므로 치료에서 보이는 모습에 일관성이 없다. 즉, 며칠간 잘 지내다가 다른 며칠 동안 반발하고 철수되거나 압도된다. 고통은 모호하게 경험되며 정서 유형과 그 근원의 구분이 어렵다. 게다가, 이들은 정서의 강도를 판단하는 데 어려움이 있어 마음의 동요는 분노로, 슬픔은 절망감으로 느낀다. 정서 상태들은 단절되어 있어 아이들은 감정 상태에 있지 않을 때에는 정서적 경험에 접근하기 어려우며 정서를 경험하고 있을 때에도, 그것을 넘어서서 생각하기 어렵다. 아동들의 삶은 정서에 의해 휘몰아치지만 이를 이해하는 인지적 틀을 가지고 있지 못하거나 건강한 방법으로 다루는 능력이 거의 없다. 이러한 아동들은 오랜 기간 대인관계적 외상을 경험하였고, 해리적 대처에 의존하여 왔다. 그 결과, 이들의 자기감—그리고 이들의 정서 경험—은 파편적이며 빠르게 변화하는 것으로 보인다.
주요 기술 결함	■ 정서 경험의 조절 곤란(급격한 상승 혹은 정서적 마비를 보이는 등 기저선으로 되돌아오는 것이 어렵다) ■ 환경적 단서에 대한 잘못된 해석, 위협 지각에 대한 낮은 역치 ■ 경험들을 일관된 내러티브나 자기감으로 통합하는 데 어려움
안전과 위험 영역	불안정한 표현을 보이는 아동은 각성 척도에 따라 안전지대가 매우 빈약할 수 있다(예: 어떤 아동은 중간범위, 다른 아동은 더 높거나 낮을 수 있음). 이러한 아동은 자신이 선호하는 범위 내에서 경험을 구성할 수 있으나, 아동의 각성을 증가시키거나 감소시키는 사소한 스트레스 요인이나 긍정적인 경험에 직면하면 대처능력이 손상된다. 결과적으로 아주 작은 경험의 변화가 급격한 혼란과 갑작스러운 각성의 격동을 초래할 수 있다.
이 적응이 가지는 기능	이러한 아동의 경우, 생물학적 경보체계가 고도로 발달되어 왔다. 정서적 자극(내적 혹은 외적)에 직면하더라도, 그들의 신체는 실제 위험에 직면한 것처럼 생존에 필요한 연료를 제공한다. 그러나 경미한 자극에도 과거에 위협당했던 것처럼 이러한 반응들이 즉시 나타난다. 신체적인 강렬한 반응은 아동들이 자신의 정서에 휘둘리게 한다. 위축되고 과각성된 아동들과 달리 불안정한 아동들은 각성 상태에 대처하는 체계적인 전략이 부족할 수 있다. 따라서 신체적으로 격렬한 반응은 아동들이 자신의 순간순간의 경험에 휘둘리게 한다.
치료적 고려 사항	■ 이러한 아동들에 대한 목표는 그들의 정서를 변화시키려는 것이 아니라 현실적인 수준으로 감정의 강도를 낮추는 다양한 조정 전략을 개발하도록 도움으로써, 아동이 정서를 감내하고 다루며 이러한 정서가 어디서 기인하는지 아동들이 확인하도록 돕는 것이다. 따라서 이들의 정서를 정상화하고, 감정의 변화 정도를 확인하도록 가르치고, 정서, 신체적 경험을 감내하도록 다양한 내적, 외적 전략을 탐색하고 확인하는 것이 중요하다. ■ 이러한 아동들에게서 경험은 상태 의존적이다. 사건이 일어난 이후라면 정서와 대안적인 대처 기술을 논의할 수 있다. 그러나 이들의 주요 관심사가 생존일 때, 그 순간 이러한 기술을 적용하는 것은 매우 힘든 일이다. 이러한 상태 의존적인 측면을 고려하여 아동들에게 기술의 반복과 외적 단서 및 지지(공동의 또는 지지적 조절)를 제공하는 것이 필수적이다.

10장

인식하기

주요 아이디어와 핵심 하위 기술

아동과 내적 경험에 대한 인식, 정서적 및 생리적 상태를 구분하고 명명하는 능력, 왜 이러한 상태가 발생하였는지 이해하는 능력을 기르도록 작업한다.

★ 청소년들이 연령에 적합한 수준에서 내적 경험(정서, 에너지/각성)을 정확하게 인식하는 능력을 증진하기
- 언어: 정서와 에너지/각성을 위한 언어 개발하기
- 연계: 감정, 신체 감각, 생각 및 행동을 인식하고 이들 간의 연관성을 이해하며 경험을 이해하는 단서로 사용하도록 증진하기
- 맥락화: 외상 관련 유발요인 및 반응들을 포함하여 정서와 각성을 유발하는 경험들의 이해를 구축하기

★ 청소년들이 자신의 연령에 적합한 수준에서 다른 사람의 감정을 정확하게 인식하는 능력을 증진하기

★ 핵심 개념

★ 정서 인식을 목표로 하는 이유가 무엇인가?

■ 외상 스트레스는 발달 단계에 있는 아동들이 가지고 있는 제한적인 정서 관리 기술을 압도한다. 종종 감정과 신체 감각으로부터 단절되거나, 미발달된 또는 건강하지 않은 대처 기술을 사용하도록 영향을 미친다.

■ 부적절한 초기 양육을 경험하였거나 정서적 지지를 충분히 경험하지 못한 아동은 정서를

인식하고 표현하는 적절한 기술을 발달시키지 못할 수 있다.

■ 특히 외상이 전체 가족 단위의 정서적 기능에 실제적인 영향을 미친다면, 어떤 아동들은 외상의 여파로 압도되거나 분리되어 정서 관련 기술들의 발달이 제한된다.

■ 이런 요인들로 인해, 외상을 경험한 아동은 자신의 정서적 경험을 인식하지 못하거나 정서적 경험으로부터 단절된다.

★ 외상은 자신의 상태를 인식하는 아동의 능력에 어떤 영향을 미치는가?

■ 정서 인식의 어려움은 다양한 방식으로 나타나며 공통적인 내용들은 5부 서론에 포함되어 있다. 아동은 일반적으로 다음과 같은 양상을 나타낸다.

- ◆ 감정과 신체 상태에 대한 제한된 언어/분류들
- ◆ 정서, 신체적 상태들을 정확하게 구분하는 것의 어려움
    - 예를 들어, 하나의 정서 경험만 보고하는 아동의 경우 ("좋아요.")
    - "힘"을 과시하는 정서에 의존 ("난 화가 났어요.")
    - 확산적인 고통("모든 것이 끔찍해요.")
    - 정서적 경험에 대한 접근성 부족("느낌이 어떠니?"에 대한 반응으로서 "몰라요.")
- ◆ 정서 경험에 대한 생리적 혹은 행동적 표현
    - 충동적인 행동, 과잉행동 또는 어리석은 행동 등을 통해 단절된 정서를 분출
    - 두통이나 복통과 같은 분리된 신체적 고통
- ◆ 생리적 상태와 그러한 상태를 일으킨 경험 간의 연결성에 대한 이해 부족
    - 경험의 결과를 처리하는 능력 부족
    - 행동과 자신이 타인으로부터 이끌어 낸 반응들 간의 연계성 인식 부족으로 "피해당한" 느낌과 표적이 된 느낌을 가짐.
    - 어떠한 정서 경험에 대해서도 방어적이므로 기본적으로 과각성 상태이며 고통스러울 경우 급격하게 각성이 상승됨.

★ 외상은 아동이 타인의 상태를 인식하는 능력에 어떻게 영향을 미치는가?

■ 내적 경험을 이해하는 데 생기는 어려움은 종종 아동이 자신의 정서를 인식하는 어려움만을 의미하지 않는다. 외상 경험이 있는 아동들은 자신의 경험을 이해하는 것보다 타인의 단서를 읽는 것에 더 큰 어려움을 보인다.

- 결과적으로, 어떤 아동은 타인의 정서적 단서를 읽기 위해 많은 양의 에너지를 소비한다. 이러한 아동은 다음과 같은 모습을 나타낼 수 있다.
  - 선택적 과잉경계(즉, 잠재적인 위험 단서에 지나친 몰두)
  - 불충분한 조율(즉, 타인의 좌절, 짜증, 자부심에 대한 단서를 놓침)
  - 단서를 읽는 것의 부정확성, 부정적 정서에 대한 과잉지각(예를 들어, 양육자의 피로함을 화로 해석하거나 또래의 농담을 거부로 해석함)
- 이러한 기술 부족은 또래관계와 양육자-아동 조율에 영향을 미친다. 아동은 지각된 위험, 거부와 그 외의 무시적 태도 등에 지나치게 반응적이며, 긍정적 반응의 단서를 놓칠 수 있다.

치료자 도구상자

무엇이 중요한가?

지역사회 정신건강센터, 학교, 주거 프로그램 또는 기타 환경에서 서비스를 받기 위해 찾아오는 아동이나 청소년 대부분은 어느 시점에서든지 그들과 관련된 감정이나 행동, 관계 문제를 다루는 데 있어서 "더 잘해야' 할 필요가 있었다는 말을 들었을 것이다.

이러한 과거력 때문에 많은 아동들이—자신의 감정이 잘못되었거나, 위험하거나, 압도적이라는 메시지를 이미 받았으므로—감정에 대해 이야기하는 것을 경계하는 것으로 나타났다.

외상을 경험한 아동은 이미 인식하고 있는 자신의 내적 상태와 관련하여 특히 보호적일 수 있다. 그들의 감정이나 신체 감각은 적절한 대처 자원이 없는 경우 압도적이며 너무 고통스러워서 견디기 어려울 수 있다. 화를 냈다는 이유로 처벌을 받거나, 고통을 표현할 때 "극복하라"는 말을 들었고, 취약하거나 두려운 감정으로 인해 수치를 느꼈을 수 있다. 따라서 '감정 작업'에 들어가려면 투명성과 속도 조절이 필요하다. 다음 사항들을 고려해 본다.

- 감정의 중요성에 대한 심리교육("아동 교육" 섹션, 234~238페이지 참조)은 중요한 메시지를 제공한다. 즉, 여러분의 감정은 중요하다는 것이다.
- 보호자 또는 기타 성인의 조율은 이 작업의 핵심 기반이다. 많은 아동이나 청소년이 내면의 상태를 인정하거나 인식하기 전에 "그렇구나. 네가 이런 감정을 느끼는 것은 당연한 거야. 너는 화를 낼(슬프고, 두렵거나 흥분할) 권리가 있어"라는 말을 반복해서 들어야 한다. 청소년이 자신의 상태를 인정할 만큼 충분히 안전하다고 느끼기까지 오랜 시간 동안 주의 깊

고 존중하는 태도로 청소년의 상태를 반영해야 한다.

- 아동 · 청소년 경험의 토대에 대한 성인의 호기심은 시간이 지남에 따라 청소년의 호기심을 종종 촉진한다. 강한 감정, 압도적인 신체 상태, 통제 불능의 행동이 있을 때 많은 아동과 청소년은 본질적으로 "그만!"이라는 말을 듣는 데 익숙하다. 다른 반응, 예를 들어 "얘야, 방금 엄청난 일이 일어났구나, 그렇지? 무슨 일이 있었길래 그런 행동[느낌]을 하게 된 걸까? 이유가 있을 거야."와 같은 대안적 반응은 많은 청소년들이 내적 경험을 에워싸기 위해 채택했던 방어 반응을 바꿀 수 있다. 아동이나 청소년의 경험에 대한 호기심과 진정한 관심은 충분히 안전한 관계의 맥락 속에서 적절한 순간에 개입된다면 종종 내면의 반영을 견디도록 지원하는 가교 역할을 할 수 있다.
- 하지만… 지나친 호기심은 오히려 아동을 정서적으로 차단시킬 수 있다. "감정"에 대한 끊임없는 질문은 "난 괜찮아요." 하며 참여를 거부하거나, 각성 및 반응성이 높아지는 등 반대 반응으로 이어질 수 있다. 자신의 욕구보다 어른의 욕구에 우선순위를 두고 조절을 익힌 아동들은 감정을 관리할 적절한 전략이 없을 때, 자신의 감정에 관한 대화에 뛰어들 수 있다. 이러한 상황에서는 인터뷰보다는 관찰의 힘을 고려한다. 단순히 관찰하는 것만으로도 관계에 큰 힘이 되며, 종종 더 효과적이다. 예를 들어, "오늘 좀 힘든 하루를 보내고 있는 것 같구나. 우리가 여기서 하는 것을 바꿀 필요가 있다면 알려줄래"는 다음과 같이 질문하는 것, 즉 "오늘 정말 기분이 안 좋아 보이네. 괜찮아? 네가 화가 난 것 같아. 오는 도중 너를 화나게 한 일이 있었니? 정말이니? 그것에 대해 얘기하고 싶니?"보다 효과적이다. 반응할 필요가 없는 관찰은 청소년들이 궁극적으로 반영적 과정에 들어가는 데 필요한 안전감을 구축한다.

함의

- 정서 인식 작업은 아동이 자신과 타인의 정서적, 생리적 경험을 이해하는 것을 목표로 한다.
  - 자신의 감정과 신체 상태 인식: 아동이 느끼는 감정과 그것이 어디에서 비롯되었는지를 인식하는 것
  - 타인 정서 인식: 아동이 다른 사람의 감정을 정확하게 지각하기 위해서는 보디랭귀지, 목소리 톤, 눈맞춤 등과 같은 단서들을 정확하게 읽는 능력이 요구된다.
- 각 영역 내에서, 정서의 이해(그리고 치료적 과제)에는 두 가지 주요 목표가 포함된다.
  - 첫째, 아동이 자신과 타인의 정서적 경험과 에너지 또는 각성 상태에 대한 어휘를 구축하도록 지원한다.

◆ 둘째, 아동이 촉발 사건, 정서, 생리적 상태, 행동, 대처 방식 그리고 궁극적으로 현재 상황에 영향을 미치는 과거 경험들이 포함된 내적, 외적 경험들 간의 연계성을 구축하도록 돕는다.

- 연계하기
  - 정서: 감정 상태를 인식하고 그것이 여기에 나열된 경험들의 다른 측면과 어떻게 연결되는지 파악하는 능력
  - 신체감각: 신체에서 편안하고 불편한 감각들로 이끄는 경험과 느낌의 범위를 확인하는 능력
  - 생각: 자기, 타인에 대한 생각과 감정, 신체 상태, 행동들이 연합된 경험을 확인하는 능력
  - 행동: 감정과 신체 상태가 행동으로 나타나는 방식들을 확인
- 정서의 맥락화
  - 외부: 감정이나 신체 상태를 촉발하는 환경적 요인들. 이 과정에는 특정한 촉발요인을 확인하는 것이 포함된다.
  - 내부: 다양한 감정이나 신체 감각의 발생에 기여하는 내적 요인들(즉, 피곤함, 배고픔)

■ 정서 인식 작업은 종종 기본에서 보다 미묘한 단계로 이동하면서 단계적으로 진행한다.

◆ 초기 단계는 다양한 정서 경험을 포괄하는 언어를 개발하는 것이 목적이다.

◆ 언어의 뉘앙스는 정서적 경험을 소통하는 데 중요한 역할을 한다. 아동 혹은 가족들이 감정을 묘사할 때 임상가에게는 익숙하지 않은 어휘를 사용할 수 있다. 아동 및 양육자들과 함께 정서적 경험에 적용되는 다양한 명칭들을 이해하기 위해 작업한다. 다음 예시를 고려해 본다.

10세 소녀가 임상가와 함께 감정 인식 작업을 마치는 중이다. 임상가는 보통의 얼굴을 그렸고 아동이 추가적인 정서들을 채울 수 있도록 여러 개의 원을 남겨 놓았다. 아이는 재빨리 하나의 얼굴을 채우고 "태도(attitude)"라고 명명했다. 그 주 동안 느낀 감정 정도를 나타내는 온도계 채우기를 했을 때, 아동은 "슬픔"과 "걱정"뿐 아니라 "태도"에서도 높은 수준이었다고 표시하였다. 몇 주 동안 아동은 체크인 활동 시 "태도" 감정을 보고하였다.

위 예시에서, 아동은 태도라는 단어를 사용해 정서적 경험을 표현했는데, 이에 대해 다양한 방식의 해석이 가능하다. 이 아동과 작업할 때, 임상가는 이러한 용어의 해석을 추측하기보다 아동에게 어떤 의미인지 이해하도록 노력하는 것이 필요하다. 이 사례에서, 임상가

는 태도(attitude)라는 단어가 아동이 상처받고 속상했을 때 대처하기 위해 사용하는 분노 영역을 나타내는 것임을 이해할 수 있었고, 비록 외적인 표현은 "힘" 정서를 과시하는 것이었지만 아동에게 우세한 내적 경험은 취약성이었다.

- 개입에는 다음과 같은 것들이 포함된다.
  - 앞의 예에서 임상가가 한 것처럼, 매일의 정서적 경험을 공유하도록 아동을 초대한다(예: "오늘 기분이 어떠니?").
  - 특정 경험의 맥락에서 정서를 명명한다(예: "~가 발생했을 때, 넌 정말로 자랑스러워 보였단다.").
  - 타인의 경험에 대한 관찰을 권유한다(예: "너희 둘이 부딪혔을 때 지미는 화가 난 것처럼 보였어. 네가 그걸 알아차렸는지 궁금하네.").
  - 아동의 관찰된 정서와 행동을 반영한다(예: "너는 걱정하는 것처럼 보이는구나.").
  - 정서적 경험을 정상화한다(예: "그런 일이 생기면 대부분의 아이들이 속상해할 것 같아.").
- 첫 단계에 포함되거나 보다 진전된 방법으로서, 치료자와 양육자들은 **경험의 다른 측면들을 정서와 연결시키는** 작업을 할 수 있다. 이러한 연결은 정서에 대한 단서나 실마리 역할을 한다(예: "나는 뱃속이 따뜻하고 설레는 느낌이 들기 때문에 행복하다는 것을 알아요."). 개입에는 다음과 같은 것들이 있다.
  - 자신이나 타인을 대상으로 감정 탐정(feeling detective) 작업하기 (예: "무엇이 지미를 화나게 만들었다고 생각하니?")
  - 사람들이 정서를 표현하는 다양한 방식을 이해하기(예: "어머니가 화가 났을 때 어떻게 보이니? 그게 아버지가 화났을 때와 어떤 차이가 있니?")
  - 아동마다 표현 방식이 다양하다는 것을 이해하기(예: "나는 화가 났을 때 어떤 때는 소리 지르고 싶고, 어떤 때는 혼자 있고 싶어요.")
- 연계 작업은 특히 자신의 경험에 대해 특별히 경계하는 아동의 경우, 감정보다는 다른 영역들(예: 사고 또는 신체 감각들)에서 시작할 필요가 있다. 일부 아동의 경우 이러한 경험의 측면들이 내면을 반영하는 데 보다 좋은 '내부'가 될 수 있다. 예를 들어,
  - 신체 상태 확인: "오늘 네 손이 많이 떨리고 있는 것 같네. 너에게 무슨 일이 일어나고 있는지 또는 몸에 무엇이 필요한 지 우리에게 알려줄 수 있을 것 같아."
  - 생각 확인: "지금 집에서의 일들이 공정하지 않다고 네가 말하는 것을 들었어. 여러 가지 감정들이나 네가 원하는 일들이 떠오를 것 같아."
  - 행동 확인: "오늘은 정말 너 혼자 있기를 원하는 것 같아. 교실에서 힘들어지면 자신

만의 공간을 갖고 싶어할 거라 생각해. 네가 말을 하고 싶지 않을 때는 뭔가 상황이 힘들다는 것을 알려주는 좋은 단서야."

- 아동이 감정과 내적/외적 경험 간의 연계성을 이해하도록 돕는 치료 기법은 강한 감정을 이끌어 낼 수 있어서(11장에 자세히 설명된 대로) 조정 기법으로 동시에 다루는 것이 중요하다.

■ 많은 경험은 **다양한 감정을** 불러일으킨다는 점을 명심해야 한다.

- 아동이 감정을 확인하도록 도울 때는 한 가지 이상의 감정이 있을 수 있음을 인식하는 것이 중요하다.
- **"혼합 감정"을** 정상화하는 것은 과거의 상반되는 감정(예: 부모를 두려워하면서도 사랑하는)을 경험한 아동과 그러한 감정을 서로 분리하는 것을 학습한 아동에게 특히 중요하다.
- 아동들이 내적 경험에 대한 어휘를 개발하기 시작함에 따라 **감정과 다른 내적 경험의 맥락을 이해하는 작업에** 초점을 맞춰야 한다. 여기에는 환경적 요인과 내적 요인, 촉발 사건들을 탐색하는 것이 포함된다. 다른 유형들의 인식과 마찬가지로, 이러한 작업은 기본적인 것부터 정교한 수준까지 다룰 수 있다. 예를 들어,
    - 기초적인 이해 수준에 있는 아동은 단순히 촉발된 사건을 인식할 수 있다. "선생님이 저에게 소리를 질러서 슬프고 화가 났어요."
    - 조금 더 나이가 든 아동이나 이해력이 더 높은 아동은 사건에 대한 인식뿐만 아니라 관련된 개인력 경험과 행동적 반응을 표현할 수 있다. "선생님께서 저에게 소리쳤을 때, 저는 화가 났는데 이것은 예전에 어머니가 저에게 소리치곤 했을 당시의 오래 전 느낌을 불러일으키는 것 같았어요. 저는 무서워져서 거기서 나가야 할 것만 같았어요."

작업 속도가 결정적으로 중요하다. 인식하는 기술은 시간이 걸린다. 어떤 아동은 다음 단계로 넘어가기 전에 한동안 기본적인 인식 기술을 연습할 수도 있다. 목표는 아동들이 안전감을 느끼고, 감정과 내면의 감각을 인식하기 위해 언어를 사용하고, 작업 수행 능력과 관련된 유능감이 개발되도록 지원하는 것이다. 인식 기술을 습득하는 작업에 포함된 부가적인 요소들은 다음과 같다.

일과적인 체크인: 감정과 에너지를 조절(다음 장에서 설명하는 조정)하는 능력이 발달되기 위해서는 아동들이 다양한 내적 경험을 어느 정도 인식할 수 있어야 한다. 일상적인 감정 "체크인"은 아이들이 감정 어휘를 쌓고 내적 상태에 대한 인식을 높이는 데 사용하는 주요 도구이다. 내적 경험에 대한 어휘는 처음부터 정교할 필요는 없다는 점을 명심해야 한다:

아동이 "기분이 나쁘다" "좋다" 또는 예를 들어 "신나요"와 같이 말하는 것으로 충분하다. 정서와 마찬가지로 에너지와 각성에 대한 언어를 구축하는 데 주의를 기울여야 한다.

- **미러링 경험:** 공식적인 연습 외에도 인식 작업은 종종 "순간적으로" 이루어진다. 조율 장에서 자세히 설명한 대로, 치료자는 언어적인 미러링 전략을 사용하여 청소년들이 내부 경험에 대해 인식하도록 도울 수 있다. 미러링 전략에는 다음이 포함된다(자세한 설명은 5장 참조)
  - 반영
  - 타당화
  - 정상화
- **진술, 상호작용, 놀이에서 나타나는 정서의 신호들에 주의를 기울이기.** 이러한 신호가 나타나면 정서에 이름을 붙이고 구체적인 관찰과 연결한다. 예를 들어,
  - 놀이에서

    (아동이 인형 놀이를 하고 있다. 인형을 곁에 두고 우는 소리를 낸다.)

    치료사: 오, 그 인형은 정말 슬퍼 보이는구나. 울면서 혼자 앉아 있네. 무엇 때문에 그렇게 속상한 걸까?
  - 상호작용에서

    치료사: 오늘 화가 났거나 속상한 것 같구나.

    사춘기 청소년: 아니요, 전 괜찮아요.

    치료사: 글쎄, 너는 여기 온 이후로 말이 별로 없고, 후드 모자를 뒤집어쓰고 웅크린 채로 의자에 앉아 있잖니. 이건 너의 평소 모습이 아니라서 무슨 일이 있는지 궁금하구나.
  - 진술에서

    아동: 나는 바보같은 과학 숙제를 친구들과 같이 해야 해요. 아무도 저랑 같이 하고 싶어 하지 않아요. 어쨌거나 과학은 바보 같아요.

    치료자: 와– 그것 참 힘들것 같구나. 어떤 아이들은 같이 할 친구가 없으면 슬프고 걱정스러울 것 같다는 생각이 드는구나.
  - 아동의 정서를 명명할 때, 아동이 당신에게 동의하지 않을 수 있다는 것을 알아야 한다. 이를 허용하되, 관찰된 정서와 내용 간에 잠재적 불일치에 대해 논의할 것을 고려한다.
- 다른 사람들에 대한 인식 작업을 돕는 기타 치료자 도구들
  - 아이들에게 관찰자/감정 탐정이 되라고 가르친다.
  - 아동/청소년이 타인에 대한 호기심 많은 "관찰자"가 되도록 지원하는 것은 성인 양육자가 자녀에 대한 조율/탐색 작업에 참여하는 것과 매우 유사하다.
  - 자신의 정서를 인식하는 것처럼, 이러한 목표는 "순간적으로" 그리고 기본(즉, 관찰된 상

태에서 단순한 명명하기)부터 고급(즉, 확인된 다른 사람들의 미묘한 정서 해석하기)에 이르는 활동을 통해 다룰 수 있다. 다음에 나오는 페이지에서는 아동과 청소년이 감정에 대한 기본적인 관찰자나 "감정 탐정"이 되도록 가르치는 데 사용할 수 있는 여러 가지 활동 예시가 나와 있다. 여기에는 "감정 플래시카드" "단어 놀이" "단어 추측 게임" 등이 포함된다. 이러한 도구를 사용하여 기본 기술을 쌓을 때 치료자는 아동이 알고 있는 인물보다 캐릭터를 활용한다. 보다 직접적인 인식 작업을 감당할 수 있는 아동이라면 치료자는 알고 있는 사람을 소개하며 시작할 수 있다. 예를 들어, "엄마가 행복할 때의 모습을 표현해 볼까?"라고 말하는 것이다.

■ 시각 단서

◆ 치료실, 거주 시설, 교실 또는 "도구 가방"(가정-기반 임상가)에 시각 단서(감정포스터와 캐릭터 그림, 에너지와 각성에 대한 시각적 단서 등)을 비치해 두면 매우 유용하다. 아동마다 독특한 감정 얼굴 포스터와 에너지 척도가 필요할 수 있다. 일부 아동은 치료과정에서 사용할 시각 단서를 만들도록 도울 수 있다. 자신의 경험을 표현할 언어 가 아직 없거나 괴로울 때 직접 언어로 표현하지 못하는 많은 아동들에게는 이와 같은 비언어적 전략이 치료나 개입의 일부가 되는 것이 중요하다. 이러한 도구들이 이용 가능하다면 아동은 그 순간에 자신이 느끼는 감정을 가장 잘 나타내는 감정이나 각성 수준을 간단하게 가리킬 수 있다.

■ 양육자/치료자 모델링

◆ 우리는 이러한 구조 체계에서 양육자가 가장 중요한 '도구'라는 전제하에 진행하고 있다. 이에 따라 우리는 청소년 인식을 지원하기 위한 중요한 도구로 양육자 모델링을 제안한다. 성인 모델의 경우 적절한 경계를 가지고 의도적으로 영향을 미치는 것이 중요하다. 다음 예를 살펴보자.

한 치료자가 출근길에 교통 체증으로 인해 9세 소년과의 예약 시간에 간신히 사무실에 도착하였다. 소년이 사무실에 들어와 "괜찮으세요, 선생님?"이라고 말한다. 치료자는 소년을 바라보며 심호흡을 한 후 "왜 그런 질문을 하는 거니? 나의 어떤 점이 눈에 띄었니?" "아직 코트를 입고 있고, 숨이 가쁘고, 얼굴이 화난 것 같고, 저의 체크인을 내놓지 않으셨잖아요."라고 말한다. 그런 다음 치료자는 교통 체증에 대한 자신의 경험과 감정을 공유한다. "나에게 너무 중요한 일이라 제 시간에 도착하지 못할까 봐 실망하고 걱정했었단다." 그런 다음 치료자는 함께 조정 기술을 연습할 것을 제안하며 상호작용을 추가한다. "내가 안정되는 데 무엇이 도움이 되는지 아니? 나는 공을 서로 던지며 주고받는 것을 좋아해. 잠깐 같이 해 볼까?"라고 말한다.

◆ 이 예에서 치료자는 정서의 기본 명명, 혼합 정서, 단서/맥락과의 연결, 정서의 조정 등을 가르치는 모델링을 사용하였다.

양육자 교육

- 알림: 양육자에게 주요 개념을 가르치기
- 알림: 양육자에게 관련된 발달적 고려사항을 가르치기
- 8장에서 설명된 미러링 및 기타 조율 기술은 아동의 인식기술 발달을 위한 중요한 지원 도구이다. 양육자와 협력하여 아동이 인식을 해나가도록 이러한 기술을 적극적으로 연습하고 적용하도록 한다.

도구: 인식

아동 교육: 감정에 대한 심리교육

- 주요 교육 요점들을 아이들에게 어떻게 말하는지에 대한 예시들이 제공된다. 하지만 심리교육은 발달에 적합한 방식으로 제공되어야 하므로 아동에 따라 사용되는 언어는 달라질 수 있다.
- 다음 표는 정서 인식에 대해 아이들과 대화할 때의 지침을 제공한다. 모든 교육 요점이 모든 아동에게 적절하지 않을 수 있다.

감정 이해하기

교육 목적	주요 정보에 관한 언어적 예시
모든 사람에게는 감정이 있다.	"우리 모두—아동과 어른들—는 다양한 감정을 가진다. 삶에서 일어나는 사건에 대해 우리가 다르게 느끼는 것은 정상이야." "'잘못된' 감정은 없어—어떤 일에 대하여 네가 그렇게 느껴야 한다거나 그렇게 느끼지 않아야 한다고 말할 사람은 아무도 없단다." "감정을 나타내는 여러 방식이 있으며, 만일 우리가 자신의 느낌이 무엇인지 모른다면 그 감정은 우리 또는 다른 사람에게 상처 주는 방식으로 나타날 수 있단다."

감정은 어딘가에서 비롯된다.	"대부분의 경우, 감정은 그냥 일어나지 않으며, 어떤 것으로 인해 나타나는 것이란다. 감정은 생각, 사람, 상황, 내적 감각에 의해 야기될 수 있지." (임상가는 위에 제시된 각기 영역들과 감정을 연관 지을 수 있도록 구체적인 예를 제공해야 한다.) "특별한 상황은 위험하다고 느끼는 경우들이란다. 너의 뇌가 위험하다고 느낄 수 있는 상황은 많고 다양하지. 우리의 뇌가 무언가가 위험하다고 결정을 내리면, 신체는 우리가 그것을 다룰 수 있도록 연료를 공급한단다. 이 연료는 우리가 빠르게 반응하고, 재빠르게 움직이며, 우리 스스로를 보호하고 안전해질 수 있도록 돕는단다. 위험한 상황이 거듭되 면 우리의 뇌는 위험이 다가오는 단서(소리, 냄새, 보는 것과 같은)를 알아채는 것을 학습하게 되어 정말로 빠르게 반응할 수 있게 되지. 때로는 이러한 단서들이 어떠한 위험이 없을 때 발생하기도 한단다. 그러한 경우 우리는 이러한 단서를 '촉발요인(triggers)'이라 부른단다. 촉발요인이 있다면 우리의 뇌는 실제적 위험이 주변에 없을 때조차도 우리를 안전해지도록 돕기 위해 위험 신호를 울리게 한단다. 촉발요인과 위험 반응을 깨닫도록 학습하는 것은 중요하지. 이를 통해 우리는 단지 반응(reacting)하기보다 생각할 시간을 가질 수 있게 된단다." 메모: 촉발요인과 위험 반응에 관한 중요하고 확장된 심리교육은 다음 표에 나와 있다.
우리가 어떤 감정을 느끼는지 아는 것은 항상 쉽지는 않다.	아동은 힘든 일을 경험하게 되면 그들이 무엇을 느끼고 있는지 깨닫는 능력이 저해될 수 있다. 여기에는 많은 이유들이 있다. ■ "많은 아이들은 그들이 아기였을 때나 어렸을 때, 어머니와 아버지로부터 감정을 학습한단다(도움이 될 수 있는 예시—아기를 안아 올리고 흔들어주기). 그러나 때로는 부모들이 자신의 감정으로 인해 아동을 돕는 것이 힘들 수 있단다. 이러한 일은 ~때문에 일어났나요(예시를 제시하거나 아이 경험으로 연결하는 것이 유용하다). 부모로부터 감정을 배우지 못하게 된다면 아이는 이런 기술들을 나중에 학습해야 한다." ■ "아이가 외상 경험에 대처하는 한 가지 방법은 감정을 차단하거나 회피하는 것이야. 이 방법은 순간적으로는 도움이 될 수 있지만 너무 자주 사용하게 되면 자신의 감정이 어떤 것인지 접촉하는 것을 상실하게 된단다." ■ 메모: 내담자에게 적절한 언어를 사용하는 것은 중요하다. 외상이라는 단어는 너무 애매모호할 수도 있고, 어떤 아이들에게는 촉발요인이 될 수 있다. 아동이나 가족 수준에 적절한 전문용어를 사용한다. ■ "또한 외상은 격렬한 느낌을 야기하여 서로 다른 감정들을 말하기 어려워질 수 있어. 예를 들면 화가 나면 흥분된 느낌과 같은 것으로 느껴질 수 있단다." ■ "때로는 어떤 감정이 갑자기 나타나기도 한단다. 그 느낌이 어떤 것인지, 어디서부터 나타난 것인지 알아차리는 것이 매우 혼란스러울 수 있지. 무언가 그 감정을 촉발시켰을 경우에 특히 그러하단다."
우리가 무엇을 느끼는지 알려주는 신호가 있다.	"감정은 다양한 방식으로 나타난다. 감정은 행동, 신체, 얼굴 표정, 사고, 목소리 등의 여러 방식으로 나타날 수도 있단다." 행동: "어떤 경우, 우리의 감정은 우리가 하고 있는 것, 말하는 것, 다른 사람들과 행동하는 방식에서 드러난단다. 어떤 아이들의 경우 화난 감정은 다른 사람을 때리게 만들며, 다른 아이들의 경우에는 나쁜 말을 하거나, 무례한 행동을 하거나 말을 듣지 않게 만들 수 있단다."

	행동: "때때로 감정은 우리가 행동하지 않는 것으로 나타난단다. 예를 들면, 아이들은 속상할 때 다른 사람들과 놀거나 함께 있기를 원하지 않고, 방에 숨거나 학교에 가지 않을 수 있단다." 신체: "감정은 우리의 신체를 통해 나타날 수 있지. 우리는 걱정될 때 복통을 느낄 수 있고, 화가 나거나 속상할 때 두통이 있을 수도 있단다. 우리가 행복할 때 근육은 매우 이완되며 신날 때는 에너지로 가득 차 있다고 느끼게 된단다." 표정: "우리가 자신의 표정을 보는 것은 힘들지만, 감정은 대개 얼굴에 드러나게 되지. 우리는 감정에 따라, 미소 짓거나, 노려보거나, 입술을 말아 올리거나, 이를 드러내거나, 눈동자를 굴리기도 한단다." 사고: "우리가 생각하는 것이 우리가 어떻게 느끼는지에 대한 정보를 준단다. 때로 우리 자신에 대한 생각을 하고-예를 들면, 슬프거나 실망했을 때 '나는 그때 정말 엉망진창이었지'라고 생각할 수 있어-때로는 타인에 관한 생각을 하지-예를 들면, 화가 났을 때, '그는 정말 나쁜 사람이야'라고 생각할 수 있단다." 어조: "우리의 감정은 말하는 방식으로 나타나기도 해. 어떤 사람들은 화가 났을 때, 매우 큰 소리를 내기도 하지. 또 다른 사람들은 조용해지기도 해. 불안해지면 우리는 부드럽게 이야기할 수도 있고, 흥분했을 때는 큰 소리로 이야기할 수 있단다."
"감정 탐정"이 되는 것은 중요하다.	"자신의 감정을 아는 것은 다양한 방식으로 도움이 된단다. 어떤 느낌인지 알게 되면 자신의 상황을 이해하는 데 도움이 돼. 예를 들면, 화가 나는 느낌은 어떤 것을 싫어한다는 것을 알려주며, 걱정하는 것은 해결해야 할 문제가 있다는 것을 알려준단다. 좋아하지 않거나 감정이 매우 격렬하거나 미미하다면 우리는 감정을 다루거나 변화시키려는 어떤 시도를 할 수 있고, 다른 사람들과 감정을 나눌 수 있어." "우리는 앞으로 '감정 탐정' 작업을 하게 될 거야. 각기 다른 감정을 이해하고 감정이 어떻게 드러나는지, 그러한 감정들을 가지고 무엇을 할 수 있는지 작업을 하게 될 거야."

아동 교육: 촉발요인 이해하기

- 외상 반응이 현재 그들의 정서적 반응에 영향을 미친다는 것을 아동이 이해하는 것이 중요하다. 정서 인식과 조정 기술을 구축하는 데 있어 중요한 요소는 외상 반응과 그 촉발요인에 대한 심리교육이다.
- 다음 표는 아동에게 촉발요인을 설명하는 핵심 교육 요점과 예시문들이다. 발달 단계와 개인적 욕구에 맞추어 적절한 언어를 사용해야 한다.

촉발요인 이해하기

목표	설명
신체 경보 시스템	교육 요점: 인간의 뇌는 위험을 인식하고 안전을 유지하도록 돕는 시스템이 내장되어 있다. 예문: "위험에 처하게 되면 신호를 보내주는 경보 시스템이 우리에게 내장되어 있어. 인간이 오랜 시간 생존해 올 수 있었던 이유 중 하나는 위험이 다가오는 것을 알려주는 신호들을 뇌가 인식할 수 있었기 때문이야. 신체는 다가오는 위험에 준비하도록 돕는단다."
정상적인 위험 반응	교육 요점: 인간의 위험 반응은 지극히 정상적이다. 예문: "우리의 뇌가 위험을 인식하게 되면 신체는 이에 대처할 수 있도록 준비시킨단다. 우리는 위험에 대처하는 네 가지 주요 방법을 가지고 있어. 즉 싸울 수 있고, 도망칠 수 있거나, 얼어붙을 수 있고, 굴복할 수 있단다." "우리가 어떤 방법을 선택하느냐는 위험의 종류에 달려 있어. 예를 들어, 매우 작은 다람쥐가 너를 공격하려 한다면, 너는 맞서 싸울 거야. 왜냐하면 너는 다람쥐보다 크고 강하기 때문이지. 만일, 차가 너를 향해 빠르게 달려오고 있고 네가 길에 서 있다면 너는 달려갈 거야. 왜냐하면 차와 싸울 수 없고, 가만히 서 있게 된다면 차에 치일 것이기 때문이야. 큰 곰이나 어떤 다른 동물이 근처에 있는 것을 본다면, 얼어붙게 될 거야. 왜냐하면 싸울 수도 없고, 도망칠 만큼 충분히 빠르지 않기 때문이지. 나보다 큰 누군가가 네가 무언가를 해야 한다고 말하거나 해치겠다고 하면 자신을 보호하기 위해 따를 수도 있을 거야."
위험 반응과 증가된 각성 사이의 연결	교육 요점: 투쟁(fight)−도피(flight)−동결(freeze) 반응은 각성 수준의 증가와 관련이 있다. 예문: "신체가 투쟁, 도피 혹은 동결되거나 굴복할 때, 하나의 반응을 하더라도 많은 에너지를 필요로 한단다. 그러므로 뇌는 위험을 인식했을 때, 뇌의 '행동' 혹은 '행위' 역할을 맡은 뇌의 부분에서 자동차의 연료와 같은 역할을 하는 다량의 화학물질을 방출하라는 신호를 신체에 보내게 되지. 그 화학물질들은 우리가 위험에 대처하는 데 필요한 에너지를 제공한단다."
과잉활성화된 경보	교육 요점: 위험에 대한 만성적이거나 극단적인 노출은 경보 시스템의 과잉활성화를 일으킨다. 예문: "위험 신호가 울리면 뇌의 '사고'를 담당하는 영역은 주변에 무슨 일이 발생하는지 확인한단다. 만일 거짓 경보이며 실제적 위험이 없다면, '사고 뇌'는 경보를 끄고 우리는 하고 있던 일을 계속할 수 있지. 만일 실제적 위험이 있다면, '행동 뇌'로 대체되고 현재 일어나고 있는 일에 대처하기 위한 연료를 신체에 공급한단다." "때로는 위험 경보가 너무 많이 울리기도 하지. 아이들이 위험한 일들을 많이 겪을 때 발생하게 돼. 여기에는 부모의 학대, 원하지 않는데 누군가 만지는 것, 누군가가 자주 소리치거나 싸우는 것과 같은 일들이 포함된단다. 위험한 일을 많이 겪은 아이들의 경우, '사고 뇌'가 발생하는 일들을 점검하는 데 지치게 되고, 신호들은 많은 위험을 의미하는 것으로 가정될 수 있어. 이렇게 되면 경보가 울렸을 때, '사고 뇌'는 물러나고 '행동 뇌'가 떠맡게 된단다."

촉발요인	교육 요점: 상기시키는 요인이나 촉발요인에 대한 반응으로 거짓 경보가 울리게 된다. 예문: "거짓 경보는 발생했던 나쁜 일들을 떠오르게 하는 무언가를 듣거나, 보거나, 느낄 때 울린단다. 그러한 암시들은 '촉발요인'이라 부르지. 우리의 뇌는 상기시키는 그런 요인들을 인식하도록 학습하게 돼. 왜냐하면 과거 주변에 그러한 것들이 있을 때 위험한 일이 발생했고 우리는 빠르게 반응해야 했기 때문이야." "많은 사람들은 다양한 촉발요인을 가진단다. 누군가는 고함치는 소리를 들으면 경보를 활성화시키고 '행동' 뇌 영역을 작동시킨단다. 만일 어린 시절에 충분한 관심을 받지 못했다면, 완전히 혼자라고 느끼거나 무서움을 느끼는 것으로도 경보를 울릴 수 있어." 메모: 아동과 관련된 예들을 사용하는 것이 중요하다.
촉발요인이 나타나는 방법	교육 요점: 촉발 반응은 조절 곤란 행동과 정서로 연결될 수 있다. 예문: "경보가 울리자마자 뇌는 신체가 행동할 수 있게 준비시킨단다. 이때, 신체는 위험에 대처하기 위한 준비로 '연료'가 가득 채워지지. 위험이 곰, 달려오는 차, 정말로 사나운 다람쥐와 같은 실제의 위험이라면 이것은 중요하단다. 하지만 거짓 경보이며, 주위에 어떤 실제적인 위험이 없는 경우라면 도움이 되지 못한단다. 만약 네가 수학 수업 중 무언가 위험을 느꼈다면 갑작스럽게 신체는 연료로 채워질 거야." "연료는 투쟁, 도피, 동결에 사용할 수 있는 에너지를 준다는 것을 기억하렴. 우리의 신체가 에너지로 충만해지면 우리는 무언가를 해야 한단다. 어떤 아이들은 갑자기 화가 나고 논쟁하거나 누군가와 싸우게 되고 몇몇 아이들은 안절부절하거나 움찔거릴 수 있어. 어떤 아이들은 구석에 숨거나 가능한 한 멀리 떨어지고 싶지만 그 이유를 모를 수도 있단다. 다른 아이들은 갑자기 누군가 스위치를 눌러서 그들을 꺼버리는 것과 같이 실제로 정지되는 것 같은 느낌을 가지기도 해. 이러한 모든 것들이 바로 우리의 신체가 위험이라고 여기는 무언가를 다루는 방법들이란다." "그러나 때로는 경보를 울린 것이 실제로 위험하지 않은 것일 수 있어. 그것은 단지 기분이 나쁜 것 혹은 예전에 발생했던 나쁜 일을 상기시키는 무언가일 수 있단다. 아이들에게 그런 거짓 경보가 울릴 때, 다른 사람들에게는 어떤 일이 발생했는지 이해하고 돕는 것이 힘든 일일 수 있어. 때로는 아이들조차도 곤경에 처하곤 해." (질문: "갑자기 네게 많은 에너지가 생겼거나, 화가 나거나 속상했거나 무서웠거나 또는 무슨 일이 일어나고 있는지 알 수 없었던 경험이 있었니?")
촉발요인 인식	교육 요점: 촉발요인 인식 기술과 연결하기 예문: "우리는 이제 어떤 종류의 촉발요인이 너에게 위험을 느끼게 하는지, 주변에 촉발요인이 있을 때, 신체가 어떻게 반응하는지 학습하는 작업을 할 거야. 경보가 울리면 사람들은 다른 촉발요인을 가지고 다양한 방식으로 반응한단다. 우리가 너의 경보를 울리게 하는 것이 무엇이며 네가 어떻게 반응하는지 알게 된다면, 너의 생각하는 뇌가 실제 위험과 거짓 경보를 구분하도록 도울 수 있단다."

■ 아동 교육에 관한 유인물 "신체 경보 시스템"과 아동 활동지 "내 몸의 경보 시스템" "내 거짓 경보가 울리는 순간은…"과 "촉발요인 확인하기"(부록 D)를 참조한다.

정서 인식 기술을 기르는 훈련들

■ 훈련 항목에는 다양한 양식의 활동이 포함되어 있으므로 아동의 선호에 따라 활동을 선택한다.
■ 몇몇 활동은 다른 활동에 비해 각성을 일으킬 수 있으므로 회기 종료 전에 아동의 긴장이 풀릴 수 있도록 주의를 기울여야 한다.
■ 감정 인식 연습을 할 때는 촉발요인과 촉발된 반응들을 확인하는 데 주의를 기울인다.
■ 다음에 기술된 모든 활동들은 아동의 현재 수준에 맞춰 적용할 수 있도록 고려한다. 예를 들어, 어린 아동이나 감정 어휘가 제한적인 아동에게 "기본" 정서(예: 행복, 슬픔, 화나는, 걱정하는)를 다루는 감정 플래시 카드를 사용하며, 보다 나이가 많은 아동에게는 미묘한 감정들을(예: 화나는 것과 좌절, 분노) 탐색하도록 한다.
■ 부록 D에는 아동이 감정을 인식하고 이해하는 데 도움이 되는 많은 활동지가 있다.
■ 다음의 활동은 각각 감정 인식에 포함된 한 가지 혹은 그 이상의 기술들을 목표로 한다. 아래의 기호는 잠정적인 목표를 확인하는 데 사용한다.
  ◆ I–S 자기의 정서 인식
  ◆ I–O 타인의 정서 인식
  ◆ C–Bod 신체 감각과 연결
  ◆ C–Th 사고와 연결
  ◆ C–Beh 행동과 연결
  ◆ C–Ext 맥락화–외적: 감정을 촉발하는 환경적 요인
  ◆ C–Int 맥락화–내적: 다양한 감정의 발생에 기여하는 내적 요인(예: 피로나 굶주림)

정서 인식 연습 예

활동	목표	설명	
감정 플래시 카드	I-S I-O C-Ext	준비물	그림, 잡지/책 사진 등을 사용하여 다양한 감정 표현을 묘사하는 플래시카드 만들기. 카드는 임상가 혼자 만들 수도 있고 아동과 함께 만들 수 있다.
		기법	■아동이 사진에서 보고 있는 것을 확인하고 명명하기 ◆기본적인 것에서 섬세한 것까지 진행하기 ◆정서가 분명한 카드로 시작하기 ◆제한된 수의 기본 정서들(예: 슬픈, 화난, 행복한, 걱정하는)로 시작하기 ◆보다 미묘한 정서나 한 가지 정서의 변화로 확장하기(예: 좌절, 짜증, 화, 분노를 묘사하는 일련의 카드들) ■아동이 각 정서에 관한 가능한 원인을 인식하게 함(예: "무엇 때문에 그가 ______하게 느꼈다고 생각하니?") ■아동에게 동일하거나 유사한 감정을 유발하는 개인적인 경험을 인식하도록 함(예: "어떤 종류의 일들이 너의 기분을 _____하게 하니?)
		고려사항	■속도: 천천히 진행하고 아동의 고통에 주의를 기울일 것. 외부에서 내부로 서서히 진행하는 것은 아동이 편안하게 이러한 기술들을 개발할 수 있도록 돕는다. ■적절성: 아동의 세계에 적합한 자료 사용하기. 고려해야 할 주제: ◆문화/민족적 배경 ◆좋아하는 것/싫어하는 것(예: 운동선수들) ◆대체가 필요한 내용(예: 사진 vs. 만화)
감정 제스처 놀이	I-S I-O C-Beh C-Ext	준비물	촉진 카드 포함 ■감정 ■시나리오(세 명 혹은 그 이상의 사람들이 포함된) 어떤 아이들은 퍼펫, 인형, 동물 봉제인형 등을 사용하는 것을 선호함.
		기법	1대1, 가족들 혹은 집단에 따라 사용 가능. 다음의 사항들을 고려한다: ■감정 선택하기: 한 사람(아동, 임상가)은 감정을 연기하고 다른 사람은 추측한다. ■추측하는 사람은 특정한 감정을 인식하는 단서를 말한다. ■시나리오 선택하기: 두 사람은 연기하고 세 번째 사람은 각 연기자들의 감정을 추측한다. 더 큰 집단에서는 다른 감정들을 사용하여 재연한다. ■감정이나 시나리오를 연기하기 위해 퍼펫, 인형, 동물 봉제 인형을 사용한다.
		고려사항	적절성: 임상가는 아동에게 적절한 시나리오를 사용해야 한다. 읽기 수준: 카드를 읽을 수 있는 아동의 능력 평가

<table>
<tr><td rowspan="3">단어 놀이</td><td rowspan="3">I-S
I-O</td><td>준비물</td><td>따로 필요하지 않음. 혹은 중립적인 단어가 쓰인 카드.
준비된 단어는 "오" "정말?" "네" "아니오" "음"을 포함한다.
촉진 감정 목록을 가지고 있는 것이 도움이 된다.</td></tr>
<tr><td>기법</td><td>■ 단어 고르기(예: "오")
■ 다양한 상황에서 단어를 말한다(예: "화가 났을 때는 '오'가 어떻게 들리지? 신났을 때는?). 목소리와 소리 크기, 보디랭귀지, 눈맞춤, 자세와 근육의 긴장 등과 같은 단서의 사용에 주의 기울이기
■ 아동에게 감정을 추측해 보도록 하기: 감정 인식을 이끌어 내는 단서를 가리키거나 아동에게서 단서 이끌어 내기
■ 번갈아 가며 다른 사람이 보여 주는 감정 인식하기</td></tr>
<tr><td>고려사항</td><td>없음</td></tr>
<tr><td rowspan="3">감정 탐정</td><td rowspan="3">I-S
I-O
C-Beh
C-Th
C-Ext
C-Int</td><td>준비물</td><td>종이 혹은 화이트보드 필기 도구</td></tr>
<tr><td>기법</td><td>아동이 감정, 생각, 행동, 경험간의 관계를 이해하도록 도와주기
■ 종이나 화이트보드에 정서 목록 쓰기(기본정서로 시작해서 더 상위의 수준으로 나아가기)
■ 행동으로 나타나는 감정의 방식을 말하거나 쓰기
■ 감정을 이끌어 낼 수 있는 다양한 생각들을 말하거나 쓰기. 아동이 생각을 인식하는 것이 어렵다는 것에 주목하고 일반적인 예시 제공(예: "아무도 나를 좋아하지 않는다고 생각하면, 나는 슬프고 걱정이 될 것 같아.")
■ 감정을 이끌어 낼 수 있는 다양한 상황을 말하거나 쓰기. 예시를 제공하는 것이 유용하다.
■ 아동이 이러한 기술에 숙달되면 실제 상황들에 적용한다. 예를 들어, 아이가 어젯밤에 화가 난 것처럼 보였다고 부모가 보고한다면, 아이에게 무슨 일이 일어났는지 알 수 있도록 감정 탐정 기법을 사용해 보도록 요청한다.</td></tr>
<tr><td>고려사항</td><td>기법 도입: 아동에게 기법의 원리를 이해시키기. 어린 아동과 작업할 때의 예문: "아이들은 어른들에게 자신의 행동으로 감정을 어떻게 느끼는지 잘 얘기해. 단어는 때로 아이한테 어려울 수 있어. 너도 아이이기 때문에 아마도 아이들에 대해 많이 알 거야. 어쩌면 네가 나에게 더 많이 알려줄 수 있을 것 같아. 네가 생각하기에 아이들이 슬프거나, 화가 나거나, 행복할 때 어른들에게 어떤 행동을 보인다고 생각하니?" 아동이 전문가인 것처럼 대한다.</td></tr>
</table>

<table>
<tr>
<td rowspan="2">신체
인식</td>
<td rowspan="2">I-S
C-Bod</td>
<td>준비물</td>
<td>■ 흰 종이 롤 혹은 표준적 크기의 편지지
■ 다양한 색의 마커, 기타 그리기 도구</td>
</tr>
<tr>
<td>기법</td>
<td>■ 감정이 신체에 어떻게 나타나는지에 대한 기초적인 심리교육 제공. 다양한 감정 상태를 구분하고 인식하는 한 가지 방법으로서 다양한 감정들이 신체에 어떻게 나타나는지 아동이 이해하도록 도와주기
■ 신체 그림 그리기. 보통 크기의 종이에, 신체를 나타내는 윤곽을 그리거나 큰 종이에 아이를 눕게 하고 아동의 신체를 따라 그린다.
■ 핵심 활동지(정서 인식 활동지) 만들기
◆ 아동들이 경험하는 정서를 확인하도록 함. 다양한 정서적 경험을 부인한다면, 단순하게 정서 목록을 만들거나 아동 스스로 정서들을 만들어내도록 하기
◆ 목록에 있는 정서들을 나타내는 색을 정하고 같은 종이나 다른 종이에 "정서 인식 활동지" 만들기
■ 신체에 정서를 배치하기
◆ 신체에 정서가 나타나는 방법 보여 주기. 예를 들어 "걱정하는 감정은 배에 이상한 느낌이 들게 할 수도 있고, 화가 나는 감정은 주먹을 꽉 쥐게 할 수도 있어."라고 말해 준다. 아동의 감정이 신체 어느 부위에서 나타나는지 예시 이끌어 내기
◆ 아이들이 각각의 정서 위치를 나타내는 특정한 신체 부분에 색칠하게 하기
중요 사항들:
• 하나 이상의 신체 부위에서 어떤 감정이 나타날 수 있다는 것(예: "화는 주먹을 꽉 쥐게 하면서 얼굴이 달아오르게 할 수도 있어.")
• 하나 이상의 감정들이 같은 부위에 나타날 수 있다는 것(예: "두려움과 신나는 것 둘 다 심장박동을 뛰게 할 수 있어.").
◆ 아동과 함께 감정과 관련된 신체 감각의 세부 사항에 들어가기. 예를 들어, 근육은 긴장되거나 이완될 수 있고, 체온은 올라가거나 내려갈 수도 있다는 것과 주먹을 쥘 수도 있고 손에 감각이 없어질 수도 있다는 것을 알려주기. 감각이 없는 것이 특징인 감정 상태에 주목하기(예: 어떤 아이들에 있어서 화는 온몸에 감각이 없어지는 것으로 나타날 수도 있다).
■ 다양한 생리적 상태에 주목하고 인식하도록 작업하기. 많은 아이들은 이러한 활동을 통해 생각, 촉발요인 혹은 특정 정서보다 신체적 상태를 인식하는 것이 더 쉬워짐에 따라 그들의 감정 탐정 레퍼토리에서 "단서"로 작용한다.
■ 시간이 지나면, 이 활동은 임상가의 감정 인식과 통합된다(예: "오늘 너의 신체 느낌은 어떠니?")</td>
</tr>
</table>

		고려사항	■ 신체관련 활동은 외상 경험 아동에게 영향을 줄 수 있음을 명심한다. 고려할 사항은 다음과 같다. ◆ 신체는 촉발요인이 될 수 있다. 특히, 몸 전체를 따라 그리는 것은 어떤 아동의 경우 신체와 관련해서 느끼는 불편함이나 신체적 침범을 포함하는 과거 개인력의 정도에 따라 적절하지 못할 수 있다. 아동에게 실루엣 그림을 사용할 것인지 몸 전체를 따라 그리는 것을 사용할 것인지 항시 선택권을 준다. ◆ 신체를 따라 그리는 것은 성적 행동을 보이는 아동이나 적절한 신체적 경계를 유지하기 어려운 아동에게 문제가 될 소지가 있다. 이러한 아동들에게는 실루엣 그림을 사용한다. ■ 치료실에서 정서가 관찰될 때 그것을 언급하면서 아동이 정서의 신체적 표현을 알도록 도와주기. 예를 들어, 이미 잘 알고 있는 스트레스 후에 아동이 과각성 상태를 보일 때(예: 뛰고, 가만히 있지 못하고, 제자리에 앉아 있기 힘들어함) 이렇게 말할 수 있다. "오늘 네 몸에 에너지가 가득한 것을 알겠다[당신이 관찰한 바를 표현하기]. 너는 여기 온 이후 가만히 있지 못하고, 집중하지 못한 채 다양한 장난감을 가지고 놀았지[좀 더 구체적으로 말하기]. 네가 생각하기에 너의 신체가 무엇을 말하고 싶어한다고 생각하니?[아동의 참여 이끌어 내기]" 아동이 이전에 학습한 감정 탐정 기술들을 꺼내도록 도와준다.
너의 머릿속엔 무엇이 있니?	I-S C-Ext C-Int	준비물	종이나 화이트보드, 다양한 색의 마커 및 기타 그리기 도구
		기법	■ 머리의 윤곽을 크게 그리기. 이목구비는 포함하지 않는 윤곽 그리기 ■ 목표가 되는 특정한 정서 고르기. 관행적으로 이 활동은 "걱정"으로 시작하지만 다른 특정한 정서를 사용하는 것도 가능하다. ■ 심리교육 제공하기. 아동들에게 사람들은 머릿속에 다양한 것들이 동시적으로 들어온다고 가르친다. 어떤 것들은 많은 공간을 차지하고(그래서 많은 에너지가 든다), 다른 것들은 공간을 덜 차지한다. 이 활동의 목표는 어떤 종류의 생각과 경험들이 특정한 정서(예: 걱정)로 이끌어 내며 얼마나 많은 에너지가 소모되는지 확인하도록 돕는 것이다. 이 활동은 경험을 감정과 연결하고 정서 조정 기법의 기초를 제공한다는 것이다. ■ 정서 인식 활동지 작업 ◆ 아동이 특정한 생각, 경험 혹은 특정 정서와 관련 있는 사람을 확인하게 하기. 이는 단순하고 구체적이어야 한다. 예를 들어, "우리 엄마" "학교" 등이다. ◆ 확인된 각각의 사건을 나타내는 다양한 색을 아동이 고르도록 한다. ■ 머리에 해당하는 부분을 색칠하게 하기. 많은 부분을 색칠한 것은 많은 양의 에너지나 생각이 발생하는 "공간"을 나타낸다. 이 방법을 사용하면, 큰 걱정은 작은 걱정보다 두드러지게 많은 공간을 차지하며 아동이 매우 신난 것은 조금 신나는 것보다 더 많은 공간을 차지한다.

		고려사항	■ 이 기법은 초기 평가나 진행 중인 임상적 평가에서 유용하게 사용된다. ■ 다양한 "걱정들"(혹은 기타 정서들)의 표현이 시간이 지나면 변화될 가능성이 있다는 점을 명심한다. 이 활동은 유용한 추적도구이자 시간이 지남에 따라 아동이 경험의 변화를 주목하고 인식하도록 돕는 데 사용된다.
감정 책	I-S I-O C-Bod C-Th C-Beh C-Ext C-Int	준비물	흰 종이, 색 도화지, 펜이나 연필, 그리기 도구, 책 제본 도구(예: 서류철, 바인더 클립, 리본). 책은 시간이 지남에 따라 쉽게 바꿀 수 있거나 재조직화될 수 있도록 제본한다.
		기법	■ 활동 소개하기. 아이들에게 자신에 관한 내용이 담긴 책을 만들게 될 것이라고 말해 준다. ■ 두 장의 마분지를 사용해 책의 앞면과 뒷면 표지 만들기. 표지는 아이들이 원하는 방식으로 만든다. 아이들의 흥미, 성격 등을 나타내는 것이 들어갈 수 있다. ■ 표지 사이에 빈 종이를 넣기. 종이는 시간이 지나면서 더 추가되고 다른 치료 활동에 포함될 수 있다. ■ 감정 책은 다양한 방법으로 사용 가능하다. 다음은 예시들이다. ◆ 일상생활 점검 ◆ 정서 그리기. 아동에게 정서 목록을 만들게 하고 매주 하나의 정서에 관한 그림 그리기 ◆ 정서적 경험들. 아동에게 감정 탐정 기법을 사용해서 매주 정서(긍정적 혹은 부정)를 이끌어 낸 한 가지 경험에 대해 기록하기. 아동들이 감정과 관련된 생각, 행동, 신체 감각 등을 인식하도록 도와주기
		고려사항	■ 감정 책을 창의적으로 사용하기. 아동에 맞게 사용 ■ 책은 규칙적으로 주 1회 기본으로 치료에 통합될 때 가장 효과적이다. ■ 비정기적으로 아동과 함께 책 검토하기. 예를 들어, 정서가 변화하거나, 몇 주간 잇달아 같은 감정을 경험하거나, 같은 경험이 계속해서 강한 감정을 이끌어 내고 있는 것 등을 아동과 함께 알아가기 ■ 책은 임상 평가의 진행에 유용하게 사용된다.
기타 활동	모두	책들	아동이 가장 좋아하는 이야기들과 책들(치료실에서 사용 가능한 것으로)을 사용해서 등장인물의 정서에 대해 이야기 나누기. 생각, 행동, 신체적 표현, 맥락 등에 주목하기
		TV 프로그램	아동이 가장 좋아하는 TV 프로그램 및 인물을 사용해서 정서적 경험에 관한 이야기 나누기. 사고, 행동, 신체적 표현, 맥락, 기타 등에 주의 기울이기

		변형된 보드게임	보드 게임에 정서 과제 통합. 예를 들어, Candy Land 게임을 하는 동안 특정한 색상 칸에 감정을 지정하기. 그 칸(색상)에 도착하는 사람은 그 정서가 이끌어 낸 경험을 이야기하기
		한 벌의 카드	네 가지 정서 표정이 들어간 카드 한 벌을 창의적으로 만들기. 정서 강도를 나타내기 위해 숫자 사용하기. 카드 한 벌에서 한 개를 뽑아 상황을 연기하기 등

발달적 고려사항

발달 단계	감정 확인 고려사항
초기 아동기	이 연령대의 과제는 구체적이어야 한다. 정서의 미묘한 변화보다는 기본적인 정서 구분에 초점을 맞춘다. 초기 활동은 네 가지 기본 정서를 사용해야 한다(행복한, 화나는, 슬픈, 무서운 혹은 걱정하는). 많은 양의 정서 확인 작업이 아동의 자발적인 놀이를 통해서 이루어질 수 있다. 캐릭터가 무엇을 느끼고 행동하고 표현하며, 왜 그런지에 대해 아동이 단어를 명명하도록 이끌어 낸다. 어린 아동의 정서 단서는 신체적(예: 복통) 그리고 행동적(예: 과민함, 반항)이라는 것을 기억한다.
중기 아동기	이 단계에서 아동은 자신의 경험을 설명하기 위해 한층 더 많은 단어를 사용한다. 아동이 경험에 단어를 사용하는 것을 도와주기 위해 그림 기법을 균형적으로 사용한다. 아동은 내적 감각, 정서, 경험을 점점 더 잘 연결지을 수 있게 된다. 그러나 명심할 것은 이 단계 아동들은 더 어린 아동들보다 놀이를 적게 하며 청소년기 아동들보다 지속적으로 대화를 유지하지 못한다. 그러므로 이 단계는 구조화된 과제들이 주요한 치료적 도구가 된다.
청소년기	청소년들은 언어와 정서의 미묘한 차이에 대해 정교한 이해가 가능해진다. 그들은 복합적인 감정들뿐 아니라 섬세한 감정 유형에 대해서 인식할 수 있다. 이들은 언어와 글쓰기 기법을 선호할 수 있다. 외상경험이 있는 아이들의 경우, 정서적 위축/회피와 강렬한 정서적 표현 중에서 한 가지 방식으로 남아 있거나 여러 방식들 사이에서 방황하는 것이 흔한 일이다. 청소년들에게 극단적인 모습이 두드러질 수 있다. 몇몇 청소년들은 회피 전략으로 언어적이고 분석적인 기법에 의존할 것이다. 이들은 감정과 연결하기보다는 논의하고 분석하는 데 에너지를 사용한다. 내적 경험으로 돌아가서 유연하게 연결하도록 지속적으로 청소년들을 도와주는 것은 중요하다. 어떤 청소년들은 쉽게 각성되고 정서에 압도당하며 정서적 경험을 탐구하기 위해 상위의 인지 기능에 접근하지 못한다. 이러한 청소년들에게 강렬한 정서 신호를 알아차리는 방법과 차분해지는 기법들을 활용하는 것을 학습하도록 도와주는 것이 중요하다.

청소년들은 정서 반응으로 나타나는 전형적인 행동 양식들을 자기-확인하는 것이 가능하다. 청소년들에게 화날 때, 속상할 때, 슬플 때와 같은 상황에서 주로 사용하는 것을 기술하게 한다. 이러한 방법을 단서로 사용하여 그들이 정서와 정서 촉발 상황을 확인하도록 한다.

청소년들은 성인이 수용하기 어려운 정서에 직면했을 때 대처전략(예: 알코올, 물질, 성관계, 자해)을 어린 아동들보다 많이 사용할 수 있다.

청소년들이 이러한 문제를 치료실에서 이야기하는 것이 허용된다는 것을 아는 것이 중요하다. 이와 같이 덜 건강(하지만 때로는 효과적인)한 전략과 그 기저에 있는 정서, 사고, 촉발 경험을 연결짓는다.

적용

개인치료/양자관계

외상 경험이 있는 아동과의 작업에서 정서와 내적 경험을 인식하는 것은 기본 토대이다. 외상의 현저한 영향으로 인해 경험을 조절하지 못하므로, 자기 조정을 학습하는 것이 주요 과제가 된다. 하지만 조정하기 위해서는 아동이 우선적으로 현재의 감정이나 각성 상태를 인식해야 한다.

우리의 경험에서 보면, 거의 모든 회기들은 어떤 방법으로든 내적인 경험을 명명하고 탐색하는 것이 통합되어 있다. 특히 어린 아동과의 활동에서, 구조화된 "감정 체크인"을 회기 일과로 구축하는 것이 고려된다. 조정 작업에서와 마찬가지로 정서와 에너지/각성 모두를 포함하여 인식하는 것이 종종 유용하다. 좀 더 나이가 든 아동이나 청소년과의 작업에서 주요한 한주간의 사건(예: "엄지 올리기(thumbs-up)"와 "엄지 내리기(thumbs-down)" 한주간 사건 방법)을 탐색하면서 인식 작업은 덜 구조화될 수 있다. 적절할 때 양육자를 주간 확인 활동에 포함시키는 것을 고려한다. 이는 특히 다른 사람들의 정서 인식을 이해하는 데 도움이 된다.

연령이나 자기표현 부족으로 인하여 감정 어휘가 제한된 아동에게 정서 언어를 길러주는 것이 작업의 중요한 요소이다. 앞에서 설명한 방법과 같은 활동을 회기에 포함시킨다. 아동이 편안한 수준에 있는지 주의를 기울여야 한다(예: 이러한 작업을 견뎌내도록 처음부터 아동의 정서를 탐색하기보다는 잡지의 얼굴과 같이 아동을 대신할 수 있는 인물을 사용한다). 구조화된 활동을 넘어서, 많은 정서 인식 작업이 순간적으로 일어날 수 있다. 어떤 아동의 경우 정서 인식이 목표라면 아동 스스로 내적 경험을 명명하고 정상화하며 탐험하는 데 도움이 되는 순간들에 관심을 기울여야 한다. 특히 혼합 정서의 경우 그 순간에 집중하는 것이 중요하다.

촉발요인과 촉발 반응에 대한 심리 교육은 이 작업의 핵심 요인이다. 부록 D에 제공된 활동지와 교육적 유인물들이 유용하다. 그러나 촉발요인과 그 기원을 논의하는 것은 아동과 가족 모두를 자극할 수 있다는 것을 명심한다. 아동의 반응에 주의를 기울이고, 관련된 정서를 정상화하며, 필요하다면 조정 전략을 작업에 통합시킨다.

적절한 시기에 양육자를 회기에 포함시킨다. 아동이 양육자와 직접적으로 정서적 경험을 공유하도록 지원한다. 반영적 경청이 포함된 조율 기술을 양육자들이 사용하도록 작업하여, 치료 장면 밖에서 정서 인식을 지원하도록 한다.

집단

많은 인식 과제들이 치료적 집단에 적용할 수 있으며 이는 집단 양식 또는 회기 일과로 사용될 수 있다. 집단 초반에 체크인 활동이 포함될 수 있다(예: 집단 구성원에게 최근의 정서, 강도, 에너지/각성의 수준을 확인하기 위해 질문하는 것). 역할 놀이와 즉흥적인 놀이는 감정, 감정 "단서들", 감정 맥락을 알아보는 훌륭한 집단 활동이다. 집단 리더는 시나리오를 만들거나 집단 구성원을 초대해서 상황을 연기하도록 할 수 있다. 다른 참가자들은 상황을 연기하는 사람의 감정, 사고, 얼굴 표정, 촉발요인과 행동적 반응을 알 수 있다.

집단 구성원들 사이에 친밀감과 안전감이 형성되었을 때, 자기와 타인의 정서 단서를 확인하는 데 서로 도움이 될 수 있다. 예를 들어, 집단 구성원들은 다른 참가자가 화가 나거나 행복할 때 어떻게 그들이 알 수 있었는지에 대한 정보를 제공할 수 있다. 또한 도구상자 섹션에서 기술된 도구들이 기술 구축을 지원하도록 사용된다. 예를 들어, 우리는 "당신의 머릿속에는 무엇이 있나요?" 기법을 주간 단위로 연습하여 에너지와 생각 사이의 연관성을 인식하도록 초점을 둔 12~16주 집단을 시행해 왔다. 이러한 일과는 기술 연습을 촉진하고 궁극적으로 집단 구성원들이 숙달할 수 있는 기회를 제공한다.

영화와 텔레비전 쇼의 클립은 (감정의 다른 측면과 함께) 촉발요인과 촉발 반응들을 가르치고 탐구하는 데 유용한 장면을 제공한다. 투쟁, 도피, 동결 반응의 순간을 찾아보고 이러한 반응의 기능을 탐색한다. 이러한 논의를 통해 참가자의 취약성에 주의를 기울이고 반응의 범위를 타당화하도록 한다. 다음의 예를 고려한다.

> 청소년 사법 시설의 남자 청소년들로 구성된 한 집단은 학대하는 아버지를 둔 어린 십대 소년에 관한 영화 한 편을 보았다. 한 장면에서 아버지는 술에 취한 상태로 집에 들어갔다. 소년은 얼어붙은 상태로 계단에 묵묵히 서서 방으로 들어가기 전까지 자신에게 소리치고 물건을

> 집어던지는 아버지를 주시하고 있었다. 집단의 리더가 잠시 영화를 멈추자, 한 소년이 말했다. "나였다면 저 남자의 엉덩이를 차 버렸을 거야!" 지도자는 그 마음을 인정했고 참가자들에게 만약 아이가 아버지를 때렸다면 어떤 일이 발생했을 거라고 생각하는지에 대해 물었다. 집단은 연령에 비해 작고 아버지의 상대가 되지 않는 아이가 아버지에게 맞았을 것이라고 동의했다. 소년은 피하는 대신 묵묵히 서 있었고 아버지를 주시하는 것이 소년을 보호하는 방법이 될 수 있는지에 대해 논의한 다음, 집단은 첫 번째 장면에 이은 두 번째 장면을 보았다. 그 장면에서는 집 밖의 누군가가 소년에게 고함쳤고 소년은 물건을 부수고 벽을 치는 등 격분한 반응을 보였다. "그 아이는 그것이 자신의 아버지였기를 바랬을 거야."라고 첫 번째로 의견을 말했던 소년이 말했다.

영화에서 위험 반응을 탐색하는 것을 통해 이 소년들은 그렇지 않다면 가능할 수 없었을 한층 취약한 논의를 견딜 수 있었다. 가능하다면, 다음 단계에서 참가자들 자신의 가능한 촉발요인과 위험 반응들을 탐색해 보는 것이 중요하다.

치료 장면

학교나 시설 프로그램과 같은 치료 장면은 청소년들의 정서 인식을 도와주는 자연적인 장면을 제공한다. 모든 수준에 걸쳐 청소년의 행동과 정서를 관찰하고 반영해 주는 스태프들과 작업한다. 문제가 되는 정서뿐만 아니라 긍정적인 정서에도 관심을 가져야 한다. 아동의 긍정적 정서를 관찰하고 축하해 주는 것은 아동이 고통을 극복하는 것을 알아차리고 도와주는 것만큼이나 중요하다. 조절 곤란(예: 특정한 아이들이 폭발 전에 보이는 모습이나 행동)의 초기 단서를 인식하고, 이것이 나타날 때 명명하며, 청소년들이 조정 전략을 사용하도록 지지하는 것을 목표로 한다. 스태프에 대한 청소년의 반응에서 정서 인식의 역할을 고려한다. 잠재적으로 오단서일 가능성을 인식해야 하며 이 장 초반(예: "나의 반응이 무엇을 의미한다고 생각하니?")에 기술한 모델링 기법을 사용하여 이러한 가능성들을 탐색하고 명료화한다.

정서 인식 작업을 매일 일과(예: 수업 시작, 식사 시간, 하루 일과를 마칠 때)와 통합한다. 시각적 단서, 벽보 및 게시판을 사용하여 정서를 인식하는 환경을 만들어야 한다. 주제가 있는 게시판을 만드는 것이 유용할 것이다(예: "행복한 순간"에 관한 그림들, 사람들이 슬플 때 하는 활동들의 예 등등).

정서 인식 작업은 갈등 해결에 중요한 역할을 한다. 조망 수용(perspective taking)을 위해 인식 기법을 사용할 수 있다(예: "션이 말했을 때 그가 어떻게 느꼈을 것이라고 생각해?"라고 질문하기). 이 작업에서의 타이밍이 매우 중요한데, 아동이 조정되지 않았을 때 조망 수용 능력("생각하는 뇌"를 필요로 함)을 갖는 것은 어렵다. 일단 아동이 진정되고 준비가 되었다면 자신의 반응, 관련된 상황적 촉발인자들, 촉발요인, 잠재적 해결책 등을 이해하도록 돕기 위해 반영적 경청(조율)과 문제 해결 기술(실행 기능)을 사용한다.

외상 경험 통합: 상태 기반 기술 적용

고통 감내와 조절

치료 초기 단계 또는 아동/청소년이 심한 스트레스를 경험할 때, 정서 인식 작업은 기본적인 인식이나 스트레스 인식에 중점을 두며 치료자 및/또는 다른 양육자의 조율 반응이 필요하다. 예를 들어, 감정들은 "안 좋아지기도" 하며 다른 사람의 도움을 요청하거나 공간을 가질 필요가 있다는 기본적 인식을 아동이 구축하도록 지원하며 아동 주변의 어른들이 감정이나 조절 곤란의 초기 단서를 인식하고 명명하도록 지원하도록 한다. 스트레스가 심하거나 조절 곤란을 나타내는 각성은 종종 "무언의" 상태이므로, 언어를 사용하여 참여하려는 시도는 역효과를 낼 수 있다. 이 단계에서 언어적 명칭은 다음 장에서 기술하고 있는 것처럼, 아동이 조정 연습을 참여하도록 지원하거나 아동이 조율되고 반영된다고 느끼게 하는 단서로 작용한다.

호기심과 반영

아동이나 청소년이 점점 더 반영에 참여할 수 있게 됨에 따라, 조절된 상태 동안 인식 작업의 목표는 촉발요인의 인식("사람들이 나를 귀찮게 하면 누군가를 때리고 싶은 것처럼 화가 치밀어오른다."), 패턴의 인식("매번 엄마와 다툴 때마다 나는 공간을 확보해야 해요. 너무 마음이 닫혀서 한동안 엄마 곁에 있는 것을 견딜 수 없어요."), 행동의 기능에 대한 인식 구축("선생님이 싫어서가 아니라 그 반에 있을 때 가끔 덫에 갇혀 있거나 닫혀 있는 느낌이 들었다가 그 반에서 벗어나면 다시 숨을 쉴 수 있을 것만 같아요.") 등을 포함한다.

목표지향적인 행동에 참여하기

시간이 지남에 따라 아동과 청소년은 점점 더 내적 경험과 연결을 감내할 수 있게 되고 다양한 감정과 내적 상태에 대한 인식과 언어가 발달함에 따라, 자기 내러티브의 발달과 외상 경험 처리를 위해 인식 작업을 활용한다. 이러한 진전된 과정에는 특정적인 외상 사건의 확인 및 자기 내러티브와 관련된 다양한 내적 경험에 초점을 두는 인식 작업이 포함된다. 점차적으로 임상가와 양육자들은 임상 장면과 일상 생활에서 발생하는 자기 상태의 변화를 청소년들이 발달적으로 적절한 수준에서 알아차릴 수 있도록 역량을 구축하고 지원함으로써, 청소년이 순간순간 호기심을 가지고 참여하도록 작업한다. 이러한 역량은 궁극적으로 청소년의 내적 상태를 조절하는 능동적인 능력 개발의 토대가 된다.

실생활 치료

- **아이들은 자신만의 행동지침을 가진다.** 어떤 아동은 구조화된 감정 활동을 거부한다. 당신이 계획한 대로 특정 활동을 하지 못하더라도 목표에 집중한다.
- **맥락과 치료자 그리고 아동의 선호에 진실하게 반응한다.** 이 장에서는 유용한 기법에 대한 아이디어가 산출되도록 다양한 예시 활동을 제공하고 있다. 두 가지 요점을 명심한다.

1. 임상가의 창의적 활동에는 제한이 없다. 당신의 상상력을 사용하여 아동의 흥미를 이끌어 내도록 감정–관련 활동을 만들어 본다.
2. 대부분의 작업은 구조화된 치료적 활동보다는 대화에서 순간적으로 발생한다. 아이들이 임상가에게 준 재료들을 통해 정서를 탐색하는 기회를 찾도록 귀를 기울인다.

11장

조정

주요 아이디어와 핵심 하위 기술

편안한 각성 상태를 유지하기 위해 아동이 생리적, 정서적 경험을 다루고 조절하는 안전하고 효과적인 전략들을 개발하도록 작업한다.

★ 편안하고 효과적 상태에 대한 이해를 구축하기
★ 감정과 에너지의 정도에 대한 이해를 구축하기
★ 아동이 각성 상태를 탐색하고 정서와 에너지를 관리할 수 있는 도구들을 사용하여 행위감(sense of agency)을 개발하기
★ 효과적이고 편안하게 상태의 변화로 이끄는 전략들을 지원하고 촉진하기

★ 핵심 개념

★ 왜 조정을 목표로 하는가?

■ 정서적 · 생리적 경험을 안전하고 효과적으로 조정하는 능력은 외상 경험이 있는 아동들에게 주요 도전과제이다. 조정에 영향을 미치는 중요한 두 가지 발달력 요인들이 있다.

◆ 애착 붕괴와 도전: 어린 아동은 하루 중 예측 가능한 시간(예: 취침시간)이나 고통스러울 때 편안함과 위로를 제공해 주는 "외부 조절자"로 행동하는 양육자에 의존한다. 이것은 흔들어주기, 감싸안기, 빨기, 노래 부르기 등과 같은 긍정적인 감각 경험을 통해 경험된다. 시간이 지나면서, 그들은 이러한 경험들을 내면화하고 자기-위안 기술을 발달시킨다. 무반응적이거나 비일관적 또는 학대적 양육을 경험한 아동은 연령에 적합한 건강한

기술을 발달시키는 데 실패하고, 대신에 자해 행동, 부적절하거나 위험한 성적 자극이나 약물 사용과 같은 미숙한 조절 전략에 의존할 수 있다.

◆외상 스트레스 반응: 아동이 압도적인 스트레스, 특히 만성적인 스트레스에 노출될 때 그들은 높은 각성 수준에 대처해야 한다. 압도적인 정서에 직면했을 때, 애착 경험을 통한 적절한 외부적 위로가 부재한다면, 아동들은 즉각적으로 가능한 어떠한 조정 기술이라도 적용해 보려고 할 것이다. 하지만 종종 이러한 전략들은 정서적 각성을 낮추는 데 부적절하고 그 결과, 아동은 조절에 실패하거나 극단적인 조절을 하게 된다(예: 위축).

■현재 스트레스 요인과 촉발요인에 직면하면 아이들은 종종 "위험 모드"로 빠르게 전환한다. 어린 시절 경험을 통해 생리적 조직 발달을 이룰 수 있는 충분한 지원이 제공되지 못했기 때문에 사소한 스트레스 요인도 아이들을 혼란에 빠뜨릴 수 있다. 아동의 조절된 상태를 유지하는 능력은 갑작스러운 각성의 영향을 받게 되고, 피질(전두엽)에서 피질하(변연계) 영역으로 신경학적 통제력이 이동하게 됨에 따라, 내적, 외적 경험을 다루는 경직되고 미숙한 전략들에 필사적으로—무의식적으로—의존하게 된다. 즉, "생존 뇌"의 활성화로 인해 "생각하는 뇌"를 사용하는 능력이 저하된다.

★ 외상이 조정에 어떻게 영향을 미치는가?

■조정 능력이 없는 아동은 (1) 감정 경험을 과도하게 통제하거나 차단하거나, (2) 생리적 자극이나 행동을 통해 각성을 관리하거나, (3) 자기조절을 위해 외부 방법에 의존하려고 시도한다. 종종 아이들은 감정이나 각성을 관리하기 위해 그들이 이러한 전략을 사용하고 있다는 사실을 인식하지 못한다.

◆일부 아동은 다음을 통해 감정적 경험을 과도하게 통제하거나 차단한다.

- 억제/ 마비
- 회피
- 격리
- 주의 분산
- 환상/백일몽
- 환경 또는 타인에 대한 경직된 통제
- 선택적 함묵

◆다른 아동들은 행동이나 신체적 자극을 통해 각성을 관리한다.

- 신체 움직임: 뛰기, 올라가기

- 미발달된 자기 위안: 몸 흔들기, 엄지손가락 빨기, 머리카락 꼬기
- 공격
- 성적인 행동
- 탈출 또는 도망하기

◆감정 관리 전략이 실패하면 아동/청소년은 생리적 상태를 바꾸거나 통제하기 위해 공공연한 overt 방법에 의존할 수 있다.

- 약물 또는 알코올 사용
- 식사 통제/통제 곤란
- 자해
- 감각-추구 행동
- 관계적 재연

■ 이러한 방법은 상호 배타적인 것이 아니며, 아동이 사용하는 대처 전략은 발달 단계에 따라, 그리고 상황에 따라 달라진다. 이는 우리 대부분에게도 마찬가지이다. 어떠한 개인도 경험하는 모든 내적 상태에 대해 한 가지 전략에만 의존하지 않는다. 예를 들어, 슬플 때는 한 가지 전략을 사용하고 화가 났을 때는 완전히 다른 전략을 사용한다. 집에서는 사용할 수 있지만 학교나 직장에서는 절대 사용하지 않는 전략도 있다.

■ 아동과 청소년은 고위험 행동들이 "작동"하기 때문에 위험 행동에 참여하는 경우가 많다는 점을 유의한다. 게다가 이러한 전략은 각성을 매우 빠르게 전환하는 경우가 많다. 조정 작업은 내적 경험을 전환하는 데 효과적이고 안전한 "대체" 전략들을 찾는 데 중점을 두고 있다.

치료자 도구상자

무엇이 중요한가?

감정이나 행동, 관계 조정의 어려움 등은 아동이나 청소년이 임상가에게 의뢰되는 주된 이유이다. 이러한 어려움들은 다양한 장면에서 아동의 기능에 영향을 미친다. 조정 문제를 다루는 개입은 종종 "나쁜 것"과 "좋은 것"이라는 이분법 중심과 절대적인 것으로 다루어진다. 즉 "너는 너무 화를 내고 있어, 그렇게 많이 반응하는 것을 멈춰야 해." "그 아이는 문제를 그만 일으키고 더 잘 들어야 해." " 그 아이가 집에서 하는 행동은 정말 나빠." "그녀는 폭발을 멈추고 휴식을 취

해야 해." 등이다. 당연히 청소년, 특히 폭발적이거나 불안정한 정서와 각성으로 어려움을 겪는 청소년은 자신의 에너지와 행동, 정서를 다루는 데 도움이 되는 개입에 대해 방어적이고 경계심을 가질 수 있다. 따라서 이러한 개입은 수치심과 통제를 느낄 수 있으며, 명시적이든 암묵적이든 청소년의 권한을 제어하고 그들의 경험을 타당화하지 못하도록 구성되어 있다.

청소년이 자신의 감정, 행동, 관계 기능 및 신체를 조정하는 방법을 배우기 위해서는 해당 작업에 대한 이해가 필요하다. 아동 또는 청소년이 편안함과 효과성에 대한 인식을 구축하기 위한 핵심 목표는 "기술 #2: 아동 교육—편안한 지대와 효과적인 조절에 대한 이해" 섹션에 기술되어 있다. 우리의 목표는 (적어도 직접적으로는) 청소년이 행동 면에서 잘 어울리고, 적절하게 행동하고, 폭발하지 않도록 지원하는 것이 아니라, 청소년이 견딜 만하고 한층 더 긍정적으로 느끼는 신체를 가지도록 하고(편안함), 자신의 세계를 탐색할 때 힘을 느낄 수 있도록(효과성) 지원하는 것이다.

외상을 경험한 많은 아동은 정서를 압도적이고 예측할 수 없으며 강력한 것으로 경험하므로, 그들이 정서에 좌우된다고 느낄 수 있다. 정서 경험은 각성과 복잡하게 연결되어 있다. 조정(그리고 조절 곤란)은 전형적으로 생리적 수준에서 발생한다. 여러 가지 이유로 감정 자체보다는 각성 또는 에너지 개념에 초점을 맞추는 것이 유용하다. 예를 들면, 목표가 자녀가 "화를 덜 느끼도록 돕는 것"이라고 제안하는 실수를 범하기 쉽다. 이런 유형의 언어를 사용할 때 우리는 아동의 분노 경험을 타당화하지 못하게 된다("너의 분노는 중요하지 않아/적절하지 않아/정당하지 않아"). 대안은 아이가 화를 내되, 참을 수 있고 편안하며 통제할 수 있는 수준의 각성이나 에너지로 화를 내도록 하는 것이며, 결과적으로 아동이 분노 상태에서 더 생산적인 일을 할 수 있도록 하는 것이다. 이러한 이유로 이 장에서 설명하는 많은 조정 개입들은 몸과 신체 상태에 대한 인식에 접근하며, 각각의 정서를 감소하는 것보다는 이러한 정서 상태들이 점차 편안하고 "통제된" 에너지 수준으로 전환되도록 지원하는 방법들에 중점을 두고 있다.

함의

- 조정의 복잡성: "그냥 진정하세요."라는 말을 들어본 적이 있는 독자라면, 그렇게 간단하지 않다는 것을 이해할 것이다. 조정 또는 최적의 각성 수준을 향해 나아가기 위해서는 여러 가지 전략과 기술이 필요하다.
  - 첫째, 자신이 무언가를 느끼고 있다는 사실을 알아야 하는데, 이를 위해서는 초기 감정 또는 생리적 상태와 그것이 편안하고 효과적인지 정도를 인식하는 능력이 필요하다. 현재 각성 수준이 높은지 낮은지 인식하는 것은 다음과 같다. "기분이 정말 좋아진 것 같

아." "정말로 차단된 느낌이야."

- ◆둘째, 자신이 느끼는 감정과 연계 상태를 유지해야 한다. 여기에는 불편하게 느껴질 수 있는 내적 상태를 견딜 수 있는 능력이 포함된다. 조정에는 아동이 정서적 상태나 각성의 연계에 주의를 기울이고, 견디며, 유지하는 능력이 포함된다는 점을 유념한다.
  - 아동들은 종종 차분한 태도로 말하거나 감정을 이야기할 수 있고 과각성 상태에서 차분한 상태로 전환되는 것이 관찰되므로 조정 능력이 있는 것처럼 보일 수 있다.
  - 그러나 정서의 위축이나 차단은 건강한 조정 기술을 사용하기보다는 아동이 감정을 견디지 못한다는 것을 의미한다. 마찬가지로, 연계된 느낌 없이 정서를 말로 표현하는 것은 해당 감정의 내적 경험에 대한 감내력 부족을 나타낼 수 있다.
  - 예를 들어, 고통스러운 내용을 말하는 개인과의 작업은 흔히 있는 일이다. 눈물을 흘리는 것과 같은 희미한 정서를 개인이 보일 수 있다. 이후 개인이 그 감정을 차단하고 감정에 머무를 수 없다면 감정은 재빨리 나타난 것처럼 급격히 사라질 수 있다.
- ◆셋째, 상태의 변화를 인식해야 한다. 여기에는 상태의 미묘한 변화를 인식하고 연계하는 능력이 포함된다. 각성의 변화 인식: "조금 차분해지기 시작했어요." 상태 변화의 단서에 대한 인식: "나의 위가 덜 울렁거려서 차분하게 느껴져요."
- ◆넷째, 정서적 경험과 그것이 각성에 미치는 영향을 구분해야 한다. 여기에는 정서와 에너지, 각성 변화 사이의 연계성을 인식하는 능력이 포함된다. "나는 화가 날 때마다 정말 흥분하게 돼."
- ◆다섯째, 이러한 상태 변화를 인식하고 관리하는 전략을 사용할 수 있어야 한다. "심호흡을 하면 내 위가 편해지는 데 도움이 돼요."

■조정은 복잡한 기술이다. 아동이나 청소년이 감정이 일어난 순간을 조절하거나 상호조절할 수 있는 능력을 구축하기 위해서, 종종 회기 동안 다양한 정서와 에너지 상태에 대한 단계별 개입과 지원이 필요하다.

■조정은 양방향이다. 각성 증가(즉, 상향 조절) 또는 각성 감소(즉, 하향 조절)를 포함한다. 아동에 따라 편안한 지대가 다르며 편안한 각성 상태의 범위 또한 다르다. 아동이 선호하는 각성 상태를 배우고 탐색한다.

■조정의 두 가지 목표: 편안함과 효과성. 아동에게 편안한 것과 효과적인 것은 다를 수 있다. 조정 기술을 가르치고 지원할 때는 이 두 요소를 탐색한다.

- ◆편안한 지대(Comfort zone): 조정의 핵심 목표 중 하나는 아동이 자신의 신체에서 편안함을 느끼도록 돕는 것이다. 우리와 함께 작업하는 많은 아동과 청소년은 그들을 안정시키고 신체가 안전하다고 느끼는 각기 다른 "편안한 지대" 및 각성 범위를 가지고 있다.

외상은 아동의 안전지대(safety zone)에 큰 영향을 미친다. 예를 들어, 어떤 아동은 매우 높은 각성 상태에서 가장 안전하다고 느낀다. 장기간 "위험 준비 상태"와 과잉 경계로 인해 '행동할 준비'가 되어 있다고 느끼게 되면, 무력감이나 취약성을 덜 느끼기 때문이다. 어떤 아이들에게는 매우 위축된 상태가 가장 안전하다고 느낄 수 있다. 효과적인 대처 전략이 거의 부재한 이런 아동의 경우, 신체에서의 각성은 급격하게 압도되는 느낌을 준다. 이들은 감정과 각성 상태를 낮은 수준으로 유지하기 위해 상당한 에너지를 소비한다. 이러한 외상의 영향으로 인해, 우리는 아동이 각성 상태에서 점점 더 편안해질 수 있도록 아동의 안전 영역을 (천천히 그리고 조심스럽게) 확장하는 작업을 수행한다. 조심스럽게 진행해야 한다. 만약 상위 범위에 있는 아이의 각성도를 너무 빨리 낮추려고 하면 그 아동은 불안감을 느끼고 각성을 편안한 수준으로 올리려는 행동을 할 것이다. 이와 유사하게 위축된 아이가 스스로 각성을 관리하는 도구를 가지기 전에 각성을 높이려고 한다면, 아동은 감정을 다루려는 시도로 한층 감정을 차단한다. 조정 활동을 선택할 때 아동의 안전지대의 기능을 고려한다. 예를 들어, 아동이 안전지대 내에 머물 수 있는 활동으로 시작한 다음 천천히 확장시키는 활동으로 수정하거나 변화시킨다.

- 위험지대: 에너지/각성은 작업하기에 매우 복잡하다. 에너지에 대한 즉각적인 평가가 포함된 조율 기술이 매우 중요하다. 각성은 직접적으로 외상 반응과 연결되므로, 때로 각성은 과거의 학대를 상기시키거나 내부적 촉발요인으로 작용한다. 우리는 이러한 연관성을 무수하게 관찰하였다. 다음 예를 생각해 본다.

오스틴은 거주 돌봄센터에 거주하는 16세 남성이다. 어느 날 오후 스태프들은 오스틴과 함께 댄스활동을 하고 있었다. 오스틴은 춤을 좋아했기 때문에 이 방법은 여러 차례 사용했던 전략이었다. 이날 오후, 많은 직원이 오스틴의 미소와 웃음, 스태프의 참여로 오스틴이 활동을 즐기는 것을 관찰하였다. 그다음에 일어난 일은 예상치 못한 일이었다. 오스틴의 표정이 순식간에 행복에서 분노로 바뀌었다. 그는 밖으로 뛰어나가 삽을 발견하고 숙소로 돌아와 스태프들과 또래 친구들을 위협하였다.

- 위의 예에서 오스틴의 각성은 우리가 위험 지대라고 부르는 곳까지 증가하여 관련된 모든 사람에게 안전하지 않은 상황을 초래였다. 이 과정은 각성이 너무 낮아질 때도 발생할 수 있다. 같은 청년의 다음 예를 생각해 보자.

오스틴은 집단 치료에 참여하고 있었다. 그날 집단 치료의 내용은 양육자의 상실과 관련된 주제였다. 6개월 전에 어머니가 돌아가신 오스틴에게는 어려운 주제였다. 이러한 집단 과정을 위해 오스틴은 집단에 앞서 이전 장에서 기술된 많은 기술들을 시연하였다. 그는 집단에서 내내 침착한 모습을 보였다. 시간이 지남에 따라 그의 각성은 감소했지만, 집단을 진행하는 치료자는 그가 참여하도록 강요하고 싶지 않았다. 다시 한번, 오스틴은 순간적으로 무의식 상태로 이동하였다. 그는 참여 시도에 반응하지 않았고 침을 흘렸으며, 완전히 차단된 상태에서 즉각적으로 상향 조절할 수 없었다.

- ◆효과적인 조정: 두 번째 핵심 목표는 아동이 효과적으로 세상을 탐색하는 데 도움이 되는 수준으로 조정을 달성하도록 돕는 것이다. 효과적인 조정에는 종종 맥락에 대한 인식이 필요하다. 예를 들어, 교실에서의 적절한 각성 수준은 놀이터에서의 적절한 각성 수준과 다르다. 또한 위험한 지역사회에 사는 아동에게는 위험 경계와 관련된 각성 수준은 안전에 필수적일 수 있다. 조정 기술을 구축하는 데 어떤 각성 수준도 "틀리지" 않다는 것이 포함되는 것이 중요하다. 각성을 다루는 능력은 아동이 효과적으로 현재 순간을 처리하도록 돕는다(예: 효과적으로 관계 맺기 또는 의사소통하기, 효과적으로 욕구 충족하기, 효과적이고 안전하게 과제 완수하기 위해 조절하기). 만약 아동의 편안한 각성 상태가 상황에서 통상 요구되는 것보다 높거나 낮다면(예: 높은 에너지로 인하여 자주 에너지를 낮춰야만 하는 아동), 아동이 선호하는 에너지 상태를 안전하게 경험하는 대안적인 장소나 시간을 가지는 것은 중요하다.
- ◆각성 상태 탐색하기: 아동이 각성 상태의 변화에 적응할 수 있도록 치료자는 아동이 각성 상태의 변화를 이끌어 낼 수 있게 구체적으로 지지한다. 재미있는 활동(예:공 던지기, 춤추기)이나 보다 목표지향적인 조절(예: 심호흡)을 통해 상태 변화를 달성할 수 있다. 아이들이 이러한 활동에 대한 자신의 생리적 반응을 알아차리도록 작업한다. 중요한 교육 요점은 아동이 자신의 생리적 상태를 변화시킬 수 있는 힘을 가지고 있다는 것이다. 시간이 지남에 따라 목표는 이러한 전략들을 아동이 자율적으로 시행할 수 있도록 하는 것이다.
- ◆아이들에게 있어서 모든 조정 활동이 효과적이거나 즐거운 것은 아니다. 활동을 실험으로 구성하고 아동 스스로 반응을 적극적으로 탐색할 공간을 허용한다. 한 아동에게 하향 조절하는 것이 다른 아동에게는 상향 조절일 수 있다. 조정 활동을 소개할 때 이 점을 일과적으로 강조하는 것이 도움이 된다. 예를 들어, "지금부터 공 던지기 놀이를 할 거야. 이 활동을 하면 에너지가 올라가거나 내려갈 수 있고, 에너지가 그대로 유지될 수도 있어. 편안하게 느껴질 수도 있고 불편하게 느껴질 수도 있어. 활동을 마친 후에 어떤 느낌이었는지 확인해 볼 수 있단다." 아동의 반응을 구체적으로 측정하는 것을 고려한다. 활

동 전후의 심박수, 호흡속도, 체온, 근육긴장 정도를 점검하는 평가 기술을 연습시킨다. 치료자는 이러한 과정을 본보기로 보여 주기 위해 자신의 자기-점검을 연습할 수 있다. 부가적인 기법으로는 차트, 척도 등을 사용하여 각성 정도, 긍정적인 경험과 부정적인 경험 등을 추적할 수 있다. "신체"를 언급하는 것만으로도 일부 아동에게는 취약성을 높일 수 있음을 명심한다.

- 편안한 지대 구축하기: 각성을 탐구하고 실험할 때 아동과 청소년이 사용할 수 있는 실제 편안한 지대를 만드는 것이 도움이 된다. 프로그램이나 치료 장면에서 방이나 지정된 공간에 감각 도구를 비치할 수 있다. 예를 들어, 한 거주 프로그램에서는 "편안한 코너"를 만드는 것이 개발되었는데, 각 코너는 각기 청소년들의 특정한 조정 욕구에 맞춰져 있다. 또 다른 예로는 치료자가 내담자를 위해 그의 책상 밑에 공간을 만들었다. 내담자가 "안락한" 시간을 가질 때 면담 시 가지고 온 좋아하는 인형과 함께 책상 밑으로 들어가면 치료자는 컴퓨터로 자장가를 틀어주었다. 안락한 시간은 각 회기 중 실행되었으며 필요할 경우 요청할 수 있다. 가정에서는 침실, 옷장, 식탁 테이블 아래 또는 양육자의 무릎을 비롯하여 단순히 조정 도구를 놓을 수 있는 공간이면 가능하다. 가능하다면 우리는 아동과 청소년이 구체적이고 쉽게 접근할 수 있는 '편안함'의 실제 사례를 만들고자 하였다. 중요한 점은 필요한 자원들을 제공함으로써, 아동 자신의 독특한 편안한 지대를 실제로 실현하도록 하는 것이다.

힘들 때뿐만 아니라 규칙적으로 조정 연습하기: 회기나 일과에 조정활동을 통합하는 것이 유용하다. 예를 들어, 회기 시작 및/또는 종료, 수업 시간 시작 또는 종료, 취침 전, 기타 아동의 하루 중 중요한 시점에 조정 활동을 통합할 수 있다. 일상의 일과에 조정 전략을 규칙적으로 통합함에 따라, 조절 기저선(baseline regulation, 즉 아동이 편안하고 효과적으로 대처할 수 있는 능력)이 향상될 가능성이 높아진다. 따라서 아동이 기본적인 편안함과 통제를 더 많이 가지게 될수록 고통의 순간에 위험 영역으로 향할 가능성이 감소된다.

- 아이들이 각성 상태에 따라 신체가 어떻게 느끼는지에 대한 인식을 내면화하고 기술을 숙달하기 위해서는, 그들이 침착할 때 조정 기술을 연습하는 것이 특히 중요하다. 이러한 기술을 처음 연습할 때는 심하게 힘들거나 위축된 감정 상태와 병행하지 말아야 한다.

규칙적인 조정 전략의 일과적 연습이 왜 중요한지 생각할 때, 영유아의 진정 능력이 어떻게 발달하는지 생각해 보는 것이 도움이 된다. 아이들은 종종 안전과 관련된 때마다 긍정적인 감각 경험에 반복적이고 일관되게 노출된다면, 스스로 진정하는 능력을 익히게 된다. 예를 들어, 양육자는 종종 책을 읽어주고, 노래를 불러주고, 흔들거나 움직인다. 시간이 지나면서 이러한 기술은 (고통스러운) 순간에 각성을 다루기 위해 적극적으로 적용될 수 있다. 일반적으로 어떤 개인이든 고통스러운 순간에 새로운 기술을 배우는 것은 어려우며, 그 기술이 단지 힘든 경험과만 연관되어 있다면 내부적으로 "안전하다고 느끼기" 어려울 것이다.

- 이러한 기술을 순간마다(예: 화가 나거나 차단되었을 때) 성공적으로 적용하려면 아동은 종종 단서(양육자, 임상가 교사 등으로부터)가 필요하다. 특히 양육자(또는 누구든지)는 아동과 조정 작업에서 모델링과 단서를 제공하고, 적극적으로 참여함으로써 외부 조절자 역할을 해야 한다. 시간이 지남에 따라 목표는 아동이 독립적으로 기술을 적용할 수 있도록 하는 것이다.
- 조정을 지원하기 위한 조율 사용: 조정 기술을 감정과 연결할 때는 정서 인식 연습과정에서 아동이 개발한 어휘를 기반으로 한다. 예를 들어, 아이가 화가 났을 때 "정말 열 받아(hot)"라고 말한다면, "가라앉히는(cool down)" 방법을 생각한다.
- 공식적인 연습 외에도 감정 조정 작업은 종종 순간적으로 이루어질 수 있다.
  - ◆ 회기에서 상태 조정이나 상태 변동 신호에 주의를 기울이고 알아차리도록 한다. 적절할 때, 아동이 적극적인 조정 시도에 참여하게 하고 이를 반영하도록 한다.
  - ◆ 회기에서:
    - 놀이 행동

      (아동은 회기에 차분한 상태로 왔으나, 그날 하루에 관한 질문을 받았을 때, 여러 장난감을 꺼내기 시작했고 지금은 인형집 주변에 인형들을 세게 던지고 있다.)

      치료자: 와, 갑자기 네 힘이 엄청 세졌구나. 여기에는 장난감이 많이 있고, 인형들은 정말 바빠 보여. 너에게 어떤 하루를 보냈는지 물어본 것이 어떤 감정을 불러일으킨 것처럼 보이네.

      (만약 계속 힘들어한다면)

      치료자: 우리 놀기 전에 심호흡을 하고 스트레칭 해 보자.
    - 놀이에서 대체하기

      (아동이 캐릭터 인형과 장난감 사자를 가지고 논다. 아동은 인형들끼리 상호작용을 보여 준 다음 갑자기 인형들을 세게 던지고 사자의 으르렁 소리를 낸다.)

      치료자: 얘야, 그 사자가 갑자기 화가 났구나. 인형들은 조용히 노는 것처럼 보이는데 사자가 으르렁거리네. 나는 사자에게 어떤 일이 일어난 건지 궁금하네.
  - ◆ 상호작용 상황

    (한 소년이 화가 나서 입을 꾹 닫은 모습으로 들어와 팔짱을 끼고, 눈을 마주치지 않는다. 치료자가 처음에 그의 모습을 주목하고 언급하자, 소년은 "다 괜찮아요."라고 말하며 거절한다. 상호작용 몇 분이 흐른 후, 소년은 보다 이완되어 보이기 시작한다.)

치료자: 네가 조금씩 차분해지는 거 같구나. 네 근육이 긴장한 것으로 보이지 않고, 네가 나를 조금 더 쳐다보는 것 같아.

◆진술 상황

(아동은 엄마와의 관계에 대해서 말하며 그것이 항상 촉발요인이라고 한다. 이전 회기의 대화에서, 아동은 매우 고통스러운 정서를 동반하고 있었다[큰 목소리, 꽉 쥔 주먹, 팔짱 등]. 오늘, 아동은 화를 표현하지만, 정서적으로 덜 강렬하며 신체는 이완되어 보인다[예: 팔짱을 끼지 않음])

치료자: 오늘은 엄마에 대해 말할 때, 네가 화가 덜 난 것처럼 보여.

◆다양한 상호작용에서 내담자를 관찰할 때, 아동이 조정하려는 시도와 그가 선호하는 전략에 주의를 기울인다. 예를 들어, 센터에 오자마자 스트레스 볼이나 찌그려지고 움직일 수 있는 다른 조작물로 향하는 내담자가 있을 수 있다. 다른 내담자는 각성이 증가하기 시작하면, 자리에서 앞뒤로 부드럽게 흔들거나 다리를 가볍게 두드리기 시작할 수 있다. 아동은 우리에게 어떤 조정 활동이 자신에게 가장 성공적인지와 관련한 단서를 준다.

양육자 교육

■상기할 것: 양육자에게 주요 개념을 교육한다.

■상기할 것: 양육자에게 관련된 발달적 고려사항을 교육한다.

◆양육자에게 조정 전략들을 확인하도록 가르친다.

- 자녀들이 조정을 위해 사용할 수 있는 전략을 파악하도록 양육자에게 탐정 기술을 사용하도록 가르친다. 우리 모두는 매일 경험을 다루기 위해 전략들을 사용한다. 이러한 전략사용 과정이 무의식적으로 이루어지는 경우가 많기 때문에 많은 사람은 자신이 사용하고 있는 조정 전략을 인식하지 못한다. 의도적으로 이러한 전략에 대한 인식을 키우도록 초점을 두어야만 인식할 수 있다. 예를 들어, 한 양육자는 아이가 집중할 때 귀를 만졌다가 누르는 것을 알아차렸고, 다른 양육자는 아이가 진정할 때 손가락 끝을 문지르는 것을 알아차렸으며, 한 양육자는 아이가 압도될 때 다른 곳을 바라보는 것을 알아차렸고, 다른 양육자는 아이가 하루를 시작하는 데 필요한 에너지를 높이고 참여하려고 할 때 흥얼거리는 것을 알아차렸다. 사람들이 조정을 위해 사용하는 전략은 미묘하지만 그 순간의 각성을 전환하는 데 효과적인 경우가 많다.
- 양육자는 자신의 전략(양육자 정서 관리)을 인식하는 방법을 배워야 하며 자녀/청소년이 사용하고 있는 전략의 범위를 확인하도록 지원해 주어야 한다. 신체 활동, 음악 듣기, 미술 활동과 같이 명백한 전략이 있는 반면, 그렇지 않은 전략도 있을 수 있다. 한

청소년은 아랫입술을 깨무는 것이 각성을 감소시킨다는 점을 알게 되었다. 조정에 대해 가르칠 때는 양육자가 이러한 특정 기술에 주의를 기울이도록 참여하는 것이 도움이 된다.

- 방금 기술한 전략 외에도 자해 및 위험 행동이 조정에 미치는 역할에 대해 양육자에게 교육하는 것이 중요하다.
  - ◆ 자해는 복잡한 주제로 모든 치료에서 안전이 최우선이어야 한다.
    - 많은 연구자가 자해하는 사람들과 작업하는 세부 모듈이 포함된 개입법을 개발하였다(예: Linehan, 1993; Miller, Rathus, & Linehan, 2006). 치료자는 자해 행동 사례에서 평가와 개입을 위한 다양한 기법을 숙지하는 것이 좋다. 다음 표는 발달적 외상 아동을 대상으로 조정 작업을 진행할 때 자해와 관련된 교육 요점을 제공한다.

자해 행동 및 조정: 핵심 개념

자해 행동은 정서 경험을 조정하려는 아동이나 청소년에게 나타난다. 자해행동이 건강하지는 않지만 자해는–적어도, 그 순간에는–효과가 있기 때문에 사용된다.

자해 행동 개입에서 (1) 행동의 기능을 이해하고, (2) 보다 안전한 대안을 제공하는 것이 중요하다.

다른 조정 전략들처럼 자해도 이중적 기능을 한다는 것을 기억한다.
- 하향 조절 전략으로 아동이 압도하는 정서를 차단하는 데 도움을 준다.
- 상향 조절 전략으로 아동이 무감각이나 위축된 상태에서 다시 돌아오도록 돕는다.

아동이 서로 다른 시간에 다른 기능으로 자해를 시도한다는 점에 주의한다.

대체 전략은 자해 행동의 본래 기능과 부합해야 한다.

외상은 관계적 맥락에서 일어나므로 아동과 청소년이 고통스러운 순간에 사회적 지지가 가능하지 못할 수 있다. 그러므로 가능하다면 독립적으로 시행할 수 있는 대체 전략이 유용하다.
자해의 기능에 대한 심리교육이 중요하다. 아동과 청소년(그리고 그들의 양육자)이 자신의 경험을 조정하기 위해 자해한다는 것을 이해하도록 도와준다. 대체 전략을 개발하도록 참여시킨다.

급박한 위기를 다루는 것과 자해 행동을 논의하고 다룰 수 있는 안전한 환경을 제공하는 것 간의 균형이 중요하다. 자해는 양육자(그리고, 가끔, 임상가)에게 극단적인 반응을 이끌어 내므로 수치심과 비밀이 생길 수 있다. 만약 자해 사례에서 입원 협박이나 입원으로 개입한다면 내담자들은 새로운 기술 학습에 적극적으로 참여하지 않을 것이다. 치료자는 자신의 정서적 반응에 주의를 기울이고 양육자의 정서적 반응을 이해하고 감내하도록 작업해야 한다.

양육자가 조정을 지원하도록 교육하기

■ 조율에 관한 8장에서는 아동의 조정을 지원하는 단계로 나아가는 데 양육자 역할의 중요성에 대해 논의하였다. 여기서 간략하게 다시 살펴보고자 한다.

아동의 정서 조정에서 양육자의 역할

교육 요점	양육자는 아동의 정서 경험 조절을 돕는 중요한 역할을 한다. 양육자에게 자녀의 현재 조정 전략을 확인하도록 가르치는 것이 도움이 된다. 이 단계는 다양한 행동의 조정 기능을 설명한다는 점에서 조율과 겹치는 부분이 있다. 긍정적이고 효과적인 전략들에는 미술, 글쓰기, 운동 등이 있다. 또한 이 장의 앞부분에서 언급한 것처럼 아동에 따라 주의가 필요한 전략일 수도 있다. 양육자에게 초기 목표는 자녀가 도움을 받아 전략을 연습하는 것임을 상기시키는 것이 중요하다. 치료 초기에는 아이에게 혼자서 조정 연습을 하도록 요구하지 않는다. 종종 가장 좋은 조절은 공동조절(coregulation)이다. 언어적 단서 외에도 양육자는 위에서 설명한 여러 가지 연습에 아이와 함께 참여할 수 있다. 예를 들어, 아이에게 스트레칭을 하라고 신호를 주기보다는 아동과 함께 스트레칭하고 심호흡하도록 양육자에게 교육한다. 우리는 양육자가 조정과 관련된 학습 기회를 가질 경우 전략이 더 성공적이라는 사실을 발견하였다. 예를 들어, 양육 프로그램에서 양육자가 정서 조정에 참여하기 전에 양육자가 도구(양육자 정서 관리에 대한 7장 참조)를 사용하여 독립적으로 조정 전략들을 연습하도록 하는 것이다. 양육자들은 양육자 모임, 양자 회기 그리고 가정에서 연습할 수 있다. 양육자가 그들의 조율 기술을 사용하여 아동의 정서 경험이나 각성 수준에서의 변화를 확인하도록 교육한다. 아동의 각성 수준이 높아지면 어떻게 보이는가? 언제 차단되는가? 각 아동에게 해당하는 특정한 단서 목록을 만들도록 한다. 양육자가 상향 조절과 하향 조절을 구별하도록 교육한다. 양육자가 적절한 조정 전략을 지원할 수 있도록 교육한다(예: 과각성의 경우 하향 조절 전략, 위축된 경우 상향 조절 전략). 양육자가 편안하게 지원할 수 있는 전략 메뉴를 개발하도록 한다.
순간적인 공동조절을 지원하기 위해, 다음 단계에 따라 양육자를 교육한다.	
조정을 지원하는 양육자 단계들	사전 단계: 가능한 한 "조정 지원 계획"을 개발하는 데 사전예방적일 필요가 있다. 조율 기술을 사용하여, 자녀가 조절에 어려움을 겪을 때의 일반적인 '단서', 다루기 어려울 수 있는 일반적인 상황들, 다양한 아동/청소년 상태에 도움이 될 수 있는 전략을 확인한다. 조절 불능 에피소드가 발생하면 이를 다음 에피소드를 위한 정보로 사용한다. 양육자가 "준비"가 되었다고 느낄수록 그 순간에 전략을 시도하기가 더 쉬워진다.

1. 아동이 정서적 또는 생리적 조정의 어려움을 나타내는 신호들에 주목한다. 당신이 본 것에 이름을 붙인다(매우 단순하게). 예를 들어,
   - "너의 몸이 정말 높은 에너지를 가지기 시작한 것처럼 보여."
   - "와-네가 방금 소리 지르기 시작했지-너는 조금 화난 것처럼 보여."
   - "나는 무엇이 일어났는지 알지 못하지만, 너는 조금 차단된 것처럼 보여."

   명명하는 데 사용하는 언어는 판단적이거나 비난이 아니어야 한다. 아동이 감정을 느끼도록 허용하는 것이 중요하다. 양육자의 언어는 정서 그 자체에 대한 관심과 조정에 대한 관심을 구분해야 한다.
2. 자신의 상태에 주의를 기울이고 필요한 경우 가지고 있는 전략을 사용한다. 아이의 조절 불능으로 인해 양육자의 각성 상태가 급증하는 것은 흔하고 일반적인 현상이다.
   - 치료자와 함께 조정 계획을 수립할 때는 그 순간에 어떤 도구가 효과적인지 고려해야 한다. 예를 들어, 심호흡이 필요한지? 자기-진술이 필요한지? 상황이 충분히 안전하다면 잠시 자리를 뜨는 것이 필요한지 등 궁극적으로 목표는 양육자와 자녀가 편안하고 효과적인 각성 상태에 도달하도록 지원하는 것이며, 양육자가 더 잘 통제할수록 보다 실현 가능성이 높아질 것이다.
3. 조정 기법을 사용하도록 지원한다. 아동이 이미 배운 기술을 사용하도록 단서를 제시하거나 아동과 함께 기술을 연습한다. 예를 들어,
   - "치료에서 배운 것처럼 호흡을 해 보자. 그러고 나서 무엇이 너를 화나게 했는지에 대해 이야기할 수 있을 거야."
   - "차분해지도록 잠시 안아주길 원하니?"
   - "우리가 학교에 대해 이야기할 때 너는 정말 조용히 가만히 있었어. 그것에 대해 계속 말하기 전에 우리가 일어나 움직여 다른 것을 하는 것이 도움이 될 것 같아".
4. 아동이 조정 기법을 사용하도록 강화한다. 예를 들어,
   - "차분해지기 위해 호흡법을 사용한 것은 매우 잘했어."
   - "네가 스트레스 볼을 이용해 연습한 것이 정말 자랑스럽구나."
5. 아동이 어느 정도 편안함과 통제력을 회복한 후에는 어려운 감정을 촉발한 원인을 인식하고 처리하도록 돕는다. 조율 기술과 반영적 경청 기술을 사용한다.

양육자에게 편안한 지대 구축에 대해 교육하기

양육자와 실제 편안한 지대의 개념을 검토하는 것이 도움이 될 수 있다. 양육자와 함께 작업한다.

- 집이나 주변 환경에서 편안한 지대로 사용할 수 있는 가능한 공간을 확인한다.
- 각 공간을 편안한 지대로 사용할 수 있는지 협력하여 평가한다. 편안한 지대로 확인하기 전에 선택된 각 공간의 장점과 문제점을 파악한다.
- 양육자가 가정이나 환경에서 현재 보유하고 있는 조정 자원 '목록'을 작성하도록 권유한다. 조정 자원에 접근하거나 증진시키는 데 장애물이 있는 경우, 양육자와 이 부분에 대한

문제가 해결되도록 작업한다.

- 양육자와 아동이 주어진 맥락에서 가장 편안하고 효과적인 자원을 확인하도록 지원한다.
- 양육자 및 아동과 작업하여 앞서 설명한 조정 계획에 그들의 편안한 지대가 통합되도록 한다.

도구: 조정

기술 #1: 감정과 에너지의 정도 이해하기

- 조정에서 중요한 단계는 감정과 각성/에너지 크기가 다양하다는 것을 이해하고 이러한 미묘한 차이에 주의를 기울일 수 있어야 한다는 것이다.
- 조정은 종종 단계적 변화에 관한 것이다. 대부분의 아동들은 미묘한 변화보다 극단적인 상태를 더 알아차릴 수 있다. 특히 외상으로 인해 인지에 상당한 영향을 받은 아동들은 한층 더 그러하다.

이러한 모든 기법은 회기 시작과 종료 체크인에 통합할 수 있으며, 회기 중에 아이가 관찰 가능한 정서의 변화를 추적하는 데 사용할 수 있다. 공식적인 연습 외에도 이러한 개념들을 순간순간 사용하는 것이 아이들이 감정과 각성 상태의 범위에 대한 인식을 시키게 한다.

- 이러한 개념은 감정 상태의 정도나 다양한 크기 및 에너지와 생리 조절에도 적용할 수 있다. 이러한 기술은 아동이 그들의 감정뿐 아니라 신체가 어떻게 느끼는지 인식하도록 도움을 준다.
- 아동이 일단 그들의 현재 감정을 인식하기 위해 이러한 기술들을 사용할 경우 다음과 같은 기법들이 사용될 수 있다.
  - 과거 경험과 연결: "그 말다툼이 일어났을 때, 얼마나 화가 났니? 이 원이 세상에 있는 모든 화라고 가정해 보자. 네가 얼마나 화났는지 보여 주려면 이 원에 얼마나 많이 칠해야 할까?"
  - 아동이 정서 변화를 이해하도록 돕기: "5분 후에는 어떨까?"
  - 경험과 비교하기: "네 동생이 너를 때렸을 때 얼마나 화가 났는지 얘기했던 기억이 나는구나. 이번에는 화가 더 났는지 덜 났는지 아니면 같은지 생각해 볼까? 어떠니?"
  - 특정한 조정 전략과 연결하기: "처음 말다툼했을 때 얼마나 화났는지 이 색으로 표현했다면, 이제 잠시 이 음악을 들은 후에 어떻게 느끼는지 색칠해 볼까?"
  - 조정에 대한 아이디어 생각해 보기: "방금 너는 10에 있다고 말했어. 9로 내려가려면 무엇이 필요할까?" 주의: 정서를 10에서 0으로 내리지 말아야 한다. 아동이 각성 상태를 완

전히 변화시킬 것이라고 기대하기보다는 정서의 작은 변화를 성공적으로 조정하는 것이 훨씬 낫다.

- 필요에 따라 언어를 변경하기: 어떤 아이들은 에너지를 숫자로 표현하는 것을 좋아하고, 어떤 아이들은 "높음, 중간, 낮음"을 사용하며, 어떤 아이들은 높은 에너지를 "달리는 땅뻐꾸기 순간(roadrunner moment)"으로, 낮은 에너지를 "거북이 순간(turtle moment)"으로 표현하기도 한다. 아동들이 괴로운 순간을 표현할 때 흔히 사용하는 또 다른 용어는 "큰 감정(big feeling)"이다. 언어 사용은 개인적 요구와 치료자의 창의성이 작용하는 장소이다.

감정과 에너지의 정도에 대한 이해를 높이는 활동

활동	설명
숫자 척도	아동이 현재 정서를 −1에서 +10 또는 −10에서 +100 척도로 표현하도록 한다. −1, 5, 또는 10이 어떤 것 같은지 혹은 어떻게 느껴지는지를 나타내기 위해서 구체적인 표시를 한다. 양방향적인 숫자 척도를 사용해야 한다는 것을 기억해야 한다. 정말 얼어붙거나 차단된 아동에게 그러한 상태를 알아차릴 수 있는 숫자나 다른 표시를 사용하는 것은 중요하다.
온도계	온도계 윤곽을 그린 다음 아동이 경험한 감정을 색칠하게 한다. 감정의 고, 중, 저를 나타내기 위하여 구체적인 표시를 사용한다.
원	■ 그들이 경험한 확인된 한 가지 감정 정도를 나타내기 위해 원의 안쪽 부분에 색칠하도록 한다. ■ 아동에게 각기 다른 색으로 다른 감정을 나타내도록 한다. 현재 느끼고 있는 감정에 비례하여 각 원에 표현하도록 한다(확인된 사건과의 관계, 지난주 등.)
포커칩	현재 정서가 얼마나 강한지 나타나기 위해 포커칩의 개수로 보여 주도록 한다(예: "만약 이 칩들이 이 세상의 화를 나타낸다면, 너는 지금 얼마큼 화가 났니?"
클레이	"이 세상의 [확인된 정서]"를 모두 나타내는 것이 클레이 덩어리라고 한다. 아동에게 현재의 정서 정도를 찰흙에서 떼어내도록 한다. 종이, M&M 초콜릿, 마커 등에서도 동일한 기법을 사용할 수 있다.
종이	찢어진 종이 조각을 사용하여 위의 예시를 반복한다. 종이 찢기도 역시 순간적인 조절을 지원한다.
색상	아이들이 다양한 기분, 에너지 또는 통제력 수준에 해당하는 색상 척도를 개발하도록 한다. 색을 사용하여 다양한 순간들을 검토하거나 구체적인 조정 전략과 연결할 수 있다.

기술 #2: 아동 교육—편안한 지대와 효과적인 조절에 대한 이해

- 에너지 또는 각성 수준에 대한 내적 인식과 언어를 만들어 나가는 것은 아동과 조정 작업에서 중요한 기본 요소이다.
- 에너지와 관련하여 공유된 이해를 개발하려면 교육적 요소와 경험적 요소 모두 포함해야 한다. 이 장에서 개념을 가르치는 것 이외에도 다음 내용들을 고려하도록 한다. 예를 들어,

(1) "기술 #1: 감정과 에너지의 정도 이해하기" 활동에서 사용한 것과 같은 척도로 아동의 에너지를 나타내기, (2) 각기 다른 에너지 수준(낮음, 중간, 높음)에서 공 던지기, 뛰어오르고 내리기, 그 자리에서 달리기 또는 춤추기, (3) 회기 중 또는 주요 활동 전후의 다양한 시점에서 에너지 수준 체크하기 등

- 다음 표의 교육 요점과 예시 활동들은 아동의 발달 수준과 욕구에 맞게 수정할 수 있다. 발달 초기 단계의 아동은 '낮음, 중간, 높음'과 같이 척도 간의 폭이 넓을 수 있는 반면, 더 나이가 많은 아동/청소년은 숫자 척도에서 암시하는 것처럼 더 미묘한 차이들을 파악할 수 있다.
- 이 기술에 담긴 심리 교육은 시간이 지남에 따라 한층 경험적인 조정 작업의 기초로 작용하고, 조정 전략을 실험하는 아동을 지원하기 위한 주요 부분으로 명시적으로 도입되거나 지속적인 상호작용에 포함될 수 있다.

감정을 편안하고 효과적으로 관리하기

목표	설명
에너지 개념을 정상화하고 가르치기	교육 요점: 우리 모두는 때에 따라 각기 다른 수준의 에너지를 가지고 있다. 예시 언어: "모든 사람은 몸에 에너지를 가지고 있지. 우리의 에너지는 잠을 잘 때 매우 낮기도 해. 우리의 에너지는 숙제를 하거나 보드게임을 할 때는 집중하고 차분해지는 중간 수준이 되지. 그리고 친구들과 달리거나 스포츠를 할 때는 매우 높을 수 있어." "에너지는 우리가 원하는 것을 하게 돕고, 모든 종류의 에너지는 중요하단다. 낮은 에너지는 잠자거나 휴식을 취하기 때문에 중요하고 때로는 정말로 활동적이어야 하므로 높은 에너지가 중요해." "우리가 충분히 자든 못 자든, 먹든 못 먹든, 누구와 있든 어디에 있든 지금이 몇 시인지 등 많은 것들이 우리의 에너지에 영향을 미치게 된단다." 가능한 활동: 아동과 "에너지 척도"를 만든다(숫자, 높음/중간/낮음 등 사용). 각기 다른 에너지 수준이 필요한 활동 리스트나 다른 사람의 에너지가 높거나 중간이거나 낮은지를 알려주는 다양한 단서들을 아동과 함께 만든다. 잡지에서 각기 다른 활동을 하고 있는 사람들의 사진을 자르고 그들의 에너지 수준을 말해 본다. 만든 척도를 사용하여 다양한 활동–공 던지기, 춤추기, 점프하기–들을 시도해 본다. 예를 들어, "척도 3에서 춤을 추는 것과 7에서 춤을 추는 것은 어떻게 다르게 보이고 느껴질까?"
에너지와 감정 연결	교육 요점: 우리가 어떻게 느끼는지는 우리의 에너지/각성에 영향을 준다. 예시 언어: "우리의 에너지 수준에 영향을 미치는 중요한 것 중 하나는 우리가 어떻게 느끼는 거야. 예를 들어, 흥분하거나 화나거나 겁먹는 것은 우리의 에너지를 정말 높게 만들 수 있어. 슬프거나 외로운 것은 에너지를 정말 낮게 만들 수 있지." "특히 '위험한 에너지'가 그렇단다. 우리의 뇌가 위험한 것을 생각하면 우리 에너지는 매우 빠르게 달라진단다(10장 236페이지에 있는 촉발요인에 대한 아동 교육 부분을 언급한다). 때때로, 에너지 변화는 우리의 감정에 어떤 것이 일어나고 있다는 중요한 단서가 될 수 있다."

	가능한 활동: 감정 목록을 만들고 아이들이 자신의 에너지 수준에 따라 감정에 라벨을 붙이도록 한다. 화가 났을 때, 슬플 때, 기쁠 때 등 에너지가 높을까 아니면 낮을까? 감정 내에서도 다양한 종류의 에너지 수준을 생각해 본다. 예를 들어 '화나다'는 다양한 크기가 있다. 특정 감정에 어울리는 다양한 감정 단어(예: 화가 났을 때: 약오름, 짜증, 좌절, 분노, 격분)를 생각해 보고 에너지 척도에 그 단어들을 표시해 본다. 그러한 감정으로 이끄는 상황의 차이, 신체가 그것을 느끼는 방식(예: "좌절이라는 느낌과 격분은 다를까? 어떻게?"), 각각의 감정을 경험할 때—통제하든 하지 않든—어떻게 느끼는지 등 이끌어 본다. 서로 다른 행동들은 그에 따른 감정을 수반한다. 예를 들어, 아동에게 다양한 감정을 연기하도록 한다. "방에 들어갈 때 짜증이 난 것과 격분은 어떻게 보일까?"
"안전지대"와 "편안한 지대" 이해하기	교육 요점: 어떤 에너지 수준은 다른 수준에 비해 훨씬 편안하게 느껴진다. 예시 언어: "우리 모두는 각자 다른 신체와 뇌를 가지고 있어. 이것은 우리가 서로 다른 종류의 에너지에서 편안함을 느낀다는 것을 의미해. 어떤 사람들은 에너지가 높을 때를 좋아하고, 어떤 사람들은 에너지가 낮을 때를 선호하며, 어떤 사람들은 에너지가 중간 정도에 있을 때를 선호한단다. 때때로 우리가 에너지가 높거나 낮은 것을 좋아하는 이유는 그것이 우리에게 안전하다고 느끼기 때문이며, 그것이 우리에게 익숙한 것이거나 힘들 때 도움이 되었기 때문이야. 때로는 그 수준의 에너지가 우리 몸에 정말 좋게 느껴지기 때문일 수도 있고, 그런 경우 우리는 그것을 우리의 편안한 지대라고 부를 수 있어. 에너지가 안전지대나 편안한 지대에서 너무 멀리 벗어나면, 예를 들어 에너지가 낮은 사람이 높아지면 정말 불편하게 느껴질 수 있어. 때때로 우리는 에너지를 바꾸고 편안하게 느끼는 장소로 돌아가기 위해 무언가를 하려고 시도한단다." 가능한 활동: 아동이 그들의 편안한 지대를 탐색하도록 도와준다. 개발한 에너지 척도를 사용하여 아동이 가장 편안한 영역이 어디라고 생각하는지 표시하게 한다. 각 아동의 편안한 지대와 서로 다른 조정 활동들을 짝지어보는 실험을 해 본다. 아동에게 자신의 에너지 수준(예: "어디에 있니? 처음보다 올라갔어? 내려갔어?")과 그의 신체가 느끼는 것을 좋아하는지 아닌지 확인하게 한다. 안전지대 또는 편안한 지대가 넓은지("가끔은 에너지가 넘치고 가끔은 에너지가 떨어지는 것을 좋아하니? 어디서? 언제?") 또는 좁은지, 그리고 이러한 선호도가 그들에게 어떤 영향을 미치는지 탐색한다("너무 높거나 낮을 때는 어떤 느낌이니? 이를 다루기 위해 너는 무엇을 하려고 하니?").
맥락의 역할 이해하기	교육 요점: 상황적 맥락은 우리의 에너지 수준이 얼마나 효과적인지에 영향을 미친다. 예시 언어: "우리가 어디에 있고 무엇을 하는가에 따라 우리의 에너지가 우리를 돕거나 방해할 수 있고 또는 에너지가 안전한지 아닌지 차이를 만들 수 있단다. 높은 에너지를 가지는 것이 기분 좋을 수 있지만, 높은 에너지가 방해되는 장소도 있어(예: 도서관, 교실 같은 장소 등, 아동이 예를 들도록 유도하기). 우리가 정말 화나거나 기분이 나쁠 때처럼, 높은 에너지가 통제를 벗어나기 시작하면 그로 인해 우리가 필요한 것을 충족시키지 못하거나 안전하지 않은 행동을 하게 될 수 도 있어."

	"낮은 에너지에서도 나타날 수 있는데, 낮은 에너지는 우리가 잘 때에는 정말 좋지만, 집안일이나 숙제 같은 것을 할 때에는 방해가 될 수 있어. 무섭거나 화날 때 우리의 에너지를 차단하는 것이 때로는 안전하다고 느껴질 수 있지만, 도움을 요청하거나 기분이 좋아지는 다른 것을 하는 것을 막을 수도 있어." 주의: 각 아동과 관련된 예를 사용하고 아동을 논의에 참여시키는 것이 중요하다. 가능한 활동: 아동과 관련된 구체적인 활동 목록을 만든다. 관련된 일상 활동(예: 잠자기, 식사하기, 축구하기, 댄스 수업 듣기, 숙제하기)과 관계 활동(예: 도움 요청하기, 화났을 때 누군가에게 말하기)을 포함한다. 각 활동에 대해 "효과적인 지대"가 무엇이라고 생각하는지 탐색한다. 어떤 에너지 수준에서 해당 활동에 참여하는 것이 가장 효과적일 것이라고 생각하니? 왜 그럴까? 에너지가 너무 낮거나 높을 경우 어떤 일이 일어날 수 있는지 탐색한다. 아동 자신의 편안하거나 안전지대가 어떤 상황에서는 효과적이 되도록 도와주지만 다른 상황에서는 어떻게 효과적이지 않게 되는지 주의를 기울인다.
에너지를 변화시키기 위해 사용하는 다양한 전략 이해	교육 요점: 우리는 항상 에너지를 바꾸기 위해 무언가를 한다. 예시 언어: "우리 모두는 낮 동안 에너지를 전환하기 위해 여러 가지 일을 한단다. 예를 들어, 어떤 아동은 수업 시간에 자신의 에너지를 끌어올려 수업에 좀 더 집중할 수 있도록 의자에 앉는 방식을 바꾸고, 어떤 아동은 프로젝트 발표를 위해 앞에 나가기 직전에 심호흡을 하며 마음을 진정시키고, 또 다른 아동은 자신의 에너지를 끌어올려 경험을 다루도록 하는 사람을 외면하기도 한다. 결론은 우리 모두 많은 시간 동안 에너지를 다루려고 시도한다는 거야. 이에 대해 함께 생각해 보면, 에너지를 올리거나 낮추거나 유지하기 위해 그리고 일반적으로 편안함을 유지하기 위해 하고 있는 일들이 있을 거야. 우리는 우리의 전략이 무엇인지 알고 있지만, 때로는 이미 전략을 가지고 있고 사용하고 있다는 사실을 전혀 인식하지 못할 때도 있어! 우리 작업의 일부는 에너지를 변화시키기 위해 이미 무엇을 하고 있는지, 그리고 지금 하고 있는 것이 편안하고 효과적인지 또는 그렇지 아닌지를 파악하는 데 있단다." 가능한 활동: 아동들이 현재 자신의 조절 전략을 탐색하도록 돕는다. 이전에 기술된 작업(편안한 지대 확인)을 바탕으로, 아동이 에너지를 올리거나 내리고, 에너지를 유지하기 위해 하는 활동이나 행동을 공유하도록 요청한다. 아동에게 더 편안하게 느끼도록 도움이 되는 활동이나 행동을 찾아보게 한다. 아동은 이것들을 나열하거나 그림을 그릴 수 있고, 또는 현재 전략을 나타내는 그림을 찾아보게 한다. 아동이 현재 사용하는 전략(예: 자해, 공격, 철수)에 대해 부가적인 아이디어가 있는 경우 이러한 행동들을 전략으로 규정하고 활동들을 포함시키는 것이 중요하다.

조정에 대한 행위감 구축	교육 요점: 우리가 의도적으로 에너지를 변화시킬 수 있는 방법이 있다는 것이다. 예시 언어: 우리가 편안하지 않거나 하고 싶은 일에 방해가 될 경우 에너지를 바꾸기 위해 할 수 있는 다양한 방법이 있어. 우리는 이것을 '에너지 도구'라고 생각할 수 있지. 에너지 도구는 우리의 에너지를 높이거나 낮추는 데 도움을 준단다. 모든 도구가 모든 사람에게 효과적인 것도 아니고 모든 도구가 매번 효과가 있는 것도 아니야(때로는 망치가 필요할 때도 있고 드라이버가 필요할 때도 있는 것처럼). 그렇기 때문에 우리는 다양한 도구로 연습할 것이고, 어떤 도구를 좋아하는지, 어떤 것이 너의 몸을 좋게 느끼도록 하는지, 어떤 도구가 효과가 있을 것 같은지 알아내야 해." 참고: 이 점에 대한 확장된 교육 내용은 뒷부분의 "감정과 에너지 도구상자 만들기" 섹션에 나와 있다. 가능한 활동: 광범위한 범위의 활동들은 다음 부분에서 설명될 것이다.

기술 #3: 각성 상태 탐색-각성 조정 연습

- 조정 작업의 대부분은 경험적인 것이다. 조정 작업은 각성과 감정 상태를 변화시키거나 유지하는 생리적 경험에 적극적으로 참여하는 것을 포함하며, 아동이 점점 더 편안하고 효과적으로 체계적인 내적 상태를 갖도록 돕는 것을 목표로 한다. 다음은 이 목표를 달성하는 데 사용할 수 있는 일련의 연습이다. 다양한 활동들을 가지고 아동이 '실험'해 보도록 작업한다. 각기 활동에서 아동을 주목하고 추적해 본다.
  - 각 활동이 에너지 수준을 높게 또는 낮게 변화시키는지와 범위 그리고 신체에 미치는 영향(예: 심박수, 호흡, 체온, 근육의 측면)을 살펴본다.
  - 활동이 편안하거나 불편하게 느껴지는지 여부 및 정도
- 실험 언어: 각 활동을 실험으로 규정하고 이에 대한 반응을 결정하기 위해 아동/청소년과 협력하는 것이 중요하다. 실험 언어가 중요한 이유는 크게 두 가지이다.
  1. 각자 독특하게 구성함에 따라, 우리는 어떤 기술이 원하는 에너지 변화를 가져올지 알 수 없다. 치료자(또는 양육자)가 활동에 참여할 때마다 아동에게 불편한(그리고 잠재적으로 두려운) 일이 일어날 가능성에 대비하는 것이 중요하다. 이러한 작업은 준비 없이 아동을 보조 활동(요가, 운동, 가라테 등)에 보낼 때 종종 발생하는 촉발요인을 예방할 수 있다.
  2. 치료자가 "효과가 있거나" 도움이 될 것이라는 전제하에 활동을 제안하는 경우, 아동의 기분이 나아지지 않는다면, 수치심이나 개인적인 실패감을 잠정적으로 경험할 수 있다.
- 부정적인 각성 상태를 전환하거나 긍정적인 각성 상태를 유지하는 데 효과적이고 아동에게 편안함을 주는 기술들이 아동의 도구상자에 추가될 수 있다.
- 다음 표에 기술된 연습은 다양한 연령층에게 시행하는 고전적인 기법들의 예이다. 상상력

을 발휘하여 새로운 것을 만들어 보자!

- 외부 조정자: 치료실 밖에서도 이러한 기술을 사용할 수 있도록 양육자와 협력하여 아동에게 단서를 주도록 작업한다. 양육자가 조율을 구축하고 일반화를 높이기 위해 이런 활동들을 양육자와 회기 내 양자 연습으로 통합할 수 있다. 치료 장면 또는 지역사회 환경에서 양육자들은 조정 활동에 대한 단서, 지원을 제공하고 조정 활동 시 공동-참여 역할을 담당한다.
  - ◆ 활동에서 요구되는 양육자 역할을 넘어서서, 명심해야 할 점은 다른 사람(주 양육자, 도움을 주는 성인 또는 또래)과 함께 참여하는 행위는 종종 조정의 주요 원천(일부 아동에게는 조절 곤란의 원천이기도 함)이 된다는 점이다. 앞서 설명한 다른 활동과 마찬가지로, 양자 참여는 상향 조절을 일으키거나 하향 조절을 일으킬 수 있다. 아동과 작업하여 조정 자원을 확인하고(더 많은 정보를 위해서는 12장 '관계적 연계' 참조), 양육자에게는 아동과 상호작용 방식이 각성을 증가시키거나 감소시키는지 주의를 기울이며 작업한다.
- 미러(mirror), 매치(match), 조정(modulation): 이 접근 방식은 반직관적으로 느껴질 수 있지만, 아동의 각성 수준을 미러링하는 활동으로 시작하여 조정을 완화하기 전에 아동을 극단적 방향으로 조정하는 것이 유용할 때가 많다(예: 이미 과각성된 아동에게 볼륨을 낮추기 전에 "볼륨을 높이는 것"이다. 이렇게 하면 정서를 표현하고 참여하며 정서가 정상화되도록 한다).
  - ◆ 치료자가 단서나 안내가 포함된 훈련을 지도할 때 오디오 테이프를 만들어 아동이 집으로 가져갈 수 있도록 하는 것이 유용하다.
- 안전지대/위험지대에 대한 알림: 모든 활동에서 아동의 안전지대가 가지는 역할을 명심하도록 한다. 각성 수준이 매우 높은 아동은 지나치게 긴장이 이완된 것을 불편하게 느끼며, 매우 위축된 아동 역시 매우 높은 각성 수준을 불편해한다. 각성 상태를 천천히 이동하고 아동의 통제를 강조하며, 아동과 함께 종종 점검한다.
  - ◆ 위축되거나 정서적으로 둔감한 아동과 작업할 때는 특히 주의해야 한다. 압도된 아동 중 일부는 감정을 관리하기 위한 방법으로 정서를 차단할 수 있다. 아동은 '꺼진" 상태를 감내할 수 있지만, 즉각적인 스트레스 유발요인이나 관련된 정서를 직접 다루지 못하는데, 정서적 둔감 때문에 그 상황으로부터 차단되기 때문이다.
    - 초기 조정 전략들은 아동이 자신의 경험(내부 및 외부)에 재참여하고 정서적, 생리적 감각을 감내하도록 도울 수 있다. 일단 아동이 재참여하게 되면 한층 정교한 대처 기제(예: 정서를 줄이기 위한 조정 전략, 정서를 이해하는 인식 전략, 경험을 소통하기 위한 표현 전략들)를 사용할 수 있다.
    - 위축이나 정서적 둔감 기저에는 고통이 있다는 것을 기억한다. 따라서 이러한 연습을 하는 동안 속도를 유지하고 고통의 징후들을 주의 깊게 살펴보는 것이 중요하다,

복식호흡

■ 복식호흡은 아동에게 유용한 기술이다. 왜냐하면 호흡은 신체에 영향을 주는 가장 쉽고 빠른 방법이기 때문이다. 깊고 안정된 호흡과 다른 활동을 짝지을 수 있다(예: 동작이나 근육 이완을 하기 전에 세 번 심호흡하기).

복식호흡

발달 단계	기술 변형
초기 아동기	■ 호흡(실제 혹은 상상): 아동에게 터트리지 않고 큰 거품을 불 수 있도록 교육한다. 이를 위해 아동은 천천히 고르게 숨을 내쉬도록 한다. ■ 베개 호흡: 베개나 동물 봉제 인형을 배 위에 올려 두고 눕게 한다. 아동에게 호흡 시 베개/동물 봉제 인형이 올라가고 내려가도록 가르친다.
중기 아동기	■ 런던 다리: 아동의 팔을 들게 한다(London Bridge 게임처럼). 팔을 들어올리면서 숨을 들이쉰다. 팔을 내리면서 숨을 내쉰다. 얼마나 천천히 팔을 오르고 내리는지 살펴보도록 한다. ■ 상상: 아동에게 깊은 숨을 쉬고 생일 초를 부는 상상을 하도록 지시한다. 호흡으로 반대쪽 벽을 색칠하는 상상을 하도록 한다. 꽃 냄새를 맡고 민들레 솜털을 부는 상상을 하도록 한다.
청소년기	■ 복식호흡: 복식호흡의 원리를 교육한다. 3초를 세면서 코로 숨을 들이쉬고 멈춘 다음 입으로 천천히 숨을 내쉬게 한다. 숨을 들이쉬면서 배를 내밀고 숨을 내뱉으면서 배가 들어가도록 한다. 어깨와 가슴은 그대로 유지하도록 한다. 배에 손을 올리고 손이 오르락내리락 하는 것을 보고 연습하게 한다. ■ 시각 이미지와 짝짓기: 코로 숨을 들이쉬면서 차분함/평화가 오는 것을, 입으로 숨을 내쉬면서 긴장이 나가는 것을 상상하게 한다.

그라운딩

■ 우리는 Marsha Linehan(1993)이 최초에 기술한 그라운딩 기법이 아동과 청소년들의 에너지 상태 이동을 돕는 데 유용하다는 것을 발견하였다.

■ 그라운딩 기법은 각성 감소와 각성 증가 또는 위축된 상태로부터 재참여 등에 사용될 수 있다. 다음 사항을 명심한다.

◆ 하향 조절에 사용될 때 그라운딩은 자기-위로와 내적 참여(예: 머릿속 정보목록(mental list))가 포함된다. 상향 조절에 사용할 때, 아동이 자기와 환경에 재참여하는데 집중하도록 하는 것이 중요하다.

◆ 일단 아동이 기술을 학습하면 외부 단서는 지속적으로 중요하다.

◆ 언어적인 그라운딩 기법(예: 목록, 요일 이름 말하기, 치료 장소에 있는 물건들 이름 말하기, 어

린 아동의 경우, "아이 스파이 (I Spy"))는 차단된 아동들에게 특별히 유용하다.

◆멍한 상태에서 구체적 형태부여(embodied) 상태로 이동하는 것은 일부 아동에게 촉발요인이 될 수 있다. 이러한 가능성을 최소화하기 위해 그라운딩 기법들로 감각에 과부화가 걸리지 않도록 한다(예: 미세한 vs. 강렬한 향기 사용).

■아동이 재체화되기 시작하면 동작과 통합하는 것이 유용하다(다음 섹션에서 다룸).

그라운딩

발달 단계	다양한 기법
하향 조절에 적합한 그라운딩 기법들	
초기 아동기	다음과 같이 구체적이고, 손에 잡기 쉬운 자극을 사용해서 아동이 그들의 감각을 이해하도록 교육한다. ■요술 막대 ■요술 바위 ■걱정 바위 ■벨벳 천 조각 ■작은 봉제 인형 ■반짝거리고 광채가 나는 크림 ■좋은 향
중기 아동기	초기 아동기와 유사하다. 이 시기 아동들은 가지고 다니며 만질 수 있고 조작이 가능한 다음과 같은 유형을 좋아한다. ■스트레스 공 ■위키 스틱스(Wikki Stix) ■잡아당기는 끈 ■가공된 원석
청소년기	청소년기에는 위와 비슷하지만, 보다 정교하고 추상적인 기법도 있다. ■머릿속에 간단한 정보 목록 만들기(예: 한 주의 요일들, 1년의 달들, 가장 좋아하는 동물) ■음악 듣기 ■글 쓰거나 그림 그리기 ■그들이 보고, 듣고, 느끼는 것에 주의 기울이기(정서보다는 신체적 감각에 집중)
상향 조절에 적합한 그라운딩 기법들	
초기 아동기	■주어진 환경에 있는 사물들에 주의를 기울이는 "I SPY"게임 ■아동이 알고 있는 (안전한) 환경 묘사 ■자신의 팔에서 위아래로 움직이는 깃털에 주의를 기울이기(스스로, 치료자와 혹은 양육자와). ■반짝거리고 광채가 나는 크림을 손에 바르기 ■버터플라이 허그(가슴에서 팔을 교차하여 양 어깨 부위를 두드리기) ■마루를 모래라고 가정하여 그들의 발가락으로 "구멍 파기"

중기 아동기	■ 치료실에서 보이는 10개 사물 이름 대기 ■ 가장 좋아하는(사람, 책, 영화, 텔레비전 프로그램, 음식, 등) 것에 관해 말하기 ■ 스트레스 볼을 손으로 쥐기
청소년기	■ 신체 감각(예: 의자 위 신체, 바닥 위의 발)에 귀를 기울이고 묘사하기 ■ 주변에 대한 초점적 인식을 점차적으로 늘리기 위해 청소년들이 듣고 보고 느끼는 것(신체 감각들)을 4개, 3개, 2개, 1개 기술하기 ■ 천천히 단계적으로 어떤 것을 묘사하기(예: 아침에 일어났을 때 무엇을 하였는가)

동작

■ 거의 모든 종류의 동작이 에너지를 실험하는 데 사용된다. 회기 내 참여를 높이기 위해 창의적으로 진행하고 아동의 흥미와 편안한 수준을 고려하여 즐겁게 진행한다. 다음 표에 예시들이 제시되어 있다.

■ 많은 활동은 발달 단계에 따라 개별 맞춤이 가능하다. 예를 들어, “요가 자세”가 청소년 단계에 제시되었지만, 많은 요가 활동은 어린 아동들에게도 적용할 수 있다(예: 요가 프렛즐[Guber, Kalish, &Fatus, 2005]과 요가 빙고[Spiraling Hearts, n.d에 의해 배포됨]와 같은 게임들).

동작

발달 단계	다양한 기법
초기 아동기	■ 개구리처럼 뛰기: 천천히 시작하고 점진적으로 속도를 올리기 ■ 머리, 어깨, 무릎, 발(무릎과 발) 놀이(그리고 노래 부르기) ■ 호키포키 놀이 ■ 리더가 하는 동작을 따라하는 게임–“동물 걸음”(예: 말이나 코끼리처럼 움직이기), 드럼 치기 등
중기 아동기	■ 아동이 할 수 있는 만큼 많이 점프하도록 하기(또는 주어진 숫자만큼, 예: “나는 네가 연속해서 10번 뛸 수 있는지 궁금해.”) ■ 음악에 맞춰 춤추기. 느린 음악에서 시작해서 빠른 음악으로 속도 올리기 ■ 사이몬 가라사대 게임하기
청소년기	■ 문이나 휴지통을 사용한 농구게임 ■ 앞뒤로 공 패스하기 ■ 음악을 틀고 춤추기 ■ 드럼이나 다른 악기 연주하기 ■ 산책하기 ■ 요가 동작 취하기

근육 이완

■ 근육 이완 활동은 아동들이 스트레스나 긴장을 방출하도록 돕는 순간적 또는 지속적인 이완 전략이다. 근육 이완 연습은 아동에게 자신의 신체에 대한 통제감을 느끼도록 하며 긴장과 이완 상태 간의 대비를 탐색하고 인식하는 데 도움이 된다. 이러한 활동을 할 때, 아동이 활동 전, 도중, 활동 후의 근육/신체 변화 등에 주의를 기울이도록 한다.

근육 이완

발달 단계	다양한 기법
초기 아동기	■ 로봇/헝겊 인형: 로봇처럼 뻣뻣하게 걸어보고, 헝겊인형처럼 부드럽게 걸어보기 ■ 스파게티: 요리되지 않은 스파게티처럼 움직이고, 요리된 스파게티처럼 움직이기 ■ 애벌레/나비: 고치 안에 있는 애벌레처럼 움직인 다음, 나비처럼 날개를 펼쳐보기 ■ 거북이/기린: 거북이가 조개로 들어가는 것처럼 행동하게 한 후 나뭇잎을 향하여 스트레칭하는 기린으로 변신하기
중기 아동기	■ 몸을 웅크리고 이완하기: 축구 선수가 공을 차기 위해 준비하는 것처럼 웅크리며 몸을 구부리기. 그 후에, "올라간다"라고 외치고 몸을 던지며 스트레칭하기. 느린 동작으로 다시 해 보기 ■ 출입구 스트레칭: 양팔로 문틀을 밀면서, 7을 센 다음 이완하기. 밀 때와 멈췄을 때의 차이 주목하기. 벽이나 치료자 또는 양육자의 손을 미는 변형도 가능하다.
청소년기	■ 긴장과 이완: 신체의 다른 근육으로 이동하면서 긴장하고 이완하기. 근육을 긴장할 때와 이완할 때 감각 차이를 주목하고 이해하기 ■ 호흡과 함께 시행하기: 숨을 들이쉬면서 근육을 긴장하고, 내쉬면서 이완하기

심상

■ 시각적 심상은 스스로든 다른 사람의 지도를 받든지 간에 통제를 벗어났다고 느꼈을 때 안정감을 증가시키고 각성을 낮추며 통제감을 (재)획득하는 데 유용하다. 아동의 발달 단계와 개인적 선호에 맞는 기법을 사용해야 한다.

심상

발달 단계	다양한 기법
초기 아동기	안전한 장소: 어린 아동에게 심상은 어렵기 때문에 구체적인 단서를 반드시 사용한다. 예를 들어, 안전한 장소를 심상화하기보다는 그리도록 하며 아동과 양육자는 집 안에서 아동이 힘들어지면 찾아갈 수 있는 안전하고 구체적인 장소를 만들도록 한다. 이와 유사하게, 치료실 내에서 아동의 "안전한 장소"를 지정해 본다.

중기 아동기	아동에게 적절한 이미지와 개념을 사용한다. 예를 들어, ■ 아동에게 가장 좋아하는 영웅이나 초능력(강함, 용감함 등)을 확인하도록 한 후에 그들이 그러한 인물과 같이 있거나, 힘을 가지고 있다고 상상하도록 한다. ■ 아동의 안전감과 관련되거나 동경하는 인물과 관련된 좋아하는 텔레비전, 영화, 책 등의 등장인물을 확인한다. 아동들에게 그런 인물들과 친구가 되는 상상을 해 보도록 한다. ■ 아동들에게 가장 좋아하는 실제 또는 상상의 장소를 그리도록 한 후 상상을 통해 그곳으로 안내한다(예: "너는 무엇이 보이니? 들리니? 무슨 맛이 나니?"). 집에서 연습하도록 한다.
청소년기	청소년은 선호에 따라 단서를 사용하거나 독립적인 심상 기법을 사용할 수 있다. 구체적인 단서는 덜 중요하다. 예를 들어, ■ 평화로운 치유의 빛이 신체로 들어오고, 긴장된 부위를 제거하는 이미지를 생각해 본다. ■ 자신의 신체를 안전하게 지켜주는 보호 영역의 힘을 심상화한다. 청소년은 보호 영역의 색상, 자신과 그곳에 함께 있는 사람, 그들이 경험하는 신체적인 감각이나 온도 등을 선택할 수 있다. ■ 심상에는 그들의 특성, 차분한 느낌이나 강점 등을 포함하여 청소년들에게 긍정적인 미래 자기를 심상화하도록 한다. ■ 안전하고 평화로운 장소를 심상화한다. 짧은 시간(예: 수업 중 고통스러운 느낌이 든다면) 동안이나 보다 긴 시간(예: 잠들기 전 차분해지기)에도 이러한 심상을 사용하도록 가르친다.

다른 조정 전략

- 많은 조정 전략이 이런 범주에 해당되지 않으며 언급한 것보다 많은 전략이 존재한다. 우리는 작업 치료사와 다른 전문가들에게 경의를 표하는데, 그들에게 아동의 생리적 조직화를 돕는 많은 방법을 배울 수 있었다. 많은 전략들이 발달 초기에 자연스럽게 사용했던 진정기법(soothing techniques)과 얼마나 유사한지 주목할 필요가 있다. 이러한 전략들은 많은 아동들에게 지속적인 조정에 도움을 준다. 중요한 메모: 어떤 조정 전략이든지 아동이 통제감을 느끼고 지속하는 것이 중요하다. 강제적이거나 강압적인 전략은 아동에게 재외상이 될 수 있다. 이러한 주의 사항을 고려하여, 다음과 같은 예시를 제공한다.

담요 감싸기. 일부 아동은 무겁거나 또는 일반적인 담요로 그들을 감싸는 담아두기(containment)와 조직화(organization)에 반응한다. 담요 감싸기는 관계에서의 위로(예: 안아주기)로 이동하지 않고도 아동에게 양육, 위로, 생리적 조직화를 추구하는 방법이다. 담요 감싸기는 고통스러운 상황에서 신체적 애정을 수용하기를 꺼리거나 적절한 경계를 세우기가 어려운 아동에게 대안이 될 수 있다.

심부압박(Deep Pressure). 일부 아동은 심부압박 감각에 반응한다. 압박은 자기 스스로 하거나(예: "자기 마사지" 사용) 또는 다른 사람이 할 수 있다(예: 아동의 동의를 얻어서, 베개를 위와 아래에서 사용하여 "아동 샌드위치" 만들기). 타인에 의한 압박 적용은 조심스럽게 아동의 지시에 따라 행해져야 한다.

촉각적 개입. 아동이 자연스럽게 조정할 수 있는 촉각 감각의 범위는 다양하다. 아동들은 손 씻기, 찰흙 빚기, 체로 구슬 거르기, 콩 주머니 옮기기 등에 관심을 가지기도 한다. 아동이 자연스럽게 이끌리는 촉각적 감각을 탐색(그리고 관찰)한다.

활동 참여. 아동기의 많은 자연스러운 활동들은 아동에 의해 조정되고 조직화될 수 있다. 공예나 미술품 만들기나 이야기 듣기 또는 보드게임을 하거나 또래와 놀 때 아동의 에너지가 변화되는 방식에 주목한다. 한 아이에게는 어떤 활동이 조직화를 돕지만 다른 아동에게는 비조직화를 야기할 수 있다. 이와 유사하게 한 아동의 각성 증가 활동이 다른 아동에게는 각성을 감소시킬 수 있다. 각 아동의 반응을 탐색하고 추적한다.

평가와 통제. 많은 활동들에서 아동은 집중력과 통제력을 발휘해야 한다. 우리 센터에서 인기있는 활동은 공작 깃털 균형 맞추기이다(이 활동을 우리에게 처음으로 공유해 준 동료 Macy에게 감사를 드린다). 다른 활동은 중국의 바오딩볼(Baoding ball, 손 운동 및 재활 목적으로 사용되는 의학적 공)을 쨍그랑소리를 내거나 울리지 않도록 굴리는 것, 한 발로 균형잡기, 또는 낮은 평균대 위 걷기, 일직선 따라 걷기 등이 포함된다. 호흡과 함께 사용될 때(활동을 시작하기 전 세 번 심호흡을 하도록 가르침) 이 활동은 가장 효과적이다. 우리는 이 활동이 어린 내담자에게 "도전"으로 제공하는 것이 유용하다는 것을 발견했다. "10초 동안 얼마나 공작새 깃털의 균형을 잘 맞추는지 시도해 보자." 아동에게 호흡하게 한 후 제시 활동을 수행하도록 상기시키는데, 심지어 활동을 수행하기 위해(매우 활동적으로) 일곱 번 시행을 한다 하더라도 일곱 번째 성공적인 노력으로, 그 아동은 더 조직화되고 차분해질 것이다.

소리. 일부 아동에게 소리 사용은 상향 또는 하향 조절의 경험을 제공한다. 생리적/정서적 상태에서 기대하는 변화가 일어나도록 다양한 음악, 소리 등을 시도해 본다.

대안적 상태 연습을 위한 전략

- 대안적 상태 조절은 아이들이 각성 수준의 증가와 감소를 통과하고 견디는 방법을 배우도

록 돕는 것이다.

- 다음 기술 중 상당수는 재미있는 활동을 통해 아이들에게 어떻게 단서에 주의를 기울이고 각성 수준을 변화시키는지를 가르친다.
- 이러한 기술은 특히 양자 작업에서 유용하게 쓰이는 경우가 많다.
- 각 기법은 내담자에 따라 또는 연령대의 요구와 선호도에 따라 조정할 수 있으며, 일부 기법은 나이가 어린 아동 또는 나이가 많은 아동에게 더 적합할 수 있다.

대안적 상태 조절

기법	기법 설명
볼륨 높이기	빠르고 느린 동작의 단서로 사용하기 위해 음악이나 상징적인 "손잡이" "조종 장치" 또는 "슬라이드 스위치"를 사용한다. 처음에는 치료자가 빠르거나 느린 움직임의 모델이 되고 아동이 조종 장치(controller)가 되어 보도록 하는 것이 유용하다. 설명: 1. 동작 조종 시 무엇을 사용할지 결정한다. 2. 조종 범위를 합의한다(예: 손을 중앙으로 모으는 것은 중간 움직임, 손을 올리는 것은 빠름, 부드러운 음악은 느림을 의미). 3. 처음에 누가 조종 장치가 될지 결정한다. 4. 조종 장치의 움직임에 따라(음악 수준, 손 위치, 등) 다른 사람은 빠르거나 느리게 움직인다.
슬로우 모션	이 활동은 아동에게 천천히 움직이는 방법을 교육하기 위해 슬로우 모션 움직임을 사용한다. 일단 아동이 슬로우 모션 기술을 획득하고 나면 과다각성 상태에 있을 때 전환하는 단서가 된다. 설명: 1. 처음에는 모델이 되어 전형적인 움직임을 보여 준 다음 슬로우 모션으로 움직이는 것을 아동에게 가르친다(예: 하품, 뛰기). 치료자: 이전에 느리게 움직이는 사람을 본 적이 있니? 이건 젤로(Jell-o)나 아주 두꺼운 물을 통과하며 움직이는 것과 비슷해. 슬로우 모션은 정말 웃기게 보이지만, 정말 어려운 거야. 봐, 내가 슬로우 모션으로 달린다면 어떨까? 이건 마치…(슬로우 모션 움직임을 보여 준다). 2. 아동과 슬로우 모션 움직임을 함께 시행한다. 아동이 활동을 선택한다. 만약 나이든 아동이라면(예: 10~14세 소년) 도전과제로 만든다. "여기서부터 저기까지 누가 가장 느리게 움직일 수 있는지 보자." 3. 단서에 따라 슬로우 모션으로 전환하는 것을 연습한다. 아동과 함께 방을 돌아다니며 번갈아 소리친다, 단서가 주어지면 각 사람들은 "슬로우 모션 해지" 단서 또는 "얼음" 단서가 주어질 때까지 즉시 느린 움직임으로 전환해야 한다. 4. 아동이 이 기법을 훈련하면 매일 일과에 양육자와 교사가 제공하는 단서를 통합시킬 수 있다(예: 아동이 복도에서 뛰어다닌다면, 교사는 "느리게" 단서를 줄 수 있다).

멈춤-시작	이 활동은 아동의 움직임을 운동에서 멈춤으로 이동하는 게임이다(예: 동결). 많은 아동 게임이 이 범주에 포함된다(예: 빨간 불/파란 불, 음악의자). 설명: 주의: 전통적인 아동 게임을 적용한 버전을 활용한다. 이것은 "그대로 멈춰라 댄스(Freeze Dance)"의 예시이다. 1. 아동을 위한 게임의 구조를 만든다: 치료자: 우리는 네가 몸을 조절하는 데 도움이 되는 게임을 할 거야. (아동의 반응을 유도한다.) "몸을 움직이고 바보처럼 굴어도 되는 때는 언제일까? 휴식 시간이겠지. 네가 몸을 천천히 움직이는 것이 중요한 때는 언제일까? 예를 들어 수업 시간.") 이 게임은 음악의자(Musical Chairs, 의자에 먼저 앉는 놀이)와 비슷한 놀이란다. 음악이 시작되면 주변을 뛰어다니고 원하는 걸 해도 된단다. 음악이 멈추면, 얼음이 되어야 해. 2. 누가 조종 장치가 될지 정한다(치료 집단에서 리더가 조종 장치가 된다). 개별 치료에서 조종 장치는 음악이 시작된 후에도 움직일 수 있다. 3. 조종 장치는 경고 없이 음악을 끈다. 모두 움직이지 않는다. 치료자는 단서에 따라 아동이 멈추는 능력을 강화해야 한다. 주의: 언어적 단서("얼음" "시작")나 시각적 단서(빨간불 사인, 초록불 사인)로 변형할 수 있다.
크고-작음	크고-작음 기법은 아동이 움직임(큼, 중간, 작음)을 통해 자기 부분들과 연결하는 것을 돕고 각 유형의 움직임이 적절한 상황을 확인하는 것이다. 이 기법은 대근육 통제와 공간에서 자기를 인식하는 것이 어려운 아동에게 유용하다. 설명: 1. 아동이 신체적 표현의 다양한 방법들을 인식하도록 한다(목소리, 움직임, 속도, 자세 등) 2. 아동이 선호하는 움직임 방식으로 시작한다. 예를 들어, 대개 걷기보다 뛰기, 말하기보다 소리치기 등을 선호하는 아동에게 "큼"으로 시작한다. 3. 치료에서 "큰 날(Big Day)"을 선택한다(혹은 치료 회기 중간에). 그날에 크게 움직이는 방법들을 선정한다. 예를 들어, 실물 크기의 종이로 신체 그리기, 뛰기, 크게 말하기 등. 주의: "큰 날"에는 야외나 크게 움직이거나 말하기에 적절한 장소가 유용하다. 4. "큰 날" 기간 동안과 이후에 아동과 평소 "큰" 장소가 어느 장소인지 확인한다-예를 들어, 공원, 수영장, 해변, 쉬는 시간 친구들과 노는 장소 등. 5. "작은 날(Small Day)"을 정한다(아이들은 힘들어한다). 아주 작은 종이에 그리기, 작게 속삭이기, 살금살금 걷기, 등. 아동에게 "작은" 장소를 정하도록 한다-예를 들어, 도서관, 교실, 저녁, 등. 6. 치료를 통해 큼, 중간, 작음의 개념을 통합한다. 예를 들어, 아동이 복도에서 뛰어다닌다면, "작게 걸어"라는 단서를 제공한다; 치료에서 "작음"에서 "중간"으로 그리고 "큼"으로 이동하게 한다.

드럼	드럼(실제 드럼 혹은 책상이나 무릎 등 두드리기) 그리고/혹은 다른 악기 사용은 아동이 빠름/큼에서 느림/부드러운 움직임으로 조정하는 것을 돕는다. 이 기법은 느리게 움직이는 것이 어려운 아동에게 유용하다. 드럼은 훌륭한 조율 활동이다. 기술: 1. 도구를 선택한다. 실제적으로 손 북이 사용되거나 아동은 자신의 무릎이나 테이블을 두드릴 수 있다. 2. 기본 원칙을 제공한다: 예를 들어, 드럼 스틱은 드럼 이외 어떤 것도 치지 않도록 한다. 3. 임상가와 아동 모두 같은 도구를 사용한다. 4. 가능한 변형들 a. 리더 따라하기. 교대로 두드리는 패턴을 정한다. 두 번째 사람은 패턴대로 따라해야 한다. 빠르고 느린 패턴을 포함시킨다. b. 동시에 리더 따라하기. 한 사람이 "리더"가 된다면, 다른 사람은 첫 번째 사람의 리듬이나 속도에 따른다. 교대로 리더와 따라하는 사람을 정한다.

기술 #4: 감정 및 에너지 도구상자 만들기

- "감정 및 에너지 도구상자"를 만드는 목표는 특정 감정과 에너지 상태에 대해 아동이 자신의 경험에 대처하는 데 사용할 수 있는 안전한 기술을 확인하는 데 있다. 모든 기술 이 매번 작용하지 않으므로 아동들은 사용할 수 있는 기술 레퍼토리를 보유하는 것이 중요하다. 이러한 조정의 하위 목표는 일반적으로 시간이 요구되는 과정으로, 점차 아이들은 다양한 각성 상태를 보다 인식하고, 자신의 안전, 편안함 및 위험지대를 인식하며, 다양한 전략들을 실험할 기회를 가지게 된다.
- 도구상자가 개발되면 아이들이 확인된 기술을 사용하도록 하는 구체적인 단서가 된다. 도구상자는 실제 상자가 될 수도 있고, 나이가 보다 많은 아동의 경우 기술 목록이나 메뉴가 될 수 있다.

감정 및 에너지 도구상자 만들기

도구상자 만드는 방법	준비물	상자: 신발상자 혹은 다른 용기(예: 런치박스), 도구를 장식할 재료(예: 잡지, 스티커, 판지), 필기류 도구: 실제 쓸 수 있는 범위는 광범위하다. 찰흙, 그리기 등을 사용하여 아이들과 상징 도구를 만들 수 있으며 실제적 도구(예: 스트레스 볼)를 포함할 수 있다. 대안들: ■ 한 면에는 도구/활동별로, 다른 면에는 에너지 또는 감정 상태별로 표시된 인덱스 카드 세트, 또는 한 면에는 에너지/감정 상태별로 표시된 목록이 있고 다른 면에 도구/활동 리스트가 있는 카드

	■종이 목록 ■나이가 많은 아동·청소년의 경우, 태블릿/스마트폰을 이용한 목록
기법	■감정 도구상자를 만드는 것은 아동이 다음의 내용을 이해한 후에만 시행될 수 있는 기법이다. ◆감정의 개념, 감정에 대한 기본적 언어 표현 ◆에너지와 각성의 개념 ◆강한 정서를 경험할 때 나타내는 현재 행동(안전 및 안전하지 않음) ■아동과 함께 감정과 에너지 도구상자에 대한 근거를 마련한다. ◆감정의 정상화: "우리는 사람마다 감정의 종류가 다르며 어떤 감정도 틀린 것은 없다는 점을 이야기해 왔어." ◆안전한 표현과 안전하지 않은 표현 구분하기: " 때때로 사람들은 강한 느낌이 들면 도움되지 않거나 안전하지 않은 행동을 해."(아동의 삶과 관련 있는 예를 제공한다: "아이들은 화날 때, 싸우거나 학교에서 문제를 일으킬 수 있어. 또는 매우 흥분하면 가만히 앉아 있거나 집중하기 어려울 수 있어.") ◆감정의 중요성 강조하기: "감정은 중요해. 우리에게 무슨 일이 일어나고 있는지, 무엇이 필요한지에 대해 많은 것을 말해 준단다. 단순히 감정을 꺼버리는 것은 건강하지 않아. 왜냐하면 결국 쌓이고 어디선가 나타나기 마련이거든." ◆근거 제공: "감정은 중요하기 때문에, 네가 각기 다른 감정을 느낄 때 다른 무언가를 할 수 있는 도구상자[또는 "메뉴 만들기"]를 만들 거야." ■아동이 주요 정서를 인식하도록 돕는다. 다루어져야 하는 감정에는 (1) 기본적 정서(예: 화남, 슬픔, 걱정, 행복)와 (2) 아동이 다루기 어려워하는 정서들(예: 당황스러움)을 포함한다. ■대안적으로 (또는 추가로) 각기 다른 에너지 상태를 인식한다. 아이들이 편안하다고 느끼는 것뿐 아니라 고통스러워하고, 아이들의 삶을 방해하는 것들에 주의를 기울인다. ■아이들과 실제 상자를 만들거나 이러한 도구들을 아우를 수 있는 대안전략들을 구성할 수 있도록 작업한다. 아동이 원하는 대로 상자에 라벨을 붙이고 장식할 수 있다. 나이가 많은 아동은 일기나 공책 등에 목록을 작성하도록 선택할 수 있다. 각 감정이나 에너지 상태에 대해 별도의 페이지를 만들어 아이들이 새로운 기술을 발견할 때마다 추가하도록 하는 것이 유용하다.
고려사항	■기술의 레퍼토리를 만드는 작업을 할 때, 과하지 않도록 주의한다. 아동이 새로운 기술을 더하기 전에 몇몇 개의 기법들을 숙달해야 한다. ■이러한 상자 만들기가 과정이라는 점을 기억한다. 새로운 기법과 기술은 아동이 확인함에 따라 추가될 수 있다. ■시간이 경과하면 확인된 기법을 재평가하는 것이 중요하다(예: 아동이 새로운 발달단계에 들어갈 때, 즉 인생 과도기). 한 시점에서 효과적인 것이 다른 시점에는 효과적이지 않을 수 있다.

		■도구를 만들 때, 감정 에너지를 고려한다. 종종, 분노, 흥분과 두려움은 외부 지향적인 "활동" 감정이고, 효과적인 도구는 에너지를 방출하고 집중하는 것이 포함된다. 대조적으로 슬픔과 걱정은 종종 "얼어붙은" 내부 지향적 감정이며 효과적인 도구로는 자기-위안(self-soothing)과 재참여(reengaging)가 포함된다. 주의: 다음은 예로 제공된 것이다. 창의적으로 진행하며 확인된 유용한 단서들을 아동들의 박스에 넣도록 한다.
도구 상자에 있는 도구의 예시	흥분	■아동이 손으로 조작하여 에너지를 전달할 수 있는 작은 도구들(예: 자유롭게 조형할 수 있는 색색의 교구 끈) ■비눗방울 용기 ■지정된 수 만큼 점핑 잭(jumping Jack)하기-몸통이 실에 달려 있어 흔들면 춤을 추게 되어 있는 인형(도구상자의 단서: 아동이 점핑잭을 하고 있는 사진) ■나비 포옹(팔을 교차하여 나비가 날개를 펄럭이는 것처럼 어깨를 두드리기) (도구상자 단서: 나비 사진)
	분노	■벽이나 출입구 밀기(도구상자 단서: 출입구를 그리기) ■쥘 수 있는 스트레스 볼 ■작은 찰흙 공(납작하게 할 수 있음)
	슬픔	■편안함을 줄 수 있는 좋아하는 사람이나 동물 사진 ■좋아하거나 혹은 편안함을 주는 물건(예: 곰인형, 테디베어) ■부드러운 감각의 물건(예: 벨벳 천조각) ■그리기 도구 혹은 일기
	걱정	■걱정을 적어 버릴 수 있는 작은 상자, 용기와 종이 ■주의전환을 위한 다섯 가지 목록(예: 아동이 몰두할 수 있는 활동, 또는 긍정적인 생각들) ■한 면에는 멈춤 표시가 있고 다른 면에는 긍정적인 글이 적혀 있는 색인 카드(예: "나는 이것을 처리할 수 있어.") ■빈 공간이 있는 색인 카드와 검은색 펜, 아동은 걱정을 적고 새까맣게 칠할 수 있다.
	두려움	■안전한 장소 사진 ■아동의 안전과 관련된 강한 사람의 사진 ■치료실 혹은 집에서 가져온 작은 물건(예: 이행 대상(transitional object)) ■자기-위로를 위한 작은 튜브 사이즈의 광채 나는 크림 또는 좋은 향이 나는 로션(어린 아동에게, "마술의 안전 크림"이 될 수 있음)

도구상자에는 들었던 음악이나 특정 활동을 하는 아동의 사진이 포함될 수 있으며, 사용 가능한 도구에는 실제로 제한이 없다. 정상화시키고 모델이 되어야 하는 것의 핵심은 우리 모두가 전략을 가지고 있고 항상 사용한다는 점을 보여 주는 것이다. 치료자나 양육자의 도구상자에서 구체적인 예를 제공하는 것이 도움이 될 수 있다.

기술 #5: 조정 전략을 지원하고 촉진하기

- 치료가 아동과 청소년의 조정 문제를 중점적으로 다룰 때, 고통스러운 시간에 치료자와 양육자가 명시적 또는 암묵적으로 "네가 화가 났구나! 가서 도구들을 사용하렴." 하는 메시지를 전달하는 경우가 많다. 평온한 시간에 치료자가 거주 프로그램의 청소년에게 화가 났을 때 어떻게 해야 하는지 물어보면, 청소년은 "내 방으로 가서 스태프와 이야기하고, 일기를 쓰고, 심호흡을 한다." 등의 기술 목록을 나열할 수 있다. 그러나 스트레스와 도구 사용 사이의 연관성을 인식한다 하더라도 스트레스와 조절 곤란 순간에 실제로 도구를 사용할 수 있는 능력은 매우 다르다. 실제로 심한 조절 곤란이 있는 청소년은 초반에는 이러한 기술들을 사용할 가능성이 가장 낮다. 따라서 우리는 조정을 위한 외부 지원 구축들이 중요하다고 파악하고 있다.
- 조정 계획을 지원하고 촉진시키기 위하여 다음 사항을 고려한다.

조정을 지원하고 촉진하기

양육자 참여	아동/청소년이 각성이나 감정으로 어려움을 겪는 구체적인 장소와 상황을 고려한다. 각 상황에서 주요 양육자(부모, 교사, 방과 후 교실 선생님, 직접 돌보는 스태프 등)를 확인하고 구체적으로 참여시킨다. 청소년의 허락을 받은 후 그들에게 유용한 도구에 대한 정보를 공유한다. 양육자가 아동이 기술을 활용하도록 지원하거나 필요할 때 아동이 도구를 사용할 수 있는 공간/도구들에 접근할 수 있도록 허가를 제공하는 방법들을 브레인스토밍한다. 우리는 260페이지부터 시작하는 '양육자 교육'에서 조정을 지원하는 양육자를 돕는 주요 교육 요점을 검토하고 있다. 이러한 교육을 참여 과정에 통합한다.
계획 수립	조정 계획이 효과적이려면 사전 예방적(즉, 문제가 되는 상황에 반응하는 것이 아니라 예측하는 것)이고 구체적(즉, 적절한 도구, 지원, 한계, 스트레스 유발요인 등을 파악하는 것)이어야 한다. 아동 및 주변 시스템과 협력하여 특정 패턴의 조절 장애에 대응하는 구체적인 계획을 세운다.
연습하고 문제 해결하기	차분할 때 양육자는 계획한 것을 연습하고 아동/청소년이 참여하도록 한다. 잘될 수 있는 것뿐만 아니라 잘못될 수 있는 것도 고려한다. 예를 들어, "엄마는 자넷이 화가 나면 진정 공간을 사용하도록 상기시킬 것"이라는 계획이 있다면 자넷이 소리를 지르며 진정 공간에 가기를 거부하면 엄마는 어떻게 할 것인가? 그 순간 두 사람에게 공간을 제공하고 확산을 방지할 수 있는 어떤 대안들을 활용할 수 있을 것인가? 결과에 대한 아동과 양육자의 논점을 조정 계획에 대한 대화로 통합시킨다.
상황에 맞는 다양한 도구 제공	다양한 도구 제공 계획을 세울 때 맥락을 고려한다. 집에 있을 때, 학교에 있을 때, 한 교실에서와 다른 교실에서, 또래와 함께 있을 때 부모와 함께 있을 때 등에 따라 각기 다른 도구나 전략에 접근해야 한다. 아동의 접근과 이에 대한 허가 그리고 다양한 전략에 현실적으로 참여하는 데 필요한 지원 및 외부 자원 정도를 고려한다.

발달적 고려사항

발달 단계	정서 조정 고려사항
초기 아동기	이 단계의 정서 조정에서 양육자의 역할은 결정적이다. 어린 아동은 양육자의 지지와 양육에 의존하며, 아동 스스로 조절하기를 기대하는 것은 발달적으로 적절하지 않다. 양육자는 정서 조정 작업에 가능한 참여해야 한다. 양육자가 제공하는 신체 조절(예: 포옹, 흔들기, 등 쓰다듬기)이 어린 아동에게 중요하다. 그러나 일부 아동은 접촉에 대해 방어적이다. 경계에 대한 아동의 욕구를 존중하면서 양육자가 이러한 반응을 정상화하고 아동과 신체적으로 상호작용하는 적합한 방법을 찾도록 돕는 것이 중요하다. 아무리 어린 아동이라도 접촉하기 위해서는 그들에게 통제를 허용하며 허락을 구해야 한다는 것을 가르친다. 어린 아동은 감정의 미묘한 단위가 아닌 극단적 관점(예: 크다 vs. 작다)에서 보는 경향이 있다. 감정 정도를 교육할 때 아동의 수준에 맞추고 가능하다면 구체적인 표시를 사용한다. 예를 들면, ■ 얼마나 크게 느끼는지 양팔로 나타내기 ■ 구체적인 사물 사용하기: "이 방만큼 큰 감정들" "동전만큼 작은 감정들" ■ 원, 온도계 등에 색칠하기
중기 아동기	이 시기 아동은 점점 더 정서의 강도를 인식하게 된다. 아동이 자신의 정서 경험에서 나타나는 미묘한 변화를 이해하도록 도와야 한다. 위험한 수준이 되기 전에 아동이 각성을 중단시킬 수 있도록 돕는다. 이 연령의 아동은 외부 단서(예: 사람이 "쉿"이라고 경고함)뿐 아니라 각성 증가에 따른 내부 단서(예: 신체 상태 변화)를 인식하는 것도 배운다. 이러한 인식과 조정 전략을 짝짓는다. 이 단계에서 아동이 점차 조정 전략에 더 많이 관여하도록 한다. 예를 들어, 아동이 "포커칩 50만큼 화났다."는 것으로 확인한다면, "45개의 포커칩으로 내려가려면 어떻게 할까?"라고 물어볼 수 있다. 아동을 자신의 정서 상태에 대한 인식과 힘의 위치를 정하도록 한다.
청소년기	청소년은 정서 경험의 변화를 이해하는 능력이 정교해진다. 하지만 정서변화가 촉발되면 초기 정서 단계로 퇴행하여 발달된 기술을 사용하는 데 어려움을 겪는다. 외부적 단서와 강화를 지속적으로 제공한다. 그러나 청소년들이 이러한 지원에 저항적일 수도 있다는 것을 알아야 한다. 청소년은 특히 자해나 약물 사용과 같이 위험한 조정 전략을 사용할 위험성이 높다. 청소년이 독립적으로 시행할 수 있는 조정 기술의 레퍼토리를 보유하는 것은 매우 중요하다.

적용

개인치료/양자관계

조절장애는 다양한 증상으로 나타나며 치료 의뢰의 주된 사유가 됨에 따라, 조정 활동은 개별 치료에서 중요한 초점이 된다. 조정 능력의 구축에는 양육자 자신의 정서관리, 조율, 지원뿐 아니라 아동이 자신의 생리적, 정서적 상태에 대한 인식과 이해, 그리고 이러한 것들을 다루는 기술이 천천히 구축된다는 점을 포함하며 많은 구성 요소를 포함하는 과정이다.

이 작업에서 필수적인 토대는 아동의 행동과 반응을 병리적으로 받아들이지 않고 아동, 양육자와 공통의 언어로 향후 조정을 시도할 때 단서(예: "네 에너지가 정말 커지는 것이 보여…")로 작용하도록 하는 것이다. 이와 유사하게, 양육자와 아동을 함께 참여시키고 느낌과 에너지 "도구"를 사용하는 것은 그들 모두의 기능을 지원하며 아동과 양육자가 각성을 관찰하고 관리하는 협력자라는 기대감을 형성하게 한다. 이러한 토대를 찾는 것에 덧붙여서, 조정 작업의 대부분은 우리가 "고리(hook)"라고 언급하는 것들에 달려 있다.

다른 모든 치료적 작업과 마찬가지로, 각성을 탐색할 때 아동이 좋아하는 것, 싫어하는 것, 관심사, 재능을 이해하는 것이 중요하다. 예를 들어, 우리는 사냥과 낚시에 가치를 두는 부족 문화에 큰 자부심을 가지고 있던 알래스카 원주민 청소년 이야기를 종종 한다. 그와 함께 작업한 치료자는 그 렌즈를 통하여 원주민 청소년에게 조정을 설명할 수 있었다. 이러한 행위를 성공적으로 수행하기 위해서는 차분한 마음 상태가 되는 것–고요하고 차분한 상태를 유지하는 데 중점을 두었다. 그들은 공작 깃털(이전 섹션에서 설명한)을 사용하여 하향 조절을 연습하였다.

우리는 회기 일과에 조정 연습을 구축하는 것이 유용하다는 것을 발견하였다. 예를 들어, 전형적으로 높은 에너지 수준에서 회기에 참여하는 아동의 경우, 아동의 현재 수준에 맞는 빠른 상향 조절 활동을 한 다음 집중 또는 하향 조절 활동에 아동이 참여하도록 한다. 많은 조정 활동들이 어린 아동에게는 게임으로 인식되므로, 임상가는 게임에 반영적 또는 호기심을 끄는 요소를 추가함으로써(예: 아동의 에너지 변화에 주목하거나 아동의 경험에 대해 질문) 아동이 자신의 신체 에너지와 통제에 대한 인식을 키우도록 돕는다.

많은 조정 활동들은 아동의 회기 이행기(session transition)와 같은 어려운 순간에 적용할 수 있다. 예를 들어, 나이가 많은 아동이 복도로 들어올 때 7이 아닌 3의 에너지 수준으로 걷도록 단서를 주거나, 나이가 어린 아동에게는 거북이 또는 느린 동작으로 복도를 걷도록 단서를 제공한다. 청소년에게는 도전에 임하도록 조정 작업을 연습하고 계획할 수 있다. 예를 들어, 회기에서 양육자와 힘든 대화를 나누기 전에 조정 수준을 유지할 수 있는 전략(예: 원석 잡기, 스트레스 공 쥐기, 심호흡)을 탐색하고 연습해 볼 수 있다. 어떠한 조정 시도(성공적이든 그렇지 않든)라도 임상가와 (이상적으로는) 양육자가 주목하고 강화해 주어야 한다. 효과적인 도구는 양육자와 공유되어 아동이 집에서 연습하고 강화받을 수 있도록 한다.

회기 밖에서는 양육자가 아동을 혼란스럽게 만드는 사건과 활동에 주의를 기울이며 아동이 자연스럽게 조정하고 조직화할 수 있는 매일의 활동(예: 그림 그리기, 꼭 껴안기, 음악 감상, 노래부르기)을 주목하고 통합하도록 작업한다. 아동을 혼란스럽게 하는 사건이나 활동(예: 이행)을 피할 수 없다면 조정 활동을 매일 일과에 포함하는 방법들을 고려해 본다. 스포츠, 무술, 요가, 또는 공연과 표현 예술과 같은 보조적 활동에 참여하는 것은 아동들이 각성과 정서를 조절, 관리하고 표현하도록 학습하는 자연스러운 장을 제공한다.

집단

이 장에서 언급한 기술들이나 연습, 심리 교육은 집단 활동과 통합할 수 있다. 개인 치료와 마찬가지로 조정 활동은 집단 회기 일과와 통합할 수 있다(예: "웜업(warm-up)으로" 출발하고, "에너지 체크"로 시작하며, 종결 시 "가라앉히기"). 개인 조정뿐 아니라 집단 조정에도 주의를 기울인다. 집단을 시작할 때, 집단원의 에너지 수준을 자석이나 종이 온도계에 표시한다. 집단 구성원들의 에너지 수준이 높을 때와 낮을 때 집단 역동에서의 차이에 주목한다.

많은 조정 활동들을 집단에 적용하는 것이 용이하다. 예를 들어, 집단에서 드럼치기, 볼륨을 높이는 게임과 리더 따라하기 활동은 집단에서 유용하며 청소년과 어린 아동에게도 적용될 수 있다. 또한 우리는 주로 조정에 초점을 맞춘 집단도 개발해 왔다. 예를 들어, 아동 및 청소년들과 '도구상자' 집단을 운영하고 있는데, 이들은 파도타기(wave machine) 또는 스트레스 볼과 같은 적합한 도구들을 창작한다. 이 집단에서는 매주 함께 연습할 새로운 도구들을 개발하는 데 중점을 두고 있다. 다른 집단에서는 음악 집단이나 요가 집단과 같은 국한된 집단에서 움직임과 같은 특정 조정 기술을 강조하기도 한다.

치료 장면

조정에 대한 인식과 지지 구축은 치료 장면에서 각성 및 정서 조정에 어려움을 겪는 아동, 청소년의 경험을 지지하는 데 필수적이다. 많은 치료 장면(학교, 주거 프로그램, 병원 장면 등)에서 중요한 첫 단계는 조정과 제한에 대한 필요를 구분하는 것이다. 이들은 상호배타적인 것이 아니다. 하지만 이에 대해 두 단계 과정으로 고려하는 것이 도움이 된다. 아동이나 청소년이 조절 곤란, 비순응, 과도한 차단 등을 보일 때, 첫 번째 단계는 아동이 자신을 조정해 나가도록 지지한다(신체적 안전 보장이 포함되어야 함). 두 번째 단계는 적절한 시점에서 제한과 결과를 적용하는 것이다. 우리의 경험을 비추어 볼 때 많은 치료 장면 프로그램에서 중요한 각성 순간에 결과를 적용하게 되면 불가피하게 증폭되는 결과가 발생한다. 결과적으로 아동이나 청소년이 무기력해지고 촉발됨에 따라 이러한 각성과 상호적인 증폭은 신체적 억제의 필요성을 야기한다. 조정 전략의 인식 증진을 구축하는 저자들의 프로그램에서는 스태프로 하여금 자신의 정서 관리 욕구를 자각하도록 지지했고, 그 결과 신체적 억제 감소가 목표가 아니었음에도 불구하고 신체적 억제는 거의 0으로 떨어졌다.

조정은 매일의 일과를 통해 지원될 수 있다. 예를 들어, 학교에서 활동을 시작할 시간에는 집중적인 활동을 사용한다. 아동이 중요한 이행이나 스케줄 변동이 있을 경우 이완을, 청소년일 경우 요가 집단을 사용한다. 스포츠와 같은 에너지 활동은 오랜 시간 집중한 이후에 아동의 에너지를 방출하기 위해 수행한다. 저녁에는 하향 조절 활동을 한다. 깨어 있는 상태에서 수면으로 이행하는 것이 특히 어려운 외상 경험 아동의 경우 저녁 시간에 각성을 높이는 활동을 줄이도록 주의를 기울이는 것이 매우 중요하다.

많은 조정 활동들이 치료 장면에서 활용될 수 있다. 우리는 (1) 교실에서 손으로 조작할 수 있는 도구들이 들어 있는 통합 활동 바구니(각성 관리를 위해 손에 스트레스 볼을 누르거나 위키스틱스를 엮는 활동이 허용된다), (2) 각 아동이 자신의 방에 가지고 있도록 감정 에너지 도구상자를 만들어 채우기, (3) 타임아웃 방에 담요, 베개, 자기-위안 도구를 배치하는 프로그램을 진행하고 있다. 우리가 가장 선호하는 예는 타임아웃 방을 대체하도록 했던 프로그램에서 만들어진 "감각 방(Sensory Room)"이다. 이 방은 부드러운 조명에 담요와 베개가 나란히 놓여져 있고 오감을 자극할 수 있는 도구(예: 다양한 촉각 물건, 다양한 로션, 평화로운 풍경 사진, 다른 종류의 음악)가 들어 있는 바구니도 있다. 이 프로그램에 참여하는 청소년은 타임아웃 방에 있기와 감각 방에 있기 중에서 선택할 수 있다.

각 개인을 위한 개별 계획은 조정이 통합될 수 있는 또 다른 영역이다. 많은 프로그램에서 특정 아동이나 청소년을 위해 하루 동안 알려진 "문제 지점"에서 "코칭 휴식 시간"을 제공한다. "코칭" 또는 "조정 휴식 시간"을 구성할 때 논의하였던 "고리(hook)"를 고려한다. 우리는 팝스타 음악을 좋아하는 한 청년과 함께 작업한 적이 있다. 그를 지원하여 그는 하루 중 여러 지점에서 팝스타의 음악을 들으며 춤추는 시간을 가질 수 있었다. 낮 시간의 이행기에 어려움을 겪었던 또 다른 아동은 그 시간에 움직이며 집안일을 하는 "미션 아임 파서블(Mission I'm Possible)" 여행을 떠날 기회를 가졌다. 창의력과 "틀에 박히지 않은" 개입은 종종 조정 작업과 함께 진행된다.

조정을 다루는 작업은 스태프의 "동의"와 이해가 주어진다면 가장 창의적인 프로그램을 만들 수 있는 영역 중 하나이다. 스태프를 위한 심리교육과 지원—그리고 팀 구성원들이 다양한 수준의 조정 연습을 적극적으로 병행하는 것은 이 영역에서의 성공적인 변화에 필수적이다. 프로그램에서 조정의 문화는 많은 프로그램 지도자들이 "계산된 위험"이라고 부르는 것들이 포함될 수 있다. 청소년들에게 냉동 오렌지를 조정 도구로 제공하기로 결정한 프로그램의 예를 고려해 보자. 이 프로그램에 참여한 젊은 여성들은 주로 오렌지를 접촉 도구(촉각과 후각)로 사용하였다. 한 젊은 여성은 스태프에게 오렌지를 던지는 것을 좋아하였다. 많은 사람들이 오렌지가 다른 사람을 해치는 데 사용되는 것 특히 던지는 도구가 된다고 우려하였다. 이는 계산된 위험으로, 이 도구가 왜 유용한지와 이 도구가 제공되어야 할 때와 아닐 때가 언제인지 그리고 청소년들이 그것을 효과적으로 다루도록 어떤 방법으로 지원하는지에 대해서 상당한 교육이 필요하다.

외상 경험 통합: 상태 기반 기술 적용

고통 감내와 조절

치료의 초기 단계와 고통스러운 상태에서 조정의 주요 초점은 지원된 조정이다. 전체 양육자 체계—일차적이거나 치료 또는 치료 장면 어디에 속하건—조율 기술을 활용하여 장면들에 걸쳐 고통의 패턴을 인식하고 이해하며 조절된 상태가 증가하도록 지원하고 촉진한다. 주요 목표는 조절 곤란의 유발요인과 단서를 확인하고 압도되었을 때 청소년들이 고통 감내와 안전 계획에 참여하고 접근하도록 목표를 세우고 사전예방을 위한 계획을 개발하는 것이다. 조정 전략은 평온한 상태에서 연습하며, 가능하다면 일상의 일과로 만들어야 한다. 압도되는 에피소드로 고통받는 청소년은 그 순간 외부로 호기심을 이끌도록 지원할 수 있으나, 순간적인 조정은 양육 체계에 의해서 크게 촉진될 수 있다.

호기심과 반영

치료 관계에서 어느 정도 안정감을 얻었거나 고통스러운 순간을 벗어나 반영할 수 있는 정도의 평온한 상태에 있는 청소년은 종종 자신의 조절 곤란 패턴, 특히 조절 곤란의 유발요인과 외상/각성 반응의 역할에 대해 이해하는 작업을 시작할 수 있다. 이전에 기술했던 다양한 범위의 조정 기술을 실험하고 연습하는 것 외에도, 임상 작업을 통해 조절 곤란의 순간이 "그 순간" 이

상일 수 있다는 인식이 성장하도록 통합하고 이러한 상태를 과거력 또는 지속적인 위험 경험과 연결하도록 한다. 이를 통해 청소년은 위험에 대한 내적 단서를 확인하고 안전감을 느끼는 데 도움이 되는 내외적 자원 및 전략을 확인하도록 도움받을 수 있다.

목적지향적인 행동에 참여하기

청소년의 각성 상태의 변화와 그 순간 임박한 조절 곤란에 대한 인식이 점차 증가됨에 따라, 목표는 아동이 과각성 또는 저각성 상태에 대응하기보다는 이를 예방할 수 있도록 독립적인 조정 전략을 아동 연령 수준에 맞게 적극적으로 사용하는 역량을 키우는 데 있다. 이러한 역량은 자신의 감정 상태에 대한 인식, 무엇이 이런 상태로 몰고 가는지에 대한 이해, 이 순간 상태를 인식하고 "포착"하고자 하는 동기에 관한 청소년의 호기심을 통합하고 지원하는 데 달려 있다. 또한 아동이나 청소년이 고통을 감내하고 내적 외적 자원을 사용하는 능력이 점차 발달됨에 따라, 외상 또는 인생 내러티브 작업을 지원하기 위해 조정 기술을 통합하는 것이 가능해진다.

실생활 치료

- **현실적으로 연습한다.** 아동이 조정 기술을 즉각적으로 적용할 수는 없을 것이다. 치료 장면에서 실생활로 이행되는 시간이 필요하다. 아동이 이를 유지할 수 있도록 돕는다. 아동은 매주 이 기술을 연습하도록 한다.
- **왜 내가 해야 하는가?** 인정한다—때로 화나거나 슬픔 또는 과도한 흥분을 느끼는 것은 괜찮다. 지나치게 빨리 조정하지 않는다—아동은 변화를 위한 작업을 하기 전에 정서와 에너지 상태를 인식하는 시간이 필요하다. 아동이 안전하다면 상태 변화를 급히 서두르지 않도록 한다.

6부

유능감

왜 발달적 유능감을 목표로 하는가?

- 발달은 역동적인 과정이며, 각 발달 단계는 아동들이 반드시 수행해야 하는 핵심 과제와 연관되어 있다. 아동은 과거의 성공뿐 아니라 인지 기능의 성장과 같이 새롭게 출현한 자원들을 이용해서 핵심 과제들을 해결해야 한다.
- 각 단계의 과제들은 이전 단계 과제들을 기반으로 한다. 예를 들어, 아동 중기의 성공적인 또래 관계 형성은 부분적으로는 초기 아동기의 안전한 애착 관계 형성의 성공에 기반한다.
- 아동기 동안 유능감은 인지, 대인관계, 개인내적, 정서, 신체/운동 등 여러 영역에서 나타난다.
- 많은 발달적 유능감은 미래 삶의 단계에서 적응유연적인 결과와 관련이 있다. 따라서 외상으로 인해 발달에 영향을 받은 아동에 대한 개입은 주요 발달과업의 성취를 목표로 삼는 것이 중요하다. 외상이 발달 과정에 미치는 영향을 고려할 때, 발달 역량을 목표로 하는 것은 "외상-초점 치료"의 부수적인 요소가 아닌 통합적 요소이다.

외상은 발달과제 성취에 어떤 영향을 미치는가?

- 이전의 핵심 개념 섹션에서 기술한 것처럼, 외상은 기능 영역과 발달 단계에서의 발달 적 유능감을 잠정적으로 탈선시킨다.
- 외상에 대한 노출은 다음과 같은 영역의 발달적 손상과 관련이 있다.
  - 대인관계 유능감: 초기의 안정적인 애착 관계, 긍정적인 또래 관계, 성인기의 성숙한 관계 등
  - 개인내적 유능감: 긍정적인 자기 개념, 내적 상태에 대한 인식, 자기 유능감에 대한 현실적 인 평가, 자기 상태 통합능력 등
  - 인지적 유능감: 언어 발달, 학교 수행 및 성취, 문제 해결, 좌절 감내, 지속적 주의력, 추상적 추론 능력이 포함된 실행 기능 발달 등
  - 조절 능력: 정서 상태를 확인하는 능력, 타인의 단서와 표현을 현실적으로 해석하는 능력, 생리적 및 정서적 각성 조절 능력, 신체적/운동 반응들을 관리, 조직화하고 조정하는 능력, 정서적 경험의 공유 등

3요인 모델 요약

- 2장에서 우리는 아동의 행동을 이해하는 3요인 모델을 강조하였다. 여기에는 (1) 위험에 대한 가정이 포함된 의미체계에 미친 영향, (2) 관련 단서에 직면했을 때 기능적 위험-회피 및 욕구 충족 전략의 활성화로 정서, 행동, 생리적 조절 불능이 되는 것, (3) 평형상태를 되찾기 위하여 대안적 적응에 의존함으로써 발달적 도전에 방해가 되는 것 등이 포함된다.
  - 이러한 프레임워크에서 애착 섹션의 첫 번째 수준의 목표는 충분히 안전한 주변 체계들을 구축하고 아동-양육자 관계를 강화하도록 추구하는 데 있다.
  - 이러한 프레임워크에서 자기-조절 섹션 두 번째 수준의 목표는 다음과 같다. 아동 및 보호자와 협력하여 내적 경험에 대한 건강한 이해와 정서적, 생리적 상태를 감내하고 변화시키는 전략을 습득하고 사용하게 하는 것이다.
  - 유능감 섹션에서는 삶의 경험들을 성공적으로 다루는 것과 연관된 발달적 유능감을 세 번째 수준의 목표로 강조하고 있다.
- 핵심 발달 과제의 수를 고려할 때, 심한 스트레스 영향을 받은 청소년들의 적응유연적 결과로 확인된 세 가지 핵심 영역, 즉 시간이 지나도 의미 있는 관계를 구축하고 유지하는 능력, 적극적인 선택에 기여하는 실행 기능을 활용하는 능력, 개인 정체성의 건강한 발달에 집중적으로 초점을 기울이고 있다. 이 소개 섹션에서는 외상의 영향을 받은 청소년을 대상으로 작업할 때 중요하게 다뤄야 할 추가 영역을 간략하게 강조하고 있다.
  - 목표로 하는 적절한 발달 과제를 평가하고 선택할 때는 연령보다는 발달 단계를 고려하는 것이 중요하다. 아동들은 영역에 따라(예: 초기 발달 수준의 대인관계 유능감을 가진 인지적 으로 우수한 아동을 고려해 본다), 그리고 시간이나 장면에 따라(예: 스트레스 유발요인 수준에 따라 정서적 역량이 달라지는 아동, 새로운 가정에 배치되었을 때 퇴행하는 아동 등을 고려한다) 발달적 유능감 수준이 달라진다.

초기 아동기

초기 아동기의 주요 과제는 안정적인 애착 형성과 기본적인 자기-조절 기술의 발달 확립이다. 이에 더해, 다음과 같은 목표 영역을 고려할 수 있다.

사회적 기술

- 아이들이 다른 사람들과 적절한 방식으로 상호작용할 수 있는 능력을 키우도록 양육자와 작업한다. 협동적 놀이를 가르치고 시범을 보여 준다. 상호작용에서 부정적인 행동에 대해 제한을 설정한다.
- 사회적 상호작용을 위해 아이들을 자연스러운 장면(natural forum)에 참여하도록 한다. 놀이모임(또래들과 만나고 어울리는 모임), 유치원, 헤드스타트(Head Start), 지역센터, 놀이방 등을 활용하고 양육자는 그러한 자리에 계속 참여하면서 어린 아동이 이러한 맥락에 관여하도록 한다.
- 구조화된 활동과 비구조화된 활동의 균형을 맞춘다. 아동은 상상력을 발휘하는 능력뿐 아니라 규칙을 따르는 능력을 키우는 것이 중요하다. 또한 협동적이고 독립적으로 놀 수 있도록 하는 것도 중요하다.
- 아동들이 공감에 대한 초기 이해를 발달시키도록 도와준다. 각각의 사람들은 각기 다른 감정을 가지고 있다는 것을 가르친다. 아동이 다른 사람의 감정에 적절하게 반응하도록 격려한다. 다른 사람의 감정에 대해 지나친 책임감을 가지는 것과 다른 사람의 감정에 대한 관심을 가는 것을 구분한다.

운동 기술

- 대근육 및 소근육 운동 능력을 발달시키는 활동에 아동이 참여하도록 한다.
- 대근육 운동의 경우 스포츠, 댄스, 무술, 체조 등을 활용한다. 이 시기에는 경쟁적 놀이보다는 협동적 놀이에 집중한다.
- 소근육 운동의 경우 예술 및 공예 프로젝트, 퍼즐, 물체와 글자 추적하기, 다양한 크기의 감각자극 등을 활용하는 것이 좋다.
- 가능하면 양육자가 아이와 함께 활동에 참여해야 운동 능력 발달과 함께 긍정적인 양자 경험을 촉진할 수 있다.

학습 준비 상태

- 학습에 대한 아동의 흥미를 촉진하고 동기를 부여하도록 양육자와 작업한다. 이 단계에서는 우선 중요한 것은 주변 환경을 탐색하는 흥미이다.
- 양육자가 아동과 함께 탐구하도록 격려한다. 산책, 공원 가기, 책 읽기, 도서관 가기 등 자연스러운 장면을 활용한다. 함께 질문하고 생각하도록 주의를 기울인다.

- 양육자는 아동이 새로운 정보를 적용하도록 작업한다. 예를 들어, 아이가 스파게티가 어떻게 만들어지는지 관심을 보인다면 아이와 함께 요리하는 것을 제안한다. 아동이 새로운 게임을 배우는 중이라면 집이나 회기에서 함께 놀이할 수 있다.
- 양육자는 아동이 도전하도록 작업한다. 아동이 자신의 편안한 지대 그 이상의 과제들에 도전하도록 격려한다. 어떤 과제는 다른 과제보다 더 어려울 수 있다는 것이 정상이라는 것을 알려준다. 조절 전략을 사용하도록 하여 아이들이 좌절을 감내하도록 돕는다. 좌절을 경험할 때 이를 확인하고 언어로 표현하며 계속 노력을 기울이도록 격려한다. 아동을 도와 협력하여 아동의 수준을 넘어서는 것들을 성취하도록 한다.

초등학교/중학교

아이들이 집 밖 세상을 탐색하는 중기 아동기가 되면 근면성이 점차 중요해진다. 이 단계에서 목표는 개인적 성취와 더불어 타인 및 더 큰 세상과 연결하는 것이다.

사회적 기술

- 또래 관계는 초등학교에서 점점 더 중요해진다. 성공적인 관계를 맺기 위해서는 다른 사람의 의도를 정확하게 읽고, 상호작용에서 협상하고, 공감을 경험하며 지연이나 실망, 좌절감을 감내해야 한다. 협동적으로 작업하는 능력과 양보를 감내하는 능력은 특히 중요하다. 이러한 영역의 결핍에 주의를 기울이고 아이들이 적절한 기술을 구축하도록 작업한다.
- 아이들이 점차 부수적인 활동에 더 많이 참여하도록 돕는다. 스포츠, 클럽, 예술 활동, 방과 후 프로그램 등에 참여를 격려한다. 아이들이 경쟁적인 활동에 참여하게 되면서 감정조절 능력이 점점 더 중요해지기 시작한다.
- 이 치료구조에서 강조하는 다른 많은 기술들, 예를 들어 문제 해결과 정서 조절 기술들은 성공적인 또래 상호작용에서 중요하다. 아동이 실제 상호작용을 다룰 때 이러한 기술들을 사용하도록 한다.
- 외상 촉발요인들이 종종 사회적 상호작용에서 두드러질 수 있다. “오래된” 감정들이 새로운 관계를 방해한다면 아동이 이를 확인하도록 돕는다.

학교 연계/성취

- 중기 아동기에서 학교는 주요한 유능감 영역이다. 아동이 학업적 성공보다 학교와 관련된

활동을 긍정적으로 느끼고 참여하는 것이 중요하다.

- 학교 체계와 협력하여 아이들의 성공 경험을 지지하도록 작업한다. 팀을 만들고, 학교 장면에서 아동을 위한 자원이 될 수 있는 교직원을 알아본다. 협력하여 치료를 계획한다.
- 양육자가 아동의 학업 성취에 관심을 보이고 아동의 노력을 강화하도록 작업한다. 학교 장면에서 의사소통 라인을 구축한다. 격려와 칭찬, 한계설정이 균형을 이루도록 한다.
- 양육자와 협력하여 일상의 변화를 수용할 수 있는 구조를 제공하도록 한다. 변화에 주의를 기울이고 필요에 따라 적절한 일과를 만든다. 아이가 학교 목표(예: 숙제)를 달성하기 위해 고군분투해야 한다면 도움이 되는 방식으로 가정 환경을 구조화하여 돕는다.
- 양육자가 목표 달성의 우선순위와 비구조화된 시간의 균형을 맞출 수 있도록 돕는다. 아동은 공부와 더불어 휴식과 놀이 기회를 가지는 것이 중요하다.

개인적 책임감

- 아동이 명확하고 합리적인 기대를 가지는 것이 중요하다. 그들은 규칙이 무엇인지, 기대가 어떤 것들이며 그리고 아동이 적절한 목표를 달성할 수 있다고 사람들이 믿고 있다는 것을 알아야 한다. 아이들은 종종 우리의 기대 이상으로 부응하거나 그렇지 못할 수 있다.
- 아이들은 점점 더 규칙의 근거를 이해할 수 있게 된다. 다른 장소(예: 집과 학교)에서의 규칙과 그 이유를 구분하도록 돕는다. 가정 내 규칙을 정할 때 어느 정도 아동들을 참여시킬 수 있다.
- 점차 아동이 책임감을 갖도록 격려한다. 양육자와 협력하여 가정에서 연령에 적합한 허드렛일을 아동에게 주도록 한다. 아동이 허드렛일을 마치는 것이 성공 경험에 중요하므로 양육자와 작업을 통해 적절한 과제를 지정하고 모니터링하며 과제 완수 시 강화를 제공한다. 양육자는 독립적인 과제 숙달이라는 궁극적인 목표를 가지고 필요하다면 지원을 제공한다.

청소년기

청소년기의 주요 과제는 일관된 정체성을 탐색하고 확립하는 것으로, 양육자로부터 분리와 개별화가 시작되며 독립적으로 기능하는 기반을 구축해 나가는 것이다. 많은 기술들이 이 구조의 다른 섹션에서 논의되었으며 부가적인 고려 사항들이 여기서 강조된다.

사회적 기술

- 청소년들은 점차 다양한 사회적 상호작용을 독립적으로 다룰 수 있어야 한다. 또래와의 상

호작용뿐만 아니라 교사, 잠재적 고용주, 지역사회 구성원과 상호작용이 포함된다.

■ 청소년들이 다양한 맥락 속의 사람들과 접촉할 수 있는 기회를 만들고 효과적인 의사소통 기술을 연습하도록 작업한다.

■ 양육자가 청소년의 프라이버시 욕구와 개입 간에 균형을 맞추도록 작업한다. 양육자의 개입은 지식을 드러내기보다는 관심을 표현하는 방향으로 이루어져야 한다.

■ 또래의 영향력 속에서도 청소년이 개인적 의견, 생각, 목표를 유지하도록 작업한다. 사회적 기술과 정체성 작업을 병행한다.

■ 대인관계 손상을 경험한 청소년에게 사회적 관계는 섣부른 친밀감이나 친밀감에 대한 거부뿐 아니라 두려움을 유발할 수 있다. 청소년이 긍정적인 관계를 정의하고 이를 발전시킬 수 있도록 돕는다.

■ 청소년이 효과적인 갈등 해결 기술을 발전시키도록 돕는다. 이 영역에는 다음 장에서 다룰 기술과 함께 확인 및 조정 작업에서 제시된 동일한 기술들이 많이 포함되어 있다. 청소년들이 갈등을 다루기 위해 다음 단계를 활용하도록 한다.

  ◆ 자신의 단서 확인하기: 자기 고통의 단서에 주의를 기울인다. (확인)

  ◆ 순간을 선택하기: 어려운 상황에 접근하기 전에 진정한다. (조정)

  ◆ 목표 확인하기: 청소년이 성취하고자 하는 것은 무엇일까? (실행 기능, 정체성)

  ◆ 조망 고려하기: 다른 사람은 어떤 경험을 하고 있을까? (상대방의 내적 상태 확인)

  ◆ 결과 평가: 유연해지기– 무엇이 해결되고/되지 않았는지? (대안 생성, 실행 기능)

지역사회 연계

■ 가정 밖 세상으로 청소년들의 참여가 확장되도록 작업한다. 여기에는 특별 과외 활동, 지역사회 프로그램 참여 또는 취업 등이 포함된다.

■ 청소년이 지역사회에 기여하는 데에는 여러 방법이 있다. 지역사회에 참여하는 것은 주체적 행위감, 효능감, 사회적 연계를 발전시킨다. 지역사회 참여는 공식적이거나 비공식적일 수 있다는 점을 명심한다. 현재 영향을 미칠 수 있는 방법들이나 영향을 미치기 위해 어떻게 하기를 원하는지 청소년들이 정의하도록 돕는다.

■ 청소년들이 성인들이 포함된 확장된 사회적 집단의 사람들과 관계를 발전시켜 나가는 것은 정상적인 행동이다. 양육자와 작업하여 이러한 관계를 용인하도록 하되, 부모는 아이와 상호작용하는 사람들이 누구인지 알고 있어야 한다. 하지만 상호작용에서 독립성을 확보하기 위해 분투하는 청소년들에게는 어느 정도 관용을 허용하는 것이 중요하다.

■ 지역사회 연계는 개인적인 기술과 속성들을 구축하거나 확장시키며 관심사를 탐색하는 중

요한 장이다.

독립적 기능

- 이 발달 단계를 거치면서 청소년은 점차 독립적인 기능을 하게 된다. 독립성을 반영하는 과제와 활동들을 시작하는 것이 중요하다.
- 학교에서의 성취는 미래의 기능에서 점차 중요해진다. 청소년들이 현재의 성취 및 현재 그리고 미래의 목표를 연결하도록 한다.
- 양육자들은 청소년들이 가정의 규칙, 역할, 구조를 논의하고 확립하는 것에 참여하도록 한다.
- 직업은 자기 효능감, 자기-의존, 책임감을 키울 수 있는 중요한 장이 된다. 하지만 청소년이 직업에 대한 현실적인 기대와 목표를 설정하도록 도우며, 청소년들이 직업뿐 아니라 삶의 다른 중요한 영역에 지속적으로 참여하도록 하는 것이 중요하다.
- 개인적인 책임감은 청소년에게 필수적인 가치이며, 이는 적응 유연성과 밀접한 관련이 있다. 청소년이 자신의 행동과 그 행동의 자연스러운 결과들을 탐색하도록 도와주어야 한다. "선택"이라는 단어를 대화에 도입한다.
- 미래의 독립적인 기능과 관련된 다양한 생활 기술을 키우는 데 주의를 기울인다. 청소년들이 은행 계좌를 열고, 예산을 세우며, 여러 상황에 따른 적절한 상호작용을 다루고 기본적 집안일 관리 및 외부 자원을 확인하고 접근하는 일들을 배우도록 작업한다. 이러한 기본적 영역에 초점을 두는 것은 청소년들이 초기 성인기로 이행됨에 따라(예: 대체 양육 시설에서 "연령이 되어 나가는" 청소년들) 특히 주변에서 돌봐주는 "완충물"을 덜 가진 청소년들에게 중요하다. 전환기 동안 그리고 그 이후에도 청소년들에게 지속적으로 지지를 제공해 줄 수 있는 개인과 다른 사회적 자원을 연계시켜주는 작업은 항상 이루어져야 한다.

초기 성인기

이 책은 주로 청소년기부터 청년기에 초점을 맞추고 있지만, 오늘날의 아동과 청소년은 전환기적 연령으로 미래의 초기 성인이며, 현장에서 우리는 이 취약하며 종종 간과되는 사람들을 점차 더 많이 포함하고 있다. 청년들이 점점 더 "독립"의 세계로 진입함에 따라, 청년들은 (이상적으로는) 그들보다 어린 대상에게 제공되는 외부 지원이 없는 상황에서 협상해야 하는 다양한 삶의 과제에 직면하게 된다. 이 책에서 다루는 대부분의 구성 요소들은 아동 및 청소년과 마찬가지로 전환기 청년에게도 동일하게 적용되며, 여기에서는 핵심 유능감과 목표들을 간략하게 소개하고자 한다.

정체성 탐색

- 청년들은 여전히 정체성의 여러 측면을 탐색하는 경우가 많다. 관심 분야(스포츠, 예술, 컴퓨터, 요리 등)뿐 아니라 자기의 서술적이고 포괄적 이해에 기여하는 정체성의 다른 측면(문화, 가치관, 성별 및 성 정체성, 집단 소속 등)에 대해서도 지속적으로 탐색하도록 권유한다.
- 정체성의 핵심은 원가족 또는 선택한 가족에서 자신의 가족과의 관계에서 자기를 이해하는 것이다. 청년들을 위한 서비스, 특히 독립을 지원하기 위해 고안된 서비스는 주로 가족 관계에 초점을 맞추지 않을 수 있으며, 실제로 청년의 지속적인 자기감 발달에서 중요한 측면의 역할을 무시할 수 있다. 우리는 청년들과 작업하는 치료자가 가족 정체성에 대한 탐색과 연결을 지속적으로 지원하고, 적절한 경우 가족 구성원을 작업에 포함하도록 권장하고 있다.

사회적 연계

- 전환기 연령의 청소년들과 초기 성인들에 대한 개입은 종종 독립에 필요한 기술과 역량을 강조하는 경우가 많다. 그러나 이러한 관점은 연계라는 중요한 목표를 소홀히 할 수 있다. 청년들이 가족뿐만 아니라 멘토, 영적 지도자, 코치 또는 후원자, 또래와 같은 추가적인 사회적 지원 및 관계 자원을 포함하는 사회적 네트워크를 파악하고 구축하도록 지원한다. 다양한 욕구들(정서적, 여가, 물류)을 확인하고 청년들과 협력하여 이러한 필요를 지원할 수 있는 개인(예: 치료자는 정서적 필요를 도울 수 있고 또래는 비슷한 관심사를 공유할 수 있으며 가족은 기본적인 물자 지원을 제공할 수 있음)과 연계되는 환경 및 관계를 확인하고 접근하며 확장하는 것을 고려한다. 과거에 관계 상실과 실패를 경험한 청년들을 지원할 때 이러한 모든 요구를 한 개인이 포괄적으로 충족하는 데 한계가 있다는 것을 인식하는 것이 중요하다.
- 청년들은 점점 더 친밀한 관계를 맺기 시작한다. 이러한 맥락에서 발생하는 특별한 어려움(예: 임신 및/또는 육아, 과거 경험의 재연, 지각된 거부나 상실, 유기와 관련된 외상 촉발요인, 신체적/성적 접촉과 관련된 유발요인)과 미래의 가족 정체성과 관련된 친밀감의 의미(예: "미래에 나의 가족 정체성은 무엇일까?")를 청년들이 탐색하도록 지원한다. 또한 친밀하거나 장기적인 관계의 맥락에서 나타날 수 있는 강점과 적응유연성을 탐색하도록 한다.
- 외상의 영향을 받은 초기 성인들은 사회 참여 및/또는 사회적 기술에 대한 지원이 필요할 수 있다. 특정 맥락 내에서 다른 사람들과 관계를 맺고 소통하는 효과적인 방법에 대한 구체적인 교육과 전략을 제공할 필요가 있다. 12장 "관계적 연계"에서 논의된 기술들은 이러한 작업을 지원한다.

직업 기능과 생활 기술

- 청년들이 성공적인 독립 생활과 관련된 주요 삶의 영역(예: 직업, 주거, 재정, 관계)을 확인하고 청년들이 자신의 강점과 취약점을 솔직하게 평가하고 확인하도록 지원한다.
- 청년들이 장단기 목표를 파악하고 설정한 다음, 이러한 목표를 달성하는 데 필요한 핵심 기술, 자원들, 관계를 확인하도록 지원한다. 예를 들어, "자신의 아파트 마련"을 위해서는 임대료를 지불할 수 있는 충분한 돈을 벌 수 있는 직업과 예산 설정 및 유지, 청구서 정리 및 지불, 음식 준비 능력이 필요할 수 있다. 한편, "직업 갖기"에서는 구직 상황을 파악하고, 이력서를 작성하고, 면접 기술을 배우고, 일정을 안정적으로 관리할 수 있는 능력이 필요하다. 보다 작은 단계들과 단기 목표와 관련된 작업은 장기적인 목표를 향한 '경로'의 맥락에 포함될 수 있다.
- 지역사회에서 이용 가능한 직업 지원 자원(예: 직업 훈련 프로그램 또는 취업 알선 서비스)들을 인식하고 개발하며 유지하도록 한다. 청년들이 이러한 자원에 접근하고 협상할 수 있도록 구체적 지원을 제공한다.

발달적 도구상자

- 어린 아동 및 청소년기와 마찬가지로 초기 성인기의 어려움을 성공적으로 극복하려면 발달적 외상으로 인해 손상되었을 수 있는 다양한 범위의 발달적 역량들이 필요하다. 모든 기능 영역의 강점과 어려움을 신중하게 평가하는 것이 중요하다. 이러한 집단에서는 "연령이 아닌 단계"에 맞게 조정하는 것이 지속적으로 중요하다. 청년기는 독립적인 기능에 대한 요구들이 증가함에 따라 특히 스트레스가 많은 시기일 수 있다. 이러한 부가적인 압력으로 인해 초기 성인들은 해로운 조절 전략(예: 약물 남용)에 관여할 위험성이 높다. 정서적, 생리적 경험을 조절하는 능력, 목표를 확인하고 다가가는 작업, 일관적 자기감 등 이 책에서 기술된 다양한 발달 역량을 개발하도록 초기 성인 내담자들을 지원한다.

이 치료구조의 각 핵심 영역은 외상에 영향을 받은 청소년과 그들의 돌봄 체계를 위하여 핵심적인 발달적 역량을 강조하고 있다. 발달의 역동적인 특성과 외상이 발달 과정에 미치는 영향을 고려할 때, 만성적 외상치료에는 수많은 발달적 강점과 도전에 초점을 둔 평가와 개입이 포함되는 것이 필수적이다. 이 섹션과 다음 섹션에서는 아동이 (1) 생존을 넘어 반응하기보다는 의식적으로 행동하도록 돕고, (2) 일관적이고 강점에 기반하며, 미래 지향적인 자기감을 확립하고, (3) 초기 외상 경험을 이해하고 변형(transform)하여 일관된 삶의 내러티브를 확립하는 데 중점을 두고 있다.

12장

관계적 연계

주요 아이디어와 핵심 하위 기술

아동이 효과적으로 다른 사람들과 연계하고 유지할 수 있는 기술과 감내력을 키우도록 돕는다.

★ 다른 사람들과 연결하는 목표를 탐색; 관계에서 편안함과 안전함을 구축하기
★ 안전한 연결을 위한 자원들을 확인/성취하기
★ 의사소통을 지원하는 구조를 통해 연결의 기회들을 만들어 가기
★ 효과적인 기술들을 코칭하고 모델링하여 의사소통을 지원하기
- 효과적인 비언어적 의사소통 기술
- 효과적인 언어적 의사소통 기술
- 대안적인 의사소통 전략

★ 핵심 개념

★ 관계적 연계를 목적으로 하는가?

- 외상성 스트레스를 경험한 아동의 상당수는 그 경험의 일부로 애착 상실, 배신 또는 관계 맥락에서의 손상을 경험해 오고 있다. 그 결과, 많은 아이가 안전하고 지속적인 관계를 구축하는 데 어려움을 겪고 있으며, 이 영역에서 "실패"하게 되면 다양한 욕구들을 충족하지 못하게 된다.
- 내적 경험을 공유하는 것은 인간관계의 핵심적인 측면이다. 다른 사람과 효과적으로 소통할 수 없거나 꺼린다면 아이들의 지속적인 건강한 애착 관계 형성이나 유지가 방해를 받게

되며, 결과적으로 이 기술에 크게 의존하는 발달 과제들이 숙달되지 못한다. 외상을 경험한 아동의 의사소통과 연계가 영향을 받는 데에는 몇 가지 이유가 있다.

- 초기 애착: 건강한 애착 관계에서는 아동의 경험은 정보를 공유하기 위해 양육자가 제공하는 반영, 미러링, 적절한 반응들을 통해 타당화된다. 자신의 감정, 욕구, 생각을 전달하려는 아동의 시도가 분노, 거부, 무관심에 부딪히면 아동은 다음의 두 가지를 배우게 된다.
  1. **수치심.** "내 정서와 욕구는 잘못되었거나, 나쁘거나, 중요하지 않아."
  2. **비밀 유지의 필요성.** "내 안에서 일어나는 일을 공유한다면 무언가 나쁜 일이 생길 거야."
- 취약성: 정서와 기타 내적 경험들은 여러 가지 면에서 취약성과 연관된 인간 존재의 한 측면이다. 우리 내면에서 일어나는 일을 공유한다는 것은 내면의 자기를 보는 창문을 다른 사람에게 허용하는 것이다. 두려움이나 슬픔, 분노 또는 기쁨을 인정하는 것은 모두에게 위험을 수반하지만, 특히 피해를 경험한 아동에게는 더욱 그러하다. 예를 들어, 가정폭력에 노출된 아동의 마음 회로에서는 기쁨을 인정하면 기쁨을 빼앗길 가능성을, 분노를 표현하는 것은 위협받을 잠재성이 증가될 수 있다. 삶이 생존 중심으로 조직화된 아동의 경우, 위험을 최소화하는 것이 주요한 적응 방식이다. 자신의 경험을 숨기는 방법을 배우는 것은 아이들이 통제감을 느끼고, 덜 취약하게 느끼도록 한다.

★ 외상이 정서 관계적 연계에 어떤 영향을 미치는가?

관계/연결을 다루려는 시도와 의사소통/표현 전략 간에는 미묘한 연관성이 있다. 아이들은 관계를 제한하거나, 되는대로 또는 비효율적으로 접근하거나, 연계에 대한 절박한 욕구 때문에 관계를 극대화하려고 시도할 수 있다. 이러한 반응 영역에 영향을 미치는 전략들은 제한적이거나 비효과적이며 경계가 없을 수 있다. 공통적인 패턴들은 다음과 같다.

- 수치심을 느끼며 비밀 유지의 필요성에 직면한 아이들은 관계를 제한하고, 내면의 경험을 다른 사람들과 공유하는 데 실패할 수 있다.
  - "거짓된 모습"(예: "다 괜찮아요.")으로 가장하기
  - 스스로를 고립시키기
  - 받아들일 수 없는 정서를 수용 가능한 정서로 또는 덜 강렬한 정서를 강렬한 것으로 대체하기
  - 감정적 경험을 최소화하기

- ◆정서적, 생리적, 관계적 욕구를 부인하거나 인식하지 못하는 것처럼 보임

- ■건강한 방식으로 표현되지 못한 정서와 욕구는 다음과 같은 다른 형태로 나타날 수 있다.
  - ◆신체적 표현(예: 두통, 복통, 피로감)
  - ◆행동 표현(예: 비조직화, 성마름, 철수)
  - ◆대체 욕구(예: 연계와 관계에 대한 욕구를 대체하기 위해 과식, 음식 비축)
- ■또한 아동은 비효율적인 방법으로 관계를 형성하며 자신의 욕구와 정서를 소통하려고 시도한다. 예를 들면, 다음과 같다.
  - ◆언어적 의사소통 대신 행동으로 대체(예: 화가 났다고 말하는 대신 주먹으로 때리기)
  - ◆타인 투사를 통한 정서 외현화(예: "엄마가 이 일로 정말 슬퍼하는 것 같아요.")
  - ◆비효율적인 전략으로 다른 사람과 관여하려고 시도하기(예: 관계를 맺고자 우스꽝스럽게 행동하거나 말을 너무 많이 하지만 다른 사람의 짜증을 읽지 못함).
- ■일부 아동은 적절한 경계에 대한 인식 없이 무분별하게 정보를 공유하는 과도한 소통을 한다. 이는 다양한 이유로 발생한다.
  - ◆침투적 외상 내용을 참아내지 못함: 아동은 생각, 감정, 상호작용 등에 의해 촉발되는 반복적이고 침투적인 기억들을 경험할 수 있다. 이러한 재경험과 맞닥뜨렸을 때 무분별한 공유(즉, 외상 경험을 상세하게 다시 이야기하는 것)는 압도적인 내적 자료에 대한 숙달을 얻고자 시도하는 것일 수 있다. 그러나 조정 전략이 부재한 상황에서 숙달에 대한 시도는 재외상이 될 수 있다. 게다가 이러한 자료를 공유하는 적절한 맥락을 구분하지 못하면 부정적인 사회적, 정서적 결과를 초래한다.
  - ◆관계적 인식 부족: 아동은 또한 외상적이 아닌 내용들을 과도하게 소통할 수 있다. 연결이나 관계 형성 또는 정서적 욕구 충족을 위해 아동은 아직 친밀한 관계로 발전하지 못한 상대에게 과하게 개인적인 정보를 공유한다. 정서 경험을 공유하기 위한 이러한 비효과적인 시도는 다른 사람들이 적절한 경계 구축을 위해 거리를 둘 수 있기 때문에 역효과를 불러일으킨다.
  - ◆욕구 충족을 위한 필사적인 시도: 타인의 반응이 예측할 수 없거나 가용하지 않다는 것을 학습한 아동은 자신의 감정, 욕구, 경험을 알림으로써 연계의 기회를 극대화하는 방법을 배웠을 수 있다. 이러한 아동은 주목을 받거나 관계를 맺기 위해 감정을 극적으로 표현하거나, 타인의 주의를 지나치게 요구하는 모습을 보일 수 있고, 행동으로 표출하거나 위험하거나 선정적인 행동에 참여할 수 있다. 이러한 전략은 연계와 지원의 기회를 늘리기 위해 개발되었지만, 다른 사람들이 아동의 행동으로 인해 침해되었다고 느끼거나 좌절될 수 있으며 이는 향후 거절 경험으로 나타날 수 있다.

치료자 도구상자

무엇이 중요한가?

- 타인과 연계하는 아동의 능력을 방해하는 바로 그 요인들이 이 치료 목표를 특히 어렵게 만드는 요인들이다. 관계에서 명백한 피해, 거절, 배신을 경험한 아동은 생존하기 위해 신중하고 종종 경직된 전략을 개발하게 된다. 이러한 전략에 도전하거나 변경하는 것은 여러 면에서 안전이나 생존에 대한 위협으로 경험된다.
- 관계에 어려움을 겪는 아이들은 다양한 관계 패턴을 보일 수 있으므로, 아동의 관계를 둘러싼 현재 조직화를 이해하는 것은 아동의 관계 접근 방식 변경에 초점을 둔 치료 작업에 아동을 참여시키는 데 매우 중요하다. 다음의 내용을 고려한다.
  - 단절, 고립, 위축으로 관계를 다루어 온 아동에게는 연결의 구체적인 결과에 초점을 맞추는 것이 중요하다. 우리가 다른 사람들과 연계하고 자신의 요구를 소통하는 것은 그러한 필요를 충족하는 데 도움이 될 수 있다. 이러한 아동을 위해서, 시간이 지남에 따라 관계성이 고통스럽거나 위협적이거나 가용하지 않게 되었던 방식과 아동이 연계를 최소화하는 것이 중요하거나 도움이 되었던 이유를 파악하고 탐색하는 것이 중요하다. 초기에 구체적 욕구들을(관계적 또는 정서적 욕구보다는) 강조하는 것은 이러한 아동들이 가장 잘 견딜 수 있도록 한다.
  - 과도한 연계와 침투적인 의사소통으로 관계를 다루어 왔던 아동의 경우, 의사소통과 연계를 차단하려는 시도("넌 물러설 필요가 있어. 나에게 너무 많이 말하잖아.")는 아동의 관계 욕구에 대한 위협으로 경험되기 때문에 역효과를 낼 수 있다. 이러한 아동의 경우 이러한 욕구 표현이 어떤 방식으로 결과를 방해하는지 부드럽게 탐색하는 한편, 욕구를 충족시킬 수 있는 기회들을 반복적으로 목격하고, 타당화시키며, 제공해 주는 것이 중요하다. 예를 들어, "네가 화가 났다는 것을 엄마가 이해해 주는 것이 너무 중요해서 엄마가 알아차릴 수 있도록 고함치거나 비명을 질렀던 것 같구나. 우리가 화가 날 때 보살핌을 받는 느낌은 정말 중요해. 사람들이 더 화를 내거나 서로 함께 하기를 원치 않는 대신에 어떻게 하면 확실히 보살핌을 받는 느낌을 가질 수 있는지 함께 생각해 보자. 엄마와 함께 생각해 보면 도움이 될 것 같아."
- 모든 아동의 연결과 의사소통 방식을 충분히 기술하는 것은 불가능하지만, 이 영역에서 분투하는 아동은 관계를 다루고 의사소통을 시도(또는 억제)하기 위해 무언가를 하고 있을 것

이다. 아동의 패턴을 바꾸거나 기술이 쌓이도록 작업하기 전에, 치료자와 양육자는 현재 전략들을 조율하고 이러한 것들이 시간이 지나면서 아동에게 어떤 도움이 되었는지를 타당화한다.

함의

- 이 작업의 주요 목표는 아이들이 정서적 또는 실제적 욕구를 충족하기 위해 내면의 경험을 다른 사람과 효과적으로 공유하는 방법을 배우도록 지원하는 것이다.
- 의사소통과 관계적 연계는 다양한 방식으로 영향을 받으므로, 다양한 기술과 역량들이 목표가 될 수 있다. 연계를 방해할 수 있는 다양한 요인들에는 내적 경험(예: 관계에 대해 취약하게 느끼는 것, 연계에 대한 동기부여), 관계 자원의 가용성, 관계에 접근하고 유지하는 구체적인 기술 등이 포함된다. 치료자의 조율은 이 작업의 매우 중요한 토대로 작용할 것이다. 효과적인 의사소통과 연계가 목표이므로 이 작업과 조정 기술을 병행하는 것이 중요하다. 예를 들어, 화를 내거나 과각성된 상태의 아동보다 차분한 상태의 아동이 교사나 보호자에게 좌절감을 전달하는 것이 보다 효과적이다.
- 효과적인 의사소통은 크게 맥락에 좌우된다. 한 장면(예; 또래와의 대화)에서 효과적이고 적절한 것이 다른 장면(예; 조부모와의 대화)에서는 비효과적일 수 있다. 임상가는 의사소통 기술을 구축할 때 언어 선택, 경계, 상호작용 양식과 같은 주제를 포함하여 효과적인 의사소통의 미묘한 차이를 잘 살펴보아야 한다. 여기서 추가로 고려해야 할 점은 아동과의 의사소통 전략에 효과적으로 반응하는 양육/애착 시스템과 그것의 역량이다. 양육자가 애착 영역의 작업에 얼마나 잘 반응하고 있는지도 반드시 고려한다.
- 감정 표현 방식은 문화의 영향을 크게 받는다. 언어 사용 여부, 비언어적 단서의 역할, 상호작용의 미묘한 차이, 대화를 나눌 상대를 선택하는 모든 것이 문화의 영향을 받고 있다. 다음 예시를 고려해 보자.

어느 알래스카 원주민 부족 문화에서는 어른을 향한 아동의 이 직접적인 눈맞춤은 무례한 것으로 여겨진다. 외부 관찰자들에게 얼굴은 위축되고 무표정해 보일 수 있다. 한 임상가는 알래스카 원주민의 문화 배경을 가진 12세 소년을 치료하기 시작했는데, 이 소년은 "작업하는 것"이 가능하지 않다는 치료자들의 신념으로 이전 세 차례의 치료가 종결되었다. 아동과 치료적 소통의 장을 구축하는 과정에서 임상가는 아동에게 가장 편안한 표정은 그가 대등하며 비언어적 활동에 참여할 때 나타난다는 것을 알게 되었다.

이 예시에서 임상가는 아동과의 상호작용에서 문화적 역할을 고려하지 못하여 아동의 행동을 회피적이거나 저항하는 것으로 잘못 해석했을 가능성이 있다. 이런 아동과의 작업에서 아이에게 눈맞춤하도록 강요하는 것(이 장 후반부에 설명한 것처럼)은 아동의 문화적 규준을 거스르는 행동으로, 아동에게 고통을 야기하였을 수 있다. 아동 및 가족과 함께 작업할 때는 주류 문화와 교차되는 방법뿐 아니라 특정 정서 표현에서의 문화적 규준의 역할을 이해하는 것이 중요하다.

- 이러한 작업 대부분은 순간적으로 발생한다. 내적 경험을 반영하는 신호나 표현을 잘 알아차려야 한다. 아이들과 의사소통을 확장하기 위해 질문을 한다. 경험을 공유하고 연결하려는 시도를 강화한다. 양육자로 하여금 효과적인 전략을 모델로 삼도록 작업하고, 유도를 통해 연계와 의사소통의 기회를 제공한다.

양육자 교육

- 상기시키기: 양육자에게 주요 개념을 알려주기
- 상기시키기: 양육자에게 관련된 발달적 고려사항을 알려주기
- 상기시키기: 외상 반응과 촉발요인 검토하기. 아동이 촉발되면 언어로 표현하기 어려우므로 양육자는 아동의 표현을 이끌어 내기 전에 조정을 지원하는 전략을 연습할 필요가 있다.
- 이후 자세히 설명하겠지만, 양육자와 함께하는 조율 작업은 아동이 연계를 시도하도록 도움을 줄 수 있다. 적절하다면 양육자를 회기나 치료 장면 일과에 통합시켜 내적 경험에 대한 의사소통을 그 순간 연습하도록 한다. 치료는 종종 가족 간의 소통을 위한 안전한 장을 제공한다. 양육자는 아동의 신체적, 행동적 표현을 가능한 "나" 전달법과 연결하여 재구성하도록 한다.
- 양육자에게 다음 장에 설명된 도구를 가르치고, 가능하다면 학습할 수 있는 경험적 기회를 제공한다. 예를 들어, 양육자에게 자신의 의사소통 자원들을 탐색하기 위해 신뢰의 원(circle) 작업을 완성하게 하고 특정 욕구를 충족하기 위해 활용하는 전략들을 반영하도록 요청한다.
- 양육자에게 효과적인 의사소통을 지원하도록 교육한다.
  - 치료자 도구상자 섹션에서 우리는 아동과 함께 탐색하고 구축할 수 있는 구체적인 기술들을 기술하였다. 하지만 이 목표는 아동과 다른 사람과의 관계에 관한 것이 핵심이므로, 양육자 또는 다른 관계를 맺고 있는 파트너에게도 동일한 기술을 다루도록 하는 것이 중요하다. 양육자를 위한 핵심 목표는 다음과 같다.

1. **의사소통 및 연계 계획에 조율을 통합한다.** 양육자와 협력하여 아동이 연계와 의사소통에 어려움을 겪는 이유를 이해하고 현재 아동이 의사소통하는 방식들을 이해하도록 한다. 양육자가 호기심을 갖고 아동의 행동을 의사소통 전략으로 보고 이해하는 데 강조를 두며 탐정 기술을 사용하도록 요청한다. 예를 들어, 부모가 10대 딸에게 학교에 대해 이야기하려고 시도할 때 딸이 팔짱을 끼고 아래를 내려다보며 어깨를 으쓱한다면 그 아이는 무엇을 전달하려는 것일까?
2. **의사소통 일과를 사용하여 소통을 유도하고 촉진한다.** 양육자가 가정이나 치료 장면에서 일과적인 대화의 장을 개발하여 의사소통을 장려하도록 돕는다. 대화의 장은 공식적, 비공식적일 수 있다. 예를 들어, 비공식적 장면은 함께 식사하기, 취침 일과, 가족 모임 등이 포함된다. 치료 장면에서도 유사한 방법으로 일과에 통합될 수 있다. 공식적인 전략들이 사용될 수 있다. 어린 아동에게는 가족/단위/교실 감정 차트와 같은 구체적인 방법이 도움이 될 수 있다(예: 화이트보드에 각 가족 구성원의 이름을 쓰고 매일 자신의 기분이나 하루가 어땠는지 보여 주는 감정 얼굴을 그리거나 선택함). 청소년의 경우, 의사소통 일지를 사용하여 경험을 공유할 수 있다. 일지를 어떻게 사용할지는 가족 또는 프로그램의 기대에 따라 정한다(예: 각 사람은 매일 일지에 한 가지, 예를 들어 그날 일어난 일에 대해 어떻게 느꼈는지 등을 작성해야 함). 가장 중요한 목표는 양육자가 의사소통 촉진자가 될 수 있도록 지원하는 것이다. 가능하면 '체크인' 일과가 가정 환경에 일반화하도록 양육자들을 지원한다.
3. **아이들이 욕구를 소통하도록 격려한다.** 앞서 언급했듯이 관계 맺기에 어려움을 겪는 일부 아동에게는 연결과 소통을 위한 구체적이고 반복적인 기회가 주어져야 한다. 그러나 다른 아동은 이미 관계적 연결을 시도하고 있을 수도 있다. 양육자가 그들 자신을 이용 가능한 자원으로 확립할 수 있는 한 가지 방법은 아동이 공유할 것이 있다는 것을 다른 사람들에게 알리도록 여러 구체적인 방법을 아동과 탐색하는 것이다. 양육자는 가족이나 시스템 내에서 현재 사용 중인 전략을 구축하거나 아동 또는 양육자가 선호하는 특정한 새로운 전략을 개발할 수 있다. 일반적으로 의사소통을 시작하는 데 사용되는 전략 유형의 몇 가지 예를 제공한다. 의사소통 시작 표(도구 섹션의 기술#2)에는 아동이 선호하는 전략을 확인하도록 돕는 예시들이 있다.

양육자 워크숍에 참석한 한 이모는 최근에 외상으로 인해 자신의 보살핌을 받게 된 도움이 절실한 세 명의 아이들에 대한 자신의 경험과 구체적인 지원 전략을 설명하였다. 그녀는 아이들이 자신의 보살핌을 받으러 왔을 때 아이들은 자신과 연결되고자 했으며,

종종 안심시켜 주어야 하는 등 다양한 욕구들을 드러냈다고 하였다. 그녀는 매 순간 모든 욕구를 충족시킬 수 없었기 때문에 지원 전략을 개발해야 했다. 그녀는 아이들이 욕구를 표현하면 자신이 가능한 응대할 수 있는 의사소통 시스템을 구축하였다. 그녀는 가게에 가서 아이들에게 각기 다른 색깔의 담요를 사주었다. 담요를 설명하면서 아이들에게 자신이 필요하면 각자의 침실 문고리에 담요를 걸어두라고 하였다. 그리고 그녀는 담요를 발견하면 하루가 끝나고 아이들이 잠들기 전에 연결하고 점검할 것이라고 말했다.

◆이 예에서 이모가 했던 것 중에서 강조할 점은(아이들과 작업에서도 강조되어야 한다), 이모가 즉각적인 대응보다는 지연된 대응("… 하루가 끝나고 잠들기 전에")으로 반응 계획을 명확하게 수립하였다는 점이다. 소통이 필요한 특정한 욕구에 대한 현실적인 반응을 양육자가 개발하도록 지원하는 것이 중요하다. 이러한 반응 계획에는 계획의 근거, 타이밍에 대한 구체적 세부 사항 등이 포함된다.

4. **비언어적 의사소통을 지원한다.** 가족 규범, 문화 및 기타 맥락적 변인들 모두 수용 가능한 비언어적 신호에 영향을 미치고 있다. 예를 들어, 일부 가정에서는 자녀가 부모를 직접 쳐다보는 것은 무례의 표시로 간주되며, 다른 경우에는 직접 쳐다보지 않는 것이 무례한 행동으로 간주될 수 있다. 시간을 내어 아이와 가족들의 비언어적 단서에 대한 이해도와 각 가족 구성원이 특정 경험을 전달할 때 사용하는 비언어적 전략을 평가한다. 또한 양육자와 함께 아동이 자신의 욕구를 전달하기 위해 사용하는 구체적인 전략을 평가하고 이러한 전략이 가족 내 맥락에서 수용되고, 묵인되며 효과적인지에 대한 양육자의 지각을 기록한다.
5. **언어적 의사소통을 지원한다.** 언어는 가장 직접적인 의사소통 수단이며, 아이들의 말은 다른 사람들이 주의를 기울이는 가장 우선적인 의사소통 수단이다. 가능하면 양육자가 언어적 의사소통을 촉진할 수 있도록 지원한다. 이는 외부 언어 지원으로 시작될 수 있는데, 예를 들어 반영적인 표현을 사용하여 행동을 말로 나타내거나("너는 정말로 내가 돌봐주기를 원했구나, 그렇지?") 아동의 행동에 대한 해석을 제공하는 것("나는 네가 나를 밀쳤을 때 '엄마랑 말하고 싶지 않아'라고 말하는 것 같다고 생각했어!"). 이러한 수준의 지원은 "말로 할 수 있겠니?" 또는 "말로 표현해 보자."와 같은 간단한 촉진으로부터 시작하여 "나 진술하기"(다음에 나오는 '치료자 도구상자' 섹션에서 기술 #4의 중심)와 같은 보다 정교한 기술로 발전할 수 있다. 가능하면 양육자를 기술 개발에 참여시키도록 한다.

도구: 관계적 연계

아동 교육: 과거와 현재 관계에 대한 심리교육 및 탐색

- 외상으로 인해 삶이 영향을 받고 있는 아이들이 관계와 연계에 저항하거나 어려움을 겪는 데에는 여러 가지 이유가 있으며, 기술은 한 가지 측면일 뿐이다. 사회적 기술이 뛰어나더라도 관계에서 본질적으로 안전하지 않다고 느끼거나, 아무도 자신의 욕구를 돌봐주지 않는다고 믿는 아이는 관계를 형성하는 데 어려움을 겪을 수 있다. 따라서 이 목표에 접근하기 위한 결정적인 토대는 아이들이 과거와 현재의 관계를 모두 탐구할 수 있도록 지원하는 것이다. 연령에 적합한 대화와 활동(예: 나에 관한 책, 가계도, 연대기, 그리기, 이야기 등)을 사용하여 아동과 함께 다음 사항을 탐색해 본다.

발달력 및 현재 관계들

목표	교육 요점과 가능한 탐색 영역들
과거 경험 탐색	교육 요점: 우리의 삶에서 가졌던 모든 관계들은 우리에게 사람들과의 관계를 어떻게 다루는지에 대해 알려준다. 아동과 함께 그들의 인생에서 중요한 관계들을 확인하는 작업을 한다. 이러한 관계에는 긍정적인 사람, 좀 더 도전적이었던 사람, 아동과 관계에서 혼재되어 있는 사람 등이 포함된다. 다음의 내용을 탐색해 본다. ■ 이 사람과 너의 관계는 어떤 것이었을까? 그 사람을 언제 알았을까? 얼마나? 어떻게 알았는지? ■ 이 사람이 너의 인생에서 어떤 역할을 했을까? 그 사람의 인생에서 너는 어떤 역할을 했을까? ■ 너는 그 사람과 관계에서 무엇을 배웠을까? ■ 너는 그 사람과 어떤 방식으로 소통했을까? 너는 그러한 소통으로부터 무엇을 배웠니? ■ 이 사람은 너의 욕구들을 충족시켜 주었을까? 어떤 것들이? 충족되지 않았던 욕구들이 있었는지? ■ 이 사람의 욕구를 충족시키기 위해 너는 뭔가 해야 했었니? 어떤 것이었을까? 너에게 어떤 기분이 들게 했니?
현재 관계 탐색	교육 요점: 우리는 우리의 삶에서 다양한 사람들을 알고 있으며, 그들은 각기 다른 역할을 하고, 그들은 우리가 다소 편안하게 느끼도록 연결지어 주는 사람들일 수 있다. 기술 #1에서는 아이들이 그들의 삶의 다양한 자원들을 확인하도록 도와준다. 아이들 삶의 다양한 사람들에 대해 아이들과 함께 이러한 사람들이 자신들을 안전하게 또는 덜 안전하게, 귀 기울이거나 귀 기울여 주지 않거나, 편안하게 또는 불편하게 느끼도록 한 방식에 대해 호기심을 가지고 탐색하는 것이 중요하다.

	여기에는 아이들의 욕구를 충족시킬 수 있는 사람(예: 가능한 자원으로 확인된 사람)이 포함될 수 있지만, 아동의 욕구를 충족시키지 못했거나 아동의 삶을 힘들게 만들거나 상처를 주는 사람들도 포함될 수 있다. 현재 아동의 삶에서 어떤 역할을 하고 있거나 아동에게 영향을 미치는 사람들을 아동이 확인하도록 돕는다. 예를 들어, 양육자, 친척, 교사, 친구, 치료자 등이 있다. 위의 첫 번째 요점에서 언급된 것과 유사한 질문을 해 본다.
표현과 연계 목표 탐색하기	교육 요점: 다른 사람들과 연계하고 우리들의 내적 경험에 대해 소통하는 것은 여러 이유에서 중요하다. 이러한 목표를 달성하기 위한 작업의 토대는 다른 사람들과 연계하고 의사소통하는 것이 왜 중요한지 이해하는 것이다. 가장 단순하게는 연계와 소통이 구체적인 욕구(예: 어디로 데려가 주는 것)든 감정적인 욕구(예: 사랑받는 느낌)든 간에 우리의 욕구를 충족시키는 데 도움이 된다는 것이다. 이제 우리는 연결 전략에 대해 아이들과 대화하는 방법을 설명하고자 한다. 우선, 다음과 같이 아이들의 호기심을 자극하는 것이 좋다. ■ "사람들이 다른 사람과 관계를 맺고 싶어 하는 이유는 무엇이라고 생각하니?" ■ "사람들이 맺는 관계의 종류에는 어떤 것들이 있을까?" ■ "어떤 종류의 관계가 다른 관계보다 더 중요하다고 생각하니?" ■ "관계나 사람들이 다른 역할을 하거나 다른 욕구를 충족시킬 수 있다고 생각하니?" ■ "네가 생각하거나 느끼는 것, 원하는 것, 또는 욕구들을 다른 사람과 공유하는 것이 왜 중요할까?"
표현과 연계의 장애물 탐색하기	교육 요점: 다른 사람들과 소통하고 기꺼이 관계를 맺는 것을 어렵게 만드는 여러 가지 요인이 있다. 소통과 연계가 항상 쉬운 것은 아니며, 많은 사람들이 이러한 영역에서 어려움을 겪는다는 사실을 아이들이 인식할 수 있도록 하는 것이 중요하다. 다음과 같은 주제에 대해 아이들의 호기심을 자극한다. ■ "대화하거나 연계하기 쉬운 사람들이 있니? 보다 어려운 사람들은 어떤 사람들일까?" ■ "너는 어떤 상황에서 다른 사람과 대화하거나 경험을 공유하는 것이 가장 쉽다고 느끼니? 어떤 상황에서 더 어렵다고 느껴지니?" ■ "네가 편안하거나 또는 불편하게 느껴지는 관계가 있니?" ■ "너는 다른 사람들과 함께 있을 때 다른 사람들로부터 얻는 중요한 것이 있니? 네가 사람들과 이야기하는 데 어떤 것(상황, 반응 등)이 너를 힘들게 하니? ■ "다른 사람과 대화하려고 했는데 잘 되지 않거나 상대방이 내 말을 듣지 않는 것처럼 느껴졌던 때가 있었니? 왜 그렇게 생각하게 됐을까? 어떤 느낌이었니?"
특정 욕구와 다른 사람들이 그러한 욕구를 충족시킬 수 있는 방법들을 확인하기	교육 요점: 우리 모두는 다양한 욕구를 가지고 있으며, 이 중 어떤 것들은 우리가 충족할 수 있지만 다른 사람의 도움을 받아 욕구를 충족할 수도 있다. 이 기술 참여의 중요한 요소는 아동이 자신의 욕구를 인식하고 다른 사람들이 그러한 욕구를 지원할 수 있는 방법이라는 점을 이해하는 것이다. 다음 자료에서는 목표 및 아이들의 욕구와 관련하여 아이들이 그들의 욕구를 표현하는 예시어에 대해 설명할 것이다.

기술 #1: 표현을 위한 대인관계 자원 확인

목표	정서 경험을 공유하는 안전한 사람에 대한 아동의 인식 구축
준비물	종이, 크레파스나 마커, 안전한 사람에 대한 사진들(선택사항)

설명

- **감정 표현의 중요성 가르치기**: 사람들은 왜 타인과 정서적 경험을 나누어야 할까?
  - 요점 1: "아이가 모든 감정을 자기 안에만 담고 있다면, 다양한 방식, 복통, 두통 혹은 행동으로 표출하게 된단다." 아동과 함께 확인한다: 감정이 나타날 때 아이들은 어떻게 생각하는가? 다양한 종류의 감정에 대해 물어본다.
  - 요점 2: "다른 사람에게 감정을 이야기하는 것은 때로는 아이들이 무엇을 원하거나 필요로 하는지 알 수 있게 해 준단다." 예시를 사용한다(예: 가족 구성원이 한 어떤 일에 화가 났지만, 누구에게도 말하지 않는다면 어떤 변화도 일어나지 않게 될 것이다. … 혹은 아동이 자신을 어떻게 느끼고 해결을 위해 어떻게 해야 하는지 소통할 수 있다).
  - 요점 3: "우리가 어떻게 느끼는지를 다른 사람이 알게 하는 것은 우리의 기분을 나아지도록 도울 수 있어. 우리는 일어나는 일을 바꾸지 못하지만 우리가 어떻게 느끼는지를 아는 사람들이 있다면 우리가 그것을 다룰 수 있도록 도와줄 수 있단다." 질문: 아동에게 힘든 상황에서 다른 사람에게 도움을 받았던 때를 떠올릴 수 있는지 물어본다.
- **아동이 자신의 삶에서 안전한 사람을 구분하는 것을 도와주기**. 이것을 어려워한다면 제안을 한다. 양육자, 선생님, 친구, 다른 친척들, 치료사 등을 고려한 후 화나고, 슬프고, 무섭고, 행복한 상황에서 자신을 도와줄 수 있는 사람을 구분하도록 돕는다.
- **구체화하기**. 안전한 자원 목록(혹은 그림, 사진, 책, 등)을 만든다. 활동들의 예는 다음과 같다.
- **신뢰의 원(circles)**: 종이 한 장에 아동의 이름을 중심에 써 넣는다(혹은 그림 그리기). 아동을 중심으로 연속적으로 동그라미를 그려 넣는다. 아동 교육: "우리는 다양한 사람들을 만나게 돼. 몇몇은 우리와 가깝고 그들에게는 어떤 것도 다 말할 수 있단다. 다른 사람들은 어느 정도 가깝고 그들에게는 몇 가지를 얘기할 수 있어. 나머지 사람들은 단순히 인사만 하거나 학교 활동, 운동, 혹은 TV 프로그램에 관한 얘기만 하는 사이이기도 해." 아동의 도움을 받아 각 동그라미에 이름을 써넣고 아동에게 가까운 동그라미일수록 친밀감이 높아진다는 것을 보여 준다. 아동이 각 동그라미에 있는 사람과 편안함을 느끼면서 이야기 나눌 수 있는 다양한 정보를 구분하도록 돕는다. 다양한 자원과 맥락에 걸친 의사소통 방법의 차이들을 알아본다(메모: 부록 D에 "신뢰의 원" 예시가 있음.)
- **신뢰의 원 확장하기**: 아동의 대인관계를 넓히기 위해 이러한 활동이나 유사한 연습으로 확장하기. 예를 들어 다양한 사람들이 연출하는 역할을 탐구한다. 중요한 것을 이야기할 수 있는 사람, 재미를 주는 사람, 편안함을 주는 사람 등으로 나누어 아동이 다양한 색상으로 원을 그리게 한다. 모든 사람이 한 번 이상 동그라미에 포함된다. 아동이 가지고 있거나 아동이 구축하기를 원하는 관계 유형을 탐험하기 위해 이 기법을 사용한다. 아동이 만족하는 친밀감의 수준을 화살표를 사용해 표시하기: 안쪽으로 가리킨 화살표는 아동이 더 친해지기를 원하는 사람을 나타내는 것이며 바깥쪽을 향한 화살표는 아동이 거리를 두고 싶어 하는 사람을 나타낸다.
- **집 그리기**: 종이에 바닥, 벽, 지붕, 문, 굴뚝, 근처에 게시판 등이 포함된 집을 그리게 한다. 집을 그린 후 아동에게 그림의 특정한 부분들에 대한 아동의 반응을 물어보고 덧붙인다.

- ◆ 바닥: "바닥에 너의 가치나 너 자신에게 중요한 것들을 적어보자." 정직이나 도움, 신뢰 등과 같은 예시를 제공할 수 있다.
- ◆ 벽: "벽에 너를 응원하는 사람들을 적어 보자." (예를 들어, 나이가 어린 아동에게는 말을 바꿀 수 있다: "… 집/학교에서 너를 도와주는 사람들…").
- ◆ 지붕: "지붕에 너를 보호하거나 안전하게 지켜주는 사람들을 적어보자."
- ◆ 문: "문에 다른 사람들로부터 숨기고 싶은 너에 대한 것들을 적거나 생각해 보자." (우리의 경험상 아주 어린 아이들에게는 너무 추상적이므로 이 부분을 생략하거나 발달상 적합한 동작으로 수정할 수 있다.)
- ◆ 굴뚝: "굴뚝 근처에서 긴장을 풀거나 편안함, 평온함을 유지하는 데 도움이 되는 것들을 적어보자."
- ◆ 게시판: "게시판에 가장 자랑스러운 것을 적어보자."

■ **기타 수정 사항**: 우리는 아이들이 "생각하는" 사람의 이름이 적혀 있는 구름, 우리가 볼 수는 없지만 우리를 지켜보는 사람들을 새로 나타내거나 그 외 많은 놀라운 창작물 등을 통해서 아이들이 그림에 무언가를 추가하는 것을 좋아한다는 것을 발견하였다. 이러한 활동을 완성할 때, 필요하다면 자신만의 조율 기술을 개별적으로 사용하도록 한다.

자원을 효과적으로 사용하기

■ 사회적 자원을 알고 있더라도 외상을 경험한 아동은 정서적 경험이나 욕구를 효과적으로 소통하는 데 어려움을 겪을 수 있다. 연결 시도에 실패하거나 거부당한 발달력이 있고, 경험을 공유하는 데 모델링이 부족하거나 초기 "연습"이 부족하다면 이러한 아동은 핵심 기술을 개발하지 못하였을 것이다. 처음에는 아이들로 하여금 그들이 어떻게 의사소통을 시도하는지 이해하도록 돕는 것이 유용하다. 의사소통의 의도는 효과적인 의사소통의 기초이다. 가능하면 의사소통하려는 의도를 명명하고 강화하며, 효과적인 전략들을 제안한다.

아동 교육: 현재 연결과 의사소통 전략에 대한 심리 교육

■ 핵심 교육 요점에 대해 아이들과 대화하는 방법의 예들을 제공한다. 그러나 이전 장에서 설명한 것처럼, 심리교육은 발달에 적합한 방식으로 제공되어야 하므로 아이들에 따라 언어가 달라질 수 있음을 명심하도록 한다.

욕구와 의사소통 전략에 대한 이해

교육 요점	예시 언어로서 중요한 정보
우리는 모두 우리의 상태나 우리가 필요로 하는 것을 소통하기 위한 도구나 전략을 가지고 있다.	"아이든 어른이든 우리 모두는 다른 사람들에게 자신의 상태나 필요한 것을 알리기 위해 사용하는 다양한 도구나 전략을 가지고 있어." "틀린 도구나 전략은 없지만, 어떤 것은 다른 것보다 더 효과적이야. 예를 들어, 수학이 조금 어려워서 도움이 필요하다고 선생님에게 말하면 선생님은 필요한 도움을 줄 가능성이 더 높아지지. 수학이 어렵다고 선생님에게 행동(예: 수학을 거부하거나 수

	학 시간에 부적절한 행동을 하는 등)으로 드러낸다면 선생님은 도움이 필요하다는 사실을 모를 수 있고 그저 네가 규칙을 어기고 싶다고 생각하실 거야."
아동과 성인은 생존과 전반적인 웰빙(well-being)에 대해 중요한 서로 다른 욕구를 가지고 있다.	아동과 성인은 인생의 서로 다른 시기에 있으며, 가질 수 있는 다른 욕구들을 생각하는 것이 중요하다. 다음은 우리가 배운 몇 가지 중요한 사항이다. ■ 음식, 수면과 같은 기본 욕구 ■ 안전에 대한 욕구 ■ 연결 ■ 통제 메모: 임상가는 아동(및/또는 양육자)과 협력하여 각 범주에 대한 구체적인 예를 제공한다.
아이들이 주변 사람에게 필요한 것을 이야기할 때 사용하는 전략에는 여러 가지가 있다.	행동: "우리는 행동이나 말 또는 다른 사람에게 반응하는 방법 등을 통해 우리의 욕구를 소통하며, 사람들은 각기 다른 방식으로 소통한단다. 예를 들어, 어떤 아이들은 잘못 행동하거나 정말 바보 같은 행동을 함으로써, 부모나 다른 어른들의 관심을 끌려고 하지. 또 어떤 아이는 정말 조용해짐으로써 관심의 욕구를 소통하며, 다른 아이는 규칙을 정말 잘 지킴으로써 관심받고 싶은 욕구를 소통한단다. 이는 보통 사람에 따라, 관심이 필요한 이유에 따라, 현재 어디에 있고, 주변에 누가 있는지에 따라 달라질 수 있어." 신체: "우리는 슬플 때 복통이 있다고 말하거나 정말 화가 나거나 속상하거나 또는 사람들의 큰 관심이 필요할 경우 두통이 있다고 말하기도 하지." 표정/신체언어: "우리 대부분은 자신의 감정이나 욕구를 다른 사람에게 전달하기 위해 표정과 신체언어를 사용하지. 누군가가 나를 두고 가기를 원한다면, 상대방이 우리와 연결을 시도할 때 아래를 쳐다보거나, 고개를 돌리거나, 가버리거나, 눈을 굴리기도 해. 누군가가 나를 도와주거나 가까이 오기를 원한다면, 우리는 그들을 바라보거나, 이리 오라는 손짓을 하거나, 미소를 짓거나, 그들에게 다가갈 수 있단다." 목소리/어조: "우리는 때때로 우리의 욕구를 전달하기 위해 목소리를 사용해. 우리는 필요한 것들을 어조나 단어들로 소통할 수 있어." 다른 전략: "집, 학교, 친구들 사이에서 네가 어떻게 지내고 있는지 또는 필요한 것을 다른 사람에게 소통하기 위해 네가 사용하는 전략이 있니?"
우리의 욕구와 소통 전략에 대해 "탐정되기"가 중요하다.	"우리에게 필요한 것이 무엇인지, 그리고 그것을 다른 사람들에게 어떻게 소통할 수 있는지를 아는 것은 정말 중요하단다. 때때로 우리의 욕구는 언제 밥을 먹을지 아는 것과 같이 매우 구체적인 것일 수도 있고, 편안함, 보호, 보살핌을 받고 싶다는 느낌일 수도 있어. 모든 것이 중요하지만 대부분의 경우 혼자 달성하기 어렵지. 특히 아이들의 경우 더욱 그렇단다." "우리가 작업할 것 중 하나는 너의 욕구와 소통 전략에 대한 '탐정'이 되어 어떤 전략이 효과가 있고 어떤 전략이 효과가 없는지 파악해서 너의 욕구를 충족시킬 수 있는 새로운 방법을 배우도록 하는 것이란다."

- 다음 표의 활동들은 아동의 확인된 자원과 효과적인 소통능력을 방해하는 취약한 영역을 목표로 한다. 취약 영역에는 의사소통 시작하기, 효과적인 비언어적 의사소통 사용, 효과적인 언어적 의사소통 사용이 포함된다.
- 이 활동의 가장 중요한 목표는 아동이 안전한 관계를 구축하기 위해 자신의 감정과 욕구를 확인된 대인관계 자원에게 효과적으로 소통하도록 돕는 것이다. 그러나 경험 공유의 실패는 일부만이 기술 결여에 기인하며 관계에서 신뢰의 어려움과 지각된 안전감 결핍이 중요한 역할을 한다는 것을 인식해야 한다. 그러므로 이 부분의 기술#1 표(309페이지)에서 기술한 대로, 이 작업과 더불어 안전한 자원의 확인뿐 아니라 기본 심리 교육, 아동의 관계에 대한 발달적 경험을 탐색하는 작업들과 병행하는 것이 중요하다.

기술 #2: 의사소통 시작하기

순간을 선택하기	원리: 외상 경험 아동이 성공적으로 다른 사람과 정서적 경험을 공유하는 것은 중요하다. 왜냐하면 과거의 의사소통은 거부, 처벌 또는 무관심으로 이루어졌기 때문이다. 아동에게 대화를 시작하는 적절한 순간을 아는 방법을 가르치는 것은 성공적인 의사소통을 돕는다. 단계: 다음의 단계를 고려한다. ■ 대화는 다른 사람이 들을 준비가 되었을 때 더 효과적이라는 것을 가르친다. 아이에게 다른 사람의 말을 듣고 싶지 않을 때가 있는지 물어본다(아동이 어려워하면 예시를 들어 준다: 바쁠 때, 급할 때, 다른 누군가와 이야기 중일 때, 화가 나거나 짜증이 날 때 등) ■ 사람들과 감정을 나누기 위해 "좋은 시기"와 "그리 좋지 않은 시기"를 구분하도록 돕는다. ■ 확인된 자원 목록에서 가장 안전한 사람(가장 대화가 많은, 가장 좋아하는 등)을 선택한다. 아동이 선택된 사람들에 대해 "좋은" "그리 좋지 않은" 특정 시기를 구분하도록 돕는다. 아동이 특정한 단서에 대해 기술하는 것을 돕는다(예: "너는 어머니가 바쁘다는 것을 어떻게 알 수 있니?"). ■ 아동에게 "네가 안전하다고 여기는 사람 중 한 명과 대화를 시도했을 때, 잘되지 않았던 적이 있니?"라고 물어본다. 왜 상호작용이 잘되지 못했는지 함께 문제를 해결해 본다. ■ 가능하다면 이 작업에 아동의 양육자나 다른 안전한 의사소통 자원을 참여시켜 양자적으로 작업한다. 아동과 양육자가 의사소통을 시작하기 좋은 방법에 관한 문제를 해결하도록 한다. ■ 나이가 어린 아동에게는 이러한 논의에 시각적 보조물을 포함시키는 것이 유용하다(예: 심술궂은 사람/캐릭터와 평온하고 가까이하기 쉬운 사람/캐릭터).
대화 시작하기	원리: 외상 경험 발달력을 가진 아동은 간접적인 수단을 사용하여 소통해 왔다. 이 기술의 목표는 아동이 경험을 공유하려는 욕구를 직접적으로 소통하도록 가르치는 것이다. 단계: 다음 단계들을 고려한다. ■ 효과적인 의사소통의 첫 번째 단계는 대화 나누기를 원한다는 것을 상대방이 알게 하는 것임을 아동에게 가르친다. 아동에게 "다른 사람이 너와 이야기 나누고 싶어한다는 것을 어떻게 알 수 있니?"라고 물어본다.

	■ 아동이 이야기하기를 원한다는 것을 다른 사람이 알게 하는 방법에 대해 가르친다. 다양한 방식을 고려한다. ◆ 언어: "당신과 이야기를 나누고 싶어요." ◆ 몸짓: 비밀 손 신호(사전에 두 사람 모두 알고 있는 신호) ◆ 문자: 양육자에게 글 남기기 ◆ 상징: 문 표지와 사전에 두 사람 모두 알고 있는 다른 신호들 ■ 의사소통 시도에 대한 즉시 반응 대 지연된 반응 구분하기. 때로 양육자는 소통을 원하는 아동의 요구에 즉각적으로 반응할 수 있다. 하지만 때로는 필요에 따라 반응이 지연되기도 할 것이다. ◆ 때로는 지연된 소통이 필요한 이유에 대해 이야기를 나눈다. ◆ 아동의 의사소통 자원으로 확인된 사람들과 규칙이나 기대 등 설정하기. 예를 들어, 아동이 양육자에게 글을 남기거나 문 표지를 걸어놓았다면 양육자는 언제 반응할 것인가?(예: 취침시간 전? 저녁시간?) ◆ 아동이 소통 지연을 감내하도록 돕는 조정 전략들을 확인하도록 돕는다.

기술 #3: 비언어적 의사소통 기술 구축

■ 비언어적 의사소통 기술을 아동과 작업할 때, 명심할 점은 규범적이며 적합하다고 간주되는 방법들은 매우 다양하다는 것이다. 비언어적 의사소통 능력을 구축하고 지원하는 작업의 핵심은 호기심과 대인관계에 대한 인식을 키우는 것이다. 의사소통을 지원하는 적절한 비언어적 신호가 한 개라고 가정하기보다는 아동의 비언어적 의사소통 신호가 의도하는 방식("네가 눈길을 돌리거나 팔짱을 꼈을 때 네가 사람들에게 말하려는 것은 무엇이라고 생각하니?")과 다른 사람이나 다른 맥락에서 잠재적으로 해석될 수 있는 방식("할머니와 네가 이야기할 때 할머니는 네가 무엇을 하길 원한다고 생각하니? 할머니는 네가 듣고 있다는 것을 어떻게 알 수 있을까?") 등을 아동이 이해하도록 구축한다.

비언어적 의사소통 기법들

원리	외상 경험 아동들이 효과적인 표현과 연결에 어려움을 경험하는 요인 중 하나는 비언어적 단서를 효과적으로 사용하지 못한다는 점이다.
교육 요점	■ 의사소통에는 단어와 언어 이상의 것 등이 포함된다는 것을 아동에게 가르친다. 비언어적 신호(눈맞춤, 목소리 어조 등)는 다른 사람이 우리의 소통 내용을 읽거나 이해하도록 돕는 중요한 단서이다. ■ 질문하기: "누군가 너에게 아무 말도 하지 않았지만 그가 너에게 화가 났다고 생각해 본 적이 있니? 만약 누군가 너에게 소리 지르고 있다면 네가 그 사람에게 이야기하는 것이 쉬울까? 어려울까? 비언어적 신호들—목소리와 몸으로 할 수 있는 것—을 학습하게 되면 효과적으로 의사소통하도록 도울 수 있다.
다음과 같은 특정한 기술들을 목표로 한다.	

목소리의 톤	**목표:** 아이들에게 목소리 톤 방식(시끄러운 것, 부드러움, 억양)은 다른 사람이 말한 것을 해석하는 것뿐만 아니라 우리의 청취 능력과 기꺼이 들으려고 하는 것에도 영향을 미친다는 것을 가르친다. **가능한 활동들:** ■ 정서와 상황 선택. 두 사람의 대화로 역할놀이. 대화를 과장된 큰(혹은 아주 작은) 목소리로 해 보기. 대화 톤 또는 억양을 달리한 역할놀이 반복 ◆ 어떤 대화가 좋은 느낌을 주는지 아동과 논의한다. 다양한 목소리를 사용하는 것이 어떻게 다르게 느껴졌는지를 물어본다. ◆ 다양한 결과들에 대해 연기해 본다. 현실적이 되어야 한다. 다른 사람이 소리치고 있다면 사람들은 어떻게 반응할까? 조용히 말할까? 빈정거리며 말할까? 속삭일까? ■ 감정 탐정 활동을 참고한다(10장, "정서 인식"). 아동이 자신만의 "정서 단서" 목록을 만들도록 한다. ■ 아동과 양육자가 각기 다른 정서와 관련된 비언어적 단서(아동용, 양육자용 각 하나씩)목록을 만들도록 한다. ■ 양육자와 아동이 주제를 하나 정하고 차분한 목소리로 대화를 연습하는 활동을 한다. 중립적인 주제로 시작해서 어려운 주제로 나아간다. 성공적인 소통에는 많은 강화를 제공한다. ■ 양육자와 아동이 "의사소통 규칙" 목록을 작성한다. 그들은 어떤 방법으로 공손한 대화를 하는가? 아동뿐만 아니라 양육자가 공손한 대화를 할 때에도 주의를 기울인다.
신체 공간	**목표:** 아동에게 대화를 할 때, 안전하고 적절한 신체적 경계를 유지하는 방법을 알려주고, 어떻게 타인의 "신체적 공간" 단서를 읽는지 가르친다. **가능한 활동들:** ■ 아동 교육: ◆ "우리는 모두 '편안한 지대(comfort zone)'를 가지고 있어. 이는 우리 신체 주변에 있는 보이지 않는 영역이고 허락없이 타인은 들어올 수 없는 우리 자신의 공간이야." ◆ "우리의 편안한 지대는 커지거나 작아지는데 상대방이 누구인가에 따라 다르단다. 또한 우리가 어떤 기분인지, 상대방의 기분이 어떤지 등에 따라 달라지기도 해." ◆ "우리의 편안한 지대는 안전하다고 느끼게 해 준단다." ◆ "우리가 상대방과 이야기 나눌 때 우리 또한 상대방의 편안한 지대에 주의해야 해. 만일 너무 가깝거나 너무 멀리 있다면 상대방이 우리의 이야기를 제대로 듣는 것이 어려워진단다. 왜냐하면 그의 뇌는 공간이 충분하지 않거나 공간이 너무 넓다는 것에 집중할 것이기 때문이야." ■ 당신만의 공간: 아동이 서 있는 상태에서 치료자(혹은 양육자, 혹은 다른 아동)는 방의 반대편에 서 있는다. 아동이 허락하면 맞은편 사람은 아동을 향해 걸어가기 시작한다. 아동은 상대방이 "편안한 정도의"거리에 있다고 결정하면 "멈춤"이라고 말한다. 일단 상대방이 멈추면 아동은 필요하다면 편안해질 때까지(예: 조금 뒤로 물러서기) 조정할 수 있다. 가능한 추가사항은 다음과 같다. ◆ 줄자를 사용해서 아동의 선호하는 공간을 재보거나 바닥에 테이프로 거리를 표시한다.

	◆ 맞은편 사람이 다양한 사람을 대표한다고 가정한다(예: 아동의 어머니, 선생님, 가장 친한 친구, 가장 큰 원수). 활동을 반복하고 요구되는 공간을 기록한다. ◆ 맞은편 사람이 다양한 정서적 상태(예: 매우 화난, 매우 즐거운)를 나타내며 아동에게 다가가며 요구되는 공간을 기록한다. ◆ 아동의 허락하에 아동의 편안한 지대에 들어가 본다. 아동이 (1) 자신의 감정, (2) 자신의 행동(예: 기대기, 한 발 물러나기)을 알아보도록 한다. 아동이 타인의 편안한 지대에 들어갈 때 다른 사람이 이러한 단서를 주고 있다는 것을 알려준다. ◆ 역할 바꾸기. 아동이 상대방에게 다가가게 한다. 연습과 변화주기를 반복한다. ■ 개인적 공간(personal bubble) 과제: 아동에게 일주일 동안 서로 다른 두 사람(예: 아동 어머니와 학교 같은 반 아이)을 관찰하도록 한다. 아동에게 다양한 상황에 따라 개인 공간 영역이 어떻게 커지고 작아지는지 그리고 개인 공간에 대한 필요성을 그들이 어떻게 소통하고 있는지를 알아차리도록 한다. 관찰된 개인 공간에 대한 필요성에 영향을 미치는 것들(예: 시간대, 기분, 상호작용하는 대상)에 대해 이야기하도록 한다. ■ 실제적 개인적 공간(personal bubble) 만들기: 아동은 자신의 팔이나 줄을 사용해서 자신을 둘러싸는 원을 만든다. 그 원으로 둘러싸인 것이 아동의 개인적 공간임을 알려주고 다른 사람도 같은 양의 공간을 가진다고 가르친다. 다른 사람의 공간에 들어가기 위해 허락을 구하는 것을 연습한다(그리고 시범을 보인다). ■ 공간 침입에 대처하기: 우리의 공간 필요성에 대해 아는 것이 중요하지만 때로 우리가 원하는 경계를 통제할 수 없을 때가 있다(예: 붐비는 열차 안, 학교 식당 안의 번잡한 줄). 아동에게 의도적이지 않은 공간적 침입에 대처하는 전략을 인식하도록 작업한다.
눈맞춤	**목표**: 아이들에게 눈을 마주치는 것은 말하기 이상으로 다른 사람들과 소통하는 한 가지 방법이라는 것을 가르친다. 눈맞춤이나 시선을 돌리는 것은 다른 사람의 말을 듣고 주의를 기울이고 있다는 것, 대화에 관심이 있다는 것, 상대방(또는 우리)의 말이 중요하다는 것을 보여 주는 방법이 될 수 있다. 시선 회피나 눈맞춤은—상황과 관계에 따라— 존중 또는 무례함을 전달할 수 있고, 각성과 침투 또는 참여를 높이거나 낮출 수도 있으며, 상황과 맥락, 문화적 의미에 따라 위협 또는 안전을 소통할 수 있다. **가능한 활동들**: ■ 우리가 보내는 메시지: 두 사람 간의 상호작용이 포함된 시나리오를 선택한다. 요구하거나 도움 구하기, 조언이나 지지 구하기 등과 관련한 시나리오를 고려한다. 시나리오를 (최소한) 두 번 정도 연기한다. 첫 번째 시행에서 눈맞춤을 하지 않는다. 두 번째 시행에서는 눈맞춤을 한다. 가능한 다양한 시나리오들을 연기해 본다: 상대방의 흥미는 어떠한가? 대화나 요청에 상대방은 어떻게 반응하는가? 이후에 논의해 본다. ■ 적극적 경청자: 아동이 당신(혹은 양육자, 다른 아동 등)에게 이야기하도록한다. 상대방은 말하지 않는다. 초반에 상대는 앉아서 얼굴은 마주하지 않는다. 후반에는 이야기를 들으면서 눈맞춤을 한다. 누군가의 이야기를 들을 때 쳐다보거나 쳐다보지 않은 것이 어떤 느낌을 주는지 알아본다. 눈맞춤에 영향을 미치는 것이 무엇인지 호기심을 가지도록 한다. 예를 들어, 누군가가 매우 개인적인 내용에 대해 이야기할 때 눈맞춤이 기분을 좋게 또는 나쁘게 할 수 있을까? 말하고 있는 상대방이 나를 좋아하거나 싫어하는 것처럼 느껴지면 기분이 어떻게 달라질 수 있을까? 너나 상대방이 화가 나거나 행복하다고 느꼈다면? 눈맞춤이 관계에서 느끼는 경험에 어떻게 기여하는지 미묘한 차이들을 탐색하도록 한다. 역할을 바꿔 시행한다.

	■ 공 던지기(집단 활동): 집단은 원형으로 둘러 앉는다. 공을 던진다. 아동은 매번 같은 사람에게 공을 던져야 하며 모든 사람이 이러한 패턴으로 공을 던져야 한다. 공을 던지기 전에 아동은 공 받을 사람의 이름을 부르고 눈맞춤한다. 아동에게는 "얼마나 빨리 공을 잡을 수 있는지 보렴."라고 말한다. 눈맞춤이 얼마나 정확하게 공을 던지도록 돕는지 논의한다.
경청 기술	목표: 아이들에게 다른 사람과 소통하는 데 중요한 학습 방법은 적극적 경청자가 되도록 가르치는 것이다. 듣는 법을 배우려면 주의력과 초점이 필요하다. 가능한 활동들: ■ 아동: ◆ 소리 찾기: 치료실에 있는 아동은 소리를 "사냥"할 수 있다(예: "지금 들리는 네 가지 소리 이름 말하기"). 또는 가능하면 "건물의 모든 다른 소리"를 찾는 소리 사냥(sound hunt)을 위해 치료자와 아동이 함께 건물 내부를 돌아다닐 수 있다. ◆ 소리 추측하기: 용기에 다양한 물건(예: 쌀, M&M 초콜릿, 구슬)을 채우고 용기를 흔든 다음 아이에게 안에 무엇이 들어 있는지 맞춰보도록 한다. ◆ 발음하기 어려운 말(Tongue Twisters): 발음하기 어려운 말이 들어 있는 동화책에서 몇 문장을 읽는다(닥터 수스[Dr. Seuss] 동화책이 좋은 자료가 될 수 있다). 아동이 이를 듣고 들은 내용을 따라 말한다. ■ 청소년: ◆ 인터뷰: 청소년에게 누군가(치료자일 수도 있음)와 인터뷰를 하고 자신이 학습한 세 가지 내용을 공유하도록 한다. ◆ 전화 게임(집단 형식): 청소년들이 둥글게 둘러앉아 전화 게임을 실시한다. 한 청소년의 귀에 다음과 같은 문장을 속삭인다. "적극적 경청 게임은 청소년들이 중요한 삶의 기술을 구축하는 데 도움이 됩니다." 각 청소년은 옆에 있는 참여자의 귀에 문장을 속삭여야 한다. 단, 한 번만 시도하여 정확하게 속삭여야 한다. 이 게임의 목적은 둘러앉은 사람들이 문장을 한 단어씩 돌아가면서 끝까지 통과하는 것이다. 도전을 위해 참여자를 두 팀으로 나눌 수 있다. 각 팀에서 한 명의 참여자의 귀에 같은 문장을 속삭인다. 정확한 문장을 돌아가며 끝까지 맞춘 첫 번째 팀이 게임에서 승리한다. ◆ 무엇이 달라졌나(개별 방식)? 이야기를 한 번 읽어준다. 청소년에게 당신의 이야기를 적극적으로 들어달라고 요청한다. 이야기에서 한두 가지 세부 사항을 변경하면서 다시 한 번 읽어주고 참여자들이 달라진 사항을 확인하였는지 살펴본다.

기술 #4: 언어적 의사소통 기술 기르기

언어적 의사소통

원리	언어는 가장 직접적인 의사소통 수단이다. 사람들은 무엇보다도 우리가 이야기하는 말들에 귀를 기울인다. 적합하고 직접적인 언어를 사용하는 것이 아이들의 정서적 욕구를 충족시키고 경험을 공유하는 가장 좋은 방법이다.

치료에서 언어적 의사소통 일과들	체크인 일과에서 경험, 선호도, 관심사 등에 대한 언어적 의사소통에 중점을 둔다. 작업 중 일부는 14장에서 설명하는 자기 개발 및 정체성 작업과 겹치는 부분이 있다. 체크인 일과로 사용되는 문장들의 예시는 다음과 같다. ■ "이번 주에 일어난 한 가지 좋은 일은 …" ■ "오늘 나를 행복하게 만든 것은 …" ■ "이번 주에 있었던 한 가지 힘든 일은 …" ■ "내가 화가 났을 때 내가 하고 싶은 것들은 …"
반영	임상적인 상호작용뿐만 아니라 매일/주중 생활에서 자신의 경험을 반영하도록 아이들을 참여시킨다. 예시: 치료적 활동들을 반영한다. 예를 들어, '사이먼 가라사대' 게임을 한 후 아이에게 활동에 대한 평가를 완수하고 자신의 생각을 당신과 공유하도록 요청한다. 예시 질문은 다음과 같다: ■ "1~10점 척도에서 1점은 최악의 활동이고 10점은 최고의 활동이라면 이 활동에 몇 점을 줄 수 있을까?" ■ "활동을 개선하기 위해 이 활동에 변화가 필요할까?" ■ "이 활동을 다시 해 보고 싶니?" ■ "이 활동을 친구에게 추천하고 싶니?" 예시: 매일 생활 반영하기. 체크인 일과로서 아이들에게 일주일 동안 있었던 일 가운데 흥미로웠던 한 가지를 이야기하도록 요청한다. 그 활동이 흥미로웠던 이유, 그 활동을 하면서 가장 좋았던 점/나빴던 점, 아이가 참여한 방식, 그 활동으로 인해 아이가 호기심을 갖게 된 점 등을 설명하도록 참여를 유도한다. 적절하다면, 아동의 말들을 기록한다.
나 전달법	가능한 활동: ■ 아동에게 "나" 전달법은 다른 사람에게 우리가 어떻게 느끼는지를 알려주는 방법이다. 우리가 문장을 시작하는 데에는 다양한 방법이 있다. ■ 나는 ________를 느낀다(혹은 ________일이 발생했을 때, 나는 ________라고 느꼈다). ■ 나는 ________를 원한다. ■ 나는 ________하는 것을 좋아한다. ■ 나는 ________ 등을 필요로 한다. ■ 나는 당신이 ________할 때, ________한 느낌이 든다. ■ 아동에게 과거 및 현재의 경험을 묘사할 때, "나 전달법"을 사용하도록 연습시킨다. 내게 필요한 것: 아동에게 정서적 경험을 나누고자 할 때 도움이 되는 목록을 만들게 한다(예: 포옹, 침묵, 브레인스토밍, 더 나은 기분이 되는 방법을 생각하도록 도와주는 것). 다양한 사람이나 감정에 따라 목록은 달라질 수 있음을 명심한다. 아이가 "나 전달법"을 사용하여 의사소통 조력자들에게 요청하는 연습을 하도록 돕는다. 가능하다면 양육자를 회기에 참여시키고 대화식으로 연습하도록 한다. 이 기술을 그 순간에 사용하고 감정확인 기술과 연결한다. 아동이 감정이 포함된 경험을 설명할 때 "나 전달법"을 사용하여 감정적 경험을 설명하도록 촉구한다(예: "이모가 너에게 좌절했을 때 너는 어떻게 느꼈니?).

개별화된 언어적 의사소통 전략들	일부 아동과 청소년은 경험, 필요, 욕구를 전달할 때 자신만의 독특한 언어를 찾는다. 아동이 자신만의 독특한 의사소통 전략을 개발하고 공유할 수 있도록 기회를 주고, 관찰된 의사소통 전략에 명명하는 작업을 하도록 돕는다. 다음 사례들을 고려한다. ■ 색깔: 한 남자 청소년은 "오늘의 색깔"을 확인하여 스태프들과 소통하였다. 그에게 좋은 날은 바다 거품 같은 녹색이었고, 힘든 날은 짙은 보라색이었다. ■ 날씨: 한 여자 청소년은 날씨를 이용해 자신의 하루를 이야기하였다. 구름, 태양, 바람, 비는 모두 그녀의 일상 경험에 대해 구별되고 독특한 무언가를 전달하였다.

외상을 경험한 아동에게 대안적 또는 확장된 의사소통 전략들이 도움이 된다. 대안적 의사소통 전략은 표현 및 수용 언어 능력에 발달적 취약성을 보이는 아동과 청소년들에게 특히 중요하다. 다음 전략들을 고려해 본다.

기술 #5: 대안적 또는 확장된 의사소통 전략

신호 언어	아주 어린 아동이나 의사소통에 발달 지연이 있는 아동, 청각장애 또는 농아를 대상으로 하는 작업에서 우리는 치료 구조 요인 및 교육에 기본적인 신호 언어를 사용한다. 다음은 신호 언어를 작업에 통합하는 방법들의 몇 가지 예시이다. ■ 감정 체크인: 기본 감정에 대한 기호들을 보여 주거나 보내는 것(미디어 지원(예: 'Signing Time 신호 시간')을 자주 사용). ■ 일시정지 또는 멈춤 신호: "멈춤" 및 "진행"에 대한 기본 신호를 제공한다. ■ 조절 언어: 높음, 중간, 낮음, 빠름과 느림, 크고 작음, 그 이상 등에 대한 기본 신호를 제공한다. ■ 상호성: "내 차례" 또는 "상대방 차례"에 대한 기본 신호를 제공한다.
그림들	기본 신호 언어사용에서 설명한 것과 유사하게 그림을 사용하여 경험을 소통하도록 촉진한다. 시각 자료에 대한 제안은 10장과 11장에 통합되어 있다. 다음 제안들을 고려해 본다. ■ 감정 얼굴 시각 자료(예: 이모티콘) ■ 에너지 시각자료(예: 토끼와 거북이 또는 뛰고 있는 아이와 자고 있는 아이 모습) ■ 활동 시각자료(아동이 선호하는/선호하지 않는 선택지, 예: 보드게임, 미술자료와 트램펄린 사진) ■ 대처/조정 기술 시각 자료(예: 담요, 조용한 공간, 선호하는 스태프) ■ 관계 자원에 대한 시각자료(예: 가족이나 친구, 근무시간에 이용 가능한 스태프 사진) ■ 규칙 및 기대와 관련된 시각 자료(예: 안전한 손, 어른과 대화하기, 도움 요청하기) ■ 일정/일과를 나타내는 시각 표지(예: 하루의 활동 순서, 일일 수업 시간표, 야간 일과) 각 분류의 그림 유형은 개인적 욕구에 따라 결정한다. 예를 들어, 어떤 아동은 실제 사진을 선호하는 반면, 다른 아동은 기호에 반응할 수 있다.

특별 고려 사항: 의사소통과 연결의 한 형태로서 자기 표현

- 내적 경험의 표현에는 구체적인 것을 넘어서 창의적이거나 상징적인 의사소통이 포함된다. 공개적으로 자기표현을 토의하는 것(forum)은 아동과 청소년에게 연계와 소통의 기회를 제공할 뿐만 아니라 내면의 경험을 상징화하고 표현하고 공유하는 기회를 제공한다.
- 많은 표현 전략들이 아이들의 각성을 증가시킬 수 있으며, 반대로 이러한 전략 중 상당수는 조절의 기회와 자원들을 제공할 수 있다는 점을 명심한다. 필요하다면 아이들의 창의적인 표현과 이전에 학습한 조정 전략들을 짝지우도록 지원한다.
- 여기서 가능성은 거의 무한하다. 다음의 표에는 자기 표현을 위한 다양한 방식이 제시되어 있다. 아이들이 선호하는 자기 표현 방법을 알아내고 개발할 수 있도록 도와준다.

자기 표현

놀이	어린 아동이 경험을 나누는 가장 중요한 방법 중 하나로서의 놀이는—손인형, 인형의 집 인물들, 동물, 기타 놀잇감들—대체된 방법으로 감정을 표현하고, 경험을 의사소통할 수 있도록 돕는다. 임상가(그리고 양육자)는 효과적인 의사소통 전략, 정서적 지지와 가능한 해결책이 필요하다면 놀이에서 소개한다. 예시: ■ 가정폭력을 목격한 아동의 놀이에서 아동을 나타내는 캐릭터가 어머니를 나타내는 캐릭터를 때리고 있다. 치료자는 다음을 시도한다. ◆ 관찰: “와, 저 소년은 매우 화난 것처럼 보이는구나.” ◆ 소통에 관한 질문: “저 소년이 어머니를 때리지 않고 자신이 화났다는 것을 어떻게 말할 수 있을까?” ◆ 역할놀이 시행: [치료자는 “이웃사람” 역할을 함] “나는 고함지르는 소리를 많이 들었어요. 모두들 괜찮은 건가요? 도와드릴까요?” ◆ 의사소통 제안하기: “소년이 엄마에게 대화가 필요하다고 말하려 한다면? 너는 어떤 일이 생길 것 같으니?
미술	그리기, 색칠하기, 점토 등을 사용하여 아이들이 자신을 표현하도록 도와준다. 어린 아동에게는 구조화된 활동이 도움이 된다. 하지만 아동의 창의성을 허용하기 위해 구조화된 시간과 비구조화된 시간들을 균형적으로 사용한다. ■ 일반적인 활동과 더불어 가족(혹은 다른 사람) 의사소통에 미술을 포함시킨다. 예를 들면, “그날의 그림”과 같은 방법을 사용해서 아동이 그림을 통해 가족과 소통하도록 한다. ■ 콜라주(Collages)는 자기-표현을 위한 훌륭한 집단 활동으로 개인 회기에 사용하기에도 유용하다. ■ 외부-내부: 마스크, 상자, 양면을 가진 얼굴 등은 아이가 생각하기에 다른 사람이 보는 자신의 외부 모습(라벨, 마스크, “가짜 앞면” 등)과 자신이 내면적으로 어떻게 느끼는지를 표현하는 데 사용된다.

글쓰기	자기-표현을 위한 글쓰기를 지원한다. 글쓰기의 형태에는 시, 일기, 허구/비허구 이야기, 가사/랩 등이 있다. 각 아동에게 일지를 제공하며, 도화지, 빈 종이 등을 사용하여 회기 중에 만드는 것을 고려할 수 있다. 아동이 편안하다면, 아동의 글 일부를 안전한 대인관계 자원들(이 장, 기술 #1에서 설명함) 중 한 명과 공유하도록 권유한다.
움직임	움직임에는 춤뿐 아니라 보다 집중된 표현 동작도 포함된다. 예를 들어, 자부심을 표현하고 싶은 아이는 "우뚝 서는" 느낌을 구현할 수 있도록, 공격자나 피해자에 맞서 싸우고 싶은 마음을 표현하는 아이는 벽이나 다른 물체를 밀 수 있도록, 표현하지 못한 분노를 명명하는 아이는 점토를 쌓고 밀어내리도록 할 수 있다. 이러한 유형의 활동은 아동의 각성을 증가시킬 수 있으므로 조정 전략과 함께 진행해야 한다는 점을 명심한다.
드라마	연기는 감정, 경험 등을 대체된 방법으로 표현하는 방법이다. 연기 기법을 회기에 포함시키며 극장-기반 프로그램에 아동이 참여하도록 격려한다.
음악	음악은 강력한 비언어적 표현 전략이다. 흥미나 재능이 없는 아동일지라도 드럼이나 단순한 음악 도구들로 효과적으로 자신을 표현할 수 있다. 음악을 공유하는 과정(예: 가장 좋아하는 노래나 녹음목록들을 치료 회기에 가져오게 하는 것)은 내적 경험 소통을 위한 수단으로 활용된다.

발달적 고려사항

발달 단계	관계적 연계 고려사항
초기 아동기	양육자는 일반적으로 어린 아동과 소통을 공유하는 주요 자원이다. 이 연령의 집단 회기에는 양육자를 포함시키는 것이 중요하다. 어린 아동의 의사소통은 나이가 든 아동이나 청소년의 의사소통 보다 구체적이고 덜 정교하다. 어린 아동이 경험을 나누는 것은 자신이 어떻게 느끼는지를 중요한 사람들이 알게 하는 것이다. 성인이 책임감을 가지고 아동의 욕구에 주목하고 소통을 이끌어 내며 확인하는 것이 중요하다. 초기 아동기는 자기중심적인 단계이므로 어린 아동이 타인의 관점이나 단서를 읽는 것 등이 어려우며 이러한 기술에 대한 기대도 제한적이어야 한다.
중기 아동기	주 양육자뿐 아니라 또래, 선생님, 다른 성인들이 의사소통의 중요한 자원이 된다. 이 시기에 아동의 사회적 세계가 확장되므로 적절한 경계와 사회적 자원에 대한 이해가 특히 중요하다. 아동이 다양한 경험을 안전하게 나눌 수 있는 사람을 구별하는 방법을 배우도록 돕는다.
청소년기	청소년기에는 또래 집단이 의사소통의 주요 자원이며 양육자로부터 사생활을 보호하려는 욕구가 증가하는 것은 정상적인 발달적 이행이다. 청소년의 독립에 대한 요구가 증가하고 세세한 의사소통이 줄어드는 것을 양육자는 감내해야 한다. 그러나 양육자와 청소년이 균형을 맞출 수 있도록 도와준다. 예를 들어, 청소년은

	양육자에게 "나는 화가 나고 나만의 공간이 필요해요."라고 소통하는 것이 중요하다. 하지만 세세한 감정이나 촉발 사건을 즉시 공유할 필요는 없다. 양자택일적인 상호작용 피하기. (1) 양육자와 의사소통이 가능해야 하며, (2) 청소년은 지속적으로 양육자를 자원으로 간주하며, (3) 소통 라인이 열려있어야 한다. 청소년이 양육자와 공유해야 하는 중요한 내용들을 정할 수 있도록 도와준다.

적용

개인치료/양자관계

"치료자 도구상자" 섹션의 기술들을 아동과 작업한다. 관계적 연계에서의 치료적 작업은 일반적으로 누군가에 대한 경험을 표현하는 것이므로, 가능하다면 언제든지 양육자나 다른 적합한 성인을 이 활동에 통합시킨다. 의사소통 전략을 구축할 때 양육자와의 작업이 특히 중요하다. 양육자와 아동이 의사소통 규칙을 함께 개발하도록 돕는다. 아래의 예시를 고려해 본다.

> 8세 소년의 할머니는 손자가 하루 일과를 이야기하지 않는 것에 대해 우려를 표명하였다. 매일 학교에서 돌아온 손자에게 하루가 어땠는지 물어보면 "괜찮아요."라고 대답한다고 하였다. 후속 질문에는 "모르겠어요."라는 대답과 함께 어깨를 으쓱한다고 하였다. 학교로부터 기본적인 사항에 대한 보고를 받긴 했지만, 그녀는 최근 아이가 자신의 돌봄을 받으며 새로운 학교에 적응하는 이행기를 어떻게 경험하고 있는지 걱정하고 있었다. 치료자는 방과 후 일과에 대해 자세히 질문한 후 아동이 버스에서 내려 집으로 가는 길에 우편물을 받는 것을 좋아하고 할머니에게 "특별 배달"을 하는 것에 자부심을 느낀다는 사실을 알게 되었다. 할머니와 손자, 그리고 치료자는 함께 손자의 학교 하루를 기술해 주는 엄지손가락을 위로, 가운데, 아래로 올리는 그림이 있는 "일일 엽서"를 만들었다. "좋다" "괜찮다" "별로 좋지 않다"라는 단어들은 엄지손가락 모양 옆에 적도록 했다. 엽서와 연필을 정문 옆 탁자 위에 놓아두었고, 손자는 집에 들어올 때 엽서를 작성한 후 매일 "특별 배달"하기로 했다. 이 사례에서 소년은 자신의 경험을 전달하는 언어를 개발하도록 돕는 지원이 필요했다. 할머니는 기존의 연결 전략과 가족의 "우편 배달부"라는 손자의 긍정적인 정체성을 중심으로 시스템을 개발할 수 있었다.

아이가 집에 없는 시간에 대비하여 양육자 이외에도 주변 체계(예: 학교, 보육시설)와 함께 아동의 의사소통 계획과 자원을 개발하는 작업을 한다. 아동이 필요할 때(예: 학교에서, 친구의 집에서) 안전한 의사소통 자원에 접근할 수 있도록 구체적인 계획을 세운다. 필요한 경우 친척들과의 작업을 통해, 아동으로부터 의사소통을 이끄는 적합한 방법이나 확인된 자원을 사용하도록 단서를 제시해 줄 수 있다.

나열된 특정 기술에 더하여, 이러한 목표에는 현재 그리고 과거 대인관계의 의미와 이해에 대한 탐색과 그리고 관계에서 자신을 취약하게 만드는 영향력에 대한 탐색을 포함한다. 특히 나이가 많은 아동이나 청소년의 경우 이러한 생각들을 탐색하고 떠오르는 생각과 감정을 처리하는 시간이 매우 중요하다.

집단

많은 관계적 연계 연습은 집단 활동에도 적합하다. 집단 구성원들이 적절한 의사소통을 연습하거나 부적절한 의사소통을 확인하는 방법(종종 아이들에게 보다 재미있는 연습이 될 수 있다!)으로 역할극이나 기타 즉흥 연극 기법을 사용할 수 있다. "너 자신의 영역 확보하기"(경계선)와 공 던지기 활동(눈맞춤)은 훌륭한 집단 활동이며 비언어적 의사소통 단서에 대한 개인차와 유사성에 대한 논의를 이끌어 내는 좋은 장이다. 자원 확인을 목표로 하는 연습도 집단에서 사용하기 용이하다. 하지만 청소년 내담자의 경우 개인의 비밀 보장에 유의해야 하며, 개인 정보를 지킬 수 있도록 내담자는 이니셜이나 기타 상징적인 표시를 사용하도록 한다. 영화나 텔레비전 클립은 언어적 의사소통 기술뿐만 아니라 비언어적 단서가 의사소통과 관계에 영향을 미치는 방식에 대해 집단 토론을 할 수 있는 좋은 맥락을 제공한다.

치료 장면

앞에서 설명한 집단 활동을 치료 장면의 임상 프로그램과 통합한다. 치료 장면 내에서 의사소통 자원을 확인하기 위해 개별 내담자와 작업한다. 의사소통에서의 문제 해결을 계획한다. 예를 들어, 아동이 어떤 특정한 스태프를 자신의 "가장 안전한" 자원으로 인식할 경우 그 스태프가 없는 날에는 아동은 어떻게 할 수 있을까? 모든 거주자가 자신의 감정, 욕구, 생각들을 언어적, 비언어적으로 소통할 수 있도록 전략을 수립한다. 예를 들어, 거주 프로그램에서는 문 신호와 문 자석이 유용한 의사소통 기법이라는 것을 알게 되었다. 문 신호에서는 한 면은 긍정적인 기분이나 상호작용을 원하는 마음을 반영하고, 다른 면은 힘든 감정, 위로에 대한 갈망, 또는 혼자 있고 싶은 욕구를 나타내도록 거주 아동이 직접 꾸미도록 한다. 문의 자석은 스태프와 일대일 시간을 갖고자 할 때 사용될 수 있다. 모든 스태프들은 이러한 전략 사용에 대한 근거와 정해진 반응을 일관성 있게 실천하는 것이 중요하다는 점에 대해 훈련받는다.

아동의 표현을 지원하기 위해 스태프와 협력할 때는 표현의 목표를 방법이나 메시지와 구분하는 것이 중요하다. 즉, 의사소통 자체가 이상적으로 보이지 않더라도 소통하려는 청소년의 시도를 강화할 수 있도록 스태프를 지원한다. 다음 예를 생각해 본다.

> 거주 프로그램에 참여하고 있는 15세 소녀가 집단 회기 도중 나와버렸다. 스태프가 따라나와 무슨 일이냐고 물었고 그녀는 소리쳤다. "이 집단 활동은 형편없어요. 나는 질렸다구요. 선생님들은 항상 나를 이런 쓸데없는 것들을 얘기하는 ***라고 취급하잖아요."

이 청소년은 자신만의 방식으로 의사소통을 시도한 것이다. 가능한 반응에는 어떤 것들이 있을까? 첫 번째 반응은 그녀의 방식대로 의사소통하는 것이다. "넌 정말로 부적절하게 행동했고, 방금 한 욕설로 5점을 잃었어." 두 번째 가능한 답변은 그녀의 메시지에 반응하는 것이다. "다른 사람들은 모두 이 집단을 통해 무언가를 얻고 있으며, 너도 열심히 해야 할 필요가 있어." 세 번째 가능한 답변은 그녀의 의사소통 시도에 반응하는 것이다. "네가 이 집단에 대해 꽤 격한 감정을 갖고 있는 걸 알겠어. 그것에 대해 이야기를 듣고 싶지만 네가 화가 났을 때 이야기를 듣는 것은 힘들 것 같아. 일단 우리 함께 진정할 방법을 찾아본 뒤에, 이것에 대해 이야기 나누어 볼까?" 메모: 세 번째 선택이 청소년의 의사소통 시도에 대한 치료적인 반응이지만, 프로그램 내에서 앞의 두 가지 옵션 또한 타당한 반응이다. 스태프는 타이밍을 고려하여 대응 방법을 선택할 수 있도록 한다. 제한을 두거나 행동의 결과를 다루기 전에 적절한 조정 방법과 함께 먼저 표현을 지지하도록 한다.

외상 경험 통합: 상태 기반 기술 적용

이 책에서 기술된 다른 어떤 목표보다 관계적 연계 능력은 아동과 연결 자원(특정 순간에 주 양육자가 될 수도 있고 아닐 수도 있는) 모두의 현재 상태가 중요하다. 이러한 치료 목표를 지원하기 위한 접근 방식을 고려할 때 아동의 상태와 욕구뿐 아니라 성인 또는 다른 자원의 상태와 욕구도 고려하는 것이 중요하다.

고통 감내와 조절

외상을 경험한 적이 있고 현재 심각한 압도감과 고통을 겪고 있는 청소년과 양육자들은 종종 관계들을 통해 이러한 고통에 대처하려고 한다. 청소년과 양육자 모두 단절과 침투 사이에서 흔들릴 수 있으며, 관계와 연계는 외상 관련 영향과 각성을 유발하는 주요 촉발요인이다. 모순적이게도 이러한 상태에서 청소년들은 독립적으로 욕구를 충족하는 능력이 제한되어 있으므로 효과적으로 관계를 이용하려는 욕구가 높을 수 있다. 청소년들이 현재 지향적인 고통을 감내하기 위해 노력할 때, 관계적 연계에 초점을 맞춘 개입에서 몇 가지 목표가 중요하다.

1. 청소년이 직접 연락을 취하기보다는 연결과 소통을 시작할 수 있는 관계 자원을 참여시키는 데 중점을 두어야 한다. 예를 들어, 아이가 힘들 때 교사와 대화하도록 하는 계획보다는 교사가 가능하다면 하루에 수차례 아이와 적극적으로 소통하도록 하는 것이 더 나은 계획이다. 이는 효과적인 내부 자원이 없는(아직 형성되지 않은) 상황에서 강렬한 감정은 차분한 상태에서 수립된 아동 주도적인 계획을 방해할 수 있기 때문이다.
2. 청소년이 관계에서 자신을 보호하려 하거나 좋은 경계를 유지하는 데 어려움을 겪는 경우, 관계의 친밀한 측면에 초점을 맞추는 것보다 구체적인 욕구를 해결하는 방법에 중점을 두는 것이 보다 유용하다. 예를 들어, 작업 초기에는 "엄마에게 차를 태워주는 것이 필요하다는 것을 알릴 수 있는 방법들은 무엇일까?"라는 질문이 "학교에서 정말 힘든 하루를 보냈다고 엄마에게 어떻게 말할 수 있을까?"라는 질문보다 더 쉽다. 한 아이에게 쉬운 방법이 다른 아이에게는 어려울 수 있다는 점을 명심한다. 결론은 가장 취약한 관계 욕구가 처음에는 최선의 방향이 아닐 가능성이 높다는 것이다.
3. 관계에서 가지고 있는 어려움과 청소년이 지금까지의 관계에서 자신을 안전하게 지키기 위해 학습해 왔던 방식 모두를 인정하는 것이 중요하다. 때로는 관계가 계속 안전하지 않고, 반응이 없으며, 보상이 주어지지 않는다는 점에 대해서도 타당화한다. 초기의 중요한 목표는 관계를 통해 일부 욕구가 충족되며 연계가 형성되는 방법을 확인하는 것이며, 동시에 관계를 통해 많은 욕구들이 충족되지 않으며, 지속적으로 욕구가 충족되지 않는 방법에 대해서 인식해야 한다.

호기심과 반영

청소년들이 점차 자신의 경험을 반영하고 지원받은 조정 자원들을 이용하고 활용할 수 있게 되면서, 건강한 관계를 구축하거나 확장하는 데 기초가 되는 많은 반영 작업들이 가능해지기 시작한다. 이 작업에는 다음이 포함된다.

- 아동이 살아오면서 맺어온 관계의 범위, 역할, 아동의 필요나 욕구를 충족시키거나 충족시키지 못한 방식들을 반영하기
- 역할 및 장면 전반에서 현재의 관계에 대해 탐색하기
- 현재 기술의 어려움을 탐색하고 구체적인 해결 방안 모색하기
- 관계 및 연계에서 문제점을 확인하고 다루도록 문제를 해결하기

목적지향적인 행동 참여하기

시간이 지남에 따라, 외상의 영향을 받은 아동과 작업하여 안전한 관계를 구축하기 위해서는 아동의 삶에서 가장 도전적인 관계들, 즉 외상 경험에 관여되었거나 그러한 경험으로부터 아동을 보호하지 못한 관계를 탐색하는 것이 요구된다. 이러한 관계가 아동의 자아감, 관계 협상 능력, 타인을 신뢰하거나 다가갈 수 있는 능력에 어떤 영향을 미쳤는지 직접 탐구하는 것은 (1) 아동의 과거 경험을 처리하고, (2) 가능하다면 현재 관계에서 회복을 시작하고, (3) 안전한 미래 관계 구축을 위한 기반을 제공할 것이다. 그리고 양육자가 이러한 작업을 감내할 수 있다면, 이러한 대화에 양육자 체계를 직접적으로 통합하는 것은 조망을 수용하고 관계 회복을 위한 풍성한 장을 제공할 수 있다.

실생활 치료

- **연습, 연습, 연습.** 연결을 감내하고 취약한 경험을 다른 사람과 소통하는 것은 어려우며 이에 익숙하지 않은 아동과 성인에게 어려운 일이다. 회기에서 할 수 있는 능력이 위기 상황에서의 능력으로 항상 이어지지는 않는다. 그러나 연습이 많다면 효과적인 의사소통이 발생할 가능성은 높아진다(특히 연습이 양자 관계/또는 가족 맥락에서 이루어지는 경우).
- **현실적이며 인내하고 존중하기.** 내적인 경험을 나누는 것은 취약성을 야기한다. 성인과 마찬가지로 아동들도 특정 감정과 경험을 다른 사람에게 보다 잘 공유(그리고 보다 개방적)한다. 내적 경험을 소통하려는 모든 시도를 칭찬하고, 의사소통에서 확장된 위기에 대해서는 매우 천천히 지원한다.

13장
실행 기능 강화하기

주요 아이디어와 핵심 하위 기술

확인된 목표에 도달하기 위해 단순히 반응하기보다 상위의 인지 처리 과정을 통해 문제를 해결하고 적극적인 선택을 하도록 아동과 작업한다.

★ 선택할 수 있는 역량에 대한 적극적인 인식을 지원하기
★ 상황에 대한 연령에 적합한 적극적인 평가 능력을 구축하기
★ 반응을 억제할 수 있는 아동의 역량을 구축하기
★ 잠재적인 해결책을 산출하고 평가하는 역량을 구축하고 지원하기

★ 핵심 개념

★ 실행 기능이란 무엇인가?

- 실행 기능이란 "인지라는 배의 선장(captain of the cognitive ship)"이라고 할 수 있으며 사람들을 목표지향적이고 사려 깊은 방향으로 안내한다.
- 많은 기술들이 실행 기능으로 분류되며 그것들은 다음과 같다.
  - 반응을 지연하거나 억제하는 것
  - 적극적인 의사 결정
  - 결과에 대한 예상
  - 결과에 대한 평가
  - 대안적인 해결방법의 산출

★ 왜 실행 기능 기술을 형성해야 하는가?

외상이 실행 기능에 어떤 영향을 주는가?

- 실행 기능의 발달은 전전두엽 피질(prefrontal cortex)의 발달과 병행하여 일어난다. 실행 기능은 아동기와 청소년기 동안 발달하며, 아동의 인지적인 의미 형성과 문제 해결이 점차 정교화된다. 목표지향적인 인간 행동은 이러한 기능을 하는 뇌 부위에 의해 나타나게 된다.
- 다른 많은 뇌 시스템과 함께, 전전두엽 피질은 외상적 스트레스 사건 반응과 관련되어 있다. 스트레스가 정상적인 대처 기제를 압도하고, 위험 반응이 활성화되면 주요 생존 시스템(예: 변연계)이 책임을 맡고 "필수적이지 않은" 체계는 비활성화된다. 위험 상황 순간에서보다 상위의 인지 처리는 필수적이지 않은 것으로 여겨진다! (생각해 보라—만약 당신이 정글 한복판에 있고 사자가 빠르게 당신에게 달려올 때 당신은 생각을 하고 싶은가 혹은 도망가고 싶은가?)
- 변연계와 전전두엽 피질은 상호 억제적이다. 한 부위의 활동성이 증가할 때, 다른 부위는 감소하며 그 반대도 마찬가지이다. 예를 들어, 좌절은 어려운 과제에 주의를 지속하고 해결책을 향해 작업하는 능력을 방해한다. 즉, 각성 수준이 상승하게 되면, 인지 과정은 파편화된다. 반대로, "생각하는 뇌"(예: 논리에 초점을 맞추고, 단계적인 해결 방법을 통해 과제를 해결하는 것)를 사용하는 것은, 압도되는 느낌을 감소시키는 데 도움이 된다. 즉, 상위의 인지를 활용하는 행동은 각성 수준을 조절하는 데 사용된다.
- 만성적인 외상을 경험하는 아동들이 지속적인 위험에 노출되는 것(실제적인 것과 지각한 것 모두)은 상위의 인지 능력 발달을 저해한다. 만성적인 외상을 경험한 청소년은 위험 신호에 따른 민감성이 증가하여 몸은 사자로부터 도망갈 준비를 하고 있으며 전전두엽 활성화보다 변연계가 더욱 활성화된다. 잠재적인 위험 촉발요인들은 다양하므로 외상 경험 아동들은 수학 시간에도 마치 정글 한복판에 있는 것처럼 변연계의 통제하에 있게 된다.
- 외상 사건을 경험한 아동들은 연령에 적절한 실행 기능 기술의 발달이 또래보다 뒤처져 있다는 것이 연구에서 밝혀졌다. 그들은 다양한 기술들(반응 억제, 계획하고 적극적인 의사결정하는 것, 주의를 유지하는 것)의 사용이 요구되는 과제에서 저조한 수행을 보였다.

왜 실행 기능을 목표로 하는가?

- 실행 기능은 우리 자신의 삶에 적극적으로 참여할 수 있도록 한다. 그것들은 통제감과 행위감을 제공한다. 상위의 인지적 통제가 부재하면 사람들은 자극-반응 방식에 사로잡히게 된다. 삶이 우리에게 무엇인가를 던져주면, 우리는 그것에 반응한다. 실행 기능은 우리

의 반응에 의식적인 사고를 가져온다. 즉, 단순하게 반응하기보다 우리는 맥락 속에서 행동을 생각하게 된다.

- 적응유연성에 관한 연구들은 실행 기능의 중요성을 강조한다. 연구 결과에서 문제 해결 능력, 적극적인 선택, 독립적으로 기능하는 것 등은 고위험군 청소년들의 적응유연적인 결과를 예측하는 것으로 나타났다.

치료자 도구상자

무엇이 중요한가?

- 만성 외상을 경험한 아동에게 시간을 들여 행동을 늦추고 대안을 고려하는 것은 매우 낯설게 느껴질 수 있다. 이러한 아동은 종종 오해하거나 잘못 해석한 환경적 단서에 대한 반응으로, 격렬한 정서와 각성의 파동을 경험하면서 이들은 행동해야 한다고 느낄 수 있다. 또한 멈추고 생각해 보라는 어떠한 제안도 불안정하고 잠재적인 위협이 될 수 있다.
- 이러한 기술을 위한 임상 작업과 일상적인 성인들의 지원은 아동에게 "네가 해야 하는 선택은 무엇이었지? 왜 이런 선택을 하지 않았니?"라는 식의 비난으로 느껴질 수 있다. 하지만 이러한 기술은 실제로는 아동이 느끼는 그리고 실재하는 힘을 감소시키려는 것이 아니라 증가시키는 것을 목표로 한다. 우리가 잠시 멈추고, 반응을 지연하며, 선택지를 고려하고, 우리를 위한 선택을 할 수 있을 때 우리는 세상에서 점점 더 강력할 수 있다.
- 이러한 기술을 사용하기 위해서는 성인 양육자의 인내심 있는 지원이 필요하다. 우리가 좌절감을 느낄 때 최상의 상황이라 하더라도 반응을 지연하고 올바른 선택을 하는 것은 우리 누구에게도 어려운 일이다. 특히 내부 자원이 제한적이고 신뢰할 수 있는 외부 자원이 없으며 각성 시스템이 과도하게 활동적인 아동에게 이러한 기술은 거의 불가능하게 느껴질 수 있다. 아이들이 적극적으로 도전하며 이 작업에 내재된 좌절을 견디는 데 성공하려면 어른들의 도움이 필요하다.
- 이 작업에 대한 참여를 높이기 위하여:
  - 타이밍에 주의한다. 아동이 과각성 또는 저각성 상태에 있는 경우 실행 기능에 대한 지원보다 조절에 대한 지원을 제공하는 것이 우선이다.
  - 그들을 변화시키려고 시도하기 전에 아이들이 이미 하고 있는 선택을 관찰하고 타당화한다. 예를 들어, "네가 대화 도중에 엄마를 떠난 이유를 알 것 같아. 네가 정말 화가 나고

좌절감을 느꼈던 것 같고, 너는 혼자 있을 공간이 좀 필요했던 것 같구나."

- ◆ 속도를 늦추는 것이 어렵다고 느끼는 여러 가지 이유들을 타당화한다. 예를 들어, "우리 대부분은 좌절하거나 화가 나면 생각하는 두뇌를 사용하는 데 어려움을 겪고 흥분 상태가 이어진단다. 때때로 사람들은 너무 성급하게 행동하며 생각할 시간이 있었다면 하지 않았을 일을 한단다."
- ◆ 왜 그런 선택을 하는지에 대해 아이의 호기심을 이끈다. 여기서 중요한 메시지는 우리 모두는 이유가 있어서 행동한다는 믿음이다. 우리의 행동은 어떤 기능을 수행하며 목표에 대한 중요한 정보를 제공한다. "네가 교실을 나설 때 무엇을 전달하려고 했는지 궁금해."
- ◆ 즉각적인 목표와 장기적인 목표 모두에 대한 아이의 호기심을 불러일으킨다(발달적으로 적절한 경우). "네가 학교에서 정말 화가 나서 하루 수업이 끝나기도 전에 조퇴한 거 알아. 그렇게 한 이유를 이해하지만, 지금 네 감정을 다루려면 앞으로 어떻게 해야 할지 이야기를 나누어 보자. 올해가 끝나면 네가 어떤 일을 하고 있을지 정말 궁금하구나. 네게 고등학교 졸업이 필요한 어떤 계획이 있니?"

■ 다음 장에서는 아동 및 청소년뿐만 아니라 양육자와의 작업을 설명하는 심리교육이 포함되어 있다. 선택의 여지가 없는 것처럼 느끼는 아동과 아동의 행동에 좌절하고 압도당한 성인 양육자에게 실행 기능과 관련한 심리 교육(목표, 타이밍, 기술에 대한 명료성, 반응 vs. 행동에서의 뇌의 역할 등)은 아동의 행동을 병리적으로 보지 않고 느껴진 힘(felt powe)을 증가하는 데 매우 중요한 역할을 한다.

양육자 교육

■ 상기시키기: 양육자에게 핵심 개념 교육하기. 시각적 도구나 미디어를 사용하여 실행 기능에 대해 가르치는 것이 유용하다.

■ 상기시키기: 양육자에게 발달적 고려사항 가르치기

■ 양육자에게 다음과 같은 실행 기능 기술을 지원하고 촉진하도록 가르치기

- ◆ 청소년이 선택할 수 있는 권한을 부여하고 충분한 기회를 제공한다.
- ◆ 청소년 조정을 위해 외부 지원을 통하여 즉각적인 반응을 억제하도록 지원한다.
- ◆ 청소년이 상황을 평가하고("여기서 우리가 다루고 있는 문제는 무엇인가?") 목표를 확인하는 데 참여하게 한다("당신/우리/다른 사람들이 원하는 것은 무엇인가?").
- ◆ 아이디어의 산출과 평가 및 적극적인 실험이 포함된 문제 해결을 학습하도록 하고 적극적으로 지원한다.

- 양육자가 각 영역에 참여할 수 있는 방법들은 이 장의 뒷부분에 자세히 설명되어 있다.

양육자 목표 #1: 청소년이 스스로 선택할 수 있도록 권한을 부여하고 기회를 제공한다.

- 선택을 위한 기술 세트의 가장 중요한 기본 사항은 선택을 할 수 있다는 믿음이다. 많은 아동과 청소년은 자신의 삶에 적극적으로 참여할 수 있는 기회가 제한되어 있으며, 실제로 외상 경험의 일부로 선택권을 빼앗기는 경우가 너무 많다. 따라서 양육자의 핵심 역할은 아동의 선택에 대한 인식을 지원하고 청소년이 적극적으로 선택할 수 있도록 부가적인 기회를 제공하는 것이다.
- 양육자와 협력하여 선택에 주목하고 사소한 것이라도 선택들과 관련되거나 예상되는 결과를 말하도록 한다("오늘은 버스 타는 것 대신 걷기를 선택한 것 같구나? 내가 생각하기에 조금 일찍 나가길 원하는 것 같아, 그렇지?").

양육자가 매일, 특히 일과 중에 이러한 기술을 사용할 수 있도록 자녀(및 양육자 자신)의 능력에 맞춰 조율하도록 지원하는 것이 중요하다. 매일 실행 기능 기술을 연습할 수 있는 기회는 많다. 예를 들어, 나이가 많은 아동이나 청소년은 아침에 일어나면 언제 침대에서 일어날지, 아침 식사로 무엇을 먹을지, 무엇을 입을지 등을 스스로 선택한다. 양육자는 이러한 기회들을 반영하고 선택과 결과의 언어(만약-그렇다면 또는 왜냐하면-그렇기 때문에 진술, 예: "네가 X를 하면 Y가 일어날 수 있다." "네가 X를 했기 때문에 나중에 Y가 일어났다." 등)를 통합하도록 격려하는 것이 중요하다.

- 양육자와 자녀에게 어려운 상황에서 이러한 기술을 적용하도록 요청하기 전에, 양육자는 아이의 긍정적인 선택에 적극적으로 협조하고 강화하며 이러한 기술을 숙달하는 기회로서 "잘못된 선택"보다는 의사 결정에서의 성공이나 강점에 집중하는 것이 도움이 된다. 하지만 양육자가 긍정적이지 않은 선택에 대한 가능한 이유들을 타당화하기 위해 조율 기술을 사용하도록 작업하는 것도 중요하다.
    - 예를 들어, 양육자는 다음과 같은 긍정적인 선택에 주목한다. "네 동생이 소리를 지를 때 네가 화를 내지 않으려고 노력하는 모습을 보았어. 네 동생은 네가 나가버린 것을 좋아하지 않았지만, 네가 동생과의 갈등에 휘말리지 않도록 한 네 선택은 정말 좋은 선택이었어. 네가 나갔기 때문에 상황이 크게 악화되지 않았다고 생각해."
    - 다른 행동을 보인 동일한 상황에 대해서도 양육자는 덜 긍정적인 선택들을 타당화할 수 있다. "네가 정말로 화가 났을 때 그 자리에서 나가버리는 것이 얼마나 중요한지 우리는

계속 이야기해 왔어. 그러면 너는 이전처럼 성질을 참지 못하여 화를 내거나 동생에게 달려들지 않을 수 있지. 하지만 네가 왜 동생에게 그런 말을 해야 할 필요가 있다고 느꼈는지 이해해. 비록 동생에게 상처를 줄 수 있는 방법으로 말했더라도 동생에게 네가 어떻게 느꼈는지를 알리는 것이 정말로 중요하다고 난 생각한단다."

- 조율 기술을 사용하여 덜 긍정적인 선택에 대한 거울을 제공할 때, 양육자가 선택의 이유를 타당화하는 것(아동의 행동이 왜 합당한가?)과 선택 자체를 타당화하는 것(이유를 이해하더라도 여전히 선택한 것에 대해 제한을 두거나 승인하지 않을 수 있는가?)의 차이점을 이해하는 것이 중요하다. 양육자가 두 가지 측면을 모두 전달할 수 있다면 양육자의 조율 기술은 자녀가 그 내용을 들으면서 자신의 선택에 대해 인식할 수 있도록 지원한다.
- 선택을 하거나 선택을 도와줄 수 있는 기회는 일상적인 것("오늘 밤에 어떤 쇼를 볼까?")에서 보다 중요한 것("지금 듣고 있는 수업을 계속 듣는 것이 더 나은지 아니면 우리가 이야기했던 새로운 수업으로 바꾸는 것이 더 나은지 결정하려고 해. 어떤 선택이 너에게 더 합당한지 우리 함께 이야기해 보자.")에 이르기까지 다양한 활동과 경험에 포함될 수 있다. 아동이 자신에게 큰 영향을 미치는 선택에 참여할 수 없는 경우(예: 아동이 치료를 바꾸거나 위탁가정을 떠나거나 부모와 재결합할 수 없거나 싫어하는 학교에 남게 되는 결정), 결정한 사람들의 투명성이 아동의 욕구나 필요를 고려하지 않고 무작위로 결정되었다는 느낌을 최소화하는 데 결정적으로 중요하다.

양육자 목표 #2: 청소년 조정을 위한 외부 지원을 통해 즉각적인 반응을 억제하도록 지원한다.

- 실행 기능 기술을 성공적으로 사용하려면 그 사람이 상당히 조절된 상태에 있어야 한다. 충동적인 반응을 지연시키는 것은 먼저 고양된 각성 시스템을 진정시키는 데 달려 있다. 조절에 관해 5부에서 자세히 설명했듯이, 대부분 아동들은 특히 치료 초기에 독립적으로 이 작업을 수행할 수 없다. 아동이 선택지들을 고려하고 결정을 내릴 준비가 되도록 양육자가 지원할 수 있는 가장 중요한 방법 중 하나는 그 순간에 (공동)조절 경험을 할 수 있도록 지원하는 것이다.
- 11장의 "양육자 교육"에서 양육자가 그 순간 아동의 조정을 외부적으로 지원하기 위해 할 수 있는 중요한 심리교육과 단계를 제공하였다. 이러한 단계에는 다음이 포함된다.
  1. "조정 지원 계획"을 개발한다. 아동 및 양육자가 협력하여 조절 불능과 일반적인 조절장애 패턴을 유발하는 상황들을 확인한다. 양육자의 문제 해결 능력을 활용하여 가능한 반응들을 브레인스토밍한다. 여기에는 그 순간에 대한 양육자 자신의 자기 관리계획도 반드시 포함시켜야 한다.

2. 조절 불능의 초기 신호들을 확인하고 아동의 경험을 미러링해 주는 단순한 반영기술들을 사용한다.
3. 이전에 확인했고 연습한 기술들에 대한 단서를 주고 지지하며 강화한다.
4. 아동이 느끼는 안전감을 높이기 위해 그 순간에 통제하고 선택할 수 있는 간단한 기회들을 제공한다.
5. 보다 인지적 문제 해결은 아동이 좀 더 조절된 공간에 있을 때까지 연기한다. 그러나 문제가 있다는 것을 성인이 인지하고 있고 그것을 해결하도록 돕겠다는 의지가 있음을 아이에게 알리는 것이 중요하다.

- 위의 단계들을 실행하는 예시: 양육자는 아동이 숙제를 하는 동안 아이가 안절부절해지고 좌절하는 것을 인식하였다. 이러한 상황이 과거 격렬한 분노 폭발로 이어졌다는 것을 알고 있는 양육자는 다음과 같이 말하였다. "있잖아, 네가 그 숙제[단순 반영]로 인해 매우 좌절하고 있다는 것을 알겠어. 네가 무엇이 필요한지 도와주고 싶지만[도움의 욕구 전달], 네가 에너지를 조금만 진정시키다면 우리는 더 잘할 수 있을 것 같아[조절 지원]. 나가서 산책을 할까, 아니면 나와 함께 여기 앉아서 휴식을 취할까[선택과 통제 제공]?"
- 아동이 생리적으로 더 준비된 상태일수록 상위의 인지 능력을 보다 성공적으로 사용할 수 있다.

양육자 목표 #3: 청소년이 상황을 평가하고("지금 우리가 다뤄야할 문제가 무엇인가?") 목표를 확인하는 데 참여하게 한다("당신/우리/다른 사람들이 원하는 것은 무엇인가?")

- 문제를 해결하려면 먼저 문제가 무엇인지, 그리고 목표가 무엇인지 파악할 수 있어야 한다. 이 장의 뒷부분에 있는 치료자 도구상자에서는 아동이 어려운 상황을 인식하고 목표를 확인하도록 지원하는 심리 교육과 전략들에 대한 예시를 제공한다. 이러한 심리 교육은 양육자에게도 똑같이 중요한데, 양육자 역할의 핵심은 아동을 도와 (조절된) 아동이 자신의 경험이나 주변 사람들의 반응 및 자신의 욕구나 필요에 대해 호기심을 갖도록 돕는 것이기 때문이다. "문제 확인'은 10장에서 설명한 확인 기술들의 단순한 결과이다. 아동이 괴로움을 느끼거나 아동 주변 사람들이 괴로워하는 것처럼 보이면 그 상황은 "문제"이다.
- 주 양육자와 치료 장면 양육자 모두 338페이지의 표에 설명된 단계, 특히 단계 1("문제에 주목하기")와 단계 3("문제를 확인하고 이해하기")을 사용하여 아동이 문제를 해결하는 기회를 인식하고 정의하도록 지원할 수 있다.

양육자 목표 #4: 아이디어 산출 및 평가, 적극적인 실험 등 문제 해결 방법을 학습하도록 적극적으로 지원한다.

양육자가 자신을 아동이나 청소년의 "문제 해결사"가 아니라 문제 해결의 조력자, 즉 이러한 기술을 가르치고 지원하는 사람으로 생각하는 것이 중요하다. 어른이 단순히 아이에게 해결책을 제시하기만 하면 아이는 그 과정에서 필요한 기술을 배우지 못한다. 예를 들어, 아동이 "엄마 얼굴을 때릴 거야."와 같은 문제가 될 수 있는 것을 들은 치료자나 양육자들은 이러한 선택의 결과(긍정적, 부정적)를 평가하는 과정을 통해 아동을 지원하기보다는 아동이 그러한 선택을 해서는 안 되는 모든 이유를 논의하는 방식으로 대응하는 경우가 매우 흔하다. 가능하면 양육자는 아동이 스스로 결론을 내릴 수 있도록 해야 한다. 아이들은 때때로 "잘못된" 선택을 할 수도 있고 장기적으로 그들에게 효과적이지 않은 선택을 할 수도 있다. 그러나 이러한 "실패"나 성공의 부족은 학습 과정에서 매우 중요한 부분이다. 이 점은 우리가 아동 및 청소년과 함께하는 많은 작업을 다양한 결과를 보여 주는 실험으로 구성하는 것이 중요하다는 것을 나타낸다. 실험이라는 말은 복합적 결과 가능성을 암시하고 일부 결과는 성공하지 못할 수도 있지만 괜찮다는 생각을 정상화하며 실행 기능 기술을 지원한다. 시행착오를 통한 학습은 효과적인 학습 방법이며, 실제로 학습 과정의 속성이다.

양육자가 아동의 의사 결정 능력과 실행 기능을 지원하고 촉진할 수 있는 다양한 방법에는 일과나 놀이 및 다른 규범적인 활동들, 도전적인 행동에 대한 반응, '순간을 포착'하는 것, 아동이 대안책을 고려하도록 지원하는 등 여러 가지가 있다.

- 아동과 청소년의 실행 기능을 지원하는 규범적 활동은 여러 가지가 있다. 337페이지의 표에는 발달 단계별 활동의 예를 제시하고 있다. 양육자가 제안된 활동들을 일과의 한 부분이나 가족 참여로 촉진할 수 있도록 지원한다. 이러한 활동들을 치료 회기나 치료 장면 일과에 포함한다.
- "4부 애착"에서 개입의 목표 중 하나는 양육자가 아동의 행동에 대해 효과적인 반응들을 개발하도록 지원하는 것이다. 효과적인 반응을 배우는 목표 중 하나는 아동이 결과(강화, 제한/책임, 활동 중단 등)를 예측하고 그것이 연결이든 보상 또는 혐오스러운 것의 제거이든 간에 원하는 결과를 달성하기 위해 적극적인 선택을 할 수 있도록 돕는 행동 대응 계획을 세우는 것임을 양육자에게 상기시키는 것이 중요하다.
- 이 장의 뒷부분에 있는 "도구" 부분에서는 그 순간에 문제 해결을 "포착"할 수 있는 여러 가지 기회들을 간략하게 설명하고 있다. 양육자들에게는 사후 상황 분석, 회기 중 모델링이나 연습, 코칭을 통해 이러한 기회를 인식하고 지원하도록 작업하며, 치료 장면의 양육자

들의 경우 스태프 슈퍼비전, 또는 문제 해결 기회에 대한 적극적인 티칭과 역할극을 통해 지원하도록 한다.

함의

- 실행 기능에는 다양한 영역이 포함되지만, 이 섹션에서는 특히 상황에 대한 적극적인 평가, 반응 억제, 의사결정이라는 세 가지 핵심 기술을 목표로 한다. 이러한 기술들은 모두 문제 해결 기술에 기여한다. D'Zurilla와 Goldfried(1971)가 처음 기술한 바와 같이, 아동과 성인들을 위한 문제 해결 기술은 광범위한 인지적-행동적, 사회적 기술 개입들과 통합되어 왔다(예: D'Zurilla & Nezu, 2007; Greene & Ablon, 2006; Kazdin,1985; Kazdin, Esveldt-Dawson, French, & Unis, 1987; Kazdin, Siegel, & Bass, 1992;Matthews, 1999). 외상적인 스트레스 사건을 경험한 아동과 청소년의 문제 해결 역량에서 위험 반응이 미치는 영향에 대한 인식이 포함된 단계들의 변용(variation)은 다음과 같다.
- 아동이 이러한 기술에 관여하고 효과적으로 연습하기 위해서 그들의 각성 수준을 조절할 수 있어야 한다. 양육자가 관여하여 아동의 조절을 지원하도록 하며, 아동에게 이러한 기술들과 학습한 조정 전략을 함께 사용하도록 가르친다.
- 이 작업의 주요 목표는 아동들이 적극적으로 선택할 수 있는 능력을 인식하고 증진하는 것이다. 선택의 개념을 이해하면 아동의 임파워먼트(sense of empowerment)를 증진시키고 몇 가지 핵심 유능감, 즉 행위감(agency) 또는 자신의 행동이 세상에 영향을 미칠 수 있다는 자기-지식, 개인적 책임감 또는 의사 결정과 그 결과에 대한 주인의식, 그리고 숙달 또는 자신의 행동과 결정을 적용하고, 평가하며, 연습하는 능력 등을 향상시킨다.
- 종종 아동(그리고 성인)은 명백하게 긍정적이거나 부정적인 것을 선택해야 하기보다는 이상적이지 않은 두 가지 선택 사이에 있다. 때론 우리는 무언가를 하는 것과 아무것도 하지 않는 것 사이에서 선택해야 할 수도 있다. 아무것도 하지 않기로 선택하는 것(행동이 부정적인 결과를 가져올 때)과 아무것도 할 수 없다고 느끼거나 생각하는 것 사이의 내적 경험에는 분명한 차이가 있다. 이는 행위감과 무력감의 차이이다. 때때로 문제 해결에는 좋게 느껴지지 않는 해결책을 선택하는 것이 포함될 수 있지만, 궁극적으로 목표를 달성하는 최선의 선택이 여전히 존재한다는 것을 아동에게 가르치는 것이 중요하다.
- 순서에 따라 문제 해결 단계를 가르치지만, 어떤 순서로든 적용할 수 있다. 예를 들어, 어떤 상황에서는 단계 3(문제 파악)부터 시작하여 목표를 이해하고, 가능한 해결책을 생성하고, 결과를 기대하는 순서로 작업할 수 있다. 다른 상황에서는 마지막 단계, 즉 우리가 어

떠한 결과를 추구하느냐에 대한 것부터 시작할 수도 있다. 그 결과를 바탕으로 가능한 활동과 행동, 대처 전략들에는 어떤 것들이 있는지 그리고 이를 방해하는 상황이나 문제로 돌아가는 방식으로 작업할 수 있다. 또는 이미 발생한 결과(긍정적이든 부정적이든 간에)를 가지고 작업하고, 이러한 결과를 유발하는 촉발요인과 행동, 대처 전략을 확인하도록 역추적할 수 있다. 부정적인 결과가 발생한 경우에는 소망한 결과와 내담자의 성공을 도울 수 있는 대안들을 확인하는 작업을 할 수도 있다.

- 선택 상황이 발생했을 때, 이를 주목하고 명명하는 것은 특히 그러한 문제로 분투하는 아동에게 매우 중요하다. 다음 예를 고려해 본다.

최근 아르바이트를 시작한 한 여자 청소년이 매장의 부지배인에 대한 불만을 토로하고 있다. "그녀는 계속 제게 뭘 어떻게 해야 하는지, 어떻게 해야 하는지, 어떻게 하면 더 빨리 일할 수 있는지를 말해요." 치료자가 이 청소년에게 이러한 상호작용을 어떻게 다루고 있는지 묻자, 그녀는 "내가 무엇을 할 수 있죠? 나는 그냥 입을 닫고 하라는 대로 해요."라고 대답한다. 치료자가 청소년이 과거에는 성질을 참지 못했던 점을 이야기하자, 청소년은 "음, 나는 이 직장을 잃고 싶지 않아요. 나는 돈이 필요해요."라고 말한다. 치료자는 "정말 감동적이구나. 너는 그 직장을 계속 유지하고 싶다는 것을 인식하고, 감정을 조절하는 선택을 했구나. 불만을 느끼고 화가 나더라도 말다툼이나 소리를 지르지 않고 말이야."라고 반응하였다.

이 상황에서 치료자가 청소년의 적극적인 선택(직업을 유지하려는 목표 때문에 자신의 행동을 통제하려고 함)을 주목하고, 명명하며, 강화하는 것이 중요하다. 그런 다음 치료자는 청소년과 함께 결과적으로 발생하는 문제를 해결하기 위한 가능한 해결책(예: 이러한 상호작용으로 인해 유발된 도전적인 감정과 각성을 관리하는 방법)을 다루는 것 또한 중요하다.

- 다음은 적극적인 선택에 포함된 핵심 단계들을 나열하였다. 이에 따라, 그 순간 이러한 기술들을 적용할 수 있는 전략을 강조하였다.

도구: 실행 기능 구축

놀이를 통한 실행 기능 구축

이 치료 구조의 다른 기술들과 마찬가지로, 특히 어린 아동에게 실행 기능을 향상시키는 가장 자연스러운 장은 바로 놀이이다. 상호작용 게임, 보드게임, 비디오 게임, 협동 활동 등 이 기술을 키울 수 있는 많은 활동들이 있다. 다음 표에는 발달 단계에 따른 전략의 예가 제시되었다.

실행 기능 기술을 향상시키는 활동

발달 단계	활동의 예
유아기	영아의 경우 작업 기억에 도전하고 순서와 인과 관계에 대한 기본적인 이해를 돕는 게임을 고려한다. 몇 가지 예를 들면 다음과 같다. ■ 까꿍 및 기타 숨바꼭질 게임 ■ 케이크 두드리기, 손가락 놀이 ■ 작동 장난감 ■ 사회적 참여, 대화, 기본적인 모방 유아의 경우, 이 과정을 통해 충동을 지연시키는 능력을 키우고 원인과 결과에 대한 이해의 폭을 넓힐 수 있다. 이러한 기술을 향상시키는 몇 가지 재미있는 방법은 다음과 같다. ■ 분류 게임 및 퍼즐 ■ 던지고 잡기, 장애물 통과하기, 점프하기 등 새로운 운동 과제는 실행 능력을 키울 수 있는 재미있는 방법이다. ■ 모방 또는 리더 활동을 단순하게 추종하는 활동 ■ 호키포키 또는 머리, 어깨, 무릎, 발과 같은 움직임이 있는 노래 ■ 상상놀이 및/또는 역할놀이 3~5세 어린이(발달 단계를 고려)의 경우 다음과 같은 활동을 추천할 수 있다. ■ 상상놀이는 아이가 자신의 초기 경험(예: 의사, 교사, 부모 역할놀이)을 역할극으로 진행하면서 더욱 정교해진다. ■ 스토리 읽기 및/또는 스토리 말하기 ■ 점점 더 복잡해지는 운동 과제(예: 자전거 타기, 줄넘기, 대형 놀이 세트 오르기, 평균대 시도) ■ 점점 더 복잡해지는 퍼즐 및/또는 분류 과제 ■ 글자 읽기, 글자 소리, 숫자와 같은 교육 과제 ■ 아이들이 공동의 목표를 향해 한 팀으로 협력해야 하는 협동 보드게임은 의사 결정과 협력을 지원하면서 동시에 경쟁이 치열한 보드게임의 좌절감을 최소화한다.
중기 아동기	이 단계의 아이들은 상호작용 게임에 관심이 많아지고 규칙/경계와 전략에 대한 이해가 높아지므로 이 두 영역의 성장을 지원하는 게임이 도움이 된다. 다음은 실행 기능 기술을 목표로 하는 몇 가지 추천 활동이다. ■ 배틀쉽, 체커, 체스 등 전략이 필요한 보드게임 ■ 메모리 게임(예: 물고기 잡기) ■ 논리 및 추리 게임(예: 수수께끼) ■ 주의가 필요한 움직임 게임(예: 빨간불, 초록불) ■ 노래, 춤, 악기 연주

청소년기	청소년기에는 교육/직업 훈련 분야에서 요구들이 증가함에 따라 실행 기능 기술이 결정적으로 중요하다. 중점 영역은 다음과 같다. ■ 자기-점검 기술 향상하기(10장 참조) ■ (현실적인 단기) 목표 설정, 조직 및 계획 훈련 ■ 연령에 적합한 사회적 기술 지원 ■ 스포츠, 드라마, 예술 등과 같은 조직적인 활동 지원

문제 해결 기술

- 문제 해결 기술은 공식적 또는 비공식적으로, 대화나 구조화된 글쓰기나 그리기 과제에서 사용할 수 있다. 또한 다가오는 도전에 대해 생각하거나 이미 일어난 상황을 탐색하는 데에도 사용할 수 있다.
- 많은 사람은 상황을 평가하고 다양한 선택을 할 때 무의식적으로 재빨리 문제 해결 단계를 따른다. 하지만 외상에 노출된 아동의 경우 이러한 단계를 건너뛰고 곧장 반응으로 옮겨가게 됨에 따라 이러한 단계들이 생략된다. 따라서 이 작업의 목표는 아이들이 의식적으로 참여할 수 있는 인식과 역량을 키우는 것이다.
- 다음 표의 단계들은 이 장에서 설명한 각 주요 기술을 다루고 있다. 각 단계는 개별적으로 다뤄질 수 있고 어느 정도 익숙해져 편안해지기 전까지 분리해서 연습해야 한다. 하지만 점차 아이들이 점차 주어진 상황에서 모든 관련 단계들을 적용할 수 있도록 능력을 키우는 것이 목표이다.

단계	서술
단계 1: 문제에 주목하기	아동 교육: ■ **앞부분에서 형성한 기술들과 연결하기.** "많은 상황들이 우리에게 기분을 불러일으키지. 우리는 기분을 인식하고 그것을 어떻게 다루는지에 대해 많은 이야기를 하였단다." ■ **기분은 유용한 정보를 제공함.** "종종 힘든 기분이 들면 우리는 그것을 없애고 싶어하지. 그러나 기분은 우리에게 중요한 정보를 제공해. 그 정보들은 우리로 하여금 우리가 좋아하는지 좋아하지 않는지, 걱정하는지 등 어떤 것이 일어나고 있다는 것을 알려 주지." ■ **"감정 탐정"을 사용하여 문제를 인식하기.** "우리는 감정을 인식하는 것에 대해서 이야기를 나누었어. 그래서 우리는 감정에 대처할 수 있고 다른 사람과 공유하며 이해할 수 있게 되었지. 이제 좋은 선택을 하기 위해 그 감정들을 어떻게 이용할지 이야기할 거야." ■ **아동이 통제하도록 강조하기.** "우리는 감정을 인식하기 위해 이전에 배웠던 기술들을 이용하여 네가 행동하기 전에 멈추고 생각하는 것을 할 거야. 이것은 감정이 아닌 바로 너 자신이 무엇을 해야 하는지가 중요하다는 점을 알게 해 줄 거야."

	목표: 아동이 "문제 상황"을 인식할 수 있도록 한다(예: 그들이 화나거나 촉발된 상황에서). 방법: ■ 아동이 자신의 내적인 단서를 알아차리고, 이를 정서 인식 작업에 연결시키도록 한다. 아동은 감정 탐정이 되어 슬플 때, 화날 때, 걱정될 때 등을 나타내는 단서들을 배운다. 에너지 수준, 신체 감각, 생각, 행동 등과 같은 중요한 단서들을 식별하고, 사건이 일어났을 때 알아차리는 연습을 한다. 적합하다면 아동을 돕기 위해 양육자를 포함시킨다. ■ 다른 사람들이 문제라고 생각하는 상황을 가리키는 외적 단서를 아동이 인식하도록 돕는다. 감정 확인 연습에서 배웠던 다른 사람이 나타내는 감정 신호를 재검토한다. 아동이 목소리 톤이나, 표정, 보디랭귀지 등과 같은 핵심 단서를 이해하도록 도와준다. 다른 사람이 당황하거나, 화내거나 걱정할 때 아동은 어떻게 알 수 있을까?
단계 2: 기본적 안정감을 형성하고 본능적인 위험 반응 억제하기	아동 교육: ■ 뇌에 대해 가르치고 급격한 위험 반응을 정상화하기. "기분이 하는 한 가지 일은 무언가 일어나고 있다는 것을 우리 뇌에게 알려주는 거야. 우리 뇌의 각 부분은 각기 다른 것들을 통제해. 우리 뇌의 한 부분은 우리가 뭔가를 하거나 행동하도록 하지. 예를 들어, 우리가 난로를 만지면, 고통이 행동 뇌에게 재빨리 손을 치워야 한다는 메시지를 전달하는 것처럼 말이야. 우리 뇌의 다른 부분은 생각을 잘해. 그러나 가끔 우리는 생각 영역이 담당하지 않기를 원하기도 해. 예를 들어, 만약 뜨거운 난로를 만졌다면, 손을 치우기 전에 생각하는 시간이 필요할까?" ■ 기술에 대한 원리를 제공하기 ◆ "하지만 때로는 생각하는 뇌가 관여하는 것이 중요해. 고통 같은 신체적인 감각을 느낄 때는 재빠르게 반응하는 것이 중요할 수 있어. 하지만 두려움이나 화, 흥분 혹은 불만족스러움 같은 감정들은 우리를 지나치게 빠르게 반응하게 할 수도 있어. 이것은 진짜 위험 상황에서는 도움이 되지만, 그렇지 않다면 좋지 않을 수 있어." ◆ "이전에 위험에 처한 적이 있는 아동은 상황이나 생각, 기분들이 위험의 신호로 다가오면 재빨리 반응하는 것을 잘해. 하지만 대개는 반응하기 전에 어떤 일이 일어나고 있는지를 아는 것이 중요해." (질문: "네가 너무 빠르게 반응하도록 만든 기분이 든 적이 있을까? 예를 들면, 선생님께 소리 지르거나, 형제를 때리는 것 등. 그렇게 빨리 반응한 결과가 무엇이었니?") ■ 실제적인 위험 대 지각된 위험을 아동이 평가하도록 하기. "네가 강렬한 기분을 느낄 때, 가장 처음 해야 할 일은 네가 안전한지 위험한지를 파악하는 거야. 우리는 이전에 우리의 뇌가 위험할 수도 있는 무언가에 대한 단서에 어떻게 주의를 기울이는지 이야기했어. 종종 실제 위험이 있을 수 있지만, 어떤 경우 단서는 과거에 위험했었던 무언가를 우리가 떠올리도록 하는 것일 수도 있어. 그것들을 무엇이라고 불렀는지 기억나니? [필요하다면 촉발요인에 대한 개념을 다시 가르치기] 촉발요인은 우리 몸의 경보체계(alarm system)를 활성화시킨단다. 우리가 할 일은 실제 경계와 잘못된 경계를 파악하는 거야. 학교에서의 소방훈련처럼."

목표: 아동이 기본적 안전감을 형성하게 한 후 그들이 적극적인 선택이 가능할 때까지 초기의 생존 반응을 억제하도록 한다.

방법:

- 단계 2.1: 다른 무엇보다도 아동은 반드시 기본적인 안전감을 형성해야 한다. 혼란스러운 것을 인식하는 능력과 즉각적으로 환경을 살피고 평가하는 능력을 짝짓도록 한다. "나는 진짜 위험한가?"
  - ◆ 신체적 위험 평가: "나의 환경에서 나를 해칠 수 있는 무언가가 있는가? 누군가 나를 신체적으로 위협하는 사람이 있나? 아니라면…"
  - ◆ 촉발요인 평가: 이전에 가르치지 않았다면, 아동과 그들의 촉발요인에 대해 학습하도록 한다. 강렬한 정서를 유발하거나 안전하지 않다고 느끼게 하는 것이 무엇인가? 아동이 그 상황에 대해 기술할 수 있는 자신의 단어를 찾을 수 있도록 도와주어야 한다(예: "사람들은 나를 힘들게 해" vs. "불공평해"). 다양한 유형의 촉발요인에 주의를 기울인다:
    - 내적(예: 외롭게 느끼거나 취약한/무력한)
    - 관계적(예: 권위적으로 굴기, 친밀감)
    - 감각적(예: 냄새, 소리, 얼굴 표정, 접촉)
- 아동들이 촉발 단서들을 확인하도록 돕는다. 투쟁–도피–동결 반응을 촉발물과 연결시킨다. 그들이 투쟁 반응, 도피 반응, 동결 반응을 할 때 자신의 행동과 기분으로 무엇을 확인하였는가? 다양한 촉발요인 유형에 따라 다양한 반응이 있을 수 있음을 명심하도록 한다.
- 여기서의 목표는 아동들이 그들이 촉발되었을 때(vs. 실제 위험상황에 있을 때) 이를 인식하는 것이 능숙해지며 적극적인 선택을 하기 전까지 반응을 지연하도록 하는 것이다.
- 단계 2.2: 반응 억제
  - ◆ 아동들이 즉각적인 반응을 지연시키는 도구를 개발하도록 돕는다. 일단, 아동이 그 상황이 "문제"라고 인식하면, 감정을 조절하고, 적극적으로 선택할 수 있는 시간을 가질 때까지 다른 반응들을 지연시킬 수 있는 능력이 중요하다.
  - ◆ 이것은 많은 아동에게 있어서 매우 어려운 일이며 상당한 연습이 필요하다.
  - ◆ 가능한 다양한 도구들을 고려해 본다(11장 "조정"에서 논의되었던 것들을 포함하여) 예를 들면:
    - 호흡에 집중하기
    - 인지적 도구(예: 자기–진술: "멈추고 생각하기")
    - 시각적 도구(예: 작은 멈춤 표시 혹은 멈춤 불빛)
    - 사회적 자원(예: 양육자 혹은 선생님의 단서)
    - 그라운딩 도구(예: 아동으로 하여금 손에 쥐고 조작하는 것에 집중하도록 가르치기)
- 정서 조정에서처럼 조절 기술과 각성 상태를 짝지운다.
- 이 기술을 지지하고 강화할 수 있는 양육자 또는 다른 어른들과 함께 작업한다.

<table>
<tr><td></td><td>아동 교육:
■ 문제의 근원에 다가가기. "일단 네가 위험하지 않다는 것을 알게 되면 너는 어떤 일이 실제로 일어났는지 파악할 시간이 있어. 정서는 어디서든지 출현할 수 있단다."

목표: 아동이 그들 자신이나 혹은 다른 사람들의 정서의 기원에 대해 이해할 수 있도록 의식적으로 상황을 평가하도록 한다.

방법(혹은 문제 탐정이 되는 방법): 무슨 일이 일어났는지 시간을 들여 이해하도록 한다.
■ 일단 아동들이 그들이 느낀 것을 인식할 수 있게 되면, 문제가 정확히 무엇인지 구체적으로 확인하도록 가르친다.
■ 아동들이 어떤 것에 대해 행복하지 않거나 다른 누군가가 아동과 행복하지 않은 것, 혹은 둘 다인 상황은 "문제"가 된다.
■ 촉진을 사용하여 아동을 도와줄 수 있다. 다음 장에서 기술하고 있는 "문제 해결 기술 적용 기회를 인식하기"에서처럼, 'wh–'질문을 사용해서 역추적한다.
◆ "너는 언제부터 위장에서 이상한 느낌이 든다고 알게 되었니?"
◆ "누구와 함께 있었니?"
◆ "무엇을 하고 있었니?"
◆ "어디에 있었니?"
혹은
◆ "무엇이 너의 아빠를 화나게 만들었다고 생각하니?"
◆ "너는 무엇을 하고 있었니?"
◆ "그는 무엇을 하고 있었니?"
■ 가능하다면, 문제를 확인하는 사람은 아동이어야 한다(가능한 문제 해결책뿐 아니라). 단서들을 가지고 아동을 돕되 무엇을 할 수 있는지 아동이 파악하도록 한다.</td></tr>
<tr><td>단계 3:
문제를 확인하고
이해하기</td><td></td></tr>
<tr><td>단계 4:
브레인 스토밍:
가능한 해결책
확인하기.
아직은 아무것도
버리지 말라!</td><td>아동 교육:
■ 문제가 있음을 안다는 것의 요점은 적극적으로 그것을 다룰 수 있다는 것이다. "네가 무언가 문제라는 것을 알게 되면 너는 단지 그냥 반응하기보다는 적극적인 선택을 할 수 있단다."
■ 항상 한 개 이상의 선택이 있다. "많은 경우 아이들은 힘들다고 느껴질 때 아무런 선택이 없다고 느낀단다. 하지만 대부분의 경우 아무것도 하지 않는 것이 선택일지라도 선택은 존재한단다."
■ 때때로 선택은 우리의 행동에 대한 것이 아니라 우리 안에서 어떤 일이 일어났는지에 대한 것이다. "많은 경우 선택은 상황을 다루기 위해 행동을 취하는 것이라기보다 우리가 무언가에 대해 어떻게 느끼고, 생각하는지에 대한 것일 수 있어. 예를 들면, 만약 우리가 바꾸지 못하는 상황에 있다면, 우리의 선택은 (a) 화내거나 분개하는 것, 혹은 (b) 상황을 받아들이고, 우리를 행복하게 하는 것들을 생각하며 이 상황이 끝났을 때를 앞당겨 생각하는 것이 될 수 있단다."</td></tr>
</table>

목표: 아동이 가능한 한 많은 해결책들을 확인함으로써 적극적인 선택을 할 수 있도록 돕는다.

방법:

- 단계 4.1: 현재 상황에 대한 명명과 타당화
  - 만약 이미 선택을 했다면(예: 상황상 작업이 끝난 경우) 첫 번째는 아동의 선택에 대해 이름을 붙이고, 타당화하는 것이 중요하다.
- 단계 4.2: 목표를 확인하기
  - 모든 상황마다 많은 가능한 목표들이 있다. 힘든 상황에서 우리의 선택은 목표가 무엇인지에 달려 있다(예: 학교에서의 싸움과 같은 문제가 있는 경우 목표는 화가 났을 때 진정하는 방법, 문제를 해결할 수 있는 방법을 생각하거나 혹은 다음 번에는 다른 해결 방법을 생각하기 등을 가르치는 것 등이 될 수 있다).
  - 아동 스스로 무엇을 얻으려고 하는지를 구체적으로 파악하도록 해야 한다. 기분 표현하기, 지지 추구, 결과 회피, 보상이나 특혜 얻기, 어려운 상황 해결하기 등을 고려해 볼 수 있다.
  - 아동이 선택한 목표가 비현실적인 것인 경우 아동이 그것을 검토하고 필요하다면 대안적인 목표를 확인하도록 한다. 예를 들어, 형제와의 갈등으로 인해 친부모를 방문하는 것이 어려운 아동의 경우; 아동의 목표는 "나의 형을 사라지게 하는 것"일 수 있다. 아동을 이해하는 한편(타당화하는 것이 중요하다), 아동이 다른 대안적인 목표를 설정할 수 있도록 도와야 한다(예: "엄마를 계속해서 보기 위해서는 형을 어떻게 대할 것인가?").
- 단계 4.3: 가능한 선택에 대한 아이디어 산출하기
  - 아동이 가능한 한 많은 아이디어들을 산출하도록 도와야 한다. 이 시점에서는 잠재적인 다른 선택에 대한 언급을 삼가는 것이 중요하다. 예를 들어, 아동에게 학교에서의 대립을 다루는 방법들에 대해 물어보았다면 아동의 리스트에는 다른 사람을 때리는 것, 창문에 벽돌을 던지는 것, 도망치는 것 등이 있고 이 모든 것들을 리스트에 올린다.
  - 이 단계에서 명심해야 할 것은 가장 좋은 해결책을 찾도록 시도할 필요가 없다는 것이다. 그렇게 보이지 않을 때조차도 해결책이 있다는 것과 아동이 선택한다는 점을 강조한다. 예를 들어, 누군가를 때리는 것을 해결책으로 선택하더라도 거기에는 항상 다른 대안이 있다.
  - 아동이 어떤 긍정적인 해결책을 산출하지 못했을 경우, 임상가는 두 가지 선택을 할 수 있다. 결과를 평가하고 다시 돌아가서 대안을 찾아보거나 혹은 그 상황에서 아동에게 조금 더 생각하도록 하는 것이다 (예: "나는 누군가를 때리는 것이 포함되지 않은 다른 생각들이 있는지 궁금하구나.")

단계 5: 각 해결책의 가능한 모든 결과들 (좋은 것이든 나쁜 것이든)을 평가한 이후 선택하기

아동 교육:

- 모든 선택은 좋은 것이든 나쁜 것이든 결과를 가지고 있다. "우리의 모든 선택은 결과를 가지고 있단다—때로 그것들은 좋기도 하고 좋지 않기도 하고, 가끔은 둘 다이기도 해. 네가 엄마를 도울 때, 그건 너(혹은 엄마)의 기분을 좋게 할 수 있지만, 그날 네가 가장 좋아하는 TV 프로그램을 볼 시간이 없어질 수 있지. 혹은 네가 만약 누굴 때리기로 결정했다면, 기분이 좋아질 수 있지만 곤란에 처하게 될 거야."
- 선택한다. "완벽한 선택은 없어. 그렇지만 우리는 어떤 일이 일어나길 바라거나 일어나길 바라지 않는지에 따라서 어떤 것이 좋은 선택인지 파악할 수 있어."

목표: 아동이 목표를 충족시키는 해결책을 선택할 수 있도록 결과들을 평가하도록 지지한다.

방법:

- 단계 5.1: 산출된 각 아이디어의 가능한 결과들을 평가하기
  - 리스트에 있는 각 아이디어를 아동과 평가하는 작업을 한다. 이것은 아동들에게 대부분의 선택은 잠재적으로 긍정적인 면과 부정적인 면을 동시에 가지고 있음을 알려줄 수 있어 중요하다.
  - 즉각적인 그리고 지연된 결과에 주의를 기울인다. 아동이 그 당시에 어떤 일이 일어날지에 대해서만 생각하는 것이 아니라, 선택의 결과로 인해 이후 어떤 일이 일어날지에 대해서도 생각하도록 돕는다.
  - 아동이 산출한 모든 해결책마다 이러한 과정을 적용한다.
- 단계 5.2: 잠재적인 결과에 기반해서 아동이 선택을 내리도록 도와준다.
  - 아동이 모든 선택을 적극적으로 검증할 수 있도록 도와준다. "상황, 목표, 가능한 보상, 가능한 결과들을 고려할 때, 어떤 것이 지금 너에게 가장 좋은 선택으로 보이니?"
  - 아동이 조합을 검토하도록 돕는다. "때때로 가장 좋은 선택에는 약간 다른 것들이 포함되기도 해. 예를 들어, 하나의 목표는 너의 감정을 표현하는 것이고 다른 하나는 지지를 찾는 것이라면 둘 다에 도움될 수 있는 선택을 하거나 아니면 두 가지 가운데 한 가지에 우선순위를 두는 선택이 필요하다는 점이 이해되니?"
  - 부정적인 선택의 결과에 대해 이름을 붙이되 힘겨루기로 이끌지 않는다. 이 과정을 거친 후에도 아동이 부정적인 선택을 할 수 있음을 알고 있어야 한다. 이것이 아이들이 정말 하고 싶은 선택일 수 있음을 인식해야 한다. 하지만 선택은 결과를 받아들이는 의미라는 것을 강조한다. 결과를 강조하는 것은 책임과 개인적인 통제에 대한 자각을 증가시킨다.
  - 아동이 현실적인 평가를 내릴 수 있도록 돕는다. 어떤 선택은 좋아 보이지만 적용하기 어려울 수 있다. 예를 들어, 또래 갈등을 다루는 해결책에서 아동은 가장 좋은 선택으로 "화내지 않는 것"을 선택할 수 있다. 치료자는

	• 정서를 정상화한다. "음, 선생님은 누가 너한테 소리 지르는 데 조금이라도 화가 나지 않는다는 것은 정말 어렵다고 생각해. 우리는 모든 감정을 느끼는 것이 얼마나 좋은 것인지, 안전한 선택을 내리는 것이 중요하다는 이야기를 나누었던 것을 기억해 보렴. 감정에 신경을 끄려고 노력하는 것은 너에게 별로 좋지 않아. 왜냐하면 너의 감정은 다른 방식으로 드러나기 때문에." • 정서에 대처하면서 목표에 도달할 수 있는 안전한 방법을 확인한다. 어려운 정서가 내포된 상황에서, 자기-조절 전략을 가능한 선택으로 포함시킨다. 예를 들어, 아동은 스트레스 볼을 쥐는 것을 통해 진정하는 것을 선택하고 그다음에 어른과 이야기하는 것을 시도할 수 있다.
단계 6: 해결책을 시행하고 평가하기, 필요하다면 수정하기	아동 교육: ■ 시도하기. "우리는 어떤 것이 가장 좋은 선택인지 항상 알지 못해. 그리고 우리가 선택할 때 어떤 일이 일어날지도 항상 알지 못하지. 가끔은 우리는 실험을 해야 하기도 해-이건 우리가 생각하는 가장 좋은 선택을 뽑아서, 시도해 보는 것이야." ■ 결과를 평가하기. "우리가 일단 무언가를 시도하였다면, 우리는 옳은 선택을 결정할 수 있어. 항상 우리는 다시 뒤로 돌아가서 무언가를 시도해 볼 수 있고 다음 기회에는 다른 해결책을 고를 수도 있지." 목표: 아동이 적극적으로 선택에 관여하게 한 다음에는 그것들을 다시 심사숙고하도록 돕기 방법: ■ 단계 6.1: 선택에 따라 행동하기 ◆ 여기서 목표는 아동이 내린 선택을 시행하도록 하는 것이다. 이것은 가장 어려운 단계이다. 치료실에서 일상생활로 일반화시키는 것은 아이들에게 어려운 일이다. ◆ 예상: 아동과 함께 가능한 장애물뿐 아니라, 성공의 가능성을 높일 수 있는 요인을 확인하는 작업을 한다. 아동이 긍정적인 요인들을 증가하도록 하고 장애물을 감소시키며 대처할 수 있는 방법을 생각하도록 돕는다. ◆ 역할놀이: 아동이 선택한 해결책을 수행하기 위해 연습한다. 각기 다른 시나리오와 결과들을 가지고 역할놀이를 수행한다. ◆ 팀 만들기: 아동이 다른 자원을 끌어들임으로써 성공을 성취하도록 돕는다. 아동의 제안을 이끌어 낸다. "이걸 도와달라고 하면 누가 좋다고 할까?" 수행을 돕기 위해 양육자, 선생님 등을 포함시킨다. 이들에게 아동이 목표 기술을 사용하도록 단서를 제시하는 것을 가르친다. ◆ 실험: 수행 시도를 실험으로 간주한다. 아무도 새로운 행동이나 활동의 결과를 완벽하게 예측할 수 없다는 것을 아동에게 가르친다. 아동이 적극적으로 결과를 관찰하고, 보고하도록 한다. ■ 단계 6.2: 결과를 평가하고 필요하다면 수정한다. ◆ 아동이 새로운 해결책을 시도하는 상황에서, 무슨 일이 일어났는지 관찰하는 것은 중요하다. 성공을 축하한다.

	◆해결책이 작용하지 않았을 때도 긍정적인 해결책을 수행했던 아동의 어떠한 시도라도 강화한다. ◆선택이 성공적이지 않을 경우, 아동과 함께 가능한 장애물들에 대해 비판적으로 확인 평가하는 작업을 한다. 해결책이 올바른 것이 아니었나? 시기는 적합하였는가? 다른 사람은? 당시 다른 감정들이 너무 강렬해서 아동이 그 순간 선택을 기억할 수 없었는가? (시행을 방해하는) 장애물의 해결책을 찾도록 도우며 다시 앞의 단계들을 시행한다.

문제 해결 기술을 적용할 수 있는 기회 인식하기

■문제 해결 기술을 적용하기 가장 좋은 장소는 아동의 진술에 대해 반응하는 순간이나 선택을 해야만 하는—혹은 이미 선택한—상황이다. 앞의 표에서 각각의 주요 교육 요점과 목표들, 문제 해결 과정의 각 단계를 자세히 설명하였다. 이제 이러한 기술들을 사용하고 적용하는 기회들을 인식하는 방법들에 대해 제안하려고 한다.

"나는 사람들이 왜 그렇게 화났는지 모르겠어."

■진입 요점: 아동들이 왜 그런 상황이 일어났는지 혼란스러워하거나, 어떤 것이 문제인지 알지 못하는 순간에 대해 경청하기

■목표: "문제상황"을 의미하는 내적, 외적 단서들에 대한 아동의 인식을 키우고, 그들을 도와 무엇이 문제인지를 평가하고 이해하도록 하기(단계 1~3)

■주의: 상황에서 이를 적용할 때, 아동이 자신의 신체와 환경의 미묘한 단서를 추적하고 이해하는 것을 배우도록 돕는 역추적 방법을 사용한다.

◆아동이 혼란스러워하는 상황을 구체적으로 정의할 수 있도록 돕는다(예: "다들 갑자기 화를 내.").

◆역추적하기. "모두가 화를 내기" 5분 전에 어떤 일이 있었는가? 상황과 아동의 신체 상태와 감정, 생각 등을 평가한다.

◆첫 단서까지 역추적 계속하기. 아동이 "문제"에 대한 증거를 알아차릴 수 있도록 돕기—예를 들어, 그들의 감정이 통제 불가능해지거나 혹은 다른 사람들이 화를 내는 것 등이다. 정서 인식 기술과 병행한다.

예시:

(아동이 슬퍼 보이고 위축된 상태로 회기에 왔음)

치료자: 오늘 울적해 보이는구나. 무슨 일이니?

아동: 다들 날 싫어하고, 나는 왜 그런지 모르겠어요. **[상황에 대한 혼란스러운 표현]**

치료자: 다들 너를 싫어한다고? 왜 그렇게 생각해?

아동: 모르겠어요. 난 그냥 놀려고 한 건데 다들 나보고 가버리라고 말해요. **[상황에 대한 정의]**

치료자: 와– 네가 왜 울적해 보이는지 알겠다. 어떤 일이 일어난 건지 알아보자. 다들 너보고 저리 가라고 하기 전에 어떤 일이 있었니? **[역추적]**

아동: 모르겠어요. 휴식시간이었고, 몇몇 아이들이 놀고 있었어요. 나도 놀고 싶었는데 걔네는 화를 냈어요.

치료자: 걔네가 화가 났는지 어떻게 알았어? **["문제"에 대한 단서로 전환]**

아동: 왜냐하면 걔네가 소리를 지르고 나보고 바보라고 말했으니까요.

치료자: 알겠어. 걔네가 화난 것처럼 들렸구나. 그럼 그들이 소리 지르기 직전에는 어떤 일이 있었니? **[역추적]**

- 주의: 이 과정은 아동과 치료자가 "문제"를 가리키는 초기 단서를 알아낼 때까지, 그리고 상황을 정의하고 이해한 이후에도 문제 해결 단계들을 통하여 지속될 수 있다(예: 다음 상황에 대한 대안).

"하지만 나는 반드시 …했어야"

- 진입 요점: 아동이 과거나 미래 상황을 확인하는 순간을 경청하기. 이때에는 그들에게 선택이 없다고 느낄 수 있다.
- 목표: 선택에 대한 인식 증가시키기(단계 4)

예시:

(아이가 그룹 홈의 다른 거주 아동을 밀친 것 때문에 제한 상태(program restriction)이다.)

아동: 이게 왜 큰일인지 모르겠어요. 걔가 시작했고, 나는 그래야 했어요. **["선택이 없었음"에 대한 언어]**

치료 장면 상담사: 너는 진짜 다른 선택이 없다고 느낀 것처럼 들리는구나.

아동: 음, 그래요. 걔가 날 괴롭혔다구요.

치료 장면 상담사: 그래, 마누엘이 너를 괴롭혔구나. 그래서 너는 걔를 밀치는 것을 선택했고,**[선택의 표현]** 그것 때문에, 너는 제한 상태가 됐어.**[결과의 언어]** 그런 일이 왜 그렇게 빨리 일어났는지 생각해 보자.**[촉발요인들의 역할이나 조절곤란 반응의 인정]** 그리고 네가 할 수 있는 다른 방법은 없었는지 생각해 보자.

"나는 [나쁜 선택]을 할 거예요."

- 진입 요점: 아동들이 잠정적인 부정적인 선택을 계획하거나 시행하려고 할 때 이야기 경청

하기

■ 목표: 행동의 결과에 대한 이해를 증진시키기(단계 5)

예시:

(청소년이 그녀의 부모님과 말다툼을 하고 매우 화난 상태로 회기에 왔다.)

청소년: 부모님이 싫어요. 지긋지긋하고, 나가버릴 거예요.**[잠정적으로 부정적인 선택]** 나는 뉴욕에 친구가 있어요—나는 언제든 거기 갈 수 있어요.

치료자: 그래, 정말 화가 난 것처럼 보이는구나. 네가 왜 나가고 싶어하는지 이해할 수 있어. 우리 그것에 대해 몇 분 동안 생각해 볼 수 있을까?

청소년: 그래요. 그렇지만 나는 내 맘을 바꾸지 않을 거예요.

치료자: 그래, 그게 너의 선택이구나.**[힘겨루기를 피하기; 선택을 되풀이한다]** 너한테 휴식이 필요하다는 것처럼 들리는구나. 가출을 포함해서 네가 할 수 있는 다른 선택들에 대해 생각해 볼까?**[브레인스토밍에서 어떤 것도 제외하지 말 것]** 그런 다음 너에게 가장 좋은 것이 무엇인지 생각해 보자.**[대안적인 해결책 산출 그리고 평가]**

주의: 아동, 청소년이 문제 해결을 하기보다는 부정적인 혹은 안전하지 않은 선택을 계속해서 반복하려고 하는 상황에서 어른은 그러한 행동을 다룰 필요가 있다. 다음 예처럼, 선택이라는 표현을 계속 사용한다.

청소년: 멍청이같아요! 나는 심각해요—나는 떠날 거예요.

치료자: 네가 떠나고 싶어하는 것을 이해할 수 있지만 너는 내 직업이 너를 안전하도록 돕는 것이라는 것을 알고 있지. 그 선택이 정말 네가 원하는 것이라면 내 선택은 이것을 너희 어머니에게 말씀드려 너를 안전하게 할 수 있는 일을 해야 하는 것이란다.

"이건 다 [엄마, 친구, 선생님, 나의 개 등등]의 잘못이에요!!"

■ 진입 요점: 자신의 선택에 대한 책임을 아동이 외재화(externalize)할 때 경청하기

■ 목표: 행동의 결과에 대한 이해를 증가시키기(단계 5)

예시:

(게임기를 부모님이 갖다 버렸기 때문에 청소년이 화가 난 상태로 회기에 왔다.)

청소년: 부모님이 싫어요! 지긋지긋해요. 그들은 항상 멍청하게 물건들을 갖다버려요. 그들이 나를 열받게 했어요.**[책임의 외재화]**

치료자: 그래, 무척 화난 것처럼 보이네. 무슨 일이 있었니?

청소년: 말했잖아요. 그들이 내 PS2(게임기)를 갖다 버려서 나를 화나게 했어요.

치료자: 와—갑자기 갖다버렸니? 그 일이 있기 전에 어떤 일이 있었어?

청소년: 아무 일도요—난 그냥 놀고 있었고, 게임이 끝나면 숙제를 하려고 했어요. 그리고 그들이 어디선가 갑자기 들이닥쳐서는 소리를 질렀어요.

치료자: 그 전에 그것에 대해 얘기를 했었니?

청소년: 네, 아마도요. 그렇지만 잠깐만 하려고 했어요. 이게 큰 일이라고는 생각 안 해요.

치료자: 내가 이해한 것이 맞는지 확인할 수 있을까? 그래서 너와 네 부모님은 숙제하는 것에 대해 이야기했고—그들은 놀기 전에 숙제를 해야 한다고 이야기했니?

청소년: 네.

치료자: 그들이 네가 숙제를 하지 않으면 PS2를 잃을 거라고 이야기했니?

청소년: 네, 그렇지만 나는 하려고 했어요—게임이 끝나면 바로요.

치료자: 그래, 이제 말이 되는구나. 네 부모님이 너에게 무언가 하라고 했고, 너는 부모님이 말했을 때, 숙제를 하는 것 대신 PS2를 사용하기로 선택했구나.**[청소년의 선택에 대해 강조]** 거기에 PS2를 잃지 않으면서 네가 할 수 있었던 다른 선택이 있었을까?**[미래의 대안적인 선택 산출]**

발달적 고려사항

발달 단계	실행 기능 고려사항
초기 아동기	실행 기능 기술은 아동기를 넘어서 청소년기, 초기 성인기까지 발달한다. 어린 아동들은 독립적으로 문제 해결 기술을 시행하는 것이 불가능하고 이를 기대해서도 안 된다. 하지만 어린 아동들은 기본적인 '만약–그렇다면' 관계에 대해 배울 수 있다. 이 연령집단의 목표는 선택과 행동, 결과에 대한 기본적 이해를 형성하는 것이다(좋은 것과 나쁜 것 모두). 행위감은 초기 아동기의 주요 발달 과제이다. 양육자들이 적극적으로 아동의 선택과 행동을 주목하고 이를 명명하여 결과와 연관짓는 작업을 하도록 한다. 예를 들어, 아동이 탑을 만든 다음 무너뜨린다. "와 이것 봐! 네가 탑을 쳐서 이게 쿵하는 소리를 냈어! 근사하구나!"
중기 아동기	일반적으로, 행동과 선택을 통제하고 반영하는 아동의 능력이 발달한다. 인지 능력이 목표 지향적인 활동을 하는 데 사용되기 시작한다. 이 발달 단계에서는 가능한 선택과 결과를 예상하고 계획, 평가하는 것을 지지하는 데 집중한다. 선택의 표현이 증가되도록 양육자와 어른들을 포함시킨다. 예를 들어, "너는 오늘 축구를 했고, 나는 네가 연습할 때 가끔씩 좌절을 느낀 것을 알고 있어. 오늘 어떤 선택이 너를 도울 수 있다고 생각하니?" 이 단계에서 숙달은 점점 중요해진다. 양육자와 어른들은 아동의 선택이 어떻게 성공적인 결과를 이끌어 낼 수 있는지 적극적으로 알려주어야 한다. "성공"은 아동–특정적 방식으로 정의되어야 하며, 결과만큼 노력도 고려해야 한다.

청소년	청소년기에 비판적 생각과 독립적인 문제 해결에 필요한 인지 능력이 발달한다. 하지만 외상경험 청소년의 경우 이러한 영역의 어려움이 계속된다. 다음과 같은 여러 요인들을 중요하게 고려한다. ■ 청소년은 자신의 내적 삶에 대해 비밀을 지키기를 원하며, 공유되는 문제 해결을 침입적으로 느낀다. 청소년이 자율적으로 공유할 문제 상황을 선택하도록 허용한다. ■ 청소년이 독립적으로 해결책을 산출하는 능력과 결과에 책임을 지는 능력을 기르도록 한다. 그들의 선택을 판단하기보다는 문제 해결 기술을 가르치고 지지하는 것을 강조한다. 청소년의 상황(그리고 가능한 결과)에 대한 해석은 개인에 따라 다를 수 있다는 것을 명심한다. 임상가와 양육자의 목표는 청소년의 목표와 다를 수 있다. 청소년의 관점과 개인적 목표를 이해하려는 시도가 중요하다.

적용

개인치료/양자관계

아동과 청소년 개인회기에서는 실행 기능을 강화하여 문제 해결 기술을 진행한다. 문제 해결 단계는 공식에 따라(예: 단계적으로) 가르치지만 대부분 공식에 따르기보다는 "순간을 잡아내어" 적용한다. 힘든 상황을 확인하고 "문제"와 목표에 대한 탐색과 정의, 선택을 검토하고 산출하는 것과 행동을 결과와 연결짓는 것이 지속되는 치료 작업에서 중요하다. 이러한 과정들이 보다 명백해질수록 아동은 점차 이러한 기술 세트를 내재화하게 된다.

문제 해결 과정과 적극적인 선택은 구조 내의 모든 목표들과 연결된다. 아동은 문제 상황과 자신의 반응을 확인하기 위하여 정서 인식 기술을 사용한다. 조정 기술은 상위 인지 과정을 이용하도록 충분히 조절된 상태로 있게 한다. 관계적 연계 기술은 산출된 해결책의 주요 요소이다(예: 감정을 표현하거나 지지를 추구할 경우). 다음 장에서 설명할 자기와 정체성 작업은 선택과 밀접하게 관련되어 있다. 예를 들어, 아동의 미래 목표는 상황적인 목표를 확인하는 데 도움이 될 수 있다. 가치는 다양한 선택의 이득과 결과를 고려하는 데 도움이 된다. 애착은 아동의 실행 기능을 지지하는 데 필수적이다. 양육자가 조절된 상태를 유지하고 아동의 생각과 감정, 도전, 강점을 이해하는 능력은 문제를 확인하고 아동이 이 기술을 사용하도록 단서를 주고 지지하는 데 도움이 된다. 선택에 대한 아동의 이해를 이끌어 내는 것은 효과적인 반응을 적용하도록 돕는다(예: 제한이나 결과에 의존하기보다는 아동이 긍정적인 선택을 하도록 사전에 도움으로써).

임상가는 아동과 양육자를 도와 작업하였던 기술과 목표 간의 중요한 연결을 이해하도록 한다.

예상(예: 예상된 문제 또는 다가올 도전)이든 결과에 따른 것이든 간에 "선택" 상황을 인식하는 것에 주의를 기울인다. 긍정적인 선택뿐 아니라 덜 긍정적일지라도 선택하려는 시도를 주목하고 명명하며 강화한다. 적절하다면 언제든 양육자들(부모, 선생님, 다른 도움을 주는 어른들)을 포함시켜 아동의 선택을 지지하거나 함께 잠재적 해결책을 만들도록 한다. 매번 아동이 새로운 기술을 시도하려고 할 때 핵심 성인을 포함시키는 것이 매우 중요하다(예: 싸우는 대신 어른의 도움을 요청하도록 선택하기). 아동 양육자에게 문제 해결 단계를 가르치고 이러한 기술을 적극적으로 연습하고 지원하도록 강화한다.

아동, 청소년 자신의 문제 해결 능력을 지지하는 것과 더불어 의사 결정 과정에서 투명성은 특히 이러한 결정이 아동 삶에 적용될 때 가치가 있다. 투명성은 기술을 모델링하는 것과 삶의 결정에 대한 "임의성(randomness)"에 대한 아동의 지각을 감소하는 것 모두에 도움이 된다. 예를 들어, 행동 조절곤란으로 다른 반으로 옮기게 된 아동을 생각해 보자. 임상가나 양육자는 의사결정 과정에 대해 설명할 수 있다.

> "미리 이야기했듯이, 엄마와 존스 씨, 리베라 씨는 네가 학교에 적응할 수 있도록 돕는 방법에 대해 어떻게 하면 가장 성공적일 수 있을지 만나서 이야기를 했단다. 우리는 누군가 너와 교실에 같이 앉아 있거나 네가 교실을 일정 시간 떠나 있는 것 등에 대해서 생각했어. 우리는 가장 좋은 해결책은 __________라고 생각했다. 우리가 __________가 잘 통하지 않을 거라고 생각한 이유는 __________야. 그래서, 우리는 이렇게 할 거야…"

설명은 반드시 발달적으로 적절하고 해결에 초점을 맞춰야 한다.

집단

문제-해결 기술을 집단 형태에 적용하는 많은 방법이 있다. 활동들을 개발할 때 궁극적인 목표를 고려한다. 목표에 도달하기 위해서는 선택에 관한 아동의 인식과 적극적으로 선택하는 능력이 향상되어야 한다. 집단 상황에서 협동적인 문제 해결 과정은 추수과정만 있다면 단순히 단계에 따른 명시된 지침을 제공하는 것보다 훨씬 가치 있는 교육 도구가 된다. 예를 들어, 문제를 해결하기 위한 해결책(부록 C에 예시 제공)을 적극적으로 산출하는 협동적인 과정을 수행하는 집단을 고려해 보자. 다음과 같은 활동에서 과정(예: "함께 작업하는 것이 어떠한가? 무엇이 성공적으로 도움이 되었나? 무엇을 얻었는가?"), 결정(예: "무엇이 y가 아닌 x를 선택하도록 했는가?") 그리고 결과(예: "네가 한 것에 대해 어떻게 생각하는가? 뭔가 더 낫게 할 수 있었던 어떤 것을 생각할 수 있는가? 이것을 더 나쁘게 만드는 것은 무엇인가?")를 탐색한다. 적합하다면 집단 구성원들에게 그들의 경험을 성공적인 해결책뿐 아니라 도전과 장애물을 예상하는 데에도 사용해 보도록 한다. 후속 논의에서는 이 과정을 "실생활" 속에서의 결정과 연결시키도록 한다. 즉, 선택 과정, 장애물, 지원, 결과에 영향을 미치는 선택방식, 결과를 예상하는 방식(그리고 실제적 경험)은 점차 긍정적인 선택을 하도록 돕는다.

유사한 작업을 집단 구성원들의 촉진 시나리오를 통해 그들의 삶과 연관된 상황을 논의하면서 진행할 수 있다. 적절한 영화 장면, 책, 현재 사건들을 사용할 수 있다. 이 작업의 가장 유용한 점은 모호한 상황을 검토하는 것이다. 분명한 "옳은" 해결책이 없는 상황에서 집단과 함께 (1) 문제가 되는 이슈가 무엇인지 확인하고, (2) 가능한 목표와 선택, 결과를 산출하고 논의하며, (3) 선택과 밀접하게 관련된 잠정적 장애물과 자원에 대해 고려한다. 집단 리더가 집단을 "올바른" 선택으로 이끌어가지 않는 것이 중요하다. 이러한 작업은 과정이 결정보다 훨씬 중요하다.

치료 장면

아동, 청소년들이 조정 전략 사용과 조합하여 적극적 문제 해결을 할 수 있도록 지지하는 것이 치료 장면 프로그램의 핵심 목표이다. 독립적으로 이 기술들을 적용할 수 있는 역량은 행동 제한이 비교적 엄격하지 않은 양육에 대해 아동이 준비되어 있는지와 관련이 있다. 스태프들의 조절 지원과 의사결정 촉진 간의 균형이 포함된 "양육자 교육"에서의 핵심 기술들을 수준에 따라 훈련시킨다. 특히 스태프와 작업하여 아동이 적극적이고 건강한 선택을 인식할 수 있도록 하며, 단서를 제공하고, 통제 및 역량 부여 기회를 제공하는 것이 중요하다. 훈련은 타이밍이다. 조정 기술은 성공적으로 상위 인지 과정에 관여하기 위한 첫 단계이다. 선택안 제공은 힘겨루기, 악화, 제한의 필요성을 감소시킨다.

치료 장면의 스태프들에게는 문제 해결 기술을 적용하여 아동을 도와줄 수 있는 기회가 많다. 진입 요점에 따라 접근은 다양하다. 예를 들어, 사전에 스태프와 아동이 모든 문제 상황을 확인했다면—예를 들어, 가족 방문과 전화통화, 비구조화된 사회적 상황, 과도기, 일정 변경과 같은 흔한 촉발요인들은 문제 해결 계획을 확립하는 데 특히 도움이 된다. 아동과 함께 도전적인 상황에 대해 계획하고 효과적으로 대처하여 원하는 결과(예: 보상 획득 혹은 결과 회피, 단계 3~6 사용)를 성취하는 전략을 확인한다. 이러한 전략 계획에 청소년이 참여하도록 한다. 다른 모든 기술처럼 적극적이고 긍정적인 선택 기술은 연습을 통해 가장 성공적일 수 있다.

문제 해결 기술은 결과가 이미 발생했을 때라도 적용할 수 있다. 앞서 기술된 단계는 제한이나 치료적 억제와 같은 부정적 사건을 처리하는 과정에서 사용될 수 있다. 처리 과정에서 다양한 감정적 상태(감정의 얼굴), 에너지 수준(상, 중, 하) 등에 대한 시각적인 단서를 제공하는 것이 매우 유용하다. 만일 결과가 또래 갈등과 연관된다면 갈등을 해결하는 접근에서 문제 해결 단계를 정기적으로 시행하는 것을 고려한다. 갈등 상황에 처한 거주자들이 개별적으로 상황을 반영하고 자신의 관점을 공유한 후 상호 동의된 목표나 결과에 기반한 문제 해결에 함께 참여한다. 치료 장면은 경계 위반과 같은 갈등-관련 문제를 다루는 규칙이 있다. 가능하면 보상이나 잠정적인 프로그램 결과 등 상황을 평가하고 적절한 해결책을 선택하는 과정에 또래 또는 스태프와 함께 청소년을 참여시킨다.

문제 해결 단계는 대개 시설 거주자들과 함께하는 순간에 적용한다. 이 경우 그 시점에서 문제 해결 기술을 시행하는 계획을 세우도록 소통을 위한 스태프 토론회를 이용한다. 각 내담자에 관한 스태프의 조율을 이끌어 내고, 내담자의 촉발요인에 대한 논의가 포함되는 회의를 고려해 본다. 여기에는 내담자가 사용하는 긍정적, 부정적인 현재의 조정 전략(예: 공간 요청, 자해), 고통을 나타내는 단서, 투쟁과 도피, 동결과 관련한 행동이 포함된다. 문제 상황이 발생하면 이러한 정보들을 사용하여 시설 거주자들이 선택할 수 있는 조정 전략 메뉴를 개발한다. 예를 들어, 고통을 불순응으로 표현하는 거주자를 관찰한 스태프는 그에게 단서를 반영하고 다음과 같은 선택("쉬고 싶니? 도구상자에 있는 풍선을 불거나 아니면 다른 것을 하기를 원하니?")을 제공할 수 있다.

요약하면, 이러한 기술을 강조하고 공식적, 비공식적 접근을 통합한 프로그램을 개발할 때는 진입 요점을 고려한다.

외상 경험 통합: 상태 기반 기술 적용

고통 감내와 조절

생존을 위한 상황에서 종종 압도적인 정서와 생리적 반응을 경험하는 아동에게는 반응 지연이나 충동 관리, 고차원적 인지 능력을 활용하는 기술들은 특히 더 어려울 것이다. 마찬가지로, 자신의 고통을 관리하는 데 어려움을 겪고 있는 양육자 역시 청소년의 의사 결정을 지원하기 위해 조율 기술을 활용하고 자신의 정서를 관리하는 데 어려움을 겪을 가능성이 높다.

청소년이 압도된 상태에 처했을 때, 확인된 촉발요인을 포함하여 충동을 관리하며 도전적인 경험에 대한 자동적 반응이나 대응들을 전환하는 데 중점을 둔다. 대부분의 작업은 고통스러운 순간에 조절을 지원하는 데 집중한다. 이상적으로, 조절된 양육자는 앞서 설명한 양육자 기술을 사용하고 지도를 받아야 한다.

양육자 자신이 압도되는 경우, 치료자는 양육자 정서 관리(자녀의 고통에 직면하여 자신을 침착하게 유지하는 방법)와 상호조절에 초점을 두고 단계적 처리(먼저 조절하고 나중에 생각하는 것)를 강조할 수 있다. 이는 그 자체로 즉시 행동을 다루고 해결할 필요성을 느끼므로 스트레스를 받는 양육자의 부담을 덜어줄 수 있으며, 그리고 자녀와 마찬가지로 그 과정을 늦출 수 있는 기회로 도움을 받을 수 있다.

이 작업이 치료 초기 단계와 압도된 순간에는 도전적일 수 있으나, 통제, 선택, 권한부여의 기회를 반복적으로 경험함에 따라 점차 아동이 반영적 능력을 발휘하도록 할 수 있다. 다르게 말하자면 아동이 자신의 세계에서 자신이 강력하다고 느낄수록, 미래의 상황에서도 자신이 강력해질 수 있다고 믿게 된다. 이러한 작업의 기초가 되는 권한부여와 행위감은 시간이 지남에 따라 구축된다. 반영 및 기타 미러링 기술은 아동의 선택에 대한 인식을 지원하고, 이미 내린 선택을 이해하고 타당화하는 데 사용될 수 있다. 선택, 통제, 유능감 관련 기회들에 대해 일관적으로 주의를 기울이게 되면 이는 아동의 행위감 성장에 도움이 된다.

호기심과 반영

청소년과 양육자가 점차 반영적 능력을 구축함에 따라, 작업의 초점은 청소년과 보호자가 현재 행동 및 목표의 기능과 함께 "문제" 또는 도전적인 경험이나 상황을 정확하게 확인하는 것에 중점을 둔다. 아동이 어려운 상황을 이야기하고 반영함에 따라 발생하는 감정과 각성을 견딜 수 있을 때, 제공자는 문제("널 화나게 한 일이 뭐였니?"), 행동 기능("그 순간에 네가 뭘 하려고 했을까?"), 선택과 그에 따른 결과("네가 그렇게 했을 때 이런 일이 일어난 것 같구나.")에 대한 이해를 높여 아동을 지원할 수 있다. 시간이 지남에 따라 이러한 패턴을 반복적으로 이해하면 외상과 관련한 핵심 촉발요인("누군가 너를 괴롭히거나 표적으로 삼는다고 느낄 때마다 다른 상황보다 훨씬 더 분노한다는 것을 알겠어."), 아동의 생존 패턴(" … 그러고 나서 화를 낸다 … "), 행동의 목표와 기능(" … 네 자신을 보호하려고 … "), 이러한 패턴이 현재의 결과와 경험에 영향을 미치는 방식 (" …하지만 때로 실제로는 더 힘들어지게 되고 네 욕구를 충족시키는 데 방해가 된다.")이 밝혀지는 데 도움이 될 수 있다. 아동이 점차 자신의 경험을 조율하고 현재의 선택에 대한 타당화가 이루어지면, 확인된 문제 영역에 대한 대안적인 해결책을 산출하는 데 참여할 가능성이 높아진다.

목표지향적인 행동에 참여하기

외상 치료의 가장 중요한 최종 목표 중 하나는 아동이 자신의 세계에서 적극적이고 주체적이 되도록 지원하는 것이다. 외상 반응은 위험에 대한 즉각적 반응(실제 위험을 경험하는 동안에는 강력한 자기 보호 반응이지만, 아동으로 하여금 본질적으로 지각된 경험에 좌우되게 하여 시간이 지나게 되면 무력화되는 반응)을 전제로 한다. 반대로, (발달에 적합한 수준에서) 성찰하고, 내적 경험을 이해하고, 선택에 관한 요점들을 인식하고, 장단기 목표를 향해 노력하는 능력은 발달 중인 아동을 강력하게 만들어 준다.

아동 및/또는 아동의 양육 체계가 점점 더 조율되고 호기심이 많아지며 촉발된 각성을 인식하고 고통을 관리하고 조절할 수 있게 되면서, 독립적이든 지원을 받든 간에 실행 기능 기술을 그 순간에 사용할 수 있게 된다. 이 단계에서는 아동 및/또는 양육자가 발생할 수 있는 도전적 경험들을 예측하고 인식하며, 선택 지점과 결과의 범위들을 정확하게 평가하도록 지원하는 것이 중요하다. 치료자, 양육자, 아동은 협력하여 그 순간 도전적인 경험을 다루거나 또는 원하는 목표를 향하여 작업하는 계획을 개발할 수 있다. 이상적으로 이 작업은 다음 장에서 설명하는 '미래 자기' 작업과 짝지어 작업할 수 있다.

실생활 치료

- **연습은 … 완벽하지는 않다.** 이러한 기술들은 어렵다. 아동은 "실제 세계"에서 특히 감정적 각성 순간에 이를 독립적으로 사용하기보다 회기 또는 양육자의 도움을 받을 때, 이 기술들을 더 잘 사용할 수 있다. 특히 어려운 문제 상황이라면 아동이 이러한 기술을 숙달하는 데는 어느 정도 시간이 걸린다는 점을 예상해야 한다. 첫 번째, 두 번째, 열 번째에 효과가 없다고 해서 기술을 버리지 말아야 한다. 반복은 결국 아동의 통제감을 높여주며, 당장은 원하는 선택을 하지 못하더라도 시간이 지남에 따라 아동은 자신에게 선택권이 있다는 점을 인식하게 될 것이다. 이는 그 자체로 성공이다.
- **이는 목적지가 아니라 여정의 일부이다.** 수년 동안 우리는 임상가와 다른 서비스 제공자들로부터 치료에서 실행 기능 기술을 다루기 위해 "노력"하고 있지만 "아직 거기에 이르지 못했다."는 말을 자주 들었다. 이에 대한 답변으로 우리는 독자들에게 어느 정도는 도전에 직면하면서, 충동적인 반응을 관리하고(성공적이든 실패적이든), 문제를 처리하는 최선의 방법을 찾으려고 노력했거나, 잘될 수 있는 방법에 대해 시도하지 않거나 생각하지 못

한 날들을 떠올려 보라고 도전한다. 실제 우리는 상위 인지 과정을 일상적으로 사용한다(또는 사용하는 데 실패하거나). 이러한 과정은 우리의 조절 능력과 서로 얽혀 있고 의존적이지만, 충분히 조절될 경우에만 사용할 수 있는 독립적인 기술 세트는 아니다. 문제에 관여하고 해결하는 연습이 많을수록 우리는 할 수 있다고 믿는다. 모든 상호작용에서 아동의 힘을 지원할 수 있는 기회가 있을 것이다. 그 순간을 찾아보자. 약속하건대 분명 찾을 수 있을 것이다.

14장

자기발달과 정체성

주요 아이디어와 핵심 하위 기술

아동이 독특하고 긍정적인 특성을 확인하고, 시간과 경험에 따른 일관성의 발달이 포함된 자기와 개인 정체성에 대한 이해를 탐색하고 구축하도록 지원하며, 다양한 미래의 가능성을 상상하고 작업하는 능력을 지원한다.

★ 아동이 개인적 특성(독특한 자기)을 확인하도록 돕기
★ 내적 자원과 자기의 긍정적인 측면(긍정적 자기)에 대한 확인 작업을 구축하기
★ 과거와 현재의 경험을 통합하고 자기의 여러 측면을 통합하는 자기감(일관된 자기)을 구축하기
★ 미래의 목표/결과(미래 자기)를 상상하고 작업하는 능력을 지원하기

★ 핵심 개념

★ 자기발달과 정체성을 목표로 하는 이유는 무엇인가?

■ 핵심 발달 과정은 자기감과 개별성에 대한 이해가 성장하여 궁극적으로는 일관적인 정체성을 형성하는 것이다.

■ 일관된 자기 형성은 발달 단계에 따라 확립된다.

◆ 영아기와 초기 아동기에 자기에 대해 타인과 분리되나, 다른 사람들과 연관되었다는 기본 인식에서 정체감 형성이 시작된다. 기본적인 자기개념의 형성은 다른 사람들, 우선적으로는 아동의 행동이나 상호작용에 대해서 예측 가능한 방식으로 반응하는 양육자를 통해 발달한다. 아동은 다른 사람의 전형적인 반응을 내재화한다. 예를 들어, 칭찬과 애정을 받은

아동은 자신에 대한 긍정적이고 사랑받을 가치가 있다고 자기에 대한 이해를 내재화한다. 반대로 반복해서 거부를 경험한 아동은 자신은 가치가 없다고 내재화한다. 이 내재화된 메시지는 아동의 급성장하는 자기 이해와 통합된다.

- ◆ **중기 아동기에 자기에 대한 이해의 확장은 아동 삶의 다양한 영역의 경험들과 통합된다. 아동은 구체적인 속성과 결과에 부분적으로 초점을 맞춘다.** "나는 소녀[혹은 소년]야." "나는 강해[혹은 약해]." "나는 똑똑해[혹은 멍청해]." 중기 아동기 단계에 발달하는 명확하지 않은 흐릿한 기억과 함께 특성들을 이분법적으로 이해한다. 양육자와의 상호작용은 자기개념에 지속적으로 중요하다. 또래와 교사 및 다른 주요 인물들의 반응도 영향을 준다. 점차 자기개념은 개인적 특성과 호불호, 개인적 가치를 포함하게 된다.
- ◆ **청소년기에는 자기에 대한 초기 이해가 발달하여 추상적인 속성이나 경험의 다양한 측면과 통합되고 미래의 가능성을 포함하는 일관된 정체성을 가지게 된다.** 이 시기의 청소년은 자신의 호불호, 목표, 가치, 필요에 대해 탐색하는 활동적인 과정에 있다. 청소년은 자기감을 확고히 하기 위한 시도로 다양한 속성들을 "시도"해 본다. 자기감에는 미래 목표뿐 아니라 현재와 과거의 경험이 통합된다.

- ■ 개인 정체성의 성장은 청소년기에도 끝나지 않고 지속된다.

★ 외상이 자기발달과 정체성에 어떻게 영향을 미치는가?

- ■ 초기 외상 경험과 애착 붕괴는 긍정적이고 일관된 자기감을 손상시킨다. 실험 연구에서 자기개념의 손상은 초기 아동기에 시작되어 청소년기와 성인기까지 지속되는 것으로 나타났다.
- ■ 외상을 경험한 아동과 청소년에게는 과거의 요소들이 파편화된 기억과 서로 뒤얽혀진 요소의 형태로 계속해서 침투한다. 여기에는 언어, 시각적 이미지, 강렬한 정서, 생리적 감각, 감각, 의미 체계 등이 포함된다. 이러한 요소들은 지속적으로 현재의 자기에 영향을 미치고 규정 짓는다. 예를 들어, 지속적이고 만연한 취약성을 경험해 온 아동은 단순히 취약한 느낌을 기억하는 것이 아니라 현재에도 계속해서 취약한 자기를 경험한다.
- ■ 특히 나이가 많은 아동과 청소년의 경우, 현재의 반응은 과거의 경험과 유사할 수도 있지만 더 확장되고 복합적으로 나타날 수도 있다. 예를 들어, 청소년이 과거에는 공포, 상실감, 혼란을 느꼈을 수 있지만, 과거가 침투함에 따라 현재에는 이 모든 것에 더하여 분노나 수치심에 사로잡힐 수 있다.
- ■ 이러한 경험은 행동 패턴과 적응의 형태 또는 특정 기억의 형태로 침투할 수 있다. 외상 기

억의 강도와 현재 반응에 대한 두려움으로 인해, 많은 외상 생존자들은 기억의 침투를 회피하고, 연결을 끊고, 차단하는 방법을 학습한다. 이러한 단절은 기억에 대한 숙달을 방해한다. 즉, 반응과 경험을 두려워한다면, 그 경험의 힘은 지속된다.

- 외상이 정체성과 자기감에 영향을 미치는 데에는 여러 가지 이유가 있다.

부정적 경험의 내재화

모든 아동들처럼, 외상 경험 아동은 자신의 경험을 자기감에 내재화하고 통합한다. 통상적으로 거부당하거나 손상되고, 무시당한 아동은 사랑받지 못하고 가치 없고, 무력하며 손상되었다는 자기 이해를 내재화한다.

- 광범위한 사회적 메시지는 긍정적, 부정적인 자기개념 발달에 내재된 역할을 한다. 미디어와 다른 포럼들은 성 역할, 신체상, 인종적 문화적 기반의 기대와 언어 사용 등에 관한 메시지를 전달한다. 어떤 방식으로든 뒤처진 집단 구성원들은 미디어나 사회적 메시지 영향으로 자기개념과 정체성이 더욱 취약해진다. 외상 경험 아동은 부정적 속성의 내재화로 더욱 취약하다.

경험의 파편화

정체성이 발달하기 위해서는 경험과 자기의 측면을 일관된 전체로 통합하는 능력이 필요하다. 외상 경험 아동은 자신의 경험과 단절되고 파편화되는 해리적 대처 방법에 의존한다. 이로 인해 외상 경험 아동은 다중적인 "자기감"을 가지게 된다. 즉, 겁먹은 자기, 화난 자기, 눈에 잘 띄지 않는 자기, 괜찮은 자기 등이다. 이러한 상태 의존적 자기개념이 특정 경험과 정서에 대한 반응에서 나타난다. 아동은 다양한 경험과 감정 상태 속에서 일관된 자기감을 통합하는 데 어려움을 겪는다.

탐색 결여

안정 애착은 아동이 자신의 세계를 탐색하고 더 나아가서 자신의 다른 면을 탐색하도록 허용한다. 아동은 목표를 완성할 수 있는지를 배우고, 새로운 것을 실험하며 호불호를 탐색한다. 외상화된 아동은 안전감을 위해 탐색을 축소하고 경직된 통제와 반복에 의존한다. 탐색이 없다면 아동들은 무엇이 될 수 있는가라는 가능성보다는 즉시적인 무엇인가로 제한된다. 이처럼 상상력의 제한은 현재 그리고 미래 모두에서, 자기의 잠재적인 측면을 잘라낸다.

치료자 도구상자

무엇이 중요한가?

■ 치료에 참여하는 많은 아동과 청소년은 생존 전략의 특성상 "자기"를 탐색하기를 꺼려한다. 일부 아동은 압도되고 괴로운 자기 경험(예: 수치심, 손상, 사랑받을 수 없는 또는 기타 부정적인 자기-구조)에 대한 보호의 한 형태로, 내적 경험으로부터 분리하는 것을 학습하였고, 다른 사람과의 관계에서 덜 취약해지기 위해 자신의 내적 상태를 지키고 보호하는 아이들도 있다. 이들은 관련된 타인이 자신을 "문제아" "나쁜 아이" 또는 일련의 진단을 내리는 다양한 경험을 하였을 것이다.

■ 개입의 핵심 전제는 아동, 청소년 및 가족과 충분히 안전한 관계를 구축하는 것이 중요하다는 것이다. 이러한 노력의 일환으로 치료자와 양육자가 아동에 대해 호기심을 갖고 바라보며 수용하는 것이 매우 중요하다.

■ 여러 핵심 요소들을 기반으로 아동과 청소년이 자기와 정체성을 탐색하고 참여할 수 있다.

◆ 부정적인 경험이나 증상이 아닌 아동 전체에 대한 관심을 전달한다. 예를 들어, 치료자가 "네가 여기 왔을 때 그림 그리기를 좋아하는 것을 보았어. 다른 곳에서도 해 봤니?"라고 말할 수 있다.

◆ 아동의 부정적인 상태를 최소화하거나 너무 빠르게 바꾸려고 작업하는 대신 미러링한다. 예를 들어, "난 정말 바보야!"라는 말에 "아니야, 넌 훌륭한 아이란다."라고 대답하는 대신 "가끔은 아무것도 제대로 할 수 없는 것처럼 느껴지면 힘이 든단다. 네가 지금 그렇게 느낀다니 유감이구나."라고 말한다.

◆ 관심을 지속적으로 전달하는 한편, 아동에게 필요한 보호를 위해 싸우기보다는 수용하고 타당화한다. 예를 들어, 청소년이 어깨를 으쓱하며 자신이 좋아하는 것과 싫어하는 것과 관련한 대화를 거부하는 경우, 치료자는 힘겨루기를 사용하기보다는 "우리는 서로를 잘 알지 못하기 때문에 아직 나와 대화할 준비가 되지 않은 것은 당연한 것 같아. 나는 네가 어떤 아이이고 무엇을 원하는지 이해하고 노력하려고 해. 하지만 너에게 맞는 속도로 나아갈 거란다."라고 말할 수 있다.

◆ 우리 자신의 경험과 다를 수 있는 자기의 측면을 인정한다. 예를 들어, 청소년이 화를 내며 "선생님이 뭘 알아요? 우리 집 근처 동네가 어떤지 선생님은 전혀 모르잖아요."라고 말할 때, 치료자는 "그래 네가 맞아. 우리의 경험은 매우 달라. 그래서 나는 너처럼 어떤

상황인지 잘 모를 수 있어. 나는 최선을 다해 경청하고 너를 통해 알게 되길 원하지만 너를 완전히 이해하지 못하는 것도 맞아."라고 솔직하게 대답하는 것이 중요하다.

함의

■ 자기와 정체성 발달에는 다음과 같은 다양한 측면이 포함된다.

◆ 독특한 자기(Unique self): 구체적인 속성, 호불호, 의견, 가치, 강점과 취약점, 가족 및 문화적 영향력, 영적 신념 등을 포함하는 개별적 특성에 대한 이해

◆ 긍정적인 자기(Positive self): 자기의 긍정적인 속성에 주의를 기울이고 확인하며 보유하는 능력

◆ 일관된 자기(Cohesive self): 강점과 취약성, 다양한 경험(예: 과거와 현재) 및 다양한 정서적 상태 등 자기의 다양한 측면들을 통합하는 능력

◆ 미래의 자기(Future self): 가능성을 품고 미래의 자신을 상상하며 단기적-장기적 목표를 통합한 자기가 되는 것을 상상하는 능력

■ 정체감은 타인과의 관계에서의 자기, 맥락에서의 자기(예: 가족, 문화, 학교의 맥락)뿐 아니라 자기 자체를 포함된다. 다양한 수준에 따라 자기의 이러한 측면들을 탐색하는 것이 중요하다.

■ 자기의 각 측면은 발달 과정을 거쳐 진전한다. 5세 아동의 독특한 자기에 대한 이해는 청소년의 것과 다르지만 각 발달 단계에서 그 개념은 여전히 중요하다. 발달적 고려사항을 살펴본다.

■ 자기와 정체성 탐색에 유용한 많은 기술들이 이 장에 제공되어 있다. 하지만 아동과 자기 개념을 형성하고 긍정적인 정체성을 구축하기 위해 작업에서는 치료실 밖으로 작업을 확장하는 것이 중요하다. 아동은 자신이 누구인지 말로 하지 않으므로 일상생활에서 자기 속성을 탐색하고, 자신이 확인한 것을 표현하는 방식을 찾는 것이 중요하다.

■ 흥미 영역을 탐색하면서, 아동이 양육자와 함께 내재된 장애물이 무엇인지 문제를 해결하도록 한다. 예를 들어, 아동이 연극에 관심이 있지만 부끄러움을 많이 타는 경우라면, 양육자는 친구들과 활동하도록 지원해 주거나 아동이 안전감을 주는 물건을 지참할 수 있도록 한다.

■ 다음에 제시된 기술을 사용할 때, 자기-흥미에 대한 탐색과 '실제 세계'에 적용해 볼 뿐만 아니라 조정 전략을 포함하는 것이 중요하다. 많은 아동이 자기감과 분투하고 있어 자기 및 정체성 관련 활동들은 다양한 정서적 각성을 야기할 수 있다.

양육자 교육

- 상기시키기: 양육자에게 핵심 개념 가르치기
- 상기시키기: 양육자에게 발달적 고려사항을 가르치기
- 적합하다면 양육자를 치료에 포함시킨다. 다음에 기술된 많은 과제들은 양자적으로 수행될 수 있으며, 이를 통해 보다 강력해질 수 있다.
- 정체성 형성에 강력한 영향을 미치는 순간은 치료실보다는 일상생활에서 일어날 가능성이 높다. 가정이든 치료 장면 또는 다른 장면들이든 간에 양육자와 협력하여 아동의 자기 탐색을 양육자가 관찰, 반영, 강화하고, 지지하도록 작업한다. 다음과 같은 것들이 포함된다.
    - 가정에서 핵심 개념을 주목하고 강화한다(예: "네가 좋아하는 상징들로 꾸며져 있어서 나는 이것이 네 교과서 커버라는 것을 바로 알 수 있었단다.").
    - 다양한 장면에서 핵심 언어를 사용한다(예: 복합적 정서의 언어. "지금 네가 한 가지 이상의 감정을 느끼는지 궁금하구나. 난 긴장되고 한편으로는 흥분된 것 같아.").
    - 가정에서 치료적 활동 통합하기(예: 집에서 "자부심 벽" 만들기).
    - 가정과 관련된 특정 활동 구성하기(예: 가족 사진 앨범, 가족 가계도, 가족 콜라주).

양육자에게 네 가지 정체성 목표를 지원하는 구체적인 전략을 가르친다.

- 독특한 자기:
    - 자기 표현의 기회를 제공한다. 아동이 옷을 고르고, 머리를 만지며, 좋아하는 색으로 방을 꾸미도록 한다.
    - 아동의 패턴을 확인하고 명명한다("넌 새로운 아이디어를 빨리 받아들이는구나!"). 이는 아동이 자기를 인식하는 데 도움이 된다.
    - 가정이나 치료 장면에서 아동 또는 청소년의 독특한 기여를 나타내는 공간을 만들도록 한다.
    - 새로운 관심사를 확인하고 탐색하는 기회를 지원한다.
    - 특히 10대 청소년에게는 자기표현이 중요하다. 머리, 옷, 음악이 중요하다면 그렇게 하면 된다.
    - 호기심을 가진다. 무엇이 아동/청소년에게 영향을 미치는지 알아본다.
    - 아동/청소년에게 중요한 사항(가치, 종교, 의례, 휴일 등)을 확인한다.
    - 자신만의 독특한 영향과 관심사를 공유하고 명명한다. 가족의 전통, 가치, 과거 경험들에 대해 이야기한다. 이러한 대화를 통해 아동은 더 큰 전체에서 자신이 어디에 속하는지,

그리고 자신만의 길을 나아가고 있는지를 이해하게 된다.

- 긍정적인 자기:
  - 아동이 새로운 관심사를 확인하고 시도하도록 하며, 결과뿐만 아니라 노력도 강조한다.
  - 아동/청소년의 성공을 재정의한다. 아동/청소년이 좋은 순간, 시간 또는 하루를 보낸다는 것은 무엇을 의미하는가? 가장 좋은 날뿐만 아니라 가장 힘든 날에도 성공의 순간을 찾아본다.
  - 매일 한 가지 성공의 순간을 찾아 칭찬한다.
  - 예술 작품이나 숙제 같은 물건을 걸어둔다.
  - 아동/청소년과 함께 활동에 참여하여 성공을 촉진한다.
  - 비판하는 것보다 더 많이 지지한다(부정적인 언급 한마디 할 때마다 아동/청소년이 긍정적인 10개의 말을 듣도록 한다).
  - 예상되는 행동이라도 성공의 작은 순간들을 주목한다("너의 협조적인 모습이 정말 마음에 들어." "좋은 조력자가 되어줘서 고마워.").
- 일관된 자기:
  - 일관된 자기 전략은 시간, 상태, 상황에 따라 자기의 여러 측면을 아동이 인식하고 수용하며 통합하도록 지원하는 것이다. 다음의 예들은 현재 자기에 대한 인식을 구축하고, 자기의 취약한 측면을 지원하며, 과거 경험을 현재의 서사에 통합하는 전략들이다. 예를 들어:
  - 현재 자기:
    - 어떤 방식이든 현재를 담아내는 것들: 사진 찍기, 학교 과제 저장하기, 작품 액자 만들기, 키 성장 차트 보관하기, 기념품 상자 만들기 등
  - 취약한 자기:
    - 문제를 인정하고 정상화함으로써 아동/청소년이 자신의 취약한 측면을 감내하도록 돕는다("누구나 실수할 수 있어, 우리가 오늘 힘든 하루를 보내게 돼서 미안하구나.").
    - 아동의 의견에 동의하지 않거나 이해하지 못하더라도 아동의 감정을 감내한다. 감내하는 접근 방식은 아동과 청소년에게 자신의 감정이 수용될 수 있다는 것을 알려준다.
    - 아동이나 청소년의 감정을 바꾸거나 변화시키려고 하기 전에 반영하고 지지한다. 고통스러운 감정도 인생 경험의 일부이다.
    - 사람 그 자체에 대해서가 아니라 아동의 행동에 대해 이야기한다("넌 정말 골칫거리야."가 아니라 "너의 그 행동이 나를 힘들게 하는구나."라고 말한다).
    - 아동/청소년을 명명하지 않는다. 명명은 자기 정의로 내면화될 수 있다(물건을 쌓아두는 사람, 자르는 사람 등).

- 아동의 가능성을 제한하지 않는다. 현실적이고 지지적인 태도를 취하되, 아동/청소년의 과거 어려움이 미래를 결정짓는다고 가정하지 않는다.

◆과거의 자기:

- 청소년들이 자신의 이야기를 통해 그들의 삶을 존중하도록 지원하는 방법을 찾아본다. 다음과 같은 전략들이 포함된다.
  - 외상 프레임을 통해 과거에 겪었던 "힘든 일"에 대한 반응을 정상화한다.
  - 과거의 오래된 사진, 오래된 프로젝트 또는 학교 과제 등을 통해 과거의 경험을 되돌아볼 수 있는 방법을 찾는다.
  - 필요하다면(임상가 포함 및 지원), 과거에 힘들었거나 충격적인 경험을 표현하기 위해 글을 쓰거나 그림을 그리도록 한다.

■미래의 자기:

◆어린 아동에게는 창의적이고 연극적인 놀이를 허용하고 지원한다. 탐색과 상상력은 미래 자기의 토대가 된다. 가능할 때마다 아동과 함께 참여한다.

◆아동과 청소년이 장단기 목표와 이를 달성하기 위한 방법을 확인하도록 돕는다. 모든 단계에서 성공적 진행을 위해 지원한다.

◆청소년들이 실생활 기술들을 구축하도록 한다. 청소년들이 직업과 학업에 대한 관심사를 탐색하도록 돕는다. 응원단이 되어 행동하고 지원한다. 너무 빨리 독립을 기대하지 않는다.

◆아동과 청소년이 미래를 시각화하도록 돕는다. 직업과 학교를 넘어서서 생각한다. 어디에 살고 싶은지, 어떤 유형의 인간관계를 맺고 싶은지, 어떤 종류의 자동차를 운전하고 싶은지 물어본다.

◆상상력과 현실 간의 균형을 맞춘다. 꿈을 꾸게 하되, 필요한 기술을 습득하고 재능과 흥미를 개발할 수 있는 방법을 확인하도록 한다.

집단 양육 장면(예: 거주 프로그램, 학교)에서는 개별적 정체성뿐만 아니라 집단의 정체성에도 주의를 기울인다. 여기에는 다양성(예: 집단을 구성하는 모든 개인의 독특한 특성)의 축하와 공동체(예: 집단 구성원을 하나로 묶는 특성들)의 축하도 포함된다. 주 양육자와 마찬가지로, 치료 장면과 기타 양육 시스템 역시 각기 주요 정체성 목표에 주의를 기울인다.

■독특한 자기:

◆개인: 그 장면에 기여하는 아동의 특성은 무엇인가? 어떤 방식으로 아동이 두드러지는가?

기본적인 반영과 조율을 사용하여 독특한 아동의 속성을 주목하고 명명하며 강조한다.

- ◆ 집단: 집단(프로그램, 학교, 교실) 내의 개인을 독특하게 만드는 것은 무엇인가? 집단의 가치는 무엇인가? 목표는? 명명하고 탐색한다. 예를 들어, 학급에서 학급의 가치(예: 존중, 안전)를 강조하는 표지를 확인하고 만들 수 있고, 거주 프로그램에서는 집단 구성원들이 "가장 좋아하는"(예: 동물, 색깔) 것을 강조하는 게시판을 만든다.

- ■ 긍정적인 자기:
  - ◆ 개인: 아동은 어떤 성공을 했는가?(상대적으로, 절대적으로) 아동의 성취를 스태프가 주목하고 명명하도록 작업한다. 가능하면 구체적으로 강조한다.
  - ◆ 집단: "공동체 자부심"을 확립하고 집단 구성원들과 협동적 성공을 향하도록 작업한다. 예를 들어, 집단 목표−집단 구성원들이 총 X점 획득하는 것을 달성하면 집단 성공으로서 성취를 축하해 준다.
- ■ 일관된 자기:
  - ◆ 개인: 아동의 경험이 파편화되는 방식(예: 정서 상태, 장소, 또래 집단에 따라)에 주의를 기울이고 관찰된 패턴을 명명하고 반영한다(예: "너는 어른들과 있을 때보다 리사나 제니스와 어울릴 때 더 거칠어질 필요가 있다고 느끼는 것 같아."). 아동이 일관성을 가질 수 있도록 돕는 동안 경험에서의 차이를 정상화한다(예: "너의 가장 거친 부분은 네가 알고 있던 갱단에 속했던 여자아이들과 이야기할 때 나타나지만, 스태프와 있을 때는 부드럽다는 것을 알 수 있어.").
  - ◆ 집단: 집단 구성원의 일관성이나 파편화가 나타나는 곳은 어디인가? 예를 들어, 대부분 구성원이 흥분할 때와 좌절할 때 집단 구성원의 행동 변화가 어떤 방식으로 나타나는지 살펴봐야 한다. 집단 구성원들의 "소수"가 다른 구성원들로부터 언제 분리되는지 주목하고, 각 개인의 독특한 측면이 존중되도록 지지하며, 소수의 집단 정체성에 대해 탐색한다.
- ■ 미래의 자기:
  - ◆ 개인: 개인 치료나 가족 장면에서처럼 아동이 미래의 자신의 모습을 상상하고, 구체적인 목표를 세우며, 즉각적, 단기, 장기 목표를 고려하여 그러한 목표들을 향해 작업하도록 한다. 프로그램 내에서는 궁극적으로 작업이 내일/다음 주 목표를 넘어서도록 전환하고 "프로그램 밖의 생활" 목표에 주의를 기울이게 하는 것이 특히 중요하다.
  - ◆ 집단: 집단 구성원들과 계획적이고 미래지향적인 목표를 설정하도록 한다. 예를 들어, 집단 구성원들이 프로그램 관련 목표(예: 휴게실에 쾌적한 집단 공간 만들기, 연극 공연, 팀으로 경연에 참가)를 정하고 달성하는 단계를 함께 확인하도록 한다.

도구: 자기발달 및 정체성

- 자기발달에는 다양한 기술이 포함된다. 다음의 표에서 정체성의 주요 측면과 예시 과제들이 나열되어 있다.
- 이 치료 구조에서 강조하는 다른 기술들처럼, 가장 좋은 과제는 각각의 목표를 가지는 것이다. 다음의 지침을 이용하되, 창의적으로 적용한다.
- 기술들은 가능한 한 상호작용해야 한다. 아동과 임상가, 양육자들과 기술 사용에 대해 논의하도록 한다.
- 특정 도구와 활동 외에도 모든 영역에 대해 기민하게 주의를 기울이고 호기심을 가지며 순간순간 자기와 정체성을 탐색한다.

목표 #1: 개성–독특한 자기

- 최우선 목표: 아동이 개인적인 특성을 확인하도록 돕는다. 여기에는 호불호, 가치, 재능, 선호, 의견, 가족과 문화적 영향, 영적 믿음 등이 포함된다.
- 공식적인 기술 외에도 일상생활에서 독특한 자기를 드러내는 아동의 표현에 대해 귀를 기울인다. 아동이 개성을 확장해 나가도록 도와준다.

개성

예시 활동	기술	
"나에 대한 모든 것" 책	재료	종이, 판지(표지를 위한), 마커/크레용/필기구, 미술도구, 책을 꾸밀 재료, 책을 묶을 클립이나 리본, 아동이나 원하는 다른 사람의 사진
	기술	■ 활동을 아동에게 소개한다. 그들에 대한 책을 만들 것임을 강조한다. ■ "나의 모든 것"을 제작하는 데 시간이 소요된다. 때로 임상가가 아동이 회기당 한 페이지를 완성하도록 할 수 있다. ■ "나의 모든 것"은 아동의 욕구와 발달 단계에 따라 내용이 달라진다. ■ 장기 치료 관계에서 작업할 때 시간 경과에 따라 내용은 달라질 수 있다. 일단 책을 완성하는 것이 중요하며 다른 발달 단계나 삶의 전환시기에는 동일한 책으로 지속하기보다는 새로운 책으로 시작한다. 새로운 책을 창의적으로 만드는 것은 변화와 성장의 주제를 강조한다. ■ 어린 아동에게는 구조를 제공한다. 예를 들어, 아동이 가장 좋아하는 색, 애완동물의 이름, 가장 좋아하는 음식 등으로 페이지를 구성한다. 구체적인 특성에 초점을 두며 단어 대신에 그림을 활용할 수 있다. ■ 더 나이 든 아동에게는 추상적인 개념을 사용하도록 한다. 감정을 통합한다. 예를 들어, 아동이 겪은 흥분되거나 무서운 경험을 나열하거나 그림을 그리도록 한다.

<table>
<tr><td></td><td></td><td>■ 개인적 가치가 포함되도록 주의를 기울인다. 무엇이 이 아동에게 중요한가? 발달 단계가 이러한 가치들에 영향을 줄 수 있음을 명심한다(예: 5세 아동에게 "친절한 것"은 가치 있다. 15세에게 "나보다 약한 누군가를 괴롭히지 않는 것은 중요하다."가 가치 있다).
■ 아동의 중대 사건, 성취, 현재의 경험 등으로 시작하도록 한다. 회기에서 이와 관련된 이야기를 청취한다. 아동이 중요해 보이는 경험을 이야기한다면, "나에 대한 모든 것" 책에 글로 쓰거나 그림을 그리도록 한다.</td></tr>
<tr><td rowspan="2">개인적 콜라주</td><td>재료</td><td>널판지 혹은 튼튼한 판지, 풀, 잡지, 사진, 그림들, 스티커, 글자 등</td></tr>
<tr><td>기술</td><td>■ 콜라주는 아동에게 단어나 언어적 설명 없이 자신의 다양한 측면을 표현할 수 있다.
■ 아동에게 기법을 소개한다. 주어진 재료를 이용하여 자신의 다양한 측면을 표현하기 위해 창의적으로 콜라주를 만든다는 것을 강조한다.
■ 아동에게 자신을 표현할 수 있거나 끌리는 재료를 찾으라고 요청한다. 선택한 그림이나 재료의 선택된 이유는 설명할 필요가 없다.
■ 콜라주는 일반적("너의 모든 것")인 것 또는 특정한 아이디어(예: "누구도 보지 못하는 너" "학교에 있는 너" "네가 즐기는 것")를 목표로 한다.</td></tr>
<tr><td rowspan="3">가치 항아리 활동</td><td>목적</td><td>개인 또는 가족의 정체성의 중요한 부분인 가치를 확인하도록 지원한다.</td></tr>
<tr><td>재료</td><td>플라스틱 용기, 플라스틱 컵과 숟가락, 작은 깔때기, 다양한 색상의 모래(또는 M&M 초콜릿 사용 가능)</td></tr>
<tr><td>방법</td><td>다양한 색상의 모래(또는 M&M 초콜릿)을 각각 플라스틱 컵에 넣는다. 아동/청소년/양육자는 각 색상마다 중요한 가치를 확인하고 할당한다(예: 파란색은 존중, 빨간색은 타인에 대한 친절, 노란색은 영성을 나타낼 수 있다). 아동/청소년/양육자에게 각 가치의 중요도에 따른 '양'을 결정하고 해당 양의 모래를 용기에 넣도록 한다.
추수 활동: 가족 모임에서 추수 활동을 위한 계획을 세운다(저녁 식사 시간 등).</td></tr>
<tr><td rowspan="2">예술적 자기-표현</td><td>재료</td><td>양식에 따라 달라질 수 있음. 점토, 물감, 그림 도구, 음악, 펜, 종이나 노트 등</td></tr>
<tr><td>기술</td><td>■ 미술과 표현 예술을 사용하여 아동이 정체성의 다양한 측면을 표현하도록 돕는다. 그림, 글쓰기, 시 짓기, 랩 노래하기, 조각, 동작 등.
■ 예술적 자기 표현은 구조적이거나 비형식적으로 가능하다. 예를 들어, 임상가는 촉진을 제공하며 아동이 이를 시나 랩으로 만들 수 있다. 또는 임상가는 아동에게 예술적으로 자기표현을 해 보도록 요청하며, 아동은 회기에서 공유할 것들을 선택할 수 있다.
■ 양육자와 함께 진행한다. 양육자가 아동과 함께 예술적 프로젝트를 작업할 수 있도록 한다(이것은 특히 어린 아이에게 중요하다). 나이가 있는 아동과 청소년들이 양육자와 함께한 프로젝트의 결과를 공유하도록 격려한다. 적절하다면, 양육자를 회기에 참여시킨다.</td></tr>
</table>

시도하기	재료	변동 가능
	기술	정체성 탐색이 치료실 내에만 국한되어 있다면 한계가 있을 수밖에 없다. 아동이 홍미(예: 취미, 운동, 과외 활동)를 확인하고 도와주며 "시도해 보도록" 격려한다. 양육자와 함께 협력한다.

목표 #2: 자존감과 효능감–긍정적인 자기

- **최우선 목표:** 내적 자원 구축과 자기의 긍정적인 측면 확인
- 자존감과 효능감에 대해 작업할 때, 절대적 강점(예: 아동의 수학적, 체육적 기술)과 상대적 성공(예: 어려운 과제를 열심히 하는 것이나 취약한 영역을 인식하고 이를 다루기로 선택하는 것) 모두를 다루는 것이 중요하다. 아동과 아동이 속한 체계가 성공의 개념에 대해 재구성할 수 있도록 도와준다.

자존감과 효능감

예시 활동	기술	
역량 책	재료	종이, 판지(커버를 위한), 마커/크레용/필기구, 미술도구, 책을 꾸밀 재료, 책을 묶을 클립이나 리본, 아동이나 원하는 다른 사람의 사진 등
	기술	■ 아동에게 활동을 소개한다. 아동에게 강력한 힘을 느끼게 하는 것에 대한 책을 만들 것임을 강조한다. ■ "나의 모든 것" 책처럼 역량 책의 완성에는 시간이 소요된다. 임상가들은 아동이 한 회기에 한 페이지를 만들 수 있도록 한다. ■ 아동이 역량 책의 표지를 만드는 것을 도와준다. 표지에 개인의 강점이나 능력을 어떤 방식으로든 담고 있어야 하는 것이 규칙이다. 아동이 그들의 상상을 이용할 수 있도록 격려한다. ■ 역량 책의 목표는 아동의(실제적인, 잠재적인) 강점, 성공, 긍정적 경험, 내적 외적 자원을 강조하는 것이다. 반드시 현실에 기반할 필요가 없다. 아동이 상상을 통해 가능성을 그리도록 격려한다. 예를 들어, 아동에게 자신이 유능감을 갖는 특성을 상상하도록 한 후 그러한 특성을 가지고 있는 동물이나 영웅, 운동선수 등을 그리게 한다. ■ 이 책을 완성하는 두 가지 방법이 있다. ◆ 그림이나 글을 이끌어 내기 위해 구조화된 촉진을 제공한다. 예를 들어, 아동에게 가장 좋은 다섯 가지 가치들을 나열해 보라고 요청한다. 자신을 영웅으로 그리도록 하거나, 좋아하는 어떤 것을 하고 있는 그림을 그리도록 한다. ◆ 아동의 자발적인 성공 경험을 포함시킨다. 아동이 강점, 성공, 능력을 나타내는 순간을 놓치지 않는다. 성공의 정의에는 노력뿐 아니라 상대적인 성공(예: 싸우지 않고 하루를 보낸 아동)도 포함시킨다. 자발적인 성공 경험에 대해 쓰거나 그리도록 한다.

		(이 두 가지는 상호 배타적이 아니며 대부분의 역량 책에는 이러한 조합들을 포함시킨다) ■ 정기적으로 역량 책을 재검토한다. 아동, 가족과 함께 치료 계획과 목표를 재검토할 때, 역량 책을 활용한다. 역량 책은 아동과 가족의 성공을 추적하는 구체적인 방법을 제공한다.
자부심의 벽	재료	게시판이나 빈 벽, 색인 카드나 상장, 펜이나 마커(다른 필기도구), 테이프나 압정
	기술	■ 자부심의 벽은 성공의 순간들을 주목하고 강화하는 것을 목적으로 하는 점에서 역량 책과 유사하다. 장면들에 따라 자부심 벽을 시행하는 다양한 방법이 있다. ■ 치료 기관: ◆ 벽이나 기관의 공간을 "자부심의 벽"(혹은 "역량 벽")으로 꾸민다. 자부심의 벽을 나타내는 싸인이나 글을 작성한다. ◆ 자부심의 벽 주변에 색인카드와 상장, 카드 등과 펜이나 마커를 담은 바구니 등을 준비한다. ◆ 아동(혹은 가족)에게 그들이 자랑스러워 하는 것을 추가하도록 요청한다. 아동은 자신이 자랑스러워 하는 것(예: "나는 엄마가 하라고 했을 때 내 방을 청소했어요.")에 대한 진술을 적어서 벽에 붙인다. 아동이 자신의 이름을 적지 않도록 주의를 기울인다(비밀보장) ◆ 양육자에게 아이를 자랑스러워하는 글을 벽에 추가하도록 한다. ■ 집: ◆ 집에서의 자부심의 벽은 양육자가 "아동의 좋은 점을 찾도록" 돕는 훌륭한 방법이다. 가족에게 벽이나 어떤 공간(예: 큰 게시판)을 꾸미도록 요청한다. 색인 카드나 다른 물건들을 근처에 놓는다. ◆ 자부심의 벽 완성과 애착 작업을 짝짓는다. 양육자는 아동의 성취와 아동의 긍정적인 노력과 행동을 인식하고 강화하도록 작업한다. ◆ 긍정적인 방식으로 주의를 제공하는 것이 어려운 가족에게는 구조화한다(예: 가족은 매일 자부심 벽에 하나의 아이템을 추가하여야 한다). ◆ 가족 자부심의 벽에 개인의 성공과 더불어 가족의 성공과 성취를 포함시킨다. ■ 학교 또는 치료 장면: ◆ 학교나 치료 장면에서 치료가 제공된다면, 자부심의 벽을 만드는 작업을 스태프와 함께 진행한다. 벽은 교실 혹은 특정 장소 또는 복도, 다른 공공장소 등에 마련한다. ◆ 자부심의 벽에 누가, 언제 작성할 것인지에 대한 규칙을 만든다. 사람들이 벽에 작성할 수 있는 시간을 지정하는 것이 유용하다. 자기, 또래 그리고 스태프 추천 등을 격려한다. ◆ 자부심의 벽에 내용이 추가될 때마다 성공을 축하한다.
슈퍼영웅 자기	재료	그리기 도구(예: 종이, 마커/크레용), 쓰기 도구, 점토 혹은 다른 조각 재료, 다른 예술 재료(예: 아이스캔디 막대, 펠트, 파이프 청소 도구)

	기술	■ 이 활동의 목표는 아동이 자신을 슈퍼영웅으로 상상하도록 하는 것이다. ■ 아동이 진정한 슈퍼영웅의 특성을 정의하도록 돕는다. 이러한 특성은 단순한 힘 이상의 것이어야 함을 주의한다. "강함"이 의미하는 것에 대하여 대화한다. 다양한 강함이 존재한다는 것을 염두에 둔다. 아동이 목격하거나 듣고, 느낀 것 또는 영화나 책을 통해 배웠던 힘의 예들에 대해 생각하도록 돕는다. 필요하다면 일례를 제공한다(예: 아이 혼자서 이룬 강함, 다른 사람들은 그렇지 못한 상황에서 누군가를 친절히 대하였던 강함, 괴롭힘에 대항하는 강함, 싸움 장면에서 그 자리를 벗어나는 강함). ■ 아동이 슈퍼영웅 특성 목록을 만들도록 돕는다. 어떤 특성을 아동이 동경하는가? 어떤 특성을 그들과 (실제로 그리고 상상으로) 공유하는가? 사람들이 좋아하는 특성은 무엇인가? ■ 외상에 대한 주의: 주요 양육자로부터 피해를 입은 아동은 양육자와 분리되었을 때 그 양육자를 이상화하기도 한다. 아동이 자신이 동경하는 특성을 가진 사람으로 양육자를 명명하는 경우가 흔하다. 이런 경우에는 다음의 단계를 따르도록 한다. ◆ 아동의 느낌을 타당화한다. 아동이 양육자에 대해 긍정적인 감정을 보유하고 있는 것은 중요하다. ◆ 모든 사람이 긍정적인 면과 긍정적이지 않은 부분을 가지고 있는 것이 정상이라고 말한다. ◆ 아동이 그 사람에 대해 동경하고 있는 특성과 아동이 가지고 있는 감정을 명명한다(또는 아동이 이름을 붙일 수 있도록 돕는다). 이는 "그는 나의 아빠다." 또는 "나는 그를 사랑한다."와 같이 간단한 것일 수 있다. ◆ 아동이 한 사람에 대해 한 가지 이상의 감정을 가지는 것이 괜찮다는 것과 아동이 누군가(예를 들어)를 사랑하지만 여전히 그 사람에게 화가 나고 그런 일이 일어난 것을 슬퍼할 수 있다는 점을 강화해 준다(주의: 이런 대화에서 압박하지 않는다. 어떤 아동은 이러한 대화를 나누기 싫어한다. 목표는 감정을 한 가지 이상의 방법으로 느낄 수 있다는 단순한 사실을 인식하도록 하는 것이다). ■ 특성 리스트가 만들어지면 아동이 그런 모든 특성을 가진 슈퍼영웅이라고 상상하도록 돕는다. 자신이 어떻게 보이는가? 그의 능력은 어떠한가? 아동은 새로운 슈퍼영웅을 만들거나 또는 이미 존재하는 슈퍼영웅으로 자신을 상상할 수 있다. 어떤 것이라도 괜찮다. ■ 그림이나 글쓰기를 넘어서, 슈퍼영웅 역할을 아동과 함께 해 보거나 인형 혹은 액션 피규어 캐릭터로 그 역할을 해 볼 수 있다. 문제상황을 슈퍼영웅처럼 해결하는 것을 상상한다. 슈퍼영웅은 자신의 특별한 특성을 어떻게 사용하는가? 어려운 상황에서 이 능력들은 어떻게 도움이 되는가? 모두 시연해 보도록 한다. ■ 이러한 프로젝트는 창의적으로 시행한다. 예를 들어, 아동이 슈퍼영웅 자기에 대한 작은 "비밀 상징"을 만들어 그것을 가지고 다닐 수 있다. 또는 아동이 슈퍼영웅 자기 모형을 만들어서 힘을 상기시키기 위해 자신의 방에 가져다 놓도록 한다.
다른 과제들	아동의 자존감과 효능감 증진 과제 선택은 창의성이 요구된다. 그림과 글 등을 활용해서 아동의 성공 순간을 잡아낸다. 구체적인 시행을 통해 시간이 지나면 아동은 성공의 순간에 대한 신체적 표상을 가지게 된다. 양육자와 주변 어른들을 이 작업에 포함시킨다.	

목표 #3: 시간과 장소에 따른 자기-일관된 자기

- **최우선 목표**: 아동이 과거와 현재의 경험을 통합한 자기감을 구축하고 자기의 복합적 측면을 통합할 수 있도록 돕는다.
- 외상화된 아동이 보이는 파편화된 자기형성에 기여하는 주요 요인은 정서 상태 통합의 어려움이다. 다음의 과제들은 시간에 따른 감정의 흐름과 변화 방식을 비롯하여, 다양한 정서 상태와 반응에 대해 아동이 이해하고, 정상화하여 통합하도록 초점을 두고 있다.
- 우리와 작업하는 많은 아동은 각기 다른 집에 살며 다른 양육자와 다른 학교, 다른 이웃, 다른 또래와 다른 환경에서 살고 있다. 아동이 다른 상황으로 이동하게 되면 그들은 매우 다른 문화에 들어가고 적응해야 한다. 그는 다른 언어와 피부색을 의식한다. 그는 새로운 규칙과 가치, 음식과 풍습, 의식에 직면한다. 이러한 변화는 많은 도전을 포함한다. 아동은 옛날 것을 버려야 한다고 느끼거나 새로운 맥락에 맞는 새로운 자신을 만들어야 한다고 느낄 수 있다. 그는 환경의 다양한 측면을 통합하기 위해 노력하거나 또는 새로운 가정 환경에서 제공되는 것에 거부적이며 배치 혼란(placement disruption)를 경험하기도 한다. 그가 누구이고 자신을 어떻게 보는지에 영향을 미친 모든 경험을 탐색하도록 작업한다. 이와 함께, 양육자가 아동 경험의 유사성과 차이점을 인식하며 탐색하고 이해하도록 작업한다.
- 양육자는 아동의 과거력에 대한 전달자이다. 그는 가족력에서 "처음"에 대한 기억과 다른 초기 경험 그리고 시간 경과에 따른 아동 삶의 형태나 리듬 그리고 더 큰 이야기 속에 그것들을 엮는 방법을 알고 있다. 양육자는 아동 삶에서 구체적인 표식, 예를 들어 사진이나 성적표, 그림이나 글 등을 가지고 있다. 아동이 일관된 내러티브를 발달시키도록 양육자를 지지한다. 양육 체계에 변화가 있는 아동들(혹은 변화가 지속적인 아동)을 위해서, 양육자와 함께 아동의 과거 순간들을 밝히고 구체적으로 기록하는 작업은 특히 중요하다.
- 일관된 자기를 이해하는 것에는 경험(정서적, 행동적, 관계적)이 서로 연결되어 있다는 인식을 포함한다. 관찰하여 아동의 유형을 이해하도록 도와준다. 아동이 시간과 맥락에 따른 자신의 경험에서 유사점과 차이점을 주목하도록 도와준다. 아동, 청소년 및 양육자가 이러한 목표를 탐색하는 데 도움이 될 수 있는 '프레임'과 정상화하는 언어는 자기의 부분에 관한 언어이다. 이러한 개념을 포착하는 다른 단어가 있을 수 있으므로 임상가는 각 내담자에게 적합한 언어를 사용해야 한다.

아동 교육: 자기의 측면이나 부분들에 관한 심리교육

- 다음은 핵심 교육 요점에 대해 아동과 대화하는 방법의 예들이다. 하지만 심리교육은 발달

에 적합한 방식으로 제공되어야 하므로 아이들마다 사용하는 언어가 다를 수 있다는 점에 유의한다.

자기 측면의 이해

교육 요점	주요 정보들에 대한 예시 언어
모든 사람은 자신이 누구인지에 대한 다양한 측면을 가지고 있다.	"아동이나 어른 할 것 없이 모든 사람은 우리가 누구인지를 만드는 서로 다른 생각이나 특성, 경험을 가지고 있단다. 이러한 생각, 특성, 경험은 우리의 일부이고 그래서 우리 안에는 많은 부분이 있어."
너의 각 부분이 중요한 것은 그것이 너다운 모습으로 만들기 때문이다.	"너의 모든 부분은 중요하단다. 그것이 바로 너희를 만드는 것이기 때문이야! 나를 나답게 만드는 모든 요소에 대해 생각하는 것이 중요한 이유는 이것들이 너 자신의 욕구, 필요, 경험을 이해하도록 돕기 때문이야." ■ "때로는 우리의 감정에 관한 부분들이 있어. 예를 들면, 화를 내는 부분과 행복한 부분이 있을 수 있고, 네가 엄마에 대해 정말 화가 나는 부분이 있을 수 있어. 비록 여전히 엄마를 사랑하는 감정 부분이 있다 해도 말이야." ■ "때로는 스포츠나 음악을 좋아하는 것 같은 관심사에 관한 부분들도 있어[임상가는 내담자와 관련된 구체적인 예를 제공해야 함]. 가끔 어떤 날은 하고 싶지 않다고 느끼기도 해." ■ "춤을 잘 추는 것과 같은 재능과 관련된 부분도 있단다. 한쪽에서는 자신이 춤을 정말 잘 춘다는 것을 알지만, 다른 한쪽에서는 매번 무대에 있을 때 춤을 잘 추지 못한다고 불안해할 수도 있단다." ■ "이러한 부분들은 우리가 가진 중요한 자질, 예를 들어 정말 배려심이 많고 정직한 부분과도 관련이 있을 수 있단다." ■ "자기에 대한 우리의 경험은 현재의 상황이나 함께 살고 있는 사람에 따라 우리 삶의 각기 다른 시기에 따라서 달라질 수 있어. 예를 들어, 네가 형제자매들과 함께 살 때 느끼는 것과 네가 새로운 가정으로 배치받았을 때는 다르게 느껴질 수 있어."
자기의 자기보호적인 부분과 외상 렌즈	"과거에 일어났던 힘든 일을 떠올리게 하는 상황과 현재 공포 반응, 즉 자기보호 반응을 촉발하는 것들에 대해 이야기한 것이 기억나니? 네가 가지고 있는 자기보호 반응도 마찬가지로 너의 한 부분이지. 다음은 우리의 '보호' 부분에 대해 알려줄 수 있는 몇 가지 예시란다(예시는 각 내담자에 맞게 구체적으로 조정되어야 함)." ■ "너에게는 일이 버겁게 느껴질 때 도망치고 싶은 마음이 드는 부분이 있을 수 있단다." ■ "네가 무언가 불공평하다고 느낄 때 정말, 정말 화가 나는 부분이 있어." ■ "너에게는 나쁜 일이 일어날 거라고 예상하는 마음 부분도 있어." ■ "네가 인간관계를 신뢰하기 어렵기 때문에 인간관계에 대해 매우 까다로운 부분이 네 마음에 있을 수 있어." ■ "네게 새로운 것을 시도하는 것을 싫어하는 부분이 있는데, 이것은 언제 해낼 수 있을지에 대한 확신이 없기 때문이야." "너의 이러한 부분들은 항상 존재하거나 눈에 띄지는 않지만, 위험하거나 두려운 느낌이 들 때 드러나거나 수면 위로 떠오를 수 있단다."

맥락에서의 부분들	"우리의 부분들은 각기 다른 장소나 사람, 시간에 따라 다른 모습으로 나타난단다. 예를 들어, 친구들과 있을 때는 음악을 연주하거나 이야기하거나 듣는 것을 좋아하는 부분이 더 많이 나타날 수 있어. 가족과 함께 있을 때는 힘들 수 있기 때문에 화나는 부분이 조금 더 많이 나올 수 있을 거야. 학교에서는 친구들과 선생님들은 학교 공부를 잘하는 너의 똑똑한 면을 볼 수 있을 거야!"
우리의 각 부분이나 측면에는 생각, 감정, 행동의 특정 패턴이 있다.	"우리의 다양한 측면은 다양한 방식으로 나타난단다. 즉, 행동이나 신체, 표정, 생각, 목소리 톤 등 다양한 방식으로 나타나게 되지. 네가 좋아하는 부분(농구하는 것)을 생각해 보렴." 주의: 자기의 취약한 측면을 탐색하기 전에 확인된 유능감에 집중하는 것이 도움이 된다. 행동: "경기장에 있을 때 드리블, 슈팅, 패스, 수비 외에 떠오르는 행동에는 좋은 스포츠맨십, 팀 플레이어, 좌절감을 극복할 수 있는 것 등이 있을 거야." 감정: "농구를 할 때 느끼는 행복, 자부심, 경쟁심, 때로는 좌절감, 패배했을 때의 분노, 흥분 등 몇 가지 감정에 대해 이야기해 보자. 경기가 어떻게 진행되는지에 따라 느끼는 감정은 다양하지?" 신체: "우리는 농구 경기 중에 에너지가 얼마나 많이 변할 수 있는지에 대해 이야기했어. 경기장에서 세게 공을 내려치는 매우 높은 에너지부터 파울 슛을 하기 전 심호흡을 할 때의 매우 집중적이고 통제된 에너지까지 말이야." 생각: "농구를 할 때 드는 몇 가지 생각에 대해 떠올려 보자. 어떤 생각은 격려가 되는 생각일 수도 있고 그렇지 않은 생각일 수도 있어. 모든 생각을 내려놓는 것이 중요하단다." 주의: 자기의 취약한 부분을 탐색할 때는 위험 행동뿐만 아니라 촉발 요인을 포함한 맥락에 대한 탐색이 더 필요할 수 있다. 위험 행동이 이 작업에 포함되는 경우, 조율 기술을 사용하여 기능을 확인하고 조정 작업을 강화하는 것이 중요하다.
시간 경과에 따른 부분들과 패턴 탐색하기	이러한 작업을 하는 동안 임상가는 자신의 조율 기술을 사용하여 치료실에서 나타나는 정체성 부분들을 확인하고, 내담자와 협력하여 치료 과정 중 특정한 시기에 내담자의 어떤 측면들에 주의를 기울이는 것이 필요한지를 결정한다.

일관된 자기

<table>
<tr><th>예시 활동</th><th>기술</th><th></th></tr>
<tr><td rowspan="2">생애 책</td><td>재료</td><td>종이, 판지(커버를 위한), 마커/크레용/필기구, 미술도구, 책을 꾸밀 재료, 책을 묶을 클립이나 리본, 아동이나 원하는 다른 사람의 사진</td></tr>
<tr><td>기술</td><td>■ 생애 책의 목표는 아동이 누구인지, 어디에서 왔는지, 일생의 중요한 사건에 대해 응집적인 이야기를 만들고 "소유하도록" 돕는 것이다.
■ 생애 책은 특히 다양하거나 혼란스러운 배치에 놓여 있는 아동들, 영구적인 정착을 하지 못한 아동, 입양되었거나 원가족이 아닌 가족에게 맡겨진 아동들에게 특히 유용하다. 생애 책은 그들의 삶의 경험과 현재의 정체성에 대해 이해하고 의미를 찾으며 이야기를 만들려는 청소년들에게 유용하다.
■ 어린 아동이 생애 책을 작성하기 위해서는 주 양육자나 오랫동안 아동을 잘 알고 있는 누군가의 도움이 있어야 한다(예: 사회복지사, 학교 스태프).
■ 생애 책을 만드는 가장 좋은 유일한 방법은 없으며 많은 모델들이 존재한다. 아이와 함께 생애 책을 구성할 때 다음을 고려한다.
■ 시간표:
◆ 기본적인 내용부터 시작한다. 무슨 일이 있었고, 언제, 그리고 누가 관여하였는가?
◆ 아동이 인생의 중요 사건에 대한 시간표를 작성하도록 도와준다. 예를 들어, 어디에서 태어났는가? 그들은 몇 살에 어떤 학교에 입학하였는가? 그들의 선생님은 누구였는가? 그들의 집은 어떠하였는가?
◆ 복합 배치(여러 집을 거친 아동들)를 경험한 아동들에게 그들이 살았던 다양한 집에 이름을 붙이고 그 집의 무엇을 좋아하고 무엇을 좋아하지 않았었는지 붙이도록 돕는다.
◆ 아동이 시간이 지나도 가지고 있는 중요한 물건(예: 장난감, 담요, 옷)이 있는가? 그렇다면 그것에 대해 그리거나 글을 쓰도록 한다.
◆ 아동이 정한 중요한 사건들을 채워 넣는다. 예를 들어, 가장 좋아하는 기억, 생일 파티, 양육자 또는 형제의 방문 등.
◆ 아동이 잃어버린 정보를 채워 넣도록 돕는다. 현재 양육자나 선생님(승낙을 얻고), 사회복지사 등의 도움을 받는다.
◆ 중요한 사건이 확인되면, 대략적인 연대기순으로 적어 넣는다.
■ 생각과 감정:
◆ 책으로 돌아가서, 천천히 (속도를 자각하며) 특정 사건과 관련된 아동의 생각과 감정에 대한 정보를 추가하도록 돕는다. 연관된 부분에 그림과 단어 등을 채워놓기도 한다.
(주의: 아동은 과제 시작 전에 기본적인 감정 조절 기술을 배워 준비된 상태가 되도록 하는 것이 중요하다. 이러한 연습은 강렬한 감정을 이끌어 내며 아동은 기본적인 대처기술 레퍼토리를 가지고 있어야 한다.)</td></tr>
</table>

		◆ 할 수 있다면, 아동들의 감정에 어떤 변화가 있었는지를 인식하도록 한다. 그 사건에 대해 과거에 느꼈던 것과 지금 느끼는 것이 같은지 달라졌는지? 둘 다에 대해 쓰거나 그림을 그리도록 한다. ■ 의미와 연결: ◆ 나이 든 아동이나 청소년들에게 다음 단계를 통해 과거 사건과 경험들을 현재와 연결지어 바라보게 한다. 다음과 같은 사항을 검토해 본다. ◆ 각 사건은 현재에 어떤 영향을 미쳤는가? 긍정적인, 부정적인 영향 모두에 관심을 가진다. ◆ 아동이나 청소년이 그 사건에 대해 어떻게 대처하거나 조절하였는가? 생존하고 통과하기 위해 어떤 기술을 사용하였는가? 이런 기술들이 아동이나 청소년이 계속 사용하고 있는 기술들과 어떻게 연결되는가? 그 기술들은 어떻게 바뀌었는가? ◆ 그런 사건이 일어났을 때 아동 혹은 청소년은 누구에게 의지하는가? 그 사람들은 여전히 아동의 삶에 존재하는가? 아니라면, 다른 사람들이 비슷한 역할을 하고 있는가? 더 이상 존재하지 않는 사람들의 경우, 아동들이 그들을 구체적으로 기억하는 방법이 있거나 그들의 특성들을 현재 삶에 통합하고 있는가? ◆ 그런 사건이 일어났을 때 아동 혹은 청소년은 어떻게 그들 자신으로 남아있을 수 있었는가? 어떻게 그들은 변화하였는가?
자기의 측면들	재료	그리기 도구, 물감, 펠트, 아이스캔디 막대, 잡지, 가면, 신발 상자, 게시판, 두꺼운 카드보드, 하얀 티셔츠, 혼응지(papier-mâché, 틀에 종이를 붙여 만든 것) 등(선택된 프로젝트에 맞춰 재료를 선택한다.)
	기술	이 기법의 목적은 아동이 자신의 다양한 측면을 구체적으로 상징하고 통합하여 단일 프로젝트를 만드는 것이다. 다양한 프로젝트가 이 목적을 위해 사용될 수 있다. 그 예는 다음과 같다. ■ 이 프로젝트 각각은 비언어적이다. 그러나 선택된 활동을 위해 임상가가 어느 정도 맥락을 제공하는 것이 중요하다. 프로젝트 소개에 다음과 같은 교육 요점을 포함시킨다. "우리 모두는 우리를 구성하는 다양한 부분들을 가지고 있어. 이 프로젝트에서 우리는 그 몇 가지 부분에 대해서 탐색할 거야." ◆ 개인 심벌(상징): 개인 심벌이나 방패를 찾아 (책이나 온라인 등에서) 아동이 참고하도록 한다. 아동이 그들 자신의 심벌을 만들 수 있도록 한다(더 어린 아동이나 비구조화된 과제를 하는 것이 어려운 아동들에게는 시작을 돕기 위해 심벌의 윤곽을 제공한다. 부록 D의 예시를 본다). 심벌은 여러 구획으로 나눈다(심벌을 네 부분으로 나누기 위해 가로 세로선을 그릴 수 있다). 아동이 자신의 다양한 측면을 나타내는 상징을 만들도록 돕는다. 이것을 아동의 개인 심벌에 포함한다. 이 활동은 아동이 원하는 것에 따라 단순하거나 복잡할 수 있다. ◆ 가면: 빈 하얀 가면을 만들거나 구매하며 선택 목표에 따라 장식한다. 이 과제에 다양한 변화를 줄 수 있으며 임상가나 아동은 아래 항목들 가운데 한 개 이상을 선택할 수 있다. 예를 들면, 다음과 같다. • 아동이 내면에서 어떻게 느끼고(가면의 내부), 반대로 외면에서는 어떻게 느끼는가(가면의 외부)

- 가면의 각기 다른 부분에 아동의 다양한 측면을 나타내도록 한다.
- 다양한 정서: 아동이 정서를 드러내는 장소, 얼마나 자주(얼마나 많이) 그 정서를 보이는지, 아동이 느끼는 정서의 정도 등
- 사람들이 아동을 보는 것과 아동이 자신을 보는 것이 얼마나 다른지
- 다양한 맥락 속에서의 아동

◆자기의 구성요소: 신발 상자나 여타의 다른 상자를 사용하여 아동이 자신의 다양한 측면을 상징적으로 나타낼 수 있도록 돕는다. 신발 상자 안에 아동이 자신을 상징하는 것으로 선택한 서로 다른 특성들을 상징하는 그림, 물건, 단어 등을 놓는다. 아동은 상자의 바깥 면을 장식하거나 공백으로 남길 수 있다.

◆블록 쌓기: 두꺼운 판지 위에 납작한 삼차원 블록이나 가지고 있는 여타의 블록들을 쌓는다. 아동이 각 블록을 자신의 측면을 상징하는 상징, 그림, 단어로 꾸미도록 한다. 블록을 함께 합칠 수 있다.

◆개인적 퍼즐: 아동과 작업하기 전에, 두꺼운 판지를 퍼즐 모양으로 자른다. 아동에게 각각의 퍼즐 조각을 주고, 각 조각을 자신의 다양한 측면을 나타내는 상징, 그림, 단어로 꾸미도록 한다. 퍼즐을 함께 놓고 조각들을 교차하여 만드는 다른 방법을 찾아보도록 한다.

◆자기의 부분들: 자기의 다양한 측면에 대해 이야기를 나누면서 아동에게 자기의 각 부분 또는 측면을 간단한 원으로 그린 후(예: 확인된 부분 또는 측면에 대해 간단한 원으로), 아동이 정한 라벨이나 이름을 각기 붙인다(예: '미친' '배려' '보호' '취약' '슈퍼맨' '헐크' '배트맨' 등).

◆5가지 다루기—탑 5: 아동에게 다양한 색인 카드에 각기 다른 개인적인 특성을 적도록 한다. 예를 들어, 아동은 한 카드에는 "친절하다"라고 적을 수 있고, 다른 카드에는 "방어적"으로 적을 수 있다. 아동이 다양한 상황("화가 났을 때" "아빠와 함께 있을 때" "학교에서")에서 자신을 생각하도록 격려한다. 시간이 지남에 따라 카드를 추가한다. 다양한 경험에 대해 이야기할 때, 아이들에게 카드를 다시 정렬하여 "탑 5"를 뽑도록 한다. 어떤 특성 패턴이 "군집"하는 경향이 있는지, 다른 상황에서는 어떤 특성이나 자기 측면이 물러나는지를 주목한다.

◆주의: 한 사람(예: "우리 아빠")을 선택하고 각기 다른 시간대에 나타나는 다양한 특성들을 나열하여 다른 사람과의 관계를 탐색하는 데 이와 동일한 활동이 사용된다. 이러한 방식은 청소년의 주요 관계 대상자들이 나타내는 파편화나 자기의 다양한 측면을 청소년이 탐색하도록 돕는 데 유용하다(예: "술 마실 때의 아빠와 취하지 않은 아빠").

일관된 자기: 외상 경험에 대한 내러티브 개발하기

■ 특정 기억과 경험을 보다 광범위한 자기에 대한 내러티브로 처리하거나 통합하는 것이 전통적인 "외상 처리"이다. 이 과정에는 과거와 현재 기억의 측면들과 얽혀 있거나 연합된 감정, 신체적 감각, 인지에 대한 조심스러운 탐색이 포함된다. 아동이 자신의 경험을 마주하고, 견디고, 헤쳐 나가고, 관찰할 수 있도록 지지해 줌으로써 아동은 (1) 이러한 경험을 보

다 크고 일관된 자기 내러티브로 통합하고, (2) 이러한 경험들의 강렬함과 힘, 그로 인한 침투적인 속성을 감소시키며, (3) 이러한 경험에 대한 숙달감을 획득할 수 있게 된다.

- 복합 외상을 경험한 아동과의 작업에는 일관된 자기를 만드는 것과 관련된 두 가지 유형의 구체적인 내러티브가 도움이 될 수 있다.
  1. 인생 서사: 인생의 긍정적인 경험과 함께 외상적 노출도 포함하는, 시공간에 걸쳐진 아동 삶의 다양한 경험을 아우르는 보다 광범위한 내러티브의 발달
  2. 특정 기억: 특히 아동을 괴롭히고 아동의 삶에 침투하는 특정한 기억 및 기억의 파편 혹은 복합적인 기억의 처리와 통합
- 인생 내러티브의 개발은 분명 시간이 오래 걸리는 과정이며 외상 노출도 포함하지만 이것에 국한되지는 않는다. 위에서 설명한 것처럼, 인생 책이나 '나의 모든 것' 책을 만드는 작업은 일관된 인생 내러티브를 구축하는 과정의 한 예이다.
- 특정 기억 관련 내러티브를 만드는 것은 아동이 일관된 자기를 개발하도록 지원하는 중요한 요소이다.
- 다음의 세 가지 요소(타이밍, 대상, 형식)는 아동과 특정 기억을 다룰 때 고려해야 할 사항이다.

타이밍. 특정 기억을 목표로 하기에 적당한 때는 언제인가?

- 과거 경험들이 이 치료 프레임을 통해 기술을 개발시킬 때, 언어로 통합된다. 복잡한 발달 외상을 경험하였던 아동을 다룰 때, 치료 초기 단계에서 이러한 경험이 치료실에서 제시되고 명명되어야 한다. 이러한 인식은 간단한다. 예를 들면, "너의 아버지와 있을 때 일어났던 일처럼 아이들이 정말 힘든 일을 겪게 되면 감정을 다루기가 정말 힘들단다."
- 좀 더 광범위한 프레임은 특정한 기억을 처리하는 세부적인 탐색과는 구분된다. 외상적 기억의 탐색은 강렬하며 잠재적으로 압도적인 정서, 신체적 감각, 인지 및 행동 조절의 어려움을 이끌어 낸다. 외상적 기억들을 개방해야 할지 담아내야 할지 구분할 때는 아동의 현재 맥락뿐 아니라 현재 기능을 고려하는 것이 중요하다. 안전하게 기억을 탐색하려면 아동이 정서와 신체를 조절하는 능력이 어느 정도 있어야 하고, 치료 관계에서 안전감을 발달시켜야 하며, 임상적 공간 밖에서 충분히 안정적인 맥락을 가지고 있어야 한다. 이러한 요소들 없이 세부적인 기억들에 대한 깊은 탐색은 치유보다는 위해가 되며 불안정해지도록 이끌 수 있다.
- 주의 사항을 명심한다고 할지라도 실제 우리가 아동을 "안정적"인지 혹은 그렇지 않은지

판단하는 것과 무관하게 아동의 특정한 기억과 경험은 다양한 방법으로 그리고 서로 다른 시기에 나타날 수 있다. 어떤 외상 처리작업이 계획되어도 많은 부분은 아동이 드러내는 자료에 대한 반응으로 순간적으로 발생한다. 따라서 전문가가 아동을 조율하고 이러한 자료에 반응할 준비가 되어 있는지가 매우 중요하다. 자료를 확대할지 담아둘지(contain)에 대한 결정은 앞에 제시된 요소들에 대한 임상가의 판단에 따라 달려있다. 결과와 무관하게, 아동의 경험을 관찰하고, 인식하고, 반영하는 것이 중요하다. 다음 예를 보자.

데리아는 최근 혼란스러웠던 장기 위탁가정에서 단기간 위탁가정에 배치되었다. 그녀는 지난 몇 주간 힘들어하는 일이 많았는데, 여기에는 그녀 자신을 해치고 싶다는 말도 하였다. 그녀를 몇 년간 만났던 치료자와 만났을 때, 데리아는 인형 두 개를 성적인 자세로 놓고 말한다. "우리 아빠가 좋아하는 거예요." 치료자는 반응한다, "너의 아버지에 대해 생각하고 있는 것 같구나." 데리아는 고개를 끄덕인다, 그러고 인형을 옮겨 인형의 집에 있는 각기 다른 방에 넣었다. 치료자는 말한다. "그런 생각들이 떠오를 때면 무섭다는 거 알아. 그에 대해 많이 생각했니?" 데리아는 어깨를 으쓱하며 고개를 끄덕인다. 치료자는 반응한다, "선생님이 그 말을 들으니 속상하네. 단지 그걸 생각하기만 해도 슬프고 화난 것 같아 보이는구나." 데리아는 남자 인형을 인형집에서 꺼낸 후 던져버린다. "이거 싫어요!" 치료자는 데리아의 현재 경험을 다음과 같이 말하면서 확인해 준다, "그건 네가 가지고 있는 아주 중요한 감정이지. 네 아빠와 있었던 일은 아주 무서웠고, 다시는 아빠와 같이 살지 않을 거라고 우리는 이야기해 왔지만, 너의 일부는 그것을 두려워하는지 궁금하구나." 데리아는 어깨를 으쓱했지만 대답하지 않는다. 치료자는 말한다, "이것들은 정말 중요한 생각과 감정 같아. 몇 가지 감정에 대해 그림을 그리거나 글을 써서 그것을 어디엔가 붙여놓을까? 그래서 그것을 집에 가져갈 필요가 없게 말야." 데리아는 고개를 끄덕인다. 치료자는 데리아와 함께 에너지와 감정 점검을 한 후, 그녀의 감정을 그림으로 그리기 전에 조정 전략을 연습하였다. 끝낼 때 치료자는 데리아에게 그림을 어디에 붙여 놓을지 정하도록 한다. 데리아는 전에 이 목적으로 사용하곤 했던 치료자의 책상 서랍을 선택하였다. 그 후 치료자와 데리아는 심호흡을 몇 차례 실시하였다. 치료자는 데리아가 "진정"이라고 말하며 숨을 들이마시고, 무서운 감정이나 고통을 내쉬도록 도와준다. 치료자는 회기를 마치기 전에 강렬하지 않은 자료들(예: 게임)를 충분히 활용한 시간을 갖도록 하였다.

이 예에서, 임상가는 최근 거주지 이전이라는 불안정감을 경험한 아동에게 침습적 자료들이 떠오르는 것을 직면하였다. 임상가는 아동과 양육자와의 빈약한 현재 관계의 특성을 고려해서,

아동의 침습적인 기억을 상세히 탐색하지 않았으나, 임상가는 아동의 경험을 인식하고 탐색해야 한다. 기억의 중요한 본질을 인식하고, 아동의 현재 경험을 부드럽게 탐색하여 아동이 기억의 중요한 요소(예: 정서)를 표현하도록 하고, 조심스럽게 재료를 담아 준다. 임상가는 아동이 자신의 능력을 벗어나는 강렬함 없이 자신의 고통에 대해 지배력을 가질 수 있도록 한다. 임상가는 다른 시간과 다른 맥락에서 아동의 자세한 기억이나 경험의 본질에 대해 좀 더 탐색할 수 있다.

무엇을 목표로 할 것인가. 많은 압도적 경험을 한 아동들에게 외상 서사의 초점을 확인하는 것은 어려운 일이다. 다음을 보자.

- **떠오르는 특정 기억들**(specific emerging memories). 어떤 아동들은 일상생활에 침투하는 특정한 기억들을 인식하고 있다. 이러한 기억 혹은 기억 파편들의 처리는 전형적으로 중요한 목표이다.
- **복합적인 경험들**(composite experiences). 아동이 유사한 행동을 빈번하게 경험을 했을 때(예: 반복적인 성적 혹은 신체적 폭력), 기억은 서로 병합되고 중첩된다. 서사를 만드는 데 기억은 다양한 경험의 세부 사항들을 포함하게 될 것이다. 구체적인 방식보다는 주제별로 경험을 탐색하는 것이 가능하다. 예를 들면, 지속적인 가정폭력에 노출된 과거력의 아동과 작업할 때, 탐색되는 세부 사항들은 아버지의 목소리, 시끄러운 기억, 아동이 숨었던 장소, 숨었을 때 아동의 느낌, 부모님이 싸우는 소리를 들었을 때의 생각과 공포 등이 포함된다. 이러한 세부 사항들은 단일 경험이라기보다는 다양한 경험을 포함한다.
- **충격이 큰 경험**(high-impact experiences). 반복적인 다양한 초기 외상을 경험한 아동들에게 두드러지는 경험은 우리의 예상과 다를 수 있다. 가장 나쁜 경험에 대해 물었을 때, 어떤 청소년은 어릴 때의 폭력 경험보다 고통스러웠던 것이 좋아했던 위탁모를 갑자기 떠나서 친구들에게 작별인사도 하지 못한 채 학교를 떠난 것이라고 대답하기도 한다. 이러한 경험들은 치료 과정에서 나타난다. 특히 좀 더 큰 인생 내러티브를 구성하는 맥락에서(예: "의미 있는 사건들" 확인하기 혹은 연대표 작성) 나타난다. 충격이 큰 경험들은 기억의 세부 사항을 탐색하고 경험이 현재의 의미체계에 미치는 영향을 탐색하는 데 모두 중요하다.

형식(Format). 아동기의 기억을 처리하는 기제는 아동의 연령, 발달 단계, 구체적인 감내력이나 선호에 따라 다양하다. "도구" 섹션에 기억을 탐색하는 다양한 기술들이 제시되어 있다.

구체적인 기억을 처리하는 단계

다음에서 우리는 구체적인 기억을 처리하는 다섯 단계를 강조한다. 이 작업은 장기간에 걸쳐 진행되고, 작업이 진행되면서 여러 겹의 세부 사항과 이해가 서사에 덧붙여진다. 각각의 단계는 단일 회기에서 진행되지만, 경험을 둘러싼 서사 구성과 탐색, 그리고 그 경험들을 좀 더 큰 자기에 대한 서사로 통합하는 것은 좀 더 오랜 시간이 소요된다.

■ Step 1: 자기-평가와 조정 전략에서의 아동 지지하기

- 외상적 기억을 실제 처리하고 탐색하기 위해서는, 아동이 탐색하는 경험과 지속적으로 연결되어야 한다. 이 작업을 시작할 때 아동에게 정서와 신체생리적 상태를 자기점검하도록 한다(혹은 관찰된 정서/상태를 반영하도록). "조정" 섹션의 "기술 #1: 감정과 에너지의 정도 이해하기"(264페이지)에서 기술된 숫자 척도(예: "기분이 어떤지 −1에서 +10 척도에서 말해 볼래?")가 유용하다. 기억 처리를 다루는 많은 치료자들은 기억과 관련된 아동의 고통의 정도를 평가하고 아동이 차단하거나 접촉하지 않고 있는지를 확인하기 위해서 "SUDs(subjective units of distress)" 척도 사용을 추천한다. 작업 초반에 고통과 각성 수준을 평가하고, 지속적으로 평가하는 것이 도움이 된다. 아동이 감내할 수 있는 상태에 도달하도록 하며 작업에 효과적인 조정 전략을 사용한다. "감정 도구상자(feeling toolbox)"(11장 참조)를 만들면서 아동과 함께 대처 전략의 범위를 고려해 본다. 또한 안전하게 서사를 만드는 데 유용한 특정 전략들을 고려한다: (1) 아동이 기억과 거리를 유지하도록 돕는다 (예: "네가 이 기억에 대해 이야기할 때, 너는 이 기억 안에 있지 않고 마치 TV 화면을 보듯이 바깥에서 보고 있는 것처럼 이야기해 보렴."), (2) 보호 기제들(예: "우리가 이것에 대해 이야기하는 동안, 네가 말하는 그 작은 소녀가 안전한 거품 안에 있다고 상상해 봐. 그래서 누구도 그녀를 다치게 할 수 없다고.")과 혹은 아동을 보호하는 사람이나 물건(예: "네가 좋아하는 슈퍼히어로가 바로 네 옆에 있다고 상상해 봐.")을 소개함으로써 아동의 안전감을 증가시키도록 돕는다, (3) 현재와의 결속을 증진시킨다(예: "이것에 대해 이야기하는 동안, 네 발가락들을 바닥에 대고 움찔거리면서 네가 나와 함께 여기 방에 앉아 있다는 것을 기억하도록 하자. 알겠니?").

■ Step 2: 조심스럽게 보조를 맞추어 이야기하도록 안내하기

- 이 단계는 이야기하기와 관련된다. 내러티브를 통해서든, 연극, 그림 혹은 다른 기법들을 통해서든 아동이 내러티브를 만들 수 있도록 지지한다. 어느 시점에서 아동의 기억이 시작되는가? 그다음에 무슨 일이 일어났나? 처음, 중간, 그리고 마지막 내러티브를 만들 수 있도록 작업한다. 이러한 작업은 천천히 진행한다. 아동이 속도와 깊이를 선택하도

록 한다. 내러티브는 오랜 시간이 소요된다. 이전 내러티브로 되돌아가 작업을 되짚어 보고 세부 사항을 추가한다. 이 장의 "도구" 부분에서, 내러티브 만들기를 촉진하는 방법의 예시를 제시하고 있다. 시간에 지남에 따라 기억이 유발하는 고통 수준을 탐색하기 위해 SUDs나 다른 구체적인 지표를 사용한다. 외상 처리의 중요 목적은 아동이 특정 기억을 탐색하면서 그것을 둘러싸고 있는 고통을 없애는 것이다.

- 아동의 처리 혹은 내러티브가 "정체(stuck)"되거나, 아동이 외상 기억을 숙달하기보다 재경험하고 있음을 나타내는 지표를 인식하는 것은 매우 중요하다. 어린 아동의 경우 외상 후 놀이의 지표, 예를 들어 외상 경험 그대로 또는 상징적 측면을 포함하는 반복적인 주제를 나타내는 놀이를 할 수 있다. 어린 아동들은 경직되고 재지향이 힘들어 보이며, 정서는 즐긴다기보다 제한되거나 내몰리는 것처럼 보이기도 한다(Gil, 1991; Terr, 1990). 나이 든 아동과 청소년은 강력한 정서 표출이나 급작스러운 위축이 나타나지 않도록 조심하지만 이들이 설명하는 방식이 변화하고(예: 갑자기 아기 목소리로 바꾸는 청소년, 혹은 제3자의 입장에서 자신에 대해 이야기하는 것), 그 경험을 기억해 내기보다는 재경험 증거들(예: 떨고 울면서 마치 누군가를 멀리 떠밀 듯이 팔을 뻗는, 임상가의 말에 반응하지 못하는 것처럼 보이는 것)이 나타난다면 아동은 더 이상 "처리하지 못하는 것이며, 조정, 안전의 재확립, 현재의 재참여에 초점을 두는 것이 중요하다.

■ Step 3: 자기-사정(self-appraisal)을 촉진하고, 맥락에서 기억을 확장하고 탐색하기

- 기억의 세부 사항을 확장하는 것은 서사의 첫 단계일 뿐이다. 시간이 지날수록 아동과의 작업은 기억의 "사실"을 넘어서 사고와 신념을 포함한 자신의 경험에 대한 아동의 사정을 촉진한다. 아동이 요소들을 연결짓도록 지지한다. 예를 들면, "그들이 소리치기 시작했을 때, 나는 정말 무서웠어요. 내 몸은 완전히 긴장했고, 내 위장은 딱딱해졌어요. 마치 내가 아픈 것처럼요. 그들을 멈출 수 있으면 좋겠다고 생각했지만, 너무 무서워서 움직일 수가 없었어요." 아주 어린 아동들에게(혹은 발달적으로 어린 아동들) 이러한 연결은 임상가 혹은 양육자의 반영된 렌즈를 통해서 일어난다. (인형집 놀이에서) "나는 작은 소녀가 구석에 숨어 있는 것이 보여. 아주 무서운 일이 일어나고 있고, 그녀는 매우 겁에 질린 듯이 보였어. 마치 배가 아프거나 근육이 단단해지는 것을 느끼는 것처럼 전신이 두려움에 떨고 있는지 궁금하구나". 시간이 지나면 연령에 적절한 수준에서 특정 기억을 넘어 경험이 발생한 좀 더 넓은 맥락으로 확장한다. 이것은 (1) 다른 경험들(예: 이 경험이 다른 시간의 경험을 표상하는지 혹은 그것들과 구분되는지?), (2) 관계의 뉘앙스(예: 긍정적인 것을 포함해서 감정의 범위를 인식하고 탐색하기, 아동에게 상처 준 누군가가 있을 수 있음, 관련이 있는 혹

은 관련되지 않은 사람들의 역할과 아동의 감정 탐색하기), (3) 다른 관련된 기여 요인(예: 부모의 약물남용 혹은 정신건강 문제)을 통합하는 것을 포함한다.

■ **Step 4: 정서에 대한 연결을 유지하기 위해 조정에 참여하기**

◆ 작업이 진행되면, 아동의 각성 수준과 정서 상태를 반복적으로 확인하는 것은 중요하다. 자주 확인하고 필요하다면 "현재"에 머무르고, 과정과 연결되도록 아동이 조정 기술들을 사용할 수 있도록 지지한다.

■ **Step 5: 의미체계를 탐색하고 개발하기**

◆ 마지막 단계에서 우리는 현재의 맥락에서 과거에 대한 조망을 가지도록 아동과 작업한다. 이 단계는 과거의 경험과 그것이 아동에 삶, 자기감, 타인과의 관계, 의미체계에 미치는 영향을 관찰하는 것이다. 단지 과거의 감정이 아니라 그 경험을 반영할 때 현재 순간에서 일어나는 사고와 감정(예: "아무것도 하지 않았다는 것 때문에 내 자신에게 너무 화가 난다.")에 대해 탐색하도록 아동과 작업하는 것이 이 단계이다. 심리교육 그리고 현실검증은 이 단계에서 중요한 요소로, 지금 이 순간의 사고/감정/소망을 탐색하고 인식하는 것과 관련된다(예: "엄마를 보호하는 건 내 역할이에요."). 이뿐만 아니라 현재의 관점에서보다 현실적인 평가를 하는 것이다(예: "심지어 나의 일부는 여전히 내가 무언가 할 수 있었기를 바라지만, 그는 나보다 훨씬 컸었고 내가 그를 막을 수 있는 방법은 없었어요.").

과거와 현재를 넘어 미래를 고려한다. 예를 들면, 과거에는 아무도 도움을 주지 않았다. 현재와 미래에는 아동이 누구를 믿을 수 있는가? 아동이 이제 가지고 있는 어떤 기술들, 강점들 그리고 자원들이 그/그녀 자신을 보호할 수 있는가? 어떤 방법으로 아동이 이러한 단일(혹은 여러 가지) 경험을 넘어서는 자기(self)를 발달시킬 것인가? 과거와 현재를 미래로 일관되게 연결하기 위한 방법들을 기록한다. 시간이 지나면서 이러한 기억을 다른 행동이나 경험들과 연결할 수 있다(엠마의 예에서와 같이). 그리고 관련 주제들을 탐색할 수 있다. 궁극적으로 중요한 목적은 강렬하고 파편화된 기억들을 아동의 삶에 대한 보다 넓은 내러티브로 맥락화하는 것이다. 이를 통해 자기와 경험의 다양한 측면들이 보다 큰 전체의 부분으로 검토될 수 있다.

목표 #4. 미래 지향성

■ 최우선 목표: 미래의 자신을 상상하고 현재의 활동과 미래의 결과를 연결하는 아동의 능력을 구축한다.

- "미래"는 발달 단계에 따라 다른 개념을 가진다는 것을 명심한다. 어린 아동에게 미래는 지금으로부터 일주일 뒤이고, 청소년에게 미래는 지금으로부터 20년 뒤이다.
- 공식적인 연습과 더불어 회기에서 현재의 활동과 경험을 미래 목표에 연결하도록 주의를 기울인다.

미래 지향성

예시 활동	기술	
미래의 자기 그리기	재료	종이, 그리기 도구
	기술	미래의 자기를 그리는 것은 아동이 미래의 자기를 상상할 수 있도록 하는 구체적인 도구이다. 아동의 발달 단계에 따라 기술의 정교함이 달라진다. ■ 아동이 미래의 자신을 상상할 수 있도록 촉진한다. 그들은 어디에 있을 것인가? 누구와 있는가? 무엇을 하고 있는가? 미래의 자신을 상상하기 어려워하는 아동들에게, 가능한 한 구체적인 촉진(예: "너는 크면 어떤 사람이 되고 싶다고 생각하니?")을 주어야 한다. ■ 아동이 상상한 미래의 자신을 그리도록 한다. ■ 이 기술을 치료 과정에서 반복하는 것이 도움이 된다. 미래의 자기를 상상하는 아동 능력에 변화가 있는지 주목한다. ■ 보다 나이 든 아동은 그리기보다는 단어로 미래의 자신을 묘사하는 것을 선호한다.
5년, 10년, 20년 후	재료	종이, 그리기 도구
	기술	■ 이 기술은 미래의 자기 그리기와 유사하지만, 개념을 확장하여 아동이 상상한 미래의 자기 모습에 도달하는 데 필요한 단계에 대해 상상해 보도록 한다. 나이 든 아동과 청소년을 위한 방법이다. ■ 종이를 세 부분으로 나눈다(혹은 세 장의 종이를 사용한다). 각각은 시간의 흐름을 나타낸다(5년, 10년, 20년 후) ■ 아동이 미래의 목표를 상상하도록 촉진한다: 지금으로부터 20년 후에 어디에 있고 싶은가? 그 목적에 도달하는 단계로 5년과 10년 후에 어떤 목표를 성취하고 싶은지를 정한다. 예를 들어, 아동이 20년 후 프로야구선수가 되고 싶다고 했을 때, 가까운 미래에 어떻게 하는 것이 도움이 될까? 5년 후에는? 10년 후에는? ■ 가능한 외부 자원의 지지를 통합하도록 한다. 예를 들어, 아동의 삶에서 그가 목표를 이루는 것을 도와줄 수 있는 사람은 누구인가? 아동의 미래의 삶에서 어떤 사람과 있기를 바라는가? ■ 각 단계를 그린다(또는 쓴다). ■ 이 과제에는 목표-지향적인 계획, 목표와 관련된 단계의 개념을 이해하고 미래에 대한 예측과 상상을 모두 포함한다.

생애 책 부록	재료	이전에 만든 생애 책, 그림 혹은 그리기 도구
	기술	■ 이 과제는 이전에 만든 생애 책의 "과거"와 "현재"에 "미래"를 부록으로 추가하는 작업이다. ■ 아동에게 자신의 미래에 대해 상상하도록 한다(이전 작업에서 이미 진행되었을 수 있다). ■ 생애 책을 검토한다. 아동의 어떤 특성이 목표 도달에 도움이 될 것인가? 아동의 어떤 경험이 미래를 준비할 수 있도록 하는지? 아동이 미래에 구축하기를 원하는 특성이나 기술은 무엇인가?

발달적 고려사항

발달 단계	자기발달과 정체성 고려사항
초기 아동기	초기 아동기에서 독특한 자기에 대한 이해는 기본적이고 구체적이다. 아동이 개인적 특성과 독특한 속성에 대해 이해를 키우도록 도와준다. "어떤 맛을 가장 좋아하니? 오늘 어떤 색의 셔츠를 입고 싶니?" 등 아동에게 의견을 질문한다. 양육자는 아동의 독특한 호불호와 자기표현을 격려한다(그들의 옷과 어울리지 않을지라도). 아동은 어린 나이부터 자기 가치에 대한 감각을 키울 수 있다. 아동과 양육자는 아동과 가족의 가치를 이해하고 구축하도록 작업한다. 간결하게 작업한다. 양육자가 개인적인 선택(예: 왜 가족들이 교회에 가는지)과 규칙에 대한 근거(예: 왜 다른 사람을 때리면 안 되는지)를 설명할 때 아동의 나이에 적절한 단어를 사용한다. 아동들이 시간 경과에 따른 자기의 변화를 추적하도록 돕는다. 구체적인 지표들이 유용하다. 예를 들어, 가족들이 방문 입구에 정기적으로 아동의 성장을 측정해서 표시하거나 학교 사진으로 콜라주를 만드는 것 등이 있다. 초기 아동기의 미래 지향성은 현실에 기반을 두기보다는 상상에 기반한다. 상상하도록 격려한다. 어린 아동들이 다양한 가능성을 가지고 미래를 상상한다는 것이 중요하다.
중기 아동기	아동들이 보다 독립적이 되면서 개성이 드러나기 시작한다. 양육자가 아동의 독립적인 선호도 표현을 감내하도록 작업한다(예: 침실과 머리 스타일, 옷을 꾸미는 것). 중기 아동기는 또래 영향력에 취약한 시기이다. 아동이 또래와 비슷하다는 것뿐 아니라 다른 아동들로부터 자신을 구분하는 독특한 특성을 확인하도록 돕는다. 가치에 대한 이해는 이 단계에서 보다 정교화되기 시작한다. 양육자와 아동이 개인적인 가치와 가족의 가치, 문화적 가치를 확인할 수 있도록 작업한다. 아동이 그들의 가치에 따라 행동할 수 있도록 격려한다. 양육자로 하여금 아동이 구체적으로 자신과 가족의 가치를 표현할 수 있는 현장을 찾아주도록 한다(예: 자원봉사 기회).

	이 단계의 아동들은 단, 장기 목표와 미래에 영향을 줄 수 있는 현재의 선택에 대해 기본적인 이해가 발달되기 시작한다. 아동이 목표와 목표를 달성하기 위한 단계들을 확인하도록 작업한다. 중기 아동기 연령에서도 장기 목표는 환상-지향적일 수 있지만(예: 아동은 여전히 메이저리그 야구선수나 록스타가 되고 싶어할 수 있다), 단기 목표는 일상의 경험을 기반으로 한다.
청소년	정체성은 청소년기의 주요 과제이다. 청소년기가 극단과 탐색의 시기임을 명심한다. 청소년은 자기의 다양한 측면을 시도하고 실험하며 버린다. 그들이 이것을 의미 있는 방법으로 할 수 있도록 도와준다. 그들과 연관된 사람들의 어떤 측면이 그들에게 매력적인가? 그들이 하려는 활동? 어떤 활동들이 그들 자신을 알도록 도울 수 있는가? 일관성 있는 자기감을 구축하도록 지속한다. 청소년기는 자기-의식적이다. 자신의 정체성 탐색에 주의를 집중하면서, 다른 사람들도 자신에게 집중한다는 믿음을 가지고 있다. 외상적 사건을 겪은 10대에게 이러한 자기-의식은 손상 또는 단절의 느낌을 악화시킬 수 있다. 이는 특히 주류에서 분리되었다고 느끼는 십대들이 더욱 그러하다. 외상 과거력이 있는 청소년은 특히 신체가 변화하기 시작하면서 자신의 신체적 자기와 단절된다. 이 단계에서 신체적 자기를 정체성 발달 과제와 통합하는 것이 중요하다. 청소년이 자신의 신체를 (재)연결하고 신체적 자기를 인식하도록 도와야 한다. 자기-돌봄, 생리적 표현, 성적 정체성에 주의를 기울인다. 심리 교육과 공개 토론이 필수적이다. 청소년의 가치는 자신의 가족을 넘어서서 또래, 우상, 문화적, 개인적, 독립적 가치들을 포함하기 시작한다. 가족으로부터 분리된 가치를 청소년이 탐색하고 묘사하도록 돕는다. 발달 과정 속에서 청소년은 현실적인 목표를 설정하는 한편 추상적인 방법으로 미래의 자기를 마음속으로 그릴 수 있다. 주요 발달 과제로서 청소년 내담자가 이러한 능력을 구축하도록 작업하는 것이 중요하다.

적용

개인치료/양자관계

자기, 정체성 활동은 치료의 각 단계에서 다른 방법과 통합된다. 치료 초기에 치료자는 아동을 알게 되면서 자기 영역에 초점을 맞추게 된다. 외상-집중적인 치료에서 임상가는 외상 경험뿐 아니라 아동 전체에 관심을 가지고 소통하는 것이 필수적이다. 시간이 경과함에 따라, 자기에 대한 탐색은 깊어진다. 자기와 정체성 책 만들기 활동은 일과적 확인(예: 매주 아동의 경험을 책에 추가하는 것을 고려한다)으로 통합하기에 좋은 활동이다. 자기 활동은 아동이 삶의 이야기뿐 아니라 외상 경험에 대해서도 일관적인 이야기를 만드는 데 도움이 된다. 자기와 정체성에 집중하는 것은 "순간적으로" 일어난다. 독특한 자기, 긍정적 자기, 일관된 자기, 미래 자기의 목표와 관련된 순간을 청취하며, 대화와 활동으로 자기/정체성이 구축되도록 한다. 이 작업에 가능하고 적절하다면 양육자를 포함시킨다. 예를 들어, 양육자들은 (1) 아동의 일생에 대한 추가적인 정보를 제공하고, (2) 아동의 강점을 명명하고 강화하며, (3) 새로운 기술과 관심을 시도하기 위한 "활동 계획"을 세우는 데 도움을 줄 수 있다.

집단

자기와 정체성 활동은 집단 활동으로 계획하고 통합하는 것이 용이하며 청소년의 경우 특히 그렇다. 집단에서 정체성 활동은 분명할 수도 미묘할 수도 있다. 예를 들어, 일상적인 집단 "아이스 브레이커"(예: 긴장을 완화시키는 활동, 모든 집단 구성원이 자신이 가장 좋아하는 차, 되고 싶은 동물의 이름을 붙인다)에 정체감과 관련한 질문을 포함시킨다. 아이스 브레이커 작업은 개별적으로는 "나의 모든 것" 책이나 프로젝트가 될 수 있고, 보다 큰 "우리 모두의 것" 집단 책/프로젝트의 일부로 활용될 수 있다. 집단 정체성 활동은 집단 안정감을 구축하기 위해 내적 자기(internal self)로 이동하기 전에, 외적 자기(external self)와 구체적인 속성에 초점을 맞추는 것 부터 시작한다. 정체성 개념을 통합하는 그룹 활동의 예에는 서로 인터뷰하기(예: 아동이 서로의 개인적인 특성에 대해 인터뷰하고, 집단에서 발표하기), 콜라주, 가면 만들기, 정체성 심벌, 신체적 가치선 만들기(예: 집단 구성원들이 가치의 중요성을 나타내는 범위를 확인하고, 아동들은 그 가치가 그들에게 얼마나 중요한지를 가리키는 두 점 사이에 서 있는다), 그리고 가족 조각 만들기(예: 가족 역동을 나타내도록 집단 구성원 배치하기) 등이 있다. 이와 관련한 집단 활동의 예는 부록 C에 있다.

치료 장면

치료 장면 체계는 시스템 정체성뿐 아니라 각 내담자의 정체성에 다가가고 축하하는 유용한 방법을 제공할 수 있다. 다양성이나 긍정적인 아동 성취, 시스템이 가지고 있는 철학과 가치를 축하하는 시각적 전시물들을 통합하여 제시하도록 고려한다. 특별한 기념일을 통해 독특한 자기를 나타내거나 장기 자랑 등을 통해 긍정적인 자기를 활용하는 현장을 구축한다. 내담자의 목표 설정을 지원하고 치료 장면 프로그램 이외에서도 성공할 수 있도록 과제를 가르치고 지지함으로써 아동들이 미래 자기를 향해 구체적으로 작업하도록 돕는다. 스태프들에게 자기의 네 가지 측면을 가르치고, 일상 대화속에서 핵심적인 정체성 이슈들을 인식하고, 탐색하며, 강화하도록 작업한다.

외상 경험 통합: 상태 기반 기술 적용

고통 감내와 조절

치료의 초기 단계이거나 아동이나 청소년이 심한 스트레스를 경험할 때 자기와 정체성의 긍정적이고 독특한 측면에 대한 기본 기술과 작업에 집중하는 것이 중요하다. ARC 개입은 개인은 적응유연성이 있으며, 외상 경험이 있는 아동의 일부 측면이 아닌 아동 전체에 개입해야 한다는 신념에 기반한다. 우리는 긍정적인 정체성이 초기에 형성될 수 있도록 경험을 정상화하고 경험에 적응하며 강점에 대한 탐색과 성찰을 지속하도록 지원한다. 긍정적인 속성의 확인을 통해 "문제 행동"을 생존 강점으로 재구성하는 작업이 이루어진다. 양육 체계 시스템과의 조율 작업에서 아동의 행동을 주요 욕구를 충족하기 위한 기능적 전략으로 이해하는 것이 중요하다고 강조한다.

또한 이 단계에서 정체성 작업은 참여의 기회를 제공하며, 독특한 특성과 관심사에 대한 탐색이 수반된다. "나의 모든 것" 활동 기법은 정체성 탐색을 위한 안전한 컨테이너를 제공하며 시간이 지남에 따라 관계적 연계를 위한 원형(관계가 진행됨에 따라 관심사와 흥미에서 보다 취약한 내용들로 이동)을 제공한다.

호기심과 반영

아동이나 청소년이 점점 더 반영에 참여하고 보다 조절된 상태에 머무르게 됨에 따라, 자기와 정체성 작업은 더 취약한 자기 상태 및 연관된 경험 패턴을 인식하는 데 집중할 수 있다. 예를 들어, 아동이나 청소년은 분노와 공격성을 나타날 때 경험하는 자기 상태를 확인할 수 있다. 점차 시간을 들여 탐색할 수 있도록 대처 자원과 자기 인식이 발달함에 따라 아동은 분노와 공격적인 상태를 여러 요인과 연결지을 수 있고, 다음과 같은 요인들을 포함시킨다: (1) 특정 촉발요인("엄마가 나를 무시하면 나는 너무 화가 나서 소리 지르고 싶고, 가끔 그렇게 소리지른다."), (2) 그 상태에서 나타나는 경험의 패턴("엄마가 나를 무시한다고 느낄 때마다 분노에 압도되어 생각할 수 없고, 소리를 지르고 비명을 지른다. 엄마를 때리고 싶지만 보통은 그냥 물건을 던지고 엄마의 이름을 부른다."), (3) 행동의 기능에 대한 인식("엄마가 나를 무시할 때면, 엄마가 곁에 있어 주지 않았던 때가 생각나고 말 그대로 밀어내고 싶다는 생각이 든다.").

또한 반영이 가능한 아동과 청소년은 가족 및 사회적 맥락에서 과거(내가 누구였는지), 현재(내가 누구인지), 미래(내가 되고 싶은 사람) 사이의 기본적인 연결 고리를 만들기 시작할 수 있다. 삶의 기간과 발생하여 일어났거나 상상해 온 영향력 있는 경험들이 포함된 인생 내러티브를 구축하는 작업에 초점을 맞출 수 있다. 주요 목표는 아동 또는 청소년이 일관되고 통합된 자기 및 개인 정체성을 이해하고 감내력을 높이는 것이다.

목표지향적인 행동에 참여하기

시간이 지남에 따라 아동과 청소년은 내적 경험과 연결을 견뎌내고 내적 자기 상태에 대한 인식과 언어를 개발하면서 자신의 외상 경험을 심도 있게 탐색하고 확장된 자기 이야기 안에서 외상 내러티브를 개발(치료자 또는 적합한 애착 대상과)하기 시작한다. 종종 아동이나 청소년의 독특하고 긍정적인 자기감은 내러티브를 구성하는 양식이나 기법에 영향을 미치게 되며, 이러한 과정에 기여한다. 예를 들어, 미술이 주된 관심 분야이자 유능감인 경우 미술을 통해 이야기를 전달할 수 있다. 우리가 함께 작업하였던 한 청소년은 음악을 좋아하여 자신이 좋아하는 노래 제목을 사용하여 내러티브를 구성하였다. 가족도 참여하여 자기발달 측면(독특하고 긍정적이며 일관된)과 공유된 외상 경험을 통합하는 가족 내러티브를 구성하도록 격려할 수 있다.

마지막으로, 이 단계에서는 미래 지향성이 지원되고 격려된다. 이 작업은 목표 달성을 위한 단계로서 명확한 미래 목표를 확인하는 실행 기능과 짝을 이루어 진행한다. 목적적인 행동에 참여함으로써, 내담 아동은 자신이 주체적이며, 미래에는 가능성이 있으며, 원하는 목표와 결과를 달성할 수 있는 역량이 있다고 생각한다.

실생활 치료

- **시간이 필요하다.** 우리가 함께 작업하는 많은(모두가 그런 것은 아니지만) 아동은 자기감에 심한 손상을 받으며 발달하였다. 긍정성에 맞춰 나가는 것이 생소할 뿐 아니라 촉발요인이 될 수 있는데, 긍정적인 자기가 자아-이질적이기 때문이다. 속도에 주의하며 아동이 받아들일 준비가 되어 있지 않다면 강요하지 않는다. 유연해질 필요가 있다. 예를 들어, 만약 아동이 현재 어떤 긍정적인 특성을 명명하지 못한다면 그들이 언젠가 할 수 있다고 상상하는가? 당신이나 양육자가 명명할 수 있는가? 아동의 방어를 고려하고 다루면서 작

업한다.

- **위험은 두렵다.** 위에 기술된 대부분의 작업은 자기의 측면에 이름을 붙이는 것뿐 아니라 그것들을 탐색하고 시도해 보는 것이 포함되어 있다. 하지만… 새로운 탐색에는 위험이 뒤따르며, 외상 사건을 겪은 아동은 탐색을 최소화하도록 배웠다. 천천히 진행하며 아동이 위험 감수에 따르는 불안을 다루도록 돕는 내적, 외적 자원을 구축해야 한다.
- **이것은 누구의 일인가?** 정체성과 자기는 사적인 영역이다. 자기를 다른 누군가와 공유함으로써 취약해질 수 있다. 내담자가 자기의 측면(특히, 관례처럼 다른 사람들로부터 숨기는 것을 배워온 아이들)을 공유하지 않겠다고 선택하거나 또는 자기의 "즐거운" 측면만을 공유하기로 잘못 선택할 수 있다는 점을 인식하고 있어야 한다. 개인 사생활의 필요성을 타당화하고, 우리 모두는 공유하기 편하거나 편하지 않은 자기의 부분이 있다는 것을 인식하는 것이 중요하다. 아동의 안전감을 증진시키면서 이러한 작업을 할 수 있는 방법을 찾아보도록 한다. 예를 들어, 아동에게 자신만 볼 수 있는 글을 쓰거나, 그림 그리기 또는 글을 사용하지 않은 상징을 만들어 보게 할 수 있다. 아동이 공유하기 원하는 상징들, 그림들을 선택하도록 해 준다.

7부

통합

15장

외상 경험의 통합 재검토

이 책의 3장에서는 우리는 "외상 경험 통합"에 대해 세상의 위험에 대한 실제 그리고 지각된 경험이 일으키는 압도적인 고통과 각성의 순간에 우선 살아남고 견디는 능력, 호기심을 갖고 그러한 상태를 반영하는 능력, 그리고 궁극적으로 현재 순간에 목적 있는 행동을 할 수 있도록 발달적 역량을 사용하는 것 등의 연속적인 발달 능력으로 정의하였다. 4장과 책 전반에 걸쳐 설명한 바와 같이, 우리는 치료 과정을 외상 노출과 관계없이 많은 자원이 기능을 발휘하거나 더 적은 자원이 기능하는 시기와 순간들을 오가는 유동적인 인간 발달 과정으로 간주한다. 아동 또는 성인의 발달 능력이 성장하고 견고해지며, 환경적 안전성이 높아지고 스트레스에 대한 노출이 감소함에 따라 개인은 발달 능력을 점점 더 목적적이고 목표 지향적인 방식으로 안정적으로 활용할 수 있게 된다.

치료 전반에 걸쳐 아동, 보호자, 서비스 제공자들을 지원하여 안전하게 치료에 들어가고, 협력하며, 치료 또는 서비스 제공 과정에 의해 힘을 얻으며, 아동이나 가족이 지원을 요청하게 된 행동이나 경험에 대한 공감적 이해를 구축하도록 참여, 교육, 일과에 대한 기본 전략들을 사용한다. 시스템 안정성과 양육자 및 아동의 안전 그리고 경험을 견디고 관계를 협상하며 적극적으로 선택하는 능력 등과 같은 발달적 역량을 증진하며 아울러 자기와 타인에 대한 건강하고 일관된 이해를 개발하기 위해 여덟 가지 핵심 ARC 목표를 통합적인 방식으로 적용하고 있다.

4장에서는 과거력 경험이 현재의 기능에 방해가 되는 방식을 설명하기 위해 다음과 같은 간단한 일화를 통해 엠마를 처음 소개하였다.

> 엠마의 법적 보호자인 이모는 엠마를 학교에서 태워 약속장소에 데려다주고 있었다. 13세의 엠마는 이모에게 그날 학교에서 있었던 일을 이야기하기 시작했다. 이모는 길에 집중하고 있었고, 이야기하는 중간에 있었던 엠마의 질문에 대답하지 못했다. 엠마는 화를 내고, 소리를 지르며, 이모에게 욕설을 내뱉었다. 이모가 제한을 두려고 하자("진정해! 지금 운전 중이잖

아") 엠마는 소리 질렀다. "나한테 소리 지르지 마세요". 그리고 나서 엠마는 차 문을 열려고 하면서 움직이는 차에서 뛰어내리겠다고 협박했다.

이 장에서는 우리는 엠마로 돌아가 그녀의 발달력과 외상 경험 통합이라는 유연하고 통합적인 치료 과정을 기술한다.

엠마의 간략 발달력

엠마의 사례에서 우리는 엠마의 한순간을 엿볼 수 있다. 그 순간에서의 엠마의 행동, 행위, 관계 양식, 정서적 경험들은 부분적으로는 그 순간에 관한 것이지만, 많은 부분은 그 전에 있었던 순간들을 조합한 것이다. 이 책 전체에서 우리는 아동, 양육자, 체계를 맥락에서 이해하고 아동과 가족 체계 공식에 기반한 개입 접근법 개발의 중요성을 강조한다. 이러한 개념화에서 중요한 점은 아동의 이야기, 즉 현재 순간 이전에 있었던 다양한 경험들을 이해하는 것이다.

13세의 유럽계 미국인 소녀 엠마는 아버지와 어머니의 외동딸이지만, 이모로부터 아버지에게는 한 번도 만난 적 없는 이복형제가 세 명 있다는 사실을 알게 되었다. 엠마의 아버지와 어머니는 모두 정신건강에 심각한 문제가 있었고 약물 중독자였으며, 엠마는 이들과 함께 살았던 4년 동안 혼란스럽고 예측할 수 없는 생활 환경이나 잦은 폭력, 비일관적인 돌봄에 노출되어 있었다. 엠마의 어린 시절 기억은 흐릿하지만 배고프다는 본능적인 기억과 문 반대편에서 고함소리와 물건이 부서지는 소리가 들리는 가운데 어둠 속에서 벽장에 숨었던 생생한 기억이 있다.

엠마는 4세 때 신발도 없이 밤거리를 혼자 걷다가 발견되어 부모에게서 처음 분리되었다. 그 후 2년 동안 여러 위탁가정을 전전하다가 다시 어머니와 함께 살게 되었지만, 아버지는 유통 의도가 있는 아편 소지 혐의로 수감 중이었다. 엠마는 어머니와 최종적으로 분리되었던 시점에서 성적인 행동이 관찰되어 평가를 받았고, 그 평가에서 아버지의 성 학대와 양쪽 부모에 의한 신체 학대가 드러났다. 엠마의 어머니는 아동복지기관의 서비스 계획에 참여하기를 거부했고, 엠마는 6세 때 입양으로 목표가 변경된 직후, 엠마의 어머니와 소원했던 엠마의 이모가 입양 자원으로 확인되었고, 엠마는 입양으로 전환되었다. 엠마는 9세 때 이모에게 법적으로 입양되었다.

엠마의 초기 치료 이력

엠마는 7세에 처음 치료를 받기 시작했다. 그녀는 신체 경계와 안전에 초점을 맞춘 성적 학대 소녀들을 위한 단기 치료 그룹에 참석했고 6개월 동안 개별 놀이 치료에 참여했다. 이모는 치료에 참여하기를 꺼려했고 자신과 엠마가 "충분히 잘하고 있다."고 생각했다. 이모는 엠마가 8세 때 치료를 중단했지만, 필요에 따라 학교 치료사를 만나는 것에는 동의했다.

엠마가 12세 7학년이 되었을 때 이모의 걱정은 점점 커졌다. 엠마는 "결핍"이 있긴 했지만 항상 순종적이고 협조적인 소녀였으나 중학교에 진학하면서 변덕스럽고 도전적이며 위축되기 시작했다. 방에서 혼자 시간을 보내거나 친구들을 만나러 몰래 밖으로 나가기도 하고, 그녀의 이모와 다툼으로 쉽게 확대되기도 했다. 이모는 서랍에서 담배를 발견하고 엠마가 다른 약물을 사용하고 있다고 걱정하였다. 또한 이모는 엠마가 최근 날씨가 더워도 긴 소매 옷을 입기 시작하여, 이모가 팔에 베인 것처럼 보이는 것에 대해 물어보자 엠마는 소리를 지르며 집 밖으로 뛰쳐나가는 등 강하게 반응했기 때문에 엠마가 자해를 하고 있다고 의심하였다. 한 시간 후에도 엠마가 집에 돌아오지 않자 이모는 경찰에 신고했다. 엠마는 그날 밤 자정에 겨우 집으로 돌아온 후 응급팀의 검사를 받고, 입원 치료를 처음 받았다. 그 후 엠마는 6개월 동안 입원 및 주간 치료 프로그램을 거쳐 13세 생일 직후 외상 치료로 의뢰되기까지 일련의 입원 과정을 거쳤다.

치료 과정: 애착, 조절 및 유능감을 통한 외상 경험 통합

참여와 관계

5장에서 설명한 것처럼 참여는 모든 서비스 제공 과정에서 필수적인 토대이다. 내담자의 "관여"가 없으면 아무리 좋은 기술도 실패할 수밖에 없다. 아동, 양육자 및 서비스 제공 시스템이 치료 과정에 대해 의미 있고 타당하며 견딜 수 있다는 믿음으로 참여하는 것은 치료자와 관계를 맺을 때부터 시작되는 지속적인 과정이며, 모든 참여자들이 지속적으로 발전시켜야 한다.

엠마의 이모는 처음 외래 치료자에게 전화를 걸었을 때 치료에 대한 불안감을 분명히 드러냈다. 그녀는 "우리는 거의 모든 것을 다 겪어봤어요."라고 말하며, "솔직히 말해서 그다지 효과가 있었는지 모르겠어요."라고 하였다.

치료자는 이모의 경험을 반영하고 공감하는 반응을 보였다. "제가 함께 일해 왔던 수많은 가족에게 적합한 치료 과정을 찾는 것이 정말 어렵다는 것을 알고 있어요. 특히 엠마의 경우처럼 아동이나 가족이 복잡한 경험을 겪은 경우에는 더욱 그렇다고 생각해요. 이 치료법도 완벽하다고 약속할 수는 없지만, 우리가 만나서 저의 평소 일하는 방식에 대해 이야기하고, 그것이 당신과 엠마에게 얼마나 잘 맞는지 확인한 다음 시작할 수 있어요."

ARC를 활용한 치료는 투명성, 교육, 내담자의 역량 강화라는 토대에 기반한다. 초기 면담에서는 ARC 치료 접근법과 모든 참여자(치료 시스템, 아동, 보호자)의 역할에 대한 대화, 아동 및 가족 목표에 대한 호기심을 가지며 이를 핵심 ARC 목표에 맞추는 것, 외상 렌즈에 대한 교육과 통합 또는 현재 행동과 과거 경험 사이의 연결, 그리고 아동과 가족 시스템에 대한 호기심과 반영적 자세로 조율 과정을 재연하는 것 등이 포함된다.

치료자와의 초기 면담에서 엠마는 철수되거나 적극적으로 도전하는 모습을 번갈아 보였다. 두 번째 면담에서 엠마는 치료자를 직면하였다.

엠　마: 이건 말도 안 돼요. 이모는 저를 여기로 보내면 저를 고칠 수 있을 거라고 생각해요. 선생님은 저에 대해 아무것도 몰라요.

치료자: 맞아. 나도 그렇게 잘 알지 못하지. 하지만 난 네가 망가졌다고 생각하지 않기 때문에 "고치려고" 시도하지 않을 거야.

엠　마: 그럼 선생님은 멍청하네요.

치료자: (웃음) 그럴지도 모르겠네. 하지만 우리는 지금까지 몇 번 만났고 솔직히 말해서 선생님은 네게 깊은 인상을 받았단다.

엠　마: (조용히 셔츠 소매를 만지작거리며) 그렇다면 선생님은 정말 멍청한 거예요. 이모도 저를 쓰레기라고 생각하니까요.

치료자: (조용히 말하지만, 엠마의 신체적 의사소통을 자신의 에너지와 어조로 미러링하면서) 나도 가끔씩 그 기분이 어떨지 떠올려 보지만, 실제로 네가 어떻게 느낄지 확실하게 알지 못한단다. 감정이 뒤섞여 있거나 몸이 통제 불능인 것처럼 느끼는 것은 누구에게나 힘든 일이야. 하지만 이건 말할 수 있어. 나는 너처럼 인생에서 힘든 일을 많이 겪은 아이를 많이 만났고, 그들 대부분은 대단한 아이들이란다. 다른 사람들을 화나게 하는 것들, 예를 들어 다투거나 도망치거나 심지어 자신을 해치는 것조차도 아이들이 자기 스스로를 돕기 위해 시도하는 것이라고 생각

해. 그건 너에게도 마찬가지일 거야. 가끔은 무모한 것처럼 느껴지거나 방해가 되더라도 나는 네가 하는 모든 행동이 충분히 이해된다고 생각한단다.

엠 마: 말하기 지겨워요. 그냥 그림 그릴 수 있나요?

치료자: 물론이지. (종이와 사인펜을 꺼낸다.) 그림 그리는 동안 한 가지 말해도 될까?

엠 마: 그러세요.

치료자: 방금 네가 한 행동은 네가 얼마나 똑똑한지 보여 주는 좋은 예라고 생각해. 너는 나와 함께 네가 겪었던 힘든 일에 대해 이야기하다가 힘들어졌을 때, 잠시 쉬면서 너는 그림을 그리면서 그것을 다루는 정말 좋은 방법을 찾았구나. 내가 생각하기에 너는 힘든 일을 다루는 여러 가지 방법을 가지고 있는 것 같아.

엠 마: 그런 것 같아요.

치료자: 몇 가지 말할 것이 있는데, 괜찮겠지? 첫째, 나는 네가 자신을 돌보고 세상을 다루기 위해 알아낸 방법들을 더 자세히 알고 싶단다. 둘째, "그만해요." 또는 "그런 얘기는 하고 싶지 않아요."라고 말해도 괜찮다는 거야. 알겠지?

엠 마: 알았어요. 이제 그 얘기는 그만해요. 더 말하고 싶지 않아요.

치료자: (웃음) 그것 봐. 내가 똑똑하다고 했잖아!

이 예에서 치료자는 몇 가지 중요한 원칙을 도입한다. 첫째, 치료는 언어적 및 비언어적 미러링과 반영을 통해 조율 전략을 수립한다. 그녀는 엠마에 대해 적극적으로 호기심을 갖되, 엠마에게서 관찰된 경계와 공간에 대한 욕구를 분명하게 존중한다. 그녀는 엠마의 손상감을 수용하고 타당화하지만, 외상 교육을 통해 이러한 행동을 생존의 강점으로 재구성할 수 있도록 부드럽게 직면한다. 치료자는 양육자 정서 관리를 사용하면서 엠마의 진술을 객관화하고, 직면 상황에 대한 자신의 반응을 관리한다. 그녀의 초기 목표는 관계와 합리적인 치료적 안전을 구축하고, 작업을 위한 예비 개념화를 설정하면서 아동 전체를 목도하고 알아가기 시작하는 것이다.

개념화 개발: 치료자 조율

우리는 조율과 개념화에 따라, 아동과 양육자가 합리적이며 그들이 속한 세계에서 적응하는 방식으로 자신들의 삶에 접근한다는 신념에 따라 실제 치료를 진행한다. 다양한 영향력(개인 및 집단 역사, 문화적 맥락, 가족 규범, 아동 기질, 현재 스트레스 요인 등)을 이해하고, 이러한 영향들과 지속적인 행동, 관계 패턴, 각성 패턴 등을 연결짓는 작업을 통해, 우리는 아동 및 양육자의 현재 욕구와 목표를 이해할 수 있다. 이러한 정확한 이해가 없다면 개입 노력은 훨씬 덜 공감적이고 덜 효과적일 것이다. 엠마와 같은 많은 아동이 스스로를 "손상"되고 망가진 존재로 여기는 것은 놀라운 일이 아니다. 많은 시스템이 전달하는 메시지는 단순히 아동의 행동이 나쁘고 잘못되었으며 변화해야 한다는 것이다. 이러한 시각에서 아동의 행동을 납득하지만 아동에게 방해가 되는지를 이해하고 통합된 시각으로 전환하는 것이 아동을 치료 과정에 참여시키는 훨씬 더 공감적인 방법이다.

치료자는 기록들을 검토하고, 엠마 이모 및 이전 치료자와의 대화 그리고 엠마와의 지속적인 대화를 통해 초기의 방임력, 신체적 및 성적 학대, 복합적인 애착 상실 및 붕괴에 대한 엠마의 초기 이야기들을 점차적으로 맞춰나갔다. 치료자는 지각된 거부와 박탈, 통제력 상실, 경계 침범, 신체적 위험에 대한 지각된 단서 등의 노출과 연합된 공통적인 촉발요인이 있다는 것을 알고 있다. 치료자는 엠마의 관찰된 행동 패턴을 가능한 촉발요인(예: 직면 시 단절되고 철수, 관심이 멀어지면 분노로 확장)과 맞추기 시작했고, 이를 엠마 행동의 기능적 특성, 조절 패턴, 엠마가 자신을 보호하고 욕구를 충족시키는 방법에 대한 이해로 구축하기 시작하였다.

외상을 경험한 아동, 청소년과 작업할 때 치료자들은 아동이 살고 있는 세계와 동시적으로 작업하게 되므로 양육자 또는 양육 체계 시스템에 대한 정확한 이해는 치료 성공에 매우 중요하다. 임상가는 엠마의 사연을 알아보기 위해 노력한 것처럼, 엠마의 이모인 캐서린의 사연에 대해서도 호기심을 가졌다. 치료 과정에 완전히 참여하는 것을 주저했지만, 캐서린은 자신의 가족사에 대해 조금 이야기해 주었다. 그녀는 아일랜드 가톨릭 노동계급 가정에서 태어난 세 자녀 중 장녀라고 밝혔다. 어머니에 대한 질문에 캐서린은 어머니를 "평화를 지키기 위해" 열심히 노력한 조용한 여성으로 묘사하였다. 그녀는 어머니를 사랑했고 동생들을 돕기 위해 노력했다고 말했다. 그녀는 동생들, 특히 엠마의 어머니에 대해 "항상 예민하고 변덕스러운 사람"이었다고 묘사하며 보호 감정을 느낀다고 말했다. 그녀는 "항상 우리보다 더 힘들어하고 무척 반응적이었어요."라고 했다. 캐서린은 아버지에 대해서는 장시간 일하여 피곤하고 기분이 좋지 않은 상태로 집에 돌아와서 종종 "모든 일에 대해" 소리를 지르고 고함치는 사람이었다고 묘사했다. 그녀는 가정 내 폭력이나 약물 남용에 대해서는 보고하지 않았다. 캐서린은 17세 때 어머니가 암 진단을 받았고 막냇동생인 엠마의 어머니가 당시 12세였으며 그 후 상황이 "훨씬 더 힘들어졌다."고 말했다. 그녀는 엠마의 어머니가 2년 후 어머니가 사망했을 때부터 약물을 사용하기 시작했다고 추측하였다.

치료자는 엠마의 이모에 대해 많이 알게 되면서 초기 경험으로부터 양육자가 되도록 학습해 온 캐서린의 방식들에 대해 반영하였다. 치료자는 캐서린이 자신을 어떤 면에서 자신의 어머니와 비슷하다고 생각하는지 궁금해했고, 캐서린은 어머니와 마찬가지로 자신도 "평화로운 것을 좋아한다."고 인정하면서 덧붙여서 "내 동생[엠마의 어머니]은 항상 거친 아이였고, 요즘 엠마도 그런 것 같아요. 나는 고함을 지르고 비명을 지르는 것이 싫고 모든 것이 잠잠해지기를 바라지요."라고 말했다. 시간이 지남에 따라 치료자는 캐서린이 혼돈과 지각된 상실감과 같은 촉발요인에 대한 반응으로 보살핌, 통제, 단절 사이에서 이동하는 방식들을 관찰한다.

일과 개발 및 예측 가능한 구조 통합하기

6장에서 기술한 것처럼, 외상 정보에 기반한 치료에서 리듬은 안전 및 고통 감내와 관련하여 초기뿐만 아니라 지속적으로 주의를 요하는 결정적인 토대가 된다. 서비스 과정의 기본적인 리듬이 확립되면, 치료 회기의 리듬이나 치료 장면 프로그램 요일의 예측 가능한 구조, 교실의 구성 요소에 관계없이, 확인된 개별 또는 프로그램 목표를 지원하기 위해 특정 구조로 통합할 수 있다.

> 엠마의 치료자는 엠마와 이모와의 작업에서 예측 가능한 리듬을 만드는 데 세심한 주의를 기울였다. 매주 같은 진료실을 예약하고, 엠마가 선호하는 것에 대해 더 많이 알게 되면서 예측 가능한 자료를 준비하려고 노력하였다(예: 그림 재료, 점토와 같은 특정 감각 물체, 엠마와 만나는 동안 음악을 들을 수 있도록 엠마의 휴대폰과 연결할 수 있는 작은 스피커 등). 그녀는 엠마와 함께 일과를 투명하게 공동-개발하여 작업하였다. 여기에는 회기를 시작할 때 엠마의 일주일과 선호도("오늘은 이야기할 기분이 드니, 아니면 그림 그리기나 다른 것을 하고 싶으니?")를 확인하고, 회기 목표("우리는 지난 몇 주 동안 너의 몸이 안정되고 안전감을 느끼도록 돕는 다양한 방법을 실험해 왔어. 오늘도 계속 그렇게 해 보겠니, 아니면 네가 작업하길 원하는 다른 방법이 있을까?")를 정하였다.
>
> 핵심 치료 목표가 명확해지면서 치료자는 이를 지원하기 위한 구조를 치료에 통합하기 시작했다. 엠마와 이모, 그리고 치료자는 함께 작업하면서 세 가지 "큰 그림" 목표를 확인했다. 즉, 엠마와 이모가 힘든 감정을 이해하고 다루는 몇 가지 전략을 개발하도록 돕는 것(양육자 정서 관리, 조율, 확인, 조정), 엠마와 이모가 특히 스트레스를 받거나 속상한 감정을 느낄 때 서로 더 나은 의사소통을 구축하도록 돕는 것(조율, 관계적 연계), 엠마의 가족 이야기에 대한 이해를 포함하여 자신을 알아가는 것을 지원하는 것(자기 및 정체성) 등이다. 치료자와 엠마는 이러한 목표를 지원하기 위해 작업에 지속적인 구조를 통합해 나갔다. 예를 들어, 엠마가 자신의 내적 경험(생각, 감정, 에너지 상태, 신체 감각)에 대한 호기심과 인식을 개발하는

데 도움을 주기 위해 매 회기 시작 시 자기 반영적 활동들을 시행하였다. 다양한 조정 전략(음악 듣기, 요가, 심호흡)에 대한 시도들이 모든 회기에 포함되었고, 일과적인 상호작용 중에도 에너지 상태의 변화에 대한 반영을 엠마와 치료자가 공유하였다. 예를 들어, 치료자는 어려운 주제에 대해 이야기할 때 관찰된 엠마의 에너지 수준 변화를 언급하고 내면의 경험을 알아차리도록 요청했고, 엠마는 대화를 나누는 동안 반응하는 자신의 내적 상태에 대해 언급하였다. 엠마의 이모는 격주로 회기 종결 부분에 초대되었다. 초기에 엠마와 이모, 치료자는 긍정적이고 강점에 초점을 둔 회기 일과(예: 한 주 동안의 자랑스러운 순간이나 긍정적인 성취에 대해 이야기하기)를 공동 개발하였고, 시간이 지나면서 어려운 상호작용을 처리하고 이를 향후 문제 해결에 활용하는 등 한층 도전적인 주제를 포함시켰다.

아동과 양육자의 조절 기술을 개발하고 지원하는 기본 작업

스스로 확인한 목표를 달성하기 위해 목적적인 방식으로 일상의 경험을 탐색하는 능력은 생리와 감정, 행동, 관계 등의 경험을 적극적으로 조절하는 개인의 역량에 달려 있으며 이는 외상 경험 통합의 궁극적인 목표이다. 만성적 외상의 영향을 받은 청소년과 성인의 경우, 이러한 역량은 실제 위험과 지각된 위험을 반복적으로 경험함에 따라 생존 반응이 빈번하게 활성화되며 강렬하고 종종 압도적인 정서와 각성을 경험함에 따라 큰 영향을 받게 된다. 이러한 각성을 이해하고, 견디고, 다루는 능력은 현재-지향적이고 건강한 기능 발달을 위한 필수 기반이며, 외상-중심 치료 초기의 초점이 되는 경우가 많다.

10장과 11장에서 기술한 조절 기술을 개발하기 위해서, 효과적이고 편안한 각성 상태로 전환하고 지원하는 생리적 전략(조정)과 평온한 상태와 괴로운 상태를 인식하고 확인하는 반영기술의 발달, 내적 상태 전환에 대한 인식, 그리고 상태와 그러한 상태를 유발하는 경험에 대한 점진적인 이해(확인) 등을 적극적으로 경험하고 참여하는 것이 필요하다.

시간이 지나면서 엠마는 치료자와 함께 다양한 전략을 시도하는 데 익숙해졌다. 그녀는 특히 음악 듣기, 그림 그리기 또는 '멘탈 존'이라고 그녀가 기술한 스스로 통제할 수 있는 전략들을 좋아했다. "모든 것의 볼륨을 낮추고 안으로 들어가서 무언가에 집중하면 예전처럼 내가 완전히 사라지지 않아요. 모든 소음을 줄이고 호흡에 집중한 다음 머릿속으로 정말로 천천히 숫자를 세기 시작해요. 내가 불안할 때 도움이 되거든요."

이러한 작업의 초반에는 고통스러운 순간이 아닐 때 연습하고 전략에 참여하도록 한다. 하지만 위기의 순간, 즉 아동과 양육자가 압도적인 각성이나 고통을 경험하면서 치료 또는 서비스 공간에 들어올 때 조절 전략을 활용할 수 있다. 이 작업에서 중요한 점은 청소년의 경험을 목도하고, 미러링하며, 타당화하는 조율의 역할이다. 아동의 각성 및 정서 상태를 먼저 인정하고, 목도하고, 견디며, 그 타당성을 인정하지 않는다면, 아동의 각성 및 정서 상태를 변화시키거나 감소시키려는 노력은 실패할 것이다.

이모가 질문에 대답하지 않자 엠마가 격분하여 달리는 차에서 뛰어내리려 한 사건이 발생한 그다음 주 엠마가 치료를 받으러 왔을 때 단절된 모습을 보였다. 이모는 치료자에게 전화를 걸어 사건에 대해 이야기했고, 치료자는 무슨 일이 일어났다는 것을 알고 있음을 인정했다. 엠마의 얼굴이 굳어지면서 "이모는 항상 우리가 서로의 말을 들어야 한다고 말하면서 내가 하는 말에 집중하지 않아요!"라고 화를 냈다. 치료자는 엠마의 감정을 인정하며 "네가 얼마나 화가 났는지 알겠어. 중요한 말을 하고 있는데 누군가 내 말을 듣지 않는다면 정말 힘든 일이지."라고 말했다.

그 순간 조정 기술을 사용하여 작업은 지속할 수 있는데, 예를 들어 관찰되었거나 또는 현재의 고통/각성을 관리하는 방법을 실험하면서 시간이 경과하면 유사한 고통 상황에서 접근할 수 있는 고통 감내 기술 및 외부 지원을 탐색할 수 있다. 그러나 아동이나 양육자가 극심한 고통이나 강렬한 감정적 경험을 나타낸다면, 초기 대응은 그러한 반응을 목도하고 반영한 후 그 타당성을 확인하는 방식으로 이루어져야 한다.

아동은 종종 그의 양육자 체계에서처럼 조절되기 때문에 양육자의 고통 감내 및 조절 기술 개발을 위한 지원도 중요하다. 7장에서 설명한 대로 치료자 체계는 성인의 정서 반응에 대한 조율 및 타당화, 내부 자원 및 조절 전략 개발 지원, 외부 지원 동원을 통해 양육자의 정서관리를 지원하도록 작업한다.

참여하는 과정 초기에서, 캐서린과 치료 과정에서 양육자 관여의 중요성에 대해 논의했다. 치료자는 캐서린과 협력하여 캐서린이 참여할 수 있는 장소, 시간, 방법과 치료자와의 접촉 빈도 등을 결정했다. 예를 들어, 전화로 상담이 가능한지 아니면 개별 또는 공동 회기에 참여할 수 있을지 등이다. 치료자는 양육자 스트레스를 정상화하고 양육자로서의 경험에 초점을 맞춘 개인 면담을 포함하여 ARC 치료의 맥락 내에서 양육자를 지원하는 기회에 대해 설명했다. 캐서린은 처음에는 자신의 업무 일정 때문에 임상가와 별도의 면담에 참석하기가 매우 어렵다고 말했지만 매주 전화로 확인하고 필요하다면 엠마의 회기에 참여하는 데 동의했다.

그러나 자동차 사고 2주 후, 치료자는 캐서린으로부터 "개인" 면담을 요청하는 전화를 받았다. 면담을 위해 도착한 캐서린은 처음에는 시간을 내준 임상가에게 감사하며 반가워했다. 하지만 곧 그녀는 치료에도 불구하고 엠마가 여전히 도전적인 것에 대해 좌절감과 분노를 표출하며 괴로워했다. "두 걸음 앞으로 나아갔다가 다시 모든 것을 잃는 것 같아요. 그리고 가장 어리석은 것은 제가 엠마가 원하는 대로 완벽해지지 않는다면 모든 것이 무너질 것 같이 느껴지는 거지요."

치료자는 그녀의 좌절감을 인정하며 "부모들이 모든 것이 안정되기를 얼마나 바라는지 잘 알고 있습니다. 엠마에게 많은 것을 주셨는데 모든 것이 무너지는 듯한 느낌이 들 때 얼마나 힘드실지 알고 있습니다. 특히 이모님이 평화로운 것을 얼마나 좋아하시는지 잘 알고 있기 때문이지요."라고 말하였다.

캐서린은 눈물을 흘리며 "모든 것이 갑자기 스트레스로 느껴져요. 왜 그토록 극적으로 행동하는지 이해가 안 되고 어떻게 도와줘야 할지 모르겠어요!"라고 말하였다.

치료자는 캐서린 쪽으로 몸을 기울이며 조용히 말했다. "오늘 좌절하고 슬프고 절망적인 기분이 드신 것 같네요. 그리고 저에게 연락주셔서 정말 기뻤습니다. 혼자서 감당하기는 정말 힘든 감정들이지요. 이모님은 강인한 여성으로 오랫동안 이 일을 해 왔다는 것을 알고 있어요. 비록 지금 후퇴하는 것처럼 느껴지더라도 지금까지 이룬 모든 것을 잃는 것은 아니라는 점을 말씀드리고 싶어요. 엠마가 겪은 모든 일을 겪지 않은 아이들도 좋은 날과 힘든 날이 있기 마련이지요. 이모님과 저, 그리고 엠마 우리들은 힘든 날을 잘 극복하고, 좋은 날을 더 많이 만들기 위해 계속 노력할 것입니다."

이러한 상호작용에서 치료자는 엠마와 마찬가지로 캐서린의 경험을 목도하고, 이를 미러링하고, 타당화하며, 캐서린의 정서를 표현하였다. 치료자는 절망감을 인정하는 동시에 이를 정상화하고 경험의 성쇠 과정에 대한 교육을 제공하기 시작하였다. 그녀는 캐서린의 어려운 경험을 이해하고 관리하는 지속적인 과정에 참여하도록 적극적으로 작업한다. 아동에 대한 양육자의 반영적 과정을 빨리 진행하지 않으면서 양육자의 조절에 대한 욕구를 파악하고, 이를 공감적으로 지원하기 위하여 치료자는 조율을 병행해야 한다.

아동과 양육자의 반영 능력 키우기

위험에 기반한 생존과 욕구 충족의 패턴을 바꾸기 위해서 아동(또는 양육자)은 효과적인 조절 전략과 여타의 발달 역량을 그 순간에 이용할 수 있어야 한다. 또한 아동(또는 양육자)은 현재의 적응과 자신의 관여 그리고 대체 전략을 활용하는 역량을 이해하고 조율된 인식을 점진적으로 구축해야 한다. 호기심으로 이끄는 능력은 평온한 상태에서 자기(확인, 양육자 정서 관리)와 타인(조율)에 대해 반영하는 능력을 키우면서 구축된다. 초반에는 아동 또는 양육자가 현재 사용하는 전략에 주의를 기울이고 이해하는 것이 매우 중요하다.

> 엠마와 치료자는 한 주 동안 엠마가 무언가 힘들다고 느껴질 때 자연스럽게 하는 행동들, 예를 들어 그녀는 이모에게 화가 나면 방에 틀어박혔는데, 그러한 행동들을 기록하기 시작했다. 그리고 그 순간 엠마에게 필요한 것이 무엇인지(공간? 자극 감소? 통제?) 확인하고 이를 엠마가 사용할 수 있도록 사전 예방적인 전략과 짝짓기 시작했다. 엠마가 편안한 시간에 이모와 정보를 공유하고 이모는 엠마의 전략 사용을 지원하거나 최소한 엠마가 공간이 필요할 때 방에 따라 들어가서 방해하지 않도록 작업하였다.

반영은 종종 작업 초반에는 외부 치료자가 시행하지만 이상적으로는 (시간이 지남에 따라) 주 양육자에 의해 이루어진다. 예를 들어, 어린 아동과 작업하는 초반에는 임상가가 주 관찰자가 될 수 있다. "집에서 아이들이 소리를 지르는 경우가 많았고, 그게 좀 무서웠다는 것을 알고 있단다. 선생님이 화를 내면 그것도 무섭게 느껴졌던 것 같구나." 아동이 이에 동의하면 임상가는 "사람들이 화내는 것이 힘들게 느껴지는 것 같구나."라고 관찰할 수 있다.

호기심과 반영에 참여하는 것은 개인 치료의 맥락 밖에서도 이루어질 수 있다. 예를 들어, 프로그램에서 청소년의 공간에 침입한 것을 감지한 후 스태프는 "미안하구나. 내가 방금 네 공간에 들어간 것 같아. 내가 너에 대해 알게 된 것은 사람들이 너무 가까이 오면 네가 불편해한다는 거야."라고 말할 수 있다. 양육자(임상가 등)가 아동과 함께한 경험이 많을수록 함께 패턴을 확인하기가 더 쉬워진다. 예를 들어, "이건 지오가 네게 묻지도 않고 휴게실 벤치 바로 옆에 앉았을 때 네가 화를 냈던 것을 떠오르게 하는구나. 우리는 네 공간이 침범당했다고 느낄 때 그런다는 것을 알아냈는데, 지금도 그때와 비슷한 느낌인 거지?"

반영과 호기심의 중요한 목표는 현재의 행동과 적응뿐만 아니라 과거 경험의 맥락에서 행동과 조절 욕구의 기능들에 대하여 조율된 이해를 구축하는 것이다. 이러한 조율된 이해는 촉발요인, 적응 패턴(안전 추구 및 욕구 충족), 과거 경험에 대한 포괄적 이해와 현재의 관계 및 상황에 대한 영향력들을 찾아내고 평가하는 것이 포함된다. 나이가 많은 아동이나 자기 반영의 경험이 많은 아동의 경우, 그 아동을 관찰자로 초대하는 것이 중요하다. 예를 들어, "네가 지금 설명하는 내용을 보면, 속이 울렁거리는 기분이 들기 시작하더니 재빨리 기분이 울적해졌는데, 친구가 그 이메일을 보냈을 때 그랬다는 것이구나. 우리는 다양한 종류의 촉발요인 또는 너의 푸시버튼에 대해 이야기해 왔어. 어떤 것이 네게 일어났다고 생각하는지 궁금하구나."

엠마와 치료자는 앞에서 설명한 조절에 초점을 맞춘 활동들과 엠마가 감내할 수 있는 순간에서 호기심과 반영을 구축하는 활동들을 오갔다. 치료자는 엠마가 준비되지 않은 상태에서 치료자가 너무 많은 호기심을 유발할 경우 엠마는 차단되거나 화를 낸다는 점에서 엠마가 가장 잘 판단한다는 것을 알게 되었다. 치료자는 엠마가 행동이나 말을 통해 몸이 편안해지기 위한 시간, 공간 또는 지원이 필요하다는 것을 보여 주는 방법을 "의사소통"이라고 명명하고 이를 투명하게 인정하였다.

어떤 주에 엠마는 차단된 모습으로 회기에 나타났고 그 주에 이모와 "큰 싸움"을 벌였다고 보고하였다. 치료자는 그녀의 공유에 고맙다고하며 그 일에 대해 이야기하고 싶은지 물었다. 엠마는 싫다며 고개를 흔들었다. 치료자는 엠마의 동의를 받아 이전에 엠마가 좌절하고 속상해지면 도움이 된다고 하였던 음악을 들려주었다. 두 사람이 함께 조용히 앉아 음악을 들으면서 엠마는 점차 긴장이 풀리는 듯 보였고, 마침내 "괜찮아졌어요. 선생님이 원한다면 얘기할 수 있어요."라고 말했다.

임상가: (논쟁에 대한 엠마의 설명을 이끌어 낸 후) 좋아. 그럼 내가 제대로 이해했는지 확인해 보자. 수학 시험에서 A-를 받아 집에 돌아왔을 때 기분이 좋았고 이모가 그 소식을 기다리고 있었다는 것을 알았다고 했어. 하지만 이모에게 말하러 갔을 때 이모는 바빠서 제대로 주의를 기울이지 않았고, 그 후 네가 이모에게 소리를 지르기 시작한 것 같구나. 그러자 이모는 화를 내기 시작했고, 너는 더 화가 나고 무서워서 도망쳐야겠다는 생각이 들었다는 거지?

엠 마: (고개를 끄덕이며 동의) 네. 이모는 공부할 수 있도록 저를 위해 운전해 주기는 했으면서도 관심이 없더니 제가 화를 내면 기겁을 하는 것 같았어요. 저는 그냥 떨어져서 혼자만의 공간이 필요했어요.

임상가: 알겠어. 이모가 화를 냈고 너도 화가 났구나. 집을 뛰쳐나가서 한 시간 넘게 있을 정도로 큰 화가 났구나. 집에 돌아왔을 때는 화나지 않았고? (엠마가 아니라고 고개를 흔들음) 위험 뇌에 대해 어떻게 이야기했는지 기억나니? 위험하다고 생각할 때마다 뇌가 빨리 작동하는 것이 기능

이라고 했었잖아.

엠 마: 네, 전 사실 그게 좀 멋지다고 생각했어요. “슈퍼 브레인” 같은 거죠. (그녀가 노래한다.)

임상가: (웃음) 그래. 너의 위험 뇌가 작동하게 아닌가 싶네. 네가 0에서 60으로 꽤 빨리 올라갔으니까 말이야.

엠 마: (어깨를 으쓱하며) 네, 아마도요.

임상가: 네가 설명한 것을 볼 때, 나도 그렇게 생각한단다. 아마도 우리는 무엇 때문에 이런 일이 일어났는지 알아낼 수 있을 것 같아.

엠 마: 이모가 욱했던 것이 계기가 된 것 같아요.

임상가: 그래. 물론 그것도 한몫을 했지만 이모가 소리를 지르기 전에도 너도 좀 화가 나 있었지. 위험 뇌를 자극하는 몇 가지 상황에 대해 이야기한 적이 있는데, 이는 어렸을 때 일어났던 일들, 즉, 사람들이 소리를 지르거나 물건을 던지는 등 혼란스러운 상황이나 사람들이 더 이상 나를 좋아하지 않거나 나에게 관심을 기울이지 않는다고 느꼈을 때의 상황과 비슷하기 때문일 거야. 그런 일이 가능하다고 생각하니?

엠 마: 모르겠어요. 아마 주의를 기울이지 않는 부분이 있고 그런 다음 이모가 화를 냈잖아요. 알다시피 제가 너무 빨리 반응한 것 같아요. 난 그냥 시험에 대해 이모와 이야기하고 싶었는데 모든 것이 뒤집어졌어요.

이 사례에서 임상가는 조절과 좌절 감내에 대한 엠마의 욕구 변화와 호기심 및 반영에 참여하는 역량이 증가하는지를 모니터하기 위해, 조율 기술과 엠마의 발전하고 있는 자기반영 기술을 함께 사용하고 있다. 엠마가 점차 안전한 치료 관계 맥락 내에서 공동 조절 지원을 순간적으로 사용할 수 있게 되면서 과거의 외상 경험을 인정하고 촉발요인과 위험 반응을 확인하고, 자신의 패턴을 감내하며 이해를 구축할 수 있었다.

양육자가 자신 및 아동에 대한 반영적 인식에 참여하기

양육자의 아동에 대한 조율된 이해는 그 순간 조절된 행동을 지원하는 데 중요하기 때문에, 치료는 성인과 아동의 적응 패턴 모두를 이해하는 데 중점을 둔다.

엠마의 이모 캐서린은 치료자와 정기적으로 전화 연락을 시작했지만, 가끔은 별도의 만남을 가지기도 하였다. 이러한 개별 면담은 많은 경우 엠마의 치료 회기 후반부에 이루어지거나 통합된 양자 관계 시간에 실시되었다. 처음에는 캐서린이 표현한 대로 "힘든 감정을 토로하는 장소"로 면담을 이용했지만, 치료자를 신뢰하고 자신의 감정이 치료자로부터 반영된다고 느끼기 시작하면서 캐서린은 엠마에 대한 치료자의 호기심을 더 수용할 수 있게 되었다.

예를 들어, 한 전화 통화에서 캐서린은 "내가 하는 일이라고는 전화해서 불평하는 것이 다예요. 마치 고장 난 레코드판처럼 느껴져요."라고 말한다.

치료자: (웃음) 제가 하는 말 역시 고장 난 레코드판처럼 들릴 수도 있을 것 같아요.

캐서린: 계속 반복해서 들어야 할 것 같아요. 이번 주에 또다시 좌절감을 느꼈어요. 또 그러면 큰 문제가 난다고 말했음에도 불구하고 또다시 그 아이는 집을 나갔어요. 30분 후에 다시 엠마가 집에 돌아왔을 때 화를 내지 않으려고 온 힘을 다했어요.

치료자: 그랬군요. 저는 여기서 두 가지가 인상적이었어요. 첫째, 엠마가 그렇게 나간 것은 좋은 일은 아니지만 30분 만에 집에 돌아온 것은 정말 대단한 일이네요. 둘째, 어떻게 화를 내지 않을 수 있었을까요? 엠마가 그렇게 나가면 당신이 얼마나 무섭게 느껴지실지 알고 있기 때문이지요.

캐서린: 아, 화가 났어요. 하지만 우리가 이야기했던 대로 저는 타이머를 설정해서 1시간이 되면 전화를 걸려고 했고, 평소에 그 아이가 그냥 공원에 간다는 점을 계속 상기시켰어요. 그리고 차 한 잔을 준비해서 앉아서 마셨어요. 더 오래 걸렸다면 정말 화를 냈을 텐데, 제가 다시 마음을 추스르고 있을 때 아이가 집으로 돌아왔어요. 저는 소리를 지르거나 소리를 지르지 않고 그냥 네가 나가버려서 화가 났지만 네가 집에 돌아와서 기쁘고 이번 주에 무슨 일이 있었는지 얘기하고 싶다고 말했어요.

치료자: 캐서린, 대단해요! 스스로 자랑스럽게 느끼셨으면 좋겠어요. 엠마의 이런 행동이 당신에게는 너무 힘든 일이라는 걸 알아요.

캐서린: 엠마에게 무슨 일이 일어날지 생각하기 싫어요. 제 인생에서 이미 너무 많은 사람을 잃었거든요.

치료자: 당신이 엠마를 안전하게 지키기 위해 열심히 노력하고 있다는 것을 알고 있어요. 그리고 그녀가 스스로를 위험에 빠뜨릴 때 두려워지는 것도 알고 있답니다.

치료자는 캐서린의 감정, 상실의 경험, 두려움에 대해 몇 분 더 이야기한 후 엠마에 대한 호기심을 불러일으킨다.

치료자: 우리는 엠마가 때로는 작은 감정에도 너무 압도되어 어떻게 해야 할지 모를 때가 있고, 그녀의 본능 중 하나는 도망치는 것이라는 이야기를 해 왔어요.

캐서린: 그 아이가 그러지 않았으면 좋겠어요.

치료자: 당신도 아시다시피 엠마가 침착해지면 엠마 역시 그것을 잘 알고 있어요. 하지만 엠마가 오랫동안 당신과 함께 지냈음에도 불구하고 자신의 감정을 도와줄 수 있는 사람이 없는 오랜 시간을 보냈고, 가끔씩 감정이 치솟아 어렸을 때 느꼈던 오래된 공포감이 나타난다는 이야기를 해왔다는 것을 아시잖아요.

캐서린: (조용히) 그 생각만 하면 동생에게 화가 나요.

치료자: 알아요. 우리가 생각하기에 엠마가 감당해야 했던 일들과 당신을 화나게 했던 일들 그리고 엠마가 자신의 감정을 다루는 방법으로 배웠던 숨거나 아니면 다른 사람들이 원하는 대로 다 하거나, 때로는 물러나 도망치는 것에 대해서 어느 정도 이야기를 나눴던 것으로 알고 있어요.

캐서린: 어제처럼요.

치료자: 맞아요. 엠마가 나가버리는 것은 당신에게는 무섭지만, 엠마에게는 진정하고 다시 안전하다고 느끼는 데 도움이 되기 때문에 이해될 수 있는 행동이지요. 우리가 계속 노력해야 할 점은 엠마가 공포를 느끼기 시작하는 순간을 인식하도록 도와서 엠마가 도망쳐야 할 필요가 있다면 모두에게 안전하다고 느껴지는 방식으로 도망칠 수 있게 하는 것이에요.

이 예에서 치료자는 다시 조율, 조절 지원, 호기심 어린 반영 사이를 유연하게 이동하며, 시간이 지남에 따라 이모가 자신의 조절 반응과 욕구를 이해하는 능력을 구축하고, 그러한 반응들을 이모가 이해하고, 그 순간 정서 관리 기술을 사용하는 능력을 증가시키고 엠마의 반응 패턴에 대한 공감적 이해를 구축하도록 하였다.

치료에서 반영과 호기심, 조절과 고통 감내 사이의 역동적 관계

치료 과정은 유연하며, 반영에 참여하는 능력은 조절과 고통 감내가 필요함에 따라 일과적으로 번갈아 나타난다. 종종 이러한 상태는 서로 연결되는 경우가 많다. 예를 들어, 치료 중 조절 장애나 고통의 순간은 그 순간 상태 변화에 대한 자각을 연습할 수 있는 중요한 기회를 제공한다. 예를 들어, 치료 회기나 상호작용 중에 아동이 상태의 변화를 보여 줄 때 치료자는 "우리가 이 이야기를 하는 동안 주먹을 쥐고 있지만 얼굴이 무표정해지는 것이 느껴지네. 내면에서 무슨 일이 일어나고 있는 것 같니?"라고 질문할 수 있다.

이 관계는 반대 방향으로도 가능하다. 호기심과 반영에 참여하는 과정 자체가 종종 활성화되기 때문에 호기심에 관한 "작업"은 조절을 적용하려는 욕구를 이끌어 낼 수 있다. 임상가와 프로그램 제공자는 아동 또는 양육자가 자신의 고통에 대한 단서를 알아차리도록 조절에 대한 단계를 명시적으로 설정하는 것이 매우 중요하다. 이러한 단서들은 멈출 필요가 있고 각성 관리를 위해 수립된 전략을 사용해야 한다는 것을 알려준다. 이러한 개입이 없으면 치료는 아동에게 의도치 않게 재외상을 입힐 위험이 있으며, 아동이 임상적 내용을 다루기 위해 오래된 위험-기반 전략(예: 복종, 공격, 도피)을 사용하게 할 수 있다.

반면, 자기 인식 기술과 조절 기술을 그 순간에 적극적으로 적용하고 치료자나 다른 양육자의 공동 지원을 받게 되면, 아동 또는 성인은 고통을 다루고 감내하는 숙달 경험을 발달시키게 된다.

> 엠마의 임상가는 엠마가 그 주 학교에서 또래 학생과 있었던 힘들었던 상호작용 때문에 엠마가 정오에 학교를 뛰쳐나간 후 자해를 하게 된 것에 대해 이야기를 나누면서 체크인 작업을 한다. "엠마야, 간단하게 자가 진단을 해 보고 지금 네 에너지가 어느 정도인지 알려줄 수 있겠니?" 엠마는 약간 기분이 묘하다고 하며 '마이너스'(-1~+10점 척도)를 맴돌고 있다고 대답한다. 임상가는 "이번 주에 너는 단절감을 느꼈을 것 같구나. 그리고 너는 정말로 커다란 감정을 느꼈을 것 같아. 그래서 그것에 대해 이야기하는 것만으로도 너의 위험 뇌가 너를 보호하고 싶어 할 것 같아."라고 말한다.
>
> 치료자는 대화하기 전에 몇 분간 시간을 내서 엠마가 마음이 닫혀 있을 때 도움이 된다고 했던 몇 가지 전략을 사용해 보자고 제안한다. 엠마는 이에 동의하고 모형 점토를 사용하겠다고 요청한다. 치료자와 엠마는 조용히 앉아 함께 점토 모형물을 만든다. 몇 분 후 엠마는 "내 스스로가 지금 여기 있는 것"같이 느낀다고 말한다.
>
> 치료자는 이야기를 나누면서 그들을 안정시켜 주고 연계되도록 하는 점토 작업을 계속 함께 해 보자고 제안한다. 일단 엠마가 동의하면 임상가는 "나는 무슨 일이 있었는지 알아내기 위해 이야기를 나누는 것이 중요하다고 생각해. 하지만 얼마나 많은 이야기를 나눌지는 네가 결정할 수 있어. 감정이 너무 커지거나 단절되기 시작하면 잠시 휴식을 취하거나 너의 에너지가 편안하게 느끼는 곳으로 돌아갈 수 있도록 다른 활동을 할 수 있어. 우리는 계속해서 확인할 거란다. 알겠지?"

시간 경과에 따른 패턴에 대한 이해 구축

아동 및 보호자가 내적 경험을 모니터링하고 조절 지원에 참여하거나 수용하는 능력이 향상됨에 따라 반영과 호기심을 강화할 수 있는 기회는 늘어날 것이다. 엠마의 도피 욕구에 대한 인식과 누군가를 잃을까 두려워할 때 활성화되는 캐서린 자신의 인식이 성장하는 모습에서 볼 수 있듯이, 시간이 지남에 따라 (자기 자신과 타인에 대한) 조율된 이해가 패턴에 대한 인식으로 구축되는 것이 이상적이다.

이러한 공감적 조율은 외상 경험과 기타 영향력 있는 행동 조형 요인들을 학습된 적응, 욕구들, 발달적 역량들과 적극적으로 연결함으로써, "무엇"뿐만 아니라 "왜"에 대한 이해와 통합한다. 예를 들어, 엠마가 이모에게 수학 시험에 대해 이야기하려고 했을 때의 엠마의 경험에 대해 엠마의 임상가는 다음과 같이 말할 수 있다.

> "이모가 네 말을 듣지 않았을 때 넌 정말 화가 났던 것 같은데, 나는 그게 이해가 된단다. 왜냐하면 네가 어렸을 때 네 말을 들어줄 사람이 아무도 없는 것 같아서 많은 시간 동안 혼자라고 느꼈다는 것에 대해 우리가 얘기한 적이 있거든. 네가 엄마의 관심을 끌 수 있는 유일한 방법은 정말 커지는 것이었다고 난 생각한단다. 그리고 그것 때문에 네가 이모와 있을 때에도 그렇게 하려고 했었던 것이기도 하지. 하지만 이모가 화를 내게 되면 그것은 너의 위험 버튼을 더 많이 누르게 되고 너는 본능적으로 도망치고 싶었던 것 같아. 엄마가 소리를 지르면 상황이 정말 빨리 위험해지곤 했으니까 정말 이해가 된단다. 비록 우리는 위험한 일이 일어날 수도 있기 때문에 집 밖으로 도망치지 않게 하지만, 너의 뇌는 최선을 다해 너를 돌보고 있었구나."

발달적 역량 지원

궁극적으로, 아동 및 아동의 양육 체계 시스템과 함께 일하는 우리의 작업 목표는 현재의 삶에 적극적으로 참여하도록 지원하는 것이다.

- 아동 또는 양육자가 경험을 이해하고, 다루며, 대처할 수 있도록 다양한 발달 역량을 활용한다.
- 욕구 이해 및 자원에 접근하기
- 다른 사람과 건강한 관계를 견디고, 구축하며, 유지한다.
- 시간이 지남에 따라 자기에 대한 일관된 이해가 포함된 조율되고 공감적인 자기 개념을 발달시킨다.
- 독립적으로 또는 지원을 받아 연령에 적합한 목표를 확인하고 적극적으로 작업한다.

■ 기쁜 순간에 접근하고 참여한다.

이러한 발달 역량은 외상의 영향을 받은 청소년들이 자신이 잘하는 것, 즉 예민한 위험-기반 반응과 적응 패턴(예: 싸우기, 도망치기, 욕구 충족 방법 찾기) 그리고 발달 초기뿐 아니라 지속되어 온 위험 경험으로 인해 부정적인 영향을 받은 것 등이 연합된다. 따라서 그들에게 안전이 요구되는 발달 역량(예: 주체성, 일관적인 자기감, 미래 가능성을 예측하는 능력)은 빈번하게 저하된다.

개입은 위험 기반 대응의 빈도와 욕구를 인정하고, 검증하고, 궁극적으로 감소시키면서 건강한 발달 역량을 지원하고 참여시키는 것으로 이동할 필요가 있다.

치료자는 치료 시작부터 엠마의 자기와 정체성에 대한 이해에 초점을 맞추고 통합하였다. 이는 엠마를 "전인격체"로 인정하고 여러 측면을 탐색하는 것에서 시작한다. 즉, 엠마는 다양한 음악을 좋아하고 수학을 싫어하지만 말과 이미지로 자신을 표현하는 것을 좋아하며 옷과 헤어스타일로 자신의 기분을 드러내는 청소년이라는 것이다. 엠마의 임상가는 엠마의 성장하는 자기 속성을 포착하여 두꺼운 표지의 스케치북에 기록하도록 격려했고, 매 회기마다 책에 추가하는 것은 아니지만 임상가나 엠마가 엠마의 가치, 목표, 영향, 속성을 반영하는 진술이나 경험 또는 행동을 확인하면 정기적으로 책에 기술하였다.

엠마와 임상가의 관계가 강화되고 엠마가 점점 더 강한 감정을 견딜 수 있게 되면서 두 사람은 엠마의 기억과 인생에 대해 이야기를 나누기 시작했다. 엠마가 처음에는 이러한 이야기를 "자기 책"과 분리하여 보관했지만, 결국에는 그 책에 포함하면서 말했다. "그때의 나와 지금의 나를 완전히 분리하기는 힘들어요. 엄마와 아빠는 저의 한 부분일 뿐이죠. 그들이 제 전부가 되는 것을 원하지 않아요."

이러한 초기 관계에 대한 탐색과 또 다른 영향력 있는 관계 경험은 엠마가 자원에 접근하고 관계적 연계를 구축하는 역량을 지원하는 데 중요한 역할을 하였다. 엠마는 분명 관계에서 협상하는 기술을 가지고 있었지만, 경계심이 강하고 자기 보호적이어서 다른 사람의 의도를 적대적이거나 비판적인 것으로 보는 경우가 많았다. 그 결과 그녀는 강하게 반응하거나 스스로를 고립시켰다. 임상가는 엠마가 살아오면서 겪은 다양한 관계 경험, 그러한 관계에서 얻은 "교훈", 그리고 그러한 경험들이 현재의 관계 방식에 어떤 영향을 미쳤는지에 대해 궁금해하였다. 점차 그들은 엠마의 삶에서 "가능한 관계"를 구체적으로 파악하기 시작했다. 학교에서 함께 어울렸던 또래 친구들, 엠마가 보기에 "괜찮은" 어른들, 그리고 다양한 욕구를 충족하는 데 사람들이 어떤 방식으로 도움을 줄 수 있는지 고려하기 시작했다. 엠마의 조절 능력이 강화되고 내적 경험의 변화를 보다 일관적으로 확인하고 감내함에 따라 엠마는 점점 더 연계와 상호작용의 순간에 접근하고 즐길 수 있게 되었다. 결국 이러한 새로운 연계를 통해 엠마와 그녀의 임상가는 엠마의 "조절 계획"에 다른 사람들을 가능한 관계 자원으로 통합할 수 있었다.

관계에 참여하고, 효과적으로 읽고 소통하며, 실수를 용납하는 능력을 엠마, 이모와 함께 직접적으로 다루었다. 임상 면담에서 회기의 시작이나 종결 시 종종 양자적 면담을 포함시켰으며 임상가는 다양한 활동(경험의 추측과 공유, 상호작용 패턴 파악, 리드미컬한 게임 및 경험 공유 등)을 통해 조율의 기회를 지원했다. 엠마와 캐서린은 긍정적인 경험과 부정적인 경험 중심으로 의사소통을 연습했고, 도움을 받아 상호작용의 어려움을 적극적으로 확인하고 문제를 해결했다. 엠마가 어린 시절의 경험을 기억하고 이야기하는 데 적극적으로 집중하는 동안, 캐서린은 종종 회기에 참여하여 엠마의 어린 시절에 대한 자신이 알고 있는 것과 기억을 공유했고, 그들은 엠마의 역사에 대해 공유된 내러티브를 공동 구성하였다.

순간적인 행동 역량 강화하기

외상의 영향을 받은 청소년을 대상으로 하는 작업의 목표는 궁극적으로 적응 유연성에 있다. 즉, 아동이 연령에 적합한 수준에서 스스로 확인한 목표를 위해 현재 순간에 행동할 수 있는 능력을 구축하는 것이다. 생존에 의해 "순간들"이 빈번히 영향을 받고 탈선했던 아동들의 경우, 성장하는 발달 능력에 접근하고 활용하는 능력은 생존 반응이 일어날 때 동시에 이를 이용하고 "포착"하는 능력이 중요하다. 이를 통해 아동은 단순히 반응하는 것이 아니라 의도적으로 행동할 수 있게 된다. 이러한 능력은 아이들이 현재 맥락에서 자신의 삶에 목적적으로 참여할 수 있는 능력에서의 핵심이다.

이 단계로 나아가기 위해서는 앞서 설명한 여러 가지 반영적 전략이 필요한데, 이는 아동이 감정에 압도되지 않을 때 활용할 수 있다. 이러한 기술을 그 순간에 적용하려면 먼저 아동이 이전 경험이 현재 반응을 유발하는 내적 또는 외적 "단서"를 알아차리고 확인하도록 도와주어야 한다. 이러한 단서는 아동마다 다를 수 있다. 어떤 아이에게는 감각적이거나 생리적일 수 있다(예: "뱃속에서 이상한 느낌이 들어요."). 어떤 아동은 인지적 단서(예: "내가 정말 바보 같다는 생각이 들어요.")일 수 있다. 또 다른 아동은 특정 감정(예: "정말 화가 치밀어 오르는 것 같아요.")이나 감정 결핍(예: "아무것도 느낄 수 없는 것 같아요.")을 확인할 수 있다. 일부 아동의 경우 행동 또는 무행동 패턴을 확인할 수 있다(예: "가만히 앉아 있을 수 없어. 나가야 할 것 같아." 또는 "사라져서, 보이지 않고 존재하지 않고 싶어요."). 마지막으로, 일부 아동은 상호작용 방식에 변화를 느낄 수 있다(예:

"평소에는 친구들과 함께 있는 것을 정말 좋아했는데, 갑자기 친구들이 모두 싫고, 친구들이 나를 전혀 신경 쓰지 않는 것 같아요.").

시간이 지나 아동과 협력하여 경험과 반응의 패턴을 관찰하고 반영하는 작업이 이루어지면, 아동이 한 가지 자기 상태(예: 평온하고 행복한 상태)에서 다른 자기 상태(예: 압도되고 단절된 상태)로 전환했음을 알려주는 단서를 확인하도록 돕는다. 가능하고 적절하다면, 양육자가 자신의 정서적 반응을 점차 관리하게 되면서 그들의 자녀들에게 이러한 단서의 존재를 관찰하고 반영하는 것은 이 작업에서 중요한 지원의 원천이 될 수 있다.

아동과 양육자가 고통스러운 상태(촉발요인, 욕구, 행동 패턴)와 상태 변화(아동 또는 양육자가 압도적인 상태에 빠져 발달적 역량에 접근하는 것이 상실되고 있다는 신호)에 대한 인식과 이해가 발달됨에 따라, 개입은 특정 조정 전략과 상태 변화의 단서(즉, 이전 경험에서 생성된 반응 패턴)를 관찰하도록 적극적으로 지원하며, 아동이 그 순간 생존에 이끌리기보다는 현재에 남아 참여하도록 할 수 있다.

현재 순간에 조절 기술을 적용하는 능력은 점차 아동이 관계 기술 및 실행 기능과 같은 발달적 역량에 더 접근할 수 있게 해 주며, 또한 그러한 순간을 예상했을 때 이러한 기술의 가용성이 증가하는 것에 의해 결정된다. 예를 들어, 아동이 이 작업에 참여하려면 고통의 영역을 구체화하는 확인 기술(예: "나를 정말 괴롭히는 것이 무엇인가?"), 아동이 자신의 목표를 확인하는 데 도움이 되는 자기 및 가치 인식(예: "내가 정말 원하는 것이 무엇인가?"), 가능한 해결책의 범위를 확인하는 데 도움이 되는 실행 기능 기술(예: "내가 원하는 것을 방해하는 것이 무엇인가?" "내가 할 수 있는 것/하고 싶은 것은 무엇이며 A 또는 B를 선택하면 어떻게 될까?")이 요구된다.

아동은 과거 경험(예: "내가 슬픈 일을 생각했기 때문에 지금 내가 정말 슬프다는 걸 알아요.")과 현재 경험(예: "지금 내 감정은 상처받은 것 같아요.")을 바탕으로 탈선의 순간과 관련된 다양한 감정을 탐색하고, 인식하며, 처리하는 조정 기술에 접근할 필요가 있다. 이 과정에는 위험에 대한 개별적인 경험과 보다 포괄적인 삶의 경험에 대한 내러티브 발달이 포함된다. 아동은 현재 순간에 그들이 행동하도록 하는 개인적 강점 영역과 관계적 연계 자원을 확인할 필요가 있다(예: "친구들이 못되게 굴면 싫지만, 그래도 내가 여전히 중요하다는 것을 알고 있고, 싸우지 않고 대처하여 할머니에게 말하게 되면 기분이 나아져요."). 궁극적으로 우리가 하는 일은 아동이 해결책을 적용하며 결과보다는 적극적인 선택을 통한 행위를 강화할 수 있도록 지원하는 것이다. 즉, 아동이 목표를 달성하기 위해 현재 그 시점에 적극적인 선택을 했다면 모든 사례는 선택의 결과와 상관없이 성공이라고 할 수 있다.

굳이 언급할 필요는 없겠지만, 실제로 현재 발달 자원을 활용하고 행동으로 옮기는 것은 매우 어려운 일이며, 스트레스와 고통이 있다면 모든 사람들은 탈선할 수 있으며, 외상으로 삶에 큰 영향을 받은 아동의 경우 일반적으로 많은 탐색과 연습, 사후 반영을 거친 이후에만 가능할 것이다. 성공은 천천히 이루어질 수 있으며 연령에 맞는 작은 단계를 거쳐야 도달할 수 있다. 아동과 양육자 모두 이러한 성공이 일어났을 때 이를 인식하고 인정하는 것이 중요하다.

임상가는 엠마와 함께 (1) 엠마가 그 순간 어떤 것이 필요하다는 것을 나타내는 신체 신호에 대한 호기심을 구축하고, (2) 엠마가 기운찬 현재 느낌에서 압도되거나 화를 내고, 두려워하는 상태로의 전환을 나타내는 신체 단서에 주의를 기울이도록 한다. 또한 조심스럽게 보조를 맞추어 엠마의 반응 패턴을 탐색하고 이를 그녀의 초기 경험과 연결하여 다양한 "위험 신호"들이 왜 그렇게 힘들게 느껴지는지를 엠마가 이해하는 데 많은 시간을 들인다. 이 작업의 한 부분으로 그들은 내러티브, 그리기, 콜라주와 같은 표현 전략을 통해 엠마의 원가족에 대한 막연한 기억과 연합된 감정을 점차적으로 포착한다.

엠마는 "달라졌으면 좋겠어요. 항상 화를 내고 싶지 않아요."라는 바람을 표현하기 시작한다. 그녀는 언젠가 사회복지사가 되는 것이 목표라고 말하며 "나 자신을 단단하게 만드는 방법을 찾지 못하면 사람들을 돕는 사람이 될 수 없어요."라고 말한다. 치료자와 엠마의 이모는 엠마의 힘든 반응과 감정을 수용하고, 이와 더불어 시간이 지나면 이를 변화시키는 법을 그녀가 배울 수 있다는 믿음을 엠마에게 표현한다. 엠마는 특히 폭발이나 가출로 이어지는 어려운 대인관계 경험들을 자주 추후 반영하면서 "누군가, 특히 이모가 나를 무시하는 것처럼 느껴질 때 뱃속에서 뇌로 곧장 올라오는 얼음처럼 차갑지만 설명하기 어려운 타는 듯한 느낌이 관통하고, 에너지도 미친 듯이 치솟는 느낌이 들어요." 하며 확인하기 시작한다.

임상가: (엠마의 자기 확인된 단서에 반응하면서) 그래서 "얼음처럼 차갑지만 타는 듯한 느낌"이 몸을 관통하면 너의 에너지를 정말 빠르게 상승시키는구나. 에너지가 너무 빨리 이동하고, 통제하기 힘들기 때문에 힘든 문제인 것 같아. 그런 느낌이 들 때 너는 알아차린다고 생각하니?

엠 마: 네, 그런 것 같아요. 하지만 제가 알아차렸을 때는 이미 화가 나서 소리를 지르고 있거든요.

임상가: 괜찮아. 그 지점에 도달하기 전에 네가 그것을 알아차리려면 아마도 많은 연습이 필요할 거야. 이것은 새로운 기술이고 새로운 것은 항상 능숙해지는 데 시간이 걸리기 때문에 이해가 된단다.

엠 마: (고개를 끄덕임)

임상가: 우리는 너의 에너지를 끌어올리고 내리는 몇 가지 방법들에 대해 이야기해 왔어. 우리는 에너지를 낮추는 방법을 찾고 있는 것 같은데, 맞지?

엠 마: 네, 하지만 에너지를 정말 빠르게 담은 다음 내리는 것은 가능할 것 같아요. 어떤 것도 그렇게 빨리 작동하지 않으니까요.

임상가: "에너지를 담는다는 것"이 뭔지 잘 모르겠구나.

엠 마: 예를 들어, 어떤 동물이 도망가려고 한다면. 가방을 던져서 잡아요. 그 동물이 여전히 안에서 꿈틀거리지만, 선생님은 도망가지 않도록 한 후에야 진정시킬 수 있어요.

임상가: 오, 알겠어. 그러니까 일단은 내려놓지 않고 붙들고 있다가 시간을 들여서 내려놓을 수 있도록 도와주는 무언가를 말하는 거니?

엠 마: 네, 맞아요. 뱃속에서 그런 느낌이 느껴지자마자 숨을 들이마시고 그대로 유지해야 하는 것 같고, 거의…(팔로 몸을 감싸고 꽉 안는 시범을 보임) 그런 것 같기도 해요.

임상가: 첫 번째 단계로 에너지를 담거나 붙잡는 것이 도움이 될 거라고 생각하니?

엠 마: 아마도요.

임상가: 네가 그렇게 할 때 이모는 무슨 일이 일어나고 있는지 알 필요가 있을 것 같아. 그래야 이모가 기분 나쁜 말이나 행동을 하지 않을 거니까. 우리가 이 문제에 대해 이모와 이야기한다는 것이 이해가 되니?

엠 마: 네, 그런 것 같아요. 안 그러면 제가 말을 멈추고 나 자신을 껴안기 시작하면 미쳤다고 성각할 거예요.

임상가: 좋아. 일단 네가 말을 멈추고 자신을 안아준 후에 에너지를 낮추기 위해 다음에 무엇을 할 수 있다고 생각하니?

엠 마: 모르겠어요. 저는 우리가 한 것처럼 주문을 반복해서 외우면서 호흡하는 게 좋았고, 그게 저를 진정시켰어요. 하지만 그렇게 하면 이모에게 제가 뭘 하고 있는지 말해야 할 것 같아요.

임상가: 어쨌든 좋은 생각인 것 같아. 이런 일이 발생하면 이모는 외부에서 볼 수 있는 단서를 알 수 있고, 이것이 워낙 빠르게 진행되기 때문에 외부의 시각을 가지는 것이 도움이 될 거야. 그러면 이모가 너에게 에너지를 낮추도록 상기시키는 데 도움이 될 수 있을 것 같구나.

엠마와 임상가는 이 전략에 대해 계속 이야기하고 연습하며, 캐서린이 엠마가 하려는 일을 이해하고 지지할 수 있도록 참여시킨다. 엠마가 이 아이디어를 처음 제기한 지 약 2개월 후, 그리고 치료에서 여러 차례 확장과 폭발, 폭발에 대한 탐색 이후에 그녀는 치료실에 들어와 의자에 엎드려 "내가 무슨 일을 했는지 절대 짐작도 못할 거예요."라고 말한다. 임상가가 무슨 일을 했는지 묻자 엠마는 "완전히 숨을 참고 성질을 부리지 않았어요."라고 말한다.

임상가: 얼음처럼 차갑고 타는 듯한 느낌이 들었고 그것을 잡았다는 거니?

엠 마: 네, 맞아요.

임상가: 그래. 무슨 일이 있었니?

엠 마: 레슬리, 아이샤와 함께 있었어요. 그들에 대해 말씀드렸죠? 어쨌든 제가 말하려고 하는데 계속 끼어들어서 서로 이야기를 하다가 제가 무슨 말을 했더니 레슬리가 손으로 닥치라고 하더라고요. 정말 순식간에 화가 치밀어 오르는 게 느껴졌어요. 레슬리와 저는 지난달에 화를 낸 후 이제 막 친구 사이로 돌아갔기 때문에 평소 같았으면 그냥 폭발했을 거예요. 하지만 말을 하기 전에 숨을 크게 들이마시고 참았고, 저 자신을 안아주지는 못했지만 셔츠를 움켜쥐고 계속 "에너지를 담자, 담자"라고 생각하였어요. 그리고 쇼핑몰에 있었기 때문에 주문을 외우지는 못했지만 심호흡을 하고, 에너지를 내려놓았어요. 여전히 짜증이 났지만 미칠 것같이 화가 나지는 않았어요.

임상가: 그런 다음 무슨 일이 있었니?

엠 마: 별거 아니었어요. 괜찮았어요, 정말 별거 아니었어요. 잠깐 동안은 그렇게 느꼈어요. 아까 우리들이 얘기했던 것–그것은 정말 내 버튼을 누른 것이었는데 마치 안 들은 것 같았어요.

임상가: 너무, 너무 감동해서 말도 못 하겠구나! 네가 이 문제를 해결하기 위해 노력해 왔다는 것을 알고 있단다. 그때 그것을 잡아낸 건 정말, 정말 어려운 거야. 네가 잡아냈을 뿐 아니라 레슬리와 아이샤는 무슨 일이 일어나고 있는지 모르게 혼자서 해냈구나. 네가 정말 자랑스럽구나!

엠 마: 네, 저도요! 오늘 우리 컴퓨터 게임 해도 되나요?

전환하기와 미래 예측하기

필연적으로, 청소년 및 가족과 우리의 작업은 결말이 계획되고 예상된 것이든 갑작스럽고 예상치 못한 것이든, 끝날 수밖에 없다. 대부분의 시스템에서, 현재 우리의 핵심 업무는 우리가 아동이나 가족의 삶의 일부가 되지 않을 때를 예상하고 대비하는 것이다. 우리가 아동이나 청소년과 함께 하는 일은 대부분 현재의 아동을 부분적으로 지원하는 것이므로 특히 그러하다. 즉, 크지는 않더라도, 우리가 기대하는 것은 현재가 건강하고 풍요로운 미래가 가능해지도록 하는 것이다. 이는 점점 더 복잡한 숙달과 자신감으로 드러나는 기술과 관계를 구축하고 있는 담임교사에게도 마찬가지이다. 또한 아동이 위험에서 벗어날 수 있는 안전한 양육과 다음 단계에서 더 큰 내적 자원 발판을 제공하는 위탁 부모에게도 마찬가지이다. 청소년이 현재에 이르게 된 요인들과 누적된 환경들을 인정하고 미래의 가능성에 대한 비전을 제시하고 구축하는 소년 사법 프로그램도 마찬가지이다. 또한 과거와 현재의 많은 순간을 목도하는 임상가가 청소년과 양육자가 미래를 설계할 수 있는 역량을 구축하도록 천천히 협력하는 것도 마찬가지이다.

엠마와 캐서린은 엠마가 16세가 될 때까지 임상가와 계속 함께 작업하였다. 그 3년 동안 엠마와 캐서린 모두 확신과 분투의 시기를 겪었다. 엠마는 14세까지 자해와 가출 등의 전략을 통해 감정을 관리했지만, 신체에 대한 안정감을 느끼고 활용할 수 있는 전략의 범위가 넓어지고 캐서린과의 관계가 안정되면서 점차 이러한 전략은 사라졌다. 그 기간 동안 한 번 잠시 입원한 적이 있었지만 15세가 된 이후에는 입원하지 않았다.

임상가는 엠마와 캐서린과 작업하면서 긍정적인 삶을 살기 위한 그들의 관여, 성장하는 기술과 역량, 다양한 자원을 지속적으로 확인하면서 동시에 지속적인 도전을 인식하도록 작업하였다. 각 위기의 순간을 좌절이 아닌 해결하고 배워야 할 도전으로 확인하고, '위기의 순간'을 성공적으로 극복하는 일련의 경험을 함에 따라 엠마와 캐서린은 지속해서 그들도 그렇게 할 수 있다는 확신이 자라게 되었다.

엠마가 중학교 3학년이 되면서 학교, 방과 후 활동, 또래 관계에 점점 더 많은 시간을 가지게 되었고, 그러면서 치료자와의 만남을 취소하고 일정을 변경하기 시작했다. 오랫동안 행동이 보여 주는 의사소통으로 읽어왔던 경험을 바탕으로 임상가는 엠마가 치료자와의 만남에서 "휴식"을 가질 준비가 되어 있는지 탐색했다. 엠마는 임상가를 만나지 못하는 것에 대한 슬픔을 표현했지만, 자신이 준비가 되었다는 점을 인정했다. 임상가, 엠마, 캐서린은 만나서 치료 종료 기간과 종료 계획을 함께 정했다. 마지막 면담에서 두 사람은 함께 작업했던 시간을 되돌아보았고, 엠마는 자료로 가득 찬 바인더를 정리하여 집으로 가져갔으며, 임상가에게 초기 작업 중 일부는 파쇄하고 나머지는 파일에 보관해 달라고 요청했다. 엠마와 임상가는 엠마의 즉시적이고 장기적인 목표와 이를 달성하기 위해 이미 진행 중인 방법, 그리고 잠재적인 장애물과 함정을 확인했다. 그들은 엠마에게 다시 지원을 받아야 할 수도 있음을 알려주는 단서에 대해 솔직하게 이야기했고, 임상가는 이를 여정의 한 부분으로 정상화했다.

마지막 만남에서 임상가는 엠마에게 그들의 작업이 그녀에게 어떤 영향을 미쳤는지, 그리고 함께한 시간에서 얻을 수 있는 교훈들을 공유했다. 엠마는 임상가에게 자신이 직접 그려서 액자에 넣은 작은 애니메이션 캐릭터를 가져다주며 "이걸 간직하고 가끔씩 저를 생각해 주셨으면 좋겠어요."라고 말했다. 임상가는 엠마를 잊지 않겠다고 약속하며 "네가 아직 만들고 있는 자기 이야기를 위해" 엠마에게 새로운 두꺼운 표지의 스케치북을 선물했다.

엠마는 18세 때 담당 임상가에게 이메일을 통해 "제가 대학에 진학한다는 사실을 알고 싶으실 것 같아서요. 믿어지세요?"라고 마지막으로 연락했다.

저자 후기

우리가 임상 실무에 있었던 지난 수년 동안 우리는 압도적인 스트레스와 함께하며 극복해 나가는 아동 및 가족들의 강력한 용기—극심한 고통뿐 아니라—을 목도했습니다.

몇몇의 임상 팀과 이 책을 작업했던 그해에, 세 가족이 어려움이 많은 "사전 입양" 절차를 성공적으로 극복하는 것을 지켜보았습니다. 위기와 스트레스로 인해 혼란스러워지는 많은 순간마다 우리 모두는 조마조마하였으나 부모들의 확신과 조율이 성장하고, 아이들의 편안함과 유능감이 증가하는 것을 목격하며 기뻐했고, 마침내 6명의 아이들이 최종 입양되는 것을 축하하면서 큰 감동을 받았습니다.

우리는 위탁가정에서 고통스러워하는 다른 두 아동도 지켜보았습니다. 그들의 미래와 목표는 여전히 불확실했지만, 아이들의 욕구를 위해 보다 큰 시스템에서 도왔고, 지속적인 위기 상태에 처한 아동들을 위해 보호받는 공간을 제공하고, 그들과 함께 고통스러운 과정에 있는 우리의 임상가들을 지지하는 작업을 해 왔습니다. 어떤 아동의 경우는 현재 그리고 미래를 위해 우리가 구축하고 성취해서가 아니라 우리가 관여했던 시기에 우리가 그 아동들을 붙들어주고 보호할 수 있었기 때문에 성공했다는 점을 알고 있습니다.

올해 우리는 젊은 청소년을 지켜보았는데, 우리는 그녀가 청소년기를 통해 자신의 아동기를 변형시켜 새로운 미래를 구축하기 시작한 것을 알고 있습니다. 그리고 우리는 혼동 그 자체에서 벗어나 혼란스럽고 때로는 위협적인 성인기로 이행하면서 분투하고 있는 다른 젊은 성인도 지켜보고 있습니다. 우리에게는 물을 뿌려준 씨앗들이 싹을 피우고 꽃을 피우는 것을 지켜보는 즐거움이 있습니다. 가족이나 공동체의 보호적 지원이 없다면 과거로부터 상처받은 아동이 새로운 발달 단계와 협상하는 데 오랜 시간이 소요된다는 것도 알고 있습니다.

지난 수년간 우리는 거주시설(residential) 프로그램이 외상에 대한 이해를 그들의 치료 장면과 팀 속에 구축해 나가는 도전—윤리적, 공감적, 통합적 서비스를 제공하고자 계속 시도하면서, 크고 작은 방법으로 그들의 시스템에 변화를 가져오고, 프로그램들을 통해 정말 힘든 실생활의 제약을 극복하고자 하는 것—을 지켜보고 있습니다. 우리는 치료적인 위탁가정 프로그램을 통해서 외상에 대한 이해는 입양 부모의 조율 반응에도 영향을 미친다는 것을 알게 되었고, 헤드스타트 프로그램이나 유치원, 교실 장면에서도 외상에 대한 이해가 영향력을 미치고 있음을 보고 있습니다.

우리는 모든 단계에서 배웠고, 계속 학습하고 있습니다. 양육자들의 창의성과 긍정적 의도, 인상적인 타고난 소질—전문적 그리고 가족적인—과 아동의 성장을 지지하고 성장하게 하는 양육자들의 역량에 여러 번 감동받았습니다. 아동의 적응유연성, 축적된 스트레스 속에서 출현하는 역량(그리고 때로는 지속적으로 극복하는), 그리고 기반과 자원, 승인이 주어졌을 때, 여전히 세상에 대한 기쁨과 호기심, 연결, 열정을 가지는 아동들에게도 계속 감탄합니다.

우리가 목도한 성공은 작건 크건 간에 오랜 기간의 집중적 노력, 포기하지 않고 꾸준히 함께 있어주는 긴 시간 이후에 나타나곤 합니다. 좌절이나 위기와 고통에도 불구하고, 우리는 엄청난 희망으로 올해를 마감합니다. 성공요인 중 희망이 가장 강력하다고 봅니다. 성공은 모든 아동과 양육자들 그리고 우리가 작업하는 모든 체계의 잠재력에 대한 신념을 바탕으로 구축됩니다. 그것은 기존에 존재하는 많은 힘에 대한 인정, 모든 사람은 그들이 가지고 있는 자원을 가지고 최선을 다한다는 신념, 우리의 작업은 확장되고 새로운 자원을 육성하리라는 희망 위에 구축됩니다. 성공은 수준에 따른 지지 기반 위에 가능해집니다. 즉, 아동은 양육자가 지지해 주며, 양육자와 아동은 치료자가 지지하며, 치료자는 팀이 지지해 줍니다. 또한 성공은 신뢰할 수 있는 동반자 기반, 즉 역량 강화는 아동과 양육자를 허용하는 것에 있다는 인정, 그리고 체계는 변화의 진정한 행위자라는 것, 우리의 역할이 혼자 하는 지휘자라기보다는 협력자이며 팀 구성원이라는 이해 위에서 구축됩니다.

우리는 다양한 장면과 맥락에서 아동과 가족의 삶으로 참여했던 기회에 감사하며, 또한 많은 임상가, 교육자, 프로그램 기획자, 치료 장면 스태프들, 간호사, 아동복지 요원에게 받았던 교육, 그들의 지혜를 우리와 자신들이 접촉하는 아이들과 공유해 준 수양 부모, 입양 부모, 생물학적 부모들과 자신의 지혜를 나눠준 아동들에게도 심심한 감사를 드립니다. 아동들은 우리의 가장 중요한 교사였습니다.

우리가 받은 지혜의 작은 부분을 이 책에 제공함으로써 다른 사람들을 지지하게 되기를 바라며 즐겁게 우리의 일을 지속하기를 기대해 봅니다.

부록* A

치료자 자료

회기 완성도 체크리스트/추적 도구 _ 421

- 이 체크리스트는 치료자가 ARC 핵심 목표와 하위 기술을 언제/얼마나/자주/어떤 방식으로 시행하고 있는지 모니터링하는 데 도움이 된다.

임상 목표 설정 활동지 _ 424

- 이 활동지는 치료자가 ARC 핵심 목표를 각 내담자에게 맞게 조정하는 데 도움이 된다.

개념에 기반한 임상 목표 설정 _ 425

- 이 활동지는 치료자가 핵심 목표, 핵심 하위 기술, 구체적인 개입 전략을 연결하는 데 도움이 된다.

조절 활동지 _ 426

- 이 활동지는 치료자가 내담자의 상태, 패턴, 현재의 조절 전략을 확인하고, 잠재적인 조절 도구를 확인하는 데 도움이 된다.

회기 완성도 체크리스트/추적 도구

내담자 번호: ______________________ 치료자: ______________________

날짜: ________/________/________ 회기 번호: ______________________

치료 대상 (해당되는 모든 항목에 동그라미를 치세요): 개인 양육자 부부/가족

회기 구성요소	수행한 경우 ✓표시	유의사항/의견(선택)
기본 전략		
일과와 리듬		
회기에서 일과 적용하기		
가족의 일과 지원하기		
확인된 목표를 지원하기 위한 구조 적용하기		
참여		
목표/치료에 대한 아동 참여를 지원하기 위한 구체적인 전략		
목표/치료에 대한 양육자 참여를 지원하기 위한 구체적인 전략		
심리교육		
양육자 심리교육 제공		
아동 심리교육 제공		
애착 영역		
양육자 확인:		
양육자 감정 관리		
심리교육, 정상화, 비개인화		
힘든 상황 확인하기		
자기모니터링 기술 구축하기		
자기관리/양육자 도구 상자		
지원 가능한 자원 확인하기		
조율		
병행 조율/양육자의 관점 이해하기		
양육자의 적극적인 호기심 유도하기		
관찰/아이들의 경험 타당화/미러링 기술		

아이들의 조절을 지원하기 위한 조율 사용		
긍정적인 양자관계 참여		
효과적인 반응		
행동을 선제적으로 파악하기 /적극적 계획		
행동 패턴과 욕구를 이해하기 위해 조율 기술 사용하기		
행동의 예방/감소를 위한 조절의 활동 또는 욕구 다루기		
행동 관리 전략에 대한 구체적인 기술 구축 지원하기		
조절 영역		
인식하기		
정서와 에너지/각성을 표현하는 언어		
외상 반응/촉발요인/신체의 경보 시스템에 대한 이해		
연계하기(신체/생각/행동)		
맥락화(감정/에너지로 이어지는 내부/외부 요인)		
조정		
감정과 에너지의 정도를 이해하기		
편안한 지대/효과적인 조정 이해하기		
조절 도구 탐색하기/실험하기		
도움 되는 전략 확인/도구상자 만들기		
조정 전략에 대한 외부 지원 구축하기		
유능감 영역		
관계적 연계		
연계/관계적 이력의 목표 탐색하기		
안전한 자원 확인/구축하기		
연결과 소통을 위한 기회 창출하기		
자원의 효과적인 사용을 지원하는 기술 구축하기		
적절한 신체적/정서적 경계 가르치기		
실행 기능		
선택/선택 상황에 대한 적극적인 인식 지원하기		
상황과 목표에 대한 적극적인 평가 지원하기		

반응을 지연/억제하기 위한 조절 기술 사용하기		
대안 생성/확인된 해결책 지원하기		
자기발달과 정체성		
아동이 개인적 특성(독특한 자기)을 확인하도록 돕기		
내부 자원 구축과 긍정적인 특성(긍정적 자기) 확인하기		
상태와 시간(과거/현재)을 초월한 자기 통합하기(일관된 자기)		
미래의 목표/결과를 상상하고 그 목표를 향해 노력할 수 있는 능력 지원하기(미래의 자기)		
외상 경험 통합		
현재 개입을 유도한 내담자의 상태 확인하기		
양육자:		
조절과 고통 감내: 각성 관리하기		
호기심과 반영: 자신과 타인에 대한 조율된 이해 구축하기		
현재 행동에 참여하기: 목적적 행동 지원하기		
아동:		
조절과 고통 감내: 각성 관리하기		
호기심과 반영: 자신과 타인에 대한 조율된 이해 구축하기		
현재 행동에 참여하기: 목적적 행동 지원하기		

임상 목표 설정 활동지

ARC 핵심 치료목표를 고려한다. 현재 내담자와 가장 관련성이 높은 것은 무엇인가? 어떤 하위 기술이 가장 중요하게 다뤄져야 하는가? 여러분과 함께 작업하고 있는 아동/양육자에게 이 작업은 어떻게 비춰지고 있는가? 이 활동지를 사용하여 각각의 내담자의 목표에 적합하도록 치료 목표를 수립한다.

핵심 목표	내담자 친화적인 언어표현	가능한 구체적인 목표	내담자 맞춤 목표의 예
예: 양육자 정서 관리	나의 감정과 행동 관리하기	자신의 푸쉬버튼 인식하기 확인된 기술 활용하기	아이의 어떤 행동이 나를 가장 좌절하게 만드는지 알아차리기. 반응하기 전에 3을 세고 나서 "나는 할 수 있다."고 혼잣말하기.
예: 아동의 인식 확인	나의 감정과 에너지 파악하기	나의 몸에 얼마나 많은 에너지가 있는지 인식하기	모임을 시작할 때와 끝날 때 치료자와 자기점검 시행하기. 학교에서 집에 돌아왔을 때 나의 에너지가 어디에 있는지 엄마가 질문해 주기

개념에 기반한 임상 목표 설정

아동과 함께하는 주요 목표는 다음과 같다:

[ARC 접근법] 을/를 목표로 [아동 맞춤 목표 및 기술] 을/를 사용하여 [아동 또는 가족 특화 전략] 을/를 실행한다.

예

1. 자기인식 지원하기 을/를 목표로 감정과 신체 상태에 대한 어휘 을/를 사용하여 매주 체크인(check-ins) 을/를 실행한다.
2. 양육자 정서 관리 구축하기 을/를 목표로 푸쉬버튼에 대한 인식 을/를 사용하여 일주일 동안의 힘들었거나 긍정적인 순간에 대한 검토 을/를 실행한다.
3. 조정 지원 을/를 목표로 양육자의 아동에 대한 이해 을/를 사용하여 회기 시작과 종결 시 부모교육 을/를 실행한다.

현재 목표

1. ____________ 을/를 목표로 ____________ 을/를 사용하여 ____________ 을/를 실행한다.
2. ____________ 을/를 목표로 ____________ 을/를 사용하여 ____________ 을/를 실행한다.
3. ____________ 을/를 목표로 ____________ 을/를 사용하여 ____________ 을/를 실행한다.
4. ____________ 을/를 목표로 ____________ 을/를 사용하여 ____________ 을/를 실행한다.
5. ____________ 을/를 목표로 ____________ 을/를 사용하여 ____________ 을/를 실행한다.

조절 활동지

관찰된 패턴

내담자의 일반적인 에너지 수준(억제된, 과각성된, 불안정한)은 어떤 상태인가?

내담자가 가장 잘 조절되고/조직화된 것처럼 보이는 때는 언제인가?

내담자가 가장 잘 조절되지 않은 것처럼 보이는 때는 언제인가? 어떤 유형의 상황이 혼란 및/또는 고통을 증가시키는 것으로 보이는가?

내담자가 자신의 조절 기능을 지원하기 위해 이미 사용하고 있는 전략은 무엇인가? "건강한" 전략과 적응적이지만 잠재적으로 건강에 해로운 전략을 모두 고려해 본다.

이러한 전략들은 내담자의 에너지 상태와 조절 욕구에 대해 무엇을 말하는가?
예를 들어, 이 사람은 높은 각성을 낮추려고 하는 것인가? 모든 감정을 피하려고 하는 것인가? 힘을 느끼고 싶은가? 다른 사람들에게 무언가를 표현하고 싶은가? 지금 이 순간에 집중하고 싶은가? 하나 또는 두 개의 예를 선택하고 그 욕구가 무엇인지 설명해 본다.

전략

내담자에게 **일과**가 어떤 방식으로 도움이 되는가? 일과나 예측 가능성이 도움이 되는 상황이 있는가?

어떤 종류의 조절 전략이 기본/기본 지원으로 도움이 되는가?
(대근육 운동, 소근육 운동, 감각 전략, 관계적 전략, 활동 등을 고려한다.)

더 어려운 순간에 도움이 되는 조절 전략에는 어떤 것들이 있는가? 도전적인 내담자 상태 또는 행동과 두세 가지 유용하거나 유용할 수 있는 도구를 정의한다.

내담자가 이러한 도구를 사용하도록 돕기 위해 어떤 지원이 필요한가? 구조(예: 정기적인 체크인, 감각 도구 키트, 작은 "포켓 도구")와 관계적 지원 및 단서에 대해 생각해 본다.

부록 B

양육자 교육자료 및 활동지

〈양육자 교육자료〉

5분 연계 활동 _ 452

- 이 교육 유인물은 양육자와 아동이 함께 하루에 5분씩 참여할 수 있는 다양한 유형의 연계 활동의 예를 제공한다.

조절 도구상자 만들기 _ 453

- 이 교육 유인물은 양육자가 아이의 조절 기술 구축을 돕기 위한 다양한 방법을 설명한다.

조정 활동 _ 454

- 이 교육 유인물은 양육자가 매일의 일과로 구축하거나 아이의 즉각적인 조절을 돕기 위해 사용할 수 있는 다양한 조정 활동에 대해 설명한다.

조정 지원하기 _ 457

- 이 교육 유인물은 양육자가 아이의 즉각적인 조절을 돕기 위한 주요 단계를 검토한다.

〈양육자 활동지〉

자신에게 집중하기 _ 458

- 이 양육자 활동지는 양육자가 고통스러운 상황이나 상호작용에서 나타날 수 있는 단서를 확인하는 데 도움이 된다.

힘든 하루를 만드는 것은 무엇인가? _ 459

- 이 양육자 활동지는 양육자가 자신의 푸쉬버튼 또는 더 많은 고통을 유발하는 것들을 확인하고, 그러한 감정들을 모니터링하고 추적하는 데 도움이 된다.

양육자를 위한 신체 지도 _ 460

- 이 양육자 활동지는 양육자가 자신의 신체가 감정과 에너지를 담고 있는 방식을 확인하는 데 도움이 된다.

자기돌봄 활동지 _ 461

- 이 양육자 활동지는 양육자가 안내 질문을 통하여 최근의 특정 경험에 초점을 맞추어 자신의 푸쉬버튼과 반응 패턴을 확인하는 데 도움이 된다.

자기 돌보기 _ 463

- 이 양육자 활동지는 양육자가 자기돌봄에 도움이 되는 전략을 확인하는 데 도움이 된다.

아이의 감정 언어 익히기 _ 465

- 이 양육자 활동지는 양육자가 자녀의 감정 언어에 대한 단서를 확인하는 데 도움이 된다.

당신의 아이는 촉발되면 어떤 모습을 보이는가? _ 466

- 이 양육자 활동지는 양육자가 아이의 위험 반응(투쟁, 도피, 동결)에 대한 관찰 가능한 단서를 확인하는 데 도움이 된다.

아이의 촉발요인 인식하기 _ 468

- 이 양육자 활동지는 양육자가 아동의 위험 반응을 유발할 수 있는 잠재적 촉발요인 또는 단서를 확인하는 데 도움이 된다.

탐정 되기: 아이의 패턴 이해하기 _ 469

- 이 양육자 활동지는 양육자가 특정 아동 행동의 촉발요인, 욕구, 패턴, 그리고 성인의 전형적인 반응을 이해하는 데 도움이 된다.

행동을 다루는 방법 활동지 _ 471

- 이 양육자 활동지는 양육자가 특정 행동과 관련된 패턴과 그러한 행동에 반응할 수 있는 가능한 방법을 확인하는 데 도움이 된다.

우리 아이가 나를 미소 짓게 만드는 순간 _ 473

- 이 양육자 활동지는 양육자가 자녀와의 긍정적인 경험을 되돌아보는 데 도움이 된다.

소개: 아동과 외상

외상이란 무엇인가?

생각보다 많은 것들이 "외상"이라고 불릴 수 있다. 외상은 압도적인 경험으로, 그로 인한 무력감, 취약함, 또는 극도의 공포감을 느끼게 한다.

외상에는 사고를 당하거나 허리케인이나 지진과 같은 자연재해를 겪는 것과 같이 특정한 유형의 사건이 포함될 수 있다. 또한 신체적 또는 성적 학대와 같은 지속적인 스트레스 요인이 포함될 수도 있다.

아동에게 외상은 종종 신체적 피해 이상의 의미를 갖는다. 예를 들어, 양육자와의 분리, 정서적 방임, 안정적인 가정 환경의 부재(여러 위탁 가정에 거주하는 경우 등)는 충격적인 사건이 될 수 있다. 또한 아동은 빈곤이나 인종차별, 반복되는 괴롭힘/차별과 같은 지속적인 스트레스 요인에 의해 심각한 영향을 받을 수 있으며, 특히 아이의 사회적 정체성과 관련된 경우 더욱 그렇다.

외상은 아이들에게 어떤 영향을 미치는가?

지속적인 외상을 경험한 아동은 다음과 같은 다양한 반응을 보일 수 있다.

- 자신에게 나쁜 일이 일어날 것이라는 기대를 갖는다.
  나쁜 일을 많이 경험하면, 그런 일이 일어날 것이라고 기대하게 될 수 있다. 아동은 위험에 처했을 때를 과대평가하거나, 다른 사람들은 안전하다고 느껴지는 상황에서도 두려워하고, 움츠러들 수 있다.
- 다른 사람들과 관계를 맺는 데 어려움을 겪는다.
  외상성 스트레스는 종종 다른 사람에 의해 상처를 입거나 다른 사람으로부터 보호받지 못하는 경험을 포함한다. 초기 관계가 지속적으로 안전하지 않으면, 아동은 관계에 대한 불신감을 가질 수 있다.
- 감정과 행동을 관리하거나 조절하는 데 어려움을 겪는다.
  외상성 스트레스가 압도적이기 때문에, 아동은 강한 감정과 높은 수준의 각성에 휩싸인다. 아동은 이러한 감정을 해결하는 데 다른 사람의 도움을 받을 수 없다고 느낄 수 있다. 예를 들어, 아무도 안전하지 않다고 생각하거나, 다른 사람들이 자신을 나쁘다고 생각할까 봐 걱정할 수 있다.

  도구가 없다면, 아동은 자신의 감정적 경험을 과도하게 통제하거나 차단하려고 할 수 있다. 행동(바보 같은 행동이나 싸움을 벌이는 것)을 통해 감정과 흥분을 조절하려고 하거나, 더 위험하고 명시적인 방법(약물 남용이나 자해)에 의존하려고 할 수 있다.
- 자신에 대한 긍정적인 감정을 발달시키기 어렵다.
  외상을 경험한 아동은 손상되었다거나, 무력하거나, 부끄럽거나, 사랑받을 자격이 없다고 느낄 수 있다. 아동은 나쁜 일이 일어났을 때 다른 사람을 탓하기보다 자신을 탓하는 경우가 많다. 시간이 지나면서 아동은 자신에게 뭔가 문제가 있다는 믿음을 발달시킬 수 있다.

촉발요인 이해하기

신체의 경보 시스템

우리 모두는 위험에 처했을 때 이를 알려주는 경보 시스템이 내장되어 있다. 진화는 위험 신호를 인식하고 이에 대응할 수 있도록 준비시키는 두뇌에 효율적인 시스템을 만들어 냄으로써 인간이 생존할 수 있도록 도왔다. 특히 과거의 위험 경험과 관련된 신호를 인식하는 데 특히 효율적이다. 인간의 두뇌에서 이 시스템은 변연계로 알려져 있다.

정상 범주의 위험 반응

우리 뇌가 위험을 인식하면, 신체는 위험에 대처할 수 있도록 준비한다. 위험에 대응하는 방법에는 크게 네 가지가 있다: 싸울 수 있고(투쟁), 도망칠 수 있고(도피), 얼어붙을 수 있고(동결), 복종/순응할 수 있다.
어떤 방법을 선택할지는 위험의 유형에 따라 달라진다. 예를 들면 다음과 같다.

- 큰 개가 당신의 개를 공격하기 시작한다. 당신은 큰 개보다 더 덩치가 크고, 당신의 개를 돕고 싶은 마음이 든다. 어떻게 대응하겠는가? **투쟁**
- 당신은 길에 서서 브레이크 소리를 듣는다. 당신에게 차가 빠르게 달려오고 있다는 것을 깨닫게 된다. 어떻게 대응하겠는가? **도피**
- 당신은 방에 있는 작은 아이이다. 그 방에서 부모님이 소리를 지르며 물건을 던지고 있다. 당신은 그들과 싸울 만큼 강하지도 않고, 도망칠 만큼 빠르지도 않으며, 눈에 띄지 않으려고 노력하고 있다. 어떻게 대응하겠는가? **동결**
- 당신은 십대 청소년과 성행위를 하지 않으면 위해를 당할 것이라고 협박을 받고 있는 어린 소녀이다. 어떻게 대응하겠는가? **복종**

참고: "동결"과 "복종" 반응은 종종 가장 이해하기 어렵고 자주 논의되지 않은 반응이지만, 어린아이들이 가장 접근하기 쉬운 반응일 수 있다. 이 반응은 위험에 맞서 싸울 수 없고 물리적으로 도망칠 수 없을 때(사실, 어느 쪽이든 위험을 증가시킬 수 있음) 사용되는 생존 반응이다. 이때, 유일한 선택은 눈에 띄지 않으려고 가만히 있도록 노력하거나 공격자에게 굴복하고 복종하는 것이다.

위험 반응과 각성

주변에서 어떤 것이 위험하다고 뇌가 인식하면, 신체는 빠르게 움직여야 한다. 뇌는 위험에 대처하는 데 필요한 에너지를 신체에 공급하는 화학 물질을 분비하기 시작한다(예: 자동차에서 도망치거나 공격하는 개와 싸우는 경우). 뇌는 놀라울 정도로 효율적이다. 위험을 감지하는 데 걸리는 시간은 찰나에 불과하며, 이 시간 안에 신체의 각성 수준이 올라가고, 감각 지각이 바뀌면서, "불필요한 기능"(소화 기능 등)이 중단된다. 흥미롭게도 논리, 계획, 충동 조절과 같은 고차원적인 인지 과정은 위험에 직면했을 때 불필요한 것으로 간주된다. (생각해 보자. 자동차가 당신을 향해 빠르게 달려오고 있을 때 당신은 사고하기를 원하는가 아니면 달리고 싶은가?)

위험이 실제 존재하든, 단순히 지각된 것이든, 이러한 일련의 과정이 시작된다는 것을 이해하는 것이 중요하다.

과잉 활성화된 경보

일반적으로 위험 신호가 처음 울리면, 우리 뇌의 "사고" 부분은 즉각적으로 환경을 평가한다. 명백한 위험이 없다면(예: "가짜 경보"인 경우), 경보 시스템이 꺼지고 우리는 이전 활동을 계속한다. 예를 들어, 여러분이 번화가를 걷고 있을 때 자동차가 급발진하는 소리가 들린다고 가정해 보자. 처음에는 놀람 반응이 일어나지만 얼마 지나지 않아, 뇌는 감각 시스템을 활성화하여 주변 환경을 스캔하고, 소음의 원인을 평가한 다음, 위협적이지 않다고 명명한다. 거의 즉시, 여러분은 가던 길을 계속해서 갈 수 있다.

그러나 어떤 사람들에게는 뇌의 위험 신호가 너무 자주 울린다. 이것은 일반적으로 과거에 반복적인 위험이 있었던 경우에 발생한다(뇌가 어떤 활동에 더 많이 관여할수록, 그 특정 활동에 더 효율적이 된다는 것을 기억하자). 반복적이거나 만성적인 트라우마를 경험한 아이들은 종종 경보가 지나치게 활성화되어 있다. 그들은 다른 사람들보다 더 빨리 위험을 감지하거나, 위협적이지 않은 많은 것들을 잠재적으로 위험한 것으로 명명하게 된다.

앞에서 사용한 예를 다시 생각해 보자. 여러분이 길을 걷고 있는데, 자동차가 급발진하는 소리가 난다. 그러나 여러분이 전투에 참여했거나 총격이 빈번한 지역에 살았다고 상상해 보자. 소음이 발생하자마자, 여러분의 몸은 즉시 위험에 대비한다. 이 시나리오에서, 여러분의 "생각하는 뇌"는 개입할 가능성이 적으며 위험이 진짜인지 아닌지를 평가하는 데 시간을 할애하지 않는다. 과거에 기다린다는 것은 총에 맞을 위험을 초래할 수도 있었기 때문이다. 따라서 안전을 위해 "생각하는 뇌"는 방해가 되지 않도록 물러나고 행동하는 뇌가 주도하게 된다. 따라서 이 과잉 활성화된 경보는 적응적이다. 실제 위험이 닥쳤을 때는 생명을 구해 주기는 하나 현재 상황에서는 실제로 안전한 일들에도 지나치게 반응하게 만들 수 있다.

경보를 촉발하는 것은 무엇인가?

과거에 일어났던 위험하거나 무서운 일, 또는 우리 삶의 다른 순간에서 일어나고 있는 위험한 일들을 듣거나 보거나 느낄 때 잘못된 알람이 울릴 수 있다. 이러한 경보 신호를 "촉발요인"라고 한다. 우리의 뇌는 이러한 신호를 인식하는 법을 배웠다. 왜냐하면 그 신호를 인식했을 때 위험한 일이 발생했고, 우리는 신속하게 대응해야 했기 때문이다. 촉발요인은 지금 당장 위험에 처해 있을 수 있다는 신호를 뇌에 전달하고, 뇌가 행동에 대비할 수 있도록 신호를 보낸다.

아동마다 촉발요인 또는 경보 신호는 다르다. 예를 들어, 가정폭력을 목격한 아이의 경우, 사람들이 고함을 지르는 소리를 듣거나 어른들이 다투는 것을 보는 것이 경보 신호를 활성화할 수 있다. 충분한 관심을 받지 못한 아이의 경우, 외로움이나 두려움을 느끼는 것이 경보를 활성화할 수 있다.

이러한 경보 신호 또는 촉발요인은 종종 미묘하다. 예를 들어, 외상은 종종 예측 불가능함, 혼돈, 또는 갑작스러운 변화와 관련이 있다. 그 결과, 예상되는 일상의 미묘한 변화조차도 아동의 위험 반응을 활성화시킬 수 있다.

외상을 경험한 아동에게 흔히 나타나는 촉발요인은 다음과 같다.

- 예측 불가능성 또는 갑작스러운 변화
- 어떠한 환경/활동으로부터 다른 것으로 전환
- 통제의 상실
- 취약성 또는 거부감
- 대립, 권위 또는 제한 설정
- 불공정하고 부당하다고 지각되는 상황
- 외로움
- 감각 과부하(환경으로부터의 지나친 자극)

촉발요인이 항상 이해가 되는 것은 아니다. 예를 들어, 어떤 아이들에게는 칭찬, 친밀감 또는 평안한 느낌과 같은 긍정적인 경험이 촉발요인이 될 수 있다. 그 이유는 다양하다. 예를 들어:

- 이전의 상실, 거부 또는 버림을 경험한 적이 있는 아이는 긍정적인 관계에 대해 두려워하거나 불신할 수 있다.
- 성적 학대를 당하면서 칭찬이나 물질적 보상을 받은 적이 있는 아이는 숨은 동기를 두려워할 수 있다.
- 지속적인 혼란을 경험한 아이는 평온함이나 일상을 불안하게 느낄 수 있다.

아이들이 이러한 긍정적인 경험을 견디는 법을 배우는 것이 중요하지만, 양육자가 이러한 잠재적 고통을 인식하는 것도 중요하다.

아동이 촉발되었는지 어떻게 알 수 있는가?

촉발요인 반응의 주요 기능은 아동이 인지된 위험에 직면했을 때 안전을 확보할 수 있도록 돕는 것이다. 인간이 사용할 수 있는 네 가지 주요 위험 대응 방법이 있다는 것을 기억한다.

투쟁　　도피　　동결　　복종

아동의 경우, 이것들은 어떻게 나타나는가?

투쟁은 다음과 같이 나타날 수 있다:

- 과잉 행동, 언어적 공격성, 반항적 행동, 제한에 대한 시험, 신체적 공격성, "통제가 안 될 정도로 날뛰기"

도피는 다음과 같이 나타날 수 있다:

- 철수, 탈출, 도망, 자기 고립, 회피

동결은 다음과 같이 나타날 수 있다:

- 움직이지 않음, 경계하는 상태, 멍한 표정, 백일몽, 건망증, 정서적 단절

복종은 다음과 같이 나타날 수 있다:

- 너무 쉽게 굴복, 배고픔이나 용변 같은 자신의 욕구를 부인함, 자신에게 못되게 구는 아이들이더라도 더 힘이 센 또래들과 어울리려고 함

정서적으로, 아이들은 두려워하거나, 화를 내거나, 또는 무관심해 보일 수 있다. 그들의 몸은 떨리거나 흔들리고, 웅크리는 등 각성이 증가된 증거를 나타낼 수 있다.

아이의 반응의 강도가 스트레스 요인의 강도와 일치하지 않거나, 아이의 행동이 설명할 수 없거나 혼란스러워 보이는 순간을 찾아보자. 혹시 아이의 경보 시스템이 울렸는지 생각해 본다.

아이의 언어 익히기

제가 하려는 말은 …가 아니에요

외상은 아동이 자신의 감정을 이해하고 견디며 다루는 능력에 영향을 미칠 수 있다. 심지어 경미한 스트레스 요인도 아이들에게는 감정에 휩싸이는 촉발요인이 될 수 있다. 아이들은 종종 무엇이 자신을 화나게 하는지 알지 못한다. 단지 자신 안에 강하고 나쁜 감정이 있다는 것, 그리고 그것을 없애기 위해 무언가 해야 한다는 것만 알고 있다. 이러한 압도적인 감정에 직면했을 때, 대처할 수 있는 전략이 없다면, 아이들은 단순히 반응할 것이다. 그들은 몸과 행동으로 고통을 표현하게 된다.

감정을 다루는 것보다 더 어려운 것은 다른 사람들에게 그 감정에 대해 이야기를 해야 하는 경우이다. 특히 자기가 무엇을 느끼고 있는지, 왜 그렇게 느끼는지 모르는 아이들에게는 더욱 그렇다. 또한 과거에 다른 사람에게 상처를 입은 적이 있거나 어릴 때 자신의 욕구가 충족되지 않은 아이들은 도움을 요청하는 것이 위험하거나 무섭게 느껴질 수 있다.

제가 하고 싶은 말은 …예요

대부분의 아이들은 어느 정도 행동으로 의사소통을 한다. 감정과 경형을 공유하기 위해 단어를 사용하는 능력은 발달 과정 전반에 걸쳐 자연스럽게 성장하지만, 특히 양육자가 그들 자신의 단어로 경험을 반영해 준다면 더욱 성장하게 된다. 다음의 예를 고려해 보자.

> 4세 아동이 유치원에서 집으로 돌아왔다. 평소보다 조용한 아이에게 엄마가 놀고 싶냐고 질문하자 아이는 고개를 저으며 의자에 웅크리고 앉았다. 엄마는 아이 옆에 앉아 "오늘은 왜 이렇게 조용하니? 어디 아픈 거니?"라고 묻는다. 아이는 고개를 흔든다.
>
> 10세 아동이 학교에서 집으로 돌아와 문을 쾅 닫는다. 그는 가방을 부엌 식탁에 던져 놓고 "다시는 그 멍청한 버스를 타지 않을 거야!"라고 외친다.
>
> 15세 소녀는 첫 데이트를 앞두고 긴장한 상태이다. 그녀는 한 시간 동안 방에서 옷을 입어 보다가 마침내 눈물을 흘리며 아래층으로 내려온다. "내 모든 것이 너무 촌스러워 보여! 안 갈 거야!"

대부분의 양육자들은 이런 상황에 친숙하며, 어떤 사건이 촉발요인이 되었는지 모르더라도, 이러한 행동이 감정에 의해 유발된다는 것을 금방 알아챌 것이다. 양육자들은 자신의 말이나 행동을 통해 아이들이 일상적으로 경험하는 감정이 유발되는 삶의 사건을 명명하고 극복할 수 있도록 돕는다.

외상에 영향을 받은 아동의 행동에 영향을 미치는 경험이 분명하지 않을 수 있고, 그 감정이 더 크거나 강하거나 갑작스러울 수 있지만, 핵심은 두려움, 슬픔, 불안, 기쁨과 감정이다.

집중하기

조율이란 자녀의 신호를 "읽어냈고(이해하고)" 그들이 감정을 관리하고, 고통스러운 상황에 대처하고, 좋은 선택을 하도록 돕는 반응능력이다. 양육자가 조율하기 위해서는, 가장 고통스러운 행동에 반응하는 것이 아니라, 아이의 행동 이면의 감정에 반응해야 한다.

앞의 예시 중 하나에 대해 두 가지 다른 시나리오를 생각해 보자.

> 10세 아동이 학교에서 돌아와 문을 쾅 닫는다. 그는 가방을 부엌 식탁 위에 던져 놓고 말한다. "다시는 그 멍청한 버스를 타지 않을 거야!"
>
> **시나리오 1**: 아이의 어머니가 부엌에서 우편물을 정리하다가 아이가 집에 들어오는 것을 쳐다본다.
> 어머니: 문 닫을 때 소리 좀 내지 말라고 몇 번이나 말했니!?
> 아　이: (가방을 차며) 뭐가 그리 대단한 거야? 그냥 문일 뿐이잖아!
> 어머니: 그렇게 버릇없이 굴거면 방으로 가!
>
> **시나리오 2**: 아이의 어머니가 부엌에서 우편물을 정리하다가 아이가 집에 들어오는 것을 쳐다본다.
> 어머니: 와, 너 상당히 화가 난 것 같구나. 버스에서 무슨 일이 있었니?
> 아　이: (아래를 내려다보며 가방을 가볍게 차며) 멍청한 버스 운전사가 나를 싫어해. 친구들과 같이 앉게 해 주지 않아. 더 이상 안 탈 거야!
> 어머니: (의자를 꺼낸다) 이리 와. 무슨 일이 있었는지 말해 주면, 우리가 해결할 수 있는 건지 한번 알아보자.

첫 번째 시나리오에서 아이의 어머니는 행동(문을 쾅 닫는 것)에 반응하고, 감정이 악화되어 어머니와 아이 모두 좌절하게 된다. 두 번째 예에서 어머니는 감정(화가 났거나, 좌절했거나)에 반응하고, 아이에 대한 지원을 통해 상황을 진정시킨다.

대부분의 상황은 이렇게 간단하지 않으며, 양육자가 항상 조율할 수 있는 것은 아니다. 목표는 "완벽한 부모"가 되는 것이 아니라, 아동의 행동을 불러일으킨 감정을 이해하려고 노력하는 것이다.

탐정 모자 쓰기

조율은 양육자가 "감정 탐정"이 되길 요구한다. 모든 아이들은 무슨 일이 일어나고 있는지 알려주는 단서를 보낸다.

아동의 개별적인 의사소통 전략을 배우도록 한다. 다음과 같은 영역에 주의를 기울이고 고려해 본다. 아동이 화가 났을 때 어떤 표정을 짓는가? 슬픈 표정? 신난 표정? 걱정스러운 표정? 이러한 각각의 감정에 대해 다음과 같은 질문을 스스로에게 한다.

<table>
<tr><td>
얼굴 표정</td><td>아이의 얼굴에 어떤 표정이 나타나는가? 아이의 표정이 바뀌는가? 얼굴 표정이 매우 풍부할 수도 있고, 단절된 것처럼 보일 수도 있다.</td></tr>
<tr><td>
목소리 톤</td><td>아이의 목소리가 커졌는가? 부드러워졌는가? 톤이 높아졌는가?</td></tr>
<tr><td>
발화의 범위</td><td>아이가 평소보다 갑자기 말이 많은가? 아이가 조용한가? 아이의 말이 평소보다 급하게 나오는 것 같거나 더 주저하는 것처럼 들리는가?</td></tr>
<tr><td>
말의 질</td><td>아이의 말이 혼란스러운가? 말을 횡설수설하거나 말을 꺼내는 것이 힘들어 보이는가? 아이가 평소보다 더 아기같이 말하거나 퇴행된 것처럼 보이는가?</td></tr>
<tr><td>
자세/근육의 표현</td><td>아이의 몸은 어떤가? 몸을 웅크리고 있는가? 주먹을 쥐고 있는가? 근육이 긴장되어 있는가, 아니면 이완되어 있는가? 자세가 닫혀 있는가, 아니면 열려 있는가?</td></tr>
<tr><td>
접근 대 회피</td><td>아이가 철수하고, 물러서 있는가? 아이가 지나치게 집착하는가? 아이가 두 가지를 동시에 하고 싶어하는 것처럼 보이는가?</td></tr>
</table>

 정서 조정 역량	아이가 평소보다 달래기 힘들거나 스스로 진정하기 어려워 보이는가? 아이가 부모나 다른 사람의 위로가 더 필요해 보이는가? 아이가 위로를 얼마나 잘 받아들이는가? 스트레스에 직면했을 때 어떤 변화가 있는가?
 기분	아이의 기분이 눈에 띄게 변하는가? 예를 들어, 평상시에는 차분한데, 격한 감정에 직면하면 더 반응적인가? 그렇다면 기분의 변화에 주의를 기울인다. 기분의 변화는 무언가 어떤 일이 일어나고 있다는 경고 신호가 될 수 있다.

자, 이제 무엇을 해야 하는가?

당신의 탐정 기술이 아이에게 무슨 일이 생겼다는 것을 말해 주면, 행동으로 나서야 한다. 그러나 어떤 행동을 해야 하는가? 우리는 종종 서둘러 아이의 문제를 대신 해결해 주거나 아이들이 스스로 문제를 해결하도록 도와주려고 한다. 그러나 때로는 가장 중요한 행동은 그저 옆에 있어 주고, 도움을 주고, 아이들이 자신의 감정을 명명하고 이해하고 조절하도록 돕는 것이다. 그렇게 한 뒤에야만 아이들은 문제 해결을 향해 나아갈 수 있다.

여러분의 삶에서 가능한 예를 생각해 보자. 힘든 하루를 보냈다. 상사는 짜증나게 하고, 사람들은 요구를 하고, 편안함을 기대하며 집에 돌아왔다. 배우자가 여러분이 화가 난 것을 알아채고 무슨 일인지 묻는다. 여러분은 불평을 시작한다. "상사가 너무 불합리해! 그가 나에게 …를 하라고 했다는 것을 믿을 수 있겠어?" 배우자가 여러분의 이야기를 듣고는 어깨를 으쓱하며 "글쎄, 당신은 할 수 있었을 텐데…"(또는 "왜 그냥…?")라고 말한다. 좌절감을 더 느끼는가, 아니면 괜찮아지는가?

대부분의 사람들은 사람들이 문제를 해결하거나 우리가 할 수 있었을 것, 했어야 할 것, 또는 그들이 자기라면 어떻게 했을 것이라고 말하기 전에 우리의 이야기를 들어주기를 원한다. 사람들이 우리의 말을 듣고 이해하고 공감해 줄 때, 그것은 우리의 경험을 타당화하며, 짐이 가벼워지면, 종종 우리가 기분이 나아지기 시작하는 데 도움이 된다.

미러링

타당화: 진실이나 가치를 입증하거나 뒷받침하는 것
반영: 함께 하며 인정해 주는 것

행동의 이면 탐색하기

아동들은 주로 행동과 같은 비언어적 방식으로 감정을 소통한다. 종종 어른들은 행동의 이변에 무엇이 있는지, 무엇이 행동을 유발하는지 고려하기보다 표면적인 행동을 다루게 되는 함정에 빠지게 된다. "행동을 유발하는 주요 요인"은 흔히 감정적 경험이다.

감정 명명하기

많은 어린 아동들은 자신의 감정적 경험에 대한 단어를 가지고 있지 않는다. 어린 아동들에게 자신의 경험에 대한 단어/명명하기를 제공하는 것은 어른들의 역할이다. 우리는 반영과 타당화를 통해 이 작업을 수행한다.

"그건 마치…"라는 표현

"그건 마치…"라는 표현으로 진술을 타당화하는 것은 도움이 될 수 있다. 이 표현을 사용하면 우리가 틀렸을 때 아동이 우리를 바로잡을 수 있다.

"…이해가 되네"라는 표현

때로는 일정 변경, 실망, 힘든 하루 등과 같이 문제를 촉발하는 것을 인식하고 있을 때, 이 시작 문구를 사용하는 것이 매우 정상화하는 효과가 있다. 이러한 유형의 문구는 아이의 반응이 타당하고 합리적임을 확인시켜 준다.

미러링 진술의 다른 예시

상기하기: 단서들을 명명한다.

- "그런 종류의 일은 아이들을 정말 슬프게 만들 수 있어."
- "정말 행복하고 자랑스러워 보이는구나!"
- "네 에너지가 매우 높고 불편해 보여."

- "와, 정말 힘들었겠다."
- "정말 끔찍하구나."
- "얘야, 갑자기 조용해졌구나. 내가 네 기분을 상하게 했나 보다."
- "네가 정말 슬퍼할 만도 하겠구나."
- "너 지금 정말 신나 보이는데!"
- "실망했을 것 같아."
- "미안해. 그 일이 너에게 얼마나 큰 의미가 있는지 알아."
- "더 말해 줄래."(흥미를 표현하며)

외상 사이클 이해하기

	아이들	부모/양육자
인지	"나는 나쁘고, 사랑받을 자격이 없고, 상처받았어." "나는 아무도 믿을 수 없어."	"나는 무능해." "내 아이가 나를 거부하고 있어."
감정	수치심, 분노, 두려움, 절망	좌절, 수치심, 분노, 두려움, 걱정, 슬픔, 절망/무력감
행동/대처 전략	회피, 공격성, 선제적 거부	과잉 반응, 통제, 차단, 지나치게 관대함
사이클	"나는 통제당하고 있어; 나는 더 열심히 싸워야 해."	"그는 계속 나에게 맞서고 있어; 나는 더 강하게 맞서야 해."

행동 전략: 당신의 도구는 무엇인가?

칭찬과 강화

- **왜?**
  - 아동의 성공과 긍정적인 능력에 대한 인식을 구축하기 위해
  - 어른들의 틀을 부정적인 것("나쁜 행동"에 집중하는)에서 긍정적인 것("강점과 성공"에 집중하는)으로 전환하기 위해
- **언제?**
  - 아동이 여러분이 증가시키기 원하는 행동(부정적인 행동을 끝내는 것을 포함)을 할 때는 언제든지
- **어떻게?**
  - 언어적(말로 표현), 비언어적(자랑스러움과 감사하는 마음을 드러내기), 그리고/또는 구체적으로(강화 차트 또는 유형의 보상)
  - 구체적으로 행동에 이름 붙이기. 예를 들면 다음과 같다.
    - "네가 너의 도구들을 활용해서 진정하려고 노력한 것이 정말 자랑스러워."
    - "내가 너에게 청소를 부탁했을 때 말을 정말 잘 들어줬구나."

칭찬과 강화: 외상 고려하기

- 외상의 영향을 받은 아동에게 칭찬이 외상을 유발할 수 있다는 점을 명심한다.
- 아동이 칭찬을 거부하거나 무시하는 경우, 개인적으로 받아들이지 말고 힘겨루기를 하지 않는다. 아동이 부모의 말에 동의하지 않거나 반응하지 않는 것은 괜찮다.
- 칭찬에 민감한 아이들에게는 아이 전체가 아닌 긍정적인 행동에 초점을 맞추고 선택적으로 칭찬하는 것이 도움이 될 수 있다(모든 것을 칭찬하지 않는다!).

- "그림을 정말 열심히 그렸구나."와 "너 정말 훌륭한 화가구나!"의 차이점
- 긍정적인 측면에 주목한다. 고통스러워 보이거나 반응이 없는 아이에게도 시간이 지나면 긍정적인 면이 중요해질 것이다.

문제 해결

- **왜?**
  - 아동에게 선택권이 있고 선택에 대한 인식을 구축하며, 도전에 반응하는 대신 도전에 맞설 수 있는 능력을 키우도록 돕는 것이다.
  - 아동이 자신의 삶을 더 잘 통제하고, 더 강력하게 통제하고 있다고 느끼도록 한다.
- **언제?**
  - 평온한 상태, 고통이나 어려움, 도전 또는 기타 "문제" 상황이 따라오거나 예상될 때
  - 아동이 부모에게 도움을 요청할 때
  - 정기적으로, 매일 발생하는 수많은 작은 문제들을 연습하고 해결하는 기술구축을 통해
- **어떻게?**
  - 아동을 돕겠다는 의지와 해결책에 대한 믿음을 전달한다("이 문제를 해결해 보자.").
  - 아동이 문제를 확인하도록 돕는다("무엇을 해결하려고 하는 거니?").
  - 목표 또는 결과를 확인한다("무엇을 이루고 싶은 거니?").
  - 선택지를 확인한다("어떤 일을 할 수 있을까?").
  - 결과를 확인한다("그렇게 하면 어떤 일이 일어날까?").
  - 계획을 세우고 문제를 해결한다. 성인의 지원 역할에 주의를 기울인다.

문제 해결: 외상 고려하기

- 이 과정에 참여할 수 있는 능력은 다음에 달려 있다.
  - 행위감: 자신이 선택을 하고 성공할 수 있다는 능력에 대한 아동의 믿음
  - 상태: 뇌의 어느 부분이 활성화되어 있는가
  - 단계: 발달 역량; 문제 해결 능력은 시간이 지남에 따라 증가한다.
- 성인의 차분한 접근, 적절한 타이밍, 지속적인 지원이 중요하다. 스스로 이것을 해낼 수 있는 아이는 거의 없다.

제한 설정

- **왜?**
  - 경계, 기대, 안전한 세계에 대한 이해를 확립하기 위해

- ◆아동이 부정적인 행동을 바꾸고 긍정적인 대안을 확인하도록 돕기 위해
- ◆아동이 부적절한 행동에 대한 "선"이 어디에 그어져 있는지 배우도록 돕기 위해

■ **언제?**

- ◆행동이 정해진 경계를 넘을 때: 안전에 대한 위협, 타인에게 미친 피해, 자신에게 미친 피해를 줄 때
- ◆신중하게 판단하여 선택적으로 대응하기

■ **어떻게?**

- ◆가능한 한 성인이 평온한 상태에서
- ◆신중하게: 행동이 발생하기 전에 적절한 한계를 확인하는 작업을 한다.
- ◆연령에 적합한 반응을 제공한다.
- ◆결과를 언급할 때는, 아동이 조절도구를 사용한 후 충분히 진정된 후에 한다.
- ◆간결함이 최선이다: 결과를 명확하고 간결하게 전달하며, 그 결과를 행동(아동이 아닌)과 연결한다.
- ◆계속 진행한다: (아동이 결과에 대해 화를 내는 것은 괜찮지만) 아동의 고통스러운 정서를 위한 공간과 회복할 수 있는 공간을 허용한다. 당신 자신의 분노를 내려놓고 자신의 도구를 사용한다.

제한 설정: 외상 고려하기

- ■어떤 제한도 외상의 영향을 받은 아동에게 잠재적인 촉발요인이 될 수 있다.
- ■결과를 선택하고 명명할 때, 과거력에 대해 신중하게 생각한다(타임아웃은 방치된 경험이 있는 아이에게 큰 고통을 야기할 수 있다; 고함지르는 것은 폭력을 경험한 아이에게 촉발요인이 될 가능성이 높다).
- ■조율을 사용한다: 그 행동에 대한 결과를 당신이 확인했더라도, 아동의 정서를 타당화하고 명명한다("나는 네가 얼마나 화가 났는지 이해한단다. 그치만 짜증이 났더라도 손이 아니라 말을 사용해야 한단다.").
- ■행동과 아동을 분리한다.

매일의 일과 구축하기

아침	아침 시간의 전환은 모든 사람에게 어려운 일이다. 특히 가족들이 스트레스에 대처하고 있다면 더욱 그러하다. 당신과 당신의 가족들이 일관된 아침 일과를 가지고 있는지 생각해 본다. 그렇지 않다면 아침 시간을 좀 더 일관성 있게 보낼 수 있는 방법이 있는가?
식사 시간	식사는 종종 소통의 좋은 기회이며 가족이 함께 시간을 보낼 수 있는 장소이다. 아이들(그리고 아이들을 돌보는 사람들)에게 가족 식사는 사회적 기술, 차례 지키기, 예절, 서로의 활동에 대한 관심을 높일 수 있는 좋은 기회가 될 수 있다. 가능한 한 가족 식사가 대일의 일과가 되도록 한다. 참고: 음식 선택은 아이들이 통제하려는 욕구를 발휘할 수 있는 일반적인 행동이다. 힘겨루기를 피한다. 너무 유연하거나 너무 통제적인 것 사이에서 적절한 중간 지점을 찾는다. 예를 들어, 예측 가능한 대안을 제시한다(예: 아이가 가족들과 함께 식사하거나 또는 땅콩버터와 젤리 샌드위치를 먹을 수 있도록 한다).
놀이	놀이는 아이들의 자연스러운 표현 수단이다. 아이들과 놀 수 있는 시간을 만들어 본다. 혼자서 또는 또래와 함께하는 놀이뿐만 아니라 "가족 놀이"를 위한 시간을 만든다. 종종 집안일, 숙제 등과 같은 것보다 덜 중요하다고 생각할 수 있지만, 놀이는 건강한 발달의 중요한 부분이다. 또한 놀이는 사회성과 기술 습득을 위한 장을 제공한다. ■ 함께 보내는 시간은 보상이나 결과와 연결되어서는 안 된다(예: "방을 청소하지 않으면 엄마와 함께 시간을 보낼 수 없어."). 특히 방치와 유기 경험이 있는 아이들에게는 이 방법으로 촉발될 수 있다. ■ 가족 전체가 함께 보내는 시간뿐만 아니라 각 아이와 일대일로 보내는 시간도 마련한다.
집안일	집안일은 책임감과 자기효능감을 키우는 데 도움이 된다. 물론 집안일은 연령에 맞아야 하지만, 아주 어린 아이들도 (아주 작은) 집안일을 책임질 수 있다. 이러한 집안일 분담은 가족이 성공적으로 기능하기 위해 가족 구성원 모두가 필요하며, 아이도 중요한 기여를 한다는 생각을 갖도록 해 준다. 아이에게 적합하며 현실적인 기대를 발달시키도록 한다.
숙제	학교에서의 성취와 성공은 아이들의 역량 구축에서 중요한 영역이다. 양육자는 숙제의 중요성을 강조하고, 숙제 완수를 돕기 위한 적절한 환경을 제공하며, 도움과 격려를 아끼지 않고, 성공보다 노력을 강조함으로써 기여한다.
가족과 함께하는 시간	가족의 일상 생활에 양육자와 자녀가 함께 모여 경험을 공유할 수 있는 공식적 또는 비공식적인 시간을 만드는 것이 중요하다. 예를 들어, 어떤 가족은 중요한 사건을 공유하기 위해 매주 "가족 회의"를 개최하는 것을 고려할 수 있으며, 식사 시간, 취침 시간 등에 함께 시간을 보낼 수 있다. 어떤 방식이든, 가족 구성원들이 일상적으로 경험을 공유할 수 있는 기회를 갖는 것이 중요하다.

<table>
<tr><th colspan="3">확장된 예시: 취침 시간 일과</th></tr>
<tr><td rowspan="3">교육 요점</td><td colspan="2">외상을 경험한 아동과 청소년에게, 취침 시간은 매우 힘든 시간이 될 수 있는데 특히 학대가 일어났던 비슷한 시간대 또는 현재 잠을 자야 하는 장소에서 학대를 경험한 경우 더욱 그러하다.</td></tr>
<tr><td colspan="2">낮 동안 각성 상태가 높은 아이들은 신체가 진정되지 못하면 잠들기가 어렵다.</td></tr>
<tr><td colspan="2">취침 시간 일과를 통해 아이들은 각성 상태를 낮추고 수면으로 전환하는 방법을 배우는 데 도움이 된다.</td></tr>
<tr><td>고려해야 할 사항</td><td colspan="2">■ 일관된 취침 일과를 개발한다. 아이가 잠옷을 입고, 이를 닦고, 조용한 시간을 가지게 한다. 아이가 잠을 자는 장소에 주의를 기울인다. 매일 밤 같은 장소에서 잠을 자도록 한다.
■ 문제 해결. 어떻게 하면 아이의 취침 시간과 일과를 최대한 일관되게 유지할 수 있는가? 규칙적인 일과를 방해하는 요인은 무엇인가? 그러한 방해 요소를 어떻게 처리할지 고려한다.
■ 밤 시간 경계와 밤 시간의 두려움에 대처하는 방법을 확인한다. 예를 들어, 자녀가 밤에 잠에서 깨면 어떻게 행동하겠는가? 일관성을 유지한다.
■ 취침 시간 즈음에 흥분되는 활동에 아이가 참여하는 것을 최소화한다. 비디오 게임, 지나치게 자극적인 TV 프로그램, 시끄러운 음악, 활동적인 놀이 등과 같은 활동에 자녀가 참여하는 것을 감소시킨다.</td></tr>
<tr><td rowspan="4">일반적인 활동</td><td>양육</td><td>이야기를 읽거나, 껴안거나, 부드러운 음악을 함께 듣는다.</td></tr>
<tr><td>목욕</td><td>아이가 잠들기 한 시간 전에 목욕이나 샤워를 한다. 이 방법은 각성을 가라앉히는 데 도움이 될 수 있다.
사생활이나 경계 문제에 그리고 이러한 영역이 촉발요인이 될 가능성에 주의를 기울인다.</td></tr>
<tr><td>안전 점검</td><td>아이들이 안전하다고 느낄 수 있도록 한다.
야간등을 켜두거나, 드림캐쳐를 걸어두거나, 침대 밑이나 옷장 안을 확인하고, 아이들에게 부모의 위치를 알려준다.</td></tr>
<tr><td>이완/조용한 시간</td><td>아이가 책을 읽거나, 조용한 음악을 듣도록 허용한다.</td></tr>
<tr><td rowspan="2">취침 시간 일과: 발달적 고려사항</td><td rowspan="2">유아기</td><td>이 연령대의 일과에는 양육자가 포함되어야 한다. 양육 활동(예: 잠자리 동화 읽기)은 아이와 친밀감을 형성하고 아이를 편안하게 하는 좋은 방법이다.</td></tr>
<tr><td>밤은 대개 두려움이 생기는 시간이다. 예측 가능한 야간 일과는 이 발달 단계에서 특히 중요하다.</td></tr>
</table>

	아동기	이 연령대의 아이들은 더 큰 독립을 원하지만, 취침 시간은 양육을 위한 자연스러운 장소이며, 외상을 경험한 아이들은 취침 시간에 어느 정도 발달적 퇴행을 보일 수 있다.
		발달 단계의 변화에 따라 취침 시간의 방식을 변화시킨다: 예를 들어, 양육자가 아이에게 책을 읽어주는 대신 아이와 함께 책을 읽을 수 있다. 또한 함께 시간을 보내는 것(양육자가 방에 들어가서 "잘 자"라고 말하기)과 독립적인 활동(아이가 양치질하기, 샤워하기, 잠옷 입기)을 포함할 수 있다.
	청소년기	이 발달 단계에서는 균형이 매우 중요하다. 균형을 유지해야 하는 중요한 영역은 다음과 같다. ■ 독립성 대 양육: 청소년은 사생활이 필요하다. 그러나 어린아이들처럼, 취침 시간 무렵에 발달적으로 퇴행하는 경우도 있다. 아이가 잠들기 전에 확인해 본다. 아이가 굿나잇 허그를 원하는지 기타 등등. ■ 유연성 대 제한: 청소년들은 독립적이지만, 제한의 필요성도 존재한다. 취침 시간(예: 밤 10시까지 방에 있어야 함)에 대한 기대를 갖지만 유연성을 허용한다(예: 조용한 시간[책 읽기, 음악 듣기]을 가질 수 있고, 준비가 되면 불을 끌 수 있다).

당신의 자기돌봄 도구는 무엇인가?

첫 번째 도구: 자신을 준비시킨다. 스트레스가 많은 상황에 들어가기 전에:

- 혼잣말을 사용한다.
- 계획을 세운다.
- 도움을 줄 수 있는 사람을 데려온다.
- 충분한 수면을 취한다. 배고프지 않은지 확인한다.

두 번째 도구: "주머니 속 도구"를 준비한다.

- 심호흡하기
- 근육 이완하기
- 10까지 세기
- 잠시 물러나기
- 자기 긍정 문장 생각하기

세 번째 도구: 회복 도구

- 친구에게 전화하기
- 차나 커피 한 잔 만들기
- 운동하기
- 좋아하는 일 하기
- 오늘 있었던 좋은 일 한 가지 기억하기

네 번째 도구: 지속적인 자기돌봄 전략

- 팀을 꾸리고 활용하기
- 자신을 위한 시간을 갖기
- 부모로서의 역할이 아닌, 자신에 관한 무언가를 찾아내기
- 수면, 음식, 건강 등 기본적인 자기돌봄 욕구들을 충족하기

5분 연계 활동

다음 표는 일상생활에 쉽게 적용할 수 있는 연계를 구축하는 방법의 예를 보여 준다.

5분 연계 활동의 예					
신체 활동	게임	창의력/음악	자기 관리	집안일	"대화" 게임/ 활동
• 밸런스 깃털 • 농구 • 춤추기 • 노래에 맞춰 춤추기 • 외출(걷기, 자전거 타기, 공 던지기) • 장화 신고 웅덩이 첨벙거리기 • 줄넘기 • 베개 싸움 • 풍선 가지고 놀기 • 반려동물과 놀기 • 팔굽혀펴기/점핑 잭 • 빨간불/초록불 • 건너뛰기 • 그네 타기 • 반려동물 산책시키기 • 원반 던지기 • 운동 비디오 • 요가	• 20문항 • 알파벳 게임 • 비눗방울 • 카드 게임 • 특별한 악수법 생각해 내기 • 감정 알아맞히기 • "무엇이 다른지 맞혀 보세요" • 손뼉치기 게임 • 숨바꼭질하기 • 핫 앤 콜드 게임(숨겨진 물건을 찾을 때 가까이 가면 "hot", 멀어지면 "cold"라고 말해 주는 게임) • 아이 스파이(I SPY) • 스마트폰을 이용한 상호작용 놀이 • 레고 • 링컨 로그(통나무 블록 장난감) • 게임 만들기 • 따라하기 게임 • 플레이도우 • 고함 대결 • 구름 모양 관찰하기 • 재미있는 사이몬 가라사대 게임 • 웅시 콘테스트(누가 먼저 웃는지) • 엄지손가락 싸움 • 틱택토(삼목 게임)	• 공동 이야기 창작하기(한 단어/한 문장을 돌아가면서 말하기) • 색칠하기 • 만다라 색칠하기 • 퍼즐 맞추기 • 손가락으로 그림 그리기 • 징/드럼 연주하기 • 노래 듣기 • 콜라주 만들기 • 스트레스볼 만들기 • 노래제목 맞추기 • 종이접기 • 종이비행기 • 만화 읽기 • 짧은 책 읽기 • 리듬 악기 놀이 • 셀카 찍기	• 빵 굽기 • 목욕하기 • 머리 빗기 • 머리 땋기 • 요리하기 • 포옹하기 • 로션 바르기 • 스무디 만들기 • 방과 후 간식 만들기 • 점심 만들기 • 마사지 받기 • 네일아트 • 과일 따기 • 차, 커피, 핫코코아 마시기	• 청소하기 • 함께 숙제하기 • 재미있는 방식으로 집안일하기 • 정원 가꾸기 • 메일함 정리하기 • 누가 더 빨리 준비하나 시합 • 지원서 작성/ 대학 웹사이트 방문하기 • 세탁물 접기 훈련 • 기도/ 묵상 • 함께 식탁 차리기 • 반려동물 돌보기 • 재미있는 방법으로 식기세척기에서 접시 꺼내기	• "질문 모음집" • 고양이가 나오는 영상 • 시사 토론 • 기쁨/슬픔 • 좋아하는 것들(동물, 영화 등)의 목록 작성하기 • 하루 중 좋았던 세 가지 적기 • 생일 계획 세우기 • 긍정적인 말 공유하기 • 기분 좋은 일/힘들었던 일 이야기하기 • 수화하기 • 역할을 바꾸기 • 기대되는 것에 대해 이야기하기 • 다가오는 휴일에 대해 이야기하기 • 농담하기 • 마음을 털어놓는 시간 • 함께 유튜브 동영상 시청

조절 도구상자 만들기

기본적인 조절을 지원하기 위해 아이의 생활에 조절 도구를 제공한다.

지속적인 활동을 제공한다.

- 놀이 시간(혼자 또는 함께)
- 스포츠
- 표현 예술/춤/연극
- 요가
- 독서
- 음악 듣기

진정시키는 방법을 탐색한다.

- 감각 활동
- 대근육 활동
- 마음을 가라앉히는 전용 공간
- 참여와 연계를 위한 기회

창의적인 일과와 리듬을 계획한다.

- 일과는 안전, 기술, 지원을 구축하는 리듬, 구조, 예측 가능한 순간이다.
- 일과는 경직되어야 함을 의미하는 것이 아니라 리듬을 만드는 것이다.
- 일과는 고통을 증가시키는 것이 아니라 감소시켜야 한다. 만약 일과가 일을 더 어렵게 만든다면 변화시킨다.

일과를 활용한다.

- 전환, 위생, 기대치(숙제, 집안일) 등에 대한 도전 과제를 목표로 설정하기
- 취침 시간, 놀이 시간, 목욕 시간 등에 자연스러운 진정 기회를 제공
- 체크인, 하루 일과에 대해 질문하기, 함께 문제 해결하기 등과 같은 참여와 연계의 지점 제공하기

탐정이 되어 아동이나 청소년의 패턴을 읽어 본다.

- 어떤 종류의 활동이나 경험이 조직화되고 통제되는 느낌을 주거나 에너지를 생성하는가?
- 아동이나 청소년이 자신의 몸과 감정에 대해 편안한지 어떻게 알 수 있는가? 어떤 단서가 있는가?
- 아동이나 청소년이 보여 주는 강점과 도전 패턴은 무엇인가? 가장 잘할 때와 가장 잘하지 못할 때는 언제인가? 힘든 시기에 도움이 되는 진정 일과를 목표로 삼는다.
- 아동이나 청소년이 어려움을 겪을 때마다 적극적으로 단서를 추적한다. 이러한 단서는 다음에 도움이 될 것이다.

조정 활동

아동·청소년이 조절되거나, 편안하고 효과적인 수준으로 에너지와 감정을 이끌어내도록 하는 데 지원하는 방법은 여러가지이다. 일부 활동은 고통스러운 순간에 사용할 수 있으나, 많은 활동들은 일상 생활 속에 구축해 놓으면 도움이 될 수 있다. 아이가 실험을 할 수 있도록 도와준다. 아이마다 맞는 활동은 다 다르다!

자연스럽게 조정되는 활동을 선택한다.

- 놀이(혼자 또는 함께)
- 스포츠
- 표현 예술, 춤 또는 연극
- 요가
- 독서 음악 듣기
- 공예

감각 전략을 사용한다.

- 소리: 음악을 듣거나, 헤드폰이나 소음 제거기를 사용하여 소음을 차단한다.
- 촉각: 포옹, 무거운 담요, 부드러운 베개, 인형, 차가운 돌, 만질 수 있는 물건, 씹을 수 있는 액세서리(주로 감각 처리에 어려움을 겪는 아동이나 성인을 위해 고안된 것으로, 씹는 행동을 통해 감각적 자극을 제공하고 스트레스를 완화하는 데 도움을 주는 것들) 등을 제공한다.
- 후각: 로션을 바르거나, 공기 청정기를 사용하거나, 요리하는 냄새로 공기를 채운다.
- 미각: 좋아하는 음식을 나눠 먹는다.
- 시각: 안전한 사람들과 좋아하는 장소의 사진을 제공한다. 시각적 자극을 최소화한다.

대근육 운동을 할 기회를 제공한다.

- 작은 트램펄린
- 달리고, 뛰고, 놀 수 있는 기회가 있는 운동 또는 요가 공
- 평균대
- 방과 후 댄스파티

안전지대를 구성한다.

- 안전한 장소, 가급적이면 아동 또는 청소년만을 위한 공간으로 만든다.
- 안전하고, 편안하며, 감각적인 재료로 채운다.
- 아동 또는 청소년이 차분한 상태일 때, 그것을 활용하도록 연습한다.

조정을 지원하는 추가 활동은 다음과 같다.

호흡 활동

- 움직임과 소리를 동반한 심호흡: 아동에게 시범을 보인다: "우리는 움직임과 소리를 동반한 심호흡을 연습할 것입니다. 팔을 들어올리면서[시범을 보임] 심호흡을 합니다. 팔을 내릴 때 숨을 내쉬면서 이런 소리를 내세요: 후~~우. 원하는 소리를 내도 됩니다. 좋아요, 셋을 세면서 함께 연습해 봅시다…."
- 버블 호흡하기: 아동에게 시범을 보인다. 비눗방울이 담긴 병과 막대를 사용한다. 막대로 천천히 숨을 들이마시고, 큰 거품을 내기 위해 천천히 숨을 내쉬는 것을 강조한다.
- 빨대를 활용하여 심호흡하기: 심호흡은 모든 것이 괜찮다는 메시지를 뇌에 전달하는 가장 빠른 방법이라는 것을 아이 또는 청소년에게 상기시킨다. 빨대와 작은 종이를 아이에게 준다. 3을 세면서 아이 또는 청소년에게 심호흡을 하라고 지시한다(공기가 들어간 것처럼 배를 부풀리면서). 목표는 빨대 끝에 작은 종이가 붙게 하는 것이다. 4를 세고 나서 자녀에게 숨을 내쉬라고 지시하여 종이가 바닥에 떨어지도록 한다.
- 베개 호흡하기: 아동 또는 청소년이 바닥에 눕고 베개나 인형을 그의 배에 눕힌다. 그가 숨을 쉴 때마다 베개나 인형이 오르내리도록 가르친다.
- 런던 브릿지 호흡법: 아동 또는 청소년에게 런던 브릿지 게임처럼 팔을 들어올리도록 한다. 팔을 올릴 때 숨을 들이마시고, 팔을 내릴 때 숨을 내쉬게 한다. 팔을 얼마나 천천히 올리고 내릴 수 있는지 살펴본다.
- 이미지를 활용한 호흡법: 아동·청소년들이 심호흡을 하고 생일 촛불을 끄는 것을 상상하도록 한다. 또는 숨을 내쉬면서 반대쪽 벽을 색칠하거나, 꽃 냄새를 맡은 다음 민들레 씨를 불어 보는 것처럼 해보도록 한다.

집중 활동

- 집중 종: 종소리를 울릴 것이라고 설명한다. 아동·청소년에게 소리에 대한 감각적 경험을 집중적으로 경험하게 하고, 소리를 들으면서 심호흡을 연습하도록 격려한다. 시간이 지남에 따라 소리가 변하는 것을 인식시킨다. "소리가 더 이상 들리지 않으면 손을 들어주세요."라고 말한다
- 기억력 게임: 아동·청소년에게 주변 환경을 주의 깊게 살펴보고 방에 있는 모든 것을 살펴보라고 지시한다. 그런 다음 "눈을 감아주세요. 이제 방에 있는 흰색 물건을 떠올려 보세요."라고 말한다. 몇 가지 항목(장난감, 펜, 사물 등)을 선택하여 테이블 중앙에 놓는 것으로 수정해서 활용할 수도 있다. 아동 또는 청소년이 1분 동안 항목들에 집중하게 한다. 그런 다음, "눈을 감으세요."라고 말하면서 항목 하나를 제거한다. 마지막 단계는 아동 또는 청소년에게 빠진 항목을 추측하게 한다.
- 그라운딩: 감각을 자극할 수 있도록 다음과 같은 구체적인 자극을 사용한다.
  - 마술 지팡이
  - 마술 돌
  - 걱정 돌
  - 벨벳 천 조각
  - 작은 인형
  - 반짝이는 크림

- ◆기분 좋은 냄새
- ◆스트레스 볼

움직임 활동 또는 게임

- ■주사위 게임: 목표는 호흡이나 가벼운 움직임을 연습하는 것이다. 주사위를 굴려서, 여러분과 아이 또는 청소년이 주사위에 표시된 숫자만큼 유지할 수 있는 움직임을 선택한다. 예를 들어, 10까지 어깨를 돌리거나, 7까지 코를 씰룩거린다.
- ■스트레칭: 아동 · 청소년이 스트레칭하도록 한다.
- ■사이먼 가라사대: 사이먼 가라사대의 규칙을 검토한다. 이 게임에는 리더(사이먼)와 추종자가 있다는 것을 기억한다. 추종자는 리더의 행동을 따라야 한다. 그러나 리더가 "사이먼 가라사대 …"라고 말할 때만 가능하다.
- ■머리, 어깨, 무릎, 발: 어린 아이들과 함께 이 게임을 하면서 음악과 움직임을 동시에 활용한다.

음악 활동

- ■음악과 함께하는 이완하기: 편안한 음악을 틀고, 아동들 또는 청소년들이 음악을 주의 깊게 들으면서 호흡하도록 상기시킨다.
- ■박자를 맞춰 보기: "오늘 우리는 함께 음악을 만들어 볼 거예요. 손과 몸을 사용하여 박자를 만드는데, 우리가 번갈아 가면서 박자를 만드는 사람이 될 거예요. 나머지 사람들은 리더를 따라야 합니다." 움직임을 통해 연습할 수도 있다.
- ■악기: 여러 종류의 악기를 준비하고 각각의 소리를 들려준다. "눈을 감거나 뒤돌아 섭니다(편안한 경우에)." 아동 · 청소년에게 소리와 특정 악기를 연결시켜 보도록 한다.

조정 지원하기

자녀의 감정이 고조되는 상황을 가정해 본다.

조정 지원을 위한 단계:

1. **조정**: 감정에 주목한다(감정 에너지에 주의를 기울인다).

2. **안정된 상태 유지하기**: 스스로를 점검한다.

3. **자신에게 질문하기**: 아동의 에너지는 어디에 있는가? 어디로 가야 하는가(올라가야 하는가, 내려가야 하는가)?

4. **보고 있는 것을 (단순히) 반영하기**(예: "지금 화가 많이 난 것 같네. 좀 진정한 후에 대화하자.")

5. **아이에게 기술을 사용하도록 단서를 주기**(예: 호흡, 조용히 앉기, 진정하는 공간, 스트레스 볼)

6. **조정 기술 사용을 강화하기**(예: "네가 에너지를 진정시키려고 노력하는 것을 보니 정말 자랑스럽구나")

7. 아이가 진정되면 **표현/소통을 하도록 요청하기**

자신에게 집중하기

상황: ______________________________

다음 질문을 지침으로 삼아 힘든 상호작용이나 상황 속에서 자신에 대해 관찰한 내용을 적는다. 추가적으로 관찰한 내용을 하단에 기입한다.

영역	본 질문	양육자 관찰
몸	몸은 어떤 경험을 하고 있는가? 심박수, 호흡, 근육 긴장, 체온, 무감각 또는 단절된 듯한 신호에 주의를 기울인다.	
	몸이 "통제력을 잃거나" 또는 위험 지점에 도달했다는 경고 신호는 무엇인가?	
생각	이 상황에서 무슨 생각을 하고 있는가? 자신에 대한 생각(예: "나는 이것을 감당할 수 없다." 또는 "나는 이것을 했어야 했다.")과 아동에 대한 생각(예: "그 아이는 일부러 이러는 거야." 또는 "그 아이는 항상 이럴 거야.")을 고려한다.	자신에 대한 생각:
		아동 · 청소년에 대한 생각:
감정	이 상황에서 무슨 감정을 느끼는가? 분노, 죄책감, 수치심, 슬픔, 무력감 등을 고려한다.	
행동	이 상황에서 무엇을 하였나? 얼어붙었나? 철수하는가? 입장을 고수하는가? 비명을 지르는가?	
기타	자신에 대해 또 어떤 점을 발견하였는가? 감정에 대처하는 능력, 도움을 받는 능력, 건강하지 못한(또는 건강한) 대처 반응 등을 고려한다.	

힘든 하루를 만드는 것은 무엇인가?

무엇이 당신의 버튼을 누르거나 강한 감정을 불러일으키는가?

이번 주에 이러한 일들이 일어나는지, 그리고 그것이 당신의 기분이나 반응에 어떤 영향을 미치는지 살펴본다. 스스로에게 질문한다:

내 몸은 나에게 무엇을 말하고 있나요?

나는 무엇을 느끼나요?

나는 무슨 생각을 하고 있나요?

나는 무엇을 하길 원하나요?

양육자를 위한 신체 지도

우리의 에너지에 대해 신체는 어떤 단서를 주는가?

우리 모두는 신체에 에너지를 가지고 있다. 에너지는 우리가 어떻게 느끼고 있는지에 대해 알려줄 수 있다. 때로는 에너지가 편안하게 느껴지기도 하고, 때로는 불편하게 느껴지기도 하며, 그것은 우리의 생각, 행동, 감정, 그리고 우리가 아이들과 상호작용하는 방식에 나타날 수 있다. 우리의 신체는 우리가 가지고 있는 에너지의 수준에 대한 단서를 준다. 예를 들어, 호흡의 속도, 심장 박동수, 체온, 근육의 긴장 정도에 주의를 기울이면, 우리 몸의 에너지에 대한 많은 정보를 수집할 수 있다.

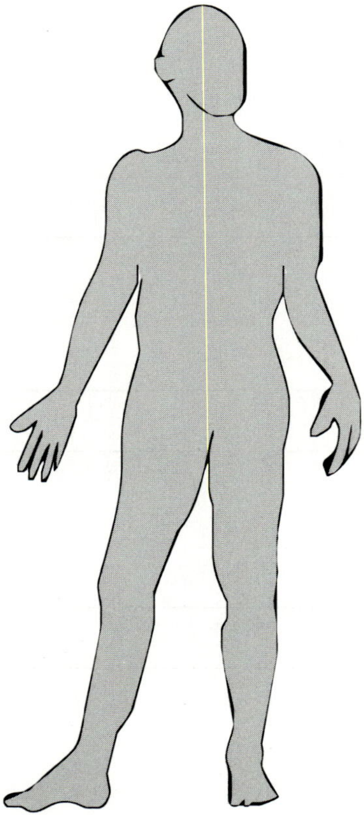

호흡:

☐ 빠름 ☐ 중간 ☐ 느림

심장 박동:

☐ 빠름 ☐ 중간 ☐ 느림

근육:

☐ 익히지 않은 스파게티처럼 팽팽함

☐ 익힌 스파게티처럼 이완됨

체온:

☐ 고온 ☐ 보통 ☐ 저온

기타 신체 신호: ______________________________

자기돌봄 활동지

지난 몇 주 동안 자녀와의 관계 또는 다른 관계에서 겪은 어려운 상호작용이나 경험을 떠올려 본다.

간략한 상황 설명: ______________________________

____

____

____

____

당신은 어떤 감정을 느꼈는가? ______________________________

당신은 어떤 생각을 했는가? ______________________________

당신은 어떤 행동을 했는가? ______________________________

당신의 신체에서 어떤 일이 일어났는가? ______________________________

지금 그 상황에 대해 생각하면, 어떤 일이 떠오르는가(생각, 감정, 신체적 감각, 행동 충동)?

____

____

____

특별히 힘들었던 점이 있는가? 다른 상황과도 비슷한 점이 있는가? 그렇다면 어떤 점인가? (구체적인 행동, 자신의 상태[예: 피곤함, 이전 경험의 상기]를 고려한다.)

____

____

____

스트레스를 받거나 화가 났을 때 "전형적인" 반응이 있는가? 어떤 것인가?

____

____

____

앞의 두 질문을 살펴보고, 향후 상황에 대한 "단서"가 될 만한 것에 동그라미 표시를 한다. 이러한 요인들(상황이나 자신의 반응)은 자신을 돌보기 위해 뭔가를 해야 한다는 신호이다.

이제… 이런 상황에 대해 생각해 본다. 당신의 당면 목표는 무엇인가? (진정하기, 현재에 집중하기, 자신을 표현하기, 상황이 끝날 때까지 견뎌내기 등) ______________________________

____

____

____

이러한 목표와 현실적인 상황을 감안하여 사용 가능한 대처 전략을 몇 가지 브레인스토밍한다. 다음과 같은 것들이 있을 수 있다.

- 사전에 준비하거나 상황에 들어가기 전에 하는 일(예: 정신적 리허설, 이완 전략, 지원 요청)
- "주머니 속" 전략, 즉 그 상황에서 할 수 있는 것(예: 심호흡, 근육 이완, 자기-만트라[self-mantra; 자신에게 긍정적인 영향을 주기 위해서 반복적으로 사용하는 짧은 문구나 구절])
- "회복" 전략, 즉 상황이 끝난 후에 할 수 있는 것(예: 친구에게 연락하기, 즐거운 활동, 휴식 시간 갖기)
- 지속적인 자기돌봄

적어도 두세 가지 할 수 있는 것을 적어본다: ______________________________

____

____

____

____

____

자기 돌보기

상황: ______________________________

아이디어를 얻기 위해 다음의 기법을 활용하고, 어려운 상황이나 도전적인 상황에서 적용할 수 있는 자기돌봄 전략을 고려해 본다. 아래에 추가 아이디어를 적는다.

자기돌봄 전략		
기법	조언	이 상황에서 효과가 있는가? 이 기법을 언제 어떻게 사용할 수 있을지 설명해 본다.
심호흡	언제? ■ 가능하면 항상! ■ 특히 격렬한 감정에 직면했을 때 어떻게? ■ 코로 들이마시고 입으로 내쉬기 ■ 가슴이나 어깨가 아니라 횡경막을 통해 숨쉬기 ■ 차분한 시각적 이미지, 언어적 만트라 또는 격언과 함께 시행하기	
근육 이완	언제? ■ 긴장이 고조될 때… ■ 에너지의 대안적 초점(폭발하는 대신) 어떻게? ■ 원하는 만큼 크게 또는 작게 ■ 정해진 방식을 따르기보다는 본인이 정한 방법 활용(긴장과 이완) ■ 점진적 근육 이완	
주의 분산	언제? ■ 즉시 해결할 수 없는 문제를 다룰 때 ■ 부정적인 생각의 사이클에 빠졌을 때 어떻게? ■ 자기 진정: 당신의 오감을 활용한다. ■ 대안 찾기: 활동을 전환한다.	

<table>
<tr><td rowspan="1">자기 진정</td><td>언제?
■스트레스 누적을 방지하기 위한 지속적인 도구로
■자신을 진정하고 싶거나 자신에게 보상하고 싶을 때
■화가 나거나 스트레스를 받아 진정해야 할 때
■단절된 느낌이 들고 다시 연결해야 할 때
어떻게?
■주머니 속의 기법: 마음을 편안하게 해 주거나 즐거움을 주는 작은 물건을 가지고 다닌다. 오감을 모두 활용한다(예: 기분이 좋아지는 로션, 작은 돌이나 벨벳 조각, 좋아하는 장소의 사진 등).
■즐거운 활동을 찾아서 매일의 일과에 포함시킨다(예: 길고 따뜻한 목욕하기, 산책, 음악 듣기 등).</td><td></td></tr>
<tr><td rowspan="2">타임아웃</td><td>언제?
■순간적으로 부정적인 반응을 자제하기 위해
■지속적인 "배터리 충전" 방법으로 예방적 효과가 있다.
어떻게?
■그 순간에: 예를 들어, 산책하러 가거나, 방으로 가거나, 화장실에 가기
■예방적으로: 매일/매주/매월 자기 관리 시간을 만든다.</td><td></td></tr>
<tr><td>스스로에게 질문해 본다: 이 상황이 타임아웃을 취하기에 안전한 상황인가?</td><td></td></tr>
<tr><td>다른 기법?</td><td>다른 기법으로는 어떤 것들이 있는가?
이러한 기법을 언제 어떻게 사용할 수 있는지 적어 본다.</td><td></td></tr>
</table>

아이의 감정 언어 익히기

감정: ______________________________

다음 질문을 지침으로 삼아 자녀가 선택한 감정을 경험하고 있다는 것을 알려주는 "단서"를 적어 본다. 아래에 추가 단서를 적는다.

영역	질문 목록	양육자 관찰
얼굴 표정	아이의 표정은 무엇을 보여 주는가?	
목소리 톤	아이의 목소리가 커졌는가? 더 부드러워졌는가? 톤이 높아졌는가?	
발화의 정도	아이가 평소보다 갑자기 말을 많이 하는가? 아이가 조용해졌나? 아이의 말에서 압박감이 느껴지는가(서두름)?	
말의 질	아이가 두서없이 말하는가? 횡설수설한가? 부자연스러운가? 퇴행적인가?	
자세/근육의 표현	아이의 몸은 어떤가?	
접근 대 회피	아이가 철수되었는가? 집착이 심해졌는가? 둘 다인가?	
감정 조절 능력	아이를 평소보다 진정시키거나 아이 스스로 진정하는 데 어려움을 겪는 것 같은가?	
기분	아이의 기분이 눈에 띄게 변했는가?	
기타	아이가 특정 감정을 경험하고 있다는 것을 알 수 있는 다른 단서는 무엇인가?	

당신의 아이는 촉발되면 어떤 모습을 보이는가?

특정 촉발요인을 확인하기 어려울 수도 있지만, 아이가 보이는 위험 반응을 통해 신호를 읽는 방법을 배울 수 있다.

투쟁 반응

설명: 높은 각성 수준의 징후로, 갑자기 나타난다(예: 짜증, 욕설, 갑작스러운 분노, 과잉 행동)

"투쟁"을 나타내는 아이의 행동:

____

____

____

____

____

____

도피 반응

설명: 신체적 도피 또는 회피(예: 다른 사람과의 접촉을 피하거나, 친구나 가족으로부터 고립되거나, 숙제하기를 거부함)

"도피"를 나타내는 아이의 행동:

____

____

____

____

____

____

동결 반응

설명: 경험으로부터 차단하고 접촉하지 않는 것(예: 멍한 표정을 짓거나, 공허하게 응시하거나, 아이가 멍해 보임)

"동결"을 나타내는 아이의 행동:

복종/순응 반응

설명: 지나치게 순응적인 행동, 너무 쉽게 포기하는 태도, 배고픔이나 갈증과 같은 욕구를 부정하는 태도, 거짓된 안심 나타내기(예: 아이가 괜찮지 않다는 것이 분명함에도 불구하고 "괜찮다"고 말하는 것)

"복종/순응"을 나타내는 아이의 행동:

아이의 촉발요인 인식하기

이름: ______________________ 날짜: ______________________

촉발요인의 예	아이가 상기시킬 수 있는 것
1. 사람들이 큰 소리로 고함지르는 것을 듣는 것	고함소리를 많이 듣던 시기
2. 혼자라는 느낌 또는 무시당하는 느낌	자녀가 어렸을 때 충분한 관심을 받지 못했던 시기
3. 연기 냄새	심각한 화재
4. ______________________	______________________
5. ______________________	______________________
6. ______________________	______________________
7. ______________________	______________________
8. ______________________	______________________

탐정 되기: 아이의 패턴 이해하기

정서적 반응/신체 상태/문제 행동: 아동이나 청소년에게서 관찰되는 문제 행동, 정서적 반응, 신체 상태를 확인하고 설명하기 ______

순간적인 단서: 아동이나 청소년이 그 순간에 어떤 모습이었는가(감정 표현, 행동, 관계에 대한 반응 등):

______

고조됨: 아동이나 청소년이 그 상황 이전에 어떤 모습이었는가? 아동 청소년이 힘든 시기를 보내고 있다는 단서는 무엇인가?

______

촉발요인/상황: 어떤 종류의 상황/경험이 해당 행동/신체 상태/반응으로 이어질 가능성이 가장 높은가? 환경적 스트레스 요인(아동・청소년 주변에서 일어나는 일)과 내적 경험(배고픔, 피곤함, 다른 일로 화가 나는 것 등)을 모두 고려한다:

______

욕구: 그 행동은 그 순간 아동·청소년에게 무엇이 필요하다는 것을 암시하는가? 예를 들어, 고함치거나 소리를 지르는 것은 관심을 끌기 위한 행동이거나, 거리두기를 필요로 한다는 신호일 수 있다. 아동·청소년의 행동이 어떤 종류의 반응을 유발하는 경향이 있으며, 그 행동이 내재된 욕구와 관련하여 무엇을 의미하는가?

효과적인 반응: 그 순간에 도움이 되는 것은 무엇인가? 아동·청소년이 무엇을 하거나 반응하는지, 어른들이 할 수 있는 일은 무엇인지 그리고 주변 환경 구조(예: 일과 또는 사용 가능한 도구)에 대해 생각해 본다. 무엇이 도움이 되었는가? 그것이 아동·청소년의 욕구에 대한 추가 정보를 당신에게 제공하는가?

성인의 반응: 이런 행동이 일어날 때, 여러분은 어떠한 반응을 보이는가? 여러분이나 다른 성인/양육자에게 어떤 영향을 미치는가? (이 부분에 주의를 기울이는 것이 중요하다. 왜냐하면 우리의 경험은 아동·청소년의 경험에 대한 단서가 될 뿐만 아니라 우리가 얼마나 잘 대응할 수 있는지를 가늠하는 요소이기 때문이다).

성인에게 필요한 것: 아동·청소년의 행동에 효과적으로 대응하기 위해 여러분(또는 다른 양육자)이 주의해야 할 자신의 반응을 관리하거나 다루는 데 도움이 되는 도구나 전략이 있는가? 어떤 유형의 도구나 전략이 필요한가? 아동·청소년의 행동이 발생하는 전형적인 상황을 고려하여 현실적으로 생각한다.

행동을 다루는 방법 활동지

집에 있는 아동 · 청소년이 보여 주고 있는 행동 중 여러분이 어렵다고 느끼거나 개선시키고 싶은 행동을 선택한다. 이 활동지를 사용하여 패턴과 욕구를 확인하고 계획을 세운다.

1. 어떤 행동을 다루고 싶은가?

   행동: ______________________________

   이 행동이 증가 / 감소 하길 바란다.

2. 패턴 확인: 이 행동을 일으키는 유발요인은 무엇이라고 생각하는가? 촉발요인은 무엇인가 (상황적, 환경적, 내부적)?

   ____
   ____
   ____
   ____
   ____

   아이가 무엇을 하려고 한다고 생각하는가? 그 행동이 해결하고자 하는 기능이나 욕구는 무엇인가?

   ____
   ____
   ____
   ____
   ____

3. 이 행동을 해결하기 위한 주요 전략:

   a. 2번 질문에서 확인된 욕구를 충족시킬 수 있는 다른 방법은 무엇인가?

      구체적으로 언제, 어떻게, 누구를 대상으로?

      ____
      ____
      ____
      ____

b. 아이가 조절 곤란을 보일 때, 그 순간에 어떠한 조절, 진정 개입, 위기 관리 전략을 지원할 수 있는가?

4. 다음의 부가적인 행동 반응 전략들 중 어떤 것이 효과가 있다고 생각하는가?
상기시키기: 이 전략들은 각기 다른 시점에 동일한 행동에 대해 사용될 수 있다.

칭찬과 강화 (행동 또는 바람직한 대안 행동을 증가시키기 위해 사용)

문제 해결 (아이가 조절된 상태에 있을 때 통제/선택을 지원하고 대안을 확인하기 위해 사용)

적절한 제한 (부정적이거나 위험한 행동을 억제하고 해결하기 위해 사용)

5. 그러한 행동이 발생한 후, 여러분과 아이는 그 행동으로부터 무엇을 배울 수 있는가? 다음 번에 그 행동을 바꾸는 것을 목표로, 행동을 다시 검토하여 시기와 방법, 접근 방식을 고려한다. 무엇을 계획할 수 있는가? 구체적으로 생각한다.

아이와 함께할 수 있는 것(언제? 어떻게?):

혼자서 또는 양육 파트너와 함께, 나는 (언제? 어떻게?) 할 수 있다:

우리 아이가 나를 미소 짓게 만드는 순간

아이가 당신을 미소 짓게 만드는 세 가지 일을 적는다.

1. ______________________________

____

____

2. ______________________________

____

____

3. ______________________________

____

____

위 세 가지 일을 생각할 때 어떤 감정을 느끼는가?

____

____

____

____

____

____

부록 C

집단 활동

집단 활동 예시 _ 477

▪ 집단 치료에서 사용하기에 적합한 여러 가지 활동과 토론 가이드가 수록되어 있다. 이 활동 중 다수는 학교 장면, 캠프 및 다른 집단 프로그램에서 협력 게임을 운영해 본 적 있는 사람들에게 익숙할 것이다. 각 활동마다 치료 목표가 될 구체적인 구성 블록들, 중요한 목적, 지시사항, 논의를 위한 질문 예시들을 참고로 수록하였다. 개별 지시사항들에서 언급된 몇몇 활동들의 활동지는 부록 D에 수록되어 있다. 그 외 활동에 대해서는 활동 지시사항 이후에 촉진하는 예시들을 제공하고 있다.

감정 도구상자 만들기 _ 498

▪ 여기서는 여러 회기에 걸쳐 진행할 수 있는 집단 프로젝트, 즉 집단 회기에서 감정 "도구상자' 만들기의 지시사항 예문과 이 상자에 포함할 수 있는 예시 항목들이 제공된다.

점진적 근육 이완 방법 _ 500

▪ 집단 또는 개인 회기에서 점진적 근육 이완 활동을 안내하기 위한 대본 예시가 수록되어 있다.

아이스 브레이커 질문들 _ 502

▪ 다양한 집단에서 시작하는 일상적인 일과로 "아이스 브레이커" 질문들을 사용한다. 여기서는 다양한 종류의 촉진적 질문의 예시를 수록하였고, 집단을 시작할 때와 마칠 때 포함되는 지시사항 예시를 제공하고 있다.

집단 회기 예시 _ 504

▪ ARC 구조를 적용하여 구성된 집단의 한 회기를 예시로 제공하였다. 특정 기술을 목표로 하는 활동과 함께 일과와 조정 기술들을 집단의 구조에 통합하는 방식에 주목해 보길 바란다.

집단 활동 예시

활동: 누구일까요?

- **ARC 목표(들): 관계적 연계, 정체성, 아이스 브레이커 활동**
- **목적**: 다른 구성원들에 대한 자각 및 조율을 증진시키고, 서로에 대해 이미 알고 있는 것들을 더욱 잘 인식하는 것이다. 즐거운 시간을 보낸다.
- **재료**: 미리 인쇄해 둔 질문 쪽지(예시 참조).
- **안내**: 집단 구성원은 촉진 질문(예: "가장 좋아하는 영화는 무엇인가요?" "가장 좋아하는 노래는 무엇입니까?")이 적힌 5장의 쪽지를 받는다. 각 질문에 대한 답을 적은 후, 접어서 모자 안에 넣는다. 구성원들이 돌아가면서 모자에서 쪽지를 뽑아 누가 적은 것인지를 추측한다. 정답을 맞히면 점수를 얻는다. 시간이 부족하다면 틀렸든 맞았든 추측한 후에 쪽지를 모자 밖에 놔두고, 틀린 답은 실제 그것을 쓴 작성자가 밝히도록 한다. 이 경우 모자는 5바퀴를 돌게 된다. 시간이 좀 더 넉넉하다면, 잘못 추측한 쪽지가 있다면 다시 모자에 넣고 모두 맞힐 때까지 계속 돌릴 수 있다.
- **촉진 질문의 예**: 좋아하는 애완동물 종류, 좋아하는 음식, 좋아하는 영화, 좋아하는 노래, 좋아하는 배우, 좋아하는 TV 프로그램, 좋아하는 색상, 좋아하는 밴드 또는 아티스트, 가장 여행하고 싶은 장소, 좋아하는 책.

활동: 몸으로 그려요

- **ARC 목표(들): 감정 인식**
- **목적**: 참가자들이 신체로 감정을 표현하는 방식에 주의를 기울이는 능력 증진시키기
- **재료**: 몸의 실루엣 그림(예: 부록 D의 "내가 감정을 느끼는 곳은…?"), 크레용 또는 색연필(마커보다 선호됨).
- **안내**:
- 참가자에게 신체 그림과 색연필 또는 크레용 6개를 나눠준다.
  - 각자 다음 감정들, 행복, 화, 슬픔, 두려움, 흥분, 걱정을 나타내는 색상을 선택하여 신체 부분을 색칠하게 한다.
  - 확인된 각 감정에 대해 참가자는 크레용/연필을 사용하여 몸의 어느 부위를 느끼는지 색칠해야 한다.
  - **토론**: 활동이 끝난 후 참가자들과 토론해 본다.
    - "이 활동이 쉬웠는가/어려웠는가?"
    - "다른 감정보다 신체에 위치를 정하기 쉬운 감정이 있었는가? 어떤 감정이 가장 쉬웠는가? 어떤 감정이 가장 힘들었는가?"
    - "위치가 겹친 감정들이 있었는가? 어떤 감정들인가?"
    - "가장 뚜렷한 감정(즉, 신체 특정 부분에서만 느껴지던 유일한 느낌)은 무엇인가?"

토론: 감정 및 "가면 쓴" 감정의 기능

- **ARC 목표(들): 감정 인식, 조정 및/또는 관계적 연계**
- **질문하기**: "감정은 어떤 기능을 하는가?" 집단 구성원들로부터 아이디어를 이끌어 낸다.
  - 집단 구성원이 이유를 생각하지 못하는 경우, 예를 제공한다. "공포는 도망쳐야 살아남을 수 있고, 분노는 어려운 상황에서 우리가 강하다는 것을 느끼게 해 준다." 등등.
  - 일반적인 생각: 감정은 우리에게 정보를 주고(외부 세계와 내부 경험에 대하여) 구체적인 행동이나 반응을 할 수 있게 이끈다.
- **질문하기**: "감정은 항상 정확할까? 다시 말해, 우리가 느낀다고 인식하는 감정이 항상 우리의 진짜 감정일까?"
  - 교육 요점
    - 때때로 한 감정이 다른 감정의 "가면"으로 작용한다. 이는 여러 가지 이유로 발생할 수 있다.
      - 취약한 감정(예: 슬픔이나 공포를 대신하는 분노)을 줄이기 위해.
      - 과거 경험으로 인해 특정 감정을 드러내거나 인정하는 것이 위험할 수 있기 때문에(예: 두려움을 나타낸 것이 더 취약하게 만들었거나, 분노를 드러내면 학대가 심해질 수 있음).
      - 문화적 또는 가족 규범: 감정을 표현하는 다양한 방식뿐 아니라 특정 감정을 표현하는 것이 얼마나 허용되는가?
- **질문하기**: "보여 주기 싫은 감정이 있나요? 왜 그런지 알고 있나요?"
- **질문하기**: "어떤 감정이 '진짜 감정'인지 '가면을 쓴 감정'인지 어떻게 알 수 있나요?"
- **질문하기**: "지속적으로 감정을 숨기는 데 따르는 위험은 없나요?"
  - 교육 요점: 한 가지 방식으로 나타나지 않는 감정은 종종 다른 방식으로 나타난다(예: 신체로 표현되거나 수면 또는 섭식 방해, 과민함).
- **질문하기**: "감정을 전환하고 싶은 이유는 뭘까요?"
  - 교육 요점: 감정이 너무 강렬하거나, 현재의 활동에 지장을 주거나, 충동적인 행동을 야기할 것 같아서 등.
- **질문하기**: "어떻게 다른 감정으로 전환할 수 있을까요?"
  - 감정 관리와 관련된 기술(예: 이완, 호흡, 음악)을 검토하거나 토론해 본다.
- **질문하기**: "여러분은 어떤 기술을 쓰시나요?"

활동: 투쟁, 도피, 동결, 복종 게임, 1부

위험 반응 인식하기

- **ARC 목표(들): 감정 인식(고급)**
- **목적**: 신체의 경보 시스템 및 인간의 위험 반응에 대해 학습한 개념을 잘 적용할 수 있도록 촉진한다.
- **재료**: 다음 장에 나열된 시나리오 또는 이와 유사한 시나리오.
- **안내**:
- 집단 진행자가 신체의 경보 시스템과 외상 반응을 복습한다. 다음 강의 요점을 참조한다.

- **신체의 경보 시스템**: "우리 모두는 위험에 처했을 때 신호를 보내는 경보 시스템을 내장하고 있습니다. 인류가 오랜 시간 동안 생존할 수 있었던 한 가지 이유는 우리 뇌가 위험이 다가온다고 알려주는 주변의 신호를 인식하기 때문입니다. 이는 위험이 다가왔을 때 우리의 신체가 대처할 수 있도록 준비시킵니다."
- **인간의 위험 반응**: "뇌가 위험을 인식하면 신체는 대처할 준비를 합니다. 우리는 크게 네 가지 방법으로 위험에 대처할 수 있습니다. 싸울 수도 있고(투쟁), 거기서 벗어나거나(도피), 얼어붙거나(동결), 우리보다 파워를 가진 누군가에게 굴복할 수 있습니다(복종)."
- **상황에 따라 우리의 반응은 다를 수 있다**: "우리가 무엇을 선택하느냐는 대개 위험의 종류에 따라 달라질 수 있습니다. 예를 들어, 아주 작은 다람쥐가 나를 공격한다면, 내가 다람쥐보다 크고 힘이 세기 때문에 다람쥐와 싸울 수 있습니다. 길거리에 서 있는데 차가 과속으로 달려온다면 가만히 서 있으면 차에 치일 수 있기 때문에 도망칠 것입니다. 근처에서 큰 곰이나 다른 동물이 가까이 왔다는 것을 본다면, 실제로 싸울 수 없고 도망칠 만큼 빠르지 않기 때문에 얼어붙을 수 있습니다. 정말 힘있는 사람이 무언가를 강요한다면, 원하지 않더라도 굴복하거나 동조해야 다치지 않고 상황을 극복할 수 있습니다."
- **우리 몸은 생존에 필요한 연료/에너지를 공급한다**: "신체가 싸우거나, 도망가거나, 얼어붙어야 하는 순간에 이런 반응을 하기 위해 많은 에너지가 필요합니다. 따라서 뇌가 위험을 인식하자마자 '행동' 또는 '실행'을 담당하는 뇌에서는 자동차의 연료와 같은 다량의 화학 물질을 방출하라는 신호를 신체에 보냅니다. 이를 통해 위험에 대처하는 데 필요한 에너지를 얻게 됩니다."

◆ 개념을 검토한 후, 집단 리더는 "투쟁, 도피, 동결, 복종 게임"을 진행한다. 각 구성원은 차례로 다음 시나리오들 중 하나의 이야기를 듣는다. 여기서의 과제는 시나리오의 인물의 반응이 투쟁, 도피, 동결, 복종 반응인지를 알아맞히는 것이다. 집단 구성원이 정답을 맞히면 점수를 얻는다(목표는 경쟁이 아닌 협력이 되어야 한다).

투쟁, 도피, 동결, 복종 게임, 1부—예시 시나리오

1. 조이가 길을 걷고 있는데 갑자기 자동차 한 대가 조이를 향해 돌진해 온다. 생각할 겨를도 없이 그는 가능한 한 빨리 도로 저편으로 달려간다(도피).
2. 바비는 숲에서 산책을 하다가 갑자기 곰 한 마리가 3미터 안팎에 서서 자기를 쳐다보고 있는 걸 깨달았다. 바비는 곰들이 갑작스러운 움직임과 소리에 반응한다는 걸 떠올렸다. 바비는 곰이 마침내 사라질 때까지 가능한 한 가만히 서 있었다(동결).
3. 제니퍼가 학교에 있는데, 친구 중 한 명이 그녀의 이름을 부르며 위협적으로 다가왔다. 제니퍼는 소리를 지르고 가능한 한 큰 소리로 "하지 마, 그만! …그렇게 위협하지 마!"라고 말했다(투쟁).
4. 홀리는 이제 막 새로운 프로그램을 시작하였다. 힘든 일을 겪고 있던 룸메이트 중 한 명이 방 여기저기에 물건을 집어던지기 시작했다. 홀리는 얼른 그 방을 빠져나와 그 건물 정문으로 나와버렸다(도피).
5. 리자의 반 친구가 친구가 되고 싶으면 시험에서 부정행위를 해줘야 한다고 말한다. 리자는 그 말에 불편한 기분이 들지만 어쨌든 동의한다(복종).
6. 게이지는 병원에서 수술 중인 가족의 소식을 기다리고 있는 중이었다. 의사가 그를 향해 걸어오는데 갑자기 모든 게 슬로우모션으로 느껴졌다. 그는 움직일 수도, 말을 할 수도 없었고 시간은 그대로 정지한 듯했다(동결).

7. 네이트가 길을 걷고 있는데 작은 개가 그의 다리를 공격하기 시작했다. 네이트는 개에게 소리를 지르며 다리를 앞뒤로 흔들기를 반복했고, 마침내 개에게서 벗어났다(투쟁).
8. 베티는 길을 걷다가 커다란 개가 자기를 향해 걸어오는 걸 보았다. 생각할 겨를도 없이 그녀는 가장 가까운 건물로 뛰었고 가까스로 그 개에서 벗어날 수 있었다(도피).
9. 바비는 막 무서운 영화를 보고 영화관을 나왔다. 어두운 거리를 걷는데 이상한 소리가 가까이에서 들려왔다. 그러자 심장 박동이 빨라지고 몸은 안절부절했으며, 팔이 점점 올라와 주먹은 때릴 준비를 하였다(투쟁).
10. 사슴 한 마리가 길을 건너는데 자동차가 사슴을 향해 오고 있었다. 사슴은 그대로 그 자리에 멈춰버렸다–"사슴은 헤드라이트에 갇혀버렸다"(동결).
11. 마리는 정말 배가 고팠지만 이전 집에서는 간식을 먹을 수 없었다. 양어머니가 간식 먹고 싶냐고 묻자 마리는 "아니요, 배고프지 않아요."라고 대답한다(복종).
12. 조이의 아버지는 아주 화가 많이 난 채로 집에 들어서서 조이를 부르기 시작했다. 조이는 자기 방으로 뛰어들어가 침대 아래 숨었다(도피).
13. 릴리가 교실에 앉아 있는데, 반 친구 중 한 명이 선생님에게 물건을 던지기 시작했다. 릴리는 벌떡 일어나 그 친구의 팔을 잡고, 친구가 던지는 물건 앞에 책을 가져다가 막았다(투쟁).
14. 조니는 까치발로 방에서 나와, 조심스럽게 복도를 걸어가 물을 마시려고 했다. 허락받지 못했지만 말이다. 그런데 갑자기 스태프 중 한 명이 그의 이름을 불렀고, 문제가 커질까 봐 너무 무서워진 조이는 가능한 한 조용히 가만히 멈춰있으려고 했다(동결).

활동: 투쟁, 도피, 동결, 복종 게임, 2부

인식하기

- **ARC 목표(들): 감정 인식(고급)**
- **목적**: 학습한 촉발요인들, 혹은 "거짓 경보들" 개념을 적용하도록 촉진한다.
- **재료**: 시나리오들
- **안내**:
- 집단 리더는 다음에 설명된 교육 요점을 사용하여 촉발요인 "거짓 경보"의 개념을 검토한다.
  - **거짓 경보**: "거짓 경보는 과거 또는 다른 상황에서 과거의 나쁜 경험을 떠올리게 하는 무언가를 듣거나 보거나 느낄 때 발생할 수 있습니다. 이렇게 기억을 불러일으키는 것들을 촉발요인이라고 합니다. 우리의 뇌는 과거를 상기시키는 것들을 인식하도록 학습했는데, 이는 이전에 그런 것이 주변에 있을 때 위험한 일이 발생했고, 우리는 재빨리 반응해야 했기 때문입니다. 사람마다 상기시키는 것들은 각기 다릅니다. 따라서 누군가 당신에게 자주 소리를 질렀다면, 사람들이 소리 지르는 것을 들으면 경보가 활성화되고 뇌의 '실행' 영역이 작동할 수 있습니다. 어렸을 때 충분한 관심을 받지 못한 사람은 혼자라는 느낌, 무서운 느낌에 이 경보가 켜질 수 있습니다."
  - **경보가 울리면 무슨 일이 일어나는가?**: "경보가 울리면 뇌는 우리 신체가 행동할 수 있게 준비합니다. 그러고 나면 우리 몸은 위험을 다룰 수 있도록 준비된 '연료'로 채워집니다. 만약 진짜 위험(곰, 빠르게 다가오는 자동차, 심술 궂은 다람쥐)이 있었다면 이건 매우 중요하지만, 주변에 위험이 없는 거짓 경보일 때는

별로 도움이 되지 않는 과정입니다. 만약 여러분이 수학 수업 중인데 무언가 위험을 감지하고 갑자기 몸이 연료로 채워진다면 어떨지 상상해 보세요."

◆**우리의 '위험 에너지'가 우리에게 미치는 영향**: "연료는 우리에게 싸우거나 도망치거나 얼어붙을 수 있는 에너지를 준다는 것을 기억합니다. 우리가 굴복하거나 동조할 때도 우리 몸은 에너지로 가득 차 있습니다. 우리 몸에 에너지가 가득 차면 우리는 무언가를 해야 합니다. 그래서 어떤 아이는 갑자기 화가 나거나 누군가와 다투거나 싸우고 싶어집니다. 다른 아이는 불안하거나 초조해합니다. 어떤 아이는 구석에 숨거나 최대한 멀리 도망가고 싶어 하는데, 때로는 이유조차 모른 채 말입니다. 또 다른 아이는 갑자기 누군가가 스위치를 눌러서 꺼버린 것처럼 기분이 차단된 느낌을 받기도 합니다. 이 모든 것은 신체가 위험하다고 생각하는 것에 대처하기 위해 시도하는 방식입니다."

◆**거짓 경보의 문제**: "하지만 때로는 경보를 울리게 만드는 것은 실제 위험은 아니라 하더라도 안 좋은 느낌이거나, 과거 나쁜 일이 일어났거나 현재에도 일어나는 것들을 상기시키는 무언가입니다. 아이들이 이런 거짓 경보를 가지고 있을 때, 사람들은 무슨 일이 일어났는지 이해하기도, 도움을 주기도 어려울 수 있습니다. 때때로 아이들은 더 심한 곤경에 빠지기도 합니다."

◆**촉발요인 인식하기**: "여러분에게 위험하다는 느낌을 불러일으키는 것들이 무엇인지, 그리고 그것들이 주변에 있을 때 몸이 어떻게 반응하는지를 아는 것이 중요합니다. 모든 사람이 각기 다른 촉발요인을 가지고 있으며 경보가 울릴 때 다른 방식으로 반응합니다. 만약 경보를 울리게 하는 것이 무엇이고, 그때 나는 어떻게 반응하는지를 안다면 우리는 생각하는 뇌를 작동시켜 위험이 실재하는지 거짓 경보가 울린 것인지를 파악할 수 있게 됩니다. 촉발요인은 사람, 장소, 소리, 냄새, 접촉, 변화 등 다양합니다."

◆이러한 개념을 검토한 후, 집단 리더가 "촉발요인 인식하기 게임"을 진행한다. 각 구성원은 다음 자료에 제공된 시나리오 중 하나를 차례로 듣는다. 시나리오에 등장하는 사람에게 과거 경험을 떠올리게 하는 현재의 촉발요인을 찾는 것이 과제이다. 집단 구성원들이 정답을 맞히면 점수를 얻는다(여기서 목표는 경쟁이 아닌, 협동이다).

촉발요인 알아차리기 게임, 2부—예시 시나리오

1. 라버트는 폭력이 잦은 동네에서 성장했다. 밤에 창문 밖에서 무서운 소리가 들리곤 했는데, 가끔은 총소리가 나기도 했다. 하루는 라버트가 학교에 있을 때, 누군가가 바닥에 책을 떨어뜨렸다. 라버트는 소리를 지르며 재빨리 반응하고는 울음을 터뜨렸다(책이 떨어지는 소리).
2. 프란시스코의 아버지는 매우 엄격하여 프란시스코가 규칙을 어기거나 실수를 하면 아주 심하게 화를 냈다. 프란시스코는 규칙을 아주 잘 따르는 법을 익히고 절대로 실수하지 않기 위해 아주 열심히 일했다. 그는 좀처럼 삶을 즐길 줄 몰랐는데, 항상 인생의 모든 것을 완벽하게 만들도록 생각하고 계획해야 했기 때문이다. 그는 기분이 좋아지는 일들은 자기의 규칙을 깨뜨릴까 봐 하려고 하지 않았다(실수).
3. 타미의 어머니는 함께 살 때 타미를 자주 때리곤 했는데 때릴 때마다 시트러스계의 오렌지 향의 향수 냄새가 났다. 어느 날 간식 시간에 타미는 오렌지를 벗기다가 갑자기 그대로 얼어붙었다. 그녀는 말을 할 수도 움직일 수도 없었고 괜찮냐는 직원의 질문에도 대답할 수가 없었다(오렌지향).
4. 데비가 집에서 규칙을 어긴다거나 자기 몫의 집안일을 하지 않으면, 그녀의 아버지는 벌로 그녀를 때렸다. 하루는 학교에서 데비가 규칙을 어겨서 벌을 받게 될 거라는 말을 들었다. 데비는 말을 멈추고 움직이지 않았으며 얼어붙은 듯 보였다(벌 받아야 하는 상황).

5. 지미가 어렸을 때 어머니는 항상 토요일 오후에는 그와 특별한 시간을 보내겠다는 약속을 했었다. 그러나 매번 토요일 오후가 되면 지미의 어머니는 술에 엄청 취해 약속을 어겼다. 지미는 어머니가 술을 마실 때마다 몹시 실망스러웠고 겁에 질렸다. 어제, 지미의 어머니는 방문 약속을 취소했다. 그 사실을 전해 듣자마자, 지미는 여자 직원에게 소리를 질렀다. "당신은 최악이야! 내가 엄마를 만나는 게 싫은 거지? 다 당신 잘못이야!"(실망함/방문이 취소됨)
6. 비비안은 여동생 세 명과 함께 성장했다. 어머니는 어린 동생들을 돌보지 않았고 동생들은 말도 없이 비비안의 물건을 갖고 가곤 했다. 비비안이 투덜거리면 어머니는 항상 동생들 편을 들었다. 하루는 기숙사에서 비비안의 룸메이트가 비비안의 CD를 하나 꺼내어 오디오에 꽂았다. 그러자 비비안은 그녀에게로 달려가 있는 힘껏 주먹을 날리며 소리쳤다. "그건 네 것이 아니라고!!!!!!!!!"(CD를 가져간 것)
7. 에반이 8세 때, 아동가족복지부에서는 집이 그에게 안전한 장소가 아니라는 이유로 에반을 갑자기 부모와 격리시켰다. 그는 사전에 들은 바가 없어 너무 무서웠고 다음에 어떤 일이 일어날지 알 수 없었다. 그가 거주하고 있는 시설에서 어느 날, 에반은 좋아하던 직원 한 명이 개인적인 사정으로 갑자기 일을 그만두게 되었다는 걸 알게 됐다. 에반은 이 사실을 알자마자 즉시 자기 방으로 뛰어가서는 침대 밑으로 기어들어가 나오려 하지 않았다(갑작스러운 떠남/변화).
8. 제럴드의 아버지는 항상 손을 쫙 펴서 그의 머리를 때리곤 했다. 제럴드는 왜 이런 일이 일어났는지는 기억하지 못했지만–그냥 계속 그랬었다. 하루는 제럴드의 친구가 그에게로 다가오더니 손을 뻗어 제럴드를 옆에서 안으려고 했다. 친구의 손이 가까이 다가오는 걸 본 제럴드는 움찔하더니 목을 움츠렸다(들어올려진 손).
9. 브리아나는 어릴 때부터 같이 살았던 할머니에게 뭘 만들어 드리는 걸 좋아했다. 그녀는 할머니가 퇴근하고 집에 돌아오시면 드리려고 카드며, 그림이며, 다른 멋진 것들을 종일 만들곤 했다. 그러나 집에 돌아온 할머니는 주로 브리아나가 준 작품들을 힐끗 쳐다보고는 "이게 무엇이냐? 나는 도통 이게 뭔지 알 수가 없구나. 너는 이걸 그림이라고 그렸니?"라고 말했다. 그러고는 그것들을 갖다버렸다. 브리아나는 위탁가정에서 살고 있는 지금, 뭘 만들려는 시도조차 하지 않다가 어느 날 학교에서 미술 프로젝트에 참여하게 됐다. 학교에서 돌아온 브리아나는 자기 작품을 위탁가정의 어머니에게 건넸고 그녀는 질문을 시작하려 했다. 그러나 브리아나는 무엇이란 단어를 듣는 순간, 종이를 잡아채어 갈기갈기 찢으며 말했다. "역시 난 미술은 젬병이야."(무엇이라는 단어)
10. 벤자민의 어머니에게는 남자친구가 있었는데, 그는 화가 나면 그의 어머니를 때리곤 했다. 그럴 때마다 벤자민은 겁에 질렸고, 어머니보다 훨씬 크고 센 사람이 그녀에게 상처입히는 걸 보며 화가 나서 그녀를 도우려/보호하려 했다. 현재 거주 시설에서 벤자민은 항상 작은 동물이나 아이들에게 관심을 기울이며 도움이 필요하진 않은지 확인했다. 집에서와 마찬가지로, 벤자민은 자기 할 일이 보호자라고 생각했다. 어느 날 힘든 시간을 보내고 있는 어느 아이가 시설에 있는 개를 위협하기 시작했다. 벤자민은 생각할 겨를도 없이, 그 소년과 개 사이에 끼어들어 맞서 싸우기 시작했다(위협받고 있는 개).

활동: 몸/생리적 각성의 변화에 집중하기

- **ARC 목표(들): 조정**
- **목적**: 자신의 생리적 각성 수준과 활동들이 각성 수준을 높이거나 낮추는 방식에 대한 참가자들의 인식 향상
- **재료**: 맥박수를 잴 수 있는 활동지(부록 D에 실린 "나의 맥박 측정하기" 활동지 참고)
- **교육 요점**:
  - "신체를 조정하기 위해서는 지금 상태가 어떤지 귀를 기울이고 몸이 하는 말을 들을 수 있어야 합니다."
  - "우리의 몸이 환경의 다양한 단서들과 내적, 외적 경험들에 자동적으로 반응하더라도, 여러분은 자신의 각성 수준을 바꾸기 위해 여러 가지를 해 볼 수 있습니다."
  - "여러분의 몸은 내가 지금 편안한 상태이거나 혹은 불편한 상태라는 것에 대해 어떤 단서를 주고 있나요?"
- **심장박동 수 측정하기**
  - **기준 맥박수**: 참가자들에게 검지와 중지를 손목 혹은 목에 대고 자기 맥박을 측정하는 방법을 알려준다; 엄지는 사용하지 않게 주의시킨다. 각자 20초 동안 맥박을 재보고 이를 3번 반복하여 기준 맥박수를 알아보게 한다. 그런 다음 활동지에 기준 맥박수를 기록한다.
  - **운동 맥박수**: 참가자들에게 팔벌려 뛰기(혹은 짧고 격렬한 운동. (예) 20~30초간 제자리에서 조깅하기)를 10~15번 하게 한다. 멈춘 직후, 참가자들은 자신의 맥박수를 다시 측정하고 그 결과를 활동지에 적는다.
  - **휴식 맥박수**: 이제 참가자들은 자리에 앉은 채로 깊은 호흡을 5번 실시한다. 참가자들에게 천천히 코로 들이마시고 입으로 뱉는 호흡법을 직접 보여 준다. 깊은 호흡을 마친 직후, 각자 맥박수를 다시 측정하여 활동지에 기록한다.
- **토론**: 참가자들에게 질문한다: "3번 측정하는 동안 여러분의 심장박동은 어떻게 달라졌나요? 그 외에도 몸에서 일어난 변화를 알아차린 게 있나요? 심호흡은 심장박동수를 늦추는 데 얼마나 효과적이었나요? 만약 그렇지 않다면, 왜 그런 거라고 생각하시나요? 그 밖에 심장박동이 빨라지는 걸 느낀 적이 있나요? 느려졌던 때는요?"
- **참고**: 다른 활동이나 연습이 집단 지도자 재량에 따라 대체되거나 추가될 수 있다. 각 요소들(상승 조절, 하강 조절)마다 적용할 수 있는 여러 활동을 가르쳐 주는 것이 도움이 된다.

활동: 공 던지기/집단 저글링

- **ARC 목표(들)**: 관계적 연계, 조율
- **목적**: 효과적인 의사소통에 포함되는 핵심 기술의 인식 구축하기
- **재료**: 참가자 6명마다 4개에서 6개의 작은 공들(이상적으로는, 동그랗고 부드러우며 가벼운 스펀지 공, 콩주머니 또는 그 비슷한 공들)
- **안내**:
  - 참가자들은 서서 원을 만든다. 집단 지도자는 이렇게 설명한다: "우리는 이 공을 이용해서 패턴을 만들 거예요. 내가 누군가에게 이름을 부르며 이 공을 던질게요. 그러면 그 사람은 다시 이 공을 다른 사람에게 던

져야 하는데, 아직 공을 한 번도 받지 않은 사람에게 던지는 거예요. 규칙은 간단해요: 우리는 던지기로 패턴을 만들 거고, 모두 공을 한 번씩만 받고, 한 번 이상 받는 사람이 생겨서는 안 돼요. 공을 마지막으로 받은 사람은 다시 나에게 던져서 패턴을 완성하는 거예요. 공을 던질 때마다 받을 사람 이름을 먼저 말하세요. 이 게임에선 이기는 사람도 지는 사람도 없습니다. 공을 떨어뜨렸을 때는 주워서 계속하면 돼요."

- ◆그런 다음 집단 지도자는 패턴을 시작하고, 모든 참가자들이 공을 한 번씩 받는지 잘 지켜본다. 집단 지도자에게 공이 돌아오면, 그 패턴을 여러 번 반복해서 모든 구성원들이 공을 누구에게 받아 누구에게로 던지는지 기억할 수 있도록 한다.
- ◆집단이 이 패턴에 익숙해지고 나면, 집단 지도자는 이렇게 설명한다. "우리는 이 패턴에다 하나씩 공을 늘려갈 거예요. 여기서 목표는 우리가 얼마나 많은 공을 동시에 던질 수 있는지, 패턴이 계속 이어지게 할 수 있는지 알아보는 것입니다."
- ◆집단이 더 많은 공을 추가한 것에 익숙해진 걸 확인하면, 서서히 패턴에 공들을 추가하도록 한다. 집단은 세 번째 공을 추가하기 전에 두 번째 공에 익숙해져야 하고, 네 번째 공에 익숙해지기 전에는 세 번째 공에 익숙해야 한다.

■**활동 후 토론**: 개방형 질문으로 시작하여 구성원들에게 재미있었는지, 재미없었는지 등등 활동이 어땠는지 물어본다.

- ◆구체적인 질문들:
  - ●"이 게임을 잘하기 어렵게 만들거나 쉽게 만드는 것이 무엇인지 알게 됐나요? 어떤 것들이 패턴이 순조롭게 진행될 수 있게 했나요?"
  - ●대답을 어려워한다면, 다음 내용을 고려해 볼 수 있게 한다.
    - ○공을 던지는 사람과 당신의 공을 받을 사람과 눈을 맞추는 것
    - ○그 사람의 이름을 부르는 것(당신이 이제 공을 던질 거라는 단서 주기)
    - ○너무 세게, 혹은 너무 살살 던지지 않는 것
    - ○몸짓, 시선 등으로 당신이 공을 던질/받을 준비가 되었다는 걸 알리는 것
    - ○방해 자극을 무시하고 당신에게 공을 던지는 사람과 당신이 공을 던질 사람에게만 집중하는 것
    - ○압박이 없는 것: 공을 떨어뜨릴 경우, 집어서 패턴을 계속하면 됨
  - ●집단으로 토론해 본다. "이 기술들은 모두 이 활동을 성공적으로 마치기 위해 필요합니다. 그런데 이 기술들은 또한 소통이 잘 이루어지기 위해서도 필요한 요소들입니다." 질문하기: "의사소통이 잘 이루어질 때 이 기술들 각각은 어떤 역할을 할까요?"

활동: 신뢰의 원

■**ARC 목표(들): 관계적 연계, 정체성**

■**목적**: 관계 자원에 대한 인식과 관계에 따라 친밀감이 다양하다는 인식을 구축한다.

■**재료**: "신뢰의 원" 활동지(부록 D 참고), 연필/펜

■**안내**: 참가자들에게 활동지(동심원이 그려진)를 나눠주고 나서 각자 삶의 다양한 관계에 대해 생각해 보도

록 한다. 중심의 원은 자신을 나타내며, 그 외 다른 원들 위에 삶에서 중요한 사람들의 이름/이니셜을, 거리에 따라 관계의 강도/가까움을 나타내도록 배치해 본다.

- **활동 후 토론**: 질문/토론 내용에는 다음이 포함될 수 있다. "당신의 원에는 얼마나 많은 사람들이 있는지 살펴보세요; 사람들이 어디에 모여 있는지도 살펴보세요. 이것은 당신의 관계 패턴에 대해 무엇을 말해 줍니까? 당신은 많은 사람과 가깝게 지내려고 하나요? 대부분의 사람이 팔 닿는 거리에 있습니까? 당신 삶에서 주변 사람들의 수에 만족하나요? 거기에 잊고 있었던 자원들이 있나요?"
- **특정한 관계 유형 검토하기**
- 서로 다른 색깔로 원 안의 사람들 이름에 표시를 하게 한다.
  - 같이 재미있게 노는 사람들
  - 중요한 결정을 할 때 이야기하는 사람들
  - 정서적 지지가 필요할 때 찾게 되는 사람들
  - 가족이라고 생각하는 사람들
  - 나를 진짜 아는 사람들
- **참가자들에게 화살표를 사용하여 더 가까워지고 싶은 사람들 혹은 거리가 더 필요한 사람들을 나타내 보라고 한다.**
  - **토론**: "당신 삶에서 누가 어떤 기능을 채워주고 있는지 확인해 봅시다. 빠진 기능들이 있나요?"

토론: "나 전달법"

- **ARC 목표(들): 관계적 연계**
- **목적**: 참가자들에게 "나 전달법"과 이것이 효과적인 소통과 어떻게 연결되는지를 가르친다.
- **재료**: 없음
- **안내**:
  - 참가자들에게 예시로 다음과 같은 두 문장을 제시한다.
    - "아니, 어떻게 이럴 수가 있니? 너 머저리 아냐?"
    - "나는 지금 네가 한 일 때문에 너무 화가 난다. 잠시 혼자 있고 싶어."
  - **질문하기**: "이 두 문장은 어떻게 다른가요? 처음 문장을 듣고는 어떻게 반응할 것 같아요? 두 번째 문장에는요?"
  - **교육하기**: "나 전달법"은 효과적인 의사소통 방법이다.
    - 비난하거나, 모욕을 주거나, 공격적이 되거나, 듣는 이를 방어적으로 만드는 대신, "나 전달법"은 나의 감정과 반응에 초점을 맞춘다.
    - 사람들은 "너"로 시작하는 문장에는 도전할 수 있지만("너 머저리 아냐?"에 대한 뻔한 대답은 "아냐, 난 머저리 아냐. 네가 그렇지!"), 말하는 이가 "나"로 시작한 문장에 대해서 도전하는 것은 훨씬 어렵다(내가 화가 났다고 말하는데, 듣는 이가 넌 화나지 않았다고 말하기란 어렵다).
    - "나 전달법"은 듣는 이에게 우리가 어떻게 느끼고 왜 그렇게 느끼는지를 표현하는 것이다. 이 방법은 우

리가 해결책을 모색하고 갈등을 해소시키는 작업을 할 수 있게 한다. "너 전달법"은 대개 갈등이나 부정적인 상황을 고조시킨다.

활동: 재미있는 "나 전달법" 통역

- **ARC 목표(들): 관계적 연계**
- **목적**: "너 전달법" 대신 "나 전달법"을 사용하는 연습을 제공한다.
- **재료**: "나 전달법" 촉진물, 2부 적용/토론에 필요한 큰 포스트잇과 마커들
- **안내**:
  - 1부: 재미있는 "나 전달법"을 시범으로 보여 준다.
  - 참가자들에게 대사들이 다른 언어로 더빙되어 나오는 영화를 본 적 있는지 물어본다. 그런 후 "이 활동에서 여러분은 외국어인 '너 언어'를 말하는 사람들의 대사를 통역하는 역할을 하게 됩니다. 즉, 여러분이 할 일은 각 문장을 너에서 나로 통역하는 거예요."
  - 집단 지도자는 시범을 보인다.
    - 리더 한 명이 "너 전달법"을 읽는다. 예를 들면, "넌 진짜 겁쟁이고 쓸모없는 녀석이야. 인생에서 별로 중요하지도 않은, 아무짝에도 쓸모없는 걸로 계속 징징거릴래?"
    - 다른 리더는 이를 통역한다: "네가 한 행동에 난 정말 속이 상하는구나."
    - 주의: 리더들은 재미있게, 유머를 섞어 연기하면서 두 문장의 차이를 부각시킨다.
  - 이제 참가자들이 통역을 할 수 있게 한다. 활동은 두 사람 간의 대화로 구성할 수도, 한 문장을 참가자 두 명이 통역하는 것으로 진행할 수도 있다(전달문의 예시는 다음을 참고).
  - 2부: 적용: "너" vs "나 전달법"
  - 참가자들에게 "너 전달법" 목록을 만들어 보도록 한다. 자기가 들어봤던 말일 수도 있고 혹은 스스로 했던 말일 수도 있다. 만약 참가자들이 어려워한다면, 예를 들어 준다(예: "너는 진짜 머저리라니까!" "너 진짜 날 미치게 하는구나." "네가 다 망쳐버렸잖아!"). 목적은 흔히 경험할 수 있는, 실감 나는 "너 전달법"을 만드는 것이다.
  - 작성된 "너 전달법" 각각에 대해 이제 집단에서 통역을 해 보도록 한다. 각각에 해당되는 "나 전달법"은 어떤 것일까? "너 전달법" 옆에 이를 적게 한다.
- **활동 후 토론**: 질문하기: "너를 나로 바꿨을 때 문장은 어떻게 달라지나요? 어떤 문장이 보다 정중한가요? 상황을 악화시킬 수 있는 혹은 해결책을 가져올 수 있는 문장은 어떤 것인가요? 여러분은 어떤 전달문으로 듣고 싶으세요?"

"나 전달법" 통역하기 게임—촉진 예시들

"너 전달법":
"너 진짜 겁쟁이다. 썩은 말의 여드름같이 쓸모가 없어! 그렇게 아무것도 아닌 일로 징징거리면 인생에서 꼭 필요한 걸 얻을 수 있겠냐?"
"나 전달법" 예시:
"네가 그렇게 하니까 난 진짜 속상하다."

"너 전달법":
"이 학교 숙제는 정말 찌질해! 이런 건 바보 얼간이 당나귀나 하는 거라고요! 설명이 너무 구리잖아요! 그리고 이건 작년에 이미 했다고요!"
"나 전달법" 예시:
"이 숙제를 어떻게 해야 할지 모르겠어요." / "전 이런 유형의 숙제를 하는 게 싫어요."

"너 전달법":
"이걸 하지 말았어야 하는 걸 몰랐다고 나를 멍청하다/둔하다/바보 같다/쓸모없다/생각이 짧다/가망이 없다고 생각하다니, 너야말로 진짜 완전히 멍텅구리다."
"나 전달법" 예시:
"일어난 일에 대해 난 이미 너무 기분이 안 좋아." / "미안해."

"너 전달법":
"넌 지금 고단하고 한계에 다다른 내 신경을 긁고 있는 거 알지? 너 진짜 짜증나고 성가시고 성질 돋게 하고 거슬리는 멍청이야! 당장 닥쳐!"
"나 전달법" 예시:
"난 네가 그만하면 좋겠어."

"너 전달법":
"넌 뇌가 없니? 우둔하고 정신 박약한 멍청이야! 넌 진짜 나를 완전히, 완벽하게 미치게 만든다. 이 큰 개코원숭이야! 넌 뇌 없이 어떻게 그 나이를 먹었니?"
"나 전달법" 예시:
"난 진짜 너에게 화가 난다." / "난 정말 좌절감이 들어."

"너 전달법":
"넌 참 강압적이고 짜증나게 한다. 왜 항상 내 일에 참견하니? 네가 무얼 하고 있는지도 모르는구나. 넌 도움이 안 돼. 넌 알지도 못하면서 끼어들려고 하잖아."
"나 전달법" 예시:
"난 혼자 있을 시간이 필요해." / "혼자만의 공간이 필요해." / "거기에 대해서는 말하고 싶지 않아."

"너 전달법":
"너의 세계가 무지 크고 중요한 건 알겠는데, 넌 그래도 늘 너무 바쁘고 아무것도 하기 싫어해. 너 같은 얼간이 만났다는 이유로 난 여기서 아무것도 안 하며 빈둥거려야 되겠냐?"
"나 전달법" 예시:
"나는 너와 시간을 좀 더 같이 보내고 싶어."

활동: 내 영역 갖기

- **ARC 목표(들): 관계적 연계**
- **목적**: 신체적 경계를 포함한 개인의 "편안한 지대"를 인식하고 경계에 대한 개인적 선호를 주장하는 연습하기
- **재료**: 긴 종이나 마스킹 테이프, 마커
- **안내**: 참가자들은 둘씩 짝을 짓거나 집단 지도자와 한 번에 한 명씩 짝을 이룬다.
  - 참가자들은 자기 파트너와 약 3미터의 거리에서 서로 마주 본다(사람들이 대부분 원하는 정도보다 더 충분한 거리가 있어야 한다).
  - 이제 한 파트너가 서 있는 파트너에게로 천천히 다가가고, 서 있는 사람은 파트너가 편안하게 느껴지는 거리에 도달하면 "멈춰"라고 말해야 한다.
  - 일단 멈춰선 다음, 파트너는 상대방의 상태를 "확인"하기 위해 지금 거리가 편안한지, 더 다가갈지/물러설지를 물어본다. 편안한 거리가 정해지고 나면, 집단 지도자는 긴 종이나 테이프로 거리를 측정하고, 거기에 참가자의 이름을 적는다. 이것이 바로 그 참가자가 "신체적으로 편안하게 느끼는 영역"인 것이다.
  - 각 참가자에게 적어도 한 가지 새로운 변인을 추가한다(예: "당신의 파트너가 단짝 친구/어머니/치료자/교장 선생님/싫어하는 아이라고 생각해 보세요." 또는 "당신은 지금 아주 기분이 좋은/기분이 엉망인/아픈/마음이 조마조마한 상태입니다"). 그런 다음 거리 재기 과정을 다시 실시한다–편안하게 느끼는 거리가 어떻게 변했는가?
  - 참가자들이 편안하게 느끼는 영역을 표시한 테이프들을 모두(처음 했던 것과 변인을 더한 것 모두) 벽에 걸어둔다.
- **활동 후 토론**:
  - "신체적인 공간에 대한 욕구란 무엇인가요? 참가자들은 이를 어떻게 이해하고 있나요?"
  - "공간에 대한 우리의 욕구에 영향을 미치는 것들은 무엇인가요?"(참가자들이 대답하지 못한다면, 다른 사람과의 관계, 현재 기분 상태, 공간에 대한 가족의 규준, 공간에 대한 문화적 규준, 현재 상황 등에 대한 이야기를 도입한다)
  - "공간에 대한 여러분의 욕구가 다른 사람이 필요로 하는 정도와 다른지를 어떻게 알 수 있을까요?" 집단 지도자는 신체적 단서를 보여 줄 수 있다: "당신이 누군가의 개인적 공간에 들어갔을 때 어떤 일이 일어나나요?" 그 사람이 뒤로 물러선다거나 상체를 뒤로 젖힌다거나, 시선을 피하거나, 불편해 보인다거나 하는 단서에 주목한다.

- "사람들의 각기 다른 공간적 욕구를 당신은 어떻게 다루어야 할까요?" 교육 요점: 대인관계에서 경계는 일반적으로 더 멀거나 넓은 공간을 필요로 하는 사람에게 맞춰 결정된다.
- "사람들이 의도치 않게 당신의 경계를 침범했던 상황–예를 들면, 혼잡한 지하철–에 어떻게 대응했나요?"

활동: 정서적 경계

- **ARC 목표(들): 관계적 연계**
- **목적**: 정서적 경계를 포함한 "편안한 지대"는 어떠한지 탐색해 보고 상호작용하는 파트너에 따라 경계 욕구가 다른 것을 살펴본다.
- **재료**: 질문이 점점 더 개인적인 내용으로 들어가는 인터뷰 질문 목록(다음에 나오는 질문 예시들을 참고)
- **안내**: 참가자들은 둘씩 짝을 지은 후, 다음 안내를 따른다.
  - "여러분들은 파트너를 인터뷰할 질문 목록을 받게 됩니다. 질문은 전반적인 내용에서 시작해서 점점 더 개인적인 내용으로 구성되어 있습니다. 이 질문들에 대답할 것인지는 여러분이 선택할 수 있습니다. 즉, 인터뷰를 받는 사람은 대답하고 싶은 질문들에 답변을 하다가 대답하는 게 불편해지는 질문에 다다르면 파트너에게 멈추고 싶다고 알려주세요."
  - 첫 번째 사람의 인터뷰가 끝나면, 이번에는 역할을 바꾸어 두 번째 사람의 인터뷰를 시작한다.
- **활동 후 토론:**
  - "여러분이 기꺼이 대답한 질문들은 모두 몇 가지였나요?"
  - "여러분의 경계는 파트너의 경계와 같았나요, 아니면 달랐나요–즉, 인터뷰를 멈추게 한 질문이 서로 같았나요?"
    - 교육 요점: 대개 우리는 사회적 친밀감을 보답하려고 한다–우리는 사회적 파트너가 마음을 여는 깊이만큼만 들어가려고 한다.
  - "여러분이 기꺼이 대답하려 했던 질문 개수에 영향을 미친 것은 무엇이었나요? 파트너가 누구인지, 어떤 장면인지, 당시 기분은 어떠한지 등등에 대해 생각해 봅니다. 당신이 모든 질문에 대답하려고 했을 것 같은 누군가를 떠올릴 수 있나요? 아무 대답도 하지 않았을 것 같은 장면이 있나요?"
  - 일반적인 경계에 대한 토론: "무언가 당신의 경계를 침범하고 있다는 것을 어떻게 알 수 있나요? 여러분의 경계가 떠밀려지고 있다는 것을 알려주는 내적 단서들은 무엇인가요?"

경계 세우기: 인터뷰 질문 예시들

1. 좋아하는 색깔은 무엇입니까?
2. 좋아하는 음악가는 누구입니까?
3. 당신의 직계 가족은 모두 몇 명입니까? 혹은 당신이 생각하는 직계 가족이란 무엇입니까?
4. 당신에게 영향을 준 책(들)은 무엇입니까?
5. 당신이 가장 감탄하며 존경하는 사람은 누구입니까?
6. 가족 중 당신이 가장 가깝게 느끼는 사람은 누구입니까?

7. 학창시절 최고의 기억은 무엇입니까?
8. 당신의 미래 꿈은 무엇입니까?
9. 당신이 세 가지 소원을 말할 수 있다면, 무엇 무엇을 말하겠습니까?
10. 가장 어렸을 때의 기억은 무엇입니까?
11. 학창시절 최악의 경험은 무엇입니까?
12. 당신에 대해 사람들이 몰랐으면 하는 것은 무엇입니까?
13. 가족 중 당신이 가장 실망한 사람은 누구입니까?
14. 당신이 겪은 가장 무서운 일은 무엇입니까?
15. 당신이 수치스러워하는 것은 무엇입니까?

토론: 건강한 관계

- **ARC 목표(들): 자기와 정체성, 관계적 연계**
- **목적**: 건강한 관계와 건강하지 않은 관계를 구분한다.
- **재료**: 큰 포스트잇과 마커
- **안내**:
  - "'건강한 관계'를 맺는다는 것은 무슨 의미인가요? 건강한 관계는 어떤 특성을 보인다고 생각하나요?" 포스트잇에 참가자들의 대답을 적는다.
    - 목록에 포함되어 있지 않다면 존중, 착취적이지 않음, 역할에 적합함 등과 같은 특성도 포함시킨다.
  - "여러분은 관계에서 안전하다는 것을 어떻게 알지요? 관계에서 '안전하다'는 것은 무슨 뜻인가요?"

활동: 관계의 연속

- **ARC 목표(들): 정체성, 관계적 연계**
- **목적**: 건강한 관계와 건강하지 않은 관계를 구분한다.
- **재료**: 연속적인 가로선과 그 양 끝에는 "건강한/건강하지 않은" 항목이 적혀 있는, 혹은 인쇄된 종이, 관계를 설명하는 지문들(아래 참고), 연필, 큰 포스트잇, 마커
- **안내**: 참가자들에게 관계를 설명하는 다음 예시 지문들을 한 번에 하나씩 읽어준다(집단에 따라 4개에서 6개 정도를 선택하거나, 집단 구성에 맞춰 적절한 시나리오를 만든다). 각각을 읽은 다음, 참가자들은 그 관계가 얼마나 건강하다고/건강하지 않다고 생각하는지를 연속선 위에 세로선으로 표시하고 거기에 수치를 적는다(예: 1에서 5까지. 1은 가장 건강한 것이고 5는 가장 건강하지 않은 것이다).
- **활동 후 토론**:
  - 모든 촉진들을 다 읽은 후 각기 설명으로 돌아가서 집단을 대상으로 설문 조사를 한다. 큰 종이에다가 집단원들이 각 시나리오를 어떻게 평가했는지 표시한다. 집단원이 평가한 점수들 간의 차이에 주목해 보고, 집단 구성원들이 그렇게 점수를 매긴 이유를 이끌어 낸다.
  - 이렇게 질문해 볼 수 있다.

- "어떤 관계가 건강한지 아닌지 여러분은 어떻게 알 수 있나요? 건강한/건강하지 않은 관계에 대한 서술들에서 인상적인 것은 무엇인가요?"
- "관계가 건강한지 아닌지에 대한 여러분의 지각에 영향을 미친 것은 무엇이라고 생각하나요?"(참가자들이 가족 규준, 문화적 규준, 과거 관계에서의 경험 등에 대해 생각해 볼 수 있도록 한다)
- "여러분은 관계를 더 건강하게 만들기 위해 어떤 것을 할 수 있나요? 여려분이 항상 통제할 수 있는 건가요?"
- "건강하지 않은 관계에 머무르게 되는 이유가 있을까요? 만약 그렇다면 왜 그런 걸까요? 덜 건강한 관계에서 자신을 보호하기 위한 것들이 있을까요?"

관계 연속선 작업을 위한 관계 설명 예시 지문들

1. 조슈아와 타냐는 6개월째 연애를 하고 있다. 두 사람 모두 16세이다. 둘은 모든 여가 시간을 함께 보낸다. 조슈아는 타냐가 그를 떠나 시간을 보내면, 상대가 여자친구들이건 그녀 가족들이건 간에 몹시 질투했다. 그는 그녀가 자기를 사랑한다는 걸 증명해 주길 바랐고, 그녀가 자기를 속이는 건 아닌지 의심했다. 때때로 그는 그녀가 자기를 속였다고 비난하며 욕을 해댔다. 최근에는 몹시 화가 나 그녀를 벽으로 밀치기도 했다. 나중에야 사과하며 그녀를 너무 사랑해서였다고, 다치게 하려던 건 아니었다고 말했다.
2. 케니는 항상 자기 아버지를 존경했다. 그의 아버지는 케니와 함께 시간을 보내며 운전하는 법(케니가 13세일 때)이나 집 안팎의 물건을 고치는 것 등 많은 것을 가르쳐줬다. 많은 경우에 케니의 아버지는 유쾌하고 함께 있으면 즐거운 사람이었다. 그러나 이따금씩 케니의 아버지는 아주 사소한 걸로 그에게 화를 냈다. 케니가 어떻게 하는지를 바로 이해 못 하는 경우, 그의 아버지는 "이 바보, 멍청아"라고 불렀다. 케니는 아버지의 환심을 사기 위해 즉시 무언가를 해내기 위해 정말 열심히 노력했다.
3. 제이미와 마리아는 어릴 때부터 친구였다; 그들은 옆집에 살며 함께 성장했다. 그들은 무언가를 같이 하길 좋아해서 상점에 가거나 그냥 어울려 놀며 시간을 보냈다. 가끔 그들은 다투기도 하고 서로에게 화가 나기도 했으나 대부분 빨리 화해했다. 제이미가 집에서 화난 일이 있으면, 그녀는 마리아에게 얘기를 했고, 마리아는 여러 말 하지 않았지만 제이미를 잘 알고 있어 이해해 주곤 했다.
4. 레리는 15세로 어머니와 13세의 여동생 아멜리아와 함께 살았다. 그는 방과 후 매일 밤 10시까지 슈퍼마켓에서 식료품을 봉지에 담아주는 일을 했다. 그는 번 돈의 절반을 어머니가 렌트비를 내는 데 보탰고, 매일 밤 퇴근할 때면 음식을 집으로 가져왔다. 아멜리아는 학교에서 문제를 일으켜 다른 여학생과 싸운 일 때문에 정학을 당했다. 레리가 집에 돌아와 동생의 정학 사실을 알게 되자, 몹시 화가 나 그녀에게 소리를 지르며 벌로 핸드폰을 빼앗아 버렸다.
5. 조와 마크는 아주 오랜 시간 동안 친구였다. 그들이 같이 고등학교를 졸업한 후 마크는 160킬로미터 떨어진 대학에 들어갔다. 조는 안정된 직업이 있었고 차도 갖고 있었으며 집에서 부모님과 함께 살고 있었다. 그래서 주말이 되면 차를 몰고 마크네 학교로 가서 마크와 그의 친구들과 함께 놀며, 종종 마크의 기숙사에서 토요일 밤을 지샜다. 마크는 때때로 해야 할 숙제가 있는데도 조가 같이 놀며 파티를 하고 싶어해서 이를 하지 못하곤 했다.
6. 제니퍼와 토미는 몇 달 전부터 사귀고 있다. 제니퍼는 17세로 올해 졸업한다. 토미는 18세로, 일하면서 GED(general education development, 고등학교 검정고시: 역주) 수업을 들을 예정이다. 제니퍼는 스포츠를 좋아해서 각 시즌마다 팀에 들어갔고 그 외 기타 시간은 공부를 하거나 토미를 만나며 보냈다. 토미는 자기가 저녁에 전화할 때 제니퍼가 집에 있어주기를 바랐다. 그래서 제니퍼는 운동 후 같은 팀의 다른 여학생들과 어울릴 기회가 있었지만 토미의 전화를 놓치기 싫어 번번히 포기해 왔다.

7. 조니와 린제이는 한 달 정도 데이트를 하고 있다. 린제이에겐 이것이 남자친구를 처음 사귀는 경험이다. 그녀는 조니가 집에서나 방과 후 일을 하면서 하루에도 열두 번씩 전화를 거는 게 너무 신이 났다. 그는 그녀를 너무 사랑하고 그녀가 염려되어 잘 있는지 확인하고 싶은 거라고 했다. 최근 그는 그녀와 더 많은 시간을 보내고 싶어하며 그녀가 친구를 사귀려는 어떤 시도든 취소하기를 요구했다. 린제이의 부모는 그녀가 더 이상 여동생을 챙기지 않는 데 대해 걱정하고 있다.
8. 라이언은 어머니, 의붓아버지, 남동생 조이와 함께 살고 있었다. 라이언은 가족들과 그럭저럭 지냈지만 친구들과 시간을 더 보내고 싶어했다. 그는 자기 몫의 집안일을 잘 해냈다. 또한 주중에는 11시, 주말에는 12시인 통금시간도 대개는 잘 지키고 가끔씩 어겼다. 그가 집에 늦게 올 때면, 어머니와 의붓아버지는 화가 나서 외출을 금지시키거나 태블릿이나 그가 좋아하는 다른 것을 빼앗아버렸다. 라이언은 자기가 16세이므로 더 많은 자유가 있어야 한다고 생각해서 부모, 특히 어쨌거나 "진짜" 아버지가 아닌 의붓아버지에게 화를 냈다. 그러나 그는 또한, 자기가 필요로 할 때면 부모님이 항상 거기에 있을 거라는 사실을 잘 알았다. 작년 그가 학교에서 실제 하지도 않은 일 때문에 곤경에 처했을 때 그들은 그를 도와줬기 때문이다.
9. 조단은 13세이고, 옆집에 사는 레이는 17세이다. 조단은 항상 레이를 동경했지만 레이는 그에게 거의 관심을 주지 않았다. 얼마 전 레이는 조단에게 부모님이 보지 않을 때 조단의 집에서 담배나 맥주를 갖다주면, 자기와 친구들과 놀 수 있다고 했다. 때때로 레이는 조단을 괴롭히며 친구들과 함께 놀려댔고, 조단은 모두 장난이라고 생각했다. 최근, 레이는 조단에게 자기와 자기 친구들에게 좀 다른 도움을 달라고 말했다. 레이와 그 친구들은 돈이 많은 집에 몰래 들어가려고 하는데 조단이 도움이 될 수 있을 거라고 했다.
10. 조세와 마리는 9개월간 어울려 지냈다. 조세는 18세이고 마리아는 17세이다. 이들은 많은 시간을 함께 보냈지만 다른 친구들과도 어울렸다. 그래서 가끔은 며칠씩 혹은 일주일 이상 서로 만나지 않을 때도 있었다. 이들은 서로의 가족들과도 잘 지냈다. 이들은 성관계도 가졌고 항상 콘돔을 사용했다. 서로를 신뢰했지만, 둘 다 마리가 임신하기를 원하지 않았기 때문이다.
11. 짐은 수학 숙제를 이해하기 힘들어한다. 그는 자습실에 거의 한 시간 동안 앉아 있어도 두 문제 이상을 풀지 못했다. 주변 사람들은 그가 수학 문제를 어떻게 풀지 몰라 몹시 화가 난 걸 보았다. 마침내 아만드가 들어와 벌어지고 있는 일을 목격했다. 아만드는 짐이 어떻게 하고 있는지를 알아보려고 다가왔다. 짐이 문제를 푸는 걸 지켜본 후에 아만드는 다음 문제에 대한 답을 어떻게 구하는지 보여줬고, 그 후 짐은 아만드에게 영어 수업 숙제인 스토리 작성에 좋은 아이디어를 주었다.
12. 리하나는 여러 달 동안 배구 예선을 준비해 왔다. 예선이 끝나자, 그녀는 신입생 팀에 들어가지 못했다는 사실을 깨달았다. 리하나는 코치에게 몹시 화가 나기도 하고 스스로에게 실망스럽기도 한 채로 집에 돌아왔다. 집안으로 들어서자, 언니인 줄리사가 리하나에게 팀에 들어갔는지를 물었다. 리하나가 아니라고 대답하자, 줄리사는 비웃으며 "얼간이에게 뭘 기대할 수 있겠어?"라고 말했다.

활동: 다른 사람 칭찬하기

- **ARC 목표(들): 관계적 연계, 자기와 정체성**
- **참고**: 부록 D의 "다른 사람 칭찬하기" 활동지를 사용하여 진행한다.
- **목적**: 타인의 긍정적 특성에 주의를 기울이고 이야기하는 능력 구축, 다른 사람에게 어떻게 비춰지는지에 대한 이해 증진
- **재료**: "다른 사람 칭찬하기" 활동지, 크레용이나 마커
- **안내**: (집단 지도자가 말한다) "우리 대부분은 다른 사람이 우리에게 좋은 말을 해 주거나 우리가 한 일을 인정해 줄 때 가지는 느낌을 좋아합니다. 오늘 우리는 우리가 좋아하거나 긍정적으로 보이는 사람들을 축하하

기 위해 서로에게 칭찬을 하는 연습을 할 겁니다." 집단 참가자들은 자기의 활동지에 각 구성원들의 긍정적인 특징을 하나씩 적는다. 그런 다음 이를 다른 구성원들과 나눈다. 참고: 참가자들은 자신의 답을 적어줄 어른이 필요할 수 있거나 혹은 적지 않고 말로 하는 것을 선택할 수도 있다.

활동: 대안적 버전–다른 사람 칭찬하기

- **ARC 목표(들): 관계적 연계, 자기와 정체성**
- **목적**: 자신의 역량과 긍정적인 측면을 강조하고, 타인의 긍정적 특성에 주의를 기울이고 이를 이야기할 수 있는 능력 향상 및 내가 다른 사람에게 어떻게 비춰지는지에 대한 이해 증진
- **재료**: 아주 큰 포스트잇 메모지들(집단 구성원당 하나씩, 상단에는 구성원의 이름을 적음), 구성원들이 코멘트를 쓸 작은 포스트잇, 펜/마커들
- **안내**:
  - 모든 구성원들에게 작은 포스트잇 더미와 펜/마커를 나눠준다.
  - 구성원들이 집단 내 각 구성원들에 대해 적어도 한 가지씩 긍정적인 코멘트를 작성하도록 한다. 코멘트는 반드시 다른 사람에 대한 긍정적인 측면을 언급한 것이어야 한다. 코멘트는 익명으로 작성할 수도 있고, 포스트잇에 자기 이름을 서명할 수도 있다.
  - 모든 구성원들이 코멘트를 작성하고 나면, 그 포스트잇들을 각 코멘트의 주인을 찾아 아주 큰 포스트잇 종이에 하나씩 붙인다. 모든 코멘트들이 붙어져야 한다. 집단 지도자는 모든 코멘트들이 적절하고 긍정적인지를 확인해야 한다.
  - 집단 지도자는 그런 다음 각 구성원들의 목록을 큰 소리로 읽는다.

    (다른 방식: 집단 구성원들은 똑같은 코멘트가 두 개 이상 되어서는 안 된다는 규칙을 지키며, 직접 다른 구성원의 큰 포스트잇에 코멘트를 적는다.)
- **활동 후 토론**: 다음과 같은 질문들이 가능하다. "다른 사람이 여러분에 대해 적은 것들 중에 놀라운 내용이 있나요? 여러분의 긍정적인 측면을 다 듣고 나니 어떠셨어요?"

활동: 긍정적인 자기 인식

- **ARC 목표(들): 자기와 정체성(긍정적 자기), 관계적 연계**
- **참고**: 부록 D의 "나를 칭찬하기" 활동지를 사용하여 진행한다.
- **목적**: 자기의 역량과 긍정적인 측면 강조
- **재료**: "나를 칭찬하기" 활동지, 크레용이나 마커
- **안내**:
  - 집단 지도자: "우리는 때때로 자신에 대해 좋아하는 면 또는 자랑스러워하는 면에 집중하는 걸 어려워합니다. 오늘 우리는 스스로를 칭찬하는 연습을 해 보려고 합니다. 이건 굉장히 중요한 일인데, 이런 활동은 우리가 스스로를 좋게 느끼는 데 도움이 되기 때문입니다. 여러분께 활동지를 하나씩 나눠 드릴 거예요.

이 활동지는 여러분 삶의 다양한 영역들, 학교나 하고 있는 활동들, 관계나 살고 있는 곳 등에서 여러분이 잘하고 있다고 생각하는 면에 초점을 맞추고 있습니다. 활동지를 다 마친 후에 여러분은 자신을 칭찬한 내용을 집단에서 나눠볼 것인지 나누지 않을 것인지 선택할 수 있습니다."

- 참가자들에게 활동지와 필기구를 나눠준다. 모든 참가자들이 자기 활동지를 마무리한 후, 내용을 나누고 싶은 참가자들을 초대한다.

- 활동 후 토론: 다음과 같은 질문을 해 볼 수 있다. "스스로를 칭찬해 봤는데 어떠셨나요? 다른 부분들보다 자기를 칭찬하는 데 좀 더 쉬운 부분이 있었나요? 좀 더 어려웠던 부분은요? 자신을 칭찬하는 게 편하게 느껴지십니까? 그런 이유는 무엇일까요? 아니라면, 그 이유는 무엇일까요?"

활동: 무인도

- **ARC 목표(들): 실행 기능, 관계적 연계**
- **목적**: 문제 해결, 협상, "나 전달문", 갈등 해결 등의 기술을 집단 문제-해결 과제에 적용
- **재료**: 생활 필수품(예: 음식, 성냥, 침구), 개인적 물품(예: 샴푸, 치약), "사치품(즉, 아이팟, 태블릿, 라디오, 게임용 카드 한 벌)"을 포함한 일련의 물품 목록을 적은 40장의 색인 카드
- **안내**:
  - 참가자들에게 지금 여러 사람들과 함께 무인도에 좌초되어 있다는 상상을 해 보라고 한다. 각 집단은 제공된 색인 카드들 중에서 10개의 물품을 선택할 수 있다. 이 물품들은 그들과 함께 무인도에 남겨질 것들이다. 집단원들은 어떤 물품을 10개 고를지 협상해야 하고, 선택하는 과정에 대해서도 합의해야 한다.
  - 첫 번째 선택을 완료한 후, 집단 지도자는 "도전적인" 시나리오를 만들어내야 한다. 예를 들면, 거대한 폭풍이 다가오고 있고 이틀 동안 지속될 것이며(참가자들은 먹을 것을 구하러 떠나지 못한다는 뜻), 기온도 떨어질 것이다(참가자들은 따뜻하게 지낼 방법을 찾아야 한다는 뜻). 질문하기: "여러분이 선택한 물품들을 가지고, 어떻게 살아남을 수 있을까요?" 집단원들은 5분 정도 생각할 시간을 가지며, 고른 물품들을 재협상하여 선택되지 않은 카드의 다른 물품들과 바꿀 수 있다.
  - 집단 지도자 재량에 따라, 한층 도전적인 시나리오가 제시될 수 있다. 첫 번째 선택 후, 집단 구성원들은 더 이상 카드를 교환할 수 없고 선택된 물품만을 사용하여 어떻게 도전에 대처할 것인지를 설명하기 위해 문제 해결 기술을 사용하여야 한다.
    - 도전적인 시나리오의 예들
      - "여러분은 다른 섬의 원주민들로부터 공격을 당하고 있습니다."
      - "야생 원숭이들이 여러분이 모은 음식들을 모두 훔쳐 갔습니다."
      - "집단의 절반 가량이 치명적이진 않으나 불편한 질병에 걸렸습니다(예: 심한 옻나무 독 반응)
- **활동 후 토론**: "협상 과정은 어떠셨나요? 모두 자신의 의견을 표현할 수 있다고 느끼셨나요? 누군가는 '이기고' 누군가는 '지는' 거라고 느끼지는 않았나요? 여러분 집단은 물건 고르기를 얼마나 잘했다고 생각하시나요? 여러분은 어떤 요인들을 고려했나요? 다른 대안을 고려했어야 했다고 생각하나요? 혹은 어떤 물건을 고르고 싶은 충동이 있었나요? 집단에서 우리가 그동안 배웠던 기술들 중에 이 도전에 여러분이 적용했다고

생각되는 기술들이 있나요?"(집단 구성원들이 언급하지 않은 기술이 있다면 집단 지도자가 짚어준다)

- **무인도 게임의 물품 예시들**: 아이패드(iPod), 손전등, 태블릿, 반쯤 쓴 배터리들, 6개들이 페트병에 든 생수, 해바라기씨, 식물 씨앗, 18미터 정도의 밧줄, 스위스 군용칼, 그늘막, 치약, 초콜릿바, 화장지, 성냥, 껌, 풍선, 마체테(무기로도 쓸 수 있는 날이 넓고 무거운 칼: 역주), 강력접착테이프, 감자, 카메라, 대형 사이즈 피자 5판, 사전, 여러 가지 중국 음식이 들은 큰 가방, 사전, 백과사전, 나침반, 해리포터 시리즈(책), 보이스카우트 매뉴얼, 쌍안경, 망치와 못, 확대경, 선크림, 개인당 여벌 옷 한 벌, 게임용 카드 한 벌, 방수용 담요, 베개 하나, 비누, 쇠 양동이

활동: 나에게 영향을 준 것들

- **ARC 목표(들): 자기와 정체성**
- **참고**: 이 활동과 부록 D의 "나의 정체성에 영향을 미치는 것들" 활동지와 연합하여 진행한다.
- **목적**: 정체성에 영향을 미친 요소들의 상대적 중요성을 하나하나 검토해 보고, 이 영향력들을 구체적으로 표현하기
- **재료**: 코르크 마개가 있는 작은 플라스틱 병들, 다양한 색깔의 모래(적어도 6색 이상), 작은 깔때기, 다양한 크기의 계량컵/계량스푼, 종이와 연필
- **다른 버전**: 모래 대신 모형 점토를 사용할 수도 있다. 이 경우, 점토의 색깔 및 상대적인 양의 정도가 척도값에 해당한다. 점토로 구체적인 아이템(예: "정체성의 돌")을 만들게 할 수도, 혹은 자유롭게 조형하기를 선택할 수도 있다.
- **안내**: 집단 구성원들은 자기에게 영향을 미친 여섯 가지 핵심 요인들을 선택하도록 한다. 집단 지도자는 예를 들어 준다(예: 가족, 종교, 자란 동네, 삶의 경험들). 구성원들은 이 가치들 혹은 신념들 각각을 나타낼 수 있는 색 모래를 선택한다. 계량 스푼을 사용하여 이 가치들이 자기에게 중요한/강력한 정도를 나타내도록 한다(예: 가장 중요한 신념 혹은 가치는 가장 큰 계량컵에 해당된다). 그런 다음 깔때기를 이용하여 자기 병을 다양한 색 모래로 채운다.
- **활동 후 토론**: "이러한 영향력들은 여러분을 얼마나 잘 표현하고 있나요? 혹시 빠뜨린 게 있나요? 무엇을 포함할지 선택하는 것은 어렵지 않았나요? 집단 구성원들 간에 어떤 공통점이 보이나요? 차이점은요?"

활동: 정체성 방패

- **ARC 목표(들): 자기와 정체성**
- **참고**: 이 활동과 부록 D의 "정체성 방패" 활동지를 연합하여 진행한다.
- **목적**: 자기의 다면적인 측면들을 검토하기, 모든 사람들이 맥락에 따라 달라지는 정체성 측면을 가지고 있다는 사실을 인식한다.
- **재료**: 종이, 색연필/마커/크레용
- **안내**: 집단 구성원에게 네 영역으로 나누어진 방패 그림을 나누어준다. 그리고 아래와 같은 촉진 질문(네 가

지를 선택함)을 사용하여 방패의 영역들을 완성하게 한다.

- "친구와 함께 있을 때의 여러분을 상징하는 것"
- "잘 모르는 아이들과 함께 있을 때의 여러분을 상징하는 것"
- "가족과 함께 있을 때의 여러분을 상징하는 것"
- "혼자 있을 때의 여러분을 상징하는 것"
- "학교에 있을 때의 여러분을 상징하는 것"
- "이 프로그램에 참여하고 있는 여러분을 상징하는 것"
- "자신에 대해 바라는 것을 상징하는 것"
- "여러분의 중요한 부분을 상징하는 것"
- "여러분의 문화를 상징하는 것"

- **활동 후 토론**: "이 활동에 여러분은 어떻게 반응했나요? 방패의 영역들 중 완성하기 더 쉬운 부분이 있었나요? 더 어려운 부분은? 방패의 전 영역에 걸쳐 어떤 유사성과 차이점이 있나요? 각 영역들이 여러분의 정체성의 여러 측면을 어떻게 포착하고 있나요? 다른 것보다 '더 진실하다'고 느껴지는 영역이 있나요?"

활동: 가치 척도선(신체)

- **ARC 목표(들): 자기와 정체성**
- **목적**: 집단의 다른 구성원들과 다른 나의 어떤 측면, 즉 개인적 가치들을 검토하기
- **재료**: 없음
- **안내**: 집단 리더들은 서로 반대편에 선다. 한쪽 끝의 리더는 "아주 중요함"을 나타내고 다른 리더는 "전혀 중요하지 않음"을 나타낸다. 집단 리더들은 다양한 가치들을 제시한다(예: 교육, 가족, 근면성실, 공정함, 단호함, 강인함, 친구를 사귀는 것 등). 집단 구성원들은 각각의 가치가 자신에게 얼마나 중요한지를 나타낼 수 있도록 집단 리더들 사이의 보이지 않는 "선" 위에 자리를 잡도록 한다.
- **활동 후 토론**: 다음과 같은 질문이 가능하다. "여러분의 가치에 대해 혹은 다른 사람의 가치에 대해 놀란 점이 있나요? 여러분은 생각했던 것보다 다른 참가자와 가까웠나요, 아니면 멀리 떨어져 있었나요? 각 가치들을 평가하는 것이 쉬웠나요/어려웠나요? 다른 것보다 더 쉬운 게 있었나요? 여러분의 가치를 평가할 때 영향을 준 것은 무엇이었나요?"

활동: 가치 척도선(그림)

- **ARC 목표(들): 자기와 정체성**
- **목적**: 개인적 가치들의 상대적인 중요성을 하나하나 검토해 본다.
- **재료**: 종이, 펜이나 연필
- **안내**: 참가자들은 종이 한가운데 선을 그린다. 집단 리더들은 가치 목록을 제시한다(예: 교육, 가족, 근면성실, 공정함, 단호함, 강인함, 친구를 사귀는 것 등). 구성원들은 상대적인 중요도에 따라 선 위에 단어들을 배

치한다.

■ **활동 후 토론**: 다음과 같은 질문이 가능하다. "순위를 정하기 어려웠던 항목들이 있었나요? 똑같이 중요하다고 느낀 것들이 있나요? 전혀 중요하지 않다고 느껴진 것이 있나요? 정말 중요하다고 느낀 것은요? 이는 어디에서 비롯된 거라고 생각하나요? 여러분의 가치에 영향을 미친 것들은 무엇인가요?"

활동: 영향력의 특성

■ **ARC 목표(들): 자기와 정체성**

■ **목적**: 과거의 영향력 있는 관계들을 살펴보고, 미래 관계에 대한 중요한 특성을 인식한다.

■ **재료**: 부록 D의 "영향력 특성 피라미드(Quallity of Influence Pyramid)" 활동지, 펜이나 연필

■ **안내**: 참가자들은 활동지를 사용하여 과거의 영향력 있는 관계들을 확인하고, 미래 관계에서 발전시키기 원하거나 회피하고 싶은 특성들을 확인해 본다.

◆ 활동지를 사용하여, 각자의 삶에서(부정적이든 긍정적이든) 가장 영향력을 준 다섯 명의 사람을 알아본다. 참고: 만약 참가자들이 실제 이름을 쓰기 원하지 않으면, 이니셜이나 그 인물을 확인하는 다른 "암호"를 사용할 수 있다.

◆ 박스에 적은 각 인물 이름 옆 공간에 그 관계에서 중요했던 특성 하나를 적는다. 이는 미래 관계에서 당신이 다시 경험하고 싶은 것이거나 피하고 싶은 것일 수도 있다.

■ **활동 후 토론**: "여러분에게 가장 많은 영향을 준 사람들을 확인하는 것이 얼마나 어려웠거나 쉬웠는지요? 어쩌면 영향력이 컸을지도 모르는 사람을 의도적으로 배제하려고 하지는 않았나요? 핵심 특징들을 파악하는 건 얼마나 어려웠나요/쉬웠나요? 지금 현재 여러분의 삶에서 이런 특성이 있는 관계들은 얼마나 되는지요? 미래에 여러분은 어떤 종류의 관계들을 원하거나 필요하다고 생각하나요?"

감정 도구상자 만들기

활동: 감정 도구상자-도입

- **ARC 목표(들): 조정**
- **목적**: 이는 지속적인 프로젝트로, 각 참가자들이 이후에 계속해서 감정 및 정서적 경험을 다루는 데 사용할 수 있는 "도구상자" 만들기
- **재료**: 종이상자들, 마커/그림물감, 다른 장식할 재료들
- **안내**: 계속해서 진행할 프로젝트라고 소개한다. 참가자들은 각자 받은 종이상자를 자기가 좋아하는 방식으로 장식한다. 이후 각 회기에서 하나씩 도구상자에 추가될 것이다.

지속적인 지도

- **재료**: 도구상자에 넣을 도구들
- **안내**: 마지막 집단 회기에서 각 목록에 있는 다양한 재료들을 제공한다(예: 여러 가지 향의 로션들, 다양한 종류의 스트레스 공들, 여러 그림이 그려진 엽서들). 각 참가자들은 자기 도구상자에 넣을 물건을 한 가지씩 고를 수 있다.

감정 도구상자: 예시 항목들

- 바이오피드백 표식(스트레스를 측정하기 위해 손 끝에 붙이는 작고 납작한 원형의 도구로 온도에 따라 민감하게 변한다: 역주)
- 향나무로 만든 정육면체/공
- 립밤(향이 있는)
- 옷감 견본(천, 벨벳, 펠트 등)
- 깃털
- 딱딱한 사탕
- 색인 카드(참가자들이 긍정적인 자기 진술을 작성하기 위한 카드)
- 작은 병에 든 로션
- 작은 병에 든 비눗방울
- 반짝거리는 작은 마술봉
- 작은 "오늘의 생각" 책
- 작은 봉제인형
- 그림엽서들

- 플러그-인 전구(야간에 전원에 꽂아서 사용하는 전등)
- 강가에서 주운 돌(혹은 작고 반짝반짝한 돌)
- 플라스틱으로 된 스프링
- 향주머니
- 스트레스 공/기타 질감이 독특한 공들(예: 쿠시볼[부드럽고 얇은 고무줄 같은 실로 덮인 공: 역주])
- 물뱀 장난감(물 또는 젤리로 차 있는 긴 막대모양의 비닐 장난감. 여기저기 잡을 때마다 모양이 변함: 역주)
- 위키 스틱스(얇은 실 모양 끈에 밀랍이 코팅된 만들기 재료: 역주)

점진적 근육 이완 방법

참고: 다음의 안내문은 바닥에 누워 있는 참가자들을 위한 것으로, 앉아 있는 참가자들에게는 지시문을 적절하게 변형하여 사용한다.

"편안한 자세를 잡고 긴장을 풀어 보세요. 이제 오른쪽 주먹을 꽉 쥐고, 점점 더 세게 쥐면서 그럴 때마다 느껴지는 긴장을 살펴보세요. 주먹을 쥔 채로 주먹, 손, 팔뚝에서 느껴지는 긴장에 주목해 보세요. 자 이제 긴장을 풉니다. 오른손의 이완된 감각을 느껴보고 긴장도에 차이가 느껴지는지 살펴봅니다. 이 과정을 다시 오른손 주먹으로 반복합니다. 항상 기억하세요. 여러분이 이완할 때, 긴장과 정반대인 그 차이를 느껴 보세요. 그다음에는 이 전체 과정을 왼손 주먹으로 반복하고, 그 후에는 양 주먹을 갖고 다시 해 봅니다."

"이제 팔꿈치를 구부려 이두박근을 긴장시켜 봅니다. 여러분이 할 수 있는 최대한으로 긴장시키고 그 긴장감을 관찰해 보세요. 자, 이제 이완하면서 팔을 쭉 펴 봅니다. 계속 이완시키며 그 차이를 느껴 봅니다."

"관심을 머리로 옮겨 봅시다. 이마를 최대한으로 찌푸려 봅니다. 이제 풀고 주름을 폅니다. 여러분의 이마 전체와 두피가 부드러워지고 편안히 쉬는 걸 상상해 봅니다. 다시 얼굴을 찌푸리면서 이마 전체에 퍼져 있는 압력을 의식해 보세요. 자, 이제 풉니다. 눈썹이 다시 부드러워질 수 있게 해 보세요."

"자 이제 눈을 감고, 더 세게, 꽉 감아 봅니다. 긴장을 느껴 보세요. 그런 다음 눈을 쉬게 합니다. 눈은 부드럽고 편하게 감은 채로 둡니다."

"이제 턱을 조이면서 이를 꽉 다물고, 턱 전반에 흐르는 긴장을 살펴보세요. 그런 다음 턱을 이완시키면서 입술이 살짝 벌어지는 것도 느껴 봅니다. 긴장할 때와 이완할 때의 차이를 인식해 보세요."

"입천장을 혀로 꽉 밀어 봅니다. 입 뒷쪽에 느껴지는 통증을 느껴 보세요. 자, 이제 긴장을 풉니다. 이제 입술을 꽉 다물었다가 O자로 오므려 봅니다. 그런 다음 입술의 긴장을 푸세요. 여러분의 이마, 두피, 눈, 턱, 혀와 입술 모두 이완된 느낌을 살펴봅니다."

"머리를 가능한 한 뒤로 편안하게 누르면서 목의 긴장을 살펴봅니다. 오른쪽으로 서서히 돌리며 긴장을 느껴 봅니다. 다시 왼쪽으로 돌립니다. 머리를 똑바로 한 후 앞으로 당겨서 턱을 가슴쪽으로 당겨 봅니다. 목구멍과 목 뒤쪽의 긴장을 느껴 보세요. 이제 긴장을 풀고 머리가 편한 자리에 놓이도록 해 보세요. 이완이 더 깊어지게 합니다."

"이제 어깨를 구부려 봅니다. 어깨 사이로 머리를 구부리며 긴장을 유지해 봅니다. 이제 어깨를 이완해 보세요. 고개를 다시 바닥에 눕히고 목, 목구멍, 어깨에 퍼지는 이완을 느껴 보세요—순수한 휴식이 깊고 더 깊어집니다."

"몸 전체가 쉴 수 있도록 해 봅니다. 편안함과 무게를 느껴 봅니다. 이제 숨을 들이마시고 폐를 전부 채워 보세요. 숨을 참습니다. 긴장을 느껴 보세요. 이제 숨을 내쉬면서, 가슴을 풀어보고 공기가 쇽 빠져나갈 수 있게 하세요. 계속해서 이완하며, 숨을 편안하고 부드럽게 쉬어 봅니다. 이 호흡 패턴을 여러 번 반복하며 숨을 내쉴 때 당신의 몸에서 긴장이 빠져나가는 걸 느껴 보세요. 그런 다음, 복부를 긴장시키고 참아 봅니다. 긴장을 느껴 본 다음, 이완하세요. 이제 손을 배에 올립니다. 배로 깊은 호흡을 하며 배가 손을 밀어내는 느낌에 주목해 보세요. 숨을 참았다가—이완하세요. 공기가 빠져나올 때 이완되는 느낌에 어떤 차이가 있는지 느껴 보세요. 이제 압력 없이, 등을 구부려 봅니다. 몸의 나머지 부분은 가능한 한 이완될 수 있게 하세요. 허리에 느껴지는 긴장에 집중해 보세요. 이제 더 깊게 깊게 이완해 봅니다."

"엉덩이와 허벅지를 조여 봅니다. 발뒤꿈치를 가능한 한 세게 내리누릅니다. 이제 이완하고 차이를 느껴 보세요. 이제 발가락을 아래쪽으로 구부리면서 종아리를 긴장시킵니다. 긴장을 살펴보고 이완하세요. 이제 발가락을 무릎쪽으로 당기면서 정강이에 긴장을 만들어 보세요. 다시 이완합니다."

"이완이 깊어질수록 하반신 전체에 퍼져 있는 무게감을 느껴 보세요. 발, 발목, 종아리, 정강이, 무릎, 허벅지, 엉덩이를 차례로 이완시킵니다. 이제 이완된 느낌이 배, 허리, 가슴으로 퍼져가도록 하세요. 더 많이 더 많이 흘러가도록 합니다. 당신의 어깨, 팔, 손에서 이완이 깊어지는 걸 경험하세요. 턱과 안면 근육 전체의 느슨함과 이완된 느낌에 주목합니다."

"긴장이 스르륵 녹아 사라지게 하세요…."

아이스 브레이커 질문들
집단 오프닝 활동

오프닝 서클

- 목적: 집단의 응집성과 조율을 구축하고, 정보를 공유하며, 지속적인 일과/의례 만들기
- 각 집단 구성원에게 오늘의 질문(예: "여러분이 어떤 차가 될 수 있다면, 어떤 종류의 차가 되고 싶습니까?")에 대답하게 한다.

클로징 서클

- 목적: 집단의 응집성과 조율을 구축하고, 정보를 공유하며, 지속적인 일과/의례 만들기
- 서클을 돌아다니며 집단 구성원에게 질문한다. "회기 시작할 때 _____차가 되겠다고 했는지 기억나시나요?"
- 질문하기: "오늘 집단에서 이 사람으로부터 당신이 배운 한 가지는 무엇입니까?"

정체성에 초점을 맞춘 아이스 브레이커 질문 예시

- "어떤 악기든 될 수 있다면, 어떤 악기가 되고 싶나요?"
- "어떤 상태의 날씨가 될 수 있다면, 어떤 날씨가 되고 싶나요?"
- "잡지/책의 제목이 될 수 있다면, 무엇이 되고 싶나요?"
- "어떤 동물이든 될 수 있다면, 어떤 동물이 되고 싶나요?"
- "어떤 유명인이든 될 수 있다면, 누가 되고 싶은가요?"
- "어떤 마법의 힘이든 가질 수 있다면, 어떤 능력을 갖고 싶으며 그 이유는 무엇인가요?"
- "매일 해야 하는 활동을 정한다면, 무엇을 선택하고 싶은가요?"
- "어느 나이라도 될 수 있다면, 몇 살이 되고 싶은가요?"
- "이 세상 어떤 직업에서든 성공이 보장된다면, 무슨 직업을 갖고 싶은가요?"
- "사람들이 당신을 설명하는 딱 하나의 단어만 사용할 수 있다면, 그 단어가 무엇이길 바라나요?"

관계에 초점을 맞춘 아이스 브레이커 질문 예시

이름 ________________

- "친구 관계에서 당신이 자랑스러워하는 특징 한 가지는"
- "친구에게 바라는 특징 한 가지는"
- "스스로 향상되었다고 생각하는, 대인관계에서 중요한 특징 한 가지는"

- "권위 있는 사람에게서 높이 평가하는 한 가지 특징은"
- "친구들과 즐거운 시간을 보내기 위해 하고 싶은 것들은"
- "아들/딸(혹은 다른 가족 관계에서)로서 스스로에게 자랑스러운 특징 한 가지는"
- "아버지/어머니로서 갖고 싶은 특징 한 가지는"
- "배우자 혹은 연인에게 기대하는 특징 한 가지는"
- "대인관계에 영향을 미치는 특징 중 노력하고 싶은 한 가지는"
- "아버지/어머니로서 당신이 갖고 싶지 않은 특징 한 가지는"
- "인생에서 필요하다고 느끼는 친구의 숫자는"
- "가족과 함께하고 싶은 것은"
- "가족과는 그다지 하고 싶지 않은 것은"
- "부모/거주시설의 스태프/교사/치료자/어른에 대해 당신이 중요하게 생각하는 특징 한 가지는"

정서에 초점을 맞춘 아이스 브레이커 질문 예시

이름 ______________

- "당신이 정말 하고 싶은 것은"
- "당신을 이완시키는 것은"
- "당신이 느긋할 때 하고 싶은 것은"
- "당신이 정말 신났을 때 하고 싶은 것은"
- "당신이 화났을 때 이야기하고 싶은 사람은"
- "당신을 정말 좌절스럽게 만드는 것은"
- "당신이 자랑스러워하는 것은"
- "당신이 무섭다고 생각하는 것은"
- "당신을 기분 좋게 하는 것은"
- "당신을 기분 나쁘게 하는 것은"
- "생각하고 싶을 때 하고 싶은 것은"
- "생각하고 싶지 않을 때 하고 싶은 것은"
- "당신의 에너지를 떨어뜨리는 것은"
- "당신의 에너지를 끌어올리는 것은"
- "당신이 정말 행복하다는 것을 다른 사람이 알 수 있는 방법은"
- "당신이 정말 화나거나 속상하다는 것을 다른 사람이 알 수 있는 방법은"
- "당신이 혼자 있고 싶어 한다는 것을 다른 사람이 알아차릴 수 있는 방법은"
- "당신이 함께하고 싶어 한다는 것을 다른 사람이 알아차릴 수 있는 방법은"

집단 회기 예시
행동, 감정, 에너지 간의 연계 익히기

목적

1. 심화 수준의 정서 인식 기술 연습, 행동을 감정과 에너지 상태에 연계하기
2. 자기평가와 조정 연습 지속하기
3. 자기발달 기술 작업 지속하기

재료

종이 "나뭇잎들"
마커
런치용 종이봉투
알아맞히기 게임에 필요한 여러 가지 물건들/재료들(각 집단 구성원들마다 하나씩)
"휴가 떠나기" 대본

개요

1. 프로그램의 규칙과 집단에서의 기대들을 검토한다.
2. 시작을 여는 조정 활동: "여러분의 촉각을 이용하여 종이봉투에 무엇이 있는지 맞혀 보세요."
3. 시작을 위한 체크인 진행, 각 구성원들의 경험을 나누도록 요청한다(에너지 확인).
4. 집단 구성원들은 자신의 정체성 나뭇잎을 채운다.
5. 집단 리더는 이전의 집단 활동을 기반으로 정서와 행동, 에너지와의 관계에 초점을 둔 논의와 활동지를 하도록 지도한다.
6. 종결 마음챙김 활동: 심상을 사용한 이완 연습을 수행한다("휴가 떠나기" 대본)
7. 마무리를 위한 체크인 진행, 각 구성원들에게 그들의 경험을 나누도록 요청한다(에너지 확인).

집단 활동들

오프닝 서클: 리더는 각 집단 구성원에게 현재 느끼는 각성 수준(높은지, 중간쯤인지, 낮은지)을 확인하도록 하면서 시작을 위한 에너지 체크인 활동을 진행한다. 또한 집단 구성원들에게 그 에너지가 편안한지 아니면 불편한지 판단해 보도록 요청한다.

오프닝 조정 활동: 첫 번째 에너지 체크인 이후에 집단 리더는 시작을 여는 조정 활동인 "종이봉투에 무엇이 들었을까?"를 진행한다.

"우리는 오늘 촉감을 사용하여 종이가방 각각에 들어있는 항목이 무엇인지 알아내야 합니다. 여러분들은 각자 자기의 종이봉투를 갖게 될 거예요. 봉투 안을 들여다보지 말고, 손을 넣어 봉투 안의 물건이 무엇인지 알아맞혀 보세요. 알아냈으면 종이봉투를 ______(리더)에게 돌려주세요. 여기에는 2분의 시간제한이 있습니다. 모두의 종이봉투가 모아지면, 여러분은 집단원들과 각자가 생각한 물건이 무엇인지 이야기하는 시간을 갖게 될 것입니다. 여기서 목적은 물건의 모양, 질감, 무게에 초점을 맞춰 그것이 무엇인지를 파악하는 것입니다. 자, 그럼 행운을 빕니다." 집단 리더는 시작을 여는 에너지 체크인을 반복하고, 조정 활동 후 눈에 띄는 에너지의 변화가 있었는지 물어본다.

유능감 활동: 집단 리더는 정체성 활동인 "개인 나뭇잎"을 진행한다(나뭇잎들은 집단이 진행되는 방 안에 있는 "나에 관한 나무"에 걸릴 것이다). 집단에서의 질문은 "여러분이 학교에서 잘하는 것에 대해 이야기해 주세요"이다.

자기-조절 활동: 집단 리더는 정서, 에너지, 행동 사이의 연계에 대한 토론을 진행한다.

"지난주에 우리는 감정이 우리에 대해 많은 것을 알려주기 때문에 아주 중요하다는 사실을 배웠습니다. 그리고 감정이 어떻게 우리의 여러 행동과 연결되는지에 대해서도 알아보는 게임을 했었지요. 오늘 우리는 여기서 한 발짝 더 나아가려고 합니다. 우리는 이 집단을 시작하는 아주 초기부터 여러분의 에너지에 대해 이야기해 왔습니다. 우리가 그랬던 이유는 우리의 에너지가 말하고, 느끼고, 행동하는 것에 대해 생각하거나 생각하지 못했던 모든 것들과 관련되어 있기 때문이지요. 오늘 우리는 지난주에 이야기했던 행동으로 돌아가 이 행동들을 감정뿐만 아니라 우리가 신체에서 느끼는 에너지와도 연결을 해 보려고 합니다."

각 집단원들은 "연결: 우리의 에너지, 감정, 행동에 대한 학습" 활동지를 받는다. 다음 활동지를 참고한다.

클로징 서클: 집단 리더는 마무리로 마음챙김 활동–심상을 이용하여 이완하기(다음의 "휴가 떠나기" 대본을 참고)를 진행하고 마지막 에너지 체크인으로 끝낸다. 집단 리더는 에너지의 눈에 띄는 변화를 잘 관찰하고 토론한다.

리더는 집단원들의 참여에 대해 칭찬하고 숙제로 활동지를 나눠준다.

〈연결: 우리의 에너지, 감정, 행동에 대한 학습〉

1. **행동**: 내 방에서 혼자 있다.

↑ 높음 → 중간 ↓ 낮음

내 에너지의 느낌은: □ 편안함 □ 편안하지 않음

2. **행동**: 울고 있다.

↑ 높음 → 중간 ↓ 낮음

내 에너지의 느낌은: □ 편안함 □ 편안하지 않음

3. **행동**: 자기에게 상처를 준다.

↑ 높음 → 중간 ↓ 낮음

내 에너지의 느낌은: □ 편안함 □ 편안하지 않음

4. **행동**: 다른 사람에게 소리를 지른다.

↑ 높음 → 중간 ↓ 낮음

내 에너지의 느낌은: □ 편안함 □ 편안하지 않음

5. **행동**: 학교에서 잘하기를 포기한다.

↑ 높음 → 중간 ↓ 낮음

내 에너지의 느낌은: □ 편안함 □ 편안하지 않음

6. 행동: 물건을 때리거나 던진다.

↑ 높음 → 중간 ↓ 낮음

내 에너지의 느낌은: ☐ 편안함 ☐ 편안하지 않음

7. 행동: 안 좋은 일이 일어날 것 같아 자러가고 싶지 않다.

↑ 높음 → 중간 ↓ 낮음

내 에너지의 느낌은: ☐ 편안함 ☐ 편안하지 않음

8. 행동: 친구와 이야기를 나눈다.

↑ 높음 → 중간 ↓ 낮음

내 에너지의 느낌은: ☐ 편안함 ☐ 편안하지 않음

9. 행동: 도망가려고 한다.

↑ 높음 → 중간 ↓ 낮음

내 에너지의 느낌은: ☐ 편안함 ☐ 편안하지 않음

10. 행동: 다른 사람을 자극해 화나게 만든다.

↑ 높음 → 중간 ↓ 낮음

내 에너지의 느낌은: ☐ 편안함 ☐ 편안하지 않음

〈"휴가 떠나기" 대본〉

눈을 감고 편히 쉬세요. 우리는 이제 휴가를 떠날 건데, 여러분의 상상력과 감각을 사용해서 이 여행을 경험해 보기를 바랍니다. 여러분이 해변에 있는 걸 상상해 봅니다. 지금 맨발로 모래 위를 걷고 있어요. 부드럽고 따뜻한 모래의 감촉을 발로 느껴 보세요. 발바닥에 감각이 있나요? 모래가 간질거립니까? 발가락들 사이로 모래를 느껴볼 수 있으시겠어요?

자, 이제 주위를 둘러보며 비치타월을 깔 최적의 장소를 찾아봅시다. 타월을 쭉 펼친 다음, 줄무늬의 색깔을 한번 보세요–빨강, 파랑, 초록, 검은색 줄무늬로 된 타월입니다. 바다를 한번 바라보세요. 수평선이 보입니까? 물색깔은 어떤가요? 파도는 잔잔한가요, 거친가요? 바닷바람이 피부에 와닿는 걸 알아차려 보세요. 바닷물이 밀려들 때 냄새가 느껴지나요? 바다 공기를 맛보고 있습니까?

그런 다음 선크림을 꺼내어 피부에 바르기 시작합니다. 느낌이 어때요? 냄새는요? 그 향기가 당신에게 어떤 것을 떠오르게 하나요?

모래 위에 누워서 편안하게 쉽니다. 등 아래 모래가 어떻게 느껴지세요? 몸이 이완되는 걸 알아차려 보세요. 당신의 피부를 두드리는 햇살은 어떻게 느껴지나요?

파도가 해변에 부딪치는 소리, 여러분 주위에서 나는 자연의 소리에 귀를 기울여 봅니다.

잠시 동안 이 평화로움과 고요함에 머물러 보세요….

〈ARC 연습 활동지: 긍정적인 행동과 에너지 추적〉

이름: ______________________________ 날짜: ______________________________

1. 나는 집단 활동에 참여했습니다. ____________________ (스태프의 체크 표시와 이니셜)

2. 다른 사람을 칭찬했습니다. ____________________ (스태프의 체크 표시와 이니셜)

3. 스스로를 칭찬했습니다. ____________________ (스태프의 체크 표시와 이니셜)

4. 다른 사람이 잘하도록 격려했습니다. ____________________ (스태프의 체크 표시와 이니셜)

5. 다른 사람을 도와 허드렛일을 하거나 다른 것을 도왔습니다. ____________________ (스태프의 체크 표시와 이니셜)

부록 D

청소년 교육 유인물 및 활동지

내 감정에 대해 _ 516

- 이 활동지는 아동들이 다양한 감정을 느꼈을 때를 확인하도록 도움으로써 자기 내부의 기본적인 감정 확인을 목표로 한다(참고: 개별 아동을 위한 활동지 설명은 집단 장면에서도 적용할 수 있으며, 그 반대의 경우도 마찬가지이다).

그들은 무엇을 느낄까요? _ 517

- 이 활동지는 아동이 그린 그림 혹은 잡지의 사진에서 지각한 감정을 확인하도록 도와줌으로써 다른 사람의 기본적인 감정을 확인하는 것을 목표로 한다.

감정에 집중하기 _ 518

- 이 활동지는 아동이 확인한 감정의 강도와 맥락을 기술하도록 도움으로써 보다 발전된 방식으로 감정을 확인하고 조정하도록 지원한다.

내가 감정을 느끼는 곳은…? (소녀의 경우) _ 519

- 이 활동지는 감정이 신체에 나타난 방식을 아동이 확인하는 데 초점을 두고 있다.

내가 감정을 느끼는 곳은…? (소년의 경우) _ 520

- 이 활동지는 감정이 신체에 나타나는 방식을 아동이 확인하는 데 초점을 두고 있다.

감정 버블 기법 _ 521

- 이 활동지는 주로 비언어적 전략을 사용하여 아동이 다양한 종류의 감정을 알아차릴 수 있도록 도와줌으로써 감정을 확인하는 것을 목표로 한다.

머릿속의 생각 기법 _ 522

- 이 활동지는 이동의 머릿속을 차지하는 다양한 종류의 생각을 알아차릴 수 있도록 도와주어 생각을 확인하는 것을 목표로 한다.

내 감정 알아차리기 _ 523

- 이 활동지는 아동이 매일 감정 하나에 대한 정보를 관찰하고 기록하게 함으로써 감정을 순간 확인하는 능력을 구축하도록 돕는다.

에너지에 관한 모든 것 _ 525

- 이 교육용 자료는 에너지 상태와 감정, 편안함, 효과와의 연관성에 대한 아동의 이해를 구축함으

로써 조정을 지원한다.

체크인 _ 526

- 이 활동지는 아동이 자신의 에너지 수준(강도, 편안함, 현재 경험과 "일치" 정도 등)을 알아차리는 데 도움이 되는 도구를 제공한다.

신체 경보 시스템 _ 527

- 이 청소년 교육 자료는 외상, 위험 반응 및 촉발요인에 대한 심리교육을 제공한다.

내 몸의 경보 시스템 _ 530

- 이 활동지는 아동이 인간의 위험 반응(투쟁–도피–동결)과 관련하여 자신의 사례를 찾아볼 수 있도록 도와준다.

내 거짓 경보가 울리는 순간은… _ 532

- 이 활동지는 아동이 과거 경험을 바탕으로 잠재적인 촉발요인을 확인할 수 있도록 도와준다.

촉발요인 확인하기 _ 533

- 이 활동지는 아동이 상황, 반응, 대처 전략을 통합하는 심층적인 방식으로 특정 촉발 반응을 탐색할 수 있도록 도와준다.

나의 비언어적 단서 _ 534

- 이 활동지는 아동이 비언어적 감정 관련 단서를 확인하여 정서를 소통하는 방식에 대한 인식을 키울 수 있도록 도와준다.

정서 강도 계량기 _ 535

- 이 활동지는 아동이 감정의 강도를 양방향(얼어붙음–넘침) 척도로 시각적으로 추적하도록 도움으로써 감정의 정도(조정)에 대한 이해를 높이도록 한다.

나의 맥박 측정하기 _ 536

- 이 활동지는 맥박/심박수를 활동 수준과 구체적으로 연결하여 각성 반응(조정)에 대한 아동의 이해를 높이는 데 도움이 된다.

나의 에너지 추적하기 _ 537

- 이 활동지는 다양한 활동에 참여하기 전과 후에 아이의 각성 반응과 편안함 수준을 추적하는 메커니즘을 제공하여 조정을 지원한다.

나의 에너지를 편안하게 만들기 _ 539

- 이 활동지는 아동이 에너지를 편안하게 만드는 "감정 도구상자"(조정) 기술을 연습할 수 있도록 도와준다.

신뢰의 원 _ 541

- 이 활동지는 아동이 "신뢰의 원" 활동을 통해 대인 관계 자원(관계적 연계)을 확인하도록 돕는다.

대화 시작하기 _ 542

- 이 활동지는 아동이 확인된 상대방과 의사소통(관계적 연계)을 시작하는 과정을 예상하고 평가할 수 있도록 돕는다.

다른 사람 칭찬하기 _ 543

- 이 활동지는 아동이 다른 사람의 긍정적인 특성을 확인/기술하도록 도와줌으로써 다른 사람과의 긍정적인 상호작용(관계적 연계)을 지원한다. 이 활동지는 집단 상황에서 특히 유용할 수 있다.

나 자신 칭찬하기 _ 544

- 이 활동지는 아동이 긍정적인 자기 특성을 확인하도록 도와줌으로써 긍정적인 자존감/효능감(자기와 정체성)을 키울 수 있도록 지원한다.

나의 정체성에 영향을 미치는 것들 _ 545

- 이 활동지는 부록 C에 설명된 집단 또는 개별 활동인 "자기에 미치는 영향"과 함께 사용해야 한다. 이 활동지와 관련 활동은 아동이 정체성(자기와 정체성–독특한 자기)에 미치는 영향을 탐구하는 데 도움이 된다.

영향력 특성 피라미드 _ 546

- 이 활동지 긍정적이든 부정적이든 아동에게 영향을 준 특정 인물과 가장 영향력 있는 개인의 특성을 아동이 파악하는 데 도움이 된다. 이 활동지는 부록 C에 설명된 "영향력의 특성" 집단 또는 개별 활동과 함께 사용된다.

정체성 방패 _ 547

- 이 활동지는 정체성 방패(자기와 정체성-일관된 자기)를 완성하기 위한 템플릿을 제공한다.

나의 즐거움 계량기 _ 549

- 이 활동지는 확인된 활동에 대한 즐거움을 스스로 평가하도록 함으로써 유능감을 지원한다.

금주의 중요한 목표: 내 감정과 에너지에 대해 알아보기(인식) _ 550

금주의 중요한 목표: 내 감정과 행동 관리하기(조정) _ 551

금주의 중요한 목표: 나에게 맞는 선택하기(실행 기능) _ 552

금주의 중요한 목표: 나에 대한 모든 것 배우기(자기와 정체성) _ 553

- 이 활동지 시리즈는 아동이 제공자와 협력하여 한 주 동안 집중할 하나의 목표를 확인하고 구체적인 전략이나 활동을 확인하는 데 도움을 준다.

내 감정에 대해

이름: ________________________ 날짜: ________________________

한 주 동안 여러분이 다음 감정을 느꼈던 순간과 이유들을 떠올려 봅니다. 그러는 동안 여러분의 몸 안에서는 어떤 일이 일어나는지, 주변은 또 어떠한지 알아차려 봅시다.

이번 주, 내가 행복했을 때는…

이번 주, 내가 화났을 때는…

이번 주, 내가 슬펐을 때는…

이번 주, 내가 걱정스러웠을 때는…

이번 주, 내가 무서웠을 때는…

그들은 무엇을 느낄까요?

이름: ______________________ 날짜: ______________________

잡지를 펼쳐 그림이나 사진 속의 한 인물을 골라 봅니다. 이 인물이 느끼고 있을 거라고 생각되는 모든 가능한 감정들을 말해 보세요.

고른 사진을 여기에 붙입니다.

이 인물이 느낄 수 있는 감정들:

1. ______________________
2. ______________________
3. ______________________
4. ______________________
5. ______________________

감정에 집중하기

이름: ______________________ 날짜: ______________________

감정의 이름: ______________________

이 감정의 강도를 다음 척도에 나타내 보세요:

−1	0	1	2	3	4	5	6	7	8	9	10
정지		낮은 에너지/ 조용함				적당한 에너지				높은 에너지/ 강렬한 정서	

이 감정이 마음에 듭니까, 아니면 들지 않습니까? 그 이유는 무엇입니까?

____

____

____

____

____

____

____

그 순간 어떤 일이 있었습니까? 무엇이 이런 감정을 야기했다고 생각합니까?

____

____

____

____

____

____

____

내가 감정을 느끼는 곳은…?

이름: ____________________ 날짜: ____________________

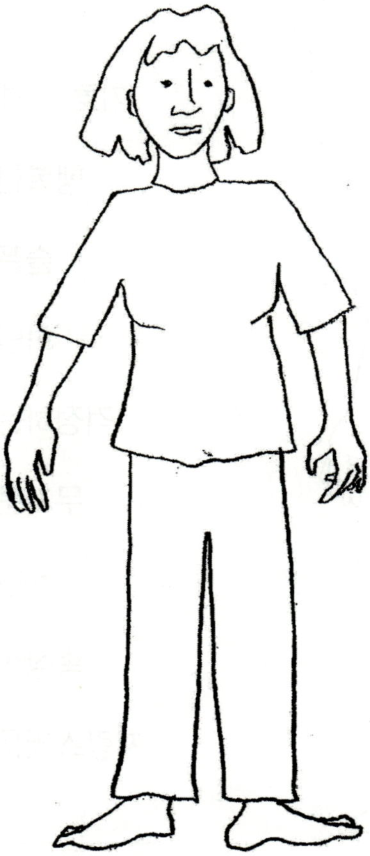

기호 설명표:

행복한 □

슬픈 □

화난 □

걱정하는 □

무서운 □

신난 □

속상한 □

자랑스러운 □

____________ □

내가 감정을 느끼는 곳은…?

이름: ____________________ 날짜: ____________________

기호 설명표:

행복한 □

슬픈 □

화난 □

걱정하는 □

무서운 □

신난 □

속상한 □

자랑스러운 □

____________ □

감정 버블 기법

스태프 이름: ______________________ 날짜: ______________________

자녀 이름: ______________________ 서명: ______________________

지금 느끼는 감정은 모두 무엇인가요? 어떤 감정은 기분이 좋을 수도 있고, 어떤 감정은 기분이 나쁠 수도 있으며, 어떤 감정은 혼란스러울 수도 있습니다. 아래 상자 옆에 적으세요. 각 감정에 맞는 색을 골라 상자에 색을 칠하세요. 몇 가지 감정만 느낄 수도 있고 여러 가지 감정을 느낄 수도 있습니다.

☐ ______________________ ☐ ______________________

☐ ______________________ ☐ ______________________

☐ ______________________ ☐ ______________________

우리 모두는 동시에 느끼는 다양한 감정을 가지고 있습니다. 어떤 감정은 많은 공간과 에너지를 차지하고, 어떤 감정은 적은 공간과 적은 에너지를 차지합니다. 큰 감정을 느낀다면 아래 버블 안의 큰 공간에 색을 칠하고, 작은 감정을 느낀다면 버블 안의 작은 공간에 색을 칠하세요. (스태프들이 직접 버블을 만들어서 이 연습을 해 보는 것도 도움이 될 수 있다. 경계에 주의한다.)

머릿속의 생각 기법

스태프 이름: ______________________ 날짜: ______________________

자녀 이름: ______________________ 서명: ______________________

지금 여러분이 생각하고 있는 것들은 모두 무엇인가요? 머릿속에 떠오르는 생각 중에는 기분이 좋은 것도 있고 걱정스러운 것도 있을 수 있습니다. 아래 상자 옆에 적으세요. 각각에 대해 색을 선택하고 상자에 색을 칠하세요. 몇 가지 생각만 하고 있을 수도 있고 많은 생각을 하고 있을 수도 있습니다.

☐ ______________________ ☐ ______________________

☐ ______________________ ☐ ______________________

☐ ______________________ ☐ ______________________

우리 모두는 머릿속에서 동시에 다양한 일을 하고 있습니다. 어떤 것들은 많은 공간과 에너지를 차지하고 어떤 것들은 적은 공간과 적은 에너지를 차지합니다. 각 생각이 머릿속에서 차지하는 공간은 어느 정도인가요? 큰 생각이라면 큰 공간에 색을 칠하고, 작은 생각이라면 작은 공간에 색을 칠하세요.

내 감정 알아차리기

이름: ______________________ 날짜: ______________________

우리의 감정에 대처하기 위해서는 먼저 우리가 어떤 감정을 느끼는지 인식해야 합니다. 이번 주에 매일 하나의 감정을 골라서 감정 기록을 완성해 보세요.

1일: 감정: ______________________

언제 그것을 느꼈나요? (무슨 일이 있었나요?)

강도를 체크하세요 – 1 – – – – – 0 – – – – – – – 5 – – – – – – – – – 10

몸 속 어디에 그 감정이 있나요? ______________________

____

2일: 감정: ______________________

언제 그것을 느꼈나요? (무슨 일이 있었나요?)

강도를 체크하세요 – 1 – – – – – 0 – – – – – – – 5 – – – – – – – – – 10

몸 속 어디에 그 감정이 있나요? ______________________

____

3일: 감정: ______________________

언제 그것을 느꼈나요? (무슨 일이 있었나요?)

강도를 체크하세요 – 1 – – – – – 0 – – – – – – – 5 – – – – – – – – – 10

몸 속 어디에 그 감정이 있나요? ______________________

____

4일: 감정: ______________________________

언제 그것을 느꼈나요? (무슨 일이 있었나요?)

강도를 체크하세요 – 1 – – – – – 0 – – – – – – – 5 – – – – – – – – – 10

몸 속 어디에 그 감정이 있나요? ______________________________

____

5일: 감정: ______________________________

언제 그것을 느꼈나요? (무슨 일이 있었나요?)

강도를 체크하세요 – 1 – – – – – 0 – – – – – – – 5 – – – – – – – – – 10

몸 속 어디에 그 감정이 있나요? ______________________________

____

6일: 감정: ______________________________

언제 그것을 느꼈나요? (무슨 일이 있었나요?)

강도를 체크하세요 – 1 – – – – – 0 – – – – – – – 5 – – – – – – – – – 10

몸 속 어디에 그 감정이 있나요? ______________________________

____

7일: 감정: ______________________________

언제 그것을 느꼈나요? (무슨 일이 있었나요?)

강도를 체크하세요 – 1 – – – – – 0 – – – – – – – 5 – – – – – – – – – 10

몸 속 어디에 그 감정이 있나요? ______________________________

____

에너지에 관한 모든 것

- **누구에게나 에너지가 있습니다**: 모든 사람의 몸에는 에너지가 있습니다. 졸릴 때처럼 에너지가 매우 낮을 때도 있고, 숙제를 하거나 보드게임을 할 때처럼 집중력이 높고 평온할 때처럼 에너지가 중간쯤에 있을 때도 있습니다. 친구들과 뛰어놀거나 스포츠를 할 때처럼 에너지가 매우 높을 때도 있습니다.
- **에너지의 기능**: 에너지는 우리가 해야 할 일을 하는 데 도움이 되며, 모든 종류의 에너지가 중요합니다. 때로는 수면과 휴식이 필요하기 때문에 낮은 에너지가 중요하고, 때로는 매우 활동적이거나 집중해야 하기 때문에 높은 에너지가 중요합니다.
- **감정과 에너지의 연관성**: 에너지 수준에 영향을 미칠 수 있는 중요한 요소 중 하나는 바로 감정입니다. 예를 들어, 흥분하거나 화를 내거나 겁을 먹으면 에너지가 매우 높아질 수 있고, 슬프거나 외로움을 느끼면 에너지가 매우 낮아질 수 있습니다. 이는 특히 위험 에너지에 해당됩니다. 우리의 뇌가 무언가를 위험하다고 생각하면 에너지가 매우 빠르게 변할 수 있습니다. 때로는 에너지의 변화는 감정에 어떤 일이 일어나고 있다는 중요한 단서가 될 수 있습니다.
- **편안한 지대**: 우리 모두는 서로 다른 신체와 다른 두뇌를 가지고 있습니다. 즉, 사람마다 각기 다른 종류의 에너지를 가장 편안하게 느낍니다. 어떤 사람은 에너지가 높을 때를 정말 좋아하고, 어떤 사람은 에너지가 낮을 때를 정말 좋아하며, 또 다른 사람은 에너지가 중간 어딘가에 머무르는 것을 좋아합니다. 우리의 에너지가 머무르기를 좋아하는 곳은 "편안한 지대"입니다. 우리의 에너지가 자신의 편안한 지대에서 너무 멀리 벗어나면 마치 낮은 에너지를 좋아하는 사람이 너무 가열된 것처럼 느끼는 것과 같이 에너지가 정말 불편하게 느껴질 수 있습니다. 때로 우리는 편안한 곳으로 되돌리기 위해 에너지를 바꾸는 무언가를 시도합니다.
- **상황에 따른 효과적인 에너지/에너지**: 우리가 어디에 있고 무엇을 하고 있는지에 따라 에너지 수준이 도움이 되는지 방해가 되는지, 그리고 에너지가 안전한지 안전하지 않은지에 차이가 생길 수 있습니다. 에너지가 매우 높으면 기분이 정말 좋을 수도 있지만, 높은 에너지가 방해가 될 수 있는 장소도 있습니다. 정말 화가 나거나 화가 많이 났을 때와 같이 높은 에너지가 통제 불능 상태가 되면 욕구를 충족하는 데 방해가 되거나 안전하지 않은 행동을 하게 될 수 있습니다.
- **에너지가 부족할 때도 마찬가지입니다**: 에너지가 부족하여 졸릴 때는 정말 좋을 수 있지만 집안일이나 숙제 같은 일을 해야 할 때는 방해가 될 수 있습니다. 겁이 나거나 화가 날 때 에너지를 차단하면 더 안전하다고 느낄 수 있지만, 도움을 요청하거나 기분이 좋은 일을 하는 데 방해가 될 수도 있습니다.
- **감각 도구나 움직임을 사용해 에너지를 바꾸기**: 에너지가 불편하게 느껴지거나 하고 싶은 일에 방해가 될 때 에너지를 바꾸기 위해 할 수 있는 다양한 방법이 있습니다. 이러한 것들을 "에너지 도구"라고 생각할 수 있습니다. 에너지 도구는 에너지를 높이거나 낮추는 데 도움이 됩니다. 때로는 망치가 필요할 때도 있고 드라이버가 필요할 때도 있는 것처럼, 모든 도구가 모든 사람에게 효과가 있는 것은 아니며 모든 도구가 매번 효과가 있는 것도 아닙니다. 그렇기 때문에 다양한 도구를 연습해 보고 어떤 도구가 마음에 드는지, 어떤 도구가 몸에 좋은지, 어떤 도구가 효과가 있을 것 같은지 알아내야 합니다.

체크인

잠시 시간을 내어 자신을 점검하고 아래 제공된 척도에 다음 항목에 표시하세요.

- 에너지가 어디에 있나요? 얼마나 높거나 낮나요?
- 그 에너지가 몸에서 얼마나 편안하게 느껴지나요?
- 지금 하고 있는 일과 여러분의 에너지가 얼마나 잘 어울리나요?

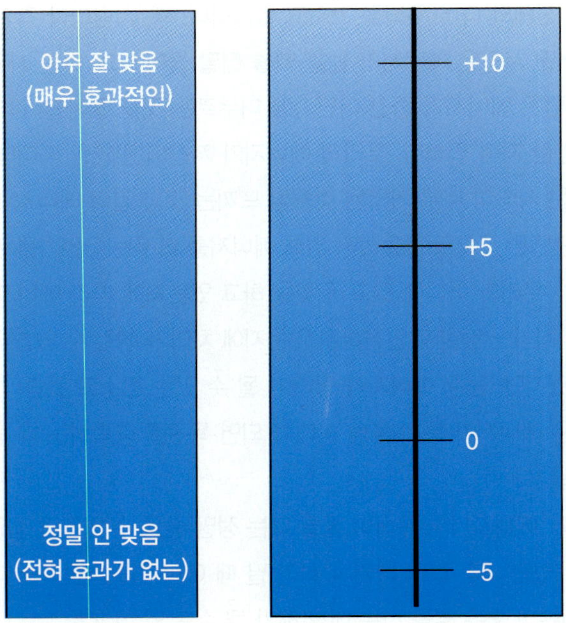

에너지가 편안하고 잘 맞는다면 다행입니다! 그렇지 않다면 어떻게 하면 그렇게 할 수 있을까요? 더 편안하고 효과적인 기분을 느끼기 위해 사용할 수 있는 전략이나 기술을 한 가지 찾아보세요.

신체 경보 시스템

우리 모두는 위험에 처해 있을 때 신호를 보내주는 내장된 경보 시스템을 가지고 있습니다. 인간이 그동안 생존할 수 있었던 이유 중 하나는 우리의 뇌가 위험이 다가오는 것을 알려주는 신호를 인식한 덕분입니다. 그것은 위험이 다가왔을 때 우리의 몸이 위험을 다루도록 준비하는 데 도움을 줍니다.

인간의 위험에 대한 반응

우리의 뇌가 위험을 인식하면, 우리의 몸이 그것을 다루도록 준비시킵니다. 뭔가 위험한 것을 다루는 주된 방법은 세 가지입니다: 우리는 그것과 싸울 수 있고(투쟁), 그것으로부터 도망갈 수 있고(도피), 혹은 얼어붙을 수 있습니다(동결).

우리가 선택하는 것은 가끔은 위험의 종류에 따라 달라집니다. 예를 들면, 정말 작은 다람쥐가 여러분을 공격하고 있다면, 여러분은 그것과 싸울지도 모릅니다. 왜냐하면 다람쥐보다 더 크고 더 힘이 세니까요. 만약 자동차가 속도를 높여 여러분 쪽으로 오는데 여러분이 길거리에 서 있다면, 여러분은 아마 뛸 겁니다. 왜냐하면 여러분은 자동차와 싸울 수 없고 거기 서 있다면 차에 치일 테니까요. 만약 여러분이 큰 곰이나 어떤 다른 동물을 근처에서 봤다면 여러분은 아마 얼어붙을 겁니다. 왜냐하면 곰과 싸울 수도 없고 도망가기에도 충분히 빠르지 못하기 때문입니다. 나보다 힘이 센 사람이 강제로 무언가를 하려고 하면 정말 원치 않더라도 그 사람이 나를 다치게 하지 않도록 하기 위해 순응하거나 복종할 수 있습니다.

우리의 몸은 우리에게 생존하는 데 필요한 연료/에너지를 제공합니다.

우리의 몸이 싸우거나 도망가거나 얼어붙을 때가 되면, 우리는 그런 일을 하기 위해 많은 에너지를 필요로 합니다. 그러므로 뇌가 위험을 인식하면 그것의 "행동" 혹은 "실행" 부분은 우리의 신체에 자동차의 연료 같은 수많은 화학물질들을 분비하라는 신호를 보냅니다. 그러한 화학물질들은 우리가 위험에 대처하기 위해 필요한 에너지를 우리에게 제공합니다.

과잉 경보

위험 신호가 사라지면, 우리 뇌의 "생각하는" 부분은 우리 주변에서 무슨 일이 일어나는지 확인합니다. 만약 그것이 잘못된 경보였고, 실제 위험이 없다면 "생각하는 뇌"는 경보를 끄고 우리는 우리가 하던 일을 계속할 수 있습니다. 만약 위험이 있다면, "행동하는 뇌"가 인수받아 신체에 연료를 주어 무슨 일이 벌어지든 그것을 다루도록 합니다.

그렇지만 어떤 경우에는 위험 신호가 너무 많이 울립니다. 그것은 보통 아이들이 위험한 일이 많이 일어났을 때, 예를 들면 그들의 부모가 그들을 아프게 한다든가 그들이 원하지 않을 때 그들을 만진다든가 혹은 어떤 사람이 소리치거나 싸우는 일이 많을 때 나타납니다. 위험을 많이 다뤄야 했던 아이들에게서 "생각하는 뇌"는 그런 일을 확인하는 데 지쳐서 신호는 더 많은 위험을 의미한다고 가정해 버립니다. 그래서 알람이 꺼져도 "생각하는 뇌"는 멀리에 있고 "행동하는 뇌"가 역할을 맡습니다.

가짜 경보

가짜 경보는 우리가 예전에 일어나곤 했던 나쁜 일들을 떠올리게 하는 어떤 것을 듣거나 보거나 느꼈을 때 나타납니다. 떠올리게 하는 그것들을 "촉발요인"이라고 합니다. 우리의 뇌는 떠올리게 하는 것들을 알아차리도록 배우는데 왜냐하면 과거에 그것이 주변에 있을 때 위험한 일이 일어났고 우리는 매우 빠르게 반응해야 했기 때문입니다.

사람들은 저마다 서로 다른 떠오르게 하는 것들을 가지고 있습니다. 그러므로 어떤 사람이 고함지르는 것을 많이 들어왔다면, 사람들이 고함치는 것을 듣는 것이 경보를 활성화시켜서 두뇌의 "행동하는" 부분을 켜지게 할 수 있습니다. 만약 어떤 사람들이 어렸을 때 관심을 충분히 받지 못했다면, 혼자 있다고 느끼거나 무섭다고 느끼는 것이 경보를 켤 수 있습니다.

경보가 울리면 무슨 일이 일어나나요?

일단 경보가 켜지면, 우리의 뇌는 우리의 몸이 움직일 태세가 되도록 준비시킵니다. 그렇게 되면, 우리의 몸은 위험을 다룰 준비가 되도록 연료가 가득 채워집니다. 정말 위험하다면(곰이나 빠른 속도로 움직이는 차나 정말로 못된 다람쥐처럼) 그것은 매우 중요합니다. 하지만 만약 그것이 잘못된 경보이고 주변에 실제적인 위험이 없다면 그것은 그다지 도움이 되지 않습니다. 만약 여러분이 수학 수업을 듣고 있는데 뭔가 위험하다고 느껴 갑자기 여러분의 신체가 연료로 가득 채워졌다고 상상해 보세요.

그 연료는 우리에게 싸우거나 도망가거나 얼어붙을 연료를 제공한다는 것을 기억하세요. 우리의 몸에 그 모든 에너지가 있으면 우리는 무엇인가 해야만 합니다. 그래서 어떤 아이들은 갑자기 화가 났다고 느끼거나 누군가와 말다툼하거나 싸우고 싶어합니다. 어떤 아이들은 안절부절하거나 초조해할 수 있습니다. 어떤 아이들은 구석에 숨거나 가능한 한 어디론가 가버리기를 원합니다. 때로는 왜 그런지도 모르면서요. 다른 아이들은 갑자기 정말로 가라앉은 것처럼 느낄 수도 있습니다. 마치 누군가가 스위치를 올렸다가 꺼버리는 것처럼 말이지요. 이 모든 것들은 여러분의 신체가 위험하다고 생각되는 어떤 것을 다루려고 노력하는 방법입니다.

그렇지만 때로는 경보를 설정하는 것이 진짜 위험하지는 않습니다. 그것은 단지 나쁘게 느끼는 어떤 것이거나 나쁜 일이 일어났던 것을 떠올리게 할 뿐입니다. 아이들이 이러한 가짜 경보를 가지고 있다면, 다른 사람들은 방금 일어난 일을 이해하고 돕기 어려울 수 있습니다. 때로 아이들은 문제에 휘말리기도 합니다.

촉발요인 인식하기

중요한 것은 어떤 종류의 상기물이 여러분에게 위험하게 느껴지고 그러한 것들이 주변에 있을 때 여러분의 신체가 어떻게 반응하는지 배우는 것입니다. 모두가 서로 다른 촉발요인을 가지고 있고 그 경보가 켜졌을 때 서로 다른 방식으로 반응합니다. 만약 여러분의 경보를 무엇이 유발하는지, 어떻게 여러분이 반응하는지 우리가 안다면, 여러분의 생각하는 뇌를 작동해서 그 위험이 진짜이고 언제 그것이 가짜 경보인지 알아차리도록 도울 수 있습니다.

내 몸의 경보 시스템

이름: ______________________ 날짜: ______________________

우리 몸이 우리를 위험에서 보호하는 각각의 방식의 한 예를 작성해 보세요.

– 싸우거나(투쟁) 도망가거나(도피) 얼어붙는 것(동결) 그리고 복종/동조.

투쟁 반응

예: 여러분이 학교에 걸어가고 있을 때 다람쥐가 쓰레기통에서 튀어나왔습니다. 여러분은 깜짝 놀라서 다람쥐에게 소리를 질렀습니다. (높은 에너지–싸움)

여러분의 개인적인 투쟁 반응의 예:

____

____

____

____

____

도피 반응

예: 여러분이 길을 건너고 있을 때 차 한 대가 여러분 쪽으로 빠르게 옵니다. 여러분은 차를 피해 재빨리 인도로 되돌아옵니다. (도피)

여러분의 개인적인 도피 반응의 예:

____

____

____

____

____

동결 반응

예: 여러분이 숲에서 산책하고 있는데 곰 한 마리가 갑자기 나타났습니다. 여러분은 곰이 여러분보다 훨씬 크고 강하고 빠르다는 것을 알기 때문에, 곰이 가버리고 여러분을 쫓아오지 않도록 조용히 움직이지 않고 가만히 서 있습니다. (동결)

여러분의 개인적인 동결 반응의 예:

복종/동조 반응

예: 학생에게 비열한 말을 자주 하고 불합격시키겠다고 협박하는 선생님이 늦게까지 남아서 교실 청소를 도와줄 자원봉사자를 요청합니다. 아무도 응답하지 않자 선생님은 여러분을 쳐다보며 "도와줄 거지?"라고 말합니다. 여러분은 돕고 싶지 않지만 선생님이 무섭기 때문에 동의합니다. (복종/동조)

여러분의 개인적인 복종/동조 반응의 예:

내 거짓 경보가 울리는 순간은…

이름: ______________________ 날짜: ______________________

촉발요인	**이런 것들이 떠오릅니다.**
1. 큰 목소리로 고함치는 것을 들으면	사람들이 내게 많이 소리 질렀을 때
2. 외롭거나 무시당했다고 느끼면	충분히 관심을 받지 못했던 어린 시절
3. 담배 연기	화재

4. ______________________________

5. ______________________________

6. ______________________________

7. ______________________________

8. ______________________________

촉발요인 확인하기

이름: ______________________ 날짜: ______________________

촉발요인: 우리 뇌의 경보 체계를 켜고 우리의 생존 전략, 즉 투쟁, 도피, 동결 또는 복종을 촉진하는 어떤 것입니다. 여러분의 촉발요인에 주목하세요. 이번 주(혹은 최근) 여러분이 촉발되었을 당시에 주의를 기울여 보세요.

어떤 상황이었습니까? 무엇이 여러분을 촉발시켰다고 생각하나요?

____

여러분의 반응은 어땠나요? 가능한 한 많이 묘사해 보세요.

신체: ______________________

사고: ______________________

감정: ______________________

행동: ______________________

그것은 투쟁, 도피, 동결, 복종 중 무엇이었나요? ______________________

여러분의 각성 정도를 체크하세요.

−1	0	1	2	3	4	5	6	7	8	9	10
억제		**낮은 에너지/ 차분**				**중간 정도 에너지**				**높은 에너지/ 강렬한 정서**	

여러분은 그 상황 혹은 그 느낌에 어떻게 대처했나요?

____

____

____

____

____

____

____

나의 비언어적 단서

이름: ______________________ 날짜: ______________________

여러분이 ______________________(감정을 고르세요)다는 걸 사람들이 어떻게 알게 되는지 예를 들어 주세요.

내가 ______________________ 때, 나의 얼굴은 이렇게 보일 거예요.

____

____

____

내가 ______________________ 때, 나의 신체는 이렇게 보일 거예요.

____

____

____

내가 ______________________ 때, 나의 목소리는 이렇게 보일 거예요.

____

____

____

내가 ______________________ 때, 내가 이 행동을 하는 걸 사람들이 알아차릴 거예요.

____

____

____

정서 강도 계량기

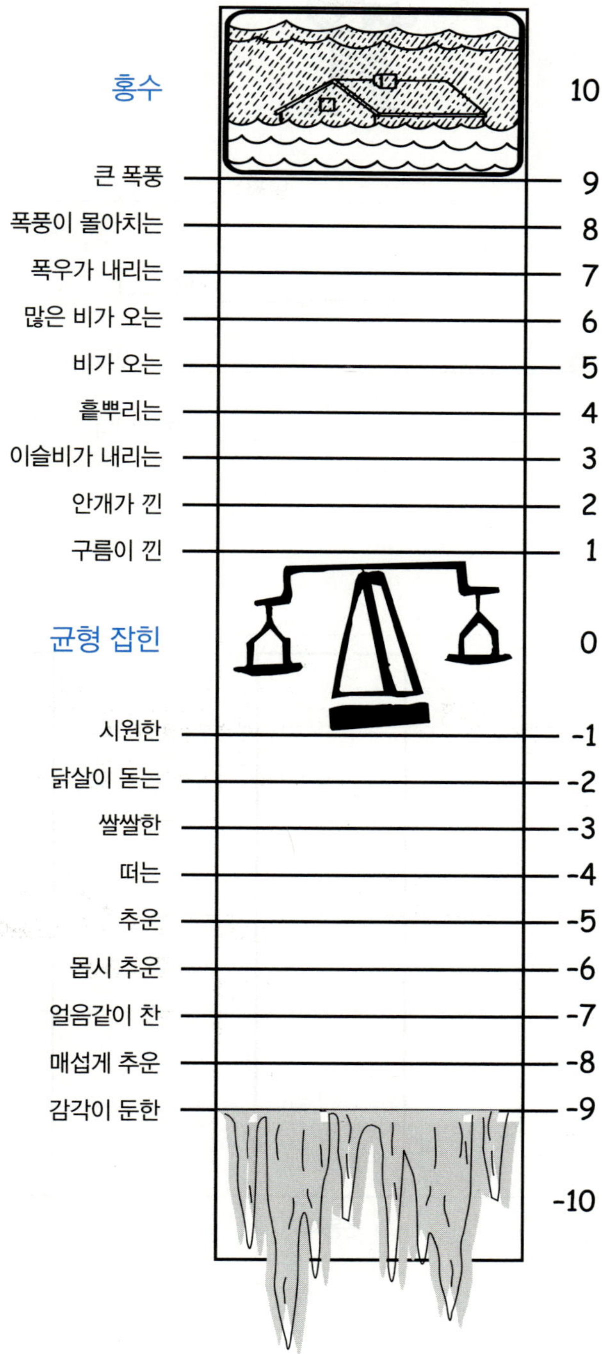
홍수 10
큰 폭풍 9
폭풍이 몰아치는 8
폭우가 내리는 7
많은 비가 오는 6
비가 오는 5
흩뿌리는 4
이슬비가 내리는 3
안개가 낀 2
구름이 낀 1
균형 잡힌 0
시원한 -1
닭살이 돋는 -2
쌀쌀한 -3
떠는 -4
추운 -5
몹시 추운 -6
얼음같이 찬 -7
매섭게 추운 -8
감각이 둔한 -9
-10

나의 맥박 측정하기

이름: ______________________ 날짜: ______________________

나의 안정 시 심박수는 분당 ______________________ 번입니다.

운동을 한 다음 나의 심박수는 분당 ______________________ 번입니다.

심호흡 후 나의 심박수는 분당 ______________________ 번입니다.

아래 표에 심박수를 색칠하세요.

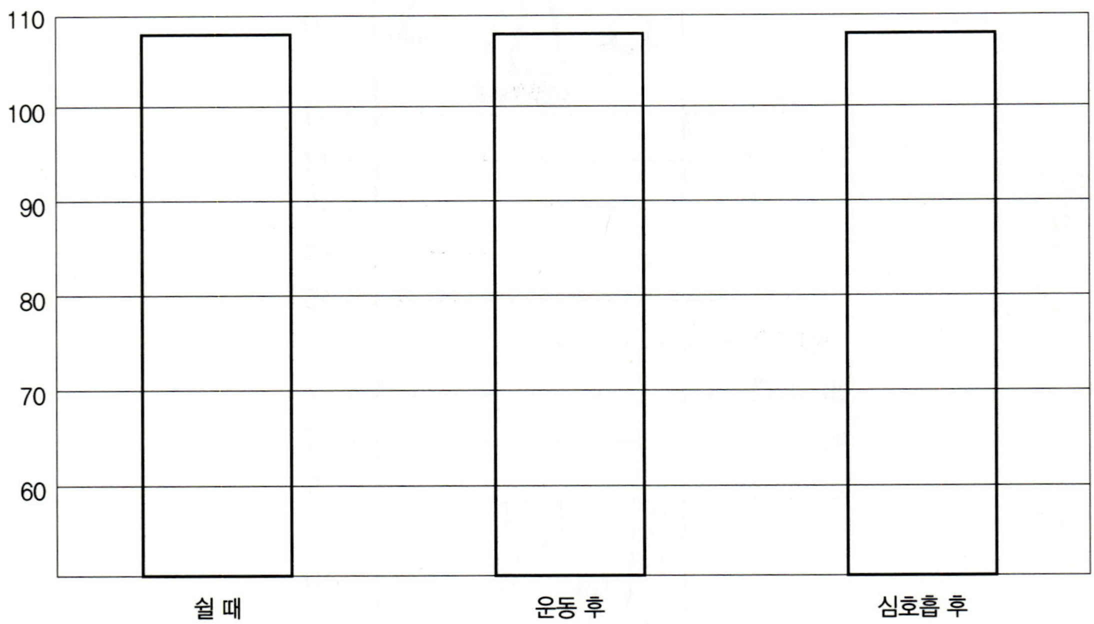

나의 에너지 추적하기

이름: ______________________ 날짜: ______________________

신체 활동은 정서에 대처하고 에너지를 관리하는 데 도움이 됩니다. 어떤 신체 활동은 신체의 각성 수준을 높이고, 어떤 것은 각성 수준을 낮춥니다. 우리 모두는 서로 다른 방식으로 반응합니다. 그러므로 서로 다른 활동과 그것이 여러분의 각성–에너지 수준에 미치는 영향을 탐색해 볼 것입니다. 이 종이에 여러분의 반응을 적어 보세요.

<u>**시작점**</u>: 지금 어떻게 느끼나요? 신체에서 느껴지는 것은 무엇인가요? 몇 가지를 적어 보세요.

____

____

____

여러분의 지금 에너지 수준을 다음의 척도에 체크해 보세요.

−1	0	1	2	3	4	5	6	7	8	9	10
억제		낮은 에너지/ 차분				중간 정도 에너지				높은 에너지/ 강렬한 정서	

<u>**활동 1**</u>

활동: ____

시작할 때 각성 수준: ______________ 끝날 때 각성 수준: ______________

반응: ____

____

<u>**활동 2**</u>

활동: ____

시작할 때 각성 수준: ______________ 끝날 때 각성 수준: ______________

반응: ____

____

활동 3

활동: ____________________

시작할 때 각성 수준: ____________ 끝날 때 각성 수준: ____________

반응: ____________________

____

활동 4

활동: ____________________

시작할 때 각성 수준: ____________ 끝날 때 각성 수준: ____________

반응: ____________________

____

활동 5

활동: ____________________

시작할 때 각성 수준: ____________ 끝날 때 각성 수준: ____________

반응: ____________________

____

활동 6

활동: ____________________

시작할 때 각성 수준: ____________ 끝날 때 각성 수준: ____________

반응: ____________________

____

나의 에너지를 편안하게 만들기

이름: ____________________ 날짜: ____________________

우리의 다음 만남 전에 적어도 한 번은 여러분의 대처 기술을 연습하세요. 에너지가 몸에서 편안하게 느껴지도록 돕는 방법을 연습해 보세요.

다음과 같은 것을 시도해 볼 수 있습니다.

진정 활동

- 무거운 담요나 무게가 나가는 것을 어깨나 무릎에 올려놓기
- 부드럽고 차분한 음악을 듣기
- 모래와 돌의 그림을 보고 세부 묘사에 집중하기
- 스트레스 공을 꽉 쥐거나 근육을 경직시켰다가 풀기
- 복식호흡

활기찬 활동

- 즐거운 음악 듣기
- 춤추기
- 산책하기
- 작은 트램펄린에서 점프하기
- 줄넘기

이번 주에 나는 에너지를 내 몸의 편안한 장소로 가져가기 위해 이것을 연습했습니다.

____

____

____

____

____

____

이렇게 해서 나의 에너지가 변화했는지를 알았어요.

____

____

____

____

____

____

이렇게 해서 나의 에너지가 한층 편안하게 느껴진다는 것을 알았어요.

____

____

____

____

____

____

나는 이 기술을 ____________________ 와 연습했습니다.

이름: ____________________ 양육자 (날짜): ____________________

신뢰의 원

이름: ______________________ 날짜: ______________________

여러분 삶의 여러 사람들에 대해 생각해 보세요. 그들이 여러분에게 얼마나 가까운지 표시해 보세요.

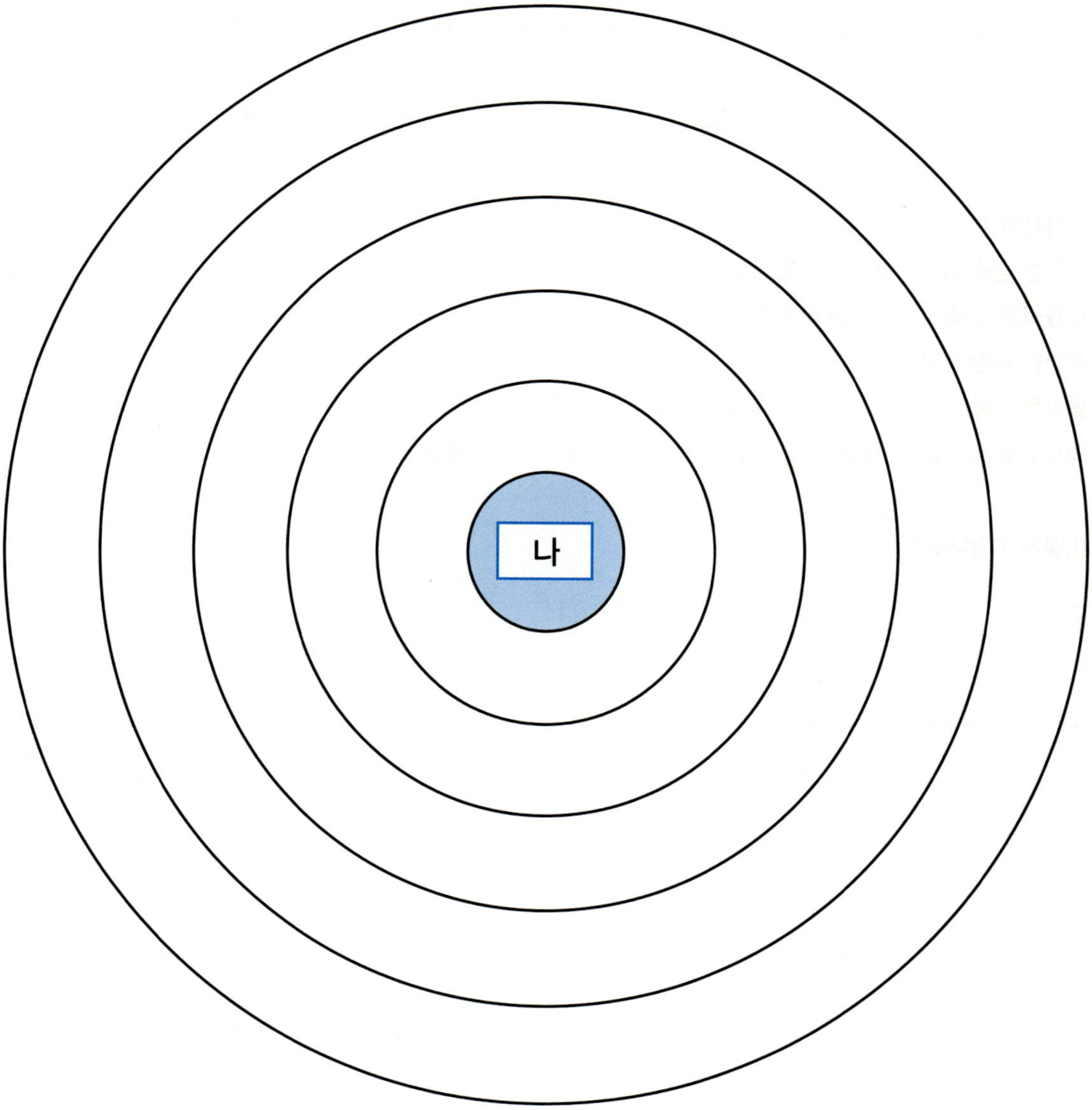

대화 시작하기

이름: ______________________________ 날짜: ______________________________

(이름 ____________)와/과 여러분이 어떻게 느끼는지에 대해 대화 시작하기를 연습하세요.

(이름 ____________)에게 여러분이 이야기하고 싶다는 것을 미리 알려주세요(예를 들어, 손짓이나 문의 표지판, 말로 혹은 다른 것들을 이용해서). 다음 만남 전까지 최소한 한 번은 연습하세요.

나는 ________________에(날짜/시간) ________________와(이름) 이것을 연습했습니다.

기억하세요.

편안한 상태(여러분의 몸이 어떻게 느끼나요?)

효율적인 상태(여러분은 통제하고 있나요?)

적당한 시간(적당한 시간은 언제고 적당하지 않은 시간은 언제죠?)

올바른 사람(누가 여러분의 요구를 충족시킬 수 있나요?)

의사소통 스타일(여러분은 어떻게 효율적인 의사전달자가 될 수 있나요?)

어떻게 되었나요?

____

____

____

____

____

____

____

____

____

____

____

____

다른 사람 칭찬하기

이름: ______________________ 날짜: ______________________

______________에 대해 내가 좋아하는 것은 ______________________

____

____

______________에 대해 내가 좋아하는 것은 ______________________

____

____

______________에 대해 내가 좋아하는 것은 ______________________

____

____

______________에 대해 내가 좋아하는 것은 ______________________

____

____

______________에 대해 내가 좋아하는 것은 ______________________

____

____

______________에 대해 내가 좋아하는 것은 ______________________

____

____

______________에 대해 내가 좋아하는 것은 ______________________

____

____

나 자신 칭찬하기

이름: ______________________ 날짜: ______________________

학교에서 내가 정말 잘하는 것은 ______________________입니다.

____

____

____

____

시간이 날 때 내가 하는 놀이 중 잘하는 것은 ______________________입니다.

____

____

____

____

나는 ______________________로서 다른 사람들에게 내가 좋은 친구라는 것을 보여 줍니다.

____

____

____

____

내 스스로에 대해 정말 좋아하는 것 한 가지는 ______________________입니다.

____

____

____

____

나의 정체성에 영향을 미치는 것들

이름: ______________________ 날짜: ______________________

우리는 여러 가지 많은 일들로부터 영향을 받습니다. 아래에는 여러분에게 영향을 미쳤던 몇 가지 예가 제시되어 있습니다. 여러분이 생각하기에 여러분에게 가장 영향을 주었던 6가지를 고르고 그것을 적어 보세요.
여러분이 작성한 각 항목마다 서로 다른 색상을 정하세요(예를 들어, "가족"은 빨간색 또는 보라색). 이 색상을 사용해서 여러분의 정체성에 영향을 미친 어떤 것을 드러내는 조각상(다양한 색상 플레이도우, 찰흙 등을 이용해서)이나 다른 미술 작품(채색화, 스케치, 색색의 색종이 콜라주 등)을 만들어 보세요.

가능한 영향

- 가족
- 이웃
- 또래
- 종교
- 문화적 배경
- 역할 모델
- 음악
- 소셜 미디어
- 학교
- 삶의 경험
- 다른 것들

여러분에게 영향을 가장 많이 준 6가지	색상 분류
1.	1.
2.	2.
3.	3.
4.	4.
5.	5.
6.	6.

영향력 특성 피라미드

나

긍정적인 영향

부정적인 영향

상자에 여러분에게 어떤 방식으로든 영향을 주었던 사람의 이름을 적으세요.
상자 옆에 있는 칸에는 그 사람이 여러분에게 영향을 주었던 특성을 적으세요.

예를 들면, 어떤 사람은 왼쪽 상자에 "할머니"라고 적고, 그 옆에 "돌봄"이라고 적을 수 있습니다. 왜냐하면 할머니의 돌봄은 긍정적인 영향이었으니까요. 어떤 사람은 오른쪽 상자에 "내 사촌"이라고 적고 옆의 칸에 "신뢰할 수 없음"이라고 적을 수 있습니다. 왜냐하면 언제나 사촌은 의지할 수 없다는 느낌이 있었으니까요.

정체성 방패

방법: 우리 모두는 많은 다른 특징을 가지고 있습니다. 예를 들면, 우리 성격의 다른 부분, 우리가 다양한 사람들과 행동하는 서로 다른 방식, 그리고 우리 안에 가지고 있는 일과 바깥에 내보이는 일이 있지요. 아래의 방패를 이용해서 여러분 스스로의 문장(紋章)이나 정체성 방패를 만드세요. 각 부분에 여러분의 서로 다른 부분을 상징하는 것을 그리거나 적어 넣으세요.

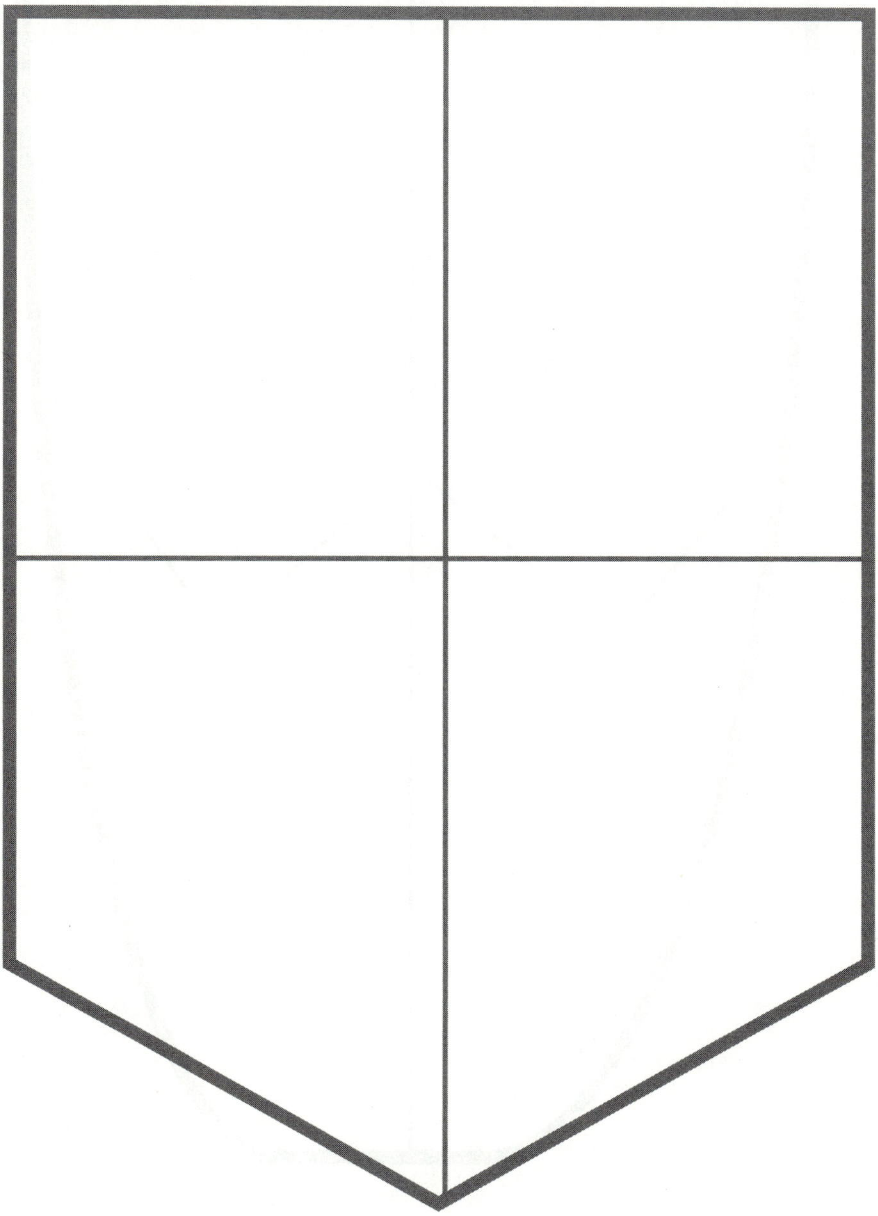

정체성 방패

방법: 우리 모두는 성격의 다양한 부분, 다양한 사람들과 행동하는 방식, 내면에 간직하고 있는 것과 겉으로 드러내는 것 등 다양한 특성을 가지고 있습니다. 아래의 방패를 사용하여 나만의 문장 또는 정체성 방패를 만들어 보세요. 각 섹션에 자신의 다른 부분을 상징하는 무언가를 그리거나 쓰세요.

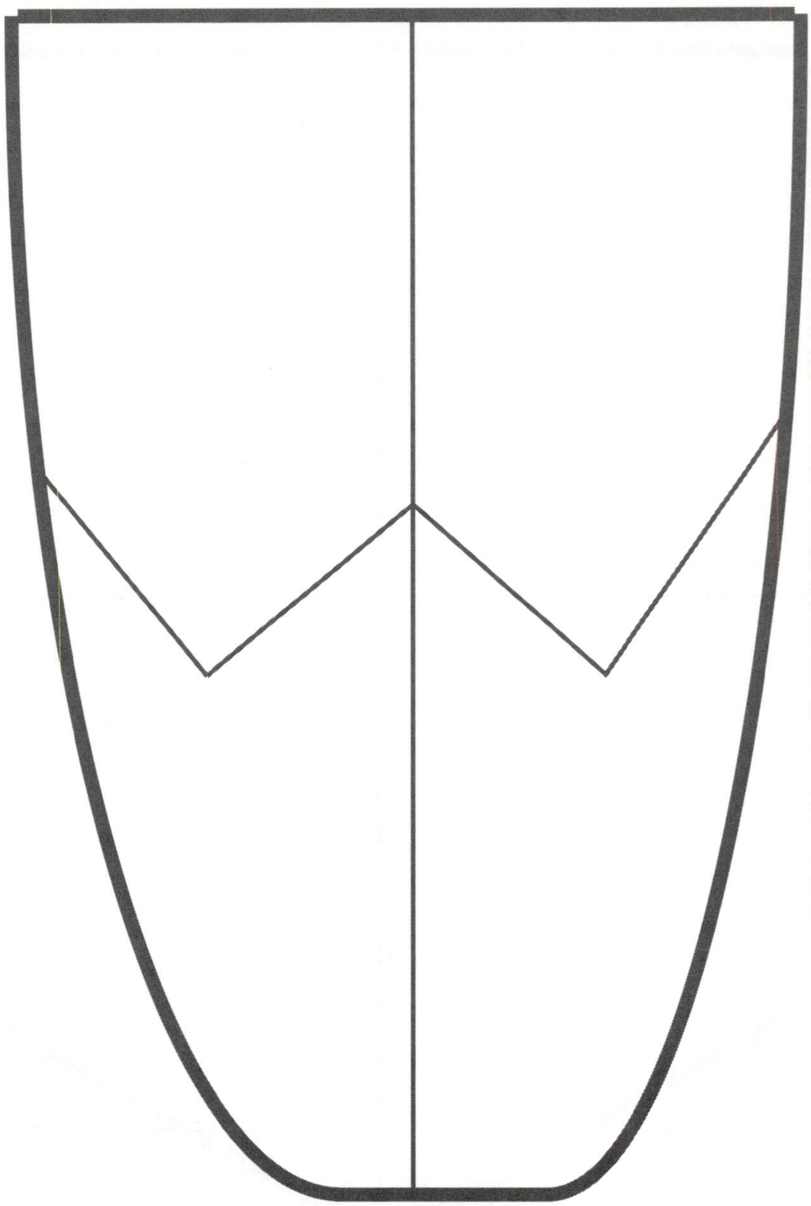

나의 즐거움 계량기

이름: ____________________

여러분의 의견이 중요합니다. 이 활동이 얼마나 재미있나요?

이 활동이 얼마나 재미있었는지 동그라미를 쳐주세요!

3. 매우 재미있어요!

2. 재미있어요.

1. 재미없어요.

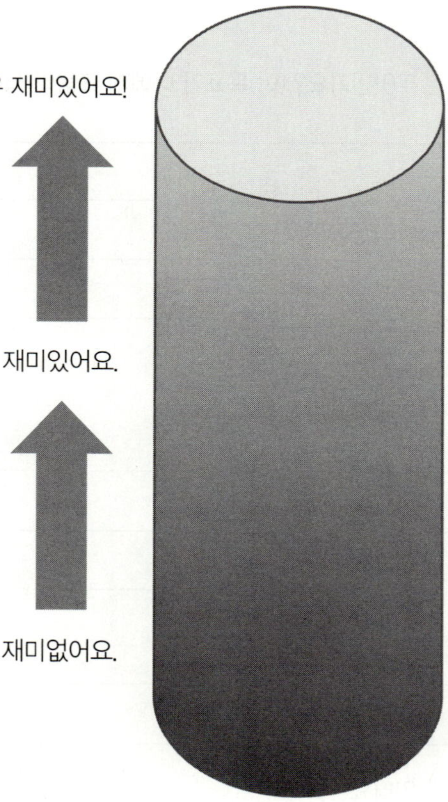

이 활동에 다시 참여하시겠습니까? 예 아니요

이 활동을 친구에게 추천하시겠습니까? 예 아니요

금주의 중요한 목표:
내 감정과 에너지에 대해 알아보기(인식)

이번 주에 내가 선택한 목표: (예: 내 에너지가 정말로 고조될 때 주목하기)

____

____

____

____

이 목표를 선택하는 이유는 무엇인가요? (이 목표가 나에게 도움이 되는 이유를 알려주는 구체적인 정보)

____

____

____

____

내가 시도할 수 있는 몇 가지 예(무엇을/언제/어떻게):

1. ____

____

(누가 이 문제를 도와줄 수 있나요?) ______________________

2. ____

____

(누가 이 문제를 도와줄 수 있나요?) ______________________

3. ____

____

(누가 이 문제를 도와줄 수 있나요?) ______________________

금주의 중요한 목표:
내 감정과 행동 관리하기(조정)

이번 주에 내가 선택한 목표: (예: 하루 한 번씩 나의 조용한 공간을 사용하는 연습하기)

이 목표를 선택하는 이유는 무엇인가요? (이 목표가 나에게 도움이 되는 이유를 알려주는 구체적인 정보)

내가 시도할 수 있는 몇 가지 예(무엇을/언제/어떻게):

1. ________

(누가 이 문제를 도와줄 수 있나요?) ________

2. ________

(누가 이 문제를 도와줄 수 있나요?) ________

3. ________

(누가 이 문제를 도와줄 수 있나요?) ________

금주의 중요한 목표:
나에게 맞는 선택하기(실행 기능)

이번 주에 내가 선택한 목표: (예: 혼자 해결하기에 문제가 너무 크다고 느껴질 때 도움 청하기)

____

____

____

____

이 목표를 선택하는 이유는 무엇인가요? (이 목표가 나에게 도움이 되는 이유를 알려주는 구체적인 정보)

____

____

____

____

내가 시도할 수 있는 몇 가지 예(무엇을/언제/어떻게):

1. ______________________________

____

(누가 이 문제를 도와줄 수 있나요?) ______________________________

2. ______________________________

____

(누가 이 문제를 도와줄 수 있나요?) ______________________________

3. ______________________________

____

(누가 이 문제를 도와줄 수 있나요?) ______________________________

금주의 중요한 목표:
나에 대한 모든 것 배우기(자기와 정체성)

이번 주에 내가 선택한 목표: (예: 매일 내가 정말 좋아하는 한 가지 하기. 나는 이 세 가지 중 한 가지를 할 수 있다)

___

___

___

___

이 목표를 선택하는 이유는 무엇인가요? (이 목표가 나에게 도움이 되는 이유를 알려주는 구체적인 정보)

___

___

___

___

내가 시도할 수 있는 몇 가지 예(무엇을/언제/어떻게):

1. ___

___

(누가 이 문제를 도와줄 수 있나요?) ___

2. ___

___

(누가 이 문제를 도와줄 수 있나요?) ___

3. ___

___

(누가 이 문제를 도와줄 수 있나요?) ___

부록 E

치료 장면–시스템 자료

ARC 기반 치료 환경 프로그램: 자기평가 양식 _ 559

- 이 자기평가 척도는 핵심 ARC 목표에 따라 현재의 프로그램 정책과 절차를 검토하여 기존의 강점과 차이/도전 영역을 모두 확인할 수 있도록 지원한다. 이 양식은 시스템 중심의 실행을 위한 전략 계획을 개발하기 위한 기초 도구로 자주 사용되며, 개인보다는 팀에서 가장 잘 이행된다.

스태프 자기돌봄 계획 _ 567

- 이 간단한 양식은 스태프들이 순간 및 지속적인 자기돌봄 기술에 대한 구체적인 계획을 개발하는 데 사용된다.

외상 주기 활동지 _ 568

- 이 간단한 활동지는 스태프/치료제공자 자신의 생각, 감정, 행동에 반영되거나 영향을 미칠 수 있는 아동의 생각, 감정, 행동 방식을 확인하는 데 유용하다. 이 활동지는 부록 B에 있는 교육용 유인물 "외상 사이클 이해하기"와 함께 사용할 수 있다.

ARC 정보 기반 시스템 오리엔테이션 및 인테이크 자료 모음 _ 569

- 이 모음은 청소년을 위한 오리엔테이션 자료의 예시를 제공하며, 청소년에 대한 정보 공유(ARC, 프로그램 정보)와 정보 수집을 모두 포괄한다. 이 모음에는 참여, 교육, 조율, 정체성을 지원하는 요소들이 포함된다.

편안한 지대: 시스템용 지침 예시 _ 573

- 이 페이지에서는 "편안한 지대"를 육성하는 시스템 차원의 조정 개입을 촉진하기 위한 지침의 예를 제공한다. 이러한 구체적인 지침은 청소년의 조정도구 사용과 실험을 촉진하는 방법에 대한 구조를 스태프에게 제공하며, 공통 언어(예: "에너지")와 도구 사용에 대한 일관된 일과를 지원하는 데 도움이 된다. 이러한 구조는 또한 스태프들이 조정 전략을 중심으로 청소년과 소통할 때 양자적 조율을 지원한다.

감각 도구들을 통한 조율 지원 _ 574

- 이 양식은 (1) 스태프로 하여금 청소년과 함께 에너지 수준, 편안함의 정도, 도구 실험에 대한 구조를 평가함으로써 각각의 청소년이 조정 기술을 배울 수 있도록 지원하고, (2) 청소년의 감정과 에너지 이동에 대한 조율을 구축하는 데 도움이 된다.

조율에 대한 체계적 접근법 개발: 기관 활동지 _ 576

- 이 양식은 청소년의 조절을 일상적으로 지원하기 위한 현재 접근 방식과 가능한 접근 방식들을 확

인하는 시스템을 지원한다.

내담자 지원 계획 도구 _ 579

■ 이 인터뷰/체크리스트는 청소년과 함께 일하는 스태프들이 공통적인 촉발요인, 고통의 징후, 가능한 대처 전략을 확인하도록 도움을 준다. 이 도구는 스태프들이 청소년 조절을 위한 조율을 지원하는 데 사용되는 구조의 예를 제공한다.

간략 코칭 계획 _ 581

■ 이 간략 양식은 스태프가 청소년과의 기본적/정기 체크인을 수행하는 데 도움이 되는 템플릿의 예를 제공한다.

지금 이 순간을 위한 5단계 안전 _ 582

■ 이 간단한 유인물에는 스태프가 청소년의 감정 격화 순간을 다루는 간단한 단계들이 제공된다.

휴식 취하기 _ 583

■ 이 양식은 아동 · 청소년이 경미한 수준의 행동으로 인해 "휴식" 또는 "타임아웃"을 받았을 때 스태프와 청소년이 사용할 처리 양식의 예시를 제공한다. 이 양식은 청소년이 정서, 에너지, 통제 수준 및 특정한 대처 전략들을 인식하도록 하여 보다 큰 집단에 성공적으로 다시 참여할 수 있도록 지원한다.

처리 양식 _ 585

■ "휴식 취하기" 양식과 유사하게, 이 양식은 아동 · 청소년이 행동에 대한 특정 결과 혹은 제한을 받았을 때 스태프와 청소년이 사용할 수 있는 처리 양식의 예를 제공한다. 이 양식은 청소년이 행동, 정동, 에너지, 통제 수준 및 구체적인 대처 전략을 촉발하는 요인을 인식하여 더 큰 집단에 성공적으로 다시 참여하도록 지원한다.

처리 자료 모음: 경로로 돌아가기 _ 588

■ 이 자료 모음은 청소년이 행동 제한을 받았거나 조절 곤란으로 인해 프로그램 활동에서 휴식을 취해야 하는 경우에 사용하도록 고안되었다. 이 자료 모음은 아동 · 청소년이 자신의 감정과 행동에 대한 통제력을 회복한 후 스태프에 의해 시행해야 한다. 이 자료 모음은 청소년이 행동 촉발요인, 신체 단서, 에너지/각성 수준, 감정 단서, 사고 단서를 확인하도록 지원하고, 청소년이 자원 접근과 같이, 향후 대처 및 표현 기술과 관련된 문제 해결에 참여하도록 돕는다.

프로그램–양육자 간 행동 소통 양식 _ 600

양육자–프로그램 간 행동 소통 양식 _ 601

- 이 양식은 프로그램 스태프가 치료 환경 내에서 행동이 다루어지는 방식에 대해 양육자와 소통하거나 양육자가 관찰된 행동에 대해 프로그램 스태프와 소통하도록 지원한다.

ARC 기반 치료 환경 프로그램: 자기평가 양식

ARC 기반/ARC 정보 프로그램:

1. 외상 정보에 근거한 실행을 통합하는 시스템 기반 프로그램 접근 방식을 전략적으로 계획하고, 지속적으로 개발하며, 모니터링하고 조정할 책임이 있는 다학제 전문가로 구성된 전담팀을 보유하고 있다.

당신의 프로그램이 이러한 목표를 어느 정도 달성하고 있는지를 평가하세요.

0	1	2	3	4	5
전혀 아님		약간		매우 많이	

팀원 확인하기:

___

___

___

팀 회의 기술하기(빈도, 의제):

___

___

___

2. 지속적인 프로그램 구조(예: 초기 오리엔테이션 이후)에 통합된 훈련/자문/감독에 대한 목적지향적인 순서 또는 접근 방식을 통한 외상에 대한 스태프의 지식과 인식을 지원한다.

당신의 프로그램이 이러한 목표를 어느 정도 달성하고 있는지를 평가하세요.

0	1	2	3	4	5
전혀 아님		약간		매우 많이	

기술하기: 스태프는 오리엔테이션, 감독, 자문, 지속적인 교훈적 교육 등 외상 관련 교육을 어떤 방식으로 받는가(예: 오리엔테이션, 감독, 상담, 지속적인 교육적 훈련)?

___

___

교육 개발, 모니터링 및 제공은 누가 담당하는가?

3. 기존 프로그램 구조(예: 회의, 내담자 논의, 슈퍼비전), 정책 및 서류 작업에서 외상 관련 개념의 통합을 지원한다.

당신의 프로그램이 이러한 목표를 어느 정도 달성하고 있는지를 평가하세요.

0	1	2	3	4	5
전혀 아님		약간		매우 많이	

외상 관련 개념(예: 촉발요인, 적응적 반응, 유용한 조절 전략)이 내담자 논의 및 주요 서류 작업에 일상적으로 통합되는 방법의 예를 제공한다.

4. 스태프 경험에 대한 반영적 인식, 체계적 및 개별 지원 자원의 인식 및 개발, 시스템 구조, 정책 및 절차에 성인 지원 통합 등을 포함한 스태프와 성인의 정동 관리를 적극적으로 목표로 삼는다.

당신의 프로그램이 이러한 목표를 어느 정도 달성하고 있는지를 평가하세요.

0	1	2	3	4	5
전혀 아님		약간		매우 많이	

접근 방식을 기술한다. 고려사항: 자기인식에 대한 특정 교육, 슈퍼비전의 가용성, 스태프 지원 및 조절을 위한 구체적인 자원의 가용성, 스태프 경험에 미치는 청소년 영향에 대한 명시적인 논의, 스태프 배치에 "백업"의 존재, 대리 외상에 대한 인식 및 교육 등을 고려한다.

5. 청소년 행동에 대한 스태프들의 적극적인 호기심과 이해를 의도적으로 개발하고, 이러한 자질을 청소년 기능 지원을 위한 체계적 접근 방식에 통합한다.

당신의 프로그램이 이러한 목표를 어느 정도 달성하고 있는지를 평가하세요.					
0	1	2	3	4	5
전혀 아님		약간		매우 많이	

접근 방식을 기술한다. 여기에는 청소년 행동의 기저에 있는 기능을 이해하는 초기 교육과 청소년 행동의 가능한 기저 요인을 탐색하는 데 스태프를 지원하는 지속적인 구조가 모두 포함되어야 한다. 회의에서 청소년 행동이 어떻게 논의되며, 촉발요인에 관한 정보가 포함된다면, 행동 양식 및 계획에 대한 반응, 청소년 행동을 관찰하고 해결하기 위한 사전 예방적 접근 방식 등을 고려한다.

---

6. 청소년 행동의 동인에 대한 이해를 통합하고 성공을 지원하기 위한 개별화된 접근 방식을 강조하는 행동 계획을 개발한다.

당신의 프로그램이 이러한 목표를 어느 정도 달성하고 있는지를 평가하세요.					
0	1	2	3	4	5
전혀 아님		약간		매우 많이	

행동 반응에 대한 시스템 접근 방식을 기술한다. 청소년 행동에 대한 이해가 해당 행동에 대한 반응에 통합되는 방식들을 구체적으로 기술한다.

---

7. 성인과 아동의 긍정적인 상호작용을 지원하는 방식으로 스태프의 행동, 반응, 청소년과의 상호작용을 검토하는 체계적인 접근 방식을 가지고 있다.

당신의 프로그램이 이러한 목표를 어느 정도 달성하고 있는지를 평가하세요.					
0	1	2	3	4	5
전혀 아님		약간		매우 많이	

스태프와 청소년의 상호작용을 논의하는 포럼을 기술한다. 슈퍼비전, 소규모 또는 대규모 스태프 회의, 청소년-스태프 커뮤니티 통합 토론을 위한 포럼 등이 포함될 수 있다. 해당되는 경우 스태프와 청소년 간의 회복을 위한 포럼에 대해 기술한다.

8. 청소년의 경험을 반영하고 반영적 반응을 제공하며 청소년이 문제 해결 기술을 습득할 수 있도록 지원하는 스태프 기술을 적극적으로 구축하고 지원한다.

당신의 프로그램이 이러한 목표를 어느 정도 달성하고 있는지를 평가하세요.					
0	1	2	3	4	5
전혀 아님		약간		매우 많이	

이러한 기술에 대한 스태프 훈련 접근 방식과 이를 지속적인 실무에 통합하는 방법을 기술한다. 오리엔테이션이나 운영되는 훈련과 같은 교육적 과정과 슈퍼비전, 코칭, 스태프와 청소년의 상호작용을 지원하기 위한 체계적인 접근 방식(일상적인 반영 회의, 조직화된 문제 해결 회의 등)과 같은 지속적인 구조를 고려한다.

9. 아동의 가족 시스템(해당되는 경우)의 참여를 적극적으로 유도하며 외상 관련 양육자 교육, 양육자 조율, 양육자 정서 관리 및 기타 양육자 기술 등을 체계적 목표로 삼는다.

당신의 프로그램이 이러한 목표를 어느 정도 달성하고 있는지를 평가하세요.					
0	1	2	3	4	5
전혀 아님		약간		매우 많이	

아동의 가족 시스템과 협력하기 위한 접근 방식을 기술한다. 초기 가족 참여, 양육자 심리교육, 양육자 기술 구축, 양육자-아동 관계 구축을 위한 공식적/체계적 접근 방식이 있는가? 이러한 접근 방식은 어떻게 모니터링되고 조정되는가? 양육자/가족 시스템이 치료 과정에서 어떤 방식으로 적극적으로 협력하고 있는가?

10. 치료 장면 기능의 모든 측면에서 청소년 조절 기술을 개발하고 지원하기 위한 체계적인 접근 방식을 갖추고 있으며, 모든 스태프들은 통합적인 방식으로 이러한 기술을 강화하고 단서를 주고 지원하며 행동한다.

(10a) 청소년 조절에 대한 접근 방식은 청소년의 정서적, 생리적 경험에 대한 적극적 이해를 목표로 하며, 현재 기능에 대한 발달력적 영향의 역할을 인식/통합한다.

(10b) 청소년 조절에 대한 접근 방식은 청소년이 감정과 각성을 관리하기 위한 구체적인 자원을 적극적으로 탐색하고 확인하도록 지원하는 것을 통합한다.

(10c) 조절을 위해 확인된 전략은 매일 절차에 일관적이고 체계적으로 통합되며, 모든 직급의 스태프들은 청소년의 기술을 지원하기 위한 구체적–역할 방식들을 훈련한다.

당신의 프로그램이 이러한 목표를 어느 정도 달성하고 있는지를 평가하세요.

0	1	2	3	4	5
전혀 아님		약간		매우 많이	

프로그램에 참여하는 청소년이 조절 전략을 탐색하는 데 있어 어떤 방식으로 가르치고 지원받는지 기술한다.

청소년 조절을 지원하는 스태프의 역할을 기술한다.

조절/상호조절을 용이하게 하는 체계적인 구조(예: 조절 자원에 대한 접근, 목적에 따른 일과 사용, 개별화된 도구상자)를 기술한다.

11. 일과와 리듬의 중요성을 인식하고 이를 성인과 청소년의 조정을 지원하고 주요 목표를 달성하는 데 적극적으로 활용한다.

당신의 프로그램이 이러한 목표를 어느 정도 달성하고 있는지를 평가하세요.

0	1	2	3	4	5
전혀 아님		약간			매우 많이

당신의 시스템에서 일과와 리듬의 역할을 나열하고 간략하게 기술한다. 매일 일정과 특정 목표가 있는 일과(예: 전환 시간, 취침 시간)들을 모두 고려한다. 이러한 일과를 스태프와 청소년 모두에게 명확하게 하는 방법을 기술한다.

___

___

___

예측할 수 없는 경험(예: 청소년 또는 스태프 이탈, 중대한 사건)을 지원하기 위한 일과들이 사용되는가? 이러한 중대한 사건에 대한 접근 방식이 체계적인가 아니면 사후 대응 방식인가?

___

___

___

독특한 공동체 의례가 있는가?

___

___

___

12. 청소년의 강점과 역량 영역을 일과적이고 체계적으로 평가하고, 확인하며, 구축하고 지원한다.

당신의 프로그램이 이러한 목표를 어느 정도 달성하고 있는지를 평가하세요.

0	1	2	3	4	5
전혀 아님		약간			매우 많이

청소년의 강점과 역량 영역을 적극적으로 평가하고 다루는 방법들을 기술한다.

13. 아동 및 청소년 고객의 기능, 역량강화, 적극적인 의사 결정의 기회를 적극적으로 목표로 삼고 구축한다.

당신의 프로그램이 이러한 목표를 어느 정도 달성하고 있는지를 평가하세요.					
0	1	2	3	4	5
전혀 아님		약간		매우 많이	

청소년의 역량 강화를 위한 기회들을 기술한다. 청소년들을 초청하여 (1) 프로그램 경험에 대한 피드백 제공, (2) 치료 목표 및 과정에 대한 정보 제공, (3) 공동체 의사결정에 참여하도록 초청 방법 등을 고려한다.

14. 청소년, 가족 및/또는 관련 기관과 협력하여 치료 프로그램 이후의 긍정적인 기능을 지원하고 계획하며 향후 템플릿을 개발한다.

당신의 프로그램이 이러한 목표를 어느 정도 달성하고 있는지를 평가하세요.					
0	1	2	3	4	5
전혀 아님		약간		매우 많이	

청소년과 가족이 목표를 개발하고 프로그램 이후 기능에 필요한 구체적인 자원들을 이용할 수 있도록 지원하는 방법을 기술한다.

15. (해당되는 경우) 인구, 기간, 장면의 구조적 한계와 부합하는 형식으로 외상 경험을 이해하고 통합하는 훈련을 받은 임상의가 있다.

당신의 프로그램이 이러한 목표를 어느 정도 달성하고 있는지를 평가하세요.

0	1	2	3	4	5
전혀 아님		약간		매우 많이	

임상가를 위한 외부 및 내부 훈련 과정과 기회들을 모두 고려한다.

____

____

____

〈ARC 기반/ARC 정보에 근거한 시스템 체크리스트 요약지〉

	시스템이 이 목표를 달성하는 정도					
	전혀		다소		매우 많이/항상	
	0	1	2	3	4	5
1. 수행 인솔 팀	0	1	2	3	4	5
2. 목적에 맞는 훈련 접근 방식	0	1	2	3	4	5
3. 외상-관련 개념의 통합	0	1	2	3	4	5
4. 스태프 정서관리 목표	0	1	2	3	4	5
5. 청소년 행동에 대한 스태프 호기심	0	1	2	3	4	5
6. 외상-기반 행동 계획	0	1	2	3	4	5
7. 스태프와 아동의 긍정적인 상호작용을 지원하는 접근 방식	0	1	2	3	4	5
8. 적극적인 스태프 기술 구축	0	1	2	3	4	5
9. 가족 참여 목표	0	1	2	3	4	5
10. 청소년 조절에 대한 통합적 접근	0	1	2	3	4	5
11. 일과와 리듬	0	1	2	3	4	5
12. 청소년 역량 목표	0	1	2	3	4	5
13. 청소년 역량 강화 지원	0	1	2	3	4	5
14. 향후 계획	0	1	2	3	4	5
15. 외상별 임상적 접근 및 교육	0	1	2	3	4	5

스태프 자기돌봄 계획

이름: ______________________ 날짜: ______________________

청소년들의 도전적인 행동에 부딪혔을 때 순간적으로 내가 실행할 수 있는 두 가지 전략들(예: 10까지 세기, 세 번 심호흡하기, ABC 암송하기):

1. ______________________

____

2. ______________________

____

일을 끝마친 후에 내가 할 수 있는 두 가지 장기적 전략들(예: 친구와 만나기, 내가 즐기는 것 하기):

1. ______________________

____

2. ______________________

____

______________________ ______________________

스태프 서명/검토 날짜 감독자 서명/날짜

외상 주기 활동지

여러분과 아동·청소년 사이의 상호작용을 떠올려 보세요. 여러분과 아동·청소년에게 주목할 만한 경험의 패턴을 생각해 보세요.

이 표를 사용하여 관찰한 내용을 글로 쓸 수 있습니다.

	청소년	스태프/양육자
인지 사고 패턴, 인식, 가정, 태도		
감정적 언어적 및/또는 비언어적으로 표현된 핵심 감정, 명백하거나 암묵적인		
행동(대처 전략) 상호작용 또는 상황을 조절, 관리 또는 회피하는 데 사용되는 핵심 행동 및 전략		
주기 사이클을 유지하는 핵심 상호작용(생각, 행동, 의사소통)		

ARC 정보 기반 시스템 오리엔테이션 및 인테이크 자료 모음

우리에 대하여: ARC와 외상 구조 소개

우리 프로그램은 인생에서 매우 스트레스가 많은 사건을 경험한 아이들을 돕기 위해 고안되었습니다. 힘든 일을 겪은 아이들은 종종 매우 크고 때로는 압도적인 감정을 경험합니다. 아이들이 이러한 큰 감정을 다루는 방식이 종종 우리를 찾아오게 합니다. 일부 자신이나 타인에게 상처를 주는 아이, 규칙과 관계에 어려움을 겪는 아이, 세상으로부터 숨으려고만 하는 아이 등 다양한 유형이 있습니다. 큰 감정이나 경험을 관리하기 위해 많은 전략이 사용됩니다. 우리의 목표는 여러분이 자신의 감정을 더 잘 이해하는 법을 배우도록 돕고, 여러분이 더 편안하게 느끼고 목표를 달성하는 데 도움이 되는 전략의 도구 상자를 만들 수 있도록 여러분과 함께 노력하는 것입니다.

당신에 대해

이 양식은 여러분에 대한 몇 가지 정보를 알아내기 위한 양식입니다. 우리가 여러분에 대해 더 알아가는 과정에서 공유하고 싶은 내용이나 이야기하고 싶은 내용이 있으면 알려주세요.

안녕!
내 이름은

나의 출신 지역

우리 프로그램에 오기 전에는 어디에서 살고 계셨나요? 누구와 함께?

____

____

____

마지막 집/프로그램은 어땠나요?

____

____

____

____

____

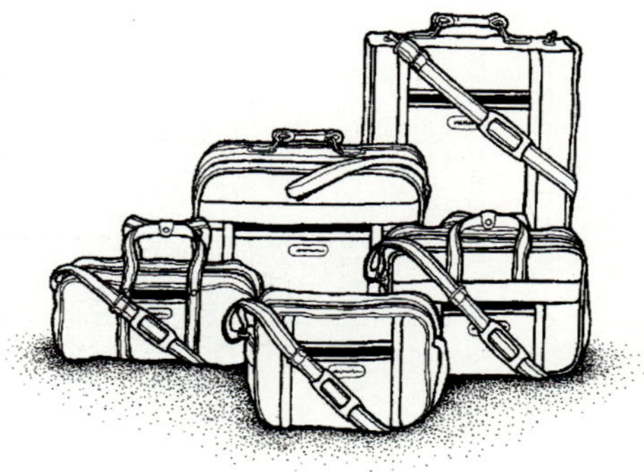

어떤 점이 마음에 드셨나요?

어떤 점이 마음에 들지 않으셨나요?

부모님/스태프가 여러분에게 정말로 도움이 되었던 일은 무엇인가요?

신뢰의 원

여러분에게 매우 중요한 사람들을 생각해 보세요. 아래의 원을 사용하여 가까운 사람과 멀리 있는 사람을 적습니다(물리적 및/또는 정서적 거리로 생각하세요).

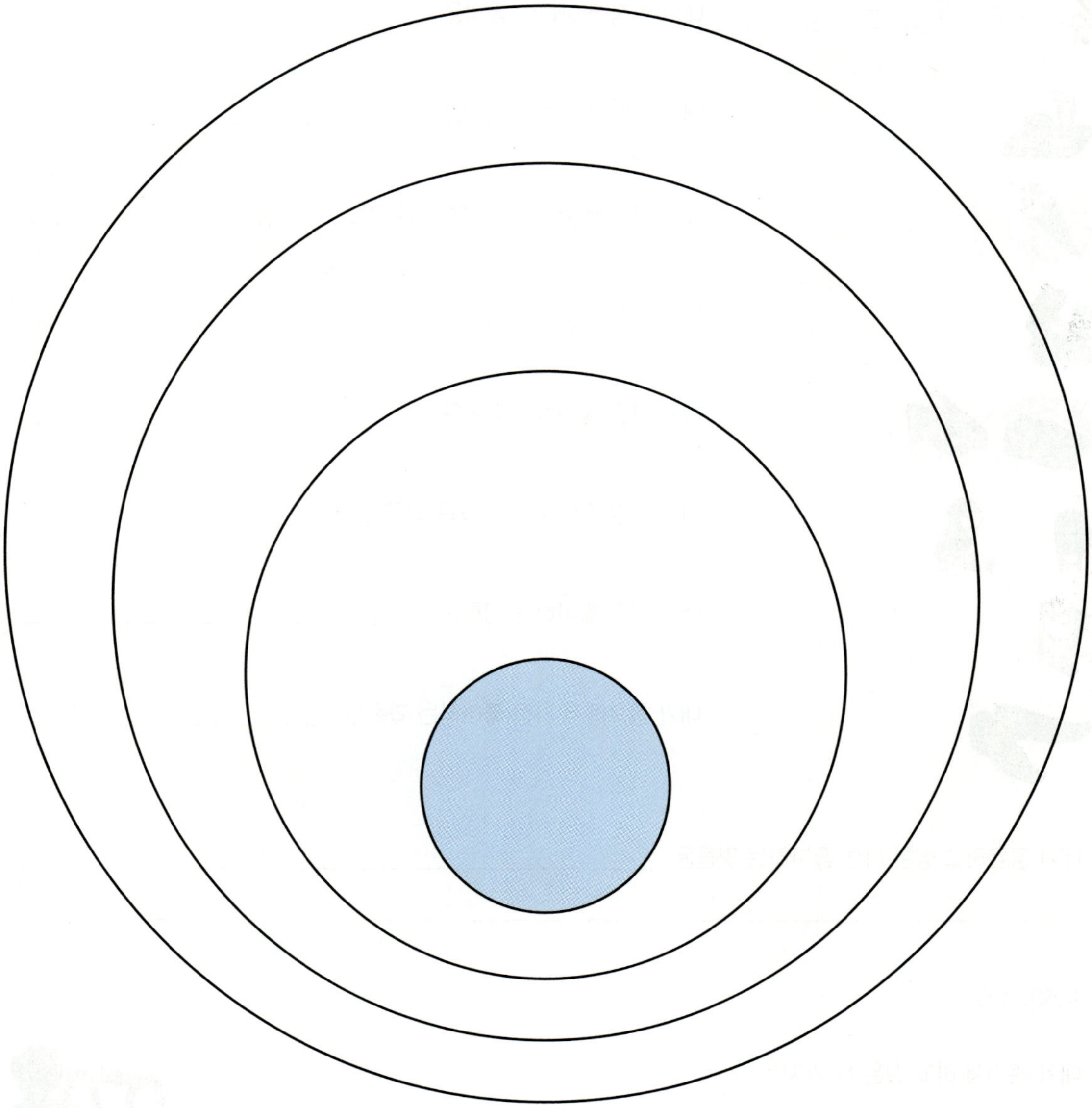

당신의 원 사용

위의 사람들 중 일부는 여러분이 어려움을 겪고 있을 때 도움을 줄 수 있는 사람들입니다. 저희 프로그램에 대해 더 잘 알게 되시면 원에 이 사람들을 추가해 주시기 바랍니다.

내가 가장 좋아하는 것(또는 가장 좋아하는 것이 없는 경우 내가 좋아하는 것)

내가 가장 좋아하는 색은 ____________________

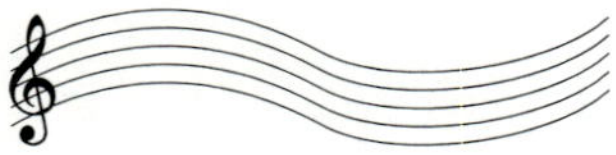

내가 가장 좋아하는 음악은 ____________________

내가 가장 좋아하는 음식은 ____________________

내가 가장 좋아하는 아이스크림 맛은 ____________________

내가 가장 좋아하는 활동은 ____________________

내가 가장 좋아하는 신발은 ____________________

내가 가장 좋아하는 TV 프로그램은 ____________________

내가 가장 좋아하는 영화는 ____________________

내가 학교에서 가장 좋아하는 과목은 ____________________

내가 공유하고 싶은 다른 좋아하는 것들은 ____________________

____

나의 목표

내가 여기서 하고 싶은 두 가지는:

1. ____________________

____

2. ____________________

____

편안한 지대: 시스템용 지침 예시

편안한 지대의 주요 초점은 아동·청소년이 각성이나 에너지를 조절하는 데 도움을 줄 수 있는 도구를 갖춘 전용 공간을 제공하여 **편안함**을 느끼고 매일 일과에 **효과적으로** 참여할 수 있도록 하는 것입니다. 편안한 지대는 아동이나 청소년의 방이나 거주시설 내의 방, 구석 또는 특정 공간일 수 있습니다.

이 전용 공간의 두 번째 이점은 스태프와 일대일로 소통할 수 있는 기회를 제공한다는 점입니다. **연결의 필요성**은 이 공간의 사용 동기가 될 수 있는데, 이러한 연결이 상호조절 기능을 수행할 수 있기 때문입니다.

참고: 여기서는 "편안한 지대"라고 설명하지만, 시스템 또는 개별 아동·청소년 센터에서는 이 공간을 다른 방식으로 언급할 수 있습니다. 아동이 공감할 수 있고 다른 시스템의 독창력과 일관된 언어를 사용하는 것이 중요합니다.
이 공간에서 아동·청소년과 함께 작업하기 위한 지침은 다음과 같습니다.

1. 참여하기: 편안한 지대를 이용하는 아동은 스태프와 함께 도구를 사용해야 합니다. 스태프는 크게 두 가지 방식으로 개입하는데, 하나는 아동에게 도구 사용의 모범을 보이는 것이고, 다른 하나는 자신의 행동을 통해 상호조절하는 것입니다.
2. 평가 및 체크인: 편안함 영역에 들어가면 가장 먼저 해야 할 일은 아동·청소년의 현재 각성과 편안함의 수준을 평가하는 것입니다. 이 평가에서 특정한 에너지 추적 도구를 사용하여 아동·청소년과 협력하는 것이 도움이 될 수 있습니다.
3. 실험 언어의 사용: 초기 평가 이후에는 아동·청소년이 방에 있는 도구를 사용하여 실험에 참여하게 합니다. 선호하는 도구 및 활동이 있다면 선택할 수 있도록 합니다.
4. 낮은 에너지에 맞추기: 아동·청소년의 에너지 수준이 낮다면 천천히 움직이기, 그림 그리기, 숨쉬기, 깊은 압력 가하기 등 "낮은 에너지" 도구를 제안하는 것이 도움이 될 수 있습니다. 에너지가 낮은 도구를 제안하되 아동·청소년이 다른 것에 끌린다면 억지로 하지는 않습니다. 선택하도록 합니다.
5. 높은 에너지에 맞추기: 아동·청소년의 에너지 수준이 높은 경우 공을 위아래로 튀기거나, 빠르게 잡기 게임, 리더를 따라 움직이는 활동 등과 같은 "높은 에너지" 전략을 제안하는 것이 도움이 될 수 있습니다. 이 또한 선택권을 제공합니다.
6. 본보기: 아동·청소년이 도구를 사용하지 않는 경우, 도구를 사용하는 것을 보여줌으로써 그중 하나를 선택하여 "시연"할 수 있습니다.
7. 조정: 도구를 사용하는 동안 아동·청소년의 각성 수준이 변화하거나 변하지 않는지 지속적으로 모니터링하는 것이 중요합니다. 에너지가 불편하거나 비효율적인 수준으로 증가하거나 감소하는 것처럼 보이면 관찰한 내용을 반영하여 변화를 제안하고 모델링합니다. 움직임의 속도, 압력의 양, 압력의 위치, 도구 자체의 변화 등을 고려합니다.
8. 평가 및 체크아웃: 할당된 시간이 끝나고, 아동·청소년이 완료했거나 회기에 대한 스태프의 평가가 완료되었을 때, 아동·청소년의 각성 및 편안한 수준에 대한 에너지 확인 또는 평가를 반복합니다.

감각 도구들을 통한 조율 지원

스태프 이름: ______________________ 날짜: ______________________

학생 이름: ______________________ 슈퍼바이저 서명: ______________________

에너지 확인

먼저, 지금 내 에너지가 어디에 있는지 알아봅시다. 자신의 에너지를 가장 잘 알려주는 사각형의 개수를 색칠하세요.

낮음 중간 높음

편안함을 느끼시나요, 불편함을 느끼시나요? ______________________

____

기술 선택

좋아요. 이제 연습할 수 있는 기술 한두 가지를 골라 여러분의 에너지에 어떤 변화가 일어나는지 살펴보겠습니다. 우리가 연습한 기술은 다음과 같습니다. ______________________

____

____

에너지 재확인

기술을 연습한 후 지금 여러분의 에너지는 어디에 있나요? 자신의 에너지를 가장 잘 알려주는 사각형의 개수를 색칠하세요.

낮음 중간 높음

편안함을 느끼시나요, 불편함을 느끼시나요? ______________________

____

스태프 관찰

스태프용: 당신이 관찰한 것을 기술하세요.

에너지:		
정서:		
얼굴 표정:		
목소리 톤:		
말하기 속도 (빠른, 느린):		
활동 수준:		

그 외 관찰: ______________________________

____

____

____

____

____

____

조율에 대한 체계적 접근법 개발: 기관 활동지

Part 1: 지금 무엇을 하고 있으며, 목표는 무엇인가요?

체계적 접근의 주요 측면	현재 접근(당신이 이미 하고 있는 것)	이 영역을 다루는 데 장애물(무엇이 이를 방해하는가?)	기관별 특정 목표(넓게는 어떤 일을 하고 싶은가?)
기저선이나 일과적 조정을 지원하기 위한 체계적인 접근 방식 (청소년들은 활동을 조절하거나 조정하는 데 일상적으로 어떤 방식으로 참여할 기회를 가지는가? 이러한 기회는 일상적인 구조에 어떻게 구축되어 있는가?)			
내부 경험을 확인하는 능력을 구축하는 일과적 기회(사전 예방적 그리고 도전적인 경험 중 모두) (청소년이 내면의 경험을 성찰하고 확인할 수 있는 기회를 어떤 방식으로 제공하는가? 이는 일과적으로 그리고 보다 도전적인 시기 동안 체계적으로 이루어져야 한다)			
목표 조정 전략에 대한 아동-특정적인 실험과 확인 (청소년은 어디에서 어떻게 목표로 하는 조정 전략을 연습할 수 있는가? 청소년이 경험을 관리하는 다양한 접근을 확인하고, 연습하며 참여할 수 있는 기회들을 고려해야 한다)			

스태프/양육자 훈련이 포함된 조정 전략을 지원하고 단서를 주는 체계적인 접근 방식 (확인된 전략들이 지속적인 일과 및 아동-특정적인 조절 계획에 어떤 방식으로 지원되고 통합되는가? 청소년들의 필요와 이를 지원하는 방법에 대해 스태프/양육자는 어떻게 교육받는가?)			

Part 2: 브레인스토밍과 계획: 프로그램 수준과 목표로 하는(아동-특정적인) 접근 모두를 구축하는 아이디어들

체계적 접근의 주요 측면	가능한 전략
기저선이나 일과적 조정을 지원하기 위한 체계적인 접근 방식 (청소년이 조정/조절 활동들에 일과적으로 참여하도록 지원하는 기회들은 어디에 있는가? 일상적인 구조에서 이러한 활동들이 어떻게 구축되고 유지될 수 있는가?)	
내부 경험(사전 예방적, 도전적 경험 모두)을 확인할 수 있는 역량을 구축하는 일과적 기회 (여러분의 계획과 구조 어디에서 청소년들이 내면의 경험을 성찰하고 확인할 수 있는 기회를 만들 수 있는가? 이는 일과적일 때뿐만 아니라 더 어려운 시기에도 체계적으로 이루어져야 한다)	

목표 조정 전략에 대한 아동–특정적인 실험과 확인 (청소년은 어디서 어떻게 목표로 하는 조정 전략을 연습할 수 있는가? 이러한 기회는 어떻게 제공되고 지원되는가? 성공적인 것으로 확인된 도구들을 어떻게 추적할 것인가?)	
스태프/양육자 훈련이 포함된 조정 전략을 지원하고 단서를 주는 체계적인 접근 방식 (확인된 전략들을 지속적인 일과와 아동–특정적인 조절 계획에 통합하는 구조를 어떻게 구축할 것인가? 청소년들의 필요와 이를 지원하는 방법에 대해 스태프/양육자들을 어떻게 교육할 것인가?)	

내담자 지원 계획 도구

스태프들이 유의해야 할 촉발요인들은 무엇일까요?

☐ 혼자 있는 것	☐ 사생활 보호 부족	☐ 압박감
☐ 외로움	☐ 어둠	☐ 경청하지 않음
☐ 시끄러운 소음	☐ 논쟁	☐ 고함치는 사람들
☐ 접촉	☐ 공간 부족	☐ 많은 사람들과 있음
☐ 유머/농담	☐ 노려보는 시선	☐ 조용히 하라는 말 들었음
☐ 질문 받는 것	☐ 주변에 남자가 있음	☐ 주변에 여성이 있음
☐ 통제/투입이 되지 않음	☐ 무시당함	☐ 놀림이나 괴롭힘 당함
☐ 가족과의 연결	☐ 행동 제한 설정 당함	
☐ 하루 중 시간: ____________	☐ 특정인: ______________________________	

☐ 기념일/연중 시기: ______________________________

☐ 위에 나열되지 않은 기타 촉발요인들: ______________________________

여러분이 속상하거나 힘들다는 것을 다른 사람들은 어떻게 알 수 있을까요?

☐ 땀 흘리기	☐ 붉은 얼굴	☐ 괴로운 숨쉬기	☐ 무례하게 굴기
☐ 심장 질주	☐ 이 악물기	☐ 꽉 쥔 주먹	☐ 위생 불량
☐ 손 쥐어짜기	☐ 서성거리기	☐ 다리 튕기기	☐ 흔들어 대기
☐ 규칙준수 중단	☐ 시끄러운 목소리	☐ 가만히 앉아 있지 못함	☐ 심한 욕설
☐ 주의 집중 곤란	☐ 숨기/방황	☐ 불면	☐ 바보같이 굴기
☐ 울음	☐ 물건 숨기기	☐ 또래들과 논쟁	☐ 낮 동안의 수면
☐ 덜 먹거나/많이 먹기	☐ 멍한 표정	☐ 지저분한 방	
☐ 섹스/관계에 대해 말하기	☐ 사람들로부터 멀리 있음	☐ 약물 복용 중단	
☐ 남에게 물건 주기	☐ 죽음에 대한 이야기	☐ 물건 부수기/던지기	

☐ 그 외: ______________________________

안전이 필요할 경우 도움을 요청하나요? ☐ 예 ☐ 아니요 ☐ 때때로 에너지가 높고 불편할 때 여러분의 에너지를 낮추는 데 도움이 되는 것은 무엇인가요?

□ 그리기/페인팅	□ 음악 듣기	□ 비디오 게임
□ 콜라주 하기	□ 글쓰기	□ 누군가에게 전화 걸기
□ 색칠하기	□ 읽기	□ 다른 사람들과 함께 있기
□ 예술과 공예	□ 이야기 듣기	□ 카드 놀이
□ 클레이 작업	□ TV/영화 시청	□ 집안일/특별 작업 수행
□ 스태프와 체크인	□ 샤워하기	□ 종이 찢기
□ 치료자와의 대화	□ 봉제 동물 인형 껴안기	□ 담요로 감싸기
□ 심호흡	□ 얼굴에 차가운 수건 대기	□ 베개에 소리 지르기
□ 울음	□ 얼음 씹기/쥐기	□ 침실에서 휴식하기
□ 누워있기	□ 찬물로 손씻기	□ 조용한 방에서 시간 보내기
□ 몸을 조이기/이완하기	□ 유머/농담	□ 잠시 멈춤 또는 중간 휴식
□ 의약품	□ 특별 계획/인센티브 프로그램	

□ 그 외: ______________________________

에너지가 낮고 불편할 때 여러분의 에너지를 높이는 데 도움이 되는 것은 무엇인가요?

□ 그리기/페인팅	□ 음악 듣기	□ 비디오 게임
□ 콜라주 하기	□ 글쓰기	□ 누군가에게 전화 걸기
□ 색칠하기	□ 읽기	□ 다른 사람들과 함께 있기
□ 예술과 공예	□ 이야기 듣기	□ 카드 놀이
□ 클레이 작업	□ TV/영화 시청	□ 집안일/특별 작업 수행
□ 스태프와 체크인	□ 샤워하기	□ 종이 찢기
□ 치료자와의 대화	□ 봉제 동물 인형 껴안기	□ 담요로 감싸기
□ 심호흡	□ 얼굴에 차가운 수건 대기	□ 베개에 소리 지르기
□ 울음	□ 얼음 씹기/쥐기	□ 운동
□ 산책하기	□ 찬물로 손씻기	□ 특별 계획/인센티브 프로그램
□ 몸을 조이기/이완하기	□ 공 튕기기	□ 잠시 멈춤 또는 중간 휴식

□ 그 외: ______________________________

안전에 대한 계획 검토(최초 평가 시 참고 바람) ______________________________

새로운 대처 기술 추가(해당되는 경우): ______________________________

____

______________________________ ______________________________

면접자 서명/일자 학생 서명/일자

간략 코칭 계획

이 간단한 양식은 일상적인 체크인을 단축한 버전입니다.

____________________________의 코칭 계획

스태프: ________________________ 날짜: ________________________

1. 여러분의 에너지는 어디에 있나요?

낮음 중간 높음

2. 기분이 어떠신가요? 편안함 불편함

3. 이러한 감정을 느끼고 계신가요? 그렇다면 느끼는 모든 감정에 동그라미를 치세요.

화남 행복 무서움/걱정 우울

바보같은 슬픈 실망 피곤함

4. 오늘 하루 어떠셨나요? 아주 좋아요 좋아요 좋지 않음

5. 어떤 대처 기술을 연습하고 싶으실까요?

저널이나 노트에 적기 음악 듣기 봉제 동물인형 안기

걷기 그네 타기 색칠하기 대화하기

기타: ____

6. 오늘 한 일 중 긍정적인 것 한 가지를 말해 보세요: ________________________

____

7. 두 번째 에너지 체크인: 낮음 중간 높음

8. 다음 체크인까지의 목표는 ____________________________________

지금 이 순간을 위한 5단계 안전

1. **반영하기**: "지금 나에게 당신의 행동은 당신이 지금 힘들어하고 있다는 것을 말해 주고 있네요(자리에서 위아래로 뛰거나 혼자 앉아 있는 등). 지금 당신의 에너지가 너무 높아(낮아) 보여요. 지금 저(스태프, 치료자)에게 당신이 필요로 하는 것이 있나요?"

2. **타당화**: "긴 하루였기 때문에 당신이 힘들어하는 것이 이해가 됩니다."

3. **편안함/지원 조절**: "지금 당신에게 휴식이 필요하다는 것을 알려주고 있어요. 편안한 장소로 가볼까요."

4. **참여하기**: "당신과 함께 공 던지기(노래하기, 춤추기, 조용히 앉아서 이야기 읽기 등)를 하며 당신을 돕고 싶어요."
   - 만일 아동이 혼자 있고 싶다고 하면 안전에 문제가 없는 한 아동의 요청을 존중한다.

5. **칭찬하기**: 전략을 사용하거나 차분한 공간으로 이동하기로 한 결정을 칭찬한다.
   - 아동이 차분한 공간으로 가거나 전략을 사용하기를 거부하는 경우 다른 조용한 대안을 제시해 본다.
   - 그래도 효과가 없다면 안전의 필요성을 강조하고 다음과 같은 수를 세는 기법을 사용한다. "조용히 5까지 세어 볼게요. 만약 당신이 선택하지 않으면 편안한 지대/당신의 방으로 가서 [언어는 선택 사항], [여기에 적절한 결과를 삽입할 것]을 하게 될 거예요."

휴식 취하기

학생 이름: ______________________ 날짜: ______________________

절차: 이 양식은 무례하게 굴거나 지시를 따르지 않는 등의 경미한 행동들로 인해 집단으로부터 중단되거나 타임아웃 벌점을 받았을 경우 스태프는 학생과 의논하여 완성해야 합니다.

나는 내가 ______________________________ 했기 때문에 중단되었음을 이해합니다.

나는 중단하게 되었을 때: 기뻤다, 슬펐다, 화가 났다, 걱정이 되었다, 그 외 ______________________

(해당되는 모든 것에 동그라미 치세요)

기쁜

슬픈

화가 난

걱정된

나는 나의 감정이나 행동을 충분히 통제하지 못하였으므로 집단으로부터 중단되는 벌점을 받았습니다. 나는 다음 사항들을 체크함으로써 현재 내가 얼마나 통제하고 있는지 알게 되었습니다(이 순간 학생의 경험을 평가하도록 도움을 주는 지침으로서 이러한 질문들을 사용한다).

_____ 나의 에너지 수준은? 낮음 중간 높음

_____ 나의 몸은 어떻게 느끼나? 호흡(빠름, 느림); 심박수(빠름, 느림); 근육(요리하지 않은 스파게티같이 단단한가, 삶은 스파게티처럼 흐물거리는가) ______________________

_____ 나는 지금 어떤 생각을 하고 있는가? ______________________

_____ 나는 지금 무엇을 느끼고 있는가? ______________________

_____ 지금 나를 촉발시키는 것은 무엇인가? ______________________

1부터 5까지의 척도 중에서 나의 자기통제는:

1	2	3	4	5
전혀 통제되지 않음	통제가 별로 안 됨	잘 모르겠음	그럭저럭 통제됨	잘 통제됨

(통제가 전혀 안 되는 것과 잘 통제되는 것의 예를 제시한다: 과열되고 폭발할 것 같은 엔진과 순조로이 잘 작동하는 엔진, 선로를 이탈하여 달리는 기차와 손님이 편하게 느끼는 속도로 달리는 기차)

스태프는 내가 다음과 같은 행동을 할 수 있을 경우 내가 통제하고 있음을 알 것입니다.

_____ 스태프가 가도 좋다고 허락할 때까지 지정된 장소에 남아 있는다.

_____ 스태프와 안전하고 예의 바르게 이야기한다.

_____ 나의 또래들이 아닌 나 자신에 집중한다.

_____ 스태프의 말을 경청한다.

_____ 스태프의 지시를 잘 따른다.

_____ 내가 지금 선택한 감각기술을 연습하거나 사용한다(최소한 1분 이상, 그리고 내가 어떤 기술을 사용하였는지 기록해 둔다).

_____ 내가 준비되었다는 것을 스태프와 내가 동의하면 일과에 참여한다.

_____ 그 외 ____________________

내가 공동체 일과에 참여할 준비가 되었다는 것을 어떻게 스태프에게 보여 줄 수 있을까요?

____

____

____

나는 다음과 같은 방법으로 스태프가 나의 일을 계속해 나가도록 도와주었으면 좋겠습니다. (청소년이 여기서 투입되도록 격려하고 중요하다고 생각되는 어떠한 관찰도 기록한다; 체크인이나 상기물, 조용히 있을 때 게임하기 등을 고려한다)

____

____

____

내가 공동체로 돌아가게 되면, 나는 순조롭게 남아 있기 위해서 다음과 같은 일들을 하겠습니다.

____

____

____

이러한 논의에 대한 학생의 반응을 검토하기 위해 감독자/임상가와 함께 추적하며 보수 작업, 안전에 관한 동의 또는 예방 상황 등에 관한 어떠한 결정도 마무리하겠습니다.

____

스태프 서명/날짜와 시간

처리 양식

학생 이름 : ____

"내가 통제가 되고 공동체의 일원이 될 준비가 되었다는 것을 어떻게 알까요?"

절차: 이 양식은 행동의 결과나 타임아웃에 처하게 되었을 때 스태프와 학생이 논의하여 완성해야 합니다. 또한 집단과 분리되어 완성해야 합니다.

나는 내가 ________________________________ 했기 때문에 중단/타임아웃을 받았음을 이해합니다.

____

____

____

다음은 내가 결과들을 받기 바로 전에 일어난 것들입니다(해당 사항에 모두 동그라미 치세요).

_____ 누가 나보고 뭐라고 했어요.

_____ 누가 내가 원치 않는 일을 시켰어요.

_____ 내가 두려워하는 일이 생겼어요.

_____ 내가 하고 싶은 일을 할 수 없었어요.

_____ 나쁜 소식을 들었어요.

_____ 기분 나쁜 느낌이 들었어요.

_____ 나는 내가 생각하기 좋아하는 것을 생각하고 있었어요.

_____ 몸이 좀 안 좋았어요.

_____ 내가 생각하고 싶지 않은 것을 생각하고 있었어요.

_____ 나쁜 기억이 났어요.

_____ 나는 __________________________________ 때문에 불안하게 느꼈어요.

_____ 그 외 ____

나는 내가 중단되었을 때: 기뻤다, 슬펐다, 화가 났다, 걱정하였다, 그 외 _____ (해당되는 모든 것에 동그라미 치세요)

기쁜

슬픈

화가 난

걱정된

나는 나의 감정이나 행동을 적절히 조절하지 못했기 때문에 집단으로부터 분리되는 결과에 처하게 되었습니다. 나는 다음 사항들을 체크함으로써 현재 어느 정도로 통제하고 있는지 알 수 있을 것입니다(이 질문들을 학생의 당시 경험을 평가하는 데 도움을 주는 지침으로 사용한다. 모든 질문에 대한 반응이 필요하지는 않으나, 더 많은 정보를 얻을수록 학생이 프로그램/공동체로 다시 돌아오는 준비가 되어 있는지 여부를 더 잘 파악할 수 있다).

_____ 나의 에너지 수준은? 하 중 상

_____ 나의 몸은 어떻게 느끼나? 호흡(빠름, 느림); 심박수(빠름, 느림); 근육(익히지 않은 스파게티처럼 딱딱한가, 삶은 스파게티처럼 흐물흐물한가) ______________________________

_____ 나는 지금 어떤 생각을 하고 있는가? ______________________________

_____ 나는 지금 무엇을 느끼고 있는가? ______________________________

_____ 지금 나를 촉발시키는 것은 무엇인가? ______________________________

1부터 5까지의 척도 중에서 나의 자기통제는:

1	2	3	4	5
전혀 통제되지 않음	통제가 별로 안 됨	잘 모르겠음	그럭저럭 통제됨	잘 통제됨

(통제가 전혀 안 되는 것과 잘 통제되는 것의 예를 제시한다: 과열되고 폭발할 것 같은 엔진과 순조로이 잘 작동하는 엔진, 선로를 이탈하여 달리는 기차와 손님이 편하게 느끼는 속도로 달리는 기차)

스태프는 내가 다음과 같은 행동을 할 경우에 잘 통제가 되어 있다는 것을 알 것입니다.

_____ 스태프가 가도 좋다고 허락할 때까지 지정된 장소에 남아 있는다.

_____ 스태프와 안전하고 예의 바르게 이야기한다.

_____ 나의 또래들이 아닌 나 자신에 집중한다.

_____ 스태프의 말을 경청한다.

_____ 스태프의 지시를 잘 따른다.

_____ 내게 주어진 결과를 인정한다(적절하다면).

_____ 안전 계획에 동의하고 따른다(내게 필요하거나 가져야 한다면).

_____ 내가 지금 선택한 감각기술을 연습하고 사용한다(최소한 1분이상, 그리고 내가 어떤 기술을 사용하였는지 기록해 둔다).

_____ 내가 준비되었다는 것을 스태프와 내가 동의하면 일과에 참여한다.

_____ 그 외 ______________________________

내가 공동체 일과에 참여할 준비가 되었다는 것을 어떻게 스태프에게 보여 줄 수 있을까요?

나는 다음과 같은 방법으로 스태프가 나의 일을 계속해 나가도록 도와주었으면 좋겠습니다. (청소년이 여기서 투입되도록 격려하고 중요하다고 생각되는 어떠한 관찰도 기록한다; 체크인이나 상기물, 조용히 있을 때 게임하기 등을 고려한다)

내가 공동체로 돌아가게 되면, 나는 순조롭게 남아 있기 위해서 다음과 같은 일들을 하겠습니다.

이러한 논의에 대한 학생의 반응을 검토하기 위해 감독자/임상가와 함께 추적하며 보수 작업, 안전에 관한 동의 또는 예방 상황 등에 관한 어떠한 결정도 마무리하겠습니다.

스태프 서명/날짜와 시간

처리 자료 모음: 경로로 돌아가기

이름: ______________________________

날짜: ______________________________

스태프: ______________________________

〈스테이션 1: 조절: 에너지 체크 ☑〉

낮은 에너지

중간 에너지

높은 에너지

편안한

불편한

보디스캔: 현재 신체 단서를 가장 잘 설명하는 항목에 동그라미 치세요.

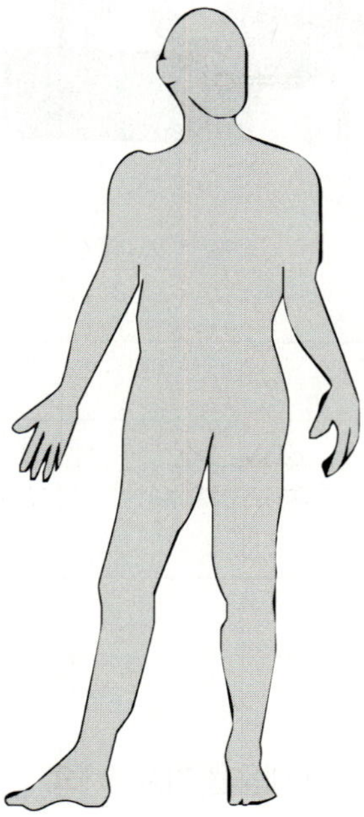

1. 호흡: 빠름, 중간 또는 느림

2. 심박수: 빠름, 중간 또는 느림

3. 근육: 긴장 또는 이완

4. 체온: 뜨거운, 적당, 차가움

조율: 관찰한 단서(표정, 목소리 톤 등)를 포함하여 학생의 에너지와 감정에 대해 관찰한 내용을 기술하세요.

____

____

____

____

〈스테이션 2: 조절: 대처 기술 연습하기〉

학생과 함께 연습한 기술을 적어도 하나 이상 적어 주세요. 다음은 함께 할 수 있는 몇 가지 아이디어입니다.

그리기
공 가지고 놀기
감각 도구 사용하기
춤추기
점프
노래 부르기
노래 듣기
카드놀이
비눗방울 불기 또는 심호흡하기
글쓰기
퍼즐 또는 숨은그림찾기
카드놀이하기

조율: 학생이 어떤 기술을 연습했나요?

____

____

____

____

____

관찰한 단서(목소리 톤, 표정, 자세 등)를 포함하여 학생의 에너지와 감정에 대해 관찰한 내용을 기술하세요.

____

____

____

____

____

____

〈스테이션 3: 조절: 에너지 체크 ☑〉

낮은 에너지

중간 에너지

높은 에너지

편안한

불편한

보디스캔: 현재 신체 단서를 가장 잘 설명하는 항목에 동그라미 치세요.

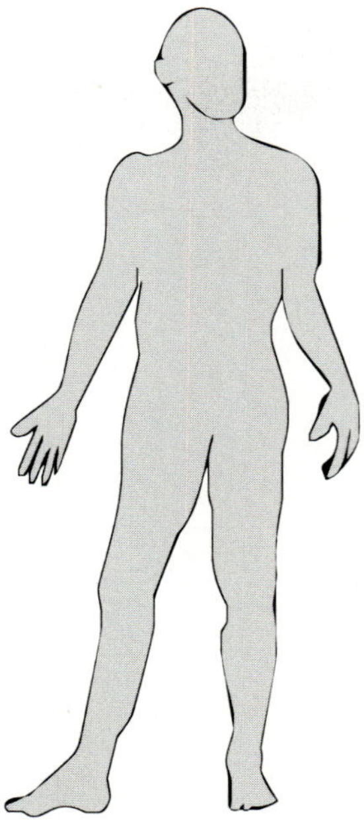

1. 호흡: 빠름, 중간 또는 느림

2. 심박수: 빠름, 중간 또는 느림

3. 근육: 긴장 또는 이완

4. 체온: 뜨거운, 적당, 차가움

조율: 관찰한 단서(표정, 목소리 톤 등)를 포함하여 학생의 에너지와 감정에 대해 관찰한 내용을 기술하세요.

〈스테이션 4: 조절: 머릿속 생각, Part 1〉

지금 여러분은 어떤 생각을 하고 있나요? 머릿속에 떠오르는 생각 중에는 기분이 좋은 것도 있고 걱정스러운 것도 있을 수 있습니다. 아래의 각 칸 옆에 머릿속에 떠오르는 모든 것을 적으세요. 생각이 많지 않다면 상자가 몇 개만 필요할 수도 있습니다. 상자를 모두 사용해도 되고, 생각이 많아서 상자를 추가해야 할 수도 있습니다.

생각을 적은 후 아래 각 상자의 색을 선택하여 칠하세요.

조율: 관찰한 단서(표정, 목소리 톤 등)를 포함하여 학생의 에너지와 감정에 대해 관찰한 내용을 기술하세요.

____

____

____

____

____

〈스테이션 4: 조절: 머릿속 생각, Part 2〉

우리 모두는 동시에 머릿속에 다양한 생각을 하고 있습니다. 어떤 것들은 많은 공간과 에너지를 차지하고 어떤 것들은 약간의 공간과 에너지를 차지합니다. 마지막 페이지에 적는 각각의 생각은 머릿속에 얼마나 많은 공간을 차지하나요? 큰 생각이라면 아래 머릿속의 넓은 공간에 색을 칠하세요. 작은 생각이라면 아래 머릿속의 작은 공간에 색칠하세요.

조율: 관찰한 단서(표정, 목소리 톤 등)를 포함하여 학생의 에너지와 감정에 대해 관찰한 내용을 기술하세요.

〈스테이션 5: 조절: 감정 버블, Part 1〉

일어난 일에 대해 이야기한 후 지금 느끼는 여러 가지 감정은 무엇인가요? 어떤 감정은 기분이 좋고, 어떤 감정은 나쁘고, 어떤 감정은 혼란스러울 수 있습니다. 이러한 감정들은 옳고 그름이 아닙니다. 몇 가지를 느낄 수도 있고 여러 가지를 느낄 수도 있습니다. 지금 느끼는 모든 감정을 아래 상자 옆에 적으세요. 각 상자의 색을 골라 칠하세요.

조율: 관찰한 단서(표정, 목소리 톤 등)를 포함하여 학생의 에너지와 감정에 대해 관찰한 내용을 기술하세요.

〈스테이션 5: 조절: 감정 버블, Part 2〉

우리 모두는 때때로 느끼는 감정이 다릅니다. 어떤 감정은 많은 공간과 에너지를 차지하지만 어떤 감정은 약간의 공간과 에너지를 차지합니다. 큰 감정을 느낀다면 아래 버블 안의 넓은 공간에 색을 칠하세요. 작은 느낌이 든다면 아래 버블 안의 작은 공간에 색을 칠하세요.

조율: 관찰한 단서(표정, 목소리 톤 등)를 포함하여 학생의 에너지와 감정에 대해 관찰한 내용을 기술하세요.

___

___

___

___

___

〈스테이션 6: 계획 또는 문제 해결: 다시 트랙으로 돌아가려면 어떻게 해야 하나요?!〉

다음에 이런 일이 발생했을 때 더 편안하게 느끼려면 어떻게 해야 하나요?

____

____

____

스태프는 내가 트랙으로 돌아온 것을 어떻게 알 수 있나요?
잘 지내고 있을 때 하는 긍정적인 행동 세 가지를 나열하세요.

1. ______________________________

____

2. ______________________________

____

3. ______________________________

____

버튼이 눌러지거나 불편함을 느낄 때 당신이 사용할 수 있는 대처 기술 세 가지를 나열하세요.

1. ______________________________

____

2. ______________________________

____

3. ______________________________

____

〈스테이션 7: 조절: 대처 기술 연습하기〉

학생과 함께 연습한 기술을 적어도 하나 이상 적어 주세요. 다음은 함께 할 수 있는 몇 가지 아이디어입니다.

그리기
공 가지고 놀기
감각 도구 사용하기
춤추기
점프
노래 부르기
노래 듣기
카드놀이
비눗방울 불기 또는 심호흡하기
글쓰기
퍼즐 또는 숨은그림찾기
카드놀이하기

조율: 학생이 어떤 기술을 연습했나요?

관찰한 단서(목소리 톤, 표정, 자세 등)를 포함하여 학생의 에너지와 감정에 대해 관찰한 내용을 기술하세요.

〈스테이션 8: 조절: 최종 에너지 ☑〉

낮은 에너지 중간 에너지 높은 에너지

편안한 불편한

보디스캔: 현재 신체 단서를 가장 잘 설명하는 항목에 동그라미 치세요.

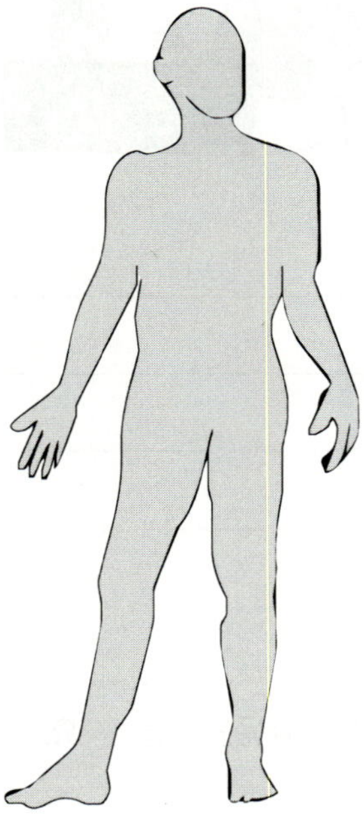

1. 호흡: 빠름, 중간 또는 느림

2. 심박수: 빠름, 중간 또는 느림

3. 근육: 긴장 또는 이완

4. 체온: 뜨거운, 적당, 차가움

조율: 관찰한 단서(표정, 목소리 톤 등)를 포함하여 학생의 에너지와 감정에 대해 관찰한 내용을 기술하세요.

〈스태프 의견과 관찰〉

프로그램-양육자 간 행동 소통 양식

우리가 다루고자 하는 목표/행동: ______________________________

____

____

가능한 촉발요인들(행동이 일어나게 만드는 것): ______________________________

____

____

____

가능한 기능/자녀의 욕구(행동에는 이유가 있으며, 자녀가 이러한 행동을 보이는 이유는 무엇이라고 생각하나요?):

표면적인 이유(즉각적인 촉발요인은 무엇인가요?): ______________________________

____

____

숨겨진 이유(이 행동을 유발하는 다른 원인은 무엇인가요?): ______________________________

____

____

도움이 되는 어른의 반응(무엇이 행동을 감소시키거나 당신의 자녀가 다시 안정감을 느끼도록 도와주나요?):

____

____

도움이 덜 되는 어른들의 반응(무엇이 상황을 더 악화시키나요?): ______________________________

____

____

____

프로그램에서 어떤 구조/일과/개입을 사용한 것이 도움이 된 것 같나요?

____

____

____

____

우리가 소통하고 싶은 기타 정보들: ______________________________

____

____

양육자-프로그램 간 행동 소통 양식

우리가 다루고자 하는 목표/행동: ______________________________

____

____

가능한 촉발요인들(행동이 일어나게 만드는 것): ______________________________

____

____

____

가능한 기능/자녀의 욕구(행동에는 이유가 있으며, 자녀가 이러한 행동을 보이는 이유는 무엇이라고 생각하나요?):

표면적인 이유(즉각적인 촉발요인은 무엇인가요?): ______________________________

____

____

숨겨진 이유(이 행동을 유발하는 다른 원인은 무엇인가요?): ______________________________

____

____

도움이 되는 어른의 반응(무엇이 행동을 감소시키거나 우리 아이가 다시 안정감을 느끼고 조절되도록 도와주나요?)

____

____

도움이 덜 되는 어른들의 반응(무엇이 상황을 더 악화시키나요?): ______________________________

____

____

____

우리가 가정 또는 다른 상황에서 사용한 어떤 구조/일과/개입이 도움이 된 것 같나요?

____

____

____

우리가 소통하고 싶은 기타 정보들: ______________________________

____

____

참고 문헌

Abitz, M., Nielsen, R. D., Jones, E. G., Laursen, H., Graem, N., & Pakkenberg, B. (2007). Excess of neurons in the human newborn mediodorsal thalamus compared with that of the adult. *Cerebral Cortex, 17*(11), 2573-2578.

Ainsworth, M. D. S., & Bowlby, J. (1991). An ethological approach to personality development. *American Psychologist, 46,* 331-341.

Alink, L., Cicchetti, D., Kim, J., & Rogosch, F. (2009). Mediating and moderating processes in the relation between maltreatment and psychopathology: Mother-child relationship quality and emotion regulation. *Journal of Abnormal Child Psychology, 37*(6), 831-843.

American Psychiatric Association. (2013). *Diagnostic and statistical manual of mental disorders* (5th ed.). Arlington, VA: Author.

Anda, R. F., Croft, J. B., Felitti, V. J., Nordenberg, D., Giles, W. H., Williamson, D. F., et al. (1999). Adverse childhood experiences and smoking during adolescence and adulthood. *Journal of the American Medical Association, 282*(17), 1652-1658.

Anda, R. F., Felitti, V. J., Bremner, J. D., Walker, J. D., Whitfield, C., Perry, B. D., et al. (2006). The enduring effects of abuse and related adverse experiences in childhood: A convergence of evidence from neurobiology and epidemiology. *European Archives of Psychiatry and Clinical Neuroscience, 256*(3), 174-186.

Anthonysamy, A., & Zimmer-Gembeck, M. (2007). Peer status and behaviors of maltreated children and their classmates in the early years of school. *Child Abuse and Neglect, 31*(9), 971-991.

Appleyard, K., Egeland, B., van Dulmen, M., & Sroufe, A. (2005). When more is not better: The role of cumulative risk in child behavior outcomes. *Journal of Child Psychology and Psychiatry, 46*(3), 235-245.

Auslander, W., Tlapek, S. M., Threlfall, J., Edmond, T., & Dunn, J. (2015). Mental health pathways linking childhood maltreatment to interpersonal revictimization during adolescence for girls in the child welfare system. *Journal of Interpersonal Violence, 33*(7), 1169-1191.

Ballard, E. D., Van Eck, K., Musci, R. J., Hart, S. R., Storr, C. L., Breslau, N., et al. (2015). Latent classes of childhood trauma exposure predict the development of behavioral health outcomes in adolescence and young adulthood. *Psychological Medicine, 45*(15), 3305-3316.

Barnes, J., Noll, J., Putnam, F., & Trickett, P. (2009). Sexual and physical revictimization among victims of severe childhood sexual abuse. *Child Abuse and Neglect, 33,* 412-420.

Beers, S., & De Bellis, M. D. (2002). Neuropsychological function in children with maltreatment-related posttraumatic stress disorder. *American Journal of Psychiatry, 159,* 483-486.

Benoit, D., & Parker, K. (1994). Stability and transmission of attachment across three generations. *Child Development, 65*(5), 1444-1456.

Blaustein, M., & Kinniburgh, K. (2007). Intervening beyond the child: The intertwining nature of attachment and trauma. *British Psychological Society, Briefing Paper, 26,* 48-53.

Bolger, K. E., Patterson, C. J., & Kupersmidt, J. B. (1998). Peer relationships and self-esteem among children who have been maltreated. *Child Development, 69*(4), 1171-1197.

Bowlby, J. (1958). The nature of the child's tie to his mother. *International Journal of PsychoAnalysis, 39,* 1-23.

Bremner, J. D. (1999). Does stress damage the brain? *Biological Psychiatry, 45,* 797-805.

Bremner, J. D., Randall, P., Scott, T. M., Capelli, S., Delaney, R., McCarthy, G., et al. (1995). Deficits in short-term memory in adult survivors of childhood abuse. *Psychiatry Research, 59,* 97-107.

Breslau, N. (2001). The epidemiology of posttraumatic stress disorder: What is the extent of the problem? *Journal of Clinical Psychiatry, 62*(17, Suppl.), 16-22.

Briere, J., & Scott, C. (2015). Complex trauma in adolescents and adults: Effects and treatment. *Psychiatric Clinics of North America, 38*(3), 515-527.

Brock, K., Pearlman, L. A., & Varra, E. (2006). Child maltreatment, self capacities and trauma symptoms: Psychometric properties of the Inner Experience Questionnaire. *Journal of Emotional Abuse, 6*(1), 103-125.

Campbell-Sills, L., Cohan, S., & Stein, M. (2006). Relationship of resilience to personality, coping, and psychiatric symptoms in young adults. *Behaviour Research and Therapy, 44,* 585-599.

Carrion, V. G., & Wong, S. S. (2012). Can traumatic stress alter the brain?: Understanding the implications of early trauma on brain development and learning. *Journal of Adolescent Health, 51*(2), S23-S28.

Centers for Disease Control and Prevention. (2005). Adverse Childhood Experience study: Prevalence of individual adverse childhood experiences. Retrieved July 10, 2008, from *www.cdc.gov/nccdphp/ACE/prevalence.htm*.

Chandy, J. M., Blum, R. W., & Resnick, M. D. (1996). Female adolescents with a history of sexual abuse: Risk outcome and protective factors. *Journal of Interpersonal Violence, 11*(4), 503-518.

Choi, J. Y., Choi, Y. M., Gim, M. S., Park, J. H., & Park, S. H. (2014). The effects of childhood abuse on symptom complexity in a clinical sample: Mediating effects of emotion regulation difficulties. *Child Abuse and Neglect, 38*(8), 1313-1319.

Cicchetti, D., & Curtis, W. J. (2007). Multilevel perspectives on pathways to resilient functioning. *Development and Psychopathology, 19*(3), 627-629.

Cicchetti, D., & Rogosch, F. A. (2009). Adaptive coping under conditions of extreme stress: Multilevel influences on the determinants of resilience in maltreated children. *New Directions in Child and*

Adolescent Development, 124, 47-59.

Cicchetti, D., Rogosch, F. A., Lynch, M., & Holt, K. D. (1993). Resilience in maltreated children: Processes leading to adaptive outcome. *Development and Psychopathology, 5,* 629-647.

Cicchetti, D., Rogosch, F. A., & Toth, S. L. (2006). Fostering secure attachment in infants in maltreating families through preventive interventions. *Development and Psychopathology, 18*(3), 623-649.

Cicchetti, D., & Toth, S. (1995). A developmental psychopathology perspective on child abuse and neglect. *Journal of the American Academy of Child and Adolescent Psychiatry, 34*(5), 541-565.

Cicchetti, D., & Toth, S. (2005). Child maltreatment. *Annual Review of Clinical Psychology, 1*(1), 409-438.

Cicchetti, D., & Toth, S. L. (2015). Multilevel developmental perspectives on child maltreatment. *Development and Psychopathology, 27*(4, Pt. 2), 1385-1386.

Cohen, J. A., & Mannarino, A. P. (2000). Predictors of treatment outcome in sexually abused children. *Child Abuse and Neglect, 24,* 983-994.

Cook, A., Spinazzola, J., Ford, J. D., Lanktree, C., Blaustein, M., Cloitre, M., et al. (2005). Complex trauma in children and adolescents. *Psychiatric Annals, 35*(5), 390-398.

Coster, W., Gersten, M., Beeghly, M., & Cicchetti, D. (1989). Communicative functioning in maltreated toddlers. *Developmental Psychology, 25*(6), 1020-1029.

Crittenden, P. M. (1995). Attachment and psychopathology. In S. Goldberg, R. Muir, & J. Kerr (Eds.), *Attachment theory: Social, developmental, and clinical perspectives* (pp. 367-406). New York: Analytic Press.

Crittenden, P. M., & DiLalla, D. L. (1988). Compulsive compliance: The development of an inhibitory coping strategy in infancy. *Journal of Abnormal Child Psychology, 16,* 585-599.

de Bellis, M. D. (2001). Developmental traumatology: The psychobiological development of maltreated children and its implications for research, treatment, and policy. *Development and Psychopathology, 13,* 539-564.

Dexheimer Pharris, M., Resnick, M. D., & Blum, R. W. (1997). Protecting against hopelessness and suicidality in sexually abused American Indian adolescents. *Journal of Adolescent Health, 21*(6), 400-406.

Dinero, R., Conger, R., Shaver, P., Widaman, K., & Larsen-Rife, D. (2008). Influence of family-of-origin and adult romantic partners on adult romantic attachment security. *Journal of Family Psychology, 22*(4), 622-632.

Dvir, Y., Ford, J. D., Hill, M., & Frazier, J. A. (2014). Childhood maltreatment, emotional dysregulation, and psychiatric comorbidities. *Harvard Review of Psychiatry, 22*(3), 149.

D'Zurilla, T., & Goldfried, M. (1971). Problem solving and behavior modification. *Journal of Abnormal Psychology, 78,* 107-126.

D'Zurilla, T., & Nezu, A. (2007). *Problem-solving therapy: A positive approach to clinical intervention* (3rd ed.). New York: Springer.

Egeland, B., Sroufe, A., & Erickson, M. F. (1983). The developmental consequences of different patterns of maltreatment. *Child Abuse and Neglect, 7,* 459-469.

Erickson, M. F., Sroufe, L. A., & Egeland, B. (1985). The relationship between quality of attachment and behavior problems in preschool in a high-risk sample. *Monographs of the Society for Research in Child Development, 50*(1-2, Serial No. 209), 147-166.

Felitti, V. J., Anda, R. F., Nordenberg, D. F., Williamson, D. F., Spitz, A. M., Edwards, V., et al. (1998). Relationship of childhood abuse and household dysfunction to many of the leading causes of death in adults: The Adverse Childhood Experiences (ACE) study. *American Journal of Preventative Medicine, 14*(4), 245-258.

Flores, E., Cicchetti, D., & Rogosch, F. (2005). Predictors of resilience in maltreated and nonmaltreated Latino children. *Developmental Psychology, 41,* 338-351.

Ford, J. (2005). Treatment implications of altered affect regulation and information processing following child maltreatment. *Psychiatric Annals, 35*(5), 410-419.

Ford, J., Racusin, R., Daviss, W. B., Ellis, C. G., Thomas, J., Rogers, K., et al. (1999). Trauma exposure among children with oppositional defiant disorder and attention deficit-hyperactivity disorder. *Journal of Consulting and Clinical Psychology, 67,* 786-789.

Ford, J., Stockton, P., Kaltman, S., & Green, B. (2006). Disorders of extreme stress (DESNOS) symptoms are associated with type and severity of interpersonal trauma exposure in a sample of healthy young women. *Journal of Interpersonal Violence, 21*(11), 1399-1416.

Fortier, M., DiLillo, D., Messman-Moore, T., Peugh, J., DeNardi, K., & Gaffey, K. (2009). Severity of child sexual abuse and revictimization: The mediating role of coping and trauma symptoms. *Psychology of Women Quarterly, 33,* 308-320.

Gil, E. (1991). *The healing power of play: Working with abused children*. New York: Guilford Press.

Greene, R., & Ablon, S. (2005). *Treating explosive kids: The collaborative problem-solving approach*. New York: Guilford Press.

Guber, T., Kalish, L., & Fatus, S. (2005). *Yoga pretzels*. Cambridge, MA: Barefoot Books. Haggerty, R., Sherrod, L., Garmezy, N., & Rutter, M. (1996). *Stress, risk, and resilience in children and adolescents: Processes, mechanisms, and interventions*. New York: Cambridge University Press.

Haugaard, J. (2004). Recognizing and treating uncommon behavioral and emotional disorders in children and adolescents who have been severely maltreated: Dissociative disorders. *Child Maltreatment, 9,* 146-153.

Hebert, M., Parent, N., Daignault, I., & Tourigny, M. (2006). A typological analysis of behavioral profiles of sexually abused children. *Child Maltreatment, 11*(3), 203-216.

Ingoldsby, E. (2010). Review of interventions to improve family engagement and retention in parent and child mental health programs. *Journal of Child and Family Studies, 19,* 629-645.

Jaffee, S., Caspi, A., Moffitt, T., Polo-Tomás, M., & Taylor, A. (2007). Individual, family, and neighborhood factors distinguish resilient from non-resilient maltreated children: A cumulative stressors model. *Child Abuse and Neglect, 31,* 231-253.

Kazdin, A. (1985). *Treatment of antisocial behavior in children and adolescents*. Homewood, IL: Dorsey Press.

Kazdin, A., Esveldt-Dawson, K., French, N., & Unis, A. (1987). Problem-solving skills training and relationship therapy in the treatment of antisocial child behavior. *Journal of Consulting and Clinical Psychology, 55*, 76-85.

Kazdin, A., Siegel, T., & Bass, D. (1992). Cognitive problem-solving skills training and parent management training in the treatment of antisocial behavior in children. *Journal of Consulting and Clinical Psychology, 60*, 733-747.

Kelly, J. F., Morisset, C. E., Barnard, K. E., Hammond, M. A., & Booth, C. L. (1996). The influence of early mother-child interaction on preschool cognitive/linguistic outcomes in a high-social-risk group. *Infant Mental Health Journal, 17*, 310-321.

Kilpatrick, D., Ruggiero, K., Acierno, R., Saunders, B., Resnick, H., & Best, C. (2003). Violence and risk of PTSD, major depression, substance abuse/dependence, and comorbidity: Results from the National Survey of Adolescents. *Journal of Consulting and Clinical Psychology, 71*(4), 692-700.

Kim, J., & Cicchetti, D. (2003). Social self-efficacy and behavior problems in maltreated children. *Journal of Clinical Child and Adolescent Psychology, 32*(1), 106-117.

Kim, J., & Cicchetti, D. (2004). A longitudinal study of child maltreatment, mother-child relationship quality and maladjustment: The role of self-esteem and social competence. *Journal of Abnormal Child Psychology, 32*(4), 341-354.

Kim, J., & Cicchetti, D. (2006). Longitudinal trajectories of self-system processes and depressive symptoms among maltreated and nonmaltreated children. *Child Development, 77*(3), 624-639.

Kim, J., & Cicchetti, D. (2010). Longitudinal pathways linking child maltreatment, emotion regulation, peer relations, and psychopathology. *Journal of Child Psychology and Psychiatry, 51*(6), 706-716.

Kinniburgh, K., & Blaustein, M. (2005). *Attachment, self-regulation, and competency: A comprehensive framework for intervention with complexly traumatized youth-a treatment manual*. Unpublished manuscript.

Kinniburgh, K., Blaustein, M., Spinazzola, J., & van der Kolk, B. (2005). Attachment, self-regulation, and competency: A comprehensive intervention framework for children with complex trauma. *Psychiatric Annals, 35*(5), 424-430.

Lanius, R. A., Vermetten, E., Loewenstein, R. J., Brand, B., Schmahl, C., Bremner, J. D., et al. (2010). Emotion modulation in PTSD: Clinical and neurobiological evidence for a dissociative subtype. *American Journal of Psychiatry, 167*(6), 640-647.

Lansford, J. E., Dodge, K. A., Pettit, G. S., Crozier, J., & Kaplow, J. (2002). A 12-year prospective study of the long-term effects of early child physical maltreatment on psychological, behavioral, and academic problems in adolescence. *Archives of Pediatrics and Adolescent Medicine, 156*, 824-830.

Layne, C. M., Greeson, J. K., Ostrowski, S. A., Kim, S., Reading, S., Vivrette, R. L., et al. (2014).

Cumulative trauma exposure and high risk behavior in adolescence: Findings from the National Child Traumatic Stress Network Core Data Set. *Psychological Trauma: Theory, Research, Practice, and Policy, 6*(Suppl. 1), S40.

Lieberman, A. F., & van Horn, P. (2008). *Psychotherapy with infants and young children: Repairing the effects of stress and trauma on early attachment*. New York: Guilford Press.

Liem, J., & Boudewyn, A. (1999). Contextualizing the effects of childhood sexual abuse on adult self- and social functioning: An attachment theory perspective. *Child Abuse and Neglect, 23*, 1141-1157.

Linehan, M. M. (1993). *Skills training manual for treating borderline personality disorder*. New York: Guilford Press.

Lipschitz-Elhawi, R., & Itzhaky, H. (2005). Social support, mastery, self-esteem and individual adjustment among at-risk youth. *Child and Youth Care Forum, 34*(5), 329-346.

Lynch, M., & Cicchetti, D. (1991). Patterns of relatedness in maltreated and nonmaltreated children: Connections among multiple representational models. *Development and Psychopathology, 3*, 207-226.

Lyons-Ruth, K., Dutra, L., Schuder, M., & Bianchi, I. (2006). From infant attachment disorganization to adult dissociation: Relational adaptations or traumatic experiences? *Psychiatric Clinics of North America, 29*, 63-86.

Lyons-Ruth, K., Yellin, C., Melnick, S., & Atwood, G. (2005). Expanding the concept of unresolved mental states: Hostile/helpless states of mind on the Adult Attachment Interview are associated with disrupted mother-infant communication and infant disorganization. *Development and Psychopathology, 17*(1), 1-23.

Main, M., & Cassidy, J. (1988). Categories of response to reunion with the parent at age 6: Predicted from infant attachment classifications and stable over a 1-month period. *Developmental Psychology, 24*, 415-426.

Main, M., & Goldwyn, R. (1984). Predicting rejection of her infant from mother's representation of her own experience: Implications for the abused-abusing intergenerational cycle. *Child Abuse and Neglect, 8*, 203-217.

Masten, A. S. (2001). Ordinary magic: Resilience processes in development. *American Psychologist, 56*, 227-238.

Masten, A. S., Best, K. M., & Garmezy, N. (1990). Resilience and development: Contributions from the study of children who overcome adversity. *Development and Psychopathology, 2*(4), 425-444.

Masten, A. S., & Coatsworth, J. D. (1998). The development in competence in favorable and unfavorable environments. *American Psychologist, 53*(2), 205-220.

Masten, A. S., & Labella, M. H. (2016). Risk and resilience in child development. In L. Balter & C. S. Tamis-LeMonda (Eds.), *Child psychology: A handbook of contemporary issues* (pp. 423-450). New York: Routledge.

Matthews, W. (1999). Brief therapy: A problem-solving model of change. *The Counselor, 17*(4), 29-32.

McCann, I. L., & Pearlman, L. A. (1990). Vicarious traumatization: A framework for understanding the psychological effects of working with victims. *Journal of Traumatic Stress, 3,* 131-149.

McElwain, N., Cox, M., Burchinal, M., & Macfie, J. (2003). Differentiating among insecure mother-infant attachment classifications: A focus on child-friend interaction and exploration during solitary play at 36 months. *Attachment and Human Development, 5*(2), 136-164.

Mendez, J., Fantuzzo, J., & Cicchetti, D. (2002). Profiles of social competence among low-income African American preschool children. *Child Development, 73,* 1085-1100.

Mezzacappa, E., Kindlon, D., & Earls, F. (2001). Child abuse and performance task assessments of executive functions in boys. *Journal of Child Psychology and Psychiatry, 42*(8), 1041-1048.

Miller, A. L., Rathus, J. H., & Linehan, M. M. (2006). *Dialectical behavior therapy with suicidal adolescents*. New York: Guilford Press.

Min, M., Farkas, K., Minnes, S., & Singer, L. (2007). Impact of childhood abuse and neglect on substance abuse and psychological distress in adulthood. *Journal of Traumatic Stress, 20,* 833-844.

Mischel, W., Shoda, Y., & Rodriguez, M. L. (1989). Delay of gratification in children. *Science, 244,* 933-938.

Naughton, A. M., Maguire, S. A., Mann, M. K., Lumb, R. C., Tempest, V., Gracias, S., et al. (2013). Emotional, behavioral, and developmental features indicative of neglect or emotional abuse in preschool children: A systematic review. *JAMA Pediatrics, 167*(8), 769-775.

Navalta, C., Polcari, A., Webster, D., Boghossian, A., & Teicher, M. (2006). Effects of childhood sexual abuse on neuropsychological and cognitive function in college women. *Journal of Neuropsychiatry and Clinical Neurosciences, 18,* 45-53.

Nikulina, V., & Widom, C. S. (2013). Child maltreatment and executive functioning in middle adulthood: A prospective examination. *Neuropsychology, 27*(4), 417.

Noll, J. G., Shenk, C. E., Barnes, J. E., & Haralson, K. J. (2013). Association of maltreatment with highrisk internet behaviors and offline encounters. *Pediatrics, 131*(2), e510-e517.

Noll, J. G., Trickett, P., Harris, W., & Putnam, F. (2009). The cumulative burden borne by offspring whose mothers were sexually abused as children: Descriptive results from a multigenerational study. *Journal of Interpersonal Violence, 24*(3), 424-449.

Ogawa, J., Sroufe, A., Weinfield, N., Carlson, E., & Egeland, B. (1997). Development and the fragmented self: Longitudinal study of dissociative symptomatology in a nonclinical sample. *Development and Psychopathology, 9*(4), 855-879.

Ostby, Y., Tamnes, C. K., Fjell, A. M., Westlye, L. T., Due-Tonnessen, P., & Walhovd, K. B. (2009). Heterogeneity in subcortical brain development: A structural magnetic resonance imaging study of brain maturation from 8 to 30 years. *Journal of Neuroscience, 29,* 11772-11782.

Pearlman, L., & Saakvitne, K. (1995). *Trauma and the therapist: Counter-transference and vicarious* traumatisation in psychotherapy with incest survivors*. New York: Norton.

Perry, B. D., Pollard, R. A., Blakley, T. L., Baker, W. L., & Vigilante, D. (1995). Childhood trauma, the neurobiology of adaptation, and "use-dependent" development of the brain: How "states" become "traits." *Infant Mental Health Journal, 16*(4), 271-291.

Philip, N. S., Sweet, L. H., Tyrka, A. R., Carpenter, S. L., Albright, S. E., Price, L. H., et al. (2016). Exposure to childhood trauma is associated with altered *n*-back activation and performance in healthy adults: Implications for a commonly used working memory task. *Brain Imaging and Behavior, 10*(1), 124.

Piaget, J. (1952). *The origins of intelligence in children* (M. Cook, Trans.). New York: Norton.

Piaget, J. (2003). Part I: Cognitive development in children-development and learning. *Journal of Research in Science Teaching, 40*(Suppl.), S8-S18.

Piaget, J. (2008). Intellectual evolution from adolescence to adulthood. *Human Development, 51*(1), 40-47.

Piaget, J., Garcia, R., Davidson, P. M., & Easley, J. (1991). *Toward a logic of meanings*. Hillsdale, NJ: Erlbaum.

Piaget, J., & Inhelder, R. (1991). The construction of reality. In J. Oates & R. Sheldon (Eds.), *Cognitive development in infancy* (pp. 165-169). East Sussex, UK: Erlbaum.

Putnam, F. W. (1997). *Dissociation in children and adolescents: A developmental perspective*. New York: Guilford Press.

Pynoos, R., Steinberg, A., & Wraith, R. (1995). A developmental model of childhood traumatic stress. In D. Cicchetti & D. Cohen (Eds.), *Manual of developmental psychopathology: Vol. 2. Risk, disorder, and adaptation* (pp. 72-95). New York: Wiley.

Resnick, M., Bearman, P., Blum, R. W., Bauman, K., Harris, K., Jones, J., et al. (1997). Protecting adolescents from harm: Findings from the National Longitudinal Study on Adolescent Health. *Journal of the American Medical Association, 278*, 823-832.

Reviere, S., & Bakeman, R. (2001). The effects of early trauma on autobiographical memory and schematic self-representation. *Applied Cognitive Psychology, 15*(7), S89-S100.

Rogers, C. (1951). *Client-centered therapy: Its current practice, implications, and theory*. Boston: Houghton Mifflin.

Rothbart, M. K., Ahadi, S. A., & Evans, D. E. (2000). Temperament and personality: Origins and outcomes. *Journal of Personality and Social Psychology, 78*, 122-135.

Runyon, M., & Kenny, M. (2002). Relationship of attributional style, depression, and posttrauma distress among children who suffered physical or sexual abuse. *Child Maltreatment, 7*, 254-264.

Saakvitne, K., Gamble, S., Pearlman, L., & Lev, B. (2000). *Risking connection: A training curriculum for working with survivors of child abuse*. Baltimore: Sidran Institute Press.

Scheeringa, M. S., & Zeanah, C. H. (2001). A relational perspective on PTSD in early childhood. *Journal of Traumatic Stress, 14*, 799-815.

Schimmenti, A., & Caretti, V. (2016). Linking the overwhelming with the unbearable: Developmental trauma, dissociation, and the disconnected self. *Psychoanalytic Psychology, 33*(1), 106.

Schore, A. (2001a). The effects of early relational trauma on right brain development, affect regulation, and infant mental health development. *Infant Mental Health Journal, 22,* 201-269.

Schore, A. (2001b). Effects of a secure attachment on right brain development, affect regulation, and infant mental health. *Infant Mental Health Journal, 22,* 7-66.

Schore, A. (2013). Relational trauma, brain development, and dissociation. In In J. D. Ford & C. A. Courtois (Ed.), *Treating complex traumatic stress disorders in children: An evidence-based guide*. New York: Guilford Press.

Schore, A. N. (2014). Dysregulation of the right brain: A fundamental mechanism of traumatic attachment and the psychopathogenesis of PTSD. In G. Leo (Ed.), *Neuroscience and psychoanalysis*. Lecce, Italy: Frenis Zero Press.

Schuder, M., & Lyons-Ruth, K. (2004). "Hidden trauma" in infancy: Attachment, fearful arousal, and early dysfunction on the stress response system. In J. Osofsky (Ed.), *Trauma in infancy and early childhood* (pp. 69-104). New York: Guilford Press.

Shields, A., Ryan, R., & Cicchetti, D. (2001). Narrative representations of caregivers and emotion dysregulation as predictors of maltreated children's rejection by peers. *Developmental Psychology, 37,* 321-337.

Shoda, Y., Mischel, W., & Peake, P. K. (1990). Predicting adolescent cognitive and self-regulatory competencies from preschool delay of gratification: Identifying diagnostic conditions. *Developmental Psychology, 26*(6), 978-986.

Shonk, S. M., & Cicchetti, D. (2001). Maltreatment, competency deficits, and risk for academic and behavioral maladjustment. *Developmental Psychology, 37,* 3-17.

Simpson, J. A., Collins, W. A., Tran, S., & Haydon, K. C. (2007). Attachment and the experience and expression of emotions in romantic relationships: A developmental perspective. *Journal of Personality and Social Psychology, 92,* 355-367.

Smith, J., & Prior, M. (1995). Temperament and stress resilience in school-age children: A within-families study. *Journal of the American Academy of Child and Adolescent Psychiatry, 34,* 168-179.

Solomon, S. D., & Davidson, J. R. T. (1997). Trauma: Prevalence, impairment, service use, and cost. *Journal of Clinical Psychiatry, 58*(Suppl. 9), 5-11.

Spinazzola, J., Blaustein, M., & van der Kolk, B. (2005). Posttraumatic stress disorder treatment outcome research: The study of unrepresentative samples. *Journal of Traumatic Stress, 18*(5), 425-436.

Spinazzola, J., Hodgdon, H., Liang, L. J., Ford, J. D., Layne, C. M., Pynoos, R., et al. (2014). Unseen wounds: The contribution of psychological maltreatment to child and adolescent mental health and risk outcomes. *Psychological Trauma: Theory, Research, Practice, and Policy, 6*(Suppl. 1), S18.

Spiraling Hearts. (n.d.). Yoga bingo. Available at *www.spiralinghearts.com*.

Stamm, B. H. (Ed.). (1999). *Secondary traumatic stress: Self-care issues for clinicians, researchers, and educators* (2nd ed.). Baltimore: Sidran Institute Press.

Strand, V., Hansen, S. & Courtney, D. (2013). Common elements across evidence-based trauma treatment: Discovery and implications. *Advances in Social Work, 14*(2), 334-354.

Streeck-Fischer, A., & van der Kolk, B. (2000). Down will come baby, cradle and all: Diagnostic and therapeutic implications of chronic trauma on child development. *Australian and New Zealand Journal of Psychiatry, 34,* 903-918.

Stronach, E. P., Toth, S. L., Rogosch, F., & Cicchetti, D. (2013). Preventive interventions and sustained attachment security in maltreated children. *Development and Psychopathology, 25*(4, Pt. 1), 919-930.

Tamnes, C. K., Ostby, Y., Fjell, A. M., Westlye, L. T., Due-Tonnessen, P., & Walhovd, K. B. (2010). Brain maturation in adolescence and young adulthood: Regional age-related changes in cortical thickness and white matter volume and microstructure. *Cerebral Cortex, 20*(3), 534-548.

Tarren-Sweeney, M. (2013). An investigation of complex attachment and trauma-related symptomatology among children in foster and kinship care. *Child Psychiatry and Human Development, 44*(6), 727-741.

Terr, L. (1990). *Too scared to cry: Psychic trauma in childhood.* New York: HarperCollins.

Toth, S., & Cicchetti, D. (1996). Patterns of relatedness, depressive symptomatology, and perceived competence in maltreated children. *Journal of Consulting and Clinical Psychology, 64*(1), 32-41.

Tronick, E. (2007). *The neurobehavioral and social-emotional development of infants and children.* New York: Norton.

Urban, J., Carlson, E., Egeland, B., & Sroufe, A. (1991). Patterns of individual adaptation across childhood. *Development and Psychopathology, 3,* 445-460.

van der Kolk, B. (2005). Developmental trauma disorder: Toward a rational diagnosis for children with complex trauma histories. *Psychiatric Annals, 35*(5), 401-408.

van der Kolk, B. A. (2015). *The body keeps the score: Brain, mind, and body in the healing of trauma.* New York: Penguin Books.

van der Kolk, B. A., & d'Andrea, W. (2010). Towards a developmental trauma disorder diagnosis for childhood interpersonal trauma. In R. A. Lanius, E. Vermetten, & C. Pain (Eds.), *The impact of early life trauma on health and disease: The hidden epidemic* (pp. 57-68). Cambridge, UK: Cambridge University Press

van der Kolk, B., Roth, S., Pelcovitz, D., & Mandel, F. S. (1994). *Disorders of extreme stress: Results from the DSM-IV field trial for PTSD.* Unpublished manuscript.

van IJzendoorn, M. H. (1995). Adult attachment representations, parental responsiveness, and infant attachment: A meta-analysis on the predictive validity of the Adult Attachment Interview. *Psychological Bulletin, 117,* 387-403.

Verhage, M. L., Schuengel, C., Madigan, S., Fearon, R. M., Oosterman, M., Cassibba, R., et al. (2016). Narrowing the transmission gap: A synthesis of three decades of research on intergenerational transmission of attachment. *Psychological Bulletin, 142*(4), 337-366.

Vondra, J., Barnett, D., & Cicchetti, D. (1989). Perceived and actual competence among maltreated and comparison school children. *Development and Psychopathology, 1,* 237-255.

Vondra, J., Barnett, D., & Cicchetti, D. (1990). Self-concept, motivation, and competence among preschoolers from maltreating and comparison families. *Child Abuse and Neglect, 14,* 525-540.

Wakschlag, L., & Hans, S. (1999). Relation of maternal responsiveness during infancy to the development of behavior problems in high-risk youths. *Developmental Psychology, 35,* 569-579.

Werker, J. F., & Tees, R. C. (1984). Cross-language speech perception: Evidence for perceptual reorganization during the first year of life. *Infant Behavior and Development, 7,* 49-63.

Werner, E. E., & Smith, R. S. (1980). An epidemiologic perspective on some antecedents and consequences of childhood mental health problems and learning disabilities. *Annual Progress in Child Psychiatry and Child Development,* pp. 133-147.

Werner, E. E., & Smith, R. S. (2001). *Journeys from childhood to midlife: Risk, resilience, and recovery*. Ithaca, NY: Cornell University Press.

Wolff, A., & Ratner, P. (1999). Stress, social support, and sense of coherence. *Western Journal of Nursing Research, 21*(2), 182-197.

Wyman, P. A., Cowen, E. L., Work, W. C., Hoyt-Meyers, L., Magnus, K. B., & Fagen, D. B. (1999). Caregiving and developmental factors differentiating young at-risk urban children showing resilient versus stress-affected outcomes: A replication and extension. *Child Development, 70,* 645-659.

Wyman, P. A., Cowen, E. L., Work, W. C., & Parker, G. R. (1991). Developmental and family milieu correlates of resilience in urban children who have experienced major life-stress. *American Journal of Community Psychology, 19,* 405-426.

Yoon, S., Steigerwald, S., Holmes, M. R., & Perzynski, A. T. (2016). Children's exposure to violence: The underlying effect of posttraumatic stress symptoms on behavior problems. *Journal of Traumatic Stress, 29*(1), 72-79.

Zelazo, P. D. (2001). Self-reflection and the development of consciously controlled processing. In P. Mitchell & K. J. Riggs (Eds.), *Children's reasoning and the mind* (pp. 169-189). London: Psychology Press.

추가 자료

외상 스트레스 분야에 기여한 훌륭한 저자, 연구자, 실무자들이 많이 있으며, 이들은 우리의 생각과 실무에 많은 영향을 미쳤다. 여기서 그들 모두를 포괄적인 리스트로 제공하기는 어렵지만, 우리가 특히 영향받은 몇몇 분들을 아래에 제시하였다. 그들 중 일부는 이 책에서 직접 인용되었고, 또 일부는 직접 인용하지는 않았지만, 외상을 경험한 아동의 치료에 대한 우리의 생각과 접근 방식에 큰 영향을 주었다. 아래에 나열된 많은 저자들이 우리의 동료이자 스승인 점에 감사하며, 우리와 아직 직접적으로 작업하지는 않았지만 지식의 전수를 받게 하신 분들에게도 깊은 감사를 드린다. 다른 전문가들에게도 이 자료들을 적극 추천한다.

Bloom, S. (2013). *Creating sanctuary: Toward the evolution of sane societies* (rev. ed.). New York: Routledge.

Briere, J., & Lanktree, C. (2008). *Integrative treatment of complex trauma for adolescents (ITCT-A): A guide for the treatment of multiply traumatized youth*. Long Beach, CA: MCAVIC-USC, National Child Traumatic Stress Network.

Briere, J., & Scott, C. (2006). *Principles of trauma therapy: A guide to symptoms, evaluation, and treatment*. Thousand Oaks, CA: SAGE.

Brom, D., Pat-Horenczyk, R., & Ford, J. (2009). *Treating traumatized children: Risk, resilience and recovery*. New York: Routledge.

Cohen, J. A., Mannarino, A. P., & Deblinger, E. (2017). *Treating trauma and traumatic grief in children and adolescents* (2nd ed.). New York: Guilford Press.

Courtois, C. A., & Ford, J. D. (Eds.). (2009). *Treating complex traumatic stress disorders: Scientific foundations and therapeutic models*. New York: Guilford Press.

Courtois, C. A., & Ford, J. D. (2013). *Treatment of complex trauma: A sequenced, relationship-based approach*. New York: Guilford Press.

Damasio, A. (1999). *The feeling of what happens*. San Diego, CA: Harcourt.

DeRosa, R., Habib, M., Pelcovitz, D., Rathus, J., Sonnenklar, J., Ford, J., et al. (2006). *Structured psychotherapy for adolescents responding to chronic stress*. Unpublished manual.

Ford, J. D., & Russo, E. (2006). Trauma-focused, present-centered, emotional self-regulation approach to integrated treatment for posttraumatic stress and addiction: Trauma Adaptive

Recovery Group Education and Therapy (TARGET). *American Journal of Psychotherapy, 60,* 335-355.

Gil, E. (1991). *The healing power of play: Working with abused children*. New York: Guilford Press.

Gil, E. (2006). *Helping abused and traumatized children: Integrating directive and nondirective approaches*. New York: Guilford Press.

Greenwald, R. (1999). *Eye movement desensitization and reprocessing (EMDR) in child and adolescent psychotherapy*. Northvale, NJ: Jason Aronson.

Habib, M., Labruna, V., & Newman, J. (2013). Complex histories and complex presentations: Implementation of a manually guided group treatment for traumatized adolescents. *Journal of Family Violence, 28,* 717-728.

Herman, J. L. (1992). *Trauma and recovery*. New York: Basic Books.

Hughes, D. (2006). *Building the bonds of attachment: Awakening love in deeply troubled children*. Lanham, MD: Jason Aronson.

Hughes, D. (2007). *Attachment-focused family therapy*. New York: Norton.

James, B. (1989). *Treating traumatized children*. New York: Free Press.

James, B. (1994). *Handbook for treatment of attachment-trauma problems in children*. New York: Free Press.

Kagan, R. (2007a). *Real life heroes: A life storybook for children* (2nd ed.). Binghamton, NY: Haworth Press.

Kagan, R. (2007b). *Real life heroes: Practitioner's manual*. Binghamton, NY: Haworth Press.

Landolt, M., Schnyder, U., & Cloitre, M. (Eds.). (2017). *Evidence-based treatments for trauma-related disorders in children and adolescents*. New York: Springer.

Lanktree, C., & Briere, J. (2016). *Treating complex trauma in children and their families: An integrative approach*. Thousand Oaks, CA: SAGE.

Lieberman, A. F., Ghosh Ippen, C., & Van Horn, P. (2015). *Don't hit my mommy!: A manual for child-parent psychotherapy with young children exposed to violence and other trauma* (2nd ed.). Washington, DC: Zero to Three Press.

Lieberman, A. F., & Van Horn, P. (2008). *Psychotherapy with infants and young children: Repairing the effects of stress and trauma on early attachment*. New York: Guilford Press.

Lovett, J. (1999). *Small wonders: Healing childhood trauma with EMDR*. New York: Free Press.

Monahon, C. (1993). *Children and trauma: A guide for parents and professionals*. San Francisco: Jossey-Bass.

Perry, B., & Szalavitz, M. (2007). *The boy who was raised as a dog, and other stories from a child psychiatrist's notebook: What traumatized children can teach us about loss, love, and healing*. New York: Basic Books.

Putnam, F. W. (1997). *Dissociation in children and adolescents: A developmental perspective*. New York: Guilford Press.

Saxe, G. N., Ellis, B. H., & Brown, A. D. (2015). *Collaborative treatment of traumatized children and teens: The Trauma Systems Therapy approach* (2nd ed.). New York: Guilford Press.

Schore, A. (1994). *Affect regulation and the origin of the self: The neurobiology of emotional development*. Hillsdale, NJ: Erlbaum.

Shapiro, F. (2001). *Eye movement desensitization and reprocessing (EMDR): Basic principles, protocols, and procedures* (2nd ed.). New York: Guilford Press.

Sunderland, M. (2006). *The science of parenting: Practical guidelines on sleep, crying, play, and building emotional well-being for life*. New York: Dorling Kindersley.

Terr, L. (1990). *Too scared to cry: Psychic trauma in childhood*. New York: HarperCollins.

van der Kolk, B. (1987). *Psychological trauma*. Washington, DC: American Psychiatric Press.

van der Kolk, B. A. (2014). *The body keeps the score: Brain, mind and body in the healing of trauma*. New York: Viking Press.

van der Kolk, B. A., McFarlane, A. C., & Weisaeth, L. (Eds.). (1996). *Traumatic stress: The effects of overwhelming experience on mind, body, and society*. New York: Guilford Press.

Warner, E., Cook, A., Westcott, A., & Koomar, J. (2014). *Sensory Motor Arousal Regulation Treatment (SMART) Manual: A "bottom up" approach to treatment of complex trauma for children and adolescents, Version 2*. Brookline, MA: Trauma Center at JRI.

Webb, N. B. (Ed.). (2017). *Play therapy with children and adolescents in crisis* (4th ed.). New York: Guilford Press.

찾아보기

저자 소개

Margaret E. Blaustein, PhD, 임상심리학자로 활동하고 있으며, 매사추세츠주 니드엄에 위치한 외상 훈련 센터(Center for Trauma Training)의 소장이다. 그녀는 복합 아동기 외상과 후유증에 대한 이해 및 치료에 중점을 두고 있다. 2004년부터 Kristine M. Kinniburgh와 함께 애착, 조절, 유능감(ARC) 중재 접근법의 개발, 실행, 개정 작업을 지속해 왔다. 그녀는 미국뿐만 아니라, 여러 나라의 다양한 치료자들에게 광범위한 훈련과 자문을 제공해 오고 있다.

Kristine M. Kinniburgh, LCSW, 코네티컷주 저스티스 리소스 인스티튜트(Justice Resource Institute Connecticut)의 외상 서비스 책임자이다. 그녀는 외상을 경험한 개인과 그 가족이 회복탄력성을 증진시킬 수 있도록 양질의 보살핌을 제공하는 데 주력하고 있다. 2004년부터 Margaret E. Blaustein과 함께 ARC 중재 접근법의 개발, 실행, 개정 작업을 함께 해오고 있다. 이들은 위탁 부모를 위한 교육과정인 ARC Reflections와 양육 기술 증진을 위한 교육과정인 ARC Grow의 공동 저자이다.

역자 소개

김도연(Kim Doh Yun)

이화여자대학교 심리학과와 동 대학원 졸업

이화여자대학교 심리학 박사

임상심리전문가, 정신보건임상심리사 1급

발달심리전문가, 놀이심리상담사 수련감독자, 모래놀이심리상담사 수련감독자

전 이화여자대학교 발달장애아동센터 심리치료 수석연구원

아산병원 정신과 임상심리 레지던트 수련

현 서울상담심리대학원대학교 아동청소년 임상·상담 전공 교수

김인주(Kim In Ju)

이화여자대학교 심리학과와 동 대학원 졸업

서울상담심리대학원대학교 상담심리학 박사

임상심리전문가, 정신보건임상심리사 1급, 인지행동치료전문가

전 서울해바라기센터 심리지원팀 팀장

서울심리지원 동남센터 총괄팀장

중구 아이존 센터장

국가보훈처 심리재활서비스 자문위원

현 서울마인드브릿지 심리상담센터 임상심리전문가

아동·청소년
외상 치료의 새로운 전략 원서 2판
-애착, 자기조절, 유능감을 통한 적응유연성 기르기-

Treating Traumatic Stress in Children and Adolescents:
How to Foster Resilience through Attachment, Self-Regulation, and Competency
Second Edition

2025년 11월 25일 1판 1쇄 인쇄
2025년 11월 30일 1판 1쇄 발행

지은이 • Margaret E. Blaustein · Kristine M. Kinniburgh
옮긴이 • 김도연 · 김인주
펴낸이 • 김진환
펴낸곳 • ㈜학지사
04031 서울특별시 마포구 양화로 15길 20 마인드월드빌딩
대표전화 • 02-330-5114 팩스 • 02-324-2345
등록번호 • 제313-2006-000265호

홈페이지 • http://www.hakjisa.co.kr
인스타그램 • https://www.instagram.com/hakjisabook

ISBN 978-89-997-3578-3 93180

정가 32,000원